Dipl.-Ök. Thomas Walther
Wirtschaftsprüfer / Steuerberater
Marienstraße 62
32427 Minden

Großfeld

D1686917

Recht der Unternehmensbewertung

Tel: 0251-35014
mail grosfeb@uni-muenster.de

RWS-Skript 357

Recht der Unternehmensbewertung

5. Auflage

2009

von

Prof. Dr. Bernhard Großfeld, Münster

RWS Verlag Kommunikationsforum GmbH · Köln

Die Deutsche Bibliothek – CIP-Einheitsaufnahme

Großfeld, Bernhard
Recht der Unternehmensbewertung / von Bernhard Großfeld
5. Aufl. – Köln: RWS Verlag Kommunikationsforum, 2009
  (RWS-Skript; 357)
  ISBN 978-3-8145-8146-0

© 2009 RWS Verlag Kommunikationsforum GmbH
Postfach 27 01 25, 50508 Köln
E-Mail: info@rws-verlag.de, Internet: http://www.rws-verlag.de

Alle Rechte vorbehalten. Ohne ausdrückliche Genehmigung des Verlages ist es auch nicht gestattet, das Werk oder Teile daraus in irgendeiner Form (durch Fotokopie, Mikrofilm oder ein anderes Verfahren) zu vervielfältigen.

Druck und Verarbeitung: Hundt Druck GmbH, Köln

Vorwort zur fünften Auflage

Das Recht der Unternehmensbewertung ändert sich dramatisch; die Anlässe dafür mehren sich im Gesellschaftsrecht und im Bilanzrecht. Die Verfahren entwickeln sich stetig; mathematische Ansätze dringen vor.

Ich habe das Buch in vielen Teilen neu geschrieben und den Titel geändert in „Recht der Unternehmensbewertung". Das Buch soll Juristen und Betriebswirten helfen, sich in diesem Fach zu begegnen und gemeinsam Lösungen zu finden. Vor allem bemühte ich mich um den „roten Faden" und nahm dafür gelegentliche Wiederholungen in Kauf. Die Rechtsprechung ist sorgfältig beachtet. „Mathematik" bringe ich nur, wo unbedingt nötig, und so, dass auch Juristen sie verstehen.

Herrn RA/WP Wolf-Achim Tönnes danke ich für viele anregende Gespräche und praktische Hinweise. Meiner Tochter Adelheid danke ich für ihre ideenreiche Mitarbeit.

Münster, im Dezember 2008 *Bernhard Großfeld*

Vorwort zur ersten Auflage

Dieses Werk hat ein begrenztes Ziel: Am Beispiel der Barabfindung für ausscheidende Gesellschafter soll es die Rechtsqualität der dabei auftretenden Bewertungen zeigen. Da der Wert des Anteils aus dem Wert des Unternehmens abgeleitet wird, ergibt sich eine Auseinandersetzung mit Grundfragen der Unternehmensbewertung im Gesellschaftsrecht.

Das Buch soll aus juristischer Sicht – in allgemein verständlicher Sprache – die Elemente der Bewertung darstellen. Es möge dazu beitragen, Juristen und Wirtschaftswissenschaftler auf diesem Gebiet zusammen zu führen.

Meinem verehrten Kollegen und Lehrer, Professor Dr. Ulrich Leffson, Münster (1911–1986), danke ich für vielfache Anregung, Ermutigung und Kritik.

Münster, im April 1983   *Bernhard Großfeld*

Inhaltsübersicht

Vorwort zur fünften Auflage V

Vorwort zur ersten Auflage VII

Inhaltsübersicht IX

Abkürzungsverzeichnis XI

Literaturverzeichnis XVII

Erster Teil: Recht und Unternehmensbewertung 1 1

A.   Rechtsmaterie 1 1
I.   Allgemeines 1 1
II.   Hilfen 5 2
    1. IDW Standards 5 2
    2. Institut der Wirtschaftsprüfer 10 3
III.   Bilanzrecht 11 4
IV.   Mathematik 14 5
    1. Zahlenwelt 14 5
    2. Schätzungsfreiheit/Schätzungspflicht 20 7
    3. Juristenstrategie 23 8
V.   Empfängerhorizont 25 9
VI.   Rechtsvergleichung 28 10
VII.   Gutachter 30 11
    1. Unabhängigkeit 30 11
    2. Grenzüberschreitende Erfahrung 32 12
    3. Quellen 33 12
    4. Hilfspersonen 34 12
VIII.   Unterlagen 35 13

B.   Ausgangslagen 36 13
I.   Abfindung 36 13
    1. Personengesellschaft 36 13
       a. Ausgangspunkt 36 13
       b. Fortführungswert 37 14
       c. Schätzung 39 14

		d. Europäische Wirtschaftliche Interessenvereinigung 40 15
		2. Gesellschaft mit beschränkter Haftung 41 15
		3. Aktiengesellschaft 42 15
II.		Verschmelzung 45 16
		1. Grundmodell 45 16
		2. Verschmelzung durch Aufnahme 48 17
		3. Europäische Dimension 50 18
III.		Spaltung 51 18
IV.		Umwandlung 52 18
V.		Bilanzrecht 53 19
		1. Einzelabschluss 54 19
		2. Konzernabschluss 56 19
VI.		Sonstige Anlässe 57 20
VII.		Steuerrecht 59 20

C. Abfindung: Einzelfälle 61 21

I.		Gesellschaft mit beschränkter Haftung 62 21
II.		Aktiengesellschaft 64 21
		1. Beherrschungsvertrag 64 21
		a. Ausgleich 65 22
		aa. Grundsatz 65 22
		bb. Verzinsung der Einlage 69 23
		cc. Risikolage 70 23
		dd. Höhe 74 24
		b. Abfindung 76 25
		aa. Grundsatz 76 25
		bb. Höhe 77 25
		2. Eingliederung 79 26
		3. Ausschluss von Minderheitsaktionären („Squeeze Out") 80 26
		a. Gesellschaftsrechtliches Squeeze Out 80 26
		b. Kapitalmarktrechtliches Squeeze Out 82 27
		c. Ausgleich und Squeeze Out 86 29
		4. Übertragende Auflösung 90 30
		5. „Delisting" 91 30
		6. Umwandlung 93 31
		7. Europäische Aktiengesellschaft (Societas Europaea – SE) 94 31
		8. Europäische Privatgesellschaft 95 32

D.	Verfahren	96	32
I.	Ablauf	96	32
	1. Spruchverfahren	96	32
	2. Rechts- und Plausibilitätskontrolle	97	33
	3. Kosten	99	33
II.	Einzelne Faktoren	101	34

Zweiter Teil: „Wert" des Unternehmens 103 35

A.	Einführung	104	35
I.	„Als ob"-Wert	106	35
II.	Zukunftserfolgswert	107	36
III.	Barwert	108	36
IV.	Subjektiver Wert	111	37
V.	Grenzwerte	113	38
	1. Begriff	113	38
	2. Bedeutung	114	38
VI.	Einigungswert	117	39
VII.	Marktwert	118	39
B.	Normwert	119	39
I.	Rechtsprägung	120	40
	1. Hinweise	120	40
	2. Rechtsbeziehung	122	40
	a. Allgemeines	122	40
	b. Privatautonomie	125	41
	3. Normorientierung	127	42
II.	Typisierter Wert	130	42
III.	Leitgedanke	134	44
IV.	Gleichheitssatz	137	44
V.	Objektivierter Wert	138	45
VI.	Verfassungsrecht	140	45
C.	Bewertungskonventionen	141	46
I.	IDW Standards	141	46

Inhaltsübersicht

II.	Unterschiede	142	46
	1. IDW S 1 2000	142	46
	2. IDW S 1 2005	143	47
	a. Zuflussprinzip	143	47
	b. Alternativanlage	144	47
	c. Peer Group	146	48
	d. Tax-CAPM	147	48
	3. Vermischung	149	48
	4. IDW S 1 2008	150	49

D. Rückwirkung .... 151 ... 49

I.	IDW S 1 2000	151	49
	1. Nachsteuerbewertung	152	49
	2. Capital Asset Pricing Model	156	50
II.	IDW S 1 2005	157	51
	1. Ausgangslage	157	51
	2. Meinungsstand	160	51
	a. Rechtsprechung	160	51
	b. Literatur	165	53
	3. Konvention am Stichtag	166	54
	4. Bundesfinanzhof	167	54
	5. Ergebnis	169	55

E. Anteilswert .... 170 ... 55

I.	Teil des Gesamtwertes	170	55
II.	Marktwert	173	56
III.	Methoden	176	57
IV.	Indirekte Methode	177	57
	1. Grundlagen	177	57
	2. Aufteilung	180	58
V.	Direkte Methode	181	58
VI.	Vermischung	183	59
VII.	Börsenwert	184	59

Dritter Teil: Wertelemente .... 186 ... 61

A. Ertrag/Cashflow .... 186 ... 61

I.	Vermögen	187	61
	1. Betriebsnotwendiges Vermögen	188	61
	2. Nicht betriebsnotwendiges (neutrales) Vermögen	189	61

Inhaltsübersicht

II.	Überschuss	190	61
III.	Ertragswertverfahren	192	62
IV.	Discounted Cashflow-Verfahren	193	62
V.	Beteiligungen	196	63
VI.	Praktikermethoden	197	64
B.	**Untaugliche Wertansätze**	**201**	**64**
I.	Buchwert	202	64
II.	Substanzwert	205	65
III.	Steuerliches Betriebsvermögen	208	66
IV.	Stuttgarter Verfahren	209	66
	1. Ausgangslage	210	66
	a. Gewerbebetrieb	210	66
	b. Börsennotierte Aktien	212	66
	2. Andere Anteile	213	67
	3. Nichtnotierte Anteile an Kapitalgesellschaften	214	67
C.	**Anteils- und Betriebsvermögensbewertungsverordnung**	**217**	**68**

Vierter Teil: Methodische Grundlagen ... 218 ... 69

A.	**Zukunftserfolgswert**	**219**	**69**
B.	**Nationale Sicht**	**224**	**70**
I.	Ausgangslage	224	70
II.	Fragen	226	71
III.	IDW S 1 2008	230	72
C.	**Prognose**	**231**	**72**
D.	**Gesamtbewertung**	**233**	**72**
E.	**Substanz**	**235**	**73**
F.	**Eigenständigkeit**	**236**	**73**
G.	**Stichtagsprinzip**	**237**	**74**

Inhaltsübersicht

I.	Prinzip	237	74
	1. Grundsatz	237	74
	2. Eingrenzung	240	75
II.	Vergangenheit/Zukunft	241	75
III.	Wurzeltheorie	243	76
	1. Grundsatz	243	76
	2. Anhaltspunkte	244	76
	3. Aufhellung	245	76
IV.	Beispiele	246	77
V.	Plausibilität	247	77
VI.	Maß	248	77
VII.	Disziplin	249	78
VIII.	Vereinbarungen	251	78
IX.	Aufzinsung/Abzinsung	252	78

H. Verbundvorteile 254 79

I.	Überblick	254	79
II.	Subjektiver Unternehmenswert	255	79
III.	Objektivierter Unternehmenswert	257	79
IV.	Echte Verbundvorteile	258	80
	1. Stand Alone Ansatz	258	80
	2. Diskussion	259	80
	3. Stellungnahme	265	81
	4. Capital Asset Pricing Model	267	82
	a. Ausgangslage	268	82
	b. Marktrisikoprämie	270	83
	c. Beispiele	276	84
	5. USA	277	84
	6. Grenzwert	281	86
	7. Gesetzeswertung	282	86
V.	Unechte Verbundvorteile	285	86
VI.	Abgrenzung	287	87

J. Verbundnachteile 288 87

K. Nebenbedingungen 289 87

I.	Rechtliche Schranken	289	87
II.	Ergänzender Finanzbedarf	291	88

Inhaltsübersicht

L.	Unternehmensleitung	292	88
I.	Allgemeines	292	88
II.	Unternehmensverbund	296	88
III.	Liquidationswert	297	89
M.	Mittlere Erwartungen	298	89
N.	Nicht betriebsnotwendiges (neutrales) Vermögen	302	90
O.	Informationen	304	90
P.	Unterlagen	305	90
Q.	Unsicherheit	306	91
I.	Nachvollziehbarkeit	306	91
II.	Abwägung/Schätzung	308	91

Fünfter Teil: Analyse des Unternehmens ... 310 ... 93

A.	Vergangenheit	310	93
I.	Grundlagen	310	93
	1. Pfadabhängigkeit	310	93
	2. Anzahl der Jahre	312	93
	3. Verlaufsanalyse	313	93
II.	Substanz	314	94
III.	Wesentliche Positionen	315	94
IV.	Verrechnungspreise	317	95
V.	Bereinigungen	318	95
VI.	Gewichtung	323	95
B.	Zukunft	324	96
I.	Grundsätze	324	96
	1. Going Concern	324	96
	2. Neutrale Sicht	325	96
II.	Abschlussanalyse	326	96
III.	Branchenanalyse	328	97

XV

Inhaltsübersicht

IV.	Einzelanalyse	329	97
V.	Plandaten	330	97
VI.	Wachsende Überschüsse	331	98
	1. Nominalrechnung/Realrechnung	331	98
	2. Weitere Veränderungen	333	98
VII.	Einzelne Überschüsse	334	98
	1. Umsatzerlöse	334	98
	2. Kosten/Erlöse	335	98
	3. Investitionen	337	99
	4. Beteiligungen	338	99
	5. Kapitalstruktur	339	99
VIII.	Finanzplanung	340	99
IX.	Schwebende Geschäfte	343	100
X.	Ergänzungen	344	100
XI.	Perspektive	345	100
XII.	Nachteile aus Leitungsmacht	347	101
	1. Grundlagen	347	101
	2. Ansprüche	349	101
XIII.	Neues Eigenkapital	350	101
XIV.	Veränderung durch Ausscheiden	351	102
	1. Abzug von Sachmitteln	351	102
	2. Finanzierung der Abfindung	352	102

Sechster Teil: Prognoseverfahren 355 103

A.	**Phasenmethode**	355	103
I.	Allgemeines	355	103
II.	Nähere Phase	358	103
III.	Fernere Phase	360	104
	1. Allgemeines	360	104
	2. Gewicht	361	104
	3. Abzinsung	362	105
IV.	Mischmethode	363	105
V.	Methodenwahl	364	105

Inhaltsübersicht

B.	Alternative Reihen	365	105
I.	Mehrwertige Schätzung	365	105
II.	Technik	368	106

C. Grenzen ... 376 ... 108

Siebter Teil: Unternehmenswert und Steuern ... 379 ... 109

A. Geschichte ... 379 ... 109
  I. Vorsteueransatz ... 379 ... 109
  II. Nachsteueransatz ... 383 ... 110
    1. Wandel ... 383 ... 110
    2. Wirkung ... 384 ... 110
    3. IDW S 1 2000 (Halbeinkünfteverfahren) ... 385 ... 111
    4. IDW S 1 2005 (Halbeinkünfteverfahren)/
       IDW S 1 2008 (Abgeltungsteuer) ... 386 ... 111
    5. Gerichtspraxis ... 387 ... 112
    6. Stichtag ... 391 ... 113

B. Steuerhöhe ... 392 ... 113
  I. IDW S 1 2000 ... 392 ... 113
    1. Typisierung ... 392 ... 113
    2. Unbeschränkte Steuerpflicht ... 394 ... 114
  II. IDW S 1 2005 ... 395 ... 114
    1. Grundlagen ... 395 ... 114
    2. Typisierung ... 396 ... 114
  III. IDW S 1 2008 ... 397 ... 115
    1. Abgeltungsteuer ... 397 ... 115
       a. Allgemeines ... 397 ... 115
       b. Veräußerungsgewinnsteuer ... 398 ... 115
    2. Grundregel ... 399 ... 116
    3. Typisierung ... 400 ... 116
    4. Unterschiedliche Bewertungen ... 401 ... 116
       a. Gesetzliche Anlässe ... 403 ... 117
       b. Unternehmerische Initiativen ... 405 ... 117
    5. Steuerhöhe ... 406 ... 118

C. Ausschüttungsannahme ... 410 ... 118
  I. IDW S 1 2000 ... 411 ... 119
    1. Halbeinkünfteverfahren ... 411 ... 119
    2. Vollausschüttung ... 412 ... 119

Inhaltsübersicht

II.	IDW S 1 2005		413	120
	1. Grundlage		413	120
	2. Zuflussprinzip		415	120
III.	IDW S 1 2008		416	120
D.	**Einzelheiten: IDW S 1 2005**		417	121
I.	Unternehmensebene		418	121
	1. Betriebssteuern		418	121
	2. Ertragsteuern		419	121
		a. Kapitalgesellschaften	420	121
		b. Einzelunternehmen/Personengesellschaft	422	122
II.	Eignerebene		424	122
	1. Kapitalgesellschaft		425	122
	2. Einzelunternehmen/Personengesellschaft		427	122
E.	**Kapitalisierungszinssatz**		428	123
I.	Allgemeines		428	123
II.	Steuerabzug		430	124
III.	Ergebnis IDW S 1 2005		432	124
F.	**IDW S 1 2008**		434	125
G.	**Marktrisikoprämie**		435	125
H.	**Einzelunternehmen/Personengesellschaft**		438	126
J.	**Anteilseigner im Ausland**		439	126
I.	IDW S 1 2005		439	126
II.	IDW S 1 2008		441	126
K.	**Intertemporale Regeln**		442	127
I.	Rückwirkung		442	127
II.	Änderung des Steuersatzes		447	128
III.	Abgeltungsteuer		449	128
L.	**Abwägung**		451	129
I.	Grundlagen		451	129
II.	Meinungsstand		453	130

Inhaltsübersicht

III.	Statistik	458 ... 131
IV.	Komplexität	460 ... 132
V.	Typisierung von Zeit	462 ... 132
VI.	Steuerprognose	463 ... 133
VII.	Kosten/Nutzen	465 ... 133
VIII.	Inlandsicht	468 ... 134
IX.	Überwirkung	472 ... 135
X.	Ergebnis	474 ... 136

Achter Teil: Ausschüttungsquote 476 137

A. Bedeutung 476 137

B. Höhe 480 138

I. Nähere Phase 480 138

II. Fernere Phase 481 138
  1. Ausgangslage 481 138
  2. Vergangenheit 482 139
  3. Abgeltungsteuer 486 139

C. Thesaurierte Überschüsse 487 140

I. Bedeutung 487 140

II. Ansatz 488 140

III. Beispiel 494 141
  1. IDW S 1 2005 .... 494 141
  2. IDW S 1 2008 .... 498 142

D. Beurteilung 499 144

E. Gerichtspraxis 501 144

Neunter Teil: Kapitalisierung 502 145

A. Begriff 502 145

B. Arten 504 145

I. Einstufige Nettokapitalisierung 505 145

II. Mehrstufige Bruttokapitalisierung 506 145

Inhaltsübersicht

- C. Kapitalstruktur ... 507 ... 146
- D. Rentenformel ... 508 ... 146
  - I. Begrenzte Lebensdauer ... 509 ... 146
  - II. Unbegrenzte Lebensdauer ... 512 ... 147
    - 1. Formel ... 513 ... 147
    - 2. Grundlagen ... 517 ... 148
- E. Phasenmethode ... 519 ... 148
  - I. Nähere Phase ... 520 ... 149
  - II. Fernere Phase ... 525 ... 150
  - III. Schlussrechnung ... 530 ... 150
  - IV. Gesamtformel ... 532 ... 151

Zehnter Teil: Kapitalisierungszinssatz ... 535 ... 153

- A. Zinsmacht ... 535 ... 153
  - I. Zinsstruktur ... 535 ... 153
  - II. 72er-Regel ... 538 ... 154
  - III. „Ewige Rente" ... 539 ... 154
  - IV. Phasenmethode ... 544 ... 155
- B. Sorgfalt ... 548 ... 155
- C. Alternativrendite ... 551 ... 156
  - I. Grundlage ... 551 ... 156
  - II. Anleihen ... 553 ... 156
  - III. Aktienmarkt ... 558 ... 157

Elfter Teil: Basiszins ... 564 ... 159

- A. Ausgangslage ... 564 ... 159
- B. Landesüblicher Zins ... 565 ... 159
  - I. Allgemeines ... 565 ... 159
  - II. Beispiele ... 567 ... 160

Inhaltsübersicht

C.	Laufzeitäquivalenz	572	161
D.	Zinsprognose	574	162
E.	Zinsstrukturkurve	576	162
I.	Neuer Trend	576	162
II.	Struktur	578	163
III.	Formel	581	164
IV.	Durchschnittskurs	583	165
V.	Rundung	584	165
F.	Gesamtbetrachtung	585	166
G.	Euroland	586	166
H.	Begrenzte Lebensdauer	588	166
J.	Gleichbehandlung	589	166
K.	Interner Zins	591	167

Zwölfter Teil: Risikolage 592 169

A.	Risikoscheu	592	169
B.	Unterschiedliche Risiken	594	169
I.	Besonderes (spezielles) Risiko	595	170
II.	Allgemeines (generelles) Risiko	596	170
C.	**Erfassung des allgemeinen Risikos**	597	170
I.	Geschichte	597	170
II.	Doppelerfassung	598	171
III.	Stellungnahme	600	171
IV.	Kapitalstruktur	603	172
D.	**Ansatzmethoden**	604	172
I.	Methodenwahl	604	172
II.	Überschussabschlag	606	173

Inhaltsübersicht

III.	Risikozuschlag	607 ... 173
IV.	Ausschließlichkeit	608 ... 173
V.	Methodeneinheit	611 ... 174
VI.	Würdigung	615 ... 175
VII.	Unterschiedliche Ergebnisse	616 ... 175

E. Einzelheiten ... 619 ... 176

I.	Zinsmacht	620 ... 176
II.	Unsicherheit	621 ... 177
III.	Außergewöhnliche Risiken	623 ... 177
IV.	Kapitalstruktur	626 ... 178
V.	Nicht betriebsnotwendiges Vermögen	628 ... 178
VI.	Risiken und Chancen	629 ... 179
VII.	Offene Fragen	630 ... 179
VIII.	Neuanlagerisiko	631 ... 179
IX.	Persönliche Ertragsteuern	632 ... 179

Dreizehnter Teil: Risikozuschlag: Traditionelle Ermittlung ... 633 ... 181

A. Fremdkapitalzinsen ... 635 ... 181

I.	Risikoanpassung	635 ... 181
II.	Ermittlung	637 ... 182

B. Verlässlichkeit ... 638 ... 183

C. Risikoanteil ... 639 ... 183

D. Anleihevergleich ... 641 ... 184

E. Verhältnis zum Basiszins ... 643 ... 184

F. Verhältnis zum Überschuss ... 645 ... 185

G. Eigenkapitalisierung ... 649 ... 186

H. CAPM Daten ... 650 ... 186

J.	Rating	651	186
K.	Beispiele	652	186
L.	Grenzen	656	188
M.	Unterschiedlicher Zuschlag	657	189
N.	Bestehen eines Unternehmenvertrags	658	189
O.	Politische Risiken	659	189
P.	Kapitalisierungszinssatz	660	190
Q.	Kritik	661	190
R.	Würdigung	665	191
I.	Schätzungsermessen	665	191
II.	Erfahrungswissen	666	192
III.	Fazit	669	192

Vierzehnter Teil: Risikozuschlag: CAPM ... 671 ... 195

A.	Grundlagen	671	195
I.	Wende	671	195
II.	Eigenart	673	196
III.	Modellcharakter	674	196
IV.	Anwendbarkeit	681	197
	1. Begründung	681	197
	2. Schwächen	682	198
	3. Unsicherheit	685	199
	4. Modellcharakter	687	199
V.	Alternativanlage	688	199
VI.	Marktrisiko	692	201
VII.	Unternehmensindividuelles Risiko	694	201
VIII.	Betafaktor	696	201
IX.	Formel	698	202
B.	IDW Standard S 1 2000	700	202

XXIII

Inhaltsübersicht

C.	**IDW Standard S 1 2005/2008**	703	203
I.	Neuer Ansatz	703	203
II.	Vorzugsstellung	705	203
D.	**Marktrendite**	708	204
I.	Allgemeines	708	204
II.	Zukunftsaspekte	709	205
III.	Betrachtungsperiode	712	205
	1. Vergangenheit	712	205
	2. Zukunft	716	206
IV.	„Mittelwert"	717	207
V.	Beispiel	720	208
VI.	Fragen	722	208
E.	**Marktrisikoprämie**	724	209
I.	Allgemeines	724	209
II.	Untergrenze	727	210
F.	**Betafaktor**	728	210
I.	Allgemeines	728	210
II.	Wirkung	731	211
III.	Ermittlung	734	212
IV.	Kapitalstruktur	737	213
	1. Allgemeines	737	213
	2. T-Online/Deutsche Telekom	740	214
	3. Vattenfall Europe AG/Vattenfall Aktiebolag	741	214
	4. Vereinfachung	742	215
	5. Beispiel	743	215
V.	Zukunftsbetas	745	216
VI.	Peer Group	746	216
	1. Allgemeines	746	216
	2. Vergleichbarkeit	747	217
	3. Squeeze Out	750	218
	4. Ausweitung	751	218
	5. Ausländische Betafaktoren	752	218
	a. Verlockung	752	218
	b. Erfahrung	753	219

Inhaltsübersicht

G.	Grenzen	757	219
H.	Rechtsprechung	760	220
I.	Zustimmung	761	220
II.	Skepsis	765	221
J.	Würdigung	780	225
I.	Parteienbezogenheit	781	225
II.	Alternativrendite	782	225
	1. Typisierung	782	225
	2. Weichende Kleinanleger	785	227
	3. Fondsanleger	786	227
	4. Offene Frage	787	227
	5. Modellabhängigkeit	789	228
III.	Wechselbeziehung	791	228
IV.	Markteffizienz	792	229
	1. Grundlage	792	229
	2. Nationaler Kapitalmarkt	794	229
	3. Skepsis	795	230
	4. Homo oeconomicus	797	231
	5. Gerichte	800	232
	6. Globaler Kapitalmarkt	805	233
V.	Unternehmensrisiko/Anteilsrisiko	806	233
VI.	Datengrundlage	810	234
	1. Allgemeines	810	234
	2. Blasen	811	234
	3. Spielraum	812	235
VII.	Streubesitz	817	236
	1. Minderheit	818	236
	a. Minderheitsabschlag	818	236
	b. Asymmetrische Bewertung	824	238
	2. Mehrheit	825	238
	3. USA	829	239
	a. Literatur	830	239
	b. American Law Institute	831	239
VIII.	Zeitwahl	834	241
IX.	Außensicht/Innensicht	836	241
	1. Gleiche Erwartungen	836	241

Inhaltsübersicht

	2. Bilanzpolitik	837	241
	a. USA	838	241
	b. Europa	840	242
	3. Informationserweiterung	842	243
X.	Synergien	845	244
XI.	Doppelter Ansatz	846	244
XII.	Quotaler Wert/Anteilswert	847	244
	1. Grundsatz	847	244
	2. Ausgangspunkt	851	245
	3. Typisierende Betrachtung	852	245
XIII.	Technische Aspekte	854	246
	1. Referenzperiode	855	246
	2. (Quasi-)sichere Anlage	857	246
	3. Betafaktor	858	247
	4. Fazit	859	247
XIV.	Angleichung durch Thesaurierung	861	248
	1. IDW S 1 2005	861	248
	2. IDW S 1 2008	863	248

K. Rechtsvergleichung: USA 866 249

I. Rechtsvergleichung 866 249

II. Parteigutachter 869 250

III. Richter 872 251

IV. Interkulturelles Unternehmensrecht 874 251

L. Abwägung 875 251

I. Neue Sicht 875 251

II. Traditionelle Sicht 876 252

III. Komplexität 880 252

IV. Offene Fragen 882 253

V. Ergebnis 883 253

Fünfzehnter Teil: Nachsteuer – Capital Asset Pricing Model (Tax-CAPM) 887 255

A. Überblick 890 255

B. Grundgedanke 892 256

I.	Ausgangslage	892 256
II.	Technik	893 256
C.	Formel	897 257
D.	Höhe	902 259
E.	Beispiele	904 259
I.	OLG Stuttgart	905 259
	1. Kürzung um 35%	905 259
	2. Kürzung um 17,5%	907 260
II.	Abgeltungsteuer	908 260
F.	Abwägung	909 261
G.	Abgeltungsteuer	914 262
H.	Dividend Discount Model	916 262

Sechzehnter Teil: Weitere Zuschläge 918 265

A.	Besondere Risiken	918 265
B.	Immobilitätszuschlag	919 265
C.	Zugang zum Kapitalmarkt	924 266
D.	Unternehmerische Mitbestimmung	925 266

Siebzehnter Teil: Wachstumsabschlag 926 267

A.	Grundlagen	926 267
B.	Reihenfolge	929 268
C.	Höhe	930 268
I.	Inflationsrate	930 268
II.	Beispiele	931 269
D.	Verhältnis zum Ausgangszinssatz	932 270
E.	Thesaurierte Überschüsse	933 270

Inhaltsübersicht

I.	Ausgangslage	933	270
II.	Wirkung	934	271
III.	Methode	936	272
F.	Ertragsteuern	939	272
G.	Abzinsung auf Bewertungsstichtag	940	273
H.	Sicherung des Wachstums	941	273
J.	Zusammenschau	943	273

Achtzehnter Teil: Ertragswertverfahren 944 275

A.	Grundlagen	944	275
B.	Wahlfreiheit	945	275
C.	Grundsatz	947	276
I.	HGB Zahlen	947	276
II.	IFSR-Zahlen	950	277
D.	Bereinigungen	951	277
E.	Aufwendungen und Erträge	952	278
I.	Umsatzerlöse	953	278
II.	Aufwendungen	954	278
III.	Unternehmenssteuern	955	279
IV.	Abschreibungen	956	279
	1. Reinvestitionsrate	957	279
	2. Technik	960	280
V.	Finanzplanung	962	280
VI.	Liquidität/Ausschüttbarkeit	964	281
VII.	Persönliche Ertragsteuern	965	281

Neunzehnter Teil: Discounted Cashflow-Verfahren 966 283

A.	Überblick	966	283
I.	Einführung	966	283

II.	Free Cashflows	969	284
III.	Prognose	970	284
IV.	Ermittlung	973	285
	1. Cashflow	973	285
	2. Alternative Methoden	974	285
V.	Nettokapitalisierung/Bruttokapitalisierung	976	286
	1. Nettokapitalisierung	977	286
	2. Bruttokapitalisierung	978	286
VI.	Muster	980	287
	1. Equity-Verfahren	980	287
	2. WACC Verfahren/APV Verfahren	980	288
VII.	Nachsteuerbetrachtung	981	288
VIII.	Kapitalisierung	983	288
IX.	Unterschiede	986	289
B.	**WACC-Ansatz**	**988**	**289**
I.	Konzept	989	289
II.	Bestimmung der Cashflows	994	290
III.	„Tax Shield"	995	290
IV.	Gewichtete Kapitalkosten	996	291
V.	Formel	999	291
VI.	Zirkularität	1001	292
VII.	Veränderter Verschuldungsgrad	1002	292
	1. Beachtung	1002	292
	2. Neuer Betafaktor	1005	293
VIII.	Kapitalisierungszinssatz	1006	293
IX.	Fortführungswert	1009	294
X.	Unternehmenswert	1010	294
XI.	Kritik	1011	295
C.	**Konzept der angepassten Barwertformeln (APV-Ansatz)**	**1012**	**295**
I.	Grundsatz	1012	295
II.	Formel	1014	296
III.	Eigenart	1018	297

D.	**Wert des Eigenkapitals (Equity-Ansatz)**	1019	297
I.	Grundsatz	1019	297
II.	Formel	1020	297

E.	**Vergleich der Verfahren**	1021	298

Zwanzigster Teil: Vom Barwert zum Unternehmenswert 1023 299

A.	**Nicht betriebsnotwendiges (neutrales) Vermögen**	1023	299
I.	Begriff	1023	299
II.	Umfang	1024	299
III.	Beispiele	1028	300
	1. Allgemeines	1028	300
	2. Beteiligungen	1030	301
	3. Pensionsrückstellungen	1031	301
	4. Bewertung	1032	301
	5. Schulden	1033	301
	6. Kreditsicherung	1034	302
	7. Höhe	1035	302
	8. Verlustvortrag	1038	303
	a. Ansatz	1038	303
	b. Höhe	1040	304
	9. Steuern	1043	304
B.	**Nichtfinanzielle Nutzen**	1044	304

Einundzwanzigster Teil: Vergleichswerte/ Selbsteinschätzung 1047 307

A.	**Einführung**	1047	307
B.	**Anteilspreise**	1048	307
C.	**Unternehmenspreise**	1049	307
D.	**Verhalten der Beteiligten**	1050	308
E.	**Bilanzwert**	1051	308

Inhaltsübersicht

Zweiundzwanzigster Teil: Börsenwert 1052 309

- A. Allgemeines 1052 309
- B. Börseneffizienz 1057 310
- C. Zeichenwirkung 1060 311
- D. Plausibilität 1061 311
- E. Gutachter 1063 312
- F. Mindestwert 1065 312
- G. Marktenge/Manipulation 1069 313
- H. Höchstwert 1075 315
- J. Zeitverlauf 1076 315
  - I. Stichtagskurs 1076 315
  - II. Bezugszeitraum 1078 316
    - 1. Hauptversammlung 1078 316
    - 2. Ankündigung 1080 316
  - III. Marktgeschehen 1083 317
- K. Mehrere Börsenplätze 1084 318
- L. Vorwirkung 1085 318
- M. Gesamtwürdigung 1086 318
  - I. Andere Märkte 1087 319
  - II. Gesetzesbindung 1088 319
- N. Intertemporales Bewertungsrecht 1089 319
- O. Erwerb außerhalb der Börse 1091 320
  - I. Einführung 1091 320
  - II. Übernahmegesetz 1092 320
  - III. Heutiger Stand 1094 321

Inhaltsübersicht

Dreiundzwanzigster Teil: Liquidationswert 1097 323

A. Allgemeines 1097 323

B. Ansatz 1100 323

C. Einzelheiten 1102 324

Vierundzwanzigster Teil: Besonderheiten bei Unternehmen ... 1104 327

A. Wachstumsstarke Unternehmen 1105 327

B. Ertragsschwache Unternehmen 1106 327

C. Kleine und mittelgroße Unternehmen 1108 328

D. Vorgesellschaften 1109 328

E. Unternehmen zur Leistungserstellung 1111 329

F. Vereinfachte Verfahren 1113 329

Fünfundzwanzigster Teil: Substanzwert 1115 331

Sechsundzwanzigster Teil: Konzernbewertung 1118 333

A. Allgemeines 1118 333

B. Bewertungsmethode 1121 333

C. Verfahren 1123 333

D. Wertansätze 1124 334

Siebenundzwanzigster Teil: Anteilsbewertung 1125 335

A. Ausgangslage 1125 335

B. Abschlag/Zuschlag 1129 336

C. Niedriger/Höherer Wert für Übernehmer 1133 337

D. Kosten des Ausscheidens/der Wiederanlage 1134 337

Inhaltsübersicht

Achtundzwanzigster Teil: Atypische Anteile 1135 339

A. Problem 1135 339

B. Methode 1136 339

C. Gleichbehandlung 1137 339

D. Gleiche Beschränkungen 1138 339

E. Mehrstimmrechte 1140 340

F. Stammaktien/Vorzugsaktien 1141 340
   I. Stammaktien 1141 340
   II. Vorzugsaktien 1143 341

G. Vinkulierte Namensaktien 1145 341

H. Nicht notierte Aktien 1148 342

J. Eigene Aktien 1149 342

K. Abweichender Verteilungsschlüssel 1150 342

L. Abfindungsbeschränkungen 1151 342

M. Unterschiedliche Liquidationserlöse 1152 343

Neunundzwanzigster Teil: Internationale Unternehmensbewertung 1154 345

A. Ausgangslage 1154 345

B. Problem 1157 346

C. Abfindung 1161 347
   I. Internationales Gesellschaftsrecht 1161 347
   II. Internationale Zuständigkeit 1162 348
   III. Bilanzrecht 1163 349
      1. Anwendbares Recht 1163 349
      2. Falsche Freunde? 1165 349
   IV. Faktische Grundlagen 1167 350

Inhaltsübersicht

V.	Kulturunterschiede	1168	350
VI.	Kapitalisierungszinssatz	1170	350
VII.	Gutachter	1171	351

D.	**Ausländische Töchter**	1172	351
I.	Auslandsrisiko	1172	351
II.	Internationales Steuerrecht	1173	351
III.	Ausländische Anteilseigner	1174	351

E.	**Grenzüberschreitende Verschmelzung**	1176	352
I.	Grundsatz	1176	352
II.	Wertungsebene	1178	352

Dreißigster Teil: Plausibilität 1180 355

Einunddreißigster Teil: Abfindungsklauseln 1182 357

A.	**Allgemeines**	1182	357
B.	**Wirksamkeit**	1184	357
C.	**Folgen der Unwirksamkeit**	1186	358
D.	**Einzelne Klauseln**	1187	358
I.	Buchwert der Handelsbilanz	1187	358
II.	Buchwert der Steuerbilanz	1190	359
III.	Teilwert/Einheitswert	1191	359
IV.	Stuttgarter Verfahren	1192	359
E.	**Stundung**	1193	359
F.	**Verzinsung**	1194	360
G.	**Verfahren**	1195	360
H.	**Beispiel**	1196	360
I.	Allgemeines	1196	360

Inhaltsübersicht

II. Schwebende Geschäfte 1197 361
III. Zwei-Personen-Gesellschaft 1198 361

Zweiunddreißigster Teil: Unternehmensbewertung im Bilanzrecht 1200 363

A. **Überblick** 1201 363
I. Einzelabschluss 1202 363
   1. Abschreibung des Goodwill 1203 364
   2. Ansatz einer Beteiligung 1204 364
II. Konzernabschluss 1205 364

B. **Einzelabschluss** 1206 365
I. Goodwill 1206 365
II. Beteiligung 1207 365
III. Grundlinien 1208 365
   1. Unternehmenswerte 1208 365
   2. Subjektiver Wert 1209 365
   3. Typisierter Wert 1212 366
   4. Vorsteuerbewertung 1216 367
   5. IAS/IFRS 1217 367

C. **Konzernabschluss** 1219 367
I. Assoziierte Unternehmen 1220 368
II. Unternehmenszusammenschlüsse 1222 368
   1. Erstkonsolidierung 1223 369
   2. Folgebewertung (IAS 36, HFA 16) 1225 369
      a. Allgemeines 1225 369
      b. Discounted Cashflow 1226 370
      c. Kapitalkosten 1227 370
      d. Währungsraum 1228 370
      e. Einwertige/Mehrwertige Ansätze 1229 371
   3. Unterschiedliche Verfahren 1230 371
   4. Vorsteuerbewertung 1231 371

Dreiunddreißigster Teil: Schluss 1232 373

Stichwortregister 375

Abkürzungsverzeichnis

A. 2d	Atlantic Report, Second Series
a. A.	anderer Ansicht
a. F.	alte Fassung
AaO	am angegebenen Ort
a. E.	am Ende
Abl. EG	Amtsblatt der Europäischen Gemeinschaft
Abl. EU	Amtsblatt der Europäischen Union
Abs.	Absatz
Abschn.	Abschnitt
AG	Aktiengesellschaft (Jahr und Seite)
AktG	Aktiengesetz
Az.	Aktenzeichen
Am. J. Comp. Law	American Journal of Comparative Law
Anm.	Anmerkung
AO	Abgabenordnung
APV	Adjusted Present Value
arg.	argumentum
Art.	Artikel
AStG	Außensteuergesetz
Aufl.	Auflage
BAG	Bundesarbeitsgericht
BAnz.	Bundesanzeiger
BayObLG	Bayerisches Oberstes Landesgericht
BB	Betriebs-Berater (Jahr und Seite)
Bd.	Band
Beschl.	Beschluss
BetrVerfG	Betriebsverfassungsgesetz
BewG	Bewertungsgesetz
BFH	Bundesfinanzhof
BFHE	Sammlung der Entscheidungen und Gutachten des Bundesfinanzhofs (Band und Seite)
BFuP	Betriebswirtschaftliche Forschung und Praxis (Jahr und Seite)
BGB	Bürgerliches Gesetzbuch
BGBl.	Bundesgesetzblatt (Teil, Jahr und Seite)
BGH	Bundesgerichtshof
BGHZ	Entscheidungen des Bundesgerichtshofs in Zivilsachen (Band und Seite)
BStBl.	Bundessteuerblatt (Teil, Jahr und Seite)
BVerfG	Bundesverfassungsgericht
BVerfGE	Entscheidungen des Bundesverfassungsgerichts (Band und Seite)

Abkürzungsverzeichnis

bzgl.	bezüglich
bzw.	beziehungsweise
ca.	circa
CAPM	Capital Asset Pricing Model
d. h.	das heißt
DB	Der Betrieb (Jahr und Seite)
Del.	Delaware
ders.	derselbe
dies.	dieselbe(n)
Diss.	Dissertation
DM	Deutsche Mark
DR	Deutsches Recht (Jahr und Seite)
DRiG	Deutsches Richtergesetz
Drucks.	Drucksache
DStR	Deutsches Steuerrecht (Jahr und Seite)
DStBl.	Deutsches Steuerblatt (Jahr und Seite)
ebd.	ebenda
EDV	Elektronische Daten-Verarbeitung
EFG	Entscheidungen der Finanzgerichte (Jahr und Seite)
EG	Europäische Gemeinschaft
EGAktG	Einführungsgesetz zum Aktiengesetz
EGBGB	Einführungsgesetz zum Bürgerlichen Gesetzbuch
EGHGB	Einführungsgesetz zum Handelsgesetzbuch
EGV	EG-Vertrag
ErbStR	Erbschaftsteuerrichtlinien
Est	Einkommensteuer
EStG	Einkommensteuergesetz
EuGH	Europäischer Gerichtshof
evtl.	eventuell
EWiR	Entscheidungen zum Wirtschaftsrecht (Paragraph, Heft/Jahrgang, Seite)
EWIV	Europäische Wirtschaftliche Interessenvereinigung
EWS	Europäisches Wirtschafts- und Steuerrecht (Jahr und Seite)
f./ff.	folgende
FamRZ	Zeitschrift für das gesamte Familienrecht (Jahr und Seite)
FAZ	Frankfurter Allgemeine Zeitung
FG	Finanzgericht
FGG	Gesetz über die freiwillige Gerichtsbarkeit
FGO	Finanzgerichtsordnung

Abkürzungsverzeichnis

FG Praxis	Praxis der Freiwilligen Gerichtsbarkeit (Jahr und Seite)
Fn.	Fußnote
FN-IDW	Fachnachrichten des Instituts der Wirtschaftsprüfer
FS	Festschrift
GAAP	Generally Accepted Accounting Principles
gem.	gemäß
GenG	Gesetz betreffend die Erwerbs- und Wirtschaftsgenossenschaften
GewSt	Gewerbesteuer
GewStG	Gewerbesteuergesetz
GG	Grundgesetz
GmbH	Gesellschaft mit beschränkter Haftung
GmbHG	Gesetz betreffend die Gesellschaften mit beschränkter Haftung
GmbHR	GmbH-Rundschau (Jahr und Seite)
GVG	Gerichtsverfassungsgesetz
HansOLG	Hanseatisches Oberlandesgericht
Helaba	Landesbank Hessen-Thüringen
HFA	Hauptfachausschuss des Instituts der Wirtschaftsprüfer
HFR	Höchstrichterliche Finanzrechtsprechung (Jahr und Seite)
HGB	Handelsgesetzbuch
HRR	Höchstrichterliche Rechtsprechung (Jahr und Seite)
Hrsg.	Herausgeber
IAS	International Accounting Standards
i. d. F.	in der Fassung
i. S. d.	im Sinne der/des
i. S. v.	im Sinne von
IDW	Institut der Wirtschaftsprüfer
IDW S	IDW Standard
IFRS	International Financial Reporting Standards
InsO	Insolvenzordnung
Int'l	International
IStR	Internationales Steuerrecht (Jahr und Seite)
i. V. m.	in Verbindung mit
J	Journal
JuS	Juristische Schulung (Jahr und Seite)
JZ	Juristen-Zeitung (Jahr und Seite)
Kap.	Kapitel
KfH	Kammer für Handelssachen
KG	Kommanditgesellschaft; Kammergericht

Abkürzungsverzeichnis

KSt	Körperschaftsteuer
KStG	Körperschaftsteuergesetz
L. J.	Law Journal
L. R.	Law Review
LG	Landgericht
LPG	Landwirtschaftliche Produktionsgenossenschaft
m. abl. Anm.	mit ablehnender Anmerkung
m. Anm.	mit Anmerkung(en)
m. Nachw.	mit Nachweisen
m. w. Nachw.	mit weiteren Nachweisen
Mio.	Million(en)
N. E. 2d	North Eastern Report, Second Series
Nachw.	Nachweis(e)
n.F.	neue Fassung
NJW	Neue Juristische Wochenschrift (Jahr und Seite)
NJW-RR	Neue Juristische Wochenschrift – Rechtsprechungsreport
Nr.	Nummer
NZG	Neue Zeitschrift für Gesellschaftsrecht (Jahr und Seite)
NZZ	Neue Zürcher Zeitung
o. Ä.	oder Ähnlich(es)
o. g.	oben genannt
OHG	Offene Handelsgesellschaft
OLG	Oberlandesgericht
p. a.	per annum
r. Sp.	rechte Spalte
RA	Rechtsanwalt
RabelsZ	Rabels Zeitschrift für ausländisches und internationales Privatrecht
RegE	Regierungsentwurf
RG	Reichsgericht
RGZ	Entscheidungen des Reichsgerichts in Zivilsachen (Band und Seite)
RIW	Recht der Internationalen Wirtschaft (Jahr und Seite)
Rn.	Randnummer
Rspr.	Rechtsprechung
s.	siehe
S.	Seite
S. M. U.	Southern Methodist University

sog.	so genannt
SolZ	Solidaritätszuschlag
SolZG	Solidaritätszuschlagsgesetz
Sp.	Spalte
SPE	Societas Privata Europaea
st. Respr.	ständige Rechtsprechung
str.	streitig
StuB	Steuern und Bilanzen (Jahr und Seite)
Tax-CAPM	Tax-Capital Asset Pricing Model
Tz.	Textziffer
typ.	typisiert
u. ä.	und ähnliche
u. a.	unter anderen, (-m); und andere
U. S.	United States
u. U.	unter Umständen
UmwG	Umwandlungsgesetz
Urt.	Urteil
v.	vom, von
vgl.	vergleiche
VO	Verordnung
WACC	Weighted Average Cost of Capital
WM	Wertpapier-Mitteilungen (Jahr und Seite)
WP	Wirtschaftsprüfer
WPg	Die Wirtschaftsprüfung (Jahr und Seite)
WpHG	Wertpapierhandelsgesetz
WpÜG	Wertpapiererwerbs- und Übernahmegesetz
WuB	Wirtschafts- und Bankrecht
z. B.	zum Beispiel
z. T.	zum Teil
z. Z.	zur Zeit
ZEV	Zeitschrift für Erbrecht und Vermögensnachfolge
ZfB	Zeitschrift für Betriebswirtschaft (Jahr und Seite)
ZfbF	Zeitschrift für betriebswirtschaftliche Forschung (Jahr und Seite)
ZfgG	Zeitschrift für das gesamte Genossenschaftswesen (Jahr und Seite)
ZGR	Zeitschrift für Unternehmens- und Gesellschaftsrecht (Jahr und Seite)
ZHR	Zeitschrift für das gesamte Handels- und Wirtschaftsrecht

Abkürzungsverzeichnis

ZIP	Zeitschrift für Wirtschaftsrecht (Jahr und Seite)
zit.	zitiert
ZPO	Zivilprozessordnung
Zsteu	Zeitschrift für Steuern und Recht (Jahr und Seite)
zust.	zustimmend
ZVglRWiss	Zeitschrift für vergleichende Rechtswissenschaft (Band, Jahr und Seite)

Literaturverzeichnis

Aders
Auswirkungen der Unternehmenssteuerreform auf die Ertragswertmethode und objektivierte Unternehmenswerte, Bewertungs Praktiker 2007, 1

Aders
Finanzanalysten, Unternehmensbewertung und Rating, Google

Adolff
Unternehmensbewertung im Recht der börsennotierten Aktiengesellschaft, 2007

Altenhain/Wietz
Die Ausstrahlungswirkung des Referentenentwurfs zum Internationalen Gesellschaftsrecht auf das Wirtschaftsstrafrecht, NZG 2008, 569

Andrejewski/Fladung/Kühn
WPg 2006, 80

Areddy
Beijing frets over savings, The Wall Street J. Europe, Wednesday, June 27, 2007, 9

Baetge: Januskopf
DCF-Verfahren in der Unternehmensbewertung und in der Bilanzierung, BB 2005, Heft 30, Die Erste Seite

Baetge/Krause
Die Berücksichtigung des Risikos in der Unternehmensbewertung, BFuP 1194, 450

Baetge/Linau
Die Berücksichtigung von Steuern bei der Unternehmensbewertung von Personenhandelsgesellschaften mit Discounted-Cash-Flow Verfahren nach IDW ES 1 n. F., WPg 2005, 805

Baetge/Schulz
Fair value-Option für Verbindlichkeiten, PiR 2006, 127

Baetge/Solmecke
Grundsätze und Konzeption des Value Reporting, Zeitschrift f. Controlling & Management 2006, Sonderheft 3, 16

Ballwieser
Aktuelle Aspekte der Unternehmensbewertung, WPg 1995, 119

Ballwieser
Der Kalkulationszinsfuß in der Unternehmensbewertung: Komponenten und Ermittlungsprobleme, WPg 2002, 736

Ballwieser
Der neue IDW S 1, WPg 2008 Heft 12 S. I

Ballwieser
Diskussionsbeitrag, Moderne Unternehmensbewertung, in: Weltweite Rechnungslegung und Prüfung, Bericht über die Fachtagung 1997 des IDW, 1998, S. 255

Ballwieser
Unternehmensbewertung und Komplexitätsreduktion, 3. Aufl. 1990

Ballwieser
Unternehmensbewertung, 2. Aufl. 2007

Ballwieser
Zum risikolosen Zins für die Unternehmensbewertung, in: FS Drukarczyk, 2003, S. 19

Ballwieser/Grewe (Hrsg.)
Wirtschaftsprüfung im Wandel, 2008

Bank
Die britische Limited Liability Partnership: Eine attraktive Organisationsform für Freiberufler?, 2007

Bartels/Engler
Das Steuerparadox bei Wachstum im Rahmen der Unternehmensbewertung, BB 1999, 917

Barthel
Handbuch der Unternehmensbewertung, Losebl., Teil 1, Risikozuschlag (Beta-Faktoren)

Barthel
Unternehmenswert: Auswahl der Bezugsgrößen bei Markt Multiples, Finanz Betrieb 2007, 666

Barthel
Unternehmenswert: Entwurf einer Anteils- und Betriebsvermögensbewertungsverordnung, Finanz Betrieb 2008, 520

Barthel
Unternehmenswert: Expected Utility Theory versus Similarity Theory, DB 2007, 586

Barthel
Unternehmenswert: Glaubwürdigkeitsattribution von Argumentationswerten, Finanz Betrieb 2006, 463

Barthel
Unternehmenswert: Rechtsformabhängige Bewertung, Finanz Betrieb 2007, 508

Literaturverzeichnis

Bassen/Popovis
Die Bewertung von B2C-E-Commerce Unternehmen, Finanz Betrieb 2004

Baums
Das Zinsverbot im Aktienrecht, in: FS Norbert Horn, 2006, S. 249

Baums/Frick
Co-Determination in Germany: The Impact on the Value of the Firm, Arbeitspapier 1997, S. 29

Bebenroth
Bewertung bei Akquisitionen japanischer Targetunternehmen – aus Sicht deutscher Industrieunternehmen, 2003

Behme/Nohlen
Zur Wegzugsfreiheit von Gesellschaften – Der Schlussantrag von Generalanwalt Maduro in der Rechtssache Cartesio (C-210/06), NZG 2008, 496

Behringer
Cash-flow und Unternehmensbeurteilung, 8. Aufl. 2003

Behringer
Die Bewertung einer freiberuflichen Praxis mit dem Ertragswertverfahren: eine Fallstudie, StuB 208, 145

Behringer
Unternehmensbewertung der Mittel- und Kleinbetriebe, 3. Aufl. 2004

Beine/Lopatta
Purchase Price Allocation – Brückenschlag zwischen Bilanzrecht und Unternehmensbewertung, in: Ballwieser/Grewe, Wirtschaftsprüfung im Wandel, 2008, S. 451

Berenson
The Number, 2003

Beuthien
Die Europäische Genossenschaft als gesellschaftsrechtliche Herausforderung, ZfgG 1 (2007) 3

Beyer
Unternehmensbewertung, Wachstum und Abgeltungsteuer, Finanz Betrieb 2008, 256

Beyer/Dörschell/Lackum von/Leverkus/Rus/Zeidler
Die Anwendung der neuen Grundsätze zur Unternehmensbewertung, 47. IDW Arbeitstagung Baden-Baden, 9. – 11. Nov. 2005

Beyer/Gaar
Neufassung des IDW S 1 „Grundsätze zur Durchführung von Unternehmensbewertungen", FinanzBetrieb 2005, 240

Beyer/Mackenstedt
Grundsätze zur Bewertung immaterieller Vermögenswerte (IDW S 5), WPg 2008, 338

Bicker
Gläubigerschutz in der grenzüberschreitenden Konzerngesellschaft, 2007

Bilda
Erwerb der Ausgleichs- und Abfindungsrechte außenstehender Aktionäre, AG 2008, 641

Bilda
Zur Dauer der Spruchstellenverfahren, NZG 2000, 296

Binns
The EU-Commission's Strategy with Respect to Accounting and Disclosure, in: Bericht über die Fachtagung 1997 des Instituts der Wirtschaftsprüfer in Deutschland, 1998, S. 35

Binz/Sorg
Aktuelle Fragen der Bewertung von Stamm- und Vorzugsaktien im Steuerrecht, DStR 1994, 993

Blum
Auswirkungen der Unternehmensteuerreform 2008 auf die Bewertung von Unternehmen mittels AVP-Ansatz, WPg 2008, 455

Blum
Unabhängigkeit des Unternehmenswerts von der Rechnungslegung des Unternehmens, BB 2008, 2170

Böcking
Das Verbundberücksichtigungsprinzip als Grundsatz ordnungsmäßiger Unternehmensbewertung, in: FS Adolf Moxter, 1994, S. 1407

Böcking
Zur Bedeutung des Börsenkurses für die angemessene Barabfindung, in: FS Drukarczyk, 2003, S. 59

Böcking/Nowak
Der Beitrag der Discounted Cash Flow – Verfahren zu Lösung der Typisierungsproblematik bei Unternehmensbewertungen, DB 1998, 685

Bogle
The Little Book of Common Sense Investing, 2006

Bonus
Die Langsamkeit von Spielregeln, in: Backhaus/Bonus (Hrsg.), Die Beschleunigungsfalle oder der Triumph der Schildkröte, 1998, S. 41

Booth
Minority Discounts and Control Premiums in Appraisal Proceedings, 57 Business Lawyer 127 (2001)

Bosak
Die meisten „Conduits" tauchen in keiner Bilanz auf, FAZ 12.9.2007 Nr. 212, 23

Both
Minority Discounts and Control Premiums in Appraisal Proceedings, Working Paper, University of Maryland 2001

Brähler
Der Wertmaßstab der Unternehmensbewertung nach § 738 BGB, WPg 2008, 209

Brenning
Reifezeit, XXII, 1979

Brooks/Mitchell Ford
Trouble at home: Subprime mess has broader foundations in U. S., The Wall Street J. Europe, Friday – Sunday, Oct. 12–14, 2007, 12

Brösel/Müller
Goodwillbilanzierung nach IFRS aus Sicht des Beteiligungscontrolling, Zeitschrift f. internationale und kapitalmarktorientierte Rechnungslegung 7 (2007) 34

Brüchle/Erhardt/Nowak
Konzerneinfluss und Entkoppelung vom Marktrisiko. Eine empirische Analyse der Betafaktoren bei faktischen und Vertragskonzernen, ZfB 2008, 455

Bungert
Der BGH und der Squeeze Out: Höchstrichterliche Beurteilung der Standardrügen von Anfechtungsklagen, BB 2006, 2761

Bungert
DTA/Atlanta: Der BGH gibt der Praxis Rätsel auf, BB 2001, 1163

Bungert
Fortbestehen der Anfechtungsbefugnis nach wirksam gewordenem Squeeze Out, BB 2007, 57

Bungert
Rückwirkende Anwendung von Methodenänderungen bei der Unternehmensbewertung, WPg 2008, 811

Bürgi
Die Entstehung und Begründung der Gefährdungshaftung im 19. Jahrhundert, in: FS Claus-Wilhelm Canaris, 2007, S. 59

Burwitz
Das Bilanzrechtsmodernisierungsgesetz, NZG 2008, 694

Busse von Colbe
Berücksichtigung von Synergien versus Stand-alone-Prinzip bei der Unternehmensbewertung, ZGR 1994, 595

Busse von Colbe
Der Vernunft eine Gasse: Abfindung von Minderheitsaktionären nicht unter dem Börsenkurs ihrer Aktien, in: FS Marcus Lutter, 2000, S. 1053

Busse von Colbe/Ordelheide/Gebhard/Pellens
Konzernabschlüsse, 2006

Busse von Colbe/Schurbohm-Ebneth
Neue Vorschriften für den Konzernabschluss nach dem Entwurf für ein BilMoG, BB 2008, 98

Card Jr.
A Burger-Flipper's-Eye View of Fast-Food Management Styles, Wall Street J. Europe, Jan. 19, 2006

Carney/Heimendinger
Appraising the Non-Existent: The Delaware Courts' Struggle with Control Premiums, U. of Pennsylvania L. Rev. 152 (2003) 845

Carrington
On Ranking, J. of Legal Education 53 (2003) 301

Castello/Klingbeil/Schröder
IDW RS HFA 16: Bewertungen bei der Abbildung von Unternehmenserwerben und bei Werthaltigkeitsprüfungen, WPg 2006, 1028

Chanos
Short-Lived Lessons – From an Enron Short, Wall Street J. Europe, Wednesday, May 31, 2006

Chen u. a.
Did Adoption of Forward-Looking Valuation Methods Improbe Valuation Accuracy in Shareholder Litigation?, Journal of Accounting, Auditing and Finance (200)

Copeland/Koller/Murrin
Valuation, 3. Aufl. 2000

Cornell/Rutten
Market Efficiency, Crashes and Securities Litigation, abrufbar über google.com

Cronin
You Can Not Speak, in: beautiful, unfinished, 2003, S. 84

Cunningham
From Random Walks to Chaotic Crashes: The Linear Genealogy of the Efficient Market Hypothesis, 62 George Washington L. Rev. (1994) 546

Cunningham
Private Standards in Public Law: Copyright, Lawmaking and the Case of Accounting, Michigan L. Rev. 104 (2005) 292

Damodaran
  Valuation Approach and Metrics: A Survey of the Theory and Evidence, Nov. 2006, http://pages.stern.nyu.edu/~adamodar/

Damodaran
  The Data Page, http://pages.stern.nyu.edu/~adamodar/

Daston/Galison
  Objektivität, 2007

Dausend/Lenz
  Unternehmensbewertung mit dem Residualgewinnmodell unter Einschluss persönlicher Steuern, WPg 2006, 719

Dausend/Schmitt
  Abgeltungsteuern und die Zukunft des IDW S 1, Finanz Betrieb 2007, 287

Dausend/Schmitt
  Implizierte Schätzung der Marktrisikoprämie nach Steuern für den deutschen Kapitalmarkt, Forschungsberichte des Betriebswirtschaftlichen Instituts der Universität Würzburg, Nr. 11/2006, S. 26

Deilmann
  Aktienrechtlicher versus Übernahmerechtlicher Squeeze-out, NZG 2007, 721

Deipenbrock
  Ausgewählte Rechtsaspekte einer „Anerkennung" von Ratingagenturen, WM 2006, 2237

Derman
  Finance by the Numbers, The Wall Street J. Europe, Thursday, August 23, 2007, 10

Dettmeier/Pöschke
  Schwerpunktbereich – Einführung in das „internationale" Bilanzrecht, Jus 2007, 313

Diederichsen
  Die Erfassung des „Goodwill" bei der Bewertung wirtschaftlicher Unternehmen in der familiengerichtlichen Praxis, in: FS Bernhard Großfeld, 1999, S. 142

Diederichsen
  Rechtswissenschaft und Rhetorik, in: Classen/Mühlenbrock (Hrsg.), Die Macht des Wortes, 1991, S. 205

Diekmann
  Änderungen im Wertpapiererwerbs- und Übernahmegesetz anlässlich der Umsetzung der EG-Übernahmerichtlinie in das deutsche Recht, NJW 2007, 17

Diekmann
Die Geschichte des französischen Bilanzrechts, 1991

Dierksmeier
Die englische Ltd. in Deutschland – Haftungsrisiko für Berater, BB 2005, 1516

Dietmar/Schneider/Thielen
Unternehmensbewertungen erstellen und verstehen: Ein Praxisleitfaden, 3. Aufl. 2008

Dilthey
Der Mensch und die Zahlen, 1862

Dine
The Capture of Corruption: Complexity and Corporate Culture, Global Business and Development L. J. 20 (2007) 263, 276

Dörschell/Franken
Rückwirkende Anwendung der neuen IDW-Standards zur Durchführung von Unternehmensbewertungen, DB 2005, 2257

Dörschell/Franken/Schulte
Ermittlung eines objektivierten Unternehmenswertes für Personengesellschaften und die Unternehmenssteuerreform, WPg 2008, 444

Dörschell/Franken/Schulte
Praktische Probleme bei der Ermittlung der Kapitalkosten bei Unternehmensbewertungen, BewertungsPraktiker 2006, 2

Dries
Auf der Suche nach saftigen Übernahmeprämien, FAZ 23.4.2007 Nr. 94, 24

Drinhausen/Gesell
Gesellschaftsrechtliche Gestaltungsmöglichkeiten. Grenzüberschreitende Mobilität von Unternehmen in Europa, BB-Special 8/2006, 3

Drobetz/Tegtmeier/Topalow
Bewertung von Kommanditanteilen geschlossener Schiffsfonds mit dem Ertragswertverfahren, Finanz Betrieb 2008, 399

Drouven/Mödl
US-Gesellschaften mit Hauptverwaltungssitz in Deutschland im deutschen Recht, NZG 2007, 7

Drukarczyk/Ernst (Hrsg.)
Branchenorientierte Unternehmensbewertung, 2. Aufl., 2007

Drukarczyk/Schüler
Unternehmensbewertung, 6. Aufl. 2008

Du Plessis/Grossfeld a. o.
German Corporate Governance in International and European Context, 2007

Ebke
Die Besorgnis der Befangenheit des Abschlussprüfers und ihre Auswirkungen auf die Abschlussprüfung und den testierten Jahresabschluss, in: FS Volker Röhricht, 2005, S. 833

Ebke
Die Europäische Union und die Haftung des gesetzlichen Abschlussprüfers: Eine unendliche Geschichte, in: FS Peter Westermann, 2007, S. 873

Ebke
Kapitalmarktinformationen, Abschlussprüfung und Haftung, in: FS Yamauchi, 2006, S. 106

Ehrhardt/Nowak
Viel Lärm um nichts? – Zur (Ir)Relevanz der Risikoprämie für die Unternehmensbewertung im Rahmen von Squeeze-outs, AG, Sonderheft 2005, Fair Valuations, 3

Eichelberger
Das Verbot der Marktmanipulation (§ 20a WpHG), 2007

Eidenmüller/Rehberg
Rechnungslegung von Auslandsgesellschaften, ZVglRWiss 105 (2006) 427

Elton/Gruber/Agrawal/Mann
Explaining the Rate Spread on Corporate Bonds, Journal of Finance 56 (2001) 247

Emmerich
Wie rechne ich mich arm? Kritische Anmerkungen zur gegenwärtigen Bewertungspraxis in Spruchverfahren, in: FS Ernst-Joachim Mestmäcker, 2006, S. 137

Englard
Victor Mataja's Liability for Damages from an Economic Viewpoint: A Centennial to an Ignored Economic Analysis of Tort, International Rev. of Law and Economics 10 (1990) 173

Ernst, Dietmar/Schneider/Thielen
Unternehmensbewertungen erstellen und verstehen, 2. Aufl. 2006

Ernst, Wolfgang
Geld, Jahrbuch für Biblische Theologie 21/2006, S. 3

Essler
Internationale Bewertungsstandards – Aktuelle Entwicklungen und Auswirkungen für Bewertungsprofessionals in Deutschland, Bewertungs Praktiker 2007, 13

Exler
: Midcap M&A, 2006

Exler
: Multiplikatorenmethode – die „Praktikerformel" für die Bewertung von KMU, BBB 2007, 43

Fama/French
: The Capital Asset Pricing Model: Theory and Evidence, J. of Economic Perspectives 18 (2004) 25

Fama/French
: The CAPM. Theory and Evidence, in: Center for Research in Security Prices (RRSP), University of Chicago, Working Paper No. 550 (August 2003)

Fedke
: Corporate Governance in international agierenden Konzernen, 2006

Fickinger/Horn
: Das Gehirn entscheidet anders, FAZ 20.10.2007 Nr. 244, 13

Fischer/Klöpfer
: Bilanzpolitik nach IFRS: Sind die IFRS objektiver als das HGB?, KoR 2006, 709

Fischer-Winkelmann
: „Weiterentwicklung" der Grundsätze ordnungsmäßiger Unternehmensbewertung IDW S 1 = IDW ES 1 n. F.?, BFuP 58 (2006) 158

Flachskamp/Michulitz
: Zum Management internationaler Tochtergesellschaften, in: Bouncken (Hrsg.), Interkulturelle Kooperation, 2007, S. 157

Fleischer
: Das neue Recht des Squeeze Out, ZGR 2002, 757

Fleischer/Schmolke
: Die Rechtsprechung zum deutschen internationalen Gesellschaftsrecht seit 1991, JZ 2008, 233

Forster
: Zur angemessenen Barabfindung, in: FS Claussen, 1994, S. 91

Fulda
: Das Buch der Epigramme, 1920

Funk
: Mitbestimmung in EU-Auslandsgesellschaften nach „Inspire Art", 2007

Funke
: Konglomeratabschlag und Transaktionskostentheorie, 2006

Gampenrieder
Unternehmensbewertung: Künftig niedrigere Ertragswerte, Versicherungswirtschaft 2005, 570

Gebhard/Daske
Zukunftsorientierte Schätzung von Kapitalkosten für die Unternehmensbewertung, Working Papers Nr. 134, Universität Frankfurt/M. 2004, S. 8

Gebhardt/Daske
Kapitalmarktorientierte Bestimmung von risikofreien Zinssätze für die Unternehmensbewertung, WPg 2005, 649

Gelinsky
Ein Geflecht von Vorschriften, FAZ 27.2.2007Nr. 49, 8

George
Challenges Facing an Independant Judiciary, New York University Law Review 80 (2005) 1345

Geschwendtner
Abzinsung von betrieblichen Forderungen aus unverzinslichen Gesellschafterdarlehen auf der Grundlage der Rechtsprechung des Bundesfinanzhofs – Korrespondierende Bilanzierung und kompensatorische Bewertung, in: *Ballwieser/Grewe (Hrsg.)*:Wirtschaftsprüfung im Wandel, 2008, S. 633

Geyrhalter/Gänßler
Gesellschaftsrechtliche Voraussetzungen eines formalen Delisting, NZG 2003, 313

Gielen
Deutsche Aktien: Historisches Wachstum von 6,8 % p. a., Deutsches Aktieninstitut, DAI-Kurzstudie 3/2004. Dez. 2004

Gleißner/Wolfru
Eigenkapitalkosten und die Bewertung nicht börsennotierter Unternehmen: Relevanz von Diversifikationsgrad und Risikomaß, Finanz Betrieb 2008, 602

Gorton
The Panic of 2007,
http://www.kc.frb.org/publicat/sympos/2008/Gorton.08.04.08.pdf

Gorny
Besprechung Jörg Wiese, Komponenten, WPg 2008, VI

Gräfin von Schlieffen
„Sie bringen mir ganze Bogen, und ich verstehe nichts davon" – Altes und Neues zur Rechtssprache als Fachsprache, in: FS Ulrich Eisenhard, München 2007, S. 87

Großfeld
Aktiengesellschaft, Unternehmenskonzentration und Kleinaktionär, 1967

Großfeld
 Barabfindung und Ausgleich nach §§ 304, 305 AktG, NZG 2004, 74

Großfeld
 Bilanzziele und kulturelles Umfeld, WPg 1994, 795

Großfeld
 Bildhaftes Rechtsdenken, 1995

Großfeld
 Börsenwert und Unternehmensbewertung, BB 2000, 261

Großfeld
 Brückenbauer, in: Gedächtnisschrift f. Alexander Lüderitz, 2000, S. 233

Grossfeld
 Changing Concepts of Rules: Global Corporate Assessment, Law and Business Rev. of the Americas 8 (2002) 341

Grossfeld
 Comparatists and Languages, in: Legrand/Munday, Comparative Legal Studies: Traditions and Transitions, 2003, S. 154

Grossfeld
 Comparative Corporate Governance: Generally Accepted Accounting Principles v. International Accounting Standards? 28 North Carolina J. of International L. and Commercial Regulation 847 (2003), §§ 24–40

Grossfeld
 Cross-Border Mergers: Corporate Accounting/Corporate Valuation, ZVglRWiss. 101 (2002) 1

Grossfeld
 Cyber Corporation Law: Comparative Legal Semiotics/Comparative Legal Logistics, 35 The International Lawyer (2001) 1405

Großfeld
 Die Augen der Studenten: Jurastudium zwischen Lokalisierung und Globalisierung, in: FS Erik Jayme, Bd. 2, 2004, S. 1103

Großfeld
 Die Privatstrafe, 1961

Großfeld
 Europäische Unternehmensbewertung, NZG 2002, 353

Großfeld
 Europäische Unternehmensverfassung/Europäisches Bilanzrecht, in: Gedächtnisschrift Albert Bleckmann, 2007, S. 169

Großfeld
 Europäisches Erbe als Europäische Zukunft, JZ 2000, 1

Literaturverzeichnis

Großfeld
Generalnorm, in: Leffson/Rückle/Großfeld (Hrsg.), Handwörterbuch unbestimmter Rechtsbegriffe im Bilanzrecht des HGB, 1986, S. 112

Grossfeld
Geography and Law, Michigan L. Rev. 82 (1984) 1510

Großfeld
Gesellschaftsrecht und internationale Bilanzierung, in: IDW (Hrsg.), Weltweite Rechnungslegung und Prüfung, 1998, S. 105

Grossfeld
Global Accounting: A Challenge for Lawyers, in: Liber Amicorum Roberto MacLean, 2007, S.143

Grossfeld
Global Corporate Governance and Legal Education, 11 Law and Business Rev. of the Americas 185 (2005) 101

Grossfeld
Global Corporate Reorganization/Global Corporate Governance: Imperfect Information and Credible Commitment, 4 Richmond J. of Global L. and Busin. (2004) 80

Grossfeld
Global Financial Governance and Legal Education, L. and Business Rev. of the Americas 185 (2005), 101

Grossfeld
Global Financial Statements/Local Enterprise Valuations, 29 J. of Corporation L. (2004) 337

Grossfeld
Global Valuation: Geography and Semiotics, 55 Southern Methodist University L. Rev. (2002) 197

Großfeld
Globale Rechnungslegung – Lokale Bewertung, ZfgG 54 (2004) 247

Großfeld
Globale Unternehmen bewerten, in: Heintzen/Kruschwitz, Unternehmen bewerten, 2003, S. 101

Großfeld
Globale Wirtschaft und Internationales Recht, in: FS Dieter Rückle, 2006, S. 31

Großfeld
Globales Rating, ZVglRWiss 101 (2002) 387

Großfeld
Grenzüberschreitende Rechnungslegung, in: Ebke/Luttermann/Siegel, Internationale Rechnungslegungsstandards für börsenunabhängige Unternehmen?, 2007, S. 21

LV

Großfeld
Interkulturelle Unternehmensbewertung, in: FS Koresuke Yamauchi, 2006, S. 123

Grossfeld
International Financial Reporting Standards: European Corporate Governance, in: Sanches/Taborda da Gama (Hrsg.), O Direito do Balanco e as Normas Internacionais de Relato Financeiro, 2007, S. 11

Großfeld
Internationale Rechnungslegung – Internationalisierung als Führungsaufgabe, in: Grundmann (Hrsg.), Systembildung und Systemlücken in Kerngebieten des Europäischen Privatrechts, 2000, S. 289

Großfeld
Internationale Standards der Rechnungslegung, in: Nobel (Hrsg.,), Internationales Gesellschaftsrecht, 2000, S. 75

Großfeld
Internationale Unternehmensbewertung, BB 2001, 1836

Großfeld
Internationales Bilanzrecht, in: Großfeld, Zauber des Rechts, Tübingen 1999, S. 39

Grossfeld
Lawyers and Accountants: A Semiotic Competition, 36 Wake Forest L. Rev. (2001) 167

Grossfeld
Loss of Distance: Global Corporate Actors and Global Corporate Governance – Internet v. Geography, 34 The International Lawyer (2000) 963

Grossfeld
Money Sanctions for Breach of Contract in a Communist Economy, 72 Yale Law Journal (1963) 1326

Großfeld
Neue Seidenstraße, ZVglRWiss 103 (2004) 395

Großfeld
Probleme der Rechtsvergleichung im Verhältnis Vereinigte Staaten von Amerika – Deutschland, RabelsZ 39 (1975) 5

Großfeld
Rating, ZVglRWiss 101 (2002) 387

Großfeld
Rechte Zeit, in: Backhaus/Bonus (Hrsg.), Die Beschleunigungsfalle oder der Triumph der Schildkröte, 1998, S. 91

Großfeld
Rechtskulturelle Unternehmensbewertung, in: FS Koresuke Yamauchi, 2006, S. 123

Großfeld
Rechtsvergleichende Poetik, ZVglRWiss 105 (2006) 343

Großfeld
Rechtsvergleichung als Kulturvermittlung, in: Großfeld/Yamauchi/Ehlers/Ishikawa, Probleme des deutschen, europäischen und japanischen Rechts, 2006, S. 71

Großfeld
Unternehmensbewertung als Rechtsproblem, JZ 1981, 641

Großfeld
Unternehmensbewertung und Rechtskultur, in: Liber Amicorum Richard M. Buxbaum, 2000, S. 204

Großfeld
Unternehmensverfassung im Umbruch, in: Großfeld/Schwarz/Meik, Wirtschaftsrecht im internationalen Anpassungsprozess, 2005, S. 21

Großfeld
Vergleichende Unternehmensverfassung: Generally Accepted Accounting Principles oder International Financial Reporting Standards?, ZVglRWiss 103 (2004) 3

Großfeld
Zeichen und Zahlen im Recht, 1995

Großfeld
Zeichen und Zahlen im Recht, 2. Aufl. 1997

Großfeld
Zivilrecht als Gestaltungsaufgabe, 1977

Großfeld
Institut für Genossenschaftswesen Münster, Nr. 1, 2002, S. 85

Großfeld
Rechtsvergleichung, 2001

Großfeld/Egert
Cash Flow in der Unternehmensbewertung, in: FS Ludewig, 1996, S. 365

Großfeld/Frantzmann
„Da mihi facta": Unternehmensbewertung, in: FS Beuthien, 2009, erscheint demnächst

Großfeld/Güthoff
Abfindungsanspruch und Einkommensteuer bei Personengesellschaften, in: FS Ernst Stiefel, 1987, S. 247

Grossfeld/Hiller
Comparative Legal Semiotics and the Divided Mind: Are We Educating Half-Brained Lawyers?, 50 American J. Comp. L. (2002) 175

Großfeld/Hoeltzenbein
Globale Zeichenmacht/Globale Zeichenkontrolle: Zins und Zinseszins, ZVglRWiss 104 (2005) 31

Grossfeld/Hoeltzenbein
Globalizations and the Limits of Language. Comparative Legal Semiotics, Rechtstheorie 35 (2004) 87

Großfeld/Höltzenbein
Geo-Songs: Modern Land Rights, Rechtstheorie 37 (2006) 443

Großfeld/Luttermann
Bilanzrecht, 4. Aufl. 2005

Großfeld/Merkelbach
Wirtschaftsdaten für Juristen: Grundlagen disziplinierter Unternehmensbewertung, NZG 2008, 241

Großfeld/Stöver
Ermittlung des Betafaktors in der Unternehmensbewertung: Anleitung zum „Do it yourself", BB 2004, 2799

Großfeld/Stöver/Tönnes
Neue Unternehmensbewertung, BB-Spezial 7/2005, 2

Großfeld/Stöver/Tönnes
Unternehmensbewertung im Bilanzrecht, NZG 2006, 521

Großfeld/Welp
Adolf Bastian und die Rechtsvergleichung, Rechtstheorie 25 (1994) 503

Großfeld/Wessels
Zeit, ZVglRWiss 4 (1990) 498

Grossman/Stiglitz
On the Impossibility of Informationally Efficient Markets, 70 American Economic Review (1980) 393

Gude
Strukturänderungen und Unternehmensbewertung zum Börsenkurs, 2004

Günther
Unternehmensbewertung: Netto-Ertragswertformel nach IDW S 1, Finanz Betrieb 2004, 204

Gutte
Das reguläre Delisting von Aktien, 2006

Haack
Renaissance der Abfindung zum Buchwert?, GmbHR 1994

Hachmeister
Analyse der Regelungen zur Cashflow-Schätzung beim Goodwill Impairment Test vor dem Hintergrund der Grundsätze ordnungsmäßiger Prognose, in: FS Dieter Rückle, 2006, S. 257

Hachmeister
Impairment-Test nach IFSR und US-GAAP, in: Ballwieser/Beyer/Zelger (Hrsg.), Unternehmenskauf nach IFRS und US-GAAP, 2005, S. 191

Hackney Jr.
Under Cover of Silence: American Legal-Economic Theory and the Quest for Objectivity, 2007

Hagerty u. a.
Germany sets shaky precedent with bailout of wobbling lender, Wall Street J. Europe, Monday, August 6, 2007, 15

Hagerty
Housing woes bash Freddie Mac, The Wall Street J. Europe, Wednesday, Nov. 21, 2007, 6

Hamermesh/Wachter
The Fair Value of Cornfields in Corporate Appraisal Law, University of Pennsylvania L. School, Working Paper, July 2005

Hammes
Die Bemessung der Entschädigung enteigneter Investoren im Rahmen von Investitionsschutzabkommen, SchiedsVZ 2007, 169

Hauck
Die Probleme der „conduits", FAZ 21.9.2007 Nr. 230, 8

Hayn
in: Beck'sches IFRS-Handbuch, 2. Aufl. 2006, § 34

Hecker
Regulierung von Unternehmensübernahmen und Konzernrecht, 2000

Hendler/Zülch
Unternehmenszusammenschlüsse und Änderung von Beteiligungsverhältnissen bei Tochterunternehmen – die neuen Regelungen des IFRS 3 und IAS 27, WPg 2008, 484

Heidel
Aktienrecht und Kapitalmarktrecht, 2. Aufl. 2007, vor § 327 a AktG, S. 1713–1717 (*Heidel/Lochner*)

Heidel
Aktienrecht und Kapitalmarktrecht, 2. Aufl. 2007, Teil 16, S. 2691 (*Sohbi*)

Heidel
Aktienrecht und Kapitalmarktrecht, 2. Aufl. 2007, Teil 12, S. 2335 (*Braunfels*)

Heidel
Aktienrecht und Kapitalmarktrecht, 2. Aufl. 2007, Teil 7, S. 2125 (*Schmitz*)

Heidel
Aktienrecht und Kapitalmarktrecht, 2. Aufl. 2007, Teil 11, S. 2267 (*Weingärtner/Tewes*)

Heidel
Aktienrecht und Kapitalmarktrecht, 2. Aufl. 2007, Teil 11, S. 2319 (*Weingärtner*)

Heidel
Aktienrecht und Kapitalmarktrecht, 2. Aufl. 2007, Teil 14, S. 2462 (*Fischer zu Cramburg/Royé*)

Heidel
Aktienrecht und Kapitelmarktrecht, 2. Aufl. 2007, S. 2784 (*Holst*)

Heintzen u. a.
Die typisierende Berücksichtigung der persönlichen Steuerbelastung des Anteilseigners beim Squeeze Out, Diskussionspapier Nr. 346 (www.wiwi.uni-hannover.de)

Helbling
Unternehmensbewertung und Steuern, 9. Aufl. 1998

Hendler/Zülch
Unternehmenszusammenschlüsse und Änderung von Beteiligungsverhältnissen bei Tochterunternehmen – die neuen Regelungen des IFRS 3 und IAS 27, WPg 2008, 484

Henerichs
Die Behandlung von GmbH-Beteiligungen an Personengesellschaften bei der Anteilsbewertung, GmbHR 1989, 342

Hennrichs
„Basel II" und das Gesellschaftsrecht, ZGR 2006, 563

Hennrichs
Bilanz- und steuerrechtliche Aspekte der sog. Scheinauslandsgesellschaften, in: FS Norbert Horn, 1976, S. 387

Hennrich
Prognosen im Bilanzrecht, AG 2006, 698

Hennrichs
Unternehmensbewertung und persönliche Ertragsteuern aus (aktien)rechtlicher Sicht, ZHR 164 (2000) 453

Hennrichs
Unternehmensfinanzierung und IFRS im deutschen Mittelstand, ZHR 170 (2006) 498

Henry
Fuzzy Numbers. Despite the Reforms, Corporate Profits Can Be Distorted and Confusing as Ever. Here's how the Game is Played, Business Week, Oct. 4, 2004, 79

Henselmann
Empirische Erkenntnisse zu Restwertverläufen in der Unternehmensbewertung, Finanz Betrieb 2007, 34

Hentzen
IFRS – Werte als Grundlagen der Unternehmensbewertung aus Anlass von Umstrukturierungen, DB 2005, 1891

Henze
Die Berücksichtigung des Börsenkurses bei der Bemessung von Abfindung und variablem Ausgleich im Unternehmensvertragsrecht, in: FS Marcus Lutter, 2000, S. 673

Hering/Brösel
Der Argumentationswert als „blinder Passagier" im IDW S 1 – Kritik und Abhilfe –, WPg 2004, 936

Herres
Warten auf den großen Einbruch, FAZ 22.6.2007 Nr. 142, 21

Hock
Fair Valuations – Moderne Grundsätze zur Durchführung von Unternehmensbewertungen, AG 2005 Sonderheft, Fair Valuations, 34

Hoffmann/Meckel
Wahrnehmung und Unternehmensbewertung, FAZ 29.5.2007 Nr. 122, 22

Hohl
Private Standardsetzung im Gesellschafts- und Bilanzrecht, 2007

Hommel, Michael
Anmerkung BB 2008, 1056

Hommel, Michael/Buhleier/Pauly
Bewertung von Marken in der Rechnungslegung – eine kritische Analyse des IDW ES 5, BB 2007, 371

Hommel, Michael/Pauly
Unternehmensbewertung und Unternehmensteuerreform 2008 – Eine gegenüberstellende Betrachtung der Auswirkungen der Reformmaßnahmen auf den Kapitalstruktur- und Ausschüttungsdifferenzeffekt, Finanz Betrieb 2008, 412

Hommel, Michael/Dehmel/Pauly
Unternehmensbewertung unter dem Postulat der Steueräquivalenz, BB Spezial 7/2005 Unternehmensbewertung, S. 12

Hommel, Michael/Dehmel
Unternehmensbewertung case by case, 3. Aufl., 2008

Hommel, Michael/Pauly
IDW ES 1 – Neuerungen beim objektivierten Unternehmenswert, BB 2007, 2728

Hommel, Michael/Pauly
Unternehmenssteuerreform 2008: Auswirkungen auf die Unternehmensbewertung, BB 2007, 1155

Hommel, Michael/Wüstemann
Synopse der Rechnungslegung nach HGB und IFRS, 2006

Hommel, Ulrich/Scholich/Haecker
Reale Optionen, 2006

Höppner
Wer beherrscht die deutschen Unternehmen, 2003

Horn
Nicht nur Obst und Gemüse, FAZ 5.9.2006 Nr. 206, 11

Hübner
Mindestkapital und alternativer Gläubigerschutz – rechtsvergleichende Anmerkungen zur Entwicklung des GmbH-Rechts, in: FS Claus-Wilhelm Canaris, 2007, S. 129

Hüffer/Schmidt-Assmann/Weber
Anteilseigentum, Unternehmenswert und Börsenkurs, 2005

Huntingdon/Harrison (Hrsg.)
Streit um Werte, 2002

Hüttemann
Rechtliche Vorgaben für ein Bewertungskonzept, WPg 2007, 812

Hüttemann
Rechtsfragen der Unternehmensbewertung, in: Heintzen/Kruschwits, Unternehmen bewerten, 2003, S. 151

Hüttemann
Zur „rückwirkenden" Anwendung neuer Bewertungsstandards bei der Unternehmensbewertung – Korreferat zum Beitrag von Bungert, WPg 2008, 811, WPg 2008, 822

Jahndorf
Zur Schätzung des gemeinen Werts von nichtnotierten Anteilen an Kapitalgesellschaften für Zwecke des Ertragsteuerrechts, StuW 1999, 271

Jansen
Die Vermessung der unternehmerischen Welt – Plädoyer für einen mehrwertigen Kapitalbegriff, in: Ballwieser/Grewe (Hrsg.), Wirtschaftsprüfung im Wandel, 2008, S. 787

Literaturverzeichnis

Jakobs
Die Berücksichtigung steuerlicher Verlustvorträge bei der Bestimmung des Umtauschverhältnisses zu verschmelzender Gesellschaften, in: Haarmann, Hemmelrath & Partner (Hrsg.), Gestaltung und Analyse in der Rechts-, Wirtschafts- und Steuerberatung von Unternehmen, 1998, S. 51

Jonas
Ausschüttungsverhalten und Betafaktor deutscher Aktiengesellschaften, Finanz Betrieb 2006, 479

Jonas
Relevanz persönlicher Steuern? Mittelbare und unmittelbare Typisierung der Einkommensteuer in der Unternehmensbewertung, WPg 2008, 826

Jonas
Unternehmensbewertung: Methodenkonsistenz bei unvollkommenen Märkten und unvollkommenen Rechtssystemen, WPg 2007, 835

Jonas/Löffler/Wiese
Das CAPM im deutscher Einkommensteuer, WPg 2004, 898

Jonas/Wieland-Blöse/Schiffahrth
Basiszins in der Unternehmensbewertung, Finanz Betrieb 2005, 647

Jung
Anwendung der Gründungstheorie auf Gesellschaften schweizerischen Rechts?, NZG 2008, 681

Jung/Wachtler
Die Kursdifferenz zwischen Stamm- und Vorzugsaktien, AG 2001, 513

Junker
Grenzen der Arbeitsrechtsvergleichung, in: FS Claus-Wilhelm Canaris, Bd. 2, 2007, S. 705

Just/Lieth
Der Referenzzeitraum für die Bestimmung der Barabfindung beim Ausschluss von Minderheitsaktionären nach §§ 327a ff. AktG, NZG 2007, 444

Kantrowitz/Slutsky
in: White, New York Business Entities, Vol. 2, 2005, 6–500

Kaufman
Risky New Financial Markets, The Wall Street J. Europe, Thursday, August 16, 2007, 11

Kazim
Die böse Macht der Krisen-Katalysatoren, Spiegel Online vom 13.8.2007, http://www.spiegel.de/wirtschaft/0,1518,499674,00.html

Keller
Aktuelle Tendenzen der Unternehmensbewertung im Bereich kleiner und mittlerer Unternehmen, VentureCapital Magazin 2/2006, 44

Kengelbach
Unternehmensbewertung bei internationalen Transaktionen, 2000

Kerr
As Far As I Remember, 2005

Kessler
Die Unternehmensbewertung mit Realoptionen, 2005

Kesten
Adjusted Present Value und Unternehmenssteuerreform 2008/2009 (Google)

Kesten
Unternehmensbewertung und Performancemessung mit dem Robichek/Myers-Sicherheitsäquivalentmodell, Finanz Betrieb 2007, 88

Kirchner
Fair-Value-Bewertung von Internationalen Rechnungslegungsstandards als Schwachstelle der Corporate Governance, in: FS Dieter Rückle, 2006, S. 299

Kirchner
Wetten auf Kursdifferenzen werden rar, Handelsblatt, 03.05.2007, Nr. 85, 29

Kischel
Vorsicht, Rechtsvergleichung, ZVglRWiss 104 (2005) 10

Kleindiek
Abfindungsbezogene Informationsmängel und Anfechtungsausschluss, NZG 2001, 552

Kniest
Bewertungspraktiker, Beilage Finanzbetrieb Oktober-Dezember 2005, 9

Knoll
Der Risikozuschlag in der Unternehmensbewertung: Was erscheint plausibel?, Google

Knoll
Der „feste" Ausgleich nach § 304 AktG: Abseits von Verfassungsrecht und Finanzmathematik, ZSteu 2007, 166

Knoll
EWiR 2005, 278

Knoll
IDW ES 1 n. F. und der Preis der Ästhetik, AG 2005, Sonderheft, Fair Valuation, 39

Knoll
Risikozuschlag und objektivierter Unternehmenswert im aktienrechtlichen Spruchverfahren: Einmal CAPM und zurück?, ZSteu 2006, 468

Knoll
Unternehmensbewertung auf der Basis von IFRS Zahlen: ein Problem für die Abfindung von Minderheitsaktionären?, BB 2006, 369

Knoll
Unternehmensbewertung bei unterschiedlicher Rechnungslegung – gleicht sich wirklich alles aus?, ZSteu 2005, 435

Knoll
Wachstum und Ausschüttungsverhalten in der ewigen Rente, WPg 2005, 1120

Knoll/Vorndran/Zimmermann
Risikoprämien bei Eigen- und Fremdkapital – vergleichbare Größen?, Finanz Betrieb 2006, 380

Knop
Geschäftsmodell IFRS, FAZ 15.3.2007 Nr. 63, 11

Koch
Die Vinkulierung von GmbH-Anteilen und ihre Auswirkung auf Umwandlungsvorgänge, 2007

Kohl/Schilling
Grundsätze objektivierter Unternehmensbewertung, StuB 2006, 539

Koller/Goedhart/Wessels
Valuation. Measuring and Managing the Value of Companies, 4. Aufl. 2006

Kollmorgen/Feldhaus
Probleme der Übertragung von Vermögen mit Auslandsbezug nach dem Umwandlungsgesetz, BB 2007, 2189

Komp
Zweifelsfragen des aktienrechtlichen Abfindungsanspruchs nach §§ 305, 320b AktG, 2002

Koppenberg
Bewertung von Unternehmen, 1964

Koppensteiner
Abfindung bei Aktiengesellschaften und Verfassungsrecht, Österr. Jur. Blätter 125 (2003) 707

Koppensteiner
Kölner Kommentar zum Aktiengesetz, § 305

Koppensteiner
Zur grenzüberschreitenden Verschmelzung, Der Konzern 2006, 40

Kort
Ausgleichs- und Abfindungsrechte (§§ 304, 305 AktG) beim Beitritt eines herrschenden Unternehmens zu einem Beherrschungsvertrag, ZGR 1999, 402

Korts
Die Europäische Aktiengesellschaft, 2003

Kranebitter
Unternehmensbewertung für Praktiker, 2. Aufl., 2007

Krause/Janko
Grenzüberschreitende Verschmelzungen und Arbeitnehmermitbestimmung, BB 2007, 2194

Krenek
Besprechung, NZG 2007, 658

Kropff
Aktiengesetz, 1965

Kruschwitz/Löffler
Kapitalkosten aus theoretischer und praktischer Sicht, WPg 2008, 803

Kruschwitz/Löffler
Unendliche Probleme bei der Unternehmensbewertung, DB 1998, 1041

Kühling
Gewerkschaftsvertreter im Aufsichtsrat, 2006

Kuhner
Unternehmensbewertung: Tatsachenfrage oder Rechtsfrage?, WPg 2007, 825

Kuhner/Lütge-Handjery
Unwägbarkeiten durch die Aktivierung eigenen Börsenwertes im Zuge von aktienfinanzierten Unternehmensaquisitionen, BFuP 57 (2005) 546

Kuhner/Maltry
Unternehmensbewertung, 2006

Küting/Reuter
Bilanz- und Ertragsausweis nach IFRS 5: Gefahr der Fehlinterpretation in der Bilanzanalyse, BB 2007, 1942

Kummer
Beiläufiges zur „Logistik des Rechts", Zeitschrift des Bernischen Juristenvereins 115 (1979) 377

Lahart u. a.
Is diversification spent?, Wall Street J. Europe, Monday, August 6, 2007, 1

Lahart
‚Minksy moment' arrives, The Wall Street J. Europe, Tuesday, August 21, 2007, 20

Laitenberger/Tschöpel
Vollausschüttung und Halbeinkünfteverfahren, WPg 2003, 1357

Lampe
Steueroptimale Gestaltung eines deutsch-französischen Unternehmenszusammenschlusses, 2006

Lamprecht
Ansätze zur Bewertung kooperativer Unternehmen unter besonderer Berücksichtigung des Member Value von Genossenschaften, Netzwerk-Evaluation 2008, 97

Lamprecht
Gelöschte englische Limiteds in Deutschland – Die Spaltungstheorie im Zeitalter der Niederlassungsfreiheit, ZEuP 2008, 289

Landes
Revolution in Time, 2000

Lang
„Steinbrück darf nicht nachgeben", FAZ 30.3.2007 Nr. 76, 14

Lanzius
Anwendbares Recht und Sonderanknüpfungen unter der Gründungstheorie, 2005

Leffson
Die beiden Generalnormen, in: FS Goerdeler, 1987, S. 315

Lenz
Gesellschaftsrechtliche Spruchverfahren: Die Rückwirkung geänderter Grundsätze zur Unternehmensbewertung auf den Bewertungsstichtag, WPg 2006, 1160

Levitt
Account Simple, The Wall Street J. Europe, Friday-Sunday, March 9–11, 2007, 11

Ligio
Information in Global Financial Markets: Maybe We Do Need Liability, Wirtschaftsprüferkammer Mitteilungen, Juni 1997, 139

Lindner
Das Beben der Banken, FAZ 31.10.2007 Nr. 253, 13

Lindsey/Schachter
How I Became a Quant, 2007

Linnerz/Scholl
Mehrpersonenlimited oder vorgeschaltete Holding, NZG 2006, 493

Literaturverzeichnis

Lippmann
Auswirkungen der Unternehmenssteuerreform 2008 auf die Ermittlung von objektivierten Unternehmenswerten nach IDW S 1, BewertungsPraktiker Nr. 3, 2007, 8

Lobe
Unternehmensbewertung und Terminal Value, 2006

Löffler
Was kann die Wirtschaftswissenschaft für die Unternehmensbewertung (nicht) leisten?, WPg 2007, 808

Lohmann/von Goldacker/Mayta
Steuerliche Qualifikation ausländischer Private Equity Fonds, BB 2006, 2448

Lopatta/Müßig
Die Bilanzierung von Business Combinations, Praxis der internationalen Rechnungslegung 3 (2007) 15

Lopatta/Müßig
Die Bilanzierung von Business Combinations – Standardsetzung als politischer Prozess?, Praxis der internationalen Rechnungslegung 3 (2007) 1

Löwe/Thoß
Austritt und Ausschluss eines Gesellschafters aus der GmbH sowie die Einziehung seines Geschäftsanteils – Wirksamkeit und Wirkungen, NZG 2003, 1004

Lucchetti/Ng
Credit and blame: How calls made by rating firms fed subprime mess, The Wall Street J. Europe, Thursday, August 16, 2007, 12

Lutter/Drygala
Internationale Verschmelzungen in Europa, JZ 2006, 770

Luttermann
Anmerkung, JZ 2003, 417

Luttermann: Bilanzwahrheit im vergleichenden Bilanzrecht, in: Sandrock/Großfeld/Luttermann/Schulze/Saenger, Rechtsvergleichung als zukunftsträchtige Aufgabe, 2004, S. 51

Luttermann
Rechnungslegung ist ein Rechtsakt, kein Marketing, FAZ 26.2.2007, Nr. 48, 20

Luttermann
Recht als Produktions- und Mehrwertfaktor im Wirtschaftsleben, Wirtschaftswissenschaftliches Studium 2007, 132

Luttermann
Rechtsnatur und Praxis des Abfindungsanspruchs (§ 305 AktG) als gesetzliches Schuldverhältnis, NZG 2006, 816

Luttermann
Unternehmenskontrolle und Bilanzmanipulation nach anglo-amerikanischen Mustern (IAS/IFRS und U. S. „GAAP"), WPg 2006, 778

Lutterman
Zum Gesetz zur Modernisierung des Bilanzrechts, ZIP 2008, 1605

Luttermann
Zur Rechtspraxis internationaler Unternehmensbewertung bei der Publikums-Aktiengesellschaft, NZG 2007, 611

Luttermann/Lingl
Unterbilanzhaftung, Organisationseinheit der Vor-GmbH und Haftungskonzept, NZG 2006, 454

Luttermann, Claus/Luttermann, Karin
IFRS, Kultur und Internet: eine „Weltsprache" der Rechnungslegung?, RIW 2007, 434

Makin
An American Recession, Wall Street J. Europe, Monday, Sept. 10, 2007, 15

Malkiel, Burton
Malkiel unleashed: the full interview with Burton Malkiel, June 20, 2003

Malkiel, Burton G.
nvestors' Average, Wall Street J. Europe, Wednesday, April 11, 2007, p. 12

Malloy
Law in a Market Context, 2004

Mandl/Rabel
Der objektivierte Unternehmenswert im Lichte einer normorientierten Bewertung, in: FS Dieter Rückle, 2006, S. 45

Manne
Insider Trading and the Stock Market, New York 1966

Manne
The Welfare of Investors, The Wall Street J. Europe, Wednesday, June 14, 2006, 13

Maremont
Success of firms is linked to lives of CEOs, The Wall Street J. Europe, Thursday Sept. 6, 8

Margolin/Kursh
The Economics of Delaware Fair Value, 30 Delaware J. of Corporate L. (2005) 413

Mataja
Recht des Schadensersatzes vom Standpunkt der Nationalökonomie, 1888

Matschke/Brösel
Unternehmensbewertung, 2005

Mattern
Anpassung und Verhalten, FAZ 2.10.2007 Nr. 220 Beilage, 1

Maul
Die EU-Übernahmerichtlinie – ausgewählte Fragen, NZG 2005, 151

Maul/Röhricht
Die Europäische Privatgesellschaft – Überblick über eine neue supranationale Rechtsform, BB 2008, 1574

Mayer
Wer die Welt begreifen will, muss sich disziplinieren, FAZ 30.11.2007 Nr. 279, L 13

McDonald/MacDonald
Libor's perilous climb, The Wall Street J. Europe, Wednesday, Sept. 5, 2007, 1

Meilicke
Die Barabfindung für den ausgeschlossenen oder ausscheidungsberechtigten Minderheits-Kapitalgesellschafter – Rechtsgrundsätze zur Unternehmensbewertung, 1975

Mellinghoff
Steuerberatung am Maßstab des Verfassungsrechts, in: Ballwieser/Grewe (Hrsg.), Wirtschaftprüfung im Wandel, München 2008, S. 491

Mengucq
The European Regime on Takeovers, European Company and Financial L. Rev. 2006, 222

Mentz
in: Unternehmensfinanzierung (Hrsg. Eilers/Rödding/Schmalenbach), 2008, S. 714

Metz
Der Kapitalisierungszinssatz bei der Unternehmensbewertung, 2007

Meyer
Unternehmensbewertung im Zugewinnausgleich bei freiberuflicher Praxis, 1996

Mindermann
Zur Aktivierung selbst erstellter Immaterieller Vermögensgegenstände nach dem Entwurf eines Bilanzrechtsmodernisierungsgesetzes (BilMogG), WPg 2008, 273

Moll
Shareholder Oppression and "Fair Value": Of Discounts, Dates, and Dastardly Deeds in the Close Corporation, 54 Duke L. J. 293 (2005)

Mollenkamp/Taylor/Hudson
Banks' woes may persist, The Wall Street J. Europe, Tuesday, Oct. 30, 2007, 1

Möller
Verrechnungspreis und Zollwert, 2004

Mohr
Ein Plädoyer für die Aktien, FAZ 24.7.2008 Nr. 171, S. 11

Morse
Nomura's subprime bind, The Wall Street J. Europe, Wednesday, Sept. 12, 2007, 22

Moser/Doleczi/Granget/Marmann
Unternehmensbewertung auf der Grundlage von IAS/IFRS, BB 2003, 1666

Moxter
Bespr. Bernhard Großfeld, NJW 1994, 1852

Moxter
Das „Stuttgarter Verfahren" und die Grundsätze ordnungsmäßiger Unternehmensbewertung, DB 1976, 1585

Moxter
Grundsätze ordnungsmäßiger Unternehmensbewertung, 2. Aufl. 1993

Moxter
Wirtschaftsprüfer und Unternehmensbewertung, in: FS Loitlsberger, 1991, S. 409

Müller, Hans Friedrich
Abfindungansprüche außenstehender Aktionäre in der Insolvenz des herrschenden Unternehmens, ZIP 2008, 1701

Müller, Hans-Friedrich
Die grenzüberschreitende Verschmelzung nach dem Referentenentwurf des Justizministeriums, NZG 2006, 286

Müller, Herbert
Zahlen und Zahlenzusammenhänge – Neuere Einsichten zum Wirken und Gebrauch der Zahlen in Natur und Gesellschaft, 2006

Müller, Jens
Die steuerliche Ungleichbehandlung von Anteilen an Kapitalgesellschaften, Finanz Betrieb 2007, 415

Müller, Welf
Anteilswert oder anteiliger Unternehmenswert? Zur Frage der Barabfindung bei kapitalmarktorientierte Aktiengesellschaft, in: FS Volker Röhricht, Köln 2005, S. 1015

Müller, Welf
Bilanzierungsfragen bei der grenzüberschreitenden Umwandlung und Sitzverlegung in: FS Arndt Raupach, 2006, S. 261

Müller, Welf
Der Wert der Unternehmung, Jus 1974, 424

Müller, Welf
Die Unternehmensbewertung in der Rechtsprechung, in: FS Bezzenberger, 2000, S. 705

Mülsch/Nohlen
die ausländische Kapitalgesellschaft und Co. KG mit Verwaltungssitz im EG-Ausland, ZIP 2008, 1358

Munkert
Der Kapitalisierungszinssatz in der Unternehmensbewertung, Wiesbaden 2005

Munkert
Die Berechnung des maßgeblichen Börsenkurses bei der Ermittlung von Abfindungen, BewertungsPraktiker Nr. 1/2007, 8

Munkert
Die Relevanz des Börsenkurses für die Ermittlung der Verschmelzungswertrelation, in: Birk/Pöllath/Saenger (Hrsg.), Forum Unternehmenskauf 2005, 2006, S. 179

Mussler
Der andere Mai, FAZ 2.6.2007 Nr. 126, 33

Myers
Determinants of Corporate Borrowing, J. of Financial Economics 1977, 147

Nehm
Bewertung von Rechtsanwaltskanzleien, in: Drukarczyk/Ernst (Hrsg.), Branchenorientierte Unternehmensbewertung, 2. Aufl. 2007, S. 275

Neuhaus
Unternehmensbewertung und Abfindung, 1990

Ng
How stocks might burn bonds, Wall Street J. Europe, Monday, May 7, 2007, 19

Ng/Mollenkamp
Pioneer of CDOs helped Merril move deeply into business, The Wall Street J. Europe, Friday – Sunday, Oct. 26, 2007, 14

Nicklisch
Die Auswirkungen des Sarbanes-Oxley Act auf die Deutsche Corporate Governance, 2007

Niedostadek
Rating, 2006

Nießen
Die internationale Zuständigkeit im Spruchverfahren, NZG 2006, 441

Nixon
Why Citigroup's CDO holdings may not be super-safe after all, The Wall Street J. Europe, Wednesday, Nov. 7, 2007, 17

Obermaier
Die kapitalmarktorientierte Bestimmung des Basiszinssatzes für die Unternehmensbewertung: The Good, and the Bad and the Ugly, Finanz Betrieb 2008, 403

Obermaier
Marktzinsorientierte Bestimmung des Basiszinssatzes in der Unternehmensbewertung, Finanz Betrieb 2006, 472

Öchsler
Die Richtlinie 2005/56/EG über die Verschmelzung von Kapitalgesellschaften aus verschiedenen Mitgliedstaaten, NZG 2006, 161

Olbrich
Zur Bedeutung des Börsenkurses für die Bewertung von Unternehmungen und Unternehmungsanteilen, BFuP 52 (2000) 454

Ossinger
The Dimensions of Pioneering Strategy, The Wall Street Journal, Monday, Nov. 6, 2006, R1

Paul
Die Relevanz des Wertpapiererwerbs- und Übernahmengesetzes (WpÜG) für Verschmelzungen und Spaltungen unter Beteiligung der Zielgesellschaft, Berlin 2007

Paulsen
Statement: Rezeption wissenschaftlicher Thesen durch die Gerichte, WPg 2007, 823

Peemöller
Das zukünftige Bilanzbild deutscher Unternehmen, ZfgG 58 (2008)181

Peemöller
Praxishandbuch der Unternehmensbewertung, 3. Aufl. 2004

Peemöller/Beckmann/Meitner
Einsatz eines Nachsteuer-CAPM bei der Bestimmung objektivierter Unternehmenswerte – eine kritische Analyse des IDW ES 1 n. F., BB 2005, 90

Peemöller/Popp/Kunowski
BilanzWert, Unternehmensbewertung am PC, Version 2,0. Benutzeranleitung, S. 29

Pellens/Amshoff/Sellhorn
IFRS 3 (rev. 2008): Einheitstheorie in der M&A-Bilanzierung, BB 2008, 602

Pellens/Sawazki/Zimmermann
Oppenheim Research, Accounting does matter – IFRS-Fair Value Accounting: Fluch oder Segen?, 2008

Pfeuffer
Verschmelzungen und Abspaltungen als nachteilige Rechtsgeschäfte im Sinne von § 311 Abs. 1 AktG?, 2007

Piasko/Uttich
„Stimmungen sind unberechenbar", FAZ 23.10.2007 Nr. 246, 29

Piltz/Wissmann
Unternehmensbewertung beim Zugewinnausgleich nach Scheidung, NJW 1985, 2673

Pluskat
„Endlich Klärung hinsichtlich der Lage des Referenzzeitraums bei Relevanz des Durchschnittsbörsenkurses für die Abfindungshöhe?", NZG 2008, 65

Pluskat
Nicht missbräuchliche Gestaltungen zur Erlangung der Beteiligungshöhe beim Squeeze-out, NZG 2007, 725

Popp
Ausgewählte Aspekte der objektivierten Bewertung von Personengesellschaften, WPg 2008, 935

Popp
Fester Ausgleich bei Beherrschungs- und/oder Gewinnabführungsverträgen, WPg 2008, 23

Popp
Bewertung von Steuerberatungs- und Wirtschaftsprüfungsgesellschaften, in: Drukarczyk/Ernst (Hrsg.), Branchenorientierte Unternehmensbewertung, 2. Aufl. 2007, S. 253

Popp
Squeeze-out – Abfindung bei Beherrschungs- und Gewinnabführungsverträgen, WPg 2006, 436

Power
VW intends to triple vehicle sales in U.S, The Wall Street J. Europe, Wednesday, Sept. 12, 2007, 4

Prasse
Die Barabfindung ausscheidender Minderheitsgesellschafter bei der Umwandlung von Kapital- in Personengesellschaften im Spannungsfeld des Zivil- und Handelsrechts, 2001

Preuss
Fremdes Amerika, FAZ 10.9.2007 Nr. 210, 18

Rapp/Schwetzler
Das Nachsteuer-CAPM im Mehrperiodenkontext, Finanz Betrieb 2007, 108

Rasch/Rettinger
Aktuelle Fragen der Verrechnungspreisdokumentation: Unternehmenscharakterisierung und Methodenwahl in den Verwaltungsgrundsätze-Verfahren [v. 12.4.2005], BB 2007, 353

Rathausky
Die Berücksichtigung von Vorerwerbspreisen und Synergieeffekten bei der Abfindung von Minderheitsaktionären, Finanz Betrieb 2008, 114

Rausch
Unternehmensbewertung mit zukunftsorientierten Eigenkapitalkostensätzen, 2008

Reese
Schätzung von Eigenkapitalkosten für die Unternehmensbewertung, 2007

Reichert/Düll
Gewinnthesaurierung bei Personengesellschaften und die Unternehmensteuerreform, ZIP 2008, 1248

Reilly
A Narrow Escape: how KPMG weathered a tax-shelter crisis, The Wall Street J. Europe, Friday-Sunday, February 16-19, 2007, 12

Reilly
Post-Enron rule changes kept banks' risks in dark, The Wall Street Journal Europe, Wednesday, Oct. 17, 2007, 24

Reilly
Under draft plan, ‚net profit' could be lost, Wall Street J. Europe, Tuesday, May 15, 2007, 24

Reilly/Taylor
Deutsche Bank takes hit, The Wall Street J. Europe, Thursday, Oct. 4, 2007, 136

Reinke
Moderne Unternehmensbewertung, Bericht über die Fachtagung 1997 des IDW, 1998, S. 235

Reisach
Die Amerikanisierungsfalle, 2007

Reuter
Gesellschaftsrechtliche Fragen der Unternehmensbewertung mit internationalen Bezügen, AG 2007, 881

Reuter
Nationale und internationale Unternehmensbewertung mit CAPM und Steuer-CAPM im Spiegel der Rechtsprechung, AG 2007, 1

Reuter/Lenz
Unternehmensbewertungen nach der Neufassung des IDW-Standards S 1 – Modifikation für aktienrechtliche Zwecke, DB 2006, 1689

Richter, Frank u. a.
Kapitalgeberansprüche, Marktorientierung und Unternehmenswert, FS Drukarczyk, München 2003

Richter, Frank
Relativer Unternehmenswert und Einkommensteuer oder: Was ist paradox am Steuerparadox?, in: FS Drukarczyk, 2003, S. 307

Richter, Malte
Ratings oder Credit Spreads – mögliche Anknüpfungspunkte für eine Kapitalmarktregelung, WM 2008, 960

Romano
The States as Laboratory: Legal Innovation and State Competition for Corporate Charters, 23 Yale J. on Regulation (2006) 209

Rossbach
Das Geheimnis der Emotionen, FAZ 17.8.2007 Nr. 190, 12

Rüthers
Hatte die Rechtsperversion in den deutschen Diktaturen ein Gesicht?, JZ 2007, 556

Samson/Flindt
Internationale Unternehmenszusammenschlüsse, NZG 2006, 290

Sandrock
Japanische Gesellschaften mit Verwaltungssitz in Deutschland, in: Großfeld/Yamauchi u. a. (Hrsg.), Probleme des deutschen, europäischen und japanischen Rechts, 2006, S. 85

Schäfer, Daniel
Der fragwürdige Rettungsfonds, FAZ 25.10.2007 Nr. 248, 13

Schäfer, Wolfgang/Matzen
Bewertung von Immobiliengesellschaften, in: Drukarczyk/Ernst (Hrsg.): Branchenorientierte Unternehmensbewertung, 2. Aufl., 2007, S. 451

Scherer
Scoring Points, 2005

Schiffbauer
Marktbewertung mit Hilfe von Multiplikatoren im Spiegel des Discounted-Cashflow-Ansatzes, BB 2004, 148

Schikowski
Das Appraisal Right und Probleme der Unternehmensbewertung in den USA und Deutschland, 2000

Schillig
Existenzvernichtungshaftung und englische Limited, ZVglRWiss 106 (2007) 299

Schlitt
Strafrechtliche Risiken bei Squeeze-out und Delisting, NZG 2006, 925

Schlitt/Ries/Becker
Der Ausschluss der übrigen Aktionäre gem. §§ 39 a, 39 b WpÜG, NZG 2008, 700

Schmidt, Gerold
Zweckgesellschaften, FAZ 8.10.2007 Nr. 233, 10

Schmidt, Jessica
„Deutsche" vs. „britische Societas Europaea (SE) – Gründung, Verfassung, Kapitalstruktur, 2006

Schmidt, Martin
Überlegungen zur Prüfung von Finanzinstrumenten nach internationalen Normen, WPg 2004, 12

Schmidtbleicher
Verwaltungssitzverlegung deutscher Kapitalgesellschaften in Europa: „Sevic" als Leitlinie für „Cartesio"?, BB 2007, 613

Schmitt/Dausend
Unternehmensbewertung mit dem Tax-CAPM, Finanz Betrieb 2006, 233

Schmitt/Moll
Übernahmeprämien am deutschen Kapitalmarkt, Finanz Betrieb 2007, 201

Schneider, Claudia
Eine riskante Erfindung, FAZ 19.9.2007 Nr. 218, B 1

Schneider, Dieter
Marktwertorientierte Unternehmensbewertung: Pegasus mut Klumpfuß, DB 1999, 1473

Schneider, Dieter
Unternehmensdimensionierung und Unsicherheitsverringerung, in: Bühner u. a. (Hrsg.), Die Dimensionierung des Unternehmens, 1995, S. 45

Schneider, Dieter
Verringern „Grundsätze ordnungemäßen Ratings" Risikomodelle und Eigenkapitalunterlegungen die Insolvenzgefahr bei Kreditinstituten?, in: FS Dieter Rückle, 2006, S. 66

Schobert/Ihlau
Besonderheiten und Handlungsempfehlungen bei der Bewertung von Familienunternehmen, BB 2008, 2114

Schön
The Mobility of Companies in Europe and the Organizational Freedom of Company Founders, European Company and Financial L. Rev. 2006, 121

Schöpper
Ausschluss von Minderheitsaktionären in Deutschland und den USA, 2007

Schreiber/Ruf
Reform der Unternehmensbesteuerung: ökonomische Auswirkungen bei Unternehmen mit inländischer Geschäftstätigkeit, BB 2007, 1099

Schüler/Lampenius
Bewertungspraxis auf dem Prüfstand: Wachstumsannahmen, Bewertungs Praktiker, Nr. 3/2007, 2

Schüler/Lampenius
Wachstumsannahmen in der Bewertungspraxis: Eine empirische Untersuchung ihrer Implikationen, BFUP 2007, 232

Schumann, Jochen
Zur Geschichte christlicher und islamischer Zinsverbote, in: *Hagemann (Hrsg.)*, Studien zur Entwicklung der ökonomischen Theorie, 2007, S. 149

Schulte/Leopoldsberger
Bewertung von Immobilien, in: Drukarczyk/Ernst (Hrsg.), Branchenorientierte Unternehmensbewertung, 2. Aufl. 2007, S. 429

Schulz, Anja/Stehle
Empirische Untersuchungen zur Frage CAPM vs. Steuer-CAPM, AG, Sonderheft 2005, Fair Valuations, 22

Schulz, Bettina
Baissiers müssen auf den fahrenden Zug springen, FAZ 4.4.2007 Nr. 127, 32

Schulze-Osterloh
Bilanzberichtigung bei Verkennung der Grundsätze ordnungsmäßiger Buchführung, BB 2007, 2335

Schumann, Jochen
Zur Geschichte christlicher und islamischer Zinsverbote, in: Studien zur Entwicklung der ökonomischen Theorie XXI (Harald Hagemann, Hrsg.), Berlin 2007, S. 149

Schumann, Alexander
Die englische Limited mit Verwaltungssitz in Deutschland: Buchführung, Rechnungslegung und Strafbarkeit wegen Bankrotts, ZIP 2007, 1189

Schwetzler
Ausschüttungsäquivalenz, inflationsbedingtes Wachstum und Nominalrechnung in IDW S 1 n. F., WPg 2005, 1125

Schwetzler
Die „volle Entschädigung" von außenstehenden und ausscheidenden Minderheitsaktionären – Eine Anmerkung aus ökonomischer Sicht, WPg 2008, 890

Schwetzler
Halbeinkünfteverfahren und Ausschüttungsäquivalenz – die Überanpassung der Ertragswertbestimmung, WPg 2005, 601

Schwetzler
Unternehmensbewertung bei nicht zeitnaher Abfindung – geänderte Bewertungsfaktoren währende des Spruchstellenverfahrens und „volle Entschädigung", Finanz Betrieb 2008, 1

Schwetzler
Was impliziert die Wachstumsformel des IDW S 1?, Finanz Betrieb 2004, 198

Seetzen
Die Bestimmung des Verschmelzungsverhältnisses im Spruchstellenverfahren, WM 1994, 45

Seetzen
Die Bestimmung des Verschmelzungsverhältnisses, WPg 2000, 830

Seetzen
Spruchverfahren und Unternehmensbewertung im Wandel, WM 1999, 565

Seicht
Aspekte des Risikokalküls in Unternehmensbewertungen, in: FS Dieter Rückle, 2006, S. 97

Seidman
The Communication of Law and the Process of Development, Wisconsin L. Rev. 1972, 697

Senger/Brune
Beck'sches IFRS-Handbuch, 2. Aufl. 2006, § 37

Seppelfricke
Handbuch der Aktien- und Unternehmensbewertung, 3. Aufl. 2005

Shiller
Irrational Exuberance, 2. Aufl. 2005

Simon
Spruchverfahrensgesetz, 2007

Simon/Leuering
Anmerkung NJW-Spezial 2008. 337

Sonnenberger
Vorschläge und Berichte zur Reform des europäischen und deutschen internationalen Gesellschaftsrechts, 2007

Spahlinger/Wegen
Deutsche Gesellschaften in grenzüberschreitenden Umwandlungen nach „SEVIC" und der Verschmelzungsrichtlinie in der Praxis, NZG 2006, 721

Spindler
Verfassungsrechtliche Vorgaben für ein berechenbares Steuerrecht, in: *Ballwieser/Grewe(Hrsg.)*, Wirtschaftsprüfung im Wandel, 2008, S. 475

Stehle
Die Festlegung der Risikoprämie von Aktien im Rahmen der Schätzung des Wertes von börsennotierten Kapitalgesellschaften, WPg 2004, 906

Stehle
Die Schätzung der US-amerikanischen Risikoprämie auf Basis der historischen Renditezeitreihe, WPg 2004, 928

Sterz
Besonderheiten der Bewertung von Banken in der Praxis, Finanz Betrieb 2007, 213

Strauch/Wilke
Der subjektive und typisierte Steuersatz des Anteilseigners in der DCF-Unternehmensbewertung, Arbeitspapier Nr. 5-1, April 2003, http://www.wiwi.uni-muenster.de/ctrl

Streit
BB-Kommentar, BB 2007, 345

Sunstein/Schkade
Are Judges Political?, 2006

Svensson
Estimating and interpreting forward interest rates: Sweden 1992–1994, IWF Working Paper 114, Sept. 1994

Teichmann
Bewertung von Krankenhäusern, in: Drukarczyk/Ernst (Hrsg.), Branchenorientierte Unternehmensbewertung, 2. Aufl. 2007, S. 385

Theile
Systematik der Fair Value Ermittlung, Praxis der internationalen Rechnungslegung 3 (2007) 1

Thiele/von Keitz/Brincks
Internationales Bilanzrecht, Bonn/Berlin 2007

Thoma
Das Wertpapiererwerbs- und Übernahmegesetz im Überblick, NZG 2002, 105

Thompson, Jr.
Exit, Liquidity, and Majority Rule: Appraisal's Role in Corporate Law, 84, Georgetown L. J. 1 (1995) 38

Thompson Jr.
A Lawyer's Guide to Modern Valuation Techniques in Mergers and Acquistions, Journal of Corporation Law 21 (1996) 457, 462

Thurm
Does investor activism yield payoffs when firms aren't sold?, The Wall Street J. Europe, Wednesday, Sept. 12, 2007, 6

Tillmann/Rieckhoff
Nachteilsausgleichspflicht bei Abspaltungen im faktischen Konzern?, AG2008, 486

Tönnes
BWL für Juristen, Lektion 8, Unternehmensbewertung

Trauth
Sukzessive Unternehmenserwerbe/-veräußerungen im Konzernabschluss nach IFSR, 2007

Triebel/von Hase/Melerski
Die Limited in Deutschland, 2006

Ulmer, Eugen
Abfindungsklauseln in Personengesellschafts- und GmbH-Verträgen, in: FS Quack, 1991, S. 477

Ulmer, Peter/Schäfer
Die rechtliche Beurteilung von Abfindungsbeschränkungen, ZGR 24 (1995) 134

Ulrich
Die freudlose Hausse, FAZ 14.7.2007 Nr. 161, 1

Uttich
Warten auf den großen Einbruch, FAZ 22.6.2007 Nr. 142, 21

von Austmann/Mennicke
Übernahmerechtlicher Squeeze-out und Sell-out, NZG 2004, 846

von der Linden
Umstrukturierung von mitbestimmten Unternehmen nach deutschem Umwandlungsrecht und durch grenzüberschreitende Sitzverlegung, 2007

von Schweinitz
Die Haftung von Ratingagenturen, WM 2008, 954

Vosen
Bewertung von (Anteilen) an Kapitalgesellschaften für ertragsteuerliche Zwecke (Leitfaden der OFD Rheinland und Münster), Google

Wagner, Franz W.
Der Einfluss der Besteuerung auf zivilrechtliche Abfindungs- und Ausgleichsansprüche bei Personengesellschaften, WPG 2007, 929

Wagner, Franz W.
Die Kontraktfunktion von Bilanzen in Entnahme- und Abfindungsregelungen, in: Richter u. a. (Hrsg.), Kapitalgeberansprüche, Marktorientierung und Unternehmenswert, 2003, S. 455

Wagner, Franz W.
Unterschiedliche Wirkungen bewertungsbedingter und transaktionsbedingter latenter Ertragsteuern auf Abfindungs- und Ausgleichsansprüche?, WPg 2008, 834

Wagner, Wolfgang/Jonas/Ballwieser/Tschöpel
Unternehmensbewertung in der Praxis – Empfehlungen und Hinweise zur Anwendung von IDW S 1, WPg 2006, 1005

Wagner, Wolfgang/Jonas/Ballwieser/Tschöpel
Weiterentwicklung der Grundsätze zur Durchführung von Unternehmensbewertungen (IDW S1), WPg 2005, 889

Wagner, Wolfgang/Saur/Willershausen
Zur Anwendung der Neuerungen der Unternehmensbewertungsgrundsätze des IDW S 1 i. d. F. 2008 in der Praxis, WPg 2008, 731

Walker
Not Even Fuzzy, New York Times, Sunday, Jan. 28, 2007

Walter
Der Mehrwert des Entrepreneurs, VentureCapital Magazin, 2007 (Juli), 10

Wameling
Die Berücksichtigung von Steuern im Rahmen der Unternehmensbewertung, 2004

Wasmann
Bewegung im Börsenkurs: Kippt die „Dreimonats"-Rechtsprechung, BB 2007, 680

Wasmann/Gayk
SEEG und IDW ES 1 n. F.: Neues im Spruchverfahren, BB 2005, 955

Weber, Johannes
Internationale Zuständigkeit und Gläubigerschutz nach dem Wegzug von Gesellschaften, ZVglRWiss 107 (2008) 193

Weber, Martin
Börsenkursbestimmung aus ökonomischer Perspektive, ZGR 2004, 280

Literaturverzeichnis

Weiler/Meyer
Berücksichtigung des Börsenwertes bei Ermittlung der Verschmelzungsrelation, NZG 2003, 669

Weiss
Der Ausschluss von Minderheitsaktionären, 2003

Wenger
Der unerwünscht niedrige Basiszinssatz als Störfaktor bei der Ausbootung von Minderheiten, in: FS Drukarczyk, 2003, S. 475

Wenger
Für deutsche Aktionäre heißt es Koffer packen, FAZ 28.6.2007 Nr. 147, 22

Wenger
Verzinsungsparameter in der Unternehmensbewertung – Betrachtungen aus theoretischer und empirischer Sicht, AG, Sonderheft 2005, Fair Valuations, 9

Wessel
How „new power brokers" affect money flow, global political clout, The Wall Street J. Europe, Thursday, Oct. 4, 2007, 10

Westerfelshaus
IDW-Unternehmensbewertung verkennt Anforderungen der Praxis, NZG 2001, 673

Westhoff
Rechnungslegung bei ausländischen Kapitalgesellschaften mit Sitz im Inland, in: Hirte/Bücker (Hrsg.), Grenzüberschreitende Gesellschaften, 2. Aufl. 2006, S. 610

Widmann/Schieszl/Jeromin
Der Kapitalisierungszinssatz in der praktischen Unternehmensbewertung, Finanz Betrieb 2003, 800

Wiese, Jörg
Das Nachsteuer-CAPM im Mehrperiodenkontext, Finanz Betrieb 2006, 116

Wiese, Jörg
DCF – Verfahren bei Wachstum, Teilausschüttung und persönliche Besteuerung. Eine vergleichende Analyse, 2006

Wiese, Jörg
Komponenten des Zinsfußes in Unternehmensbewertungskalkülen, 2006

Wiese, Jörg
Unternehmensbewertung und Abgeltungsteuer, WPg 2007, 368

Wiese, Jörg
Unternehmensbewertung unter neuen steuerlichen Rahmenbedingungen, 08. Januar 2007, Google

Wiese, Jörg
Wachstums- und Ausschüttungsannahmen im Halbeinkünfteverfahren, WPg 2005, 617

Wiese, Jörg/Gampenrieder
Marktorientierte Ableitung des Basiszinses mit Bundesbank- und EZB-Daten, BB 2008, 1722

Wiese, Jörg/Reese
Die kapitalmarktorientierte Ermittlung des Basiszinses für die Unternehmensbewertung, 2006

Wiese, Matthias Heinrich
Die Europäische Genossenschaft im Vergleich zur eingetragenen Genossenschaft des deutschen Rechts, 2006

Williams
The Theory of Investment Value, 1956

Winkler
Ökonomische Analyse des Rechts im 19. Jahrhundert: Victor Matajas „Recht des Schadensersatzes" revisited, Zeitschrift für Neuere Rechtsgeschichte 26 (2004) 262

Winter
Grenzüberschreitende Verschmelzungen – ein Update, GmbHR 2008, 532

Winter/Nießen
Amtsermittlung und Beibringung im Spruchverfahren, NZG 2007, 13

Wirth
Firmenwertbilanzierung nach IFRS, 2005

Wittgens
Begründung des Antrags auf Einleitung eines Spruchverfahrens, NZG 2007, 853

Wittgens
Der gerichtliche Sachverständige im Spruchverfahren, AG 2007, 106

Wittgens
Zu aktuellen Fragen der Unternehmensbewertung im Spruchverfahren, ZIP 207, 2015

Wittgens/Redeke
Zu aktuellen Fragen der Unternehmensbewertung im Spruchverfahren, ZIP 2007, 2015

Wüstemann
Basiszinssatz und Risikozuschlag in der Unternehmensbewertung: Aktuelle Rechtsprechungsentwicklungen, BB 2007, 2223

Wüstemann
BB Rechtsprechungsreport Unternehmensbewertung 2007/2008, BB 2008, 1499

Zetzsche
Reguläres Delisting und deutsches Gesellschaftsrecht, NZG 2000, 1065

Ziegler/Schütte-Biastoch
Gelöste und ungelöste Fragen bei der Bewertung von kleinen und und mittleren Unternehmen, Finanz Betrieb 2008, 590

Ziesemer
Why German Banks Get Burned, The Wall Street J. Europe, Thursday, August 16, 2007, 11

Zimmermann
Amerikanische Rechtskultur und europäisches Privatrecht, 1995

Zimmermann/Protop/Lippert
Die Bewertung von Versicherungsunternehmen mit Residualgewinnmodellen, Finanz Betrieb 2008, 343

Zülch/Hoffmann
Bilanzrechtsmodernisierungsgesetz: Wesentliche Änderungen des Regierungsentwurfs gegenüber dem Referentenentwurf, BB 2008, 1272

zur Megede
Verschmelzung von Aktiengesellschaften – Materielle Anspruchsberechtigung auf Erhalt einer baren Zuzahlung, BB 2007, 337

Erster Teil
Recht und Unternehmensbewertung

„*Valuation is a rather inexact science*"[1]
„*Valuation is an art rather than a science*"[2].

A. Rechtsmaterie

I. Allgemeines

Die hier behandelte Unternehmensbewertung sucht zwischen Partnern einer rechtlichen Beziehung (Gesellschaftsvertrag, Satzung) potentielle Preise für Unternehmen und Anteile daran („parteienbezogener Wert"). Damit ist sie Teil der Jurisprudenz. Das zeigen viele gerichtliche Entscheidungen vor allem zu Abfindungen an ausscheidende Aktionäre und zu Ausgleichszahlungen[3]. Auch das Bundesverfassungsgericht befasst sich wiederholt damit[4]. 1

Wir stoßen auf zwei Probleme: Der Kaufmann gibt für das Vergangene „*nichts*"; deshalb ist die Unternehmensbewertung zukunftsbezogen. Wir müssen künftige Überschüsse schätzen. Aber die Zukunft ist „dunkel"! Sodann müssen wir den Wert der Überschüsse zum Stichtag (Barwert) ermitteln. Dafür vergleichen wir sie mit Überschüssen aus einer anderen Anlage (z. B. mit Anleihen oder mit Aktien [Börsenkurse]): „Bewerten heißt vergleichen". Doch jeder Vergleich „hinkt"! Wir betreten also ein zweifach unsicheres Feld[5]. 2

Die Unternehmensbewertung verlangt die Zusammenarbeit zwischen Juristen und Betriebswirten[6]. Sie ist ein „Begegnungsfach"[7]: „Wirtschaftliche Analyse des Rechts" und „Rechtliche Analyse der Wirtschaft" durchdringen 3

---

1) Thompson Jr., A Lawyer's Guide to Modern Valuation Techniques in Mergers and Acquisitions, Journal of Corporation Law 21 (1996) 457, 462
2) In Re Shell Oil Co., 607 A.2d 1213, 1221 (Delaware 2002)
3) Vgl. Wüstemann, BB-Rechtsprechungsreport Unternehmensbewertung 2007/08, BB 2008, 1499
4) BVerfGE 100, 289; BB 2007, 1515 m. Anm. Bungert; NZG 2007, 629; NZG 2007, 631; AG 2007, 27. Umfassender Überblick in OLG Stuttgart, AG 2007, 705, 708
5) Es umfasst heute auch das Insolvenzrecht, dazu Grossfeld, Global Corporate Reorganization/Global Corporate Governance: Imperfect Information and Credible Commitment, 4 Richmond J. of Global L. and Busin. 4 (2004) 80
6) Matschke/Brösel, Unternehmensbewertung, Wiesbaden 2005; Ernst/Schneider/Thielen, Unternehmensbewertungen erstellen und verstehen, 2. Aufl., München 2006. Für Österreich siehe Kranebitter (Hrsg.), Unternehmensbewertung für Praktiker, 2. Aufl., Wien 2007
7) Wüstemann, BB-Rechtsprechungsreport 1503

A. Rechtsmaterie

sich[8]; das stete Gespräch der Fächer miteinander ist unverzichtbar[9]. Der Satz *„judex non calculat"*[10] *(„Der Richter rechnet nicht")* sollte Juristen nicht schrecken: Tatsachen gehen dem Rechnen voraus (für das man Finanzmathematiker heranziehen kann). In der richterlichen „Kunst" (*„ars aequi et boni"* = *„Kunsthandwerk des Angemessenen und Guten"*) geht es zunächst darum, Sachverhalte zu erfassen und anschaulich darzustellen, bei denen die „Rechnerei" ansetzen mag.

4   Danach beginnt eine methodisch geordnete Diskussion. Sach- und Rechtsfragen gehen in einander über, doch gilt zuerst *„da mihi facta, dabo tibi ius"* (*„Gib mir die Tatsachen, dann gebe ich Dir das Recht"*)[11]. Gerhard Kegel ergänzt das sinngemäß mit *„ein Gramm Tatsachen ist besser als ein Kilo Theorie"*. Außenseiterkontrolle im Sinne einer Plausibilität und richterliche Unabhängigkeit sind ebenfalls unersetzbar.

II. Hilfen

1. IDW Standards

5   Neben Gesetz und Rechtsprechung sind Verlautbarungen des Instituts der Wirtschaftsprüfer (IDW) wichtig[12]. Im Zentrum steht der IDW Standard: Grundsätze zur Durchführung von Unternehmensbewertungen (IDW S 1) in den Fassungen vom 18.10.2005[13] (IDW S 1 2005) und vom 2.4.2008 (IDW S 1 2008)[14]. Der Standard enthält allgemeine Grundsätze; jede Bewertung verlangt indes eine eigene Lösung[15].

---

8) Großfeld, Statistisches Rechtsdenken, Karlsruhe 1977
9) Grossfeld, Lawyers and Accountants: A Semiotic Competition, 36 Wake Forest L. Rev. 167 (2001)
10) In Wahrheit gewährt er Schätzungsermessen, vgl. unten Rn. 20
11) Großfeld/Franzmann, Da mihi facta: Unternehmensbewertung, in. FS Volker Beuthien, erscheint demnächst
12) Für Bewertungen im Familien- und Erbrecht gibt es die Stellungnahme HFA 2/1995, Abschn. III 4, WPg 1995, 525. Siehe auch IDW S 1 n.F. Tz. 52; IDW S 1 i. d. F. 2008, Tz. 10. Zum Ganzen Diederichsen, Die Erfassung des „Goodwill" bei der Bewertung wirtschaftlicher Unternehmen in der familiengerichtlichen Praxis, in: FS Bernhard Großfeld, Heidelberg 1999, S. 142; Friedrich-Wilhelm Meyer, Unternehmensbewertung im Zugewinnausgleich bei freiberuflicher Praxis, Berlin 1996. Beachte jetzt auch BVerfG, DStR 2007, 235
13) Wagner/Jonas/Ballwieser/Tschöpel, Unternehmensbewertung in der Praxis – Empfehlungen und Hinweise zur Anwendung von IDW S 1, WPg 2006, 1005; WP Handbuch 2008, 13. Aufl., Düsseldorf 2007
14) FN-IDW 7/2008, 271. *"Empfehlungen zur Umsetzung"* geben Wagner/Saur/Willershausen, Zur Anwendung der Neuerungen der Unternehmensbewertungsgrundsätze des IDW S 1 i. d. F. 2008 in der Praxis, WPg 2008, 731. Siehe auch IDW (Hrsg.), WP-Handbuch 2008, 13. Aufl. 2008, Bd. 2, Kap. A
15) IDW S 1 2008 Tz. 1

II. Hilfen

Die Fassungen 2005 und 2008 „schaffen" in der Tendenz niedrigere Unternehmenswerte als zuvor[16]: 6

> *„Die Ermittlung eines objektivierten Unternehmenswertes nach IDW S 1 n. F. [2005] führt zu vergleichsweise niedrigeren Werten, die nunmehr weniger stark von Börsenkursen oder Marktpreisen abweichen als die nach IDW S 1 a. F. [2000] ermittelten Werte"*[17].

Daher sind die neuen Ansätze umstritten[18]. 7

Die Neufassung (IDW S 1 2008) gilt laut ihrer Fußnote 1 ab dem 7.7.2007[19]. 8
Sie soll vor allem die Auswirkungen der Unternehmensteuerreform ab 1.1.2009 (Abgeltungsteuer)[20] auf die *„objektivierten Unternehmenswerte"* erfassen.

Im Folgenden werde ich im Allgemeinen nach der Fassung 2008 zitieren; auf 9
die Fassung 2005 gehe ich bei Einzelfragen ein, soweit das nötig ist[21].

2. Institut der Wirtschaftsprüfer

Das Institut der Wirtschaftsprüfer (IDW) ist ein privater Verein, dem die 10
meisten Wirtschaftsprüfer angehören. Seine Standards spiegeln die Berufsauffassung dieses Kreises[22] und leiten dessen Arbeit – auch zu Absicherung gegen eine Haftung[23]. Die Standards sind darüber hinaus rechtlich nicht verbindlich, wirken aber tief in die Praxis hinein[24]. Unternehmensbewertung in den hier behandelten Fällen ist indes mehr als die Konvention eines Berufsstandes; sie muss dem **Recht** folgen. Der Gutachter ist daher vor Gericht nicht an die Standards gebunden:

---

16) Dazu Pressemitteilung 11/04 des IDW. Zum Ganzen Wagner/Jonas/Ballwieser/Tschöpel, Weiterentwicklung der Grundsätze zur Durchführung von Unternehmensbewertungen (IDW S1), WPg 2005, 889 Großfeld/Stöver/Tönnes, Neue Unternehmensbewertung, BB-Spezial 7/2005 2
17) 48. IDW Arbeitstagung November 2006, S. 3
18) Fischer-Winkelmann, „Weiterentwicklung" der Grundsätze ordnungsmäßiger Unternehmensbewertung IDW S 1 = IDW ES 1 n.F.?, BFuP 58 (2006) 158
19) Zu Einzelheiten Hommel/Pauly, IDW ES 1 – Neuerungen beim objektivierten Unternehmenswert, BB 2007, 2728; Wenzel/Hoffmann, Unternehmensbewertung nach ES 1 i. d. F. 2007 (Entwurfsfassung): Bewertung einer Kapitalgesellschaft unter Berücksichtigung der Unternehmensteuerreform, BBK 2008, Fach 28, S. 1463
20) Fachausschuss Unternehmensbewertung und Betriebswirtschaft des IDW, WPg 2007, 633.
21) Dörschell/Franken/Schulte, Ermittlung eines objektivierten Unternehmenswertes für Personengesellschaften und die Unternehmensteuerreform, WPg 2008, 444
22) OLG Stuttgart, NZG 2007, 302, 309
23) Lenz, Gesellschaftsrechtliche Spruchverfahren: Die Rückwirkung geänderter Grundsätze zur Unternehmensbewertung auf den Bewertungsstichtag, WPg 2006, 1160
24) DIS-Schiedsspruch 4.11.2005, SchiedsVZ 2007, 219

A. Rechtsmaterie

„Im Übrigen ergibt sich weder ein Ablehnungsgrund daraus, dass ein Gerichtssachverständiger den IDW Standard S 1 heranzieht, noch ist einem Sachverständigen diese Heranziehung vorgegeben"[25].

III. Bilanzrecht[26]

11 Die Unternehmensbewertung erobert zunehmend das Bilanzrecht[27]. Das bewirken vor allem die International Financial Reporting Standards/ International Accounting Standards (IFRS/IAS)[28]. Sie sind das Europäische Bilanzrecht (bei uns noch begrenzt auf Konzernabschlüsse börsennotierter Unternehmen – § 315a HGB)[29] und als solche Kern des modernen Unternehmensrechts[30]. Danach ist vielfach der Fair Value (Zeitwert) für Tochterunternehmen anzugeben (IFRS 3/IAS 36)[31].

12 Solche Vorstellungen dringen über das geplante Bilanzrechtsmodernisierungsgesetz (BilMoG)[32] auch in das Recht des Einzelabschlusses ein[33]. Für das Bilanzrecht des Handelsgesetzbuchs liegt die IDW Stellungnahme zur

---

25) OLG Stuttgart, BeckRS 2007 05049
26) Großfeld, Gesellschaftsrecht und internationale Bilanzierung, in: IDW (Hrsg.), Weltweite Rechnungslegung und Prüfung, Düsseldorf 1998, S. 105; ders., Internationale Rechnungslegung – Internationalisierung als Führungsaufgabe, in: Grundmann (Hrsg.), Systembildung und Systemlücken in Kerngebieten des Europäischen Privatrechts, Tübingen 2000, S. 289, Diekmann, Die Geschichte des französischen Bilanzrechts, Berlin 1991
27) Großfeld, Grenzüberschreitende Rechnungslegung, in: Ebke/Luttermann/Siegel, Internationale Rechnungslegungsstandards für börsenunabhängige Unternehmen?, Baden-Baden 2007, S. 21; ders., Europäische Unternehmensverfassung/Europäisches Bilanzrecht, in: Gedächtnisschrift Albert Bleckmann, Köln u. a. 2007, S. 169; ders., Unternehmensverfassung im Umbruch, in: Großfeld/Schwarz/Meik, Wirtschaftsrecht im internationalen Anpassungsprozess, Marburg 2005, S. 21; ders., International Reporting Standards: European Corporate Governance, in: O Direito do Balanco e as Normas Internacionais de Relato Financero (Saldanha Sanches/Joao Taborda da Gama, Coimbra 2007, S. 11. Zu Einzelheiten siehe Rn. 1200
28) Großfeld, Internationale Standards der Rechnungslegung, in: Nobel (Hrsg.), Internationales Gesellschaftsrecht, Bern 2000, S. 75; ders., Unternehmensverfassung im Umbruch, S. 21; Dettmeier/Pöschke, Schwerpunktbereich – Einführung in das „internationale" Bilanzrecht, Jus 20 07, 313
29) Großfeld, Vergleichende Unternehmensverfassung: Generally Accepted Accounting Principles oder International Financial Reporting Standards ?, ZVglRWiss 103 (2004) 3; Nicklisch, Die Auswirkungen des Sarbanes-Oxley Act auf die Deutsche Corporate Governance, Berlin 2007; Luttermann, Unternehmenskontrolle und Bilanzmanipulation nach anglo-amerikanischen Mustern (IAS/IFRS und U.S. „GAAP"), WPg 2006, 778
30) Grossfeld, Global Accounting: A Challenge for Lawyers, in: Liber Amicorum Roberto MacLean, London 2008, S. 143
31) Dazu Theile, Systematik der Fair Value Ermittlung, Praxis der internationalen Rechnungslegung 3 (2007) 1; Kirchner, Fair-Value-Bewertung von Internationalen Rechnungslegungsstandards als Schwachstelle der Corporate Governance, in: FS Dieter Rückle, Berlin 2006, S. 299. Zu Einzelheiten siehe Rn. 1223
32) Peemöller, Das zukünftige Bilanzbild deutscher Unternehmen, ZfgG 58 (2008)181
33) Siehe Rn. 1202

IV. Mathematik

Rechnungslegung vor: Anwendung der Grundsätze des IDW S 1 bei der Bewertung von Beteiligungen und sonstigen Unternehmensanteilen für die Zwecke eines handelsrechtlichen Jahresabschlusses (IDW RS HFA 10 v. 18.10.2005)[34]. Für das Europäische Recht gibt es die IDW Stellungnahme zur Rechnungslegung: Bewertungen bei der Abbildung von Unternehmenserwerben und bei Werthaltigkeitsprüfungen nach IFRS (IDW RS HFA 16 v. 18.10.2005)[35].

Ein weltweites Bilanzrecht deutet sich an[36]. Damit entstehen „globale" Bewertungen[37]; die Unternehmensbewertung erhält internationale Dimensionen[38]. Die Einbettung in die jeweilige lokale Kultur wird zu einem zentralen Thema[39]. 13

IV. Mathematik[40]

> "When I heard the learn'd astronomer,
> When the proofs, the figures, were ranged in columns before me,
> When I was shown the charts and diagrams, to add, divide, and measure them,
> When I sitting heard the astronomer where he lectured with much applause in the lecture-room,
> How soon unaccountable I became tired and sick"[41].

1. Zahlenwelt[42]

Die Unternehmensbewertung setzt bei der Rechnungslegung, also bei Zahlen an. Deshalb hat sie mit Mathematik zu tun, einem Zeichenmodell, das Juristen fremd sein mag; sie können sich aber im hier notwendigen Umfang einarbeiten. Die betriebswirtschaftliche Literatur „glänzt" zunehmend mit mathematischen Formeln[43] und Angaben von (z. T. gebührenpflichtigen) 14

---

34) WPg 2005, 1322
35) WPg 2005, 1415. Dazu Großfeld/Stöver/Tönnes, Unternehmensbewertung im Bilanzrecht, NZG 2006, 521
36) Großfeld, Internationales Bilanzrecht, in: Großfeld, Zauber des Rechts, Tübingen 1999, S. 39; Reilly, Under draft plan, ‚net profit' could be lost, Wall Street J. Europe, Tuesday, May 15, 2007, S. 24
37) Siehe Rn. 1154
38) Siehe Rn. 1161
39) Großfeld, Interkulturelle Unternehmensbewertung, in: FS Koresuke Yamauchi, Berlin 2006, S. 123
40) Hackney Jr., Under Cover of Silence: American Legal-Economic Theory and the Quest for Objectivity, Durham 2007; Ayres, Super Crunchers: Why Thinking-By-Numbers Is the New Way to Be Smart, New York 2007; Claus Luttermann/Karin Luttermann, IFRS, Kultur und Internet: eine „Weltsprache" der Rechnungslegung?, RIW 2007, 434
41) Walt Whitman, 1819-1892
42) Großfeld, Zeichen und Zahlen im Recht, 2. Aufl., Tübingen 1997
43) Lindsey/Schachter, How I Became a Quant, New York 2007; Derman, Finance by the Numbers, The Wall Street J. Europe, Thursday, August 23, 2007, S. 10. Eine Zu-

A. Rechtsmaterie

Datenbanken[44]; auch finden sich „Softwarepakete"[45]. Unternehmensbewertung wird so leicht zu einem von außen schwer überschaubaren Feld für „Insider"[46].

15 Eine mathematische „Rhetorik" tut es indes nicht; stets kommt es auf die tatsächlichen Voraussetzungen an:

> „Zahlen beweisen gar nichts! Sie sind nichtssagende Quantitäten, die anhand des internationalen Umfeldes im Einzelfall qualifiziert ...erläutert werden müssen"[47].

16 Wir müssen uns hüten vor dem „delusional impact of numbers"[48], vor einer „Dompteursprache"[49], vor einer „Vertechnisierung"[50]. Zahlen vermitteln den Eindruck von Objektivierung („safety in numbers"); sie können einen „Zeichenvorsprung" begründen und subjektive Wertungen „verdecken" („Psychologie der Zahlen"). Leicht bleibt unklar, wo Mathematik aufhört und Meinung anfängt. Entscheidend sind stets die Prämissen, die zuerst auf Tatsachen beruhen sollten, nicht auf Modellen. Eine Kontrolle von außen muss möglich bleiben; sonst läuft das Recht leer.

17 Das wird zu einem zentralen Problem:

> „One of the greatest misconceptions with respect to financial information held by users (and judges) is that because financial statements contain numbers, they have a degree of accuracy that is equivalent to the mathematical precision of 2 + 2. The fact is that the presence of 'numbers' overstates the degree of accuracy that is present in financial information. Almost every facet of a financial statement involves some element of judgment (inherent in which is some predictive requirement) as to which reasonable minds can differ. Whether it be the need for and the amount of reserve for debts or the value (and obsolescence) of unsold inventory, judgements must constantly be made which, with the 'wisdom' of hindsight, will rarely ever turn to be exactly accurate"[51].

---

sammenstellung findet sich in Euroforum (Hrsg.), BWL für Juristen, Lektion 8, Tönnes, Unternehmensbewertung, Düsseldorf 2006.
44) Dazu Großfeld/ Merkelbach, Wirtschaftsdaten für Juristen, NZG 2008, 241
45) Nachweise bei Ballwieser, Unternehmensbewertung, S. 53
46) Cunningham, Private Standards in Public Law: Copyright, Lawmaking and the Case of Accounting, Michigan L. Rev. 104 (2005) 292, 326
47) Luttermann, Anmerkung, JZ 2003, 417, 419
48) Carrington, On Ranking, J. of Legal Education 53 (2003) 301, 302
49) Schneider, Verringern „Grundsätze ordnungsmäßen Ratings", Risikomodelle und Eigenkapitalunterlegungen die Insolvenzgefahr bei Kreditinstituten?, in: FS Dieter Rückle, Berlin 2006, S. 67, 80. Vgl. Barthel, Unternehmenswert: Glaubwürdigkeitsattribution von Argumentationswerten, Finanz Betrieb 2006, 463, 467
50) Hommel, Anmerkung BB 2008, 1056
51) Ligio, Information in Global Financial Markets: Maybe We Do Need Liability, Wirtschaftsprüferkammer Mitteilungen, Juni 1997, S. 139

IV. Mathematik

Gelegentlich liest man, es werde *„zu viel gerechnet und zu wenig nachgedacht"*[52]. Logisch erscheinende Schlüsse sind verführerisch; sie sind oft aus „Modellen" abgeleitet, deren Voraussetzungen zu klären sind[53]. Die von Gerichten zu beurteilenden Sachverhalte („organisiertes Chaos") „kümmern" sich indes wenig um Logik und um Modelle. Der große amerikanische Jurist Oliver Wendell Holmes (1841-1935) sagte *"You can give any conclusion a logical form"*[54]. 18

Der Eleganz mathematischer Modelle ist daher mit Vorsicht zu begegnen[55]: Die Wirklichkeit der Wertbildung ist nicht elegant; ein Unternehmenswert lässt sich nicht „punktgenau" festlegen[56]; eine *„mathematisch genaue Ermittlung ... auf einen Stichtag"* gibt es nicht[57]. Wir können allenfalls einen Zustand mittlerer Zufriedenheit erreichen, vielleicht auch nur „mittlerer Unzufriedenheit". Immer muss die Bewertung **diskussionsoffen** bleiben[58]. 19

2. Schätzungsfreiheit/Schätzungspflicht

„Durch das Einfache geht der Eingang zur Wahrheit"[59].

Einen „wahren" Unternehmenswert gibt es nicht[60]. Unternehmensbewertung ist keine exakte Wissenschaft[61]; sie ist ein mit vielen *„Unsicherheiten, Fiktionen und Wertungen versehener Denkweg"*[62] – also „Jurisprudenz" (= „Rechtsklugheit") im besten Sinne. Die Verfahren dafür sind keine „Algorithmen" (in sich geschlossene Rechenformeln) sondern Anweisungen zu einer disziplinierten Diskussion um einen akzeptablen Kompromiss. Antworten heißt Herantasten. 20

Eine vollständige Kenntnis der entscheidenden Daten fehlt zumeist; das setzt der „Rationalität" Grenzen. Immer bleibt eine Bandbreite: Geringfügige Un- 21

---

52) Matschke/Brösel, Unternehmensbewertung, S. 48; vgl. Horn, Nicht nur Obst und Gemüse, FAZ 5.9.2006 Nr. 206, S. 11
53) Großfeld, Zeichen und Zahlen im Recht, Tübingen 1995
54) The Path of the Law, in: The Holmes Reader (Julius Marke ed.), New York 1955, S. 69
55) Ausführlich dazu Kruschwitz/Löffler, Kapitalkosten aus theoretischer und praktischer Sicht, WPg 2008, 803. Die Autoren belegen das am Beispiel des Basiszinses (Zinsstrukturkurve), der Marktrisikoprämie, des Betafaktors und der Nachsteuerbewertung
56) OLG München, AG 2007, 701, 702; OLG Stuttgart, AG 2007, 705, 706; OLG Stuttgart, Der Konzern 2004, 128, 133
57) OLG Celle, Beschl. 10.7.2008 Az.: 9 W 10/08 II 1 f
58) Kummer, Beiläufiges zur „Logistik des Rechts", Zeitschrift des Bernischen Juristenvereins 115 (1979) 377
59) Georg Christoph Lichtenberg, 1742-1799
60) OLG München, BB 2007, 2395, 2396
61) Barthel, Unternehmenswert: Glaubwürdigkeitsattribution 467; LG Dortmund, NZG 2004, 723, 724
62) LG Dortmund, NZG 2004, 723, 727; LG Frankfurt/M., NZG 2006, 868, 869f.

A. Rechtsmaterie

terschiede in den Bewertungen sind hinzunehmen[63]. Eine Differenz von 1,5% zwischen Gutachtern ist kein Anlass für ein weiteres Gutachten[64]; gelegentlich werden 7%[65] oder 10% als hinnehmbare Differenzen genannt[66]. Im Übrigen ist der maßgebliche Wert zu *„schätzen"* (§ 738 Abs. 2 BGB, § 260Abs. 2 S. 3 AktG, § 287 Abs. 2 ZPO)[67]. Das ist mehr als eine Billigkeitskontrolle; vielmehr sind die einzelnen Parameter rechtlich zu bewerten und festzulegen[68]. Dabei sind auch Aufwand und Länge des Spruchverfahrens zu beachten[69]. Insofern ist richtig: *„Judex non calculat".*

22 „Schätzen" ist mehr als ein „Dürfen", es ist auch ein „Sollen": Wir dürfen uns der Macht von Zeichensystemen nicht ausliefern und müssen Komplexität handhabbar halten[70]. Das richterliche Ermessen darf nicht in das Zeichenkorsett anderer – evtl. heimlich Interessierter – gepresst werden[71]. Das stellt zugleich Ansprüche an die Nutzung des Freiraums durch eigene Urteilsbildung[72]. Tatsachen gehen allen Modellen vor!

3. Juristenstrategie

> *„Ob der rechte Rechtsverstand*
> *je sei worden wem bekannt,*
> *ist zu zweifeln: allem Meinen*
> *will stets was zuwider scheinen.*
> *Ist also, was zweifelhaft,*
> *schwerlich eine Wissenschaft"*[73].

23 Wir schrecken vor Mathematik nicht zurück, konzentrieren uns aber auf die Voraussetzungen der jeweiligen Formeln[74] und prüfen deren Bezug zur Rea-

---

63) OLG München, AG 2007, 701, 702, 703f.; OLG Karlsruhe, NZG 2008, 791 (BeckRS 2008, 8939)
64) OLG München, AG 2007, 701, 703
65) OLG Stuttgart, Beschl. 14.2.2008 Az.: 20 W 9/06, http://www.betriebs-berater.de/, Rn. 118
66) LG Frankfurt/M., AG 2002, 357. Vgl. LG Heilbronn, Beschl. 22.2.2007 Az.: 23 O 510/97 KfH
67) BGH, ZIP 2001, 734, 736; BayOblG NZG 2006, 156; OLG Stuttgart, AG 2008, 510, 512; Der Konzern 2004, 128; Hüffer/Schmidt-Assmann/Weber, Anteilseigentum, S. 140ff. Zur Bedeutung von „schätzen" siehe §§ 303-306 österr. AGB; dazu Jonas, Unternehmensbewertung: Methodenkonsistenz bei unvollkommenen Märkten und unvollkommenen Rechtssystemen, WPg 2007, 835, 839
68) Nachweise bei Wüstemann, BB-Rechtsprechungsreport 1499
69) Bilda, Zur Dauer der Spruchstellenverfahren, NZG 2000, 296; OLG Stuttgart, AG 2007, 705, 706
70) Ballwieser, Unternehmensbewertung und Komplexitätsreduktion, 3. Aufl., Wiesbaden 1990
71) Vgl. OLG Stuttgart, NZG 2007, 112, 117
72) Vgl. Diederichsen, Rechtswissenschaft und Rhetorik, in: Classen/Mühlenbrock (Hrsg.), Die Macht des Wortes, Marburg 1991, S. 205
73) Friedrich von Logau (1604-1655)

lität. Bei Feinheiten der Rechenformeln können wir uns zumeist auf Finanzmathematiker, Statistiker und die Deutsche Bundesbank verlassen. Wir müssen aber die „Glaubensgrundlagen", die „Sensitivitäten" durchleuchten, Scheingenauigkeiten erkennen und plausible Erläuterungen einfordern.

Wir verbleiben nicht bei Zahlensymbolen (die oft nicht standardisiert sind), sondern lassen uns die Formeln in den Grundlagen wörtlich erläutern und an einem Beispiel mit konkreten Zahlen vorführen. Das erspart eine Übersetzung und erlaubt „selbst" dem Juristen eine Plausibilitätskontrolle. Er kann durch Fragen nach den Grundlagen und durch das Bestehen auf konkreten Zahlen weiterkommen als es zunächst scheinen mag. 24

V. Empfängerhorizont

Wie der Jurist schon im ersten Semester lernt (BGB Allgemeiner Teil), entscheidet im Recht der „Empfängerhorizont". So auch hier: 25

> „Es mangelt aber an der Professionalität, wenn Algorithmen verwendet werden, die für den Adressaten nicht oder nur schwer nachvollziehbar sind bzw. die Unternehmensbewertung zu einer Geheimwissenschaft formt, die nur der Anwender selbst versteht"[75].

Immer geht es um ein „den tatsächlichen Verhältnissen entsprechendes Bild" (Europäischer Wahrheitsgrundsatz im Bilanzrecht)[76]. Die Bewertungsansätze müssen daher nachvollziehbar, anschaulich („Bild") und überprüfbar sein[77]. Sie sind nicht isoliert darzustellen sondern in ihrer Wechselbeziehung. Bloße Hinweise auf Datenbanken genügen nicht. Maßgeblich ist die Plausibilität für Außenseiter[78]. Ein „Modelldenken" tut es nicht (es mag Wunschdenken sein). Jede „Einschüchterungsprosa" ist zu meiden[79]. 26

Bei alledem gilt: „Die Gerichtssprache ist deutsch"[80] – auch für die Beschreibung einer „Zahlenwelt". Die Übersetzungslast liegt zuerst bei den Nutzern eines anderen Zeichensystems[81]. 27

---

74) Die wesentlichen sind zusammengestellt und erläutert in Tönnes, BWL für Juristen; Peemöller (Hrsg.), Praxishandbuch der Unternehmensbewertung, 3. Aufl., Herne 2004
75) Barthel, Unternehmenswert 470
76) § 264 Abs. 2 S. 1, § 297 Abs. 2 S. 2, § 315 Abs. 1 S. 6, § 322 Abs. 3 S. 1. Vgl. auch den Text des „Bilanzeids" des Jahresbilanzberichts (§ 37y Nr. 1 WpHG): „A true and fair view". Dazu EuGH, Slg 1996 I 3133 (Tomberger). Zum Ganzen Luttermann, Anmerkung 417, 418; Großfeld, Bildhaftes Rechtsdenken, Opladen 1995; ders., Generalnorm, in: Leffson/Rückle/Großfeld (Hrsg.), Handwörterbuch unbestimmter Rechtsbegriffe im Bilanzrecht des HGB, Köln 1986, S. 112
77) IDW S 1 2008 Tz. 66
78) Vgl. 238 Abs.1 S. 2 HGB; IDW S 1 2008 Tz. 15, 81, 142 – 144, 167, 178
79) Vgl. Hanno Beck, Eleganter Unsinn, FAZ 25.8.2008 Nr. 198, S. 20
80) § 184 Abs. 1 S. 1 GVG, § 8 FGG

A. Rechtsmaterie

VI. Rechtsvergleichung[82]

28 Die Unternehmensbewertung erhält durch ausländische Anteilseigner, durch grenzüberschreitende Unternehmensverbindungen und durch europäische Unternehmensformen globale Dimensionen[83]. Daher ist sie ein zentrales – oft vernachlässigtes[84]- Feld der Rechtsvergleichung[85]. Nach deren allgemeinen Grundsätzen ist bei der Übernahme ausländischer Darstellungen, Regeln und Daten Vorsicht geboten[86]: „*Ein getreues Bilanzrecht entsteht aus dem jeweiligen Kulturbezug*"[87]. Marktsichten, Finanztheorien und Zahlen beruhen auf lokalen Vorgaben[88]. Immer handelt es sich um kulturelle Mathematik[89]; sie ist nicht leicht übersetzbar[90]. Deshalb müssen wir die Bewertung zunächst „verorten": Location, location, location![91]. Das gilt selbst für Zahlenvergleiche; sie verlangen globale Kooperation.

29 Die Anforderungen an die Objektivität, an deren Typik und an deren Beglaubigung ergeben sich auch aus den jeweiligen Haftungsregeln für den Berufsstand[92] und nach dem Grad der Unabhängigkeit der Gutachter vor Gericht[93]. Das ist wichtig bei heute gängigen Verweisungen auf die USA[94];

---

81) § 185 Abs. 2 GVG gilt wohl nicht für "Fachsprachen". Vgl. zur „Herrschaftssprache" Gräfin von Schlieffen, „Sie bringen mir ganze Bogen, und ich verstehe nichts davon – Altes und Neues zur Rechtssprache als Fachsprache, in: FS Ulrich Eisenhard, München 2007, S. 87

82) Grossfeld, Changing Concepts of Rules: Global Corporate Assessment, Law and Business Rev. of the Americas 8 (2002) 341; ders., Global Valuation: Geography and Semiotics, SMU Law Review 55 (2002) 197; Schikowski, Das Appraisal Right und Probleme der Unternehmensbewertung in den USA und Deutschland, Münster 2000

83) Vgl. LG Stuttgart, AG 2007, 52; siehe Rn. 1200; Großfeld, Internationale Unternehmensbewertung, BB 2001, 1836

84) Ballwieser, Der neue IDW, WPg 2008, Heft 12, S. I

85) Großfeld, Bilanzziele und kulturelles Umfeld, WPg 1994, 795; ders., Interkulturelle Unternehmensbewertung

86) Großfeld, Rechtsvergleichung, Opladen 2001, Kischel. Vorsicht, Rechtsvergleichung, ZVglRWiss 104 (2005) 10; Junker, Grenzen der Arbeitsrechtsvergleichung, in: FS Claus-Wilhelm Canaris, Bd. 2, München 2007, S. 705

87) Großfeld/Luttermann, Bilanzrecht, 4. Aufl., Heidelberg 2005, S. 27 Rn. 100

88) Grossfeld, Global Valuations

89) Huntingdon/Harrison (Hrsg.), Streit um Werte, Hamburg/Berlin 2002

90) Großfeld, Rechtskulturelle Unternehmensbewertung; ders., Globale Unternehmen bewerten, in: Heintzen/Kruschwitz, Unternehmen bewerten, Berlin 2003, S. 101; ders., Bilanzziele. Dazu Susan Binns, The EU-Commission's Strategy with Respect to Accounting and Disclosure, in: Bericht über die Fachtagung 1997 des Instituts der Wirtschaftsprüfer in Deutschland, Düsseldorf 1998, S. 35, 42

91) Grossfeld, Geography and Law, Michigan L. Rev. 82 (1984) 1510; ders/Hölzenbein, Geo-Songs: Modern Land Rights, Rechtstheorie 37 (2006) 443; ders./Welp, Adolf Bastian und die Rechtsvergleichung, Rechtstheorie 25 (1994) 503

92) Großfeld, Grenzüberschreitende Rechnungslegung; Ebke, Die Europäische Union und die Haftung des gesetzlichen Abschlussprüfers: Eine unendliche Geschichte, in: FS Harm Peter Westermann, Tübingen 2007, S. 873

93) Grossfeld, International Financial Reporting Standards

94) Großfeld, Europäische Unternehmensverfassung

VII. Gutachter

dort ist manches anders als bei uns[95]. Bei Bewertungslehren „von außerhalb" ist immer zu prüfen, inwieweit das andere rechtliche Umfeld hineinspielt (geht es um den Normwert?[96]; ist es mit dem unsrigen vergleichbar?

> „Sobald wir Grenzen überschreiten ändert sich das Bezugssystem – und bei der Erforschung des Unbekannten und oft Unerwarteten kann keines der beiden Fächer ohne das Wissen des anderen bestehen: Das was der Jurist bei uns unbewusst an Wirtschaft voraussetzt und der Wirtschaftswissenschaftler an Recht, lässt sich im Ausland nicht erwarten. Der ‚Geldstrom des Rechts' läuft dort anders. So bleibt nur das Herantasten ‚mit allen Sinnen', d. h. in einem ständigen Austausch der Fächer"[97].

VII. Gutachter[98]

„The first kindness is competency"[99].

1. Unabhängigkeit

Die Unternehmensbewertung ist ein weites Arbeitsfeld für Gutachter als Berater, als Vermittler oder als Neutrale; es entwickelt sich national und international ein „gutes Bewertungsgeschäft"[100]. Ich denke bei diesem Buch vor allem an Gutachter vor Gericht und an Richter und Handelsrichter, die oft schwierige Entscheidungen treffen müssen. 30

Die „Goldwährung" des Gutachters vor Gericht ist seine Unabhängigkeit, die – bei aller Geschäftigkeit – von außen erkennbar bleibt[101]. Er hat selbständig[102], neutral und objektiv die Kriterien der Bewertung zu entwickeln; dabei darf er von den Prognosen einer Partei nach oben und nach unten ab- 31

---

95) Großfeld, Probleme der Rechtsvergleichung im Verhältnis Vereinigte Staaten von Amerika – Deutschland, RabelsZ 39 (1975) 5; Reinhard Zimmermann (Hrsg.), Amerikanische Rechtskultur und europäisches Privatrecht, Tübingen 1995
96) Siehe Rn. 119
97) Großfeld, Globale Wirtschaft und Internationales Recht, in: FS Dieter Rückle, Berlin 2006, S. 31
98) Dietmar/Schneider/Thielen, Unternehmensbewertungen erstellen und verstehen: Ein Praxisleitfaden, 3. Aufl., 2008
99) David Schiedermayer, Google
100) Ballwieser, Der neue IDW S 1, WPg 2008, Heft 12, S. I
101) Vgl. LG München, Beschl. 24.3.2005 Az.: 5 HK 149/03; Wüstemann, Basiszinssatz und Risikozuschlag in der Unternehmensbewertung: Aktuelle Rechtsprechungsentwicklungen, BB 2007, 2223, 2228. Zur Unbefangenheit der Handelsrichter BGH, NZG 2006, 905, 908; BB 2006, 2543, 2545. Zur Unbefangenheit des Vertragsprüfers bei zeitlicher Überschneidung BGH, NZG 2006, 905, 908; BB 2006, 2543, 2545, OLG Stuttgart, NZG 2007, 112, 114; OLG München, AG 2007, 286, 289. Vgl. auch LG Frankfurt/M., BB 2007, 1069 m. kritischer Anm. Wittgens. Zum Ganzen Ebke, die Besorgnis der Befangenheit des Abschlussprüfers und ihre Auswirkungen auf die Abschlussprüfung und den testierten Jahresabschluss, in: FS Volker Röhricht, Köln 2005, S. 833
102) LG Frankfurt/M., aaO S. 1070

A. Rechtsmaterie

weichen[103]). Er soll dem Gericht eine Plausibilitätskontrolle ermöglichen[104]). Gesucht wird gern ein einziger Unternehmenswert, aber auch Wertspannen können angemessen sein[105]): Das lässt dem Gericht Schätzungsspielraum.

2. Grenzüberschreitende Erfahrung

32 Gutachter müssen mehr kennen als mathematische Methoden und Datenbanken[106]). Sie müssen sich in Geschäftstätigkeiten, Branchen und Märkte[107]), in Chancen und Risiken[108]) einarbeiten. Internationale Erfahrung ist meist unerlässlich, schon um die inländische Wettbewerbslage und die hereinströmenden ausländischen „Standards" oder „Vergleiche" einigermaßen zu verstehen. Sonst ist selbst für das Inland keine angemessene Bewertung zu erwarten. Das gilt noch mehr bei grenzüberschreitenden Vorgängen, wie etwa bei der Gründung einer Europäischen Aktiengesellschaft oder einer Europäischen Genossenschaft[109]).

3. Quellen

33 Der Gutachter muss darlegen, aus welchen Quellen er seine Annahmen abgeleitet hat. Das gilt vor allem für den Basiszins, den Risikozuschlag und den Wachstumsabschlag, ferner bei Marktrisikoprämie und Betafaktor sowie bei der Zusammensetzung einer Peer Group. Er muss begründen, warum seine Indizes und Zeitspannen gegenüber anderen vorzugswürdig sind.

4. Hilfspersonen

34 Der Gutachter darf andere Personen in beschränktem Umfang zur Mitarbeit heranziehen (§ 407a Abs. 2 ZPO).

---

103) OLG Celle, ZIP 2007, 2025, 2027
104) OLG Düsseldorf, NZG 2006, 911, 913; NZG 2004, 622, 624
105) IDW S 1 2008 Tz. 175
106) Vgl. Müller, Zahlen und Zahlenzusammenhänge – Neuere Einsichten zum Wirken und Gebrauch der Zahlen in Natur und Gesellschaft, Weimar 2006
107) Drukarczyk/Ernst, Branchenorientierte Unternehmensbewertung, 2. Aufl. 2007
108) Zur Bewertung eines Versicherungsunternehmens OLG Düsseldorf, NZG 2006, 911; OLG München. Beschl. 30.11.2006, Az.: 31 Wx 059/06; Zimmermann/Protop/Lippert, Die Bewertung von Versicherungsunternehmen mit Residualgewinnmodellen, Finanz Betrieb 2008, 343
109) Zur Bewertung einer Genossenschaft siehe Lamprecht, Ansätze zur Bewertung kooperativer Unternehmen unter besonderer Berücksichtigung des Member Value von Genossenschaften, Netzwerk-Evaluation 2008, 97

I. Abfindung

VIII. Unterlagen

Für die Bewertung werden üblicherweise die IDW Standards genutzt[110]; doch letztlich entscheidet das daran nicht gebundene Gericht. Der Gutachter muss keinen Jahresabschluss oder Konzernabschluss erstellen; er darf sich auf testierte Abschlüsse stützen. Das gilt auch für Abschlüsse nach den International Financial Reporting Standards/International Accounting Standards (IFRS/IAS). Sie eignen sich ebenfalls für eine Unternehmensbewertung[111], doch können Korrekturen erforderlich sein[112]. Das ist im Einzelnen noch zu klären[113]; jedenfalls sollte man den HGB Abschluss hinzuziehen. Ein Anspruch auf Einsicht in die Unterlagen besteht nur, wenn das Gericht die Vorlage für notwendig hält[114].

35

B. Ausgangslagen

I. Abfindung

1. Personengesellschaft

a. Ausgangspunkt

Traditioneller Ausgangspunkt für die rechtliche Unternehmensbewertung sind die Regeln für die Gesellschaft des Bürgerlichen Rechts beim Ausscheiden eines Gesellschafters. Einschlägig ist § 738 Abs. 1 S. 2 BGB; er gilt auch für die Offene Handelsgesellschaft (§ 105 Abs. 3 HGB), die Kommanditgesellschaft (§ 161 Abs. 2 HGB) und die atypische stille Gesellschaft[115]: Dem Ausscheidenden ist danach „*dasjenige zu zahlen, was er bei der Auseinandersetzung erhalten würde, wenn die Gesellschaft zur Zeit seines Ausscheidens aufgelöst worden wäre*"[116]. Die Bewertung beginnt also bei dem Unternehmen

36

---

110) OLG Hamburg, NZG 2005, 86, 87; OLG Düsseldorf, BeckRS 2006 10243. Dazu Aders, Finanzanalysten, Unternehmensbewertung und Rating, Google; Beyer/Gaar, Neufassung des IDW S 1 „Grundsätze zur Durchführung von Unternehmensbewertungen", Finanz Betrieb 2005, 240
111) IDW S 1 2008 Tz. 102; OLG Hamburg, NZG 2005, 86, 87; Hentzen, IFRS – Werte als Grundlagen der Unternehmensbewertung aus Anlass von Umstrukturierungen, DB 2005, 1891; Knoll, Unternehmensbewertung auf der Basis von IFRS Zahlen: Ein Problem für die Abfindung von Minderheitsaktionären?, BB 2006, 369; ders., Unternehmensbewertung bei unterschiedlicher Rechnungslegung – gleicht sich wirklich alles aus?, ZSteu 2005, 435; Moser/Doleczi/Granget/Marmann, Unternehmensbewertung auf der Grundlage von IAS/IFRS, BB 2003, 1666
112) Einzelheiten bei Blum, Unabhängigkeit des Unternehmenswerts von der Rechnungslegung des Unternehmens, BB 2008, 2170
113) Zurückhaltend Luttermann, Zur Rechtspraxis internationaler Unternehmensbewertung bei der Publikums-Aktiengesellschaft, NZG 2007, 611, 614; Küting/Reuter, Bilanz- und Ertragsausweis nach IFRS 5: Gefahr der Fehlinterpretation in der Bilanzanalyse, BB 2007, 1942. Kritisch Knoll, EWiR 2005, 287, 288
114) OLG Düsseldorf, NZG 2006, 911, 913; NZG 2004, 622, 624
115) BGH, NZG 2001, 887
116) Zu Einzelheiten Dörschell/Franken/Schulte, Ermittlung; Popp, Ausgewählte Aspekte der objektivierten Bewertung von Personengesellschaften, WPg 2008, 935

B. Ausgangslagen

als Ganzen und schwenkt dann über auf den Anteil[117]. Das ist hier schon deshalb so, weil der Gesellschafter über seinen Anteil nicht verfügen kann (§ 719 Abs. 1 BGB); der Anteil hat keinen eigenständigen Marktwert.

b. Fortführungswert

37 § 738 Abs. 1 S. 2 BGB deutet auf einen Wert, der sich bei der Auflösung ergibt (vgl. § 730 – 734 BGB). Das Reichsgericht verstand ihn aber schon bald als Wert eines fortbestehenden Unternehmens[118]: Das Ausscheiden beendet ja die Gesellschaft nicht, vielmehr wächst der Anteil den verbleibenden Gesellschaftern zu (§ 738 Abs. 1 S. 1 BGB); sie setzen die Gesellschaft fort. Deshalb ist der Betrag anzusetzen, der sich erzielen lässt bei einer Veräußerung *„als Einheit"*[119]. Der Ausscheidende soll dann erhalten, was seine Beteiligung an dem weiter arbeitenden Unternehmen wert ist[120].

38 Man geht also aus von der Fortführung des Unternehmens[121] („going concern", vgl. § 252 Abs. 1 Nr. 2 HGB). Dieser Ansatz erfasst den Geschäfts-(Firmen-) Wert, den „Goodwill", d.h. die Wahrscheinlichkeit, *„that the old customers will resort to the old place"* (Lord Eldon 1810). Schwebende Geschäfte sind zu berücksichtigen (§ 740 BGB)[122]. Zu suchen ist der volle Wert, es sei denn, der Gesellschaftsvertrag bestimmt anderes[123]. Der Liquidationswert ist normalerweise nicht maßgeblich[124].

c. Schätzung

39 Die Bewertung ist gerichtlich überprüfbar; der Wert des Gesellschaftsvermögens ist dann zu schätzen (§ 738 Abs. 2 BGB). Der Abfindungsanspruch richtet sich gegen die Gesellschaft als Gesamthand; er ist „Gesamthandsverbindlichkeit", die zu einer persönlichen Haftung werden kann (§ 739 BGB).

---

117) LG Frankfurt/M., AG 2007, 42, 46. Zum Ganzen Brähler, Der Wertmaßstab der Unternehmensbewertung nach § 738 BGB, WPg 2008, 209; Drobetz/Tegtmeier/Topalow, Bewertung von Kommanditanteilen geschlossener Schiffsfonds mit dem Ertragswertverfahren, Finanz Betrieb 2008, 399. Vgl. auch Gschwendtner, Abzinsung von betrieblichen Forderungen aus unverzinslichen Gesellschafterdarlehen auf der Grundlage der Rechtsprechung des Bundesfinanzhofs – Korrespondierende Bilanzierung und kompensatorische Bewertung, in: Ballwieser/Grewe (Hrsg.), Wirtschaftsprüfung im Wandel, München 2008, S. 633
118) RGZ 106, 128, 132
119) BGH, GmbHR 1992, 257, 261
120) BVerfGE 14, 263, 284; 100, 289, 304; BGH, AG 2003, 627, 628; LG Frankfurt/M., Beschl. 21.3.2006, Az.: 3-05 O 153/04, S. 7
121) BGHZ 17, 130, 136
122) Dazu siehe Rn. 122
123) Dazu siehe Rn. 343
124) Einzelheiten siehe Rn. 1097

I. Abfindung

d. Europäische Wirtschaftliche Interessenvereinigung

Dieses Grundmodell gilt ebenfalls für die Europäische Wirtschaftliche Interessenvereinigung (EWIV). Bei ihr wird die Abfindung „*auf der Grundlage des Vermögens der Vereinigung*" ermittelt, wie es „*im Zeitpunkt des Ausscheidens des Mitglieds*" (Art. 33 Abs. 1 EWIV-VO[125]) vorhanden ist. Im Vordergrund steht das Unternehmen als Ganzes und dessen Fortführungswert.

40

2. Gesellschaft mit beschränkter Haftung[126]

Die geschilderte Methode beruht auf dem Charakter der Personengesellschaft als Gesamthandsgemeinschaft. Sie gilt aber im Wesentlichen auch für die GmbH als eigenständige juristischen Person (§ 13 Abs. 1 GmbHG). Doch sind Anteile an einer GmbH grundsätzlich veräußerlich (§ 15 Abs. 1 u. 5 GmbHG); die Abtretung bedarf aber der notariellen Form (§ 15 Abs. 3 GmbHG). Deshalb ist u. U. auf Vergleichspreise zu achten. Diese Grundsätze werden wohl auch leitend sein für die Europäische Privatgesellschaft (SPE)[127].

41

3. Aktiengesellschaft

Die Methode ist stärker anzupassen bei Gesellschaften mit frei übertragbaren (verkehrsfähigen) Anteilen (vor allem Aktien) auf einem organisierten Markt („Börse")[128]. Die Aktie vermittelt nicht nur eine Beteiligung am Unternehmen (Unternehmensbewertung): Sie ist selbst verkehrsfähig, unterliegt der unmittelbaren Verfügung durch den Aktionär und hat einen eigenen „Verkehrswert" (Anteilsbewertung)[129]. Deshalb ist der Börsenkurs zu berücksichtigen[130].

42

Den Standard für die Bewertung setzt § 305 AktG[131]. Ausgangspunkt ist auch hier der Gesamtwert des Unternehmens (arg. § 304 Abs. 2 S. 1 AktG)[132]; dessen Verhältnisse sind zu „*berücksichtigen*". (§ 305 Abs. 3 S. 2 AktG); es bleibt aber Raum für einen Blick auf die Anteile[133]. Der Unternehmenswert wird sodann auf die „*Zahl aller*" Anteile „*verteilt*"[134].

43

---

125) ABl. EG 1985 Nr. L 199 S.1; deutsches Ausführungsgesetz v. 14.4.1988, BGBl. I 1988, 614
126) Koch, Die Vinkulierung von GmbH-Anteilen und ihre Auswirkung auf Umwandlungsvorgänge, Berlin 2007; Henrichs, Die Behandlung von GmbH-Beteiligungen an Personengesellschaften bei der Anteilsbewertung, GmbHR 1989, 342
127) Siehe Rn. 95
128) Vgl. BVerfG, NZG 2007, 631
129) OLG Stuttgart, AG 2007, 705, 709
130) OLG Stuttgart, Beschl. 14.2.2008 Az.: 29 W 9/06, http://www.betriebs-berater.de/, Rn. 33f.
131) Dazu BGH, BB 2006, 1873; Luttermann, Rechtsnatur und Praxis des Abfindungsanspruchs (§ 305 AktG) als gesetzliches Schuldverhältnis, NZG 2006, 816. Zum Abfindungsergänzungsanspruch BayObLG, AG 1996, 127, 130

B. Ausgangslagen

44 Ein Beschluss der Hauptversammlung ist nicht anfechtbar wegen unzureichender Informationen über Abfindung, Ausgleich oder Zuzahlung, wenn für die Bewertung ein Spruchverfahren vorgesehen ist (§ 243 Abs. 3 S. 2 AktG)[135].

II. Verschmelzung[136]

1. Grundmodell[137]

45 Bewertungsfragen stellen sich, wenn Gesellschaften („*Rechtsträger*") miteinander verschmelzen. Leitlinien für das angemessene Umtauschverhältnis bei nationalen und internationalen Verschmelzungen gibt § 5 Abs. 1 Nr. 3 UmwG (vgl. auch § 305 Abs. 3 S. 1, § 320b Abs. 1 S. 4 AktG); Einzelheiten regeln die §§ 15, 29f., 34 UmwG[138]. Maßgeblich ist die Verschmelzungswertrelation[139]; ihr muss eine gründliche Bewertung vorausgehen[140]. Beide Unternehmen sind nach denselben Grundsätzen zu bewerten[141]. Der jeweilige Wert bestimmt sich danach, wie die Gesellschaften ohne die Verschmelzung zu sehen wären[142].

46 Zu ermitteln ist die Beteiligungsquote für alle Mitglieder an dem Rechtsträger, der aus der Verschmelzung entsteht. Es kommt nicht auf das Verhältnis der Verkehrswerte der einzelnen Anteile vor und nach der Verschmelzung an; entscheidend ist das Verhältnis der auf die einzelnen Mitglieder entfallenden Unternehmenswerte. Ausgangspunkt ist das jeweilige Vermögen der beteiligten Unternehmen[143]. Bewertungsgegenstand ist also nicht der

---

132) Vgl. IDW S 1 2008 Tz. 13 Abs. 3
133) OLG Stuttgart, NZG 2007, 112, 114
134) OLG München, AG 2007, 287, 291
135) OLG Hamm, NZG 2005, 897
136) Dazu ausführlich OLG Stuttgart, AG 2007, 705; zu Fragen des Missbrauchs bei Vorbereitung eines Squeeze Out OLG Hamburg, BB 2008, 2199. Zum Ganzen Heidel (Hrsg.), Aktienrecht und Kapitalmarktrecht, 2. Aufl. Baden – Baden 2007, 12. Teil S. 2335 (Braunfels); Gude, Strukturuntersuchungen und Unternehmensbewertung zum Börsenkurs, Köln 2004, S. 31; OLG München, AG 2006, 420. Vgl. Pfeuffer, Verschmelzungen und Abspaltungen als nachteilige Rechtsgeschäfte im Sinne von § 311 Abs. 1 AktG?, Berlin 2007. Zu Besonderheiten bei Genossenschaften Großfeld, Institut für Genossenschaftswesen Münster, Nr. 1, 2002, S. 85
137) Zur Abspaltung siehe Tillmann/Rieckhoff, Nachteilsausgleichspflicht bei Abspaltungen im faktischen Konzern?, AG 2008, 486
138) Dazu näher OLG München, AG 2006, 420, 421; LG Stuttgart, AG 2007, 52, 53. Zur Verfassungsmäßigkeit BVerfG, NZG 2007, 629
139) Dazu KG, NZG 2003, 644
140) LG Stuttgart, AG 2007, 52; weniger streng wohl OLG Stuttgart, AG, 2006, 423f
141) OLG Stuttgart, AG 2006, 420, 427; LG Dortmund, NZG 2001, 1145, 1147
142) Vgl. OLG Düsseldorf, NZG 2006, 911; KG Berlin, Beschl. v. 16.10.2006, Az.: 2 W 148/01, II 1 b bb; vgl. Rn. 254
143) OLG München, AG 2007, 701

II. Verschmelzung

einzelne Anteil, sondern das Unternehmen als Ganzes[144]. Keine Rolle spielt, dass eine Zuzahlung nach § 15 UmwG den Wert der zahlungspflichtigen Gesellschaft mindert[145]. Der Verschmelzungsprüfer (§ 9 UmwG) soll nicht seine Bewertung an die Stelle des Bewertungsgutachters setzen: Er soll auf Angemessenheit und Plausibilität achten[146].

Der Verschmelzungsbeschluss kann nicht mit der Begründung, das Umtauschverhältnis sei unangemessen, angefochten werden (vgl. § 14 Abs. 2 UmwG). Die Anteilseigner der übertragenden Gesellschaft können aber von der übernehmenden Gesellschaft eine „bare Zuzahlung" verlangen (§§ 15 Abs. 1, 196 UmwG)[147]. 47

2. Verschmelzung durch Aufnahme

Bei der Verschmelzung durch Aufnahme muss die übernehmende Gesellschaft widersprechenden Anteilseignern der übertragenden Gesellschaft eine „angemessene Barabfindung" bieten (§ 29 Abs. 1 UmwG)[148]. Die Abfindung muss „die Verhältnisse des übertragenden Rechtsträgers im Zeitpunkt der Beschlussfassung über die Verschmelzung berücksichtigen" (§ 30 Abs. 1 S. 1 UmwG). Auch hier ist der Verschmelzungsbeschluss nicht deshalb angreifbar, weil die Barabfindung unangemessen ist (§ 32 UmwG). 48

Bei einem „merger of equals", wenn also kein Partner den anderen beherrscht, soll es nicht auf das Verhältnis der Börsenwerte zueinander ankommen[149]. Das Bundesverfassungsgericht ließ die Frage offen[150]. Das OLG Stuttgart meint, dass Börsenwerte hier keine Rolle spielen; entscheidend sei die Unternehmenswertrelation[151]. Dafür hat sich das Ertragswertverfahren durchgesetzt[152]. Immer gibt es eine gerichtliche Überprüfung (§ 15 Abs. 1 S. 2, § 34 UmwG). 49

---

144) OLG Stuttgart, AG 2007, 705, 706
145) OLG München, AG 2007, 701, 704
146) OLG Stuttgart, AG 2004, 271, 275
147) OLG Düsseldorf, NZG 2005, 280, 281; zur Megede, Verschmelzung von Aktiengesellschaften – Materielle Anspruchsberechtigung auf Erhalt einer baren Zuzahlung, BB 2007, 337; LG Dortmund, BeckRS 2007 05697, vgl. BB 2008, 272 m. abl. Anm. Wüstemann
148) Dazu OLG Stuttgart, BeckRS 2007 05049, Kurzfassung NZG 2007, 478
149) OLG Stuttgart, AG 2006, 420; OLG Stuttgart, AG 2007, 705, 711ff.; BayObLG, NZG 2003, 483; OLG Düsseldorf, NZG 2003, 588, 597; Weiler/Meyer, Berücksichtigung des Börsenwertes bei Ermittlung der Verschmelzungsrelation, NZG 2003, 669
150) BVerfG, NZG 2007, 629, 630
151) OLG Stuttgart, AG 2007, 705, 706
152) BGH, DB 1985, 167; BGH, NZG 2003, 1017; OLG Stuttgart, AG 2007, 705, 706; OLG Stuttgart, NZG 2007, 112, 114; OLG Stuttgart, AG 2006, 420, 425; OLG München, NZG 2007, 635; OLG Düsseldorf, NZG 2005, 280, 282; BayObLG, ZIP 2003, 253

B. Ausgangslagen

3. Europäische Dimension[153]

50 Das Gebiet erhält durch die Europäische Verschmelzungsrichtlinie (Art. 4; §§ 122a – 122 l UmwG)[154], durch die Verschmelzungen bei der Gründung einer Europäischen Aktiengesellschaft (Societas Europaea) (Art. 24 Abs. 2 SE-VO, § 6 Abs. 4, § 7 SEAG)[155] und durch die geplante Europäische Privatgesellschaft (SPE)[156] eine neue Dimension.

III. Spaltung

51 Ein (übertragender) Rechtsträger kann sein Vermögen aufspalten, indem er es auf einen anderen (übernehmenden) Rechtsträger überträgt. Die Eigner des übertragenden Rechtsträgers erhalten dann Anteile des übernehmenden Rechtsträgers (§ 123 UmwG). Die §§ 15 und 29f. UmwG gelten entsprechend (§ 125 Abs. 1 S. 1 UmwG).

IV. Umwandlung[157]

52 Ein Rechtsträger kann durch Umwandlung eine andere Rechtsform annehmen (§ 190 Abs. 1 UmwG). Auch dann kann es Zuzahlung (§ 196 UmwG)[158] und Barabfindung (§ 207f. UmwG) geben. Nicht auszugleichen sind Nachteile, die alle Anteilseigner gleichmäßig treffen; sie liegen in der

---

153) Von der Linden, Umstrukturierung von mitbestimmten Unternehmen nach deutschem Umwandlungsrecht und durch grenzüberschreitende Sitzverlegung, Berlin 2007
154) Richtlinie 2005/56/EG v. 26. 10. 2005, ABl. EU Nr. L 310 S. 1; zum Hintergrund EuGH, BB 2006, 11, C 411/03 Sevic.; OLG München, NZG 2006, 513. Deutsche Umsetzung in §§ 122 a – 122 l UmwG. Siehe dazu Öchsler, Die Richtlinie 2005/56/EG über die Verschmelzung von Kapitalgesellschaften aus verschiedenen Mitgliedstaaten, NZG 2006, 161, 164; Müller, Die grenzüberschreitende Verschmelzung nach dem Referentenentwurf des Justizministeriums, NZG 2006, 286, 289; Müller, Bilanzierungsfragen bei der grenzüberschreitenden Umwandlung und Sitzverlegung in: FS Arndt Raupach, Köln 2006, S. 261. Vgl. Samson/Flindt, Internationale Unternehmenszusammenschlüsse, NZG 2006, 290; Koppensteiner, Zur grenzüberschreitenden Verschmelzung, Der Konzern 2006, 40. Spahlinger/Wegen, Deutsche Gesellschafen in grenzüberschreitenden Umwandlungen nach „SEVIC" und der Verschmelzungsrichtlinie in der Praxis, NZG 2006, 721; Schmidtbleicher, Verwaltungssitzverlegung deutscher Kapitalgesellschaften in Europa: „Sevic" als Leitlinie für „Cartesio"?, BB 2007, 613; Mengucq, The European Regime on Takeovers, European Company and Financial L. Rev. 2006, 222
155) Verordnung Nr. 2157/2001 (EG) v. 8. 10. 2001 über das Statut der europäischen Gesellschaft, ABl. EG Nr. L 294 S. 1. Dazu Heidel (Hrsg.), Teil 7 S. 2125 (Schmitz)
156) Siehe Rn. 1176
157) LG Dortmund, BeckRS 2007 05697; Prasse, Die Barabfindung ausscheidender Minderheitsgesellschafter bei der Umwandlung von Kapital- in Personengesellschaften im Spannungsfeld des Zivil- und Handelsrechts, Diss. Hamburg 2001
158) Dazu LG Dortmund, ZIP 2007, 2029; Wittgens/Redeke, Zu aktuellen Fragen S. 2019

V. Bilanzrecht

Natur eines Formwechsels¹⁵⁹⁾. Im Übrigen gelten die Grundsätze wie bei anderen Abfindungen¹⁶⁰⁾.

V. Bilanzrecht¹⁶¹⁾

Die Unternehmensbewertung dringt immer stärker in das Bilanzrecht ein; sie wird auch von daher ein Grundpfeiler des Unternehmensrechts. Einzelheiten werden wir uns später ansehen¹⁶²⁾, hier nur ein kurzer Überblick. 53

1. Einzelabschluss¹⁶³⁾

Ein erworbener Geschäfts- oder Firmenwert ist künftig anzusetzen „*als zeitlich begrenzt nutzbarer Vermögensgegenstand*" (§ 246 Abs. 1 S. 3HGB-RegE); er ist sodann planmäßig abzuschreiben (§ 253 Abs. 3 S. 3 HGB-RegE), gegebenenfalls außerplanmäßig (§ 253 Abs. 3 S.3 HGB-RegE). Das erfordert eine Unternehmensbewertung¹⁶⁴⁾. Im Übrigen spielt die Unternehmensbewertung im Einzelabschluss nur ausnahmsweise eine Rolle, wie etwa für die Unterbilanzhaftung bei der GmbH¹⁶⁵⁾. 54

Unternehmensanteile i. S. v. § 271 HGB sind auszuweisen mit ihren Anschaffungskosten (§§ 253 Abs. 1, 255 Abs. 1 HGB). Sie sind danach auf den jeweiligen beizulegenden Wert, den Zeitwert (§253 Abs. 2 S. 3 HGB), abzuschreiben. Entfallen die Gründe für die frühere Abschreibung, so kann (§ 253 Abs. 5 HGB) oder muss (§ 281 Abs. 1 S. 2 HGB) der Wert „aufgeholt" werden. Der beizulegende Wert wird ermittelt durch eine Unternehmensbewertung aus der Sicht des bilanzierenden Unternehmens (subjektiver Unternehmenswert¹⁶⁶⁾. 55

2. Konzernabschluss¹⁶⁷⁾

Die Unternehmensbewertung innerhalb des Konzernabschlusses börsennotierter Unternehmen beruht vor allem auf den Regeln der International Financial Reporting Standards über die Verschmelzung: Die Verschmelzung gilt als Kauf, so dass grundsätzlich der volle Erwerbspreis, einschließlich des Geschäfts- oder Firmenwerts (Goodwill) auszuweisen ist (anders noch § 24 56

---

159) OLG Düsseldorf, NZG 2005, 280, 281; LG Dortmund, ZIP 2007, 2029, vgl. BB 2008, 272 m. abl. Anm. Wüstemann
160) KG, Az.: 2 W 148/01, 16.10.2006, B II 1 b bb
161) Großfeld/Stöver/Tönnes, Unternehmensbewertung
162) Siehe Rn. 1200
163) Einzelheiten siehe Rn. 1202
164) Vgl. ebenfalls § 301 Abs. 3 S. 1, § 309 Abs. 1 HGB-RegE
165) BGH, BB 2006, 907 m. Anm. Gehrlein
166) IDW S 1 2008 Tz. 48–58, 123
167) Einzelheiten siehe Rn. 1205

B. Ausgangslagen

UmwG)[168]. Der Geschäfts- oder Firmenwert wird nicht regelmäßig abgeschrieben; er ist jährlich auf eine Wertminderung hin zu testen. Das erfordert einen „*Impairment Test*" = „*Werthaltigkeitstest*" [169] und damit eine Unternehmensbewertung.

VI. Sonstige Anlässe

57 Unternehmen sind zu bewerten, wenn sie als Einlage in eine Gesellschaft (§ 5 Abs. 4, § 9 Abs. 1, § 56 GmbHG; § 27, § 36a, § 183, § 255 Abs. 2 AktG) eingebracht werden[170].

58 Bewertungsanlässe entstehen auch beim Zugewinnausgleich (§ 1373 BGB), weil Anfangs- (§ 1374) und Endvermögen (§ 1375) miteinander zu vergleichen sind (§ 1376). Ähnliche Fragen ergeben sich im Pflichtteilsrecht (§ 2303, § 2311 BGB)[171].

VII. Steuerrecht

59 Im Bilanzsteuerrecht kommt der „*Teilwert*" als steuerlicher Zeitwert in Betracht. Das ist der Betrag „*den ein Erwerber des ganzen Betriebs im Rahmen des Gesamtkaufpreises für das einzelne Wirtschaftsgut ansetzen würde; dabei ist davon auszugehen, dass der Erwerber den Betrieb fortführt*" (§ 6 Abs. 1 Nr. 1 S. 3 EStG).

60 Bei Eigentumswechseln stellt das Steuerrecht dagegen auf den „*gemeinen Wert*" (§ 1 Abs. 1 BewG), d. h. auf den Preis, „*der im gewöhnlichen Geschäftsverkehr nach der Beschaffenheit des Wirtschaftsgutes bei einer Veräußerung zu erzielen wäre*" (§ 1 Abs. 2 BewG), ab. Einzelheiten finden sich im Leitfaden der Oberfinanzdirektionen Rheinland und Münster[172]. Dieser orientiert sich an der Unternehmensbewertung nach dem IDW Standard S 1 in der alten Fassung[173]. Die weitere Entwicklung ist ungewiss[174] im Hinblick auf die Fortentwicklung im Rahmen des IDW S 1[175].

---

168) Zu Möglichkeiten einer Full Goodwill Methode Pellens/Amshoff/Sellhorn, IFS 3 (rev. 2008): Einheitstheorie in der M&A Bilanzierung, BB 2008, 602, 605
169) Hachmeister, Impairment-Test nach IFSR und US-GAAP, in: Ballwieser/Beyer/ Zelger (Hrsg.), Unternehmenskauf nach IFRS und US-GAAP, Stuttgart 2005, S. 191
170) Vgl. BGH, BB 2006, 907 m. Anm. Gehrlein
171) IDW, HFA 2/1995 Abschn. III 4, WPg 1995, 525; IDW S 1 n.F. Tz. 52; Diederichsen 143
172) Dazu Vosen, Bewertung von (Anteilen) an Kapitalgesellschaften für ertragsteuerliche Zwecke, Leitfaden der OFD Rheinland und Münster, Google. Zu einem Diskussionsentwurf der Finanzverwaltung OLG München, Beschl. 31.03.2008 Az.: 31 Wx 88/06, http://www.betriebs-berater.de/, S. 16
173) Dazu Großfeld/Tönnes/Stöver, Unternehmensbewertung
174) Kohl/Schilling, Grundsätze objektivierter Unternehmensbewertung, StuB 2006, 539 BverfG, DStR 2007, 235
175) Siehe unten Rn. 80 zum Entwurf einer Anteils- und Betriebsvermögensbewertungsverordnung

C. Abfindung: Einzelfälle

Namentlich bei Abfindungen hat sich die oben[176] geschilderte Ausgangslage aufgefächert.   61

I. Gesellschaft mit beschränkter Haftung[177]

Hier ist zu bewerten, wenn die gesellschaftsrechtliche Bindung durch die Einziehung von Geschäftsanteilen (§ 34 GmbHG) und bei Austritt oder Ausschluss von Gesellschaftern aufgehoben wird[178]. Gleiches gilt, wenn ein Beherrschungs- oder Gewinnabführungsvertrag geschlossen wird (analog §§ 304 Abs. 1, 305 Abs. 1 AktG); dann ist ein Ausgleich oder eine Abfindung zu zahlen[179]. Bei einer chronisch defizitären Gesellschaft kann das ein „Null-Ausgleich" sein[180].   62

Das GmbH-Gesetz schweigt zur Höhe der Abfindung. Doch ist analog § 738 Abs. 1 S. 2 BGB[181] vom vollen Wert der Gesellschaft auszugehen. Bei einer analogen Anwendung des Aktienrechts sind die stärker personenrechtliche Prägung der GmbH und die fehlende Börsenfähigkeit der Anteile zu beachten (vgl. § 15 Abs. 3–5 GmbHG).   63

II. Aktiengesellschaft

1. Beherrschungsvertrag

Beim Abschluss eines Beherrschungs- und Gewinnabführungsvertrages ist den außen stehenden Aktionären ein *„angemessener Ausgleich"* (§ 304 Abs. 1 S. 1 AktG)[182] zu gewähren oder eine *„angemessene Abfindung"* (§ 305 Abs. 1 AktG) zu zahlen[183]. Als Maßstab wird auch § 5 Abs. 1–3 der Angebotsverordnung zum Wertpapierübernahmegesetz herangezogen[184]. Der Anspruch richtet sich gegen das herrschende Unternehmen[185].   64

---

176) Siehe Rn. 36
177) Zur konzernierten Personengesellschaft, namentlich der GmbH & Co. KG siehe OLG Düsseldorf, NZG 2005, 280, 282
178) Vgl. BGH, NZG 2003, 871; OLG Jena, NZG 2006, 36; Löwe/Thoß, Austritt und Ausschluss eines Gesellschafters aus der GmbH sowie die Einziehung seines Geschäftsanteils – Wirksamkeit und Wirkungen, NZG 2003, 1004
179) Einzelheiten siehe Rn. 64
180) BGH, NZG 2006, 347 = JZ 2007, 149 m. Anm. Hüffer; LG Dortmund, Beschl. 16.7.2007 Az.: 18 AktE 23/03; kritisch dazu Jonas; Unternehmensbewertung 838
181) Siehe Rn. 37
182) Vgl. BGH, NZG 2006, 347
183) Vgl. Bilda, Erwerb der Ausgleichs- und Abfindungsrechte außenstehender Aktionäre, AG 2008, 641
184) siehe Rn. 83. Text des § 5 Fn. 254
185) OLG Düsseldorf, NZG 2007, 36, 38, 40. Siehe auch Philippi/Fickert, Verzinsung von Ansprüchen aus Ergebnisabführungsverträgen – neues BMF-Schreiben, BB 2007, 2760. Zur Behandlung des Anspruchs in der Insolvenz BGH, ZIP 2008, 778 = NZG 2008, 391

C. Abfindung: Einzelfälle

a. Ausgleich[186]

aa. Grundsatz

65 Der feste oder variable Ausgleich tritt an die Stelle der künftigen Dividende[187], die jetzt von den Entscheidungen des herrschenden Unternehmens abhängt. Anzusetzen ist *„mindestens"* der Betrag, der *„voraussichtlich als durchschnittlicher Gewinnanteil auf die einzelne Aktie verteilt werden könnte"* (§ 304 Abs. 2 S. 1 AktG). Dafür ist das abhängige Unternehmen nach seinen künftigen Ergebnisaussichten ohne Bindung durch den Beherrschungsvertrag zu bewerten[188] (bisher kein Ansatz von echten Synergieeffekten, str.[189]). Der Börsenwert spielt hier keine Rolle[190]. Den für die Barabfindung ermittelten Ertragswert nach Steuern rechnet man sodann in eine „ewige" Dividende (§ 304 Abs. 2 AktG – Verrentung[191]) um. Daraus folgt die grundsätzliche Gleichwertigkeit von Ausgleich und Abfindung[192].

66 Das nicht betriebsnotwendige Vermögen[193] bleibt nach überwiegender Meinung außer Betracht[194], jedenfalls soweit es den Überschuss nicht beeinflusst[195]. Anders ist es, wenn dieses Vermögen zum Stichtag schon veräußert ist. Dann ist es in Finanzmittel umgewandelt; für sie wird vermutet, dass sie zum Betriebsvermögen gehören: Sie tragen ja zum künftigen Finanzergebnis bei[196]. Gleiches gilt für Verlustvorträge[197].

67 Zuzusichern ist der verteilungsfähige durchschnittliche (feste) Bruttogewinnanteil abzüglich der Körperschaftssteuer, die das Unternehmen hierauf

---

186) Popp, Fester Ausgleich bei Beherrschungs- und/oder Gewinnabführungsverträgen, WPg 2008, 23; Knoll, Der „feste" Ausgleich nach § 304 AktG: Abseits von Verfassungsrecht und Finanzmathematik, ZSteu 2007, 166
187) BGHZ 156, 57, 61
188) OLG München, AG 2008, 28, 32
189) OLG München, AG 2008, 28, 32; OLG Stuttgart, NZG 2000, 744, 745. Wohl anders Popp, Fester Ausgleich.
190) BGH, AG 2006, 331, 332
191) OLG Stuttgart, Beschl. 14.2.2008 Az.: 20 W 9/06, http://www.betriebs-berater.de/, Rn. 116; Einzelheiten bei Popp, Fester Ausgleich 26f.; Nachweise bei Wüstemann, BB-Rechtsprechungsreport 1503
192) LG Nürnberg-Fürth, AG 2000, 89; Jonas, Unternehmensbewertung 837
193) Siehe Rn. 1023
194) Popp, Fester Ausgleich 25; OLG Stuttgart, Der Konzern 2004, 128, 134, OLG München, Beschl. 30.11.2006, Az.: 31 Wx 059/2006; OLG München, AG 2007, 287, 291; OLG München, Beschl. 31.03.2008 Az.: 31 Wx 88/06, http://www.betriebsberater.de/, S. 23
195) BayObLG, AG 2006, 41, 45. Siehe auch Jonas, Unternehmensbewertung 837; Popp, Unternehmensbewertung 31, 35
196) OLG München, BB 2007, 2395, 2399; AG 2008, 28, 32
197) OLG München, BB 2007, 2395, 2400

II. Aktiengesellschaft

jährlich zahlen muss[198]). Daher ist den Minderheitsaktionären der voraussichtlich verteilungsfähige durchschnittliche Nettogewinn als feste Größe zu gewährleisten[199]). Die Ausgleichszahlung unterliegt aber bisher der typisierten persönlichen Einkommensteuer nach dem Halbeinkünfteverfahren[200]) und dem Solidaritätszuschlag[201]); deshalb ist der Betrag um 17,5% zu erhöhen[202]). Persönliche Steuern sind nicht zu beachten[203]). Ab 1.1.2009 ist die Abgeltungsteuer anzusetzen[204]). Wird das Unternehmen mit dem Liquidationswert erfasst, soll der Ausgleich regelmäßig auf Null fallen[205]).

Der Ausgleichsanspruch besteht nur für den Zeitraum bis zur Eintragung des Beschlusses der Hauptversammlung in das Handelsregister[206]). Die Ausgleichsoption erlischt weder durch eine ordentliche noch durch eine vorzeitige Beendigung des Unternehmensvertrages[207]). 68

bb. Verzinsung der Einlage

Der Ausgleich tritt an die Stelle der sonst auszuschüttenden Dividende. Er ist wirtschaftlich die Verzinsung der Einlage des Aktionärs, ist deren „Frucht", ähnlich wie die Zinsen für eine Forderung[208]). 69

cc. Risikolage

Beim Risikozuschlag[209]) ist auf die Risikolage des herrschenden Unternehmens abzustellen (risikoangepasster Verrentungszinssatz). Das OLG München verminderte daher den Kapitalisierungszinssatz von 9,75% auf 7,74%[210]) und von 9% auf 7,75%[211]). Das OLG Celle wählte angesichts eines 70

---

198) BGH, NZG 2003, 1017, NZG 2003, 1113; BGHZ 156, 57, 61; OLG München, Beschl. 30.11.2006, Az.: 31 Wx 059/06; Popp, Fester Ausgleich. Zur Anrechnung der Ausgleichszahlung auf Abfindungszinsen BGH, NZG 2008, 189
199) BGHZ 156, 57, 61; OLG Stuttgart, Der Konzern 2004, 128, 134. Einzelheiten OLG München, BB 2007, 2395, 2400
200) Siehe Rn. 379
201) BayObLG, AG 2006, 41, 45; OLG München, AG 2007, 287, 291: OLG München, Beschl. 30.11.2006, Az.: 31 Wx 059/06
202) OLG Stuttgart, Beschl.14.2.2008 Az.: 20 W 9/06 E, http://www.betriebs-berater.de/
203) OLG München, BB 2007, 2395, 2399; AG 2008, 28, 32; OLG Hamburg, AG 2002, 409, 412; Popp, Fester Ausgleich 27
204) § 36 Abs. 1 EStG. Einzelheiten bei Popp, Fester Ausgleich; OLG Stuttgart, Beschl. 14.2.2008, 20 W 9/06, http://www.betriebs-berater.de/, Rn. 116f., 122
205) BGH, NZG 2006, 349. Wohl zu Recht kritisch dazu Jonas, Unternehmensbewertung 837; Hüttemann, Rechtliche Vorgaben für ein Bewertungskonzept, WPg 2007, 812, 816
206) OLG München, Beschl. 31.03.2008 Az.: 31 Wx 88/06, http://www.betriebs-berater.de/, S. 23
207) OLG Düsseldorf, NZG 2007, 36, 38
208) BGH, NZG 2008, 189, 190. Zur Anrechnung der Ausgleichszahlung auf Abfindungszinsen BGH, NZG 2008, 189
209) Einzelheiten siehe Rn. 607

C. Abfindung: Einzelfälle

Basiszinssatzes von 6% und eines Risikozuschlags von 3% für die Ausgleichszahlung einen Zinssatz von 7,5%. Es erklärte:

> „Da die Ausgleichszahlung nämlich sicherer als eine Dividende (der Anspruch auf die Ausgleichszahlung besteht unabhängig vom tatsächliche erzielten Gewinn), aber unsicherer als eine öffentliche Anleihe ist (Insolvenzrisiko beim herrschenden Unternehmen; Beendigung des Unternehmensvertrags), ist der Mittelwert von Basiszinssatz und risikoadjustiertem Zinssatz anzusetzen"[212].

71 Das OLG München bestimmte bei einem Stichtag Ende 1997 für die „ewige Rente" einen unter dem Kapitalisierungszinssatz liegenden Zins von 7,75%[213] und für Mitte 2001 einen Zinssatz von 7%[214], jeweils vor Steuern.

72 Der mittlere Wert zwischen Basiszins und risikoadjustiertem Kapitalisierungszinssatz dürfte nahe liegen[215].

73 Einen Wachstumsabschlag[216] gibt es hier nicht[217].

dd. Höhe

74 Der Bruttogewinnanteil ist aus dem Ertragswert abzuleiten[218]. Der Ausgleich wird gleichmäßig für die Dauer des Unternehmensvertrags festgesetzt. Eine nachträgliche Veränderung der Verhältnisse bewirkt grundsätzlich keine Anpassung – es sei denn wegen Wegfalls der Geschäftsgrundlage. Grundsätzlich muss der Aktionär es hinnehmen, wenn die tatsächliche Entwicklung besser ist als beim Abschluss des Unternehmensvertrages voraussehbar[219].

75 Kommt es später zu einem „Squeeze Out"[220], so ist nicht der Kapitalwert des festen Ausgleichs anzusetzen; vielmehr kommt es an auf die Verhältnisse am Stichtag des „Squeeze Out". Der Barwert der Abfindung ist nicht der Mindestwert[221].

---

210) OLG München, Beschl. 30.11.2006, Az.: 31 Wx 059/06
211) OLG München, BB 2007, 2395, 2400; OLG München, Beschl. 31.03.2008 Az.: 31 Wx 88/06, http://www.betriebs-berater.de/, S. 23
212) OLG Celle, ZIP 2007, 2025, 2028
213) OLG München, AG 2008, 28, 32
214) OLG München, AG 2007, 287, 292.
215) Popp, Fester Ausgleich 33
216) Siehe Rn. 926
217) OLG München, BB 2007, 2395, 2400; AG 2008, 28, 32
218) OLG München, AG 2007, 287, 292; OLG München, BB 2395, 2399
219) OLG Stuttgart, Der Konzern 2004, 128, 134
220) Siehe Rn. 80
221) OLG Celle, Beschl. 30.11.2006, Az.: 31 Wx 059/06

II. Aktiengesellschaft

b. Abfindung[222)]
aa. Grundsatz

Die Abfindung ist oft eine „*Barabfindung*" (Einzelheiten in § 305 Abs. 2 AktG). Sie muss „*die Verhältnisse der [abhängigen] Gesellschaft im Zeitpunkt der Beschlussfassung ihrer Hauptversammlung über den Vertrag berücksichtigen*" (§ 305 Abs. 3 S. 2 AktG[223)]. Der hier genannte Stichtag gilt auch, wenn schon eine faktische Konzernbeziehung bestand[224)]. Ein Schadensersatzanspruch aus § 317 AktG wird nur beachtet, wenn er unstreitig ist oder rechtskräftig festgestellt wurde[225)].

bb. Höhe

Die Abfindung muss dem „*vollen Wert der Beteiligung an dem arbeitenden Unternehmen*" entsprechen[226)]. Auszugehen ist vom Wert der Gesellschaft im Ganzen[227)]. Alle wertbildenden Faktoren sind anzusetzen; zu berücksichtigen sind selbst Gesichtspunkte der Billigkeit, die sich zahlenmäßig nicht klar fassen lassen[228)]. Die Abfindung muss den vollen Wert der Beteiligung am Ganzen spiegeln[229)]. Sie ist zu verzinsen (§ 305 Abs. 3 S. 3 AktG)[230)].

Zu beachten ist der Börsenwert[231)]; dafür sind nach dem Umsatz gewichtete Kurse[232)] heranzuziehen[233)]. Der addierte Preis der Kleinanteile entspricht nicht notwendig dem Wert des Ganzen; das Ganze kann mehr wert sein als die Summe seiner Teile („1 + 1 = 3"[234)]. Das ist zu bedenken, wenn man Börsenkurse nutzt[235)].

76

77

78

---

222) BGH, EWiR § 305 AktG, 24/2002 S. 35 m. Anm. Luttermann
223) LG Frankfurt/M., NZG 2006, 868, 872
224) BGH, BGH-Report 2002, 623; OLG Stuttgart, AG 2000, 428, 430; OLG Düsseldorf, AG 1999, 322; OLG Celle, ZIP 2007, 2025
225) OLG Stuttgart, Der Konzern 2004, 128; OLG Celle, ZIP 2007, 2025, 2026. Weitergehend aber LG München, NZG 2008, 637 = BeckRS 2008 11391
226) OLG München, AG 2008, 28, 29; BVerfGE 14, 263, 284
227) Siehe Rn. 37
228) Seetzen, Spruchverfahren und Unternehmensbewertung im Wandel, WM 1999, 565
229) BVerfGE 14, 263, 264; BGH, JZ 1980, 105, 106
230) Zu Einzelheiten BGH, NJW 2008, 189
231) Siehe Rn. 1052
232) Zur Abgrenzung von ungewichteten Kursen OLG Düsseldorf, NZG 2005, 1012, 1015
233) OLG Stuttgart, NZG 2007, 112, 113
234) Koppensteiner, Abfindung bei Aktiengesellschaften und Verfassungsrecht, Österr. Jur. Blätter 125 (2003) 707; siehe Rn. 817
235) Vgl. Rn. 82 zum Wertpapiererwerbs- und Übernahmegesetz

C. Abfindung: Einzelfälle

2. Eingliederung[236]

79 Eine Aktiengesellschaft kann sich in eine andere Aktiengesellschaft eingliedern, wenn dieser anderen alle Aktien gehören (§ 319 AktG); das kann auch schon geschehen, wenn die „Hauptgesellschaft" 95% oder mehr der Aktien hält (§ 320 Abs. 1 AktG). Mit der Eingliederung gehen alle Aktien auf die Hauptgesellschaft über (§ 320a S. 1 AktG). Die ausgeschiedenen Aktionäre können eine „angemessene Abfindung" in Aktien der Hauptgesellschaft verlangen (§ 320b Abs. 1 S. 1 AktG), u. U. können sie eine „angemessene Barabfindung" wählen (S.3). Die Barabfindung muss „die Verhältnisse der Gesellschaft im Zeitpunkt der Beschlussfassung ihrer Hauptversammlung über die Eingliederung berücksichtigen" (S. 5). Der Anspruch richtet sich gegen die Hauptgesellschaft[237]. Beide Unternehmen sind nach denselben Grundsätzen zu bewerten[238]. Das Umtauschverhältnis kann sich aus den Börsenwerten ergeben[239].

3. Ausschluss von Minderheitsaktionären („Squeeze Out")[240]

a. Gesellschaftsrechtliches Squeeze Out[241]

80 Gehören 95% der Aktien einem Hauptaktionär[242], so kann die Hauptversammlung beschließen, die Aktien von Minderheitsaktionären auf den Hauptaktionär „gegen Gewährung einer angemessenen Barabfindung" zu übertragen (§ 327a Abs. 1 AktG). Wir sprechen von einem gesellschaftsrechtlichen „Squeeze Out" (= Herausdrängen)[243]. Die Abfindung muss wiederum „die Verhältnisse der Gesellschaft im Zeitpunkt der Beschlussfassung ihrer Hauptversammlung berücksichtigen" (§ 327b Abs. 1 S. 1 AktG)[244]. Die Minderheitsaktionäre können auch noch nach Auflösung der Gesellschaft ausge-

---

236) OLG Düsseldorf, NZG 2005, 1012; OLG Düsseldorf, Az.: I-26 W 5/06 AktE, 31.3.2006, http://www.justiz.nrw.de
237) OLG Düsseldorf, NZG 2005, 1012, 1014
238) LG Dortmund, NZG 2001, 1145, 1147
239) LG Mannheim, AG 2003, 216; LG Dortmund, NZG 2001, 1145 m. Anm. Patrick Bauer
240) Zu vielen Einzelheiten BGH, NZG 2006, 905: BB 2006, 2543; OLG Stuttgart, NZG 2007, 112; Bungert, Der BGH und der Squeeze Out: Höchstrichterliche Beurteilung der Standardrügen von Anfechtungsklagen, BB 2006, 2761; Schlitt, Strafrechtliche Risiken bei Squeeze-out und Delisting, NZG 2006, 925; Schöpper, Ausschluss von Minderheitsaktionären in Deutschland und den USA, Berlin 2007
241) OLG Düsseldorf, NZG 2007, 36
242) Zu diesem Erfordernis OLG München, NZG 2007, 192; Pluskat, Nicht missbräuchliche Gestaltungen zur Erlangung der Beteiligungshöhe beim Squeze-out, NZG 2007, 725
243) Zu den Fragerechten LG Frankfurt/M., NZG 2003, 1027
244) Vgl. LG Frankfurt/M., NZG 2006, 868; AG 20007, 42. Zur Anfechtbarkeit des Squeeze-out-Beschlusses LG Frankfurt/M., NZG 2006, 1027. Über das Verhältnis zur Barabfindung BGH, BB 2006, 2601; Bungert, Fortbestehen der Anfechtungsbefugnis nach wirksam gewordenem Squeeze Out, BB 2007, 57

II. Aktiengesellschaft

schlossen werden[245]. Für den Verlust ihrer Aktien ist ihnen „voller Wertersatz" zu leisten[246]. Eine Angemessenheitsprüfung (§ 327c Abs. 2 S. 2 AktG) soll Gewähr dafür bieten, dass es später „im Regelfall nicht zu erheblichen Mehrbeträgen kommen wird"[247]. Die Regelung ist verfassungsmäßig[248].

Der durchschnittliche Börsenwert ist als Untergrenze zu beachten[249]; er ist indes nicht maßgebend[250], wenn Aktionäre irrtümlich zu hohe Preise zahlten[251]. 81

b. Kapitalmarktrechtliches Squeeze Out

Daneben gibt es ein kapitalmarktrechtliches Squeeze Out, dessen Einzelheiten in §§ 31, 39a Wertpapiererwerbs- und Übernahmegesetz (WpÜG) geregelt sind[252]. 82

Anzubieten ist danach eine „angemessene Gegenleistung"; dabei sind grundsätzlich der „durchschnittlichen Börsenwert der Aktien der Zielgesellschaft und Erwerbe von Aktien der Zielgesellschaft durch den Bieter ... zu berücksichtigen" (§ 31 Abs. 1 WpÜG). U. U. ist eine Geldleistung anzubieten (Abs. 3). Die Gegenleistung erhöht sich, wenn der Erwerber innerhalb einer bestimmten Zeit einen höheren Preis gewährt oder vereinbart hat (Abs. 4 u. 5). Als sachgerecht gilt der durchschnittliche gewichtete Börsenkurs[253] der letzten drei Jahre vor Bekanntgabe der Strukturmaßnahme (§ 31 Abs. 1 WpÜG). Mehr dazu findet sich in den §§ 4–7 der Angebotsverordnung 83

---

245) BGH, AG 2006, 887
246) BVerfG, AG 2007, 27
247) BVerfG, AG 2007, 27; BB 2007, 1515; BGH, NZG 2006, 117, 118; OLG Düsseldorf, AG 2008, 498, 499
248) BVerfG, AG 2007, 27; BB 2007, 1515 m. Anm. Bungert 1518 (offen gelassen bei Familienunternehmen S. 1516) = NZG 2007, 587; BGH, BB 2006, 2543; 2005, 2651; OLG Düsseldorf, AG 2006, 202; AG 2008, 498, 499. Das kann anders sein bei einer Familiengesellschaft oder bei einem kleineren, dem Unternehmen persönlich verbundenen Aktionärskreis, OLG Hamburg, NZG 2007, 302. Schranken bestehen, wenn die 95% am Grundkapital nur durch eine Wertpapierleihe erlangt sind, LG Landshut, AG 2006, 400
249) OLG Düsseldorf, AG 2008, 498, 501; LG Frankfurt/M., NZG 2007, 40
250) Siehe Rn. 1069
251) OLG Düsseldorf, NZG 2007, 36, 39
252) Einzelheiten bei Deilmann, Aktienrechtlicher versus Übernahmerechtlicher Squeezeout, NZG 2007, 721; Diekmann, Änderungen im Wertpapiererwerbs- und Übernahmegesetz anlässlich der Umsetzung der EG-Übernahmerichtlinie in das deutsche Recht, NJW 2007, 17, 19; Thoma, Das Wertpapiererwerbs- und Übernahmegesetz im Überblick, NZG 2002, 105; Heidel (Hrsg.), 2. Aufl. Baden-Baden 2007, Teil 16 S. 2691 (Sohbi). Siehe dazu Jünemann, Die angemessene Gegenleistung nach § 31 Abs. 1 WpÜG im Lichte des Verfassungsrechts, Berlin 2008; Barouk, Der angemessene Preis im deutschen und französischen Übernahmerecht, Berlin 2008; Angebotsunterlage Süd-Chemie Aktiengesellschaft, 18. Juli 2005, S. 13ff.
253) Für den Unterschied zum ungewichteten Börsenkurs siehe OLG Düsseldorf, NZG 2005, 1012, 1015

C. Abfindung: Einzelfälle

(WpÜG-AngVO)[254], die bei anderen Abfindungen u. U. analog anwendbar sind[255].

---

254) BGBl. I 4263 v. 27. 12. 2001
Der Text der §§ 4 – 7 lautet:
„*§ 4 Berücksichtigung von Vorerwerben*
Die Gegenleistung für die Aktien der Zielgesellschaft muss mindestens dem Wert der höchsten vom Bieter, einer mit ihm handelnden Person oder deren Tochterunternehmen gewährten oder vereinbarten Gegenleistung für den Erwerb von Aktien der Zielgesellschaft innerhalb der letzten drei Monate vor der Veröffentlichung nach § 14 Abs. 2 Satz 1 oder § 35 Abs. 2 Satz 1 des Wertpapiererwerbs- und Übernahmegesetzes entsprechen. § 31 Abs. 6 des Wertpapiererwerbs- und Übernahmegesetzes gilt entsprechend.
§ 5 Berücksichtigung inländischer Börsenkurse
(1) Sind die Aktien der Zielgesellschaft zum Handel an einer inländischen Börse zugelassen, muss die Gegenleistung mindestens dem gewichteten durchschnittlichen inländischen Börsenkurs dieser Aktien während der letzten drei Monate vor der Veröffentlichung nach § 10 Abs. 1 Satz 1 oder § 35 Abs. 1 Satz 1 des Wertpapiererwerbs- und Übernahmegesetzes entsprechen.
(2) Sind die Aktien der Zielgesellschaft zum Zeitpunkt der Veröffentlichung nach § 10 Abs. 1 Satz 1 oder § 35 Abs. 1 Satz 1 des Wertpapiererwerbs- und Übernahmegesetzes noch keine drei Monate zum Handel an einer inländischen Börse zugelassen, so muss der Wert der Gegenleistung mindestens dem gewichteten durchschnittlichen inländischen Börsenkurs seit der Einführung der Aktien in den Handel entsprechen.
(3) Der gewichtete durchschnittliche inländische Börsenkurs ist der nach Umsätzen gewichtete Durchschnittskurs der dem Bundesaufsichtsamt für den Wertpapierhandel (Bundesaufsichtsamt) nach § 9 des Wertpapierhandelsgesetzes als börslich gemeldeten Geschäfte.
(4) Sind für die Aktien der Zielgesellschaft während der letzten drei Monate vor der Veröffentlichung nach § 10 Abs. 1 Satz 1 oder § 35 Abs. 1 S. 1 des Wertpapiererwerbs- und Übernahmegesetzes an weniger als einem Drittel der Börsentage Börsenkurse festgestellt worden und weichen mehrere nacheinander festgestellte Börsenkurse um mehr als 5 Prozent voneinander ab, so hat die Höhe der Gegenleistung dem anhand einer Bewertung der Zielgesellschaft ermittelten Wert des Unternehmens zu entsprechen.
§ 6 Berücksichtigung ausländischer Börsenkurse
(1) Sind die Aktien der Zielgesellschaft ausschließlich zum Handel an einem organisierten Markt im Sinne des § 2 Abs. 7 des Wertpapiererwerbs- und Übernahmegesetzes in einem anderen Staat des Europäischen Wirtschaftsraums im Sinne des § 2 Abs. 8 des Wertpapiererwerbs- und Übernahmegesetzes zugelassen, muss die Gegenleistung mindestens dem durchschnittlichen Börsenkurs während der letzten drei Monate vor der Veröffentlichung nach § 10 Abs. 1 Satz 1 oder § 35 Abs. 1 Satz 1 des Wertpapiererwerbs- und Übernahmegesetzes des organisierten Marktes mit den höchsten Umsätzen in den Aktien der Zielgesellschaft entsprechen.
(2) Sind die Aktien der Zielgesellschaft zum Zeitpunkt der Veröffentlichung nach § 10 Abs. 1 Satz 1 oder § 35 Abs. 1 Satz 1 des Wertpapiererwerbs- und Übernahmegesetzes noch keine drei Monate zum Handel an einem Markt im Sinne des Absatzes 1 zugelassen, so muss der Wert der Gegenleistung mindestens dem durchschnittlichen Börsenkurs seit Einführung der Aktien in den Handel an diesem Markt entsprechen.
(3) Der durchschnittliche Börsenkurs ist der Durchschnittskurs der börsentäglichen Schlussauktion der Aktien der Zielgesellschaft an dem organisierten Markt. Wird an dem organisierten Markt nach Abs. 1 keine Schlussauktion durchgeführt, ist der Durchschnittskurs auf der Grundlage anderer, zur Bildung eines Durchschnittskurses geeigneter Kurse, die börsentäglich festgestellt werden, zu bestimmen.
(4) Werden die Kurse an dem organisierten Markt nach Absatz 1 in einer anderen Währung als in Euro angegeben, sind die zur Bildung des Mindestpreises herangezogenen Durchschnittskurse auf der Grundlage des jeweiligen Tageskurses in Euro umzurechnen.

II. Aktiengesellschaft

Gehören dem Anbieter dann mindestens 95% des stimmberechtigten Grundkapitals, kann er die Übertragung der restlichen Aktien gegen eine *„angemessene Gegenleistung"* verlangen (§ 39a Abs. 1 WpÜG). Die Abfindung gilt als angemessen, wenn der Bieter aufgrund seines Angebots mindestens 90% des betroffenen Grundkapitals erworben hat[256]. Die Annahmequote ist getrennt zu ermitteln für stimmberechtigte und für stimmrechtslose Aktien[257]. 84

Die Regelung WpÜG könnte ein Muster für andere Abfindungsfälle werden[258]. 85

c. Ausgleich und Squeeze Out

Besteht zur Zeit des Squeeze Out ein Beherrschungs- und Gewinnabführungsvertrag, so ergibt sich der Wert der Minderheitsanteile aus dem Beherrschungs- und Gewinnabführungsvertrag[259]. 86

Der Wert der Anteile ist nicht gleich dem Barwert des festen Ausgleichs gemäß § 304 AktG[260]. Denn dieser ist auf die Verhältnisse am Stichtag des Unternehmensvertrags festgeschrieben und so unabhängig von der tatsächlichen Überschussentwicklung. Für den Squeeze Out gilt jedoch ein eigener Stichtag, nämlich *„der Zeitpunkt der Beschlussfassung ihrer Hauptversammlung"* (§ 327b Abs. 1 S. 1 AktG)[261]. 87

---

(5) Die Grundlagen der Berechnung des durchschnittlichen Börsenkurses sind im Einzelnen zu dokumentieren.
(6) § 5 Abs. 4 ist anzuwenden.
§ 7 Bestimmung des Wertes der Gegenleistung
Besteht die vom Bieter angebotene Gegenleistung in Aktien, sind für die Bestimmung des Wertes dieser Aktien die §§ 5 und 6 entsprechend anzuwenden".

255) OLG München, ZIP 2006, 1722, 1724; OLG Düsseldorf, NZG 2005, 1012, 1015; OLG Frankfurt, AG 2003, 581, 582
256) Zu Einzelheiten des „Marktwertes" OLG Frankfurt/M., Beschl. 9.12.2008 Az.: WpÜG 2/08, beck-online 272391; LG Frankfurt/M., Beschl. 5.8. 2008 Az.: 3-5 O 155/08, ZIP 2008, A 68; Schlitt/Ries/Becker, Der Ausschluss der übrigen Aktionäre gem. §§ 39 a, 39 b WpÜG, NZG 2008, 700
257) Einzelheiten in Heidel (Hrsg.), Aktienrecht 14. Teil, XI S. 2784 (Holst)
258) So LG Frankfurt/M., NZG 2007, 40; OLG Frankfurt/M, AG 2003, 581. Anders OLG Düsseldorf, NZG 2005, 1012. Positive Wertung in Schmitt/Moll, Übernahmeprämien am deutschen Kapitalmarkt, Finanz Betrieb 2007, 201; gegen eine analoge Anwendung jedoch Paul, Die Relevanz des Wertpapiererwerbs- und Übernahmengesetzes (WpÜG) für Verschmelzungen und Spaltungen unter Beteiligung der Zielgesellschaft, Berlin 2007
259) LG Frankfurt/M., NZG 2007, 40. Manches ist streitig. Die Darstellung folgt OLG München, BeckRS 2006 13711. Vgl. auch OLG Düsseldorf, DB 2006, 2741
260) So Popp, Squeeze-out–Abfindung bei Beherrschungs- und Gewinnabführungsverträgen, WPg 2006, 436. Anders LG Frankfurt/M., Der Konzern 2006, 223; KG, NZG 2003, 245
261) OLG Düsseldorf, NZG 2007, 36, 39

C. Abfindung: Einzelfälle

88 Zudem ist das neutrale Vermögen im Ausgleich nicht erfasst[262]. Das herrschende Unternehmen darf es zwar veräußern, stille Rücklagen auflösen und Gewinne daraus an sich abführen; aber solange das nicht geschehen ist, gehören die Vermögenswerte dem abhängigen Unternehmen und bestimmen dessen Wert mit.

89 Der Ausgleich ist nicht Untergrenze der Abfindung. Wer als Aktionär den Ausgleich wählt, nimmt hin, dass dessen Wert der künftigen Entwicklung unterliegt. Der Ausgleich sagt auch nichts darüber, zu welchem Preis die Aktie verkauft werden könnte; er ist also nicht vergleichbar mit dem Börsenwert. Deshalb ist das abhängige Unternehmen zum Stichtag des Squeeze Out erneut nach den allgemeinen Regeln zu bewerten. Das gilt ebenso für den Risikozuschlag: Der Unternehmensvertrag ändert nicht den Charakter der Aktie als Risikopapier[263]; deshalb wird der Risikozuschlag[264] nicht herabgesetzt[265].

4. Übertragende Auflösung

90 Die übertragenden Auflösung fällt unter § 179a AktG: Eine Aktiengesellschaft überträgt gegen Entgelt – außerhalb des Umwandlungsgesetzes – ihr ganzes Vermögen an eine andere Gesellschaft. Sie löst sich danach auf und verteilt den Liquidationserlös an ihre Aktionäre. Das kann problematisch sein, wenn der Großaktionär das erwerbende Unternehmen beherrscht: er mag an einem niedrigen Preis interessiert sein. Dann ist den Minderheitsaktionären gemäß Art. 14 Abs. 1 GG eine volle Entschädigung zu gewähren – nach dem Wert ihrer Beteiligung[266].

5. „Delisting"[267]

91 Eine Aktiengesellschaft kann sich durch ein „going private" von der Börse zurückziehen und vom öffentlichen Kapitalmarkt entfernen (sie wird „delisted"). Die Aktien sind dann schwerer handelbar und verlieren evtl. an Wert: *„Der Verkehrswert und die jederzeitige Möglichkeit seiner Realisierung sind danach Eigenschaften des Aktieneigentums"*[268]. Das Delisting darf nicht

---

262) Str., siehe Rn. 1023
263) OLG München, Beschl. 30.11.2006, Az.: 31 Wx 059/06; Popp, Squeeze-out
264) Siehe Rn. 607
265) OLG München, Beschl. 02.04.2008 Az.: 31 Wx 85/06, http://www.betriebs-berater.de/, S. 16, Kurzfassung BB 2008, 1056
266) BGH, NZG 2001, 574; Kleindiek, Abfindungsbezogene Informationsmängel und Anfechtungsausschluss, NZG 2001, 552
267) BGHZ 153, 47; NZG 2003, 280; OLG Düsseldorf, NZG 2005, 280, 282; BayObLG, NZG 2005, 312; Geyrhalter/Gänßler, Gesellschaftsrechtliche Voraussetzungen eines formalen Delisting, NZG 2003, 313; Gutte, Das reguläre Delisting von Aktien, Berlin 2006; Heidel (Hrsg.), Aktienrecht, vor § 327 a AktG, S. 1713–1717 (Heidel/Lochner)
268) BGHZ 153, 47, 55

II. Aktiengesellschaft

„*dem Schutz der Anleger widersprechen*" (§ 38 Abs. 4 S. 2 BörsG). Deshalb ist eine „*angemessene Barabfindung*" zu zahlen (analog § 207 UmwG)[269], wenn für die Aktionäre ein Nachteil entstehen kann[270]. Die Angemessenheit ist im Spruchverfahren überprüfbar[271].

Das gilt auch, wenn als Folge gesellschaftsrechtlicher Veränderungen ein Börsenhandel entfällt („kaltes" Delisting)[272], z. B. bei der Verschmelzung einer börsennotierten auf eine nicht notierte Gesellschaft[273]. 92

6. Umwandlung

Das Umwandlungsgesetz gewährt häufig Ansprüche auf bare Zuzahlung oder Barabfindung[274]. Zu nennen sind Verschmelzung durch Aufnahme (§§ 15, 29, 30. 34), Verschmelzung durch Neugründung (§ 36), Spaltung (§ 125), Vermögensübertragung (§§ 174, 176 Abs. 1, 178 Abs. 1, 179 Abs. 1) und formwechselnde Umwandlung (§§ 196, 207, 208)[275]. 93

7. Europäische Aktiengesellschaft (Societas Europaea – SE)[276]

Die europäische Dimension der Bewertung begegnet uns bei der Gründung oder der Sitzverlegung einer Europäischen Aktiengesellschaft[277]. Es sind dann Zuzahlungen oder Barabfindungen zu zahlen (§§ 6, 7, 9, 11, 12 SE-Ausführungsgesetz)[278]. 94

---

269) OLG Düsseldorf, NZG 2005, 312, 315
270) Zu Einzelheiten OLG München, BB 2008, 1303 m. Anm. Feldhaus S. 307, OLG Düsseldorf, AG 2008, 498, 501
271) BGH, AG 2008, 659, 660; BGHZ 153, 47, 56; OLG Zweibrücken, BB 2007, 2199 m. Anm. Hell/Bergdolt; Hüffer/Schmidt-Assmann/Weber, Anteilseigentum, S. 135ff.; OLG Zweibrücken, NZG 2007, 908
272) OLG Düsseldorf, NZG 2005, 317; OLG München, AG 2006, 420, 428; Zetzsche, Reguläres Delisting und deutsches Gesellschaftsrecht, NZG 2000, 1065. Beispiele in Geyrhalter/Gänßler, Gesellschaftsrechtliche Voraussetzungen 315, Fn. 25
273) BGHZ 153, 47, 56ff.; vgl. OLG Stuttgart, AG 2006, 420, 428
274) Vgl. Kollmorgen/Feldhaus, Probleme der Übertragung von Vermögen mit Auslandsbezug nach dem Umwandlungsgesetz, BB 2007, 2189
275) Zur Verfassungsmäßigkeit BVerfG, NZG 2007, NZG 2003, 1016
276) Korts, Die Europäische Aktiengesellschaft, Heidelberg 2003; Europäische Unternehmensbewertung, NZG 2002, 353; Schmidt, „Deutsche" vs. „britische Societas Europaea (SE) – Gründung, Verfassung, Kapitalstruktur, Jena 2006
277) Siehe dazu Verschmelzung der Allianz Aktiengesellschaft und der RIUNIONE ADRIATICA DI SICURTÀ Società per Azioni zur Allianz SE – Verschmelzungsdokumentation der Allianz Aktiengesellschaft v. 21.12.2005, S. 215ff.
278) Zur Europäischen Genossenschaft siehe Beuthien, Die Europäische Genossenschaft als gesellschaftsrechtliche Herausforderung, ZfgG 1 (2007) 3; Wiese, Die Europäische Genossenschaft im Vergleich zur eingetragenen Genossenschaft des deutschen Rechts, Münster 2006

8. Europäische Privatgesellschaft

95 Ein weiteres neues nationales und internationales Arbeitsfeld kündigt sich mit dem Vorschlag der Europäischen Kommission vom 25.6.2008 zu einer „Europäischen Privatgesellschaft" (SPE = Société Privée Européenne) an[279]. Für die Bewertung gilt das für die GmbH gesagte. Kapitel F. des Vorschlags lautet:

> „Das jeweils anwendbare Recht ist das Recht des Mitgliedstaates, in dem die SPE den eingetragenen Sitz hat und das auf Gesellschaften mit beschränkter Haftung Anwendung findet".

D. Verfahren

I. Ablauf

1. Spruchverfahren[280]

96 Für die Geltendmachung der Ansprüche auf Ausgleich und Abfindung gilt zumeist das Gesetz über das gesellschaftsrechtliche Spruchverfahren (§ 1 Spruchverfahrensgesetz – SpruchG)[281]; u. U. ist es analog anzuwenden[282]. Bei einem nur faktischen Beherrschungs- und Gewinnabführungsvertrag gibt es kein Spruchverfahren[283]. Falls eine Kammer für Handelssachen besteht, so entscheidet diese (§ 2 Abs. 2 SpruchG)[284]. Das Gericht soll auf eine gütliche Einigung bedacht sein (§ 11 Abs. 2 S. 1 SpruchG). Grundsätzlich gelten die Regeln des Gesetzes über die Angelegenheiten der freiwilligen Gerichtsbarkeit (FGG). Damit herrscht das Prinzip der Amtsermittlung (§ 17 SpruchG i. V. m. § 12 FGG)[285]; für die Verweigerung einer Auskunft gibt es jedoch keinen „Strafzuschlag"[286].

---

279) Maul/Röhricht, Die Europäische Privatgesellschaft – Überblick über eine neue supranationale Rechtsform, BB 2008, 1574

280) BVerfG, NZG 2007, 631; OLG Frankfurt/M., NZG 2007, 758; OLG Frankfurt/M., NZG 2007, 873; Wittgens, Begründung des Antrags auf Einleitung eines Spruchverfahrens, NZG 2007, 853; Einzelheiten in Simon, Spruchverfahrensgesetz, München 2007. Dazu Krenek, NZG 2007, 658. Zur Zuständigkeit OLG Koblenz, NZG 2007, 720

281) Dazu Heidel (Hrsg.), Aktienrecht, Teil 11, S. 2267 (Weingärtner/ Tewes). Einzelheiten in OLG Frankfurt/M., NZG 2006, 151; OLG Frankfurt/M., NZG 2006, 153; OLG Frankfurt/M., NZG 2005, 1016; Emmerich, Wie rechne ich mich arm?, S. 137, 148; Simon, Spruchverfahrensgesetz, München 2007

282) Einzelheiten bei Winter/Nießen, Amtsermittlung und Beibringung im Spruchverfahren, NZG 2007, 13; OLG Frankfurt/M., NZG 2007, 758; LG Frankfurt/M., Beschl. 21.3. 2006, oben Fn. 120, S. 7. Abgelehnt für die Aktionäre der aufnehmenden Gesellschaft, LG Nürnberg-Fürth, Vfg. 4.6.2007, NZG 2007, Heft 15 S. V. Gegen die Anwendung bei einem „faktischen" Vertrag LG München I, BB 2007, 2588

283) LG München, ZIP 2008, 242

284) Zum Nachweis der Aktionärsstellung KG Berlin, BB 2008, 354 m. Anm. Wittgens; BGH, ZIP 2008, 1431 = NZG 2008, 658

285) Zur Darlegungs- und Beweislast LG Frankfurt/M., NZG 2004, 432. Zur Erhebung einer Verfassungsbeschwerde BVerfG, NZG 2007, 629

286) LG München, AG 2002, 563, 565

I. Ablauf

2. Rechts- und Plausibilitätskontrolle

Das Gericht findet den Unternehmenswert gem. § 287 Abs. 2 ZPO durch eine Rechts- und Plausibilitätskontrolle. Es macht grundsätzlich keine eigenen Prognosen, es sei denn, die vorgelegten überzeugen nicht[287]. Die Antragsteller müssen konkrete Bewertungsrügen vorbringen (§ 4 Abs. 2 S. 2 Nr. 4 S. 1 SpruchG)[288]; formelhafte Wendungen genügen dafür nicht[289]. Das Gericht darf sich auf die Prüfung schlüssiger Einwände beschränken[290]. Aufwand, Kosten und Dauer des Verfahrens müssen in einem angemessenen Verhältnis zum Gewinn an Erkenntnis stehen[291]. 97

Angesichts der wachsenden Komplexität der Bewertung und der vielen betriebswirtschaftlichen Meinungen weitet sich der Ermessensspielraum[292]. Das Gericht kann Gutachter als Gehilfen einschalten (§ 6 SpruchG), muss das aber nicht[293]; es kann auch ein Privatgutachten zugrunde legen[294]. Das Gericht würdigt die Beweise nach freier Überzeugung (§ 286 ZPO). Bei einem Beherrschungsvertrag, bei einer Verschmelzung und bei einem gesellschaftsrechtlichen Squeeze Out kontrolliert ein gerichtlich bestellter Prüfer die Bewertung der Unternehmen (§ 327c Abs. 2 S. 3, § 293b Abs. 1, § 293c AktG; §§ 9f. UmwG). Das Gericht ist an dessen Ergebnis nicht gebunden[295]: 98

> „Die Aufgabe des Gerichts besteht nicht darin, den vom Sachverständigen ermittelten Unternehmenswert nur auf Plausibilität zu überprüfen und zu übernehmen; die Gerichte haben vielmehr bei der Entscheidungsfindung die maßgebenden rechtlichen Faktoren der gesetzlichen Abfindungsregelung festzustellen und anhand dieser Kriterien den zutreffenden Unternehmenswert für ein bestimmtes Abfindungsverlangen zu ermitteln"[296].

3. Kosten

Schuldner der Gerichtskosten ist grundsätzlich der Antragsgegner (§ 15 Abs. 2 S. 1 SpruchG); er muss einen hinreichenden Vorschuss zahlen (§15 Abs. 3 SpruchG). Die notwendigen Kosten der Antragsteller hat er zu erstat- 99

---

287) OLG Stuttgart, NZG 2007, 478; LG Frankfurt/M., AG 2007, 42, 43
288) OLG Frankfurt/M., ZIP 2007, 839
289) BGH, NZG 2008, 469; Anm. Simon/Leuering, NJW-Spezial 2008, 337
290) OLG Stuttgart, NZG 2007, 112, 113; AG 2004, 271; OLG München, AG 2006, 420, 423; LG Frankfurt/M., NZG 2004, 432, 433, NZG 2006, 868, 869; AG 2007, 42, 43. Zur Darlegungslast OLG Frankfurt/M., NZG 2007, 875
291) OLG Stuttgart, NZG 2007, 112, 114
292) BayObLG, NZG 2006, 156, 157
293) OLG Düsseldorf, NZG 2005, 280, 281
294) OLG Düsseldorf, NZG 2005, 280, 281
295) Bilda, Zur Dauer 300; BayObLG, AG 1999, 43, 45. Vgl. Hüttemann, Rechtliche Vorgaben 817
296) BayObLG, AG 1996, 176, 177f.; vgl. OLG Karlsruhe, NZG 2008, 791 (BeckRS 2008, 18939)

ten, *„wenn dies unter Berücksichtigung des Ausgangs des Verfahrens der Billigkeit entspricht"* (15 Abs. 4 SpruchG). Die Gerichtskosten können ganz oder zum Teil den Antragstellern auferlegt werden, wenn das *„der Billigkeit entspricht"* (15 Abs. 2 S. 2 SpruchG)[297].

100 Sachverständige verlangen im Allgemeinen mehr als das Justizvergütungs- und Entschädigungsgesetz (§§ 3, 5, 7 SpruchG) vorsieht. Das Gericht kann die Zustimmung des Antragsgegners zur höheren Vergütung ersetzen[298] – das ist indes streitig[299]. Wollte man aber die Zustimmung des Antragsgegners verlangen, würde das die Wahl des Gutachters und die Gutachterpraxis beeinflussen.

II. Einzelne Faktoren[300]

101 Das Gericht bestimmt die rechtlichen Faktoren der Bewertung, so z. B. die Methode[301], die Bewertung vor oder nach Steuern[302] und die Beachtung von Börsenkursen[303].

102 Die tatsächlichen Grundlagen müssen richtig sein, wie z. B. Daten, Umsätze, Jahresergebnisse, Börsenwerte, Zinssätze und Zinsstrukturen[304]. Planungen und Prognosen müssen auf realistischen Annahmen beruhen; sie müssen plausibel und nachvollziehbar sein[305], dürfen sich nicht widersprechen. Das Gericht entscheidet darüber nach freier Überzeugung (§ 286 Abs. 1 S. 1 ZPO). Es darf eine realistisch-plausible Planung der Geschäftsführung nicht durch seine Sicht ersetzen[306].

---

297) OLG Celle, Beschl. 10.7.2008 Az.: 9 W 10/08 III
298) OLG Stuttgart, NZG 2001, 1097, 1098; LG Dortmund, AG 2005, 664; Heidel (Hrsg.), Aktienrecht, Teil 11, S. 2319 (Weingärtner). Zurückhaltend OLG Düsseldorf, AG 2004, 390
299) Ablehnend Wittgens, Der gerichtliche Sachverständige im Spruchverfahren, AG 2007, 106, 111
300) OLG Stuttgart, NZG 2007, 112, 114; OLG München, AG 2006, 420, 425y. Zur Darlegung der Aktionärstellung BGH, ZIP 2008, 1431 = NZG 2008, 658
301) Siehe Rn. 120
302) Siehe Rn. 379
303) Siehe Rn. 1052
304) Vgl. Kuhner, Unternehmensbewertung: Tatsachenfrage oder Rechtsfrage?, WPg 2007, 825
305) LG Frankfurt/M., Beschl. 21.3.2006, Az.: 3-05 O 153/04, S. 8
306) OLG Stuttgart, AG 2007, 705, 706; OLG Düsseldorf, AG 2003, 329; LG Frankfurt/M. AG 2007, 42, 43; OLG Stuttgart, NZG 2007, 112, 114; OLG Stuttgart, BeckRS 2007 05049; Wüstemann, BB-Rechsprechungsreport 1500

Zweiter Teil
„Wert" des Unternehmens

Das Institut der Wirtschaftsprüfer definiert so[307]:

103

> *„Der objektivierte Unternehmenswert stellt einen typisierten und intersubjektiv nachprüfbaren Zukunftserfolgswert aus der Perspektive einer inländischen, unbeschränkt steuerpflichtigen natürlichen Person als Anteilseigner dar, der sich bei Fortführung des Unternehmens in unverändertem Konzept und mit allen realistischen Zukunftserwartungen im Rahmen der Marktchancen, -risiken und finanziellen Möglichkeiten des Unternehmens sowie sonstiger Einflussfaktoren ergibt".*

A. Einführung

„Wert des Unternehmens" ist ein Begriff mit vielen Facetten[308]. Wir müssen ihn aus einer bestimmten Beziehung heraus ermitteln, nämlich aus dem Verhältnis der Gesellschafter **zueinander**; es geht uns also um den „parteienbezogenen Wert"[309]. Gesucht ist der Preis, der bei einer Veräußerung am Stichtag unter konkret betroffenen, unabhängigen Partnern einer gesellschaftsrechtlichen Verbindung zu erlösen wäre[310]. Das Recht schreibt keine bestimmte Bewertungsmethode vor[311].

104

Werte für Unternehmen und Anteile daran orientieren sich danach, wie Käufer und Verkäufer den künftigen Nutzen des Unternehmens einschätzen. Wichtig mag der Einfluss des Anteilseigners auf das Unternehmen sein: Alleineigentum, qualifizierte oder einfache Mehrheit, Sperrminorität oder Streubesitz[312] (*„sonstige Einflussfaktoren"*[313]). Zu beachten ist die Veräußerbarkeit (börsennotiert oder nicht?)[314].

105

I. „Als ob"-Wert

Über die Wertermittlung suchen wir den Preis, der bei einer freiwilligen Veräußerung unter Rechtspartnern auf einem freien Markt zu erlösen wäre[315]: Tatsächlich gibt es das aber bei unseren Fällen nicht. Deshalb müssen wir auf

106

---

307) IDW S 1 2008 Tz.29. Dazu Matschke/Brösel, Unternehmensbewertung, S. 14-48
308) Jansen, Die Vermessung der unternehmerischen Welt – Plädoyer für einen mehrwertigen Kapitalbegriff, in: Ballwieser/Grewe (Hrsg.), Wirschaftsprüfung im Wandel, S. 787
309) Siehe Rn. 122
310) BGH, JZ 1980, 105
311) OLG München, Beschl. 30.11.2006, Az.: 31 Wx 059/06; AG 2008, 28, 29
312) Vgl. IDW S 1 2008 Tz. 13
313) IDW S 1 2008 Tz. 29
314) Siehe Rn. 1052
315) BVerfG, NZG 2007, 629, 630; BGH, JZ 1980, 105; IDW S 1 2008 Tz. 13

A. Einführung

eine fiktive „Realität" schauen[316]: Was hätten sachkundige, vertragswillige und voneinander unabhängige Partner unter marktüblichen Bedingungen am Stichtag vereinbart?[317] Wir setzen also einen „Als ob"-Wert an (Simulation einer Verhandlungslösung)[318]. Dafür müssen wir eine Marktlage „erfinden" – was nur begrenzt möglich ist. Jedenfalls müssen wir wissen (oder „ahnen"?), welche Faktoren zum Stichtag den Wert im Verhältnis der Gesellschafter zueinander bilden.

II. Zukunftserfolgswert[319]

107 Ein Unternehmen soll für die Eigentümer in der Zukunft finanzielle Überschüsse erwirtschaften (vgl. „shareholder value"[320]. Als Überschüsse sehen wir die Ertrags- oder die Einnahmeüberschüsse (Cashflows) an[321]. Daher leiten wir den Wert grundsätzlich[322] aus der Fähigkeit ab, dieses Ziel zu erreichen[323]. Es geht somit um den Wert des fortgeführten Unternehmens (Fortführungswert), um den Zukunftserfolgswert[324]. Dafür suchen wir den jetzigen Wert (Barwert) der künftigen Nettozuflüsse an die Eigner (Nettoeinnahmen)[325].

III. Barwert

108 Überschüsse „heute" sind mehr wert als Überschüsse „morgen" (in einer ungewissen Zukunft). Der Unterschied liegt im Zins, der sich in der Zeit zwischen „heute" und „morgen" erzielen lässt. Deshalb zinsen wir die künftigen Überschüsse ab (wir „kapitalisieren" sie) auf den Barwert am Stichtag[326]. Den Kapitalisierungszinssatz finden wir aus dem Vergleich mit der Rendite

---

316) OLG Stuttgart, AG 2007, 705, 706; LG Dortmund, NZG 2004, 723, 724. Zum Ganzen Adolff, Unternehmensbewertung im Recht der börsennotierten Aktiengesellschaft, München 2007, S. 166ff.
317) Vgl. IFRS/IAS 16:6; 38:7. Vgl. Hammes, Die Bemessung der Entschädigung enteigneter Investoren im Rahmen von Investitionsschutzabkommen, SchiedsVZ 2007, 169, 173
318) Jonas, Unternehmensbewertung 841
319) IDW S 1 2008 Tz. 29
320) Kritisch dazu Ireland, Company Law and the Myth of Shareholder Value Ownership, Modern L. Rev. 62 (1999); J. Hill, Visions and Revisions of the Shareholder, 48 Am. J. Comp. L. 48 (2000) 39
321) Ebd. Tz. 27
322) Zu Ausnahmen siehe Rn. 1097
323) IDW S 1 2008 Tz. 29. Kritisch dazu Barthel, Unternehmenswert: Expected Utility Theory versus Similarity Theory, DB 2007, 586
324) Ebd. Tz. 5, 7
325) Ebd. Tz. 4
326) Zur Technik siehe Rn. 502

IV. Subjektiver Wert

einer vergleichbaren anderen Anlagemöglichkeit[327]). Als Leitbild dafür kommen die Renditen an Anleihe- oder Aktienmärkten in Betracht[328]).

Oft lassen sich nicht betriebsnotwendige Teile (neutrales Vermögen) veräußern, ohne das Unternehmen zu gefährden. Den Barwert des Erlöses daraus fügen wir als „Sonderwert" hinzu[329]). Es kann auch mehr bringen, das Unternehmen zu beenden; dann ist der Liquidationswert anzusetzen[330]). Das ist der Mindestwert[331]), also die Untergrenze[332]), wenn eine Gesellschaft keine Erträge erwirtschaftet oder liquidiert werden soll[333]). Der Liquidationswert scheidet aus, wenn ein rechtlicher oder tatsächlicher Zwang besteht, das Unternehmen fortzusetzen[334]).

109

Der Substanzwert (= Nachbaukosten des Unternehmens) hat grundsätzlich keine eigenständige Bedeutung[335]).

110

IV. Subjektiver Wert

„Twenty men crossing a bridge
Are twenty men crossing twenty bridges"[336]).

Einen „objektiven" Unternehmenswert gibt es nicht: Werte sind „Meinungen": Sie hängen von persönlichen Sichten, von Voraussetzungen und Empfindungen der jeweils Beteiligten, von bevorzugten Daten und von der Rechtsbeziehung zwischen ihnen ab. Ausgangspunkt ist daher der subjektive Unternehmenswert[337]). Das ist auch bei grenzüberschreitenden Bewertungen, wie sie uns die Europäische Übernahmerichtlinie (Art. 15) bringt, zu beachten[338]).

111

Juristen lernen ebenfalls schon im ersten Semester, dass der „Wert" keine objektive Eigenschaft eines Gegenstandes ist[339]); deshalb berechtigt z. B. ein Irrtum darüber nicht zur Anfechtung nach § 119 Abs. 2 BGB. Der Wert hängt davon ab, was als Wert empfunden wird: In der Wüste kann ein Glas

112

---

327) IDW S 1 2008 Tz. 4
328) IDW S 1 2008 Tz. 115-118 und Anhang zu IDW S 1 2005
329) Ebd. Tz. 5. Einzelheiten siehe Rn. 1029
330) Ebd. Tz. 5, 140
331) Ebd. Tz. 5
332) BGH, NZG 2006, 905, 907; BB 2006, 2543, 2545
333) LG Frankfurt/M., NZG 2006, 868, 869
334) IDW S 1 2008 Tz. 130. Einzelheiten siehe Rn. 1097
335) Ebd. Tz. 6. OLG Düsseldorf, AG 1999, 321, 324
336) Wallace Stevens, 1879-1955, Metaphors of a Magnifico
337) Matschke/Brösel, Unternehmensbewertung, S. 18
338) Maul, Die EU-Übernahmerichtlinie – ausgewählte Fragen, NZG 2005, 151, 157; Großfeld, Europäische Unternehmensbewertung, NZG 2002, 353; Von Austmann/Mennicke, Übernahmerechtlicher Squeeze-out und Sell-out, NZG 2004, 846, 849
339) BGHZ 16, 57f.

A. Einführung

Wasser mehr wert sein als ein Glas Brillanten! Der jeweilige zukünftige Nutzen in einem bestimmten Umfeld zu einer bestimmten Zeit macht den Wert. Der Unternehmenswert ist für verschiedene Personen unterschiedlich hoch; am besten kennen ihn die Beteiligten (Insider) selbst. Die Bezeichnung „objektivierter Unternehmenswert" darf uns daher nicht irreführen[340].

V. Grenzwerte[341]

1. Begriff

113 Für Veräußerer und Erwerber können sich so unterschiedliche Werte ergeben. Wir sprechen von „Grenzwerten" und meinen damit den Mindestverkaufspreis einerseits und den Höchstkaufpreis andererseits. Wie viel müsste ein vernünftiger Veräußerer mindestens erlösen, was ist seine Preisuntergrenze? Welchen Preis wird ein vernünftiger Erwerber höchstens zahlen, was ist seine Preisobergrenze? Wir finden so einen Grenzwert jeweils für den Veräußerer und für den Erwerber. Es ist dann zu „ertasten", zu „erfühlen"[342], wo sich die Parteien innerhalb dieses Rahmens treffen können[343].

2. Bedeutung

114 Der Grenzpreis des Ausscheidenden ist die Untergrenze. Eine Abfindung in dieser Höhe ist aber nur „angemessen" (§ 320 Abs. 5 S. 1 AktG), wenn der Grenzpreis des Erwerbenden (des verbleibenden Gesellschafters) niedriger oder gleich hoch ist. Allenfalls dann würde ein freiwillig ausscheidender Gesellschafter eine solche Abfindung hinnehmen.

115 Oft ist der Grenzpreis des Erwerbenden aber höher; dann möchte der Veräußerer daran teilhaben. Im Allgemeinen wird daher der Zwischenbetrag irgendwie geteilt. Die angemessene Abfindung liegt dann zwischen den Grenzpreisen.

116 Die Anteile können für den Erwerber wertvoller sein, weil sie seinen Zugriff auf das Unternehmen verfestigen und er weniger Rücksicht nehmen muss, oder weil er das Unternehmen leichter in seine Pläne einfügen kann. Ferner entfallen evtl. Kontrollkosten. Zu denken ist auch an die Steigerung von Marktanteilen; ein freiwillig ausscheidender Gesellschafter wird auch versuchen, einen Preis herauszuholen, der diese Hoffnungen berücksichtigt. Das wird uns bei den Synergieeffekten (Verbundvorteilen) noch beschäftigen[344].

---

340) Siehe Rn. 129
341) Vgl. Matschke/Brösel, Unternehmensbewertung, S. 31, 482ff.
342) Piasko/Uttich, „Stimmungen sind unberechenbar", FAZ 23.10.2007 Nr. 246, S. 29 im Hinblick auf Kapitalmärkte
343) Vgl. Art. 1 Abs. 3 Außensteuergesetz und die dazu ergangene Verordnung
344) Siehe Rn. 254

VI. Einigungswert[345]

Wenn wir einen für mehrere Beteiligte verbindlichen Wert suchen, wird die Bewertung intersubjektiv. Deshalb genügen für unsere Zwecke einseitige Investitionssichten nicht; denn hier tritt immer eine weitere Sicht hinzu. Die unterschiedlichen Sichten sind auszugleichen, sind kunstvoll „auszubalancieren". Der Wert muss grundsätzlich zwischen den Grenzwerten der Parteien liegen, um für sie „angemessen" zu sein. Wir sprechen vom „Einigungswert" oder „Vermittlungswert". Ihm begegnen wir in den hier erörterten Fällen. Er ist unparteiisch zu ermitteln. 117

VII. Marktwert

Die subjektive Bewertung geht von der konkreten Lage auf unvollkommenen Märkten aus[346]. Dieser Ansatz konkurriert zunehmend mit einer anonymen (oft „objektiviert" genannten) Beurteilung von börsenmäßig organisierten, angeblich „vollkommenen" Kapitalmärkten. Daraus soll für alle Teilnehmer – unabhängig von ihrer individuellen Risikoneigung – derselbe Wert und damit derselbe Preis entstehen. Diese Annahmen werden ihrerseits als wirklichkeitsfremd kritisiert[347], als Versuch, in einer „idealisierten Denkwelt" Unsicherheiten modellhaft zu bewältigen[348]. Während die einen *„die Trugbilder der Subjektivität"* anprangern, warnen die anderen vor *„dem Schwindel der Objektivität"*[349]. Hier ist indes schon festzuhalten: Vollkommene Kapitalmärkte gibt es nicht, ebenso keine gleichen Informationen für alle Beteiligten; es bestehen Informationsasymmetrien. Modelle helfen im Recht wenig; dort geht es darum, chaotische Wirklichkeit weiterführend und wertend zu erfassen. 118

B. Normwert[350]

Betriebswirtschaftliche Sichten sind für die hier anstehenden Bewertungen 119

---

345) Siehe Rn. 125
346) Vgl. Rn. 592
347) Matschke/ Brösel, Unternehmensbewertung 26
348) AaO S. 31. Ausführlich Cornell/Rutten, Market Efficiency, Crashes and Securities Litigation, abrufbar über Google; Grossman/Stiglitz, On the Impossibility of Informationally Efficient Markets, American Economic Review 70 (1980) 393, 404 – 408
349) Vgl. Ritter, Umkehr, FAZ 25.6.2008 Nr. 146, S. N 3
350) Großfeld, Unternehmensbewertung als Rechtsproblem, JZ 1981, 641; Luttermann, Recht als Produktions- und Mehrwertfaktor im Wirtschaftsleben, Wissenschaft und Studium 2007, 136; Mandl/Rabel, Der objektivierte Unternehmenswert im Lichte einer normorientierten Bewertung, in: FS Dieter Rückle, Berlin 2006, S. 45; Gude, Strukturänderungen und Unternehmensbewertung zum Börsenkurs, Köln 2004, S. 6ff.; Hüttemann, Rechtsfragen der Unternehmensbewertung, in: Heintzen/ Kruschwits (Hrsg.), Unternehmen bewerten, Berlin 2003, S. 151; ders., Rechtliche Vorgaben. Zu den rechtlichen Faktoren siehe OLG Karlsruhe, NZG 2008, 791 (BeckRS 2008, 18939)

B. Normwert)

wichtig; sie sind aber nicht allein entscheidend. Sie sind jeweils in ein bestimmtes Rechtsverhältnis einzufügen, erhalten von daher Stellung und Gewichtung (parteienbezogener, normorientierter Wert). Die Unternehmensbewertung ist ein „Begegnungsfach" zwischen Wirtschaftswissenschaftlern und Juristen.

I. Rechtsprägung

1. Hinweise

120 Das Bürgerliche Gesetzbuch sieht Unternehmensbewertungen als **Rechtsfragen** zwischen bestimmten Parteien. § 738 Abs. 2 sagt uns, dass der Wert „*im Wege der Schätzung*" zu ermitteln sei. § 2049 Abs. 1 verweist für ein „*Landgut*" auf den „*Ertragswert*" und definiert ihn in Abs. 2 so:

> „*Der Ertragswert bestimmt sich nach dem Reinertrag, den das Landgut nach seiner bisherigen wirtschaftlichen Bestimmung bei ordnungsmäßiger Bewirtschaftung nachhaltig gewähren kann*".

121 Das Bürgerliche Gesetzbuch als Recht einer Marktordnung enthält mehr wirtschaftliche „Weisheit" [351] als eine spätere „Fälledogmatik" daraus „ausziseliert" hat[352]. Immer sind die statistischen Wirkungen einzelner Entscheidungen zu beachten (statistisches Rechtsdenken)[353]. Wir sprechen auch von „Makro-Jurisprudenz"[354].

2. Rechtsbeziehung

a. Allgemeines

122 Das gilt vor allem für unser Gebiet: Die Unternehmensbewertung ist hier Teil einer schon bestehenden Rechtsbeziehung: Es gilt Bürgerliches Recht, GmbH – Recht oder Aktienrecht und darüber hinaus Verfassungsrecht[355]: Nur die volle Abfindung im Rahmen des jeweiligen Rechtsverhältnisses ist angemessen[356]. Das Bundesverfassungsgericht erklärt dazu:

---

[351] Vgl. Mataja, Recht des Schadensersatzes vom Standpunkt der Nationalökonomie, Berlin 1888. Dieses Buch nahm die spätere „ökonomische Analyse des Rechts" vorweg. Dazu Winkler, Ökonomische Analyse des Rechts im 19. Jahrhundert: Victor Matajas „Recht des Schadensersatzes" revisited, Zeitschrift für Neuere Rechtsgeschichte 26 (2004) 262; Englard, Victor Mataja's Liability for Damages from an Economic Viewpoint: A Centennial to an Ignored Economic Analysis of Tort, International Rev. of Law and Economics 10 (1990) 173; Großfeld, Die Privatstrafe, Frankfurt/M. 1961; ders., Money Sanctions for Breach of Contract in a Communist Economy, Yale Law Journal 72 (1963) 1326

[352] Großfeld, Die Augen der Studenten: Jurastudium zwischen Lokalisierung und Globalisierung, in: FS Erik Jayme, Bd. 2, München 2004, S. 1103

[353] Großfeld, Zivilrecht als Gestaltungsaufgabe, Karlsruhe 1977, S. 86

[354] AaO S. 84

[355] BVerfGE 14, 263, 284; BGHZ 153, 47, 54f.

[356] LG Dortmund, Beschl. 16.7.2007 Az.: 18 AktE 23/03

I. Rechtsprägung

„*Aus der mitgliedschaftlichen Stellung erwachsen dem Aktionär im Rahmen der gesetzlichen Vorschriften und der Gesellschaftssatzung sowohl Leitungsbefugnis als auch vermögensrechtliche Ansprüche*"[357].

Das in der Aktie verkörperte Anteilseigentum sei „*im Rahmen seiner gesellschaftsrechtlichen Ausgestaltung durch Privatnützigkeit und Dispositionsbefugnis über den Eigentumsgegenstand gekennzeichnet*"[358]. Wir suchen daher den Wert zwischen rechtlich verbundenen Partnern (parteiabhängiger Wert) beim Eingriff in das Rechtsverhältnis zwischen ihnen: 123

„*Die Bestimmung der Angemessenheit der Barabfindung ist … Rechtsfrage, und kann nicht Gegenstand sachverständiger Begutachtung sein*"[359].

Immer geht es um eine „angemessene" Lösung (vgl. § 305 Abs. 1, Abs. 3 S. 1 AktG), die am Rechtsverhältnis „gemessen" wird. Die Eigentumsgarantie des Art. 14 Abs. 1 GG bildet dafür den Rahmen[360]: Der Gesellschafter soll den Betrag erhalten, den er bei einem freiwilligen Ausscheiden in der konkreten Rechts- und Tatsachenlage zu der bestimmten Zeit hätte „erhandeln" können[361]. 124

b. Privatautonomie

Im Privatrecht begegnen sich gegenseitige Freiheitssphären in einer herrschaftsfreien Ordnung[362]. Es ist daher Rücksicht zu nehmen auf die Privatautonomie **aller** Beteiligter als wertbildenden Faktor: Entscheidend ist der Preis zwischen grundsätzlich gleich Berechtigten und gleich Informierten (gesellschaftsrechtlicher Gleichheitssatz, vgl. 53a AktG[363]). Gesetz, Gesellschaftsvertrag oder Satzung schaffen den Rahmen, innerhalb dessen sich betriebswirtschaftliche Lehren und Berufskonventionen entfalten[364]. 125

Die Lage ist damit anders als bei Vorgängen an der Börse zwischen typischerweise unverbundenen Teilnehmern. Die untere Grenze ergibt sich al- 126

---

357) BVerfG, NZG 2007, 629, 630
358) BVerfG, NZG 2007, 631
359) OLG München, BeckRS 2007 09107; ähnlich OLG Stuttgart, NZG 2007, 128, 129
360) BVerfGE 14, 263, 276f.; 25, 371, 407; 50, 290, 339; JZ 1999, 942
361) BVerfG, JZ 1999, 942
362) Vgl. Immanuel Kant, „*Inbegriff der Bedingungen, unter denen die Willkür des einen mit der Willkür des anderen nach einem allgemeinen Gesetz der Freiheit vereinigt werden kann*". Zit. nach Bürgi, Die Entstehung und Begründung der Gefährdungshaftung im 19. Jahrhundert, in: FS Claus-Wilhelm Canaris, München 2007, S. 59, 61
363) OLG Stuttgart, AG 2008, 510, 512
364) Luttermann, Recht als Produktions- und Mehrwertfaktor im Wirtschaftsleben, Wirtschaftswissenschaftliches Studium 2007, 132, 134

3. Normorientierung

127 Damit prägt der rechtliche Zusammenhang innerhalb eines bestimmten Unternehmens unter bestimmten Parteien die Bewertung (normorientierte Bewertung)[366]. Wir wählen die Methode und erfassen wertbildenden Eigenschaften vom Rechtsverhältnis her, das den Zweck vorgibt. Das entspricht allgemeiner juristischer Methode: Wir definieren z. B. die „wesentliche Eigenschaft" i. S. d. § 119 Abs. 2 BGB aus der Sicht des jeweiligen Rechtsverhältnisses; ebenso verfahren wir beim „Mangel" in § 434 BGB. Art. 1134 des französischen Code Civil drückt das schön aus: *„Les conventions légalement formées tiennent lieu de loi à ceux qui les ont faites"*. Die Unternehmensbewertung in den hier behandelten Fällen ist so Rechtsfrage[367].

Anfang: lerdings aus dem Verkehrswert des Anteils, namentlich bei Aktien; das ist der Wert, der sich durch die Verkehrsfähigkeit der Aktie unter nicht rechtlich Verbundenen ergibt[365].

128 Deshalb sind die Grundlagen zu beachten, die das Rechtsverhältnis prägen; das sind z. B. die Treuepflicht, die Gleichbehandlung[368] und die Eigentumsgarantie. Nur dann ist die Bewertung zweckgerecht. Nicht entscheidend ist das im Verkehr „Übliche", sondern das vom Recht her „Erforderliche" (vgl. § 276 Abs. 2 BGB). Die Bewertung muss zunächst „rechtsgerecht" sein und in diesem Rahmen „realitätsgerecht" (Recht ist selbst Teil der Realität).

129 Der Unternehmenswert ist also ein Normwert. Es zählt nicht der „objektive" oder „objektivierte" Wert des Unternehmen: Es zählt, was das Unternehmen zwischen den Parteien von Rechts wegen wert ist (Konsenswert, simulierte Verhandlungslösung)[369].

II. Typisierter Wert

130 Die Sicht der Beteiligten ist oft schwer zu erfassen; dennoch müssen wir uns festlegen[370]. Dabei ist zu beachten, dass eine gerichtliche Festsetzung den Parteien einen „Preis" aufzwingt. Der Interessenausgleich dafür verlangt ty-

---

365) BGH, NZG 2001, 603 (Altana);Bungert, DAT/Altana: Der BGH gibt der Praxis Rätsel auf, DB 2001, 1163
366) Vgl. LG Hannover, AG 1979, 234
367) Mandl/Rabel, Der objektivierte Unternehmenswert, S. 51
368) Siehe Rn. 137
369) Nahe liegt eine Parallele zum *„fair value"* nach International Accounting Standards 16.:
„Fair value is the amount of which an asset could be exchanged between knowledgeable, willing parties in an arm's length transaction".
Dazu Margolin/Kursh, The Economics of Delaware Fair Value, Delaware J. of Corporate L. 2005, 413; Hamermesh/Wachter, The Fair Value of Cornfields in Corporate Appraisal Law, University of Pennsylvania L. School, Working Paper, July 2005
370) Vgl. Kuhner/Maltry, Unternehmensbewertung, Berlin u. a. 2006, S. 53ff.

II. Typisierter Wert

pisierte Sichten[371]. Leitbild ist § 119 Abs. 1 BGB. Er fordert eine *„verständige Würdigung des Falles"*; § 119 Abs. 2 BGB bezieht sich dafür auf *„Eigenschaften .., die im Verkehr als wesentlich angesehen werden"*. An die Stelle individueller Vorstellungen tritt eine marktgerechte Typisierung (markttypischer Wert). Wir sprechen von einem „typisierten" Unternehmenswert; er beruht auf rechtsgeprägten Konventionen[372].

Das Unternehmen ist dafür einzuschätzen und zu „bepreisen" aus der Sicht eines unabhängigen Dritten. Das kennen wir von Willenserklärungen: Wir legen nach objektiven Maßstäben aus, aber berücksichtigen die Sicht der Partner (parteienbezogene Auslegung). Das wiederum lässt sich nur im Hinblick auf den typischen wirtschaftlichen Zweck der Rechtsbeziehung beurteilen. Die typisierende Betrachtung soll mangelnde oder schwer erhältliche Informationen ausgleichen. Wichtig sind namentlich fünf Faktoren: Bezugspersonen, Bewertungsverfahren, Bewertungsfaktoren, Verständlichkeit und Nachprüfbarkeit. 131

Sie besagen je nach Gesellschaftsform Unterschiedliches zum Grad der Typisierung. Bei einer Personengesellschaft oder einer Gesellschaft mit beschränkter Haftung können wir stärker „individualisieren". Bei der Aktiengesellschaft als Massengesellschaft oft anonymer Anteilsigner (Inhaberaktien) gilt mehr ein statistisches Rechtsdenken[373]; auch die Beweglichkeit der Anteile ist anders. Das führt eher zur Beachtung eines selbständigen Marktwertes (z. B. Börsenwert), aber auch der Chancen, die sich aus freier Übertragbarkeit ergeben. 132

Wirksam werden nur individuelle Faktoren, die für den gemeinsamen Zweck wichtig sind. Die Zahl der Kinder, das Interesse, sie im Unternehmen zu versorgen, spielen keine Rolle. Persönliche Steuern werden heute typisierend erfasst[374]. Es ist fraglich, wie lange das angesichts steigender Komplexität, angesichts von Steueroasen und Globalisierung noch möglich ist[375]. Die deutsche Typik lässt sich grenzüberschreitend kaum ermitteln und nicht in das Ausland übertragen[376]. Sind die daran erlernten Techniken international einsetzbar? 133

---

371) BGHZ 68, 163, 166
372) Vgl. Böcking/Nowak, der Beitrag der Discounted Cash Flow – Verfahren zur Lösung der Typisierungsproblematik bei Unternehmensbewertungen, DB 1998, 685, 690
373) Großfeld, Zivilrecht 86
374) Siehe Rn. 379
375) Kritisch dazu Emmerich, Wie rechne ich mich arm?
376) Wohl anders OLG Stuttgart, AG 2007, 52, 54

III. Leitgedanke

134 Wichtig sind die Leitgedanken des Gesellschaftsrechts: Die gesellschaftliche Treuepflicht, die Pflicht zur Gleichbehandlung[377], die Schutzaufgabe der Abfindung und ihre evtl. Konzentrationsneutralität[378]. Das entspricht der wertgebundenen Ordnungsaufgabe des Zivilrechts[379]. Angesichts globaler Geldströme ist auch an die Kontrolle von Investitionen mit politischen oder militärischen Zielen (Sovereign Wealth Funds = Staatsfonds) zu denken[380].

135 Rechtspolitisch und volkswirtschaftlich geht es zuerst um die Herrschaft über Unternehmen und damit um ein Gleichgewicht, wie es das Privatrecht als System von Macht und Gegenmacht durch die Privatautonomie sichern soll[381]. Deshalb steht im Vordergrund die Machtzuordnung des Unternehmens als Ganzes, nicht der Preis des einzelnen Anteils. Wir sehen den Anteil nicht von seiner Marktstellung sondern von seinem Machtpotential her – darüber aber entscheidet die Rechtsbeziehung innerhalb des Unternehmens.

136 Zu denken ist an eine Vergleichbarkeit mit ausländischen Bewertungen: In der Europäischen Union sind Unternehmenswerte ein Teil der Niederlassungsfreiheit (Art. 43, 48 EGV)[382]: Bewertungen dürfen Anteilseigner in anderen Mitgliedstaaten nicht benachteiligen.

IV. Gleichheitssatz

137 Überragend ist der Gleichheitssatz als zumeist ungeschriebenes Grundprinzip jeder Gesellschaft[383]. Er verbietet eine von Vertrag oder Satzung abweichende unterschiedliche Behandlung[384]. In § 53a AktG ist er für die Aktiengesellschaft festgelegt[385]; er erfasst ebenfalls Abfindungen[386]. Der Unternehmenswert ist daher gleichmäßig aufzuteilen, er ist nicht vorab einem Gesellschafter zuzuweisen (vgl. § 738 Abs. 1 S. 2, § 734 BGB); es gibt daher

---

377) LG Köln, BB 1980, 1288; LG Dortmund, BeckRS 2007 05697, S. 17. Vgl. BVerfG, WM 2007, 1179, 1181
378) Dazu Großfeld, Aktiengesellschaft, Unternehmenskonzentration und Kleinaktionär, Tübingen 1967, S. 50ff.
379) Großfeld, Zivilrecht 89; Luttermann, Anmerkung 418
380) Juergen B. Donges u. a. (Kronberger Kreis), Staatsfonds: Muss Deutschland sich schützen, Berlin 2008; Wessel, How „new power brokers" affect money flow, global political clout, The Wall Street J. Europe, Thursday, Oct. 4, 2007, S. 10.; Bob Davis, Codes for sovereign funds may avoid political issue, Wall Street J. Europe, Thursday, Dec. 20, 2007, p. 1
381) Vgl. BGHZ 83, 122 (Holzmüller); JZ 2007, 367 (Mangusta/Commerzbank) m. Anm. Lutter
382) Vgl. EuGH, NZG 2006, 357 C-253/03 (CLT-UFA SA/Finanzamt Köln-West)
383) Komp, Zweifelsfragen des aktienrechtlichen Abfindungsanspruchs nach §§ 305, 320b AktG, Berlin 2002, S. 46ff.; Kuhner, Unternehmensbewertung 829
384) BGH, GmbHR 1992, 257, 261
385) Gegen „Gleichbehandlung im Unrecht" BGH, Beschl. 22. 10. 2007, Az.: II ZR 184/06
386) OLG Stuttgart, NZG 2007, 705, 706. Siehe Rn. 61

auch keinen Grundsatz der Meistbegünstigung für ausscheidende Aktionäre[387]. Anders ist es, wenn Unterschiede nach Gesetz („Angemessenheit", „Treu und Glauben"), Vertrag oder Satzung zu erfassen sind. Anteile gleicher rechtlicher Ausstattung aber haben im Verhältnis der Gesellschafter zueinander gleichen Wert. Das gilt unabhängig davon, ob sie zu einer Mehrheit oder zu einer Minderheit gehören.

V. Objektivierter Wert

Der IDW S 1 2008 spricht vom „objektivierten Unternehmenswert"[388], ein Ausdruck, der Sicherheit suggeriert[389] und wohl deshalb „beliebt" ist[390]: Typisierung ist aber nicht gleichzusetzen mit Objektivierung. Die Typisierung wird von Rechtswerten gesteuert, folgt aus dem Charakter des „Normwertes". Der Übergang von Typisierung zu Objektivierung ist fließend, wie jedes „Gespräch" zwischen Norm und Wirklichkeit.

138

Der Ausdruck *objektiviert* ist daher fraglich. Er kann die Parteienbezogenheit unzulässig einschränken, stärkt jedenfalls den Trend, Größen einzubeziehen, die der richterlichen Schätzung keinen oder nur geringen Spielraum lassen[391]. Er führt zum Vergleich mit „objektiven" Börsenwerten, was seine „Attraktivität" begründet. Die Wahl dieses Maßstabs beruht aber ihrerseits auf modellgesteuerten „Vorlieben"[392]. Vorsicht ist geboten, wenn Objektivierung mehr sagen soll als „neutraler Beobachter"[393]. Richtig ist das Wort in der Formulierung *„Sicht eines objektiv vernünftigen dritten Betrachters"*[394].

139

VI. Verfassungsrecht[395]

All das wird überwölbt von der Eigentumsgarantie des Verfassungsrechts (Art. 14 GG)[396]. Sie betrifft nicht nur das Verhältnis des Aktionärs zu Dritten, ist vielmehr auch *„unerlässlicher Bestandteil des Rechtsverhältnisses zwischen Aktiengesellschaft und Aktionär"*[397]. Das Verfassungsrecht (Art. 14

140

---

387) Kuhner, Unternehmensbewertung 830
388) Tz. 13, 41, vor Tz. 114
389) Vgl. dazu Daston/Galison, Objektivität, Frankfurt/M. 2007; Helmut Mayer, Wer die Welt begreifen will, muss sich disziplinieren, FAZ 30.11.2007 Nr. 279, S. L 13
390) Mandl/Rabel, Der objektivierte Unternehmenswert, S. 55 mit Verweis auf österr. OGH; Zeitschrift für Gesellschafts- und Steuerrecht 2003, 491
391) Mandl/Rabel, Der objektivierte Unternehmenswert, S. 49f.
392) Siehe Rn. 674
393) Vgl. Zur Problematik bei Berücksichtigung der inländischen Steuerbelastung siehe Rn. 379
394) LG Dortmund, NZG 2004, 723, 724
395) Hüffer/Schmidt-Assmann/Weber, Anteilseigentum
396) BVerfG, BVerfGE 100, 289 = JZ 1999, 942 m. Anm. Luttermann; WM 2000, 1948, 1951; NZG 2003, 1016; BB 2007, 1515 m. Anm. Bungert; DStR 2007, 235
397) BGHZ 153, 47, 55 = NZG 2003, 280, 282

Abs. 1 GG) schreibt keine bestimmte Methode der Unternehmensbewertung vor[398].

C. Bewertungskonventionen

I. IDW Standards

141 Wie schon erwähnt[399], orientiert sich die Praxis vielfach an Verlautbarungen des Instituts der Wirtschaftsprüfer. Den Beginn machte die Stellungnahme HFA 2/1983: Grundsätze zur Durchführung von Unternehmensbewertungen von 1983[400]. Es folgte der IDW Standard S 1: Grundsätze zur Durchführung von Unternehmensbewertungen vom 28.6.2000 (IDW S 1 2000)[401]. Er lag seit dem 18. 10. 2005 in neuer Fassung vor (IDW S 1 2005)[402]. Seit dem 2.4.2008 haben wir eine weitere Neufassung, die ab 7.7.2007 gilt (IDW S 1 2008)[403]. Der Wechsel deutet auf die „Beweglichkeit" der Annahmen zur Unternehmensbewertung und auf ihre begrenzte „Planbarkeit" hin. Die „Halbwertzeit" der Standards verkürzt sich!

II. Unterschiede

1. IDW S 1 2000[404]

142 Der IDW S 1 2000 brachte die Bewertung nach Steuern unter Berücksichtigung der Halbeinkünftebesteuerung[405]; er setzte weiter die Vollausschüttung der Erträge voraus[406]. Er bejahte das Capital Asset Pricing Model (CAPM)[407] neben der bisherigen Methode des risikoadjustierten Zinssatzes (Risikozuschlag)[408], aber als *„Regel" „grundsätzlich"* nur bei börsennotierten Unternehmen[409].

---

398) BVerfG, NZG 2007, 629, 631
399) Siehe Rn. 5
400) WPg 1983, 468
401) WPg 2000, 825
402) FN-IDW Nr. 11/2005, S. 690
403) Siehe Rn. 8
404) Zum Ganzen OLG Stuttgart, AG 2008, 510
405) IDW S 1 2000 Tz. 24, 37 – 40. Zu HFA 2/1983 BayObLG, NZG 2006, 156, 158
406) IDW S 1 2000 Tz. 44. Kritisch dazu Westerfelshaus, IDW-Unternehmensbewertung verkennt Anforderungen der Praxis, NZG 2001, 673, 677
407) Einzelheiten siehe Rn. 671
408) IDW S 1 2000 Tz. 97 und 98 sprechen von *"kann"*. Für ein *"muss"* aber OLG Celle, ZIP 2007, 2025
409) IDW S 1 2000 Tz. 135f.

II. Unterschiede

2. IDW S 1 2005

a. Zuflussprinzip

Der IDW S 1 2005 korrigierte den IDW S 1 2000 (ohne von „Korrektur" zu sprechen): Angesichts der Halbeinkünftebesteuerung[410] gab er die Annahme einer Vollausschüttung auf zugunsten des „*Zuflussprinzips*"[411]: Kernproblem ist danach die Prognose der Nettozuflüsse an die Anteilseigner. Man unterscheidet deshalb zwischen thesaurierten und ausgeschütteten Gewinnen und stellt so auf das Ausschüttungsverhalten ab[412]. Für den Basiszinssatz „*kann zur Orientierung*" die Zinsstrukturkurve herangezogen werden[413], wie sie die Deutsche Bundesbank veröffentlicht[414]. Diese Kurven beruhen auf finanzmathematischen Grundlagen; sie werden bei der Bewertung von Wertpapieren benutzt[415]. 143

b. Alternativanlage

Für den risikoadjustierten Zinssatz (Risikozuschlag) ist die Wende zu einer anderen Alternativanlage, die bei Fristigkeit, Risiko und Besteuerung gleichartig ist, entscheidend[416]. Während man bisher auf den Anleihemarkt abstellte, zieht man jetzt den Aktienmarkt heran: 144

> „*Den Ausgangspunkt für die Bestimmung der Rendite der Alternativanlage bildet die beobachtete Rendite einer Anlage in Unternehmensanteile*"[417].
>
> „*Als Ausgangsgröße für die Bestimmung von Alternativrenditen kommen insbesondere Kapitalmarktrenditen für Unternehmensbeteiligungen (in Form eines Aktienportfolios) in Betracht*"[418].

IDW S 1 2005 ermittelt somit den Risikozuschlag aus dem Vergleich mit der Rendite von Aktien an der Börse. Das führt zum CAPM und zum Tax-CAPM[419]: 145

---

410) Siehe Rn. 395
411) IDW S 1 2005 Tz. 4, 24-26
412) IDW S 1 2008 Tz. 35-47
413) IDW S 1 2008 Tz. 117
414) http://www.bundesbank.de/statistik/statistik_zeitreihen.php?func=row&tr=wz3409; Bloomberg Code YCRV; Data Stream Yield Curve, Program 401N
415) Gebhard/Daske, Zukunftsorientierte Schätzung von Kapitalkosten für die Unternehmensbewertung, Working Papers Nr. 134, Universität Frankfurt/M. 2004, S. 8
416) IDW S 1 2005 Tz. 124
417) IDW S 1 2005 Tz. 124
418) IDW S 1 2005 Tz. 125
419) IDW S 1 2005 Tz. 100, 128-312,145 Anhang: CAPM und Tax-CAPM

C. Bewertungskonventionen

> „Das CAPM ist einer pauschalen Ermittlung von Risikozuschlägen bei Ermittlung des Kapitalisierungszinsfußes deutlich überlegen, weil es die Ermittlung des Risikozuschlages besser nachprüfbar macht"[420].

c. Peer Group

146 IDW S 1 2005 verwendet CAPM und Tax-CAPM selbst bei Unternehmen, die nicht an der Börse notiert sind. Die „Schwäche" soll überwunden werden durch den Vergleich mit einer „Peer Group"[421]:

> „Ausgangspunkt für die Bestimmung der Rendite der Alternativanlage bilden die beobachteten Renditen einer Anlage in Unternehmensanteile. Das gilt unabhängig von der Rechtsform des zu bewertenden Unternehmens, da diese Form der Alternativanlage allen Anteilseignern zur Verfügung steht"[422].

d. Tax-CAPM

147 All das wird ergänzt durch das Tax-CAPM:

> „Aus den am Kapitalmarkt empirisch ermittelten Aktienrenditen können mit Hilfe von Kapitalmarktpreisbildungsmodellen (CAPM, Tax-CAPM) Risikoprämien abgeleitet werden [Verweis auf den Anhang]"[423].
>
> „Zur Bestimmung der Eigenkapitalkosten im Rahmen der Ermittlung objektivierter Unternehmenswerte empfiehlt es sich, auf das Tax-CAPM zurückzugreifen"[424].

148 Die Heranziehung des CAPM und des Tax-CAPM kann zu höheren Kapitalisierungszinsen und damit u. U. zu niedrigeren Abfindungen führen[425]. Genannt werden Abschläge von 20% bis 25%[426].

3. Vermischung

> „Vorsicht bei ex-post-Betrachtungen"/"Keine Rosinentheorie"[427].

149 Die IDW S 1 2000 und 2005 beziehen sich auf unterschiedliche Ausgangslagen und verknüpfen die Elemente jeweils eigenständig. Deshalb lassen sich die einzelnen Sichten nicht vermischen: „Keine Rosinentheorie!"[428]

---

420) IDW S 1 2005 Anhang Abschn. 2
421) Knoll, Risikozuschlag und objektivierter Unternehmenswert im aktienrechtlichen Spruchverfahren: Einmal CAPM und zurück? ZSteu 2006, 468, 476
422) IDW S 1 2005 Tz. 124
423) IDW S 1 2000 Tz. 98 erwähnt nur das CAPM
424) IDW S 1 2005 Tz. 145
425) OLG München BeckRS 2006 13711 S.
426) Paulsen, Statement: Rezeption wissenschaftlicher Thesen durch die Gerichte, WPg 2007, 823, 824
427) Paulsen, Statement 824

4. IDW S 1 2008

Die Neufassung 2008 will die Abgeltungsteuer berücksichtigen, die ab 2009 gilt. Fortan unterliegen auch realisierte Kursgewinne der Steuer; die Realisierung (durch Verkauf) lässt sich aber beliebig hinausschieben. Das wird die Problematik der Bewertung verschärfen[429]. Die wachsende Komplexität[430] könnte eine Rückkehr zur Bewertung vor persönlichen Steuern nahe legen[431].

D. Rückwirkung[432]

„Time present and time past
Are both perhaps present in time future,
And time future present contained in time past.
If all time is eternally present
All time is unredeemable"[433].

I. IDW S 1 2000

Wertvorstellungen sind zeitabhängig. Die Frage einer Rückwirkung hatte sich schon für das IDW S 1 2000 gestellt.

1. Nachsteuerbewertung

Das LG Bremen[434] bejahte eine Rückwirkung für die Bewertung nach Steuern; das LG Hannover akzeptierte für 1997 die Nachsteuerbetrachtung[435]. Das OLG München führte aus[436]:

> *„Es bestehen aber keine grundsätzlichen rechtlichen Einwände dagegen, methodische Präzisierungen aus dem neuesten Standard oder darin beseitigte Fehler und Unklarheiten für eine aktuelle Be-*

---

428) Paulsen, Statement, aaO
429) Wenger, Für deutsche Aktionäre heißt es Koffer packen, FAZ 28.6.2007 Nr. 147, S. 22
430) Hüttemann, Rechtliche Vorgaben 821
431) Aders, Auswirkungen der Unternehmenssteuerreform auf die Ertragswertmethode und objektivierte Unternehmenswerte, BewertungsPraktiker 2007, 1; Lippmann, Auswirkungen der Unternehmenssteuerreform 2008 auf die Ermittlung von objektivierten Unternehmenswerten nach IDW S 1, BewertungsPraktiker Nr. 3, 2007, 8. Vgl. Dausend/Schmidt, Abgeltungssteuern und Zukunft des IDW S1, Finanz Betrieb 2007, 287
432) Dazu allgemein BVerfGE 74, 129; BGH, NZG 2001, 603, 606
433) T. S. Eliot, Burnt Norton
434) LG Bremen, AG 2003, 215
435) LG Hannover, Beschl. 18.12.2007 Az.: 26 AktE 22/97 Rn. 21f., bestätigt OLG Celle, Beschl.10.7.2008 Az.: 9 W 10/08
436) OLG München, BeckRS 2006 13711 II 3 b; bestätigt durch OLG München, BB 2007, 2395, 2397

D. Rückwirkung

wertung nutzbar zu machen, wie z. B. die Berücksichtigung der persönlichen Einkommensteuern"[437].

153 Das BayObLG meinte indes:

„Die für diesen Fall maßgeblichen berufsständischen Grundsätze für Wirtschaftsprüfer ... sahen dies zum Stichtag noch nicht vor ... Der Senat hat es aber in der Vergangenheit abgelehnt, einen – fiktiven – Veräußerungsgewinn um persönliche Ertragsteuern der Aktionäre zu vermindern ... Es hält an dieser Auffassung jedenfalls insoweit fest, als es sich, wie hier, um Fälle handelt, die eindeutig noch der Beurteilung nach HFA 2/1983 unterliegen. Festzuhalten bleibt aber, dass die Einbeziehung persönlicher Steuern der Bewertung nach HFA 2/1983 grundsätzlich fremd ist"[438].

154 Das LG Dortmund erklärte für einen Stichtag Anfang 2000:

„In der Rechtsprechung herrscht zwar Einigkeit darüber, dass neue wissenschaftliche Erkenntnisse in Abweichung vom Stichtagsprinzip Anwendung zu finden haben, wenn dies zu zutreffenden Ergebnissen führt; der Umstand, dass auf Unternehmens- und auf Anteilseignerebene Ertragsteuern anfallen, ist aber keine neue wissenschaftliche Erkenntnis, sondern kann als allgemein bekannt gelten. Was mit dem IDW S 1 als ‚Nachsteuerbetrachtung' eingeführt wurde, ist deshalb nichts anderes als eine neue Betrachtungsweise, ein anderes Kalkül"[439].

155 Das OLG Stuttgart lehnt eine rückwirkende Anwendung des Halbeinkünfteverfahrens ab: Maßgeblich sei die Steuerrechtslage am Stichtag[440].

2. Capital Asset Pricing Model

156 Das BayObLG sagte hierzu 2005 in einem seit 1989 anhängigen Verfahren zum Verhältnis HFA 2/1983 zu IDW S 1 2000[441]:

„Es ist ein allgemeiner Rechtsgedanke, dass ein Schuldverhältnis nach seinen Voraussetzungen, seinem Inhalt und seinen Wirkungen dem Recht untersteht, das zum Zeitpunkt seiner Entstehung gilt ... Der aus § 170 EGBGB ableitbare Rechtsgedanke lässt sich grundsätzlich auch für die Frage nutzbar machen, welche Bewertungskriterien für die Entscheidung im gegenständlichen Rechtsstreit herangezogen werden können ... Der Senat verkennt nicht, dass die jeweiligen Bewertungsgrundsätze keine Rechtsnormen sind und sonach die Grundsätze des intertemporalen Rechts keine unmittelbare Anwendung finden können. Die Gerichte müssen aber bei der bekannten und allseits bemängelten Dauer der Spruchverfahren darauf Bedacht nehmen, die Verfahren handhabbar zu halten. Dieses Ziel wäre dann gefährdet, wenn während der Dauer eines Verfahrens wie

---

437) Bestätigt durch OLG München, AG 2008, 28, 31
438) BayObLG, NZG 2006, 156, 158
439) LG Dortmund, BeckRS 2007 05697, S. 17.
440) OLG Stuttgart, AG 2008, 510, 514. So auch IDW S 1 2008 Tz. 23
441) BayObLG, NZG 2006, 156, 157

des gegenständlichen jeweils gutachtlich Änderungen der betriebswirtschaftlichen Auffassungen nachvollzogen werden müssten ... Hinzu kommt, dass die gerichtliche Entscheidung in angemessener Zeit ergehen muss (Art. 6 EMRK). Beiden Aspekten ist bei der Durchführung der Bewertung im Spruchverfahren Rechnung zu tragen. In einem Verfahren aus dem Jahr 1989 verbietet es sich deshalb, einen Rückgriff auf Grundsätze zu fordern, die zum Zeitpunkt der Begründung des gesetzlichen Schuldverhältnisses zwischen Ast. und Ag. noch nicht absehbar waren.

...

Zur Erzielung einer verwertbaren Grundlage für eine Schätzung des Unternehmenswerts genügt eine Begutachtung, die sich an den zum maßgeblichen Stichtag betriebswirtschaftlich gesicherten Bewertungsmaßstäben orientiert. Ein weiterer Erkenntnisgewinn durch zusätzliche betriebswirtschaftliche Untersuchungen ist angesichts der stark subjektiv geprägten Prognoseentscheidungen eines Sachverständigen bei der Bewertung anhand der Ertragswertmethode zweifelhaft ... Da auch das gutachterliche Ergebnis letztlich nur eine Schätzung des Unternehmenswerts darstellt, müssen es die Verfahrensbeteiligten hinnehmen, dass eine Bandbreite von unterschiedlichen Werten als angemessene Abfindung existiert"[442].

II. IDW S 1 2005

1. Ausgangslage

Das Problem verschärfte sich für den IDW S 1 2005. Er sagt in seiner Fußnote 1:   **157**

„*Der Standard ist grundsätzlich auch auf Bewertungsstichtage vor seiner Verabschiedung anzuwenden. Dabei ist jedoch zu beachten, dass bestimmte Regelungen der Neufassung des IDW S 1 Ausfluss des körperschaftlichen Halbeinkünfteverfahrens sind und daher nicht gelten, sofern dieses zum Bewertungsstichtag noch nicht vom Gesetzgeber verabschiedet war*".

Das Gesetz zum Halbeinkünfteverfahren wurde am 28. Juni 2000 verabschiedet[443].   **158**

Die proklamierte Rückwirkung betrifft vor allem die vorrangige Anwendung des CAPM, die Nutzung einer „Peer Group" und des Tax-CAPM.   **159**

2. Meinungsstand[444]

a. Rechtsprechung

Das OLG München meint für einen Stichtag Ende 1995:   **160**

„*Die Anwendbarkeit dieses Standards auf einen Bewertungsstichtag aus dem*

---

442) Zustimmend LG Hamburg, Beschl. 3.4.2007 Az.: 414 O 26/97, S. 15, anders OLG Karlsruhe, NZG 2008, 791 (BeckRS 2008, 18939)
443) WPg 2000, 825
444) Wittgens/Redeke, Zu aktuellen Fragen

D. Rückwirkung)

Jahr 1995 ist rechtlich fragwürdig. ... Die Verlautbarung des IDW vom 18.10.2005 geht zwar davon aus, dass der neue Standard grundsätzlich auch auf Bewertungsstichtage vor seiner Verabschiedung anzuwenden ist ... Diese Einschätzung bindet die Gerichte aber nicht, da es sich bei den Bewertungsstandards um keine Rechtsnormen handelt und eine rechtlich fundierte Begründung für die vertretene Auffassung nicht gegeben wird ...
Die Anwendung des neuen Standards führt insbesondere wegen der geänderten Prozedur zur Ermittlung des Risikozuschlags zu erheblichen Auswirkungen bei der Festsetzung der angemessenen Abfindung ... Die sich somit allein durch Zeitablauf für die außenstehenden Aktionäre ergebende Verschlechterung würde eine Beeinträchtigung ihrer Rechte darstellen, welche sich aus dem als Vertrag zugunsten Dritter anzusehenden Beherrschungs- und Gewinnabführungsvertrag bzw. aus dem gesetzlichen Anspruch auf Abfindung ... ergeben.
Diesen Umstand müssen die Aktionäre von Rechts wegen nicht hinnehmen. Es ist allgemeiner Rechtsgedanke, dass ein Schuldverhältnis dem Recht untersteht, das zum Zeitpunkt seiner Entstehung gilt ... Auch wenn es sich bei den Bewertungsgrundsätzen nicht um Rechtsnormen handelt, wäre eine Rückgriff auf grundlegend neue Methoden zur Bemessung des Risikozuschlags, die zum Zeitpunkt der Begründung des gesetzlichen Schuldverhältnisses zwischen Antragstellern und Antragsgegner noch nicht absehbar waren, nicht rechtlich einwandfrei.
bb) Eine andere Beurteilung könnte sich hinsichtlich der neuen Grundsätze zur Ermittlung des Risikozuschlags allenfalls dann ergeben, wenn sie eine nachvollziehbare methodische Verbesserung darstellten, so dass die gerichtliche Verpflichtung der Festsetzung einer angemessenen Abfindung deren sofortige Anwendung erfordern würde. Das sieht der Senat im hier zu entscheidenden Fall nicht als gegeben an" [445].

161 Demgegenüber sagt das OLG Celle für einen Stichtag Ende 2000:

„Bei der Frage der Anwendung des Bewertungsstandards geht es aber ... nicht um die Bewertung bestimmende Umstände, sondern darum, mit welcher Methode auf der Basis dieser Tatsachen der Unternehmenswert ermittelt wird. Da das Spruchstellenverfahren dem Ziel dient, den wahren Unternehmenswert zu ermitteln, um einen gerechten Ausgleich für die weichenden Aktionäre festsetzen zu können, spricht vieles dafür, auf die neueste Bewertungsmethode abzustellen, weil diese am ehesten geeignet scheint, das mit dem Spruchstellenverfahren verfolgte Ziel zu erreichen" [446].

162 Das OLG Stuttgart erklärt für einen Stichtag Ende 2002:

„Unbeschadet der Frage der Anwendbarkeit von Art 170 EGBGB ... sind gerade angesichts des Stichtagsprinzips verbesserte Schätzmethoden und Erkenntnismöglichkeiten zu einzelnen Parametern, die zum Stichtag bereits angelegt waren, zu berücksichtigen. Deshalb sind die Gerichte weder gehalten noch daran gehindert, im Laufe

---

445) OLG München, BeckRS 2006 13711 II 3 b
446) OLG Celle, ZIP 2007, 2025, 2027

II. IDW S 1 2005

eines Spruchverfahrens geänderte Bewertungsgrundsätze des Instituts der Wirtschaftsprüfer zur Durchführung von Unternehmensbewertungen (IDW S 1) als neuere Erkenntnisquellen für künftige Entwicklungen aus der Sicht des Bewertungsstichtags ergänzend heranzuziehen"[447].

Das OLG Stuttgart[448] fügt hinzu: 163

"Jedenfalls im Rahmen einer Kontrollüberlegung können ergänzend neuere Erkenntnisse berücksichtigt werden, wenn es darum geht, längerfristig angelegte Entwicklungen, die gerade nicht in zeitlich eindeutig festzulegenden Sprüngen ablaufen, zu plausibilisieren".

"Gerade angesichts des Stichtagsprinzips [seien] verbesserte Schätzmethoden und Erkenntnismöglichkeiten zu einzelnen Parametern, die zum Stichtag bereits angelegt sind, zu berücksichtigen. Ebenso wenig wie der Senat solchen veränderten Auffassungen folgen muss, ist er umgekehrt daran gehindert, frühere Unternehmensbewertungen auch im Licht neuerer Erkenntnisse zu überprüfen"[449].

Das Bundesverfassungsgericht beanstandet eine neuartige Zinsprognose *"von* 164
Verfassung wegen" nicht[450]:

"Dies gilt jedenfalls mit Rücksicht auf die Feststellung des OLG, dass die hier zu Grunde gelegte Zinsprognose eine in der Finanz- und Versicherungswirtschaft zum Zeitpunkt der Vornahme der Unternehmensbewertung gebräuchliche und anerkannte Prognosemethode war. ... Dass diese Methode in der Fachwissenschaft diskutiert worden ist und wird, und dass sie möglicherweise heute nicht mehr als Methode angewendet würde, ..., ändert daran nichts".

b. Literatur[451]

Einige Stimmen in der Literatur bejahen die Rückwirkung[452]. Jonas Wittgens 165
erklärt generell: *"Das Stichtagsprinzip gilt jedenfalls nicht für die Bewertungsmethode"*[453]. Anders sei es nur, wenn der Sachverständige sein Gutachten schon erstellt hat[454].

---

447) OLG Stuttgart, NZG 2007, 302, 309
448) OLG Stuttgart, NZG 2007, 112, 116
449) AaO S. 116.
450) BVerfG, NZG 2007, 629, 631
451) Zurückhaltend Bungert, Rückwirkende Anwendung von Methodenänderungen bei der Untenehmensbewertung, WPg 2008, 811; weitergehend Hüttemann, Zur „rückwirkenden" Anwendung neuer Bewertungsstandards bei der Unternehmensbewertung – Korreferat zum Beitrag von Bungert, WPg 2008, 811, WPg 2008, 822
452) Lenz, Gesellschaftsrechtliche Spruchverfahren 1165; Wasmann/Gayk, SEEG und IDW ES 1 n.F.: Neues im Spruchverfahren, BB 2005, 955, 957; Dörschell/Franken, Rückwirkende Anwendung der neuen IDW-Standards zur Durchführung von Unternehmensbewertungen, DB 2005, 2257
453) Wittgens, Der gerichtliche Sachverständige im Spruchverfahren 112
454) AaO S. 112

D. Rückwirkung

3. Konvention am Stichtag

166 Es kommt wohl auf die Konvention an, auf die „Meinungslage" am Stichtag[455]; sie wird durch die bis dahin ergangene Rechtsprechung mit gebildet:

> *„Grund für die Annahme des jeweiligen Bewertungsstandards zum Bewertungsstichtag ist, dass die Kammer auch die Bewertungsmaßstäbe, die zum jeweiligen Bewertungsstichtag gelten, für mit preisbildend hält.*
>
> *...*
>
> *Deshalb hat in Bewertungsfällen jeweils die marktgängige Bewertungsmethode Anwendung zu finden, um eine relative objektivierbare Preis- und Wertbildung finden zu können.*
>
> *Die Anwendung neuerer Standards würde nach Ansicht der Kammer zu Wertbildungen führen, die den Wertvorstellungen der zum Stichtag handelnden Personen entgegenlaufen würden. Da sich eine Wertbildung auch aus Vergleichswerten speist, wäre eine Vergleichbarkeit jedenfalls zum damaligen Zeitpunkt, auf den die Kammer abstellt, nicht mehr zu realisieren"*[456].

4. Bundesfinanzhof

167 So sieht es der Bundesfinanzhof für Bilanzberichtigungen[457]:

> *„Nach der Rechtsprechung des BFH kann ein Bilanzansatz aber nicht nach § 4 Abs. 2 Satz 1 EStG geändert („berichtigt") werden, wenn und soweit er denjenigen Kenntnisstand widerspiegelt, den der Kaufmann im Zeitpunkt der Bilanzaufstellung bei pflichtgemäßer und gewissenhafter Prüfung haben konnte ... Das gilt nicht nur insoweit, als es um die Einschätzung tatsächlicher Umstände geh ..., sondern ebenso im Hinblick auf die aus diesen Umständen zu ziehenden rechtliche Folgerungen ... Die ‚Richtigkeit' eines Bilanzansatzes, der im Zeitpunkt der Bilanzaufstellung den Grundsätzen kaufmännischer Sorgfalt entsprach, wird mithin durch eine später eingetretene Veränderung der rechtlichen Beurteilung des betreffenden Vorgangs nicht berührt. Ein solcher Bilanzansatz ist deshalb auch dann der Besteuerung zugrunde zu legen, wenn er im Lichte der nachträglich gewonnenen Erkenntnisse als objektiv unrichtig erscheint.*
>
> *Vor diesem Hintergrund hat der BFH entschieden, dass eine Rechtsprechungsänderung nicht zur ‚Unrichtigkeit' eines Bilanzansatzes führt, der der zur Zeit der Bilanzaufstellung vorliegenden höchstrichterlichen Rechtsprechung entspricht ... Zum anderen muss, wenn in jenem Zeitpunkt noch keine Rechtsprechung zu der in Rede stehenden Bilanzierung ergangen ist, im Rahmen des § 4 Abs. 2 S. 1*

---

455) Zu Veränderungen nach dem Stichtag Schwetzler, Unternehmensbewertung bei nicht zentraler Abfindung – Geänderte Bewertungsfaktoren während des Spruchstellenverfahrens und volle Entschädigung, Finanz Betrieb 2008, 30
456) LG Hannover, Beschl. 18.12.2007 Az.: 26 AktE 22/97 Rn. 22, bestätigt durch OLG Celle, Beschluss 10.7.2008 Az.: 9 W 10/08
457) BFH, BB 2007, 2337, 338f.; BB 2008, 1446 m. Anm. Bergemann; Schulze-Osterloh, Bilanzberichtigung bei Verkennung der Grundsätze ordnungsmäßiger Buchführung, BB 2007, 2335

I. Teil des Gesamtwertes

EStG jede der kaufmännischen Sorgfalt entsprechende Bilanzierung als ‚richtig' angesehen werden"[458].

Der Bundesfinanzhof ist zurückhaltend angesichts der steigenden Komplikationen[459]. 168

5. Ergebnis

Einen „wahren" Unternehmenswert als Normwert gibt es nicht: Werte sind Meinungen und entspringen Konventionen, die zeitgebunden sind. Die Aktionäre sollen *„nicht weniger erhalten als sie bei einer freien Deinvestitionsentscheidung zum Zeitpunkt des Unternehmensvertrages erlangt hätten"*[460]. Die erste Frage lautet daher *„ob aus der damaligen Sicht angemessen bewertet wurde?"*[461]. Konnten die Beteiligten mit einer bestimmten „Meinungsänderung" rechnen[462]; lag sie am Stichtag im Horizont der Beteiligten?[463] Hätten sie sich damals darauf eingelassen? Das Urteil hängt auch davon ab, ob die neue Methode einen klaren Fehler korrigiert oder sonst so überzeugend besser ist[464], dass verständige Partner sich schon früher darauf eingelassen hätten[465]. Das lässt sich allgemein nicht beantworten. Daher sind die neuen Ansätze zunächst auf ihre Überzeugungskraft hin zu überprüfen[466]; auf die Rückwirkung gehe ich dann bei den einzelnen Fragen ein[467]. 169

E. Anteilswert[468]

I. Teil des Gesamtwertes

Bei Abfindungen suchen wir den Wert der rechtlichen Beteiligung am Unternehmen[469], den quotalen Anteil an dessen Gesamtwert[470]. Wir bewerten also vom ganzen Unternehmen, von seinem „inneren Wert", nicht vom An- 170

---

458) Vgl. Schleswig-Holsteinisches FG, BB 2008, 1614 m. Anm. Schulze-Osterloh
459) Berichtet bei Spindler, Verfassungsrechtliche Vorgaben für eine berechenbares Steuerrecht, in: Ballwieser/Grewe (Hrsg.), Wirtschaftsprüfung, S. 475, 489f. In der Tendenz ähnlich Mellinghoff, Steuerberatung am Maßstab des Verfassungsrechts, ebd. S. 491, 506f.
460) BGH, NZG 2001, 603, 605 mit Verw. auf BVerfG, NZG 1999, 931, 932
461) Paulsen, Rezeption wissenschaftlicher Thesen, S. 824
462) BGH, NZ 2006, 106; vgl. OLG Düsseldorf, NZG 2003, 588, 598
463) Vgl. Rn. 243
464) Vgl. LG Dortmund, BeckRS 2007 05697, S. 22; OLG Celle, ZIP 2007, 2025
465) Siehe Rn. 125
466) Siehe Rn. 151
467) Siehe Rn. 152
468) OLG München, AG 2006, 420, 422; IDW S 1 n.F. Tz. 13
469) BayObLG, AG 1996, 127
470) IDW S 1 2008 Tz. 13; LG Frankfurt/M., AG 2003, 581, 582. Vgl. aber Moll, Shareholder Oppression and "Fair Value": Of Discounts, Dates and Dastardly Deeds in the Close Corporation, 54 Duke L: J. 293 (2005).

E. Anteilswert

teil her[471]. Dabei beachten wir den gesellschaftsrechtlichen Gleichheitssatz[472] (vgl. § 53a AktG[473]): Unterschiede je Anteil machen wir nur insoweit, als das Gesellschaftsrecht sie vorsieht (Normwert) (vgl. § 11 Abs. 2 AktG)[474]. Es gilt das **rechtliche** Verhältnis der einzelnen Anteile zu einander, gleichgültig ob sie zu einer Mehrheit oder zu einer Minderheit gehören. Täte man das nicht, hinge der Wert vom Verhalten des jeweiligen Partners ab.

171 In der Stellungnahme IDW HFA 2/1983[475] hieß es:

> *„Nach der Rechtsprechung zu Abfindung im Rahmen des Aktiengesetzes bildet allerdings der quotale Anteil am Gesamtwert des ganzen Unternehmens die Bewertungsgrundlage".*

172 Der Bundesgerichtshof sagt dazu:

> *„Mit Rücksicht auf die unterschiedlichen Ansätze, die der Bewertung durch den Markt ... sowie der Wertermittlung durch sachverständige Begutachter zugrunde liegen, können die Werte differieren ... Ist jedoch der Schätzwert höher als der Börsenwert, steht dem Aktionär der höhere Betrag des quotal auf die Aktie bezogenen Schätzwerts zu"*[476].

II. Marktwert

173 Der Preis des Anteils am Markt ist grundsätzlich nicht entscheidend[477], weil er sich aufgrund freiwilliger Entscheidungen unter rechtlich unverbundenen Parteien bildet. Deshalb beginnt die *„Sicherung der außenstehenden Aktionäre"* (Vierter Abschnitt, vor § 304 AktG) in § 304 Abs. 1 S. 1 AktG für die „Ausgleichszahlung" mit einer *„auf die Anteile am Grundkapital bezogenen wiederkehrenden Geldleistung"*. Die Ausgleichszahlung umfasst *„die jährliche Zahlung des Betrags ..., der nach der bisherigen Ertragslage der Gesellschaft und ihren künftigen Ertragsaussichten ...voraussichtlich als durchschnittlicher Gewinnanteil auf die einzelne Aktie verteilt werden könnte"*. Das ist der Ausgangspunkt für die folgenden Sonderregeln: Das Gesetz spricht dort von einer *„angemessenen Barabfindung"*, nicht vom *„Marktpreis des Anteils"*. Zu *„berücksichtigen"* sind die *„Verhältnisse der Gesellschaft"* (vgl. § 305 Abs. 3

---

471) BVerfG, AG 1999, 566, 568; KG, KGR 2000, 245; KG, Beschl. 2 W 146/01 v. 16.10.2006, B II 1 b aa. A. A. Müller, Anteilswert oder anteiliger Unternehmenswert? Zur Frage der Barabfindung bei Kapitalmarktorientierter Aktiengesellschaft, in: FS Volker Röhricht, Köln 2005, S.1015
472) Siehe Rn. 119
473) *„Aktionäre sind unter gleichen Voraussetzungen gleich zu behandeln"*.
474) *„Aktien mit gleichen Rechten bilden eine Gattung"*
475) WPg 1983, 468, 474 (B 4 d)
476) BGH, NZG 2001, 603 (Altana)
477) LG Frankfurt/M., NZG 2006, 868, 872; vgl. IDW S 1 2008 Tz. 13

IV. Indirekte Methode

S. 2). Gleiches gilt für die Barabfindung bei einer Umwandlung (§ 30 Abs. 1, 207 Abs. 1 UmwG)[478].

Der Preis des Anteils am Markt hängt demgegenüber von Angebot und Nachfrage und von dem Einfluss einzelner Eigner auf das Unternehmen (Alleineigentum, qualifizierte oder einfache Mehrheit, Sperrminorität oder Streubesitz) ab; er kann vom quotalen Anteil am typisierten Gesamtwert abweichen[479]. Er ist nicht Leitbild der Bewertung, ist nicht maßgebend. 174

Deshalb dienen tatsächlich gezahlte Preise für Unternehmen und Anteile daran der Orientierung; sie ersetzen aber keine Unternehmensbewertung. Das gilt auch für den Börsenwert[480]; er ist im Rahmen der Plausibilität[481] und u. U. als Mindestwert[482] zu beachten[483]. 175

III. Methoden

Der Wert eines Anteils lässt sich indirekt oder direkt ermitteln[484], aber jeweils bezogen auf den Gesamtwert. Bei der eben geschilderten indirekten Ermittlung stellen wir zunächst den Wert des Unternehmens fest; bei der direkten Ermittlung leiten wir den Wert des Anteils aus den Zahlungsströmen zwischen dem Unternehmen und dem Anteilseigner ab. Das ist auch bei der Schau auf Börsenwerte als Alternativinvestition zu beachten[485]. 176

IV. Indirekte Methode

1. Grundlagen

Sie steht traditionell im Vordergrund. Nach § 738 Abs. 2 BGB ist mit dem *„Wert des Gesellschaftsvermögens"* zu beginnen. Wir setzen bei dem an, was die Gesellschafter gemeinsam haben, also beim Unternehmen als die sie verbindende Plattform. Die Rechte und Pflichten der Gesellschafter kreisen um die Drehscheibe des Gesamthandvermögens. 177

Auch bei Kapitalgesellschaften bestimmt das Ganze den Wert des Anteils. Deshalb verlangt § 305 Abs. 3 S. 2 AktG bei Aktien (Abs. 1) *„die Verhältnisse der Gesellschaft"* zu *„berücksichtigen"*. Nach § 30 Abs. 1 S. 1 UmwG gilt das *„für die Verhältnisse des übertragenden Rechtsträgers"*. Diese Formulierungen sind schwächer als bei der BGB-Gesellschaft. Aktien werden eben selbständig gehandelt und sind eigenen Markteinflüssen ausgesetzt. Deshalb sind bei 178

---

478) KG, Az.: 2 W 148/01, 16. 10. 2006, B II 1 b bb
479) Ebd. Tz. 13
480) Ebd. Tz. 13
481) Ebd. Tz. 14f., 142
482) Ebd. Tz. 16
483) Dazu ausführlich OLG Stuttgart, AG 2007, 705, 711. Vgl. Rn. 1065
484) IDW S 1 2008 Tz. 13
485) Siehe Rn. 1052

E. Anteilswert

ihnen die Chancen und Risiken aus freier Übertragbarkeit zu beachten; ergänzend ziehen wir im Rahmen des § 287 Abs. 2 ZPO Börsenwerte heran[486].

179 Der Bundesgerichtshof billigt die indirekte Methode bei Personen- und Kapitalgesellschaften:

> „Der vermögenswerte Gehalt der Beteiligung liegt in der Mitberechtigung am Unternehmen und der anteiligen Nutzungsmöglichkeit des Unternehmenswertes. Der Umfang der Beteiligung am Unternehmen und der Unternehmenswert bilden daher im Regelfall die wesentlichen Grundlagen für die Bemessung des Wertes der Beteiligung. Damit ist die Ertragslage des Unternehmens nicht nur für den Goodwill des Unternehmens selbst, sondern mittelbar auch für den Wert der Unternehmensbeteiligung von Bedeutung"[487].

2. Aufteilung

180 Bei der BGB-Gesellschaft teilen wir den Unternehmenswert nach dem Schlüssel für die Gewinnverteilung auf (§ 738 Abs. 1 S. 2, § 734 BGB) – falls der Vertrag nicht anderes vorsieht. Bei Personenhandelsgesellschaften ist ein evtl. Liquidationserlös zunächst auf die Kapitalanteile gemäß der Gewinnverteilung zu übertragen; danach ist grundsätzlich nach Kapitalanteilen (§ 155 Abs. 1, § 161 Abs. 2 HGB) zu verteilen [488]. Bei der Gesellschaft mit beschränkter Haftung entscheidet im Allgemeinen das Verhältnis der Gesellschaftsanteile zueinander (§ 72 GmbHG). Bei § 305 Abs. 3 S. 2 AktG wird entsprechend den Nennbeträgen der Aktien aufgeteilt (vgl. § 60 Abs. 1, § 271 Abs. 2 AktG). Immer gilt ein rechtliches Maß unabhängig von Mehrheit oder Minderheit. Das steht hinter dem Ausdruck „angemessene" Abfindung (Normwert!).

V. Direkte Methode

181 Hier bewerten wir den Anteil direkt aus den Zahlungsströmen zwischen dem Unternehmen und dem Anteilseigner. Nahe liegt auch ein Vergleich mit dem Preis anderer Anteile. Das ist schwierig bei Personengesellschaften und bei Gesellschaften mit beschränkter Haftung, weil es dafür keine organisierten Märke gibt (vgl. § 719 Abs. 1 BGB, § 15 Abs. 3 GmbHG). Selbst bei Personengesellschaften können aber Preise für andere Anteile bekannt sein, wenn sie frei übertragbar sind, wie z. B. bei einer Publikums KG[489]. Das Problem liegt in der „Ähnlichkeit". Das Ergebnis kann vom quotalen Anteil am Gesamtwert abweichen[490], der aber letztlich entscheidet.

---

486) IDW S 1 2008 Tz. 15f.
487) BGH, JZ 1980 105
488) BGHZ 17, 130, 132
489) Dazu Großfeld, Zivilrecht 2
490) IDW S 1 2008 Tz. 13

VII. Börsenwert

Aktien werden oft an Börsen gehandelt; sie unterliegen dort einer eigenen **182** Marktdynamik. Zeitnahe Preise sind zu beachten. Das folgt auch aus § 305 Abs. 3 S. 2 AktG, der nur verlangt, *„die Verhältnisse der Gesellschaft"* zu *„berücksichtigen"*. Wie schon erwähnt, ist deshalb der Börsenwert heranzuziehen; er gilt bei einigen Anlässen als Mindestwert[491].

VI. Vermischung

Direkte und indirekte Wertermittlung lassen sich nicht scharf von einander **183** trennen. Immer geht es aber um den Ausgangspunkt beim Unternehmen und nicht darum, die eine Methode gegen die andere auszuspielen. Die Sicht vom Unternehmen her (Innensicht) und die Sicht vom Anteil her (Außensicht) können sich gegenseitig ergänzen. Gerade das ist die Stärke einer Unternehmensbewertung – wie sie im Folgenden dargestellt wird – gegenüber einer Börsenbewertung.

VII. Börsenwert

Der Börsenwert ist wichtig für die Wertermittlung; er ist deshalb grundsätz- **184** lich zu berücksichtigen[492]. Als verbindlicher allgemeiner Unternehmenswert scheidet er indes aus[493], weil an der Börse überwiegend Anteile im Streubesitz (Minderheitsanteile) gehandelt werden. Sie unterliegen oft einem Minderheitsabschlag[494]: Er spiegelt Machtverhältnisse und interne Verschiebungen innerhalb des Unternehmens, die aber die Rechtssicht nicht verändern[495]: Ein Minderheitsabschlag ist bei der Unternehmensbewertung (Normwert) nicht erlaubt: Er verstößt gegen den gesellschaftsrechtlichen Gleichheitssatz[496].

Dem ist nicht mit dem Argument zu begegnen, dass der Aktionär mit der **185** Abfindung eine gleichwertige Anlage an der Börse neu erwerben kann. Das kann er nicht; sein Hoffnungshorizont verändert sich wegen des veränderten Umfeldes: Er wird zu einem von ihm nicht bestimmten Zeitpunkt[497] aus einer vertrauten Lage herausgedrängt, in der sich seine Synergiehoffnung gerade erfüllt, und wird auf eine Lage verwiesen, in der eine neue Hoffnung keimen mag. Das kann – namentlich auch wegen seiner noch mangelnden Innensicht – eine „nuda spes" sein![498]

---

491) BVerfGE 100, 289; ZIP 4/2006 Rechtsprechung zum Gesellschafts- und Kapitalmarktrecht S. 175; BGH, JZ 1999, 942; IDW S 1 2008 Tz. 16
492) BVerfGE 100, 289, 307; OLG Stuttgart, Beschl. 14.02.2008 Az.: 20 W 9/06, http://www.betriebs-berater.de/, Rn. 31-34
493) A. A. Müller, Anteilswert 1032
494) Kuhner, Unternehmensbewertung 829
495) LG Dortmund, BeckRS 2007 05697, S. 22f.
496) Siehe Rn. 1129
497) Siehe Rn. 237
498) Vgl. Rn. 254

Dritter Teil
Wertelemente

A. Ertrag/Cashflow

Bevor wir in die Details der Bewertung eintreten, müssen wir erörtern, was ein Unternehmen wertvoll macht. Im Vordergrund stehen die aus dem Vermögen zu erzielenden Überschüsse (Nutzwert).   **186**

I. Vermögen

Im Allgemeinen muss das Unternehmen Vermögen vorhalten, um seine Leistung zu erbringen. Das umfasst betriebsnotwendiges und nicht betriebsnotwendiges Vermögen[499]; beides fließt in die Bewertung ein.   **187**

1. Betriebsnotwendiges Vermögen[500]

Das betriebsnotwendige Vermögen kennzeichnet die sachliche Leistungskapazität (die sich allerdings erst durch eine persönliche entfalten kann); deshalb sind die Überschüsse daraus zentral für die Bewertung. Dazu gehören Anlagegüter, Roh-, Hilfs- und Betriebsstoffe, Geldmittel. Das betriebsnotwendige Vermögen ist fortlaufend gemäß der wirtschaftlichen und technischen Entwicklung.   **188**

2. Nicht betriebsnotwendiges (neutrales) Vermögen[501]

Das sind Vermögensteile, die veräußert werden können ohne der eigentlichen Unternehmensaufgabe zu schaden, z. B. Reservegrundstücke (funktionale Abgrenzung)[502]. Deren Wert ist dem des betriebsnotwendigen Vermögens hinzu zu fügen[503].   **189**

II. Überschuss

Der Nutzwert hängt von den erwarteten Überschüssen, von Chancen und Risiken ab. Die Bewertung ist so auf die Zukunft gerichtet: Der Unternehmenswert ist ein Zukunftsüberschusswert (Zukunftserfolgswert)[504].   **190**

Maßstab dafür sind der Ertragsüberschuss (= Ertrag./.Aufwand) oder der Einnahmeüberschuss (Cashflow = Einnahmen./.Ausgaben)[505]. Beide An-   **191**

---

499) IDW S 1 2008 Tz. 21
500) IDW S 1 2008 Tz. 24 – 56
501) IDW S 1 2008 Tz. 59 – 63
502) Einzelheiten siehe Rn. 1023
503) OLG Düsseldorf, NZG 2006, 911, 912
504) Siehe Rn. 218
505) IDW S 1 2008 Tz. 7, 26, 101

A. Ertrag/Cashflow

sätze beruhen auf grundsätzlich gleichen Rechenwerken[506]. Daher stehen das Ertragswertverfahren[507] und verschiedene Discounted Cashflow-Verfahren[508] nebeneinander. Alle diese Verfahren sind zulässig[509]; sie bilden den geordneten Rahmen, um den Unternehmenswert zu schätzen[510]. In der betriebswirtschaftlichen Literatur wird ergänzend der Realoptionsansatz[511] erörtert. Er stößt aber bei der Anwendung auf viele Probleme und verlangt noch einmal gesteigerte Berechnungen. In der Gerichtspraxis spielt er bisher keine Rolle. Deshalb erörtere ich ihn nicht[512].

III. Ertragswertverfahren[513]

192 Führend bei den Gerichten ist das Ertragswertverfahren[514].

IV. Discounted Cashflow-Verfahren[515]

193 Die Tendenz könnte indes zu Discounted Cashflow-Verfahren gehen[516]. Dazu tragen die europäischen Internationalen Standards der Rechnungslegung (International Financial Reporting Standards – IFRS) und die dadurch verbindlichen International Accounting Standards (IAS) bei[517]. Sie regeln bei uns den Konzerabschluss börsennotierter Gesellschaften (§ 315a HGB), werden aber zur europäischen Sprache der Rechnungslegung[518] und dringen „osmotisch" in den Einzelabschluss ein. Sie erfassen auch selbststellte im

---

506) IDW S 1 2008 Tz. 27
507) BGH, DB 1985, 167; OLG Düsseldorf, NZG 2006, 911, 912
508) OLG Stuttgart, Der Konzern 2004, 128, 129; BB 2007, 682 m. Anm. Wasmann S. 680
509) IDW S 1 2008 Tz. 101
510) Vgl. LG Frankfurt/M., NZG 2006, 868, 870
511) Myers, Determinants of Corporate Borrowing, J. of Financial Economics 1977, 147; Baetge/Schulz, Fair value-Option für Verbindlichkeiten, PiR 8 (2006) 127; Hommel/Scholich/Haecker, Reale Optionen, Heidelberg 2006
512) Einzelheiten bei Seppelfricke, Handbuch, S. 93ff.; Kessler, Die Unternehmensbewertung mit Realoptionen, Masterarbeit der Rechtswissenschaftlichen und der Wirtschaftswissenschaftlichen Fakultät der Universität Münster, 2005
513) IDW S 1 2008 Tz. 102-123
514) BGH, NZG 2003, 1127; OLG Düsseldorf, AG 2008, 498, 500; OLG Stuttgart, AG 2008, 510, 512; NZG 2007, 112, 114; OLG München, AG 2006, 420, 425 ̦ BayObLG, NZG 2006, 156; OLG Düsseldorf, NZG 2006, 911, 912
515) IDW S 1 2008 Tz. 101, 124-139
516) Keller, Aktuelle Tendenzen der Unternehmensbewertung im Bereich kleiner und mittlerer Unternehmen, VentureCapital Magazin 2/2006, S. 44
517) Siehe Rn. 1200
518) Luttermann, Bilanzwahrheit im vergleichenden Bilanzrecht, in: Sandrock/Großfeld/Luttermann/Schulze/Saenger, Rechtsvergleichung als zukunftsträchtige Aufgabe, Münster, 2004, S. 51. Für nicht börsennotierte Unternehmen siehe aber Ebke/Luttermann/Siegel (Hrsg.), Rechnungslegungsstandards

V. Beteiligungen

materielle Vermögenswerte[519] und den Goodwill[520]. Häufig stellen sie auf „beizulegende Zeitwerte" („fair values") ab; das gewährt ein größeres Schätzungsermessen[521]. Deshalb setzt man dann für die Unternehmensbewertung lieber beim Einnahmeüberschuss an, der als „objektiver" gilt (Vorsicht!).

Hilfreich sind hier Kapitalflussrechnungen. Börsennotierte Mutterunternehmen müssen den Konzernanhang um eine solche Rechnung erweitern (§ 297 Abs. 1 S. 1 HGB); IFRS/IAS 7 verlangt das schon für den Einzelabschluss. Das Deutsche Rechnungslegungs Standards Committee hat dafür Regeln vorgelegt, die das Bundesministerium der Justiz bekanntmachte[522]. Das begründet die Vermutung der Ordnungsmäßigkeit (§ 342 Abs. 2 HGB). 194

Die Discounted Cashflow-Verfahren entfalten internationalen Charme, weil sie angeblich kaum kulturellen Wertungen unterliegen(„cash is king"). Das ist zwar zweifelhaft[523], doch können wir uns dem internationalen Trend nicht entziehen, wenn wir bei der Unternehmensbewertung international wettbewerbsfähig bleiben wollen. 195

V. Beteiligungen

Maßgebliche Tochtergesellschaften werden einzeln, jedoch in ihrer Einbindung in den Konzern bewertet[524]. Andere Tochtergesellschaften erfassen wir bei der Muttergesellschaft im Beteiligungsergebnis[525]. Unterschiede können sich aus der Höhe der Beteiligung ergeben. Das OLG Celle erläutert: 196

> „Soweit ... die letztgenannten Beteiligungen ... nach deren Ertrag bewertet worden sind ..., wohingegen die weiteren Beteiligungen ... lediglich (mit ihrem jeweiligen Buchwert) als nicht betriebsnotwendiges Vermögen in die Ermittlung des Unternehmenswertes eingeflossen sind ..., ist weder aufgezeigt noch ersichtlich, was daran

---

519) Dazu IDW Standard: Grundsätze zur Bewertung immaterieller Vermögenswerte (IDW S 5) FN-IDW 2007, 610; Beyer/Mackenstedt, Grundsätze zur Bewertung immaterieller Vermögenswerte (IDW S 5), WPg 2008, 338; Mindermann, Zur Aktivierung selbst erstellter Immaterieller Vermögensgegenstände nach dem Entwurf eines Bilanzrechtsmodernisierungsgesetzes (BilMoG), WPg 2008, 273; Samuel, Intellectual Property Valuation: A Finance Perspective, 70 Albany L. Rev. 1207 (2007)
520) Siehe Rn. 1200
521) Großfeld, Europäische Unternehmensverfassung, S. 169; Hommel/Wüstemann, Synopse der Rechnungslegung nach HGB und IFRS, München 2006, S. 32; Baetge/Solmecke, Grundsätze und Konzeption des Value Reporting, Zeitschrift f. Controlling & Management 2006, Sonderheft 3, S. 16; Hennrichs, Prognosen im Bilanzrecht, AG 2006, 698; Pellens/Sawazki/Zimmermann, Oppenheim Research, Accounting does matter – IFRS-Fair Value Accounting: Fluch oder Segen?, 2008
522) BAnz. 2000, 10189
523) David Henry, Fuzzy Numbers. Despite the Reforms, Corporate Profits Can Be Distorted and Confusing as Ever. Here's how the Game is Played, Business Week, Oct. 4, 2004, S. 79
524) Vgl. OLG Stuttgart, Beschl. 14.02.2008 Az.: 20 W 9/06, http://www.betriebsberater.de/, Rn. 86
525) OLG Hamburg, NZG 2005, 622, 623

falsch sein soll. Das Geschäft eines vollständig beherrschten und gesteuerten (Tochter-) Unternehmens ist für den Wert der Muttergesellschaft naheliegenderweise ebenso maßgeblich wie ihr eigenes, während eine Minderheitsbeteiligung eine Steuerung der unternehmerischen Entwicklung bei der Beteiligungsgesellschaft regelmäßig nicht zulässt, sondern nur eine (bei der Bewertung berücksichtigte Renditeerwartung begründet"[526]).

VI. Praktikermethoden

197 Beliebt war lange die Mittelwertmethode:

$$\frac{\text{Substanzwert} + \text{Ertragswert}}{2}$$

198 Sie entspricht nicht mehr heutigen Standards.

199 Gleiches gilt für die Weiterentwicklung zu

$$\frac{1 \times \text{Substanzwert} + 2 \times \text{Ertragswert}}{3}$$

200 Eine Kombination von Substanz und Ertrag verbindet Werte verschiedener Natur; sie ist nicht schlüssig zu begründen[527].

B. Untaugliche Wertansätze

201 Gewisse Wertansätze scheiden für die Unternehmensbewertung von vornherein aus. Das versperrt „Einstiege", die als nahe liegend erscheinen mögen.

I. Buchwert

202 Der Buchwert („Bilanzwert") hilft uns bisher kaum. Denn die Bilanz sagt über den Wert eines Unternehmens wenig aus. In ihr fehlen bisher nach dem Bilanzrecht des Handelsgesetzbuches (Bilanzierungsverbote und Bilanzierungswahlrechte) viele Gegenstände. Selbst erstellte Marken oder Patente (z. B. der Mercedes „Stern") tauchen nicht auf (§ 248 Abs. 2 HGB), ebenso wenig ein erworbener Goodwill. Das wird sich mit dem Bilanzrechtsmodernisierungsgesetz ändern[528], aber die Schwäche des Buchwertes nicht hinreichend beheben.

203 Nach wie vor erscheinen historische Werte z. B. für Grundstücke; vor allem aber fehlt der eigene Geschäfts-(Firmen-)Wert, also der Wert über die Summe der Vermögensgegenstände hinaus (Goodwill). Auch allgemeine Risiken sind nicht voll erfasst; so findet sich z. B. der Sozialplan nach § 112

---

526) OLG Celle, Beschl. 10.7.2008 Az.: 9 W 10/08 II 2
527) IDW S 1 2008 Tz. 171
528) Siehe Rn. 1202

IV. Stuttgarter Verfahren

BetrVerfG normalerweise nicht in der Bilanz. Der Bilanzwert kann bei der Fortführung des Unternehmens u. U. als Untergrenze dienen[529]; denn die Geschäftsführung zeigt darin ihre Mindesteinschätzung.

Das ändert sich nur graduell mit den Internationalen Standards der Rechnungslegung (IFRS/IAS). Danach erscheinen selbst erstellte immaterielle Vermögenswerte[530]. Häufiger gilt der „beizulegenden Zeitwert" („fair value"); zudem dringen Grundsätze der Unternehmensbewertung verstärkt in die Bilanz ein[531]. Doch fehlt ebenfalls der eigene Geschäfts- oder Firmenwert. Der Buchwert mag zwar näher an den Unternehmenswert heranrücken – aber auch wegen des weiten Ermessens bei der Schätzung bleiben wir zurückhaltend[532].

204

II. Substanzwert

Man ist schnell geneigt, bei den bewertungsfähigen Vermögensgegenständen im Unternehmen, also bei der Substanz, anzusetzen. So macht es im Allgemeinen das Steuerrecht: § 98a BewG bestimmt den Wert des Betriebsvermögens als „*die Summe der Werte, die für die zu dem Gewerbebetrieb gehörenden Wirtschaftsgüter und sonstigen aktiven Ansätze (Rohbetriebsvermögen) ermittelt*" sind. Wir sprechen vom „Substanzwert". Er gilt als „Rekonstruktionswert", weil er die Aufwendungen erfassen soll, die nötig sind, um ein gleiches Unternehmen zu errichten. Setzt man die Vermögenswerte an, so entsteht der „Bruttorekonstruktionswert", zieht man die Schulden ab so erhält man den „Nettorekonstruktionswert"

205

Der Ausdruck „Substanzwert" täuscht jedoch. Denn er umschließt nicht den „gewachsenen Geschäftswert", d. h. nicht die Werterhöhung aus dem Zusammenspiel der Vermögensgegenstände, nicht die Qualität der Verwaltung und nicht den Geschäfts-(Firmen-) Wert (Goodwill). Er zeigt sich ja daran, dass der Markt das Unternehmen höher einschätzt als die Summe der Vermögensgegenstände darin[533]. Deshalb ist der Substanzwert nur ein Teilrekonstruktionswert, der für die Unternehmensbewertung grundsätzlich nicht zählt[534]. Gelegentlich nutzen wir ihn aber: Der Bundesgerichtshof tat das für die Landwirtschaft wegen des dortigen „Sachwertdenkens"[535]; das mag sich

206

---

529) BGH, WM 1995, 589
530) IDW Standard: Grundsätze zur Bewertung immaterieller Vermögenswerte (IDW S 5), FN-IDW 2007, 610, dazu Hommel/Buhleier/Pauly, Bewertung von Marken in der Rechnungslegung – eine kritische Analyse des IDW ES 5, BB 2007, 371; G.E.M. Brand Valuation Forum, Zehn Grundsätze der monetären Markenbewertung, Nov. 2006, Google
531) Großfeld/Stöver/Tönnes, Unternehmensbewertung
532) Fischer/Klöpfer, Bilanzpolitik nach IFRS: Sind die IFRS objektiver als das HGB?, KoR 2006, 709
533) BGHZ 70, 224
534) IDW S 1 2008 Tz. 6, 171
535) BGH, ZIP1998, 1161, 1166

B. Untaugliche Wertansätze

inzwischen geändert haben. In Betracht kommt der Substanzwert bei gemeinnützigen Unternehmen[536].

207 Wichtig ist aber, die Substanz des Unternehmens zu ermitteln. Denn daran sieht man, was sich aus dem Vorhandenen „machen lässt", was für die Zukunft zu erwarten, was abzuschreiben und was neu zu investieren ist. Die Zusammenfassung zu einem Substanzwert ist aber grundsätzlich nicht notwendig.

III. Steuerliches Betriebsvermögen[537]

208 Es bringt auch wenig, wenn wir die steuerlichen Werte des Betriebsvermögens aus der Steuerbilanz übernehmen.

IV. Stuttgarter Verfahren[538]

209 Dieses Verfahren gilt für die Erbschaftsteuer.

1. Ausgangslage
a. Gewerbebetrieb

210 Das Steuerrecht sagt dazu:

> „Jede wirtschaftliche Einheit ist für sich zu bewerten. Ihr Wert ist im Ganzen festzustellen. Was als wirtschaftliche Einheit zu gelten hat, ist nach den Anschauungen des Verkehrs zu entscheiden" (2 Abs. 1 S. 1–3 BewG).

211 Eine solche Einheit ist der „Gewerbebetrieb" (vgl. § 95 Abs. 1 BewG). Grundsätzlich ist der gemeine Wert zu ermitteln (§ 9 Abs. 1 BewG), er wird durch den Preis bestimmt, „der im gewöhnlichen Geschäftsverkehr ... bei einer Veräußerung zu erzielen wäre" (Abs. 2 S. 1). „Ungewöhnliche oder persönliche Verhältnisse sind nicht berücksichtigen" (Abs. 2 S. 3). Bei Gewerbetreibenden sind die Werte aus der Steuerbilanz anzusetzen (§ 109 Abs. 1 BewG). Der steuerliche Wert des Betriebsvermögens ist nicht der Unternehmenswert[539].

b. Börsennotierte Aktien

212 Börsennotierte Aktien werden nach § 11 Abs. 1 BewG mit dem niedrigsten Börsenkurs im amtlichen Handel am Stichtag erfasst. Gibt es dann keine Notierung, so ist der letzte amtliche Kurs innerhalb von 30 Tagen vor dem

---

536) Siehe Rn. 1115
537) Einzelheiten finden sich im Leitfaden der Oberfinanzdirektionen Rheinland und Münster, siehe Rn. 60
538) BFH, Urt. v. 1.2.2007 (II R 19/05); Müller, die steuerliche Ungleichbehandlung von Anteilen an Kapitalgesellschaften, Finanz Betrieb 2007, 415
539) BVerfG, DStBl. 2007, 235f.

IV. Stuttgarter Verfahren

Stichtag maßgebend. Gleiches gilt für Aktien, die zum geregelten Markt zugelassen oder in den Freiverkehr einbezogen sind.

2. Andere Anteile[540]

Andere Anteile sind nach § 11 Abs. 2 S. 2 BewG mit dem gemeinen Wert (§ 9 BewG) anzusetzen. Lässt sich der gemeine Wert nicht aus Verkäufen innerhalb des letzten Jahres ableiten, so ist er nach § 11 Abs. 2 S. 2 BewG gemäß den Vermögens- und Ertragsaussichten der Kapitalgesellschaft zu schätzen. Der Schätzung geht die Ableitung aus zeitnahen Verkäufen vor[541]. 213

3. Nichtnotierte Anteile an Kapitalgesellschaften

Nichtnotierte Anteile an Kapitalgesellschaften schätzt die Finanzverwaltung bislang nach dem Stuttgarter Verfahren[542] gemäß der „Übergewinnmethode"[543]: Es geht vom Wert des Betriebsvermögens (Substanzwert) aus und erfasst daneben die Erträge von fünf Jahren. In die Rechnung gelangen also die Summe der einzeln bewerteten Wirtschaftsgüter und ein zeitlich begrenzter Ertragswert[544]. Die Rechtsprechung billigt das gemäß § 11 Abs. 2 S. 2 BewG und § 162 AO[545]; nach Meinung des Bundesverfassungsgerichts ist es nicht zweifelhaft[546]. 214

Das Stuttgarter Verfahren führt zu anderen Werten als das Ertragswert- oder das Discounted Cashflow-Verfahren. Für den hier gesuchten Unternehmenswert ist es unbrauchbar. Bei einem Schiedsgutachten (§§ 318, 319 BGB) ist es jedoch nicht „schlechthin ungeeignet", wenn wegen der starken Personenbezogenheit der Überschüsse eine zeitliche Begrenzung nahe liegt[547]. 215

Die Ungenauigkeit können wir uns im Steuerrecht leisten. Als Eingriffsrecht neigt es zur Vorsicht, zudem wirkt es sich immer „nur" für einen Teilbetrag in Höhe des Steuersatzes aus. Bei der Unternehmensbewertung aber geht es für die Zahlung etwa einer Abfindung „ums Ganze"; das verlangt mehr Genauigkeit. 216

---

540) Jahndorf, Zur Schätzung des gemeinen Werts von nicht notierten Anteilen an Kapitalgesellschaften für Zwecke des Ertragsteuerrechts, StuW 1999, 271
541) Dazu BFH, BStBl. II 1980, 234; BFH, BStBl. II 1979, 618
542) R 96ff. ErbStR. Vgl. BFH, Urt. v. 1.2.2007 (II R 19/05). Beachte aber BVerfG, DStBl. 2007, 235
543) Zum Ganzen Meyer, Unternehmensbewertung 33
544) Moxter, Das „Stuttgarter Verfahren" und die Grundsätze ordnungsmäßiger Unternehmensbewertung, DB 1976, 1585
545) BFH, BStBl. II 1994, 505
546) BVerfG, DStBl. 2007, 235. Zum Ganzen Friedrich-Wilhelm Meyer, Unternehmensbewertung, S. 33
547) BGH, BB 1987, 710

C. Anteils- und Betriebsvermögensbewertungsverordnung

217 Die steuerliche Sicht der Bewertung könnte sich sehr ändern durch den Diskussionsentwurf des Bundesministers der Finanzen für eine Verordnung zur Durchführung des § 11 Abs. 2 BewG von Februar 2008[548]. Die danach geplante Anteils- und Betriebsvermögensbewertungsverordnung (AntBVBewV) sieht für mittelständische Betriebe ein vereinfachtes Ertragswertverfahren vor[549]. Das wird zur Nagelprobe der Reform; das Ergebnis ist offen.

---

548) http://www.bundesfinanzministerium.de
549) Barthel, Unternehmenswert: Entwurf einer Anteils- und Betriebsvermögensbewertungsverordnung, Finanz Betrieb 2008, 520

Vierter Teil
Methodische Grundlagen

Wie überall in der Jurisprudenz, stellen die methodischen Grundlagen auch hier die Weichen. Sie wollen wir uns ansehen. 218

A. Zukunftserfolgswert[550]

Der Unternehmenswert ergibt sich aus der Fähigkeit, in Zukunft finanzielle Überschüsse für die Eigner zu erwirtschaften (Zukunftserfolgswert)[551]. *„Für das Vergangene gibt der Kaufmann nichts!"* Daher gehen wir grundsätzlich von der Fortführung des Unternehmens aus (vgl. § 252 Abs. S. 2 HGB, „going concern")[552]. Der Liquidationswert kommt nur als Mindestwert in Betracht[553]. 219

Wir bestimmen den Zukunftserfolgswert danach, was Veräußerer und Erwerber aus dem Unternehmen „herausholen" können, ohne das Unternehmenskonzept zu ändern: *„A stock is worth only what you can get out of it"*[554]. Der Zukunftswert ist ein Entnahmewert. Entscheidend sind die nachhaltig zufließenden Geldüberschüsse, ist der Zahlungsstrom[555]. Daher sind zunächst die finanziellen Überschüsse aus dem betriebsnotwendigen Vermögen zu schätzen; danach ist der Wert des nicht betriebsnotwendigen Vermögens hinzuzufügen. Alles muss angemessen, widerspruchsfrei und plausibel geschehen[556]. 220

Die Basis sind die künftigen Zuflüsse (Zahlungsströme) an die Eigner, sind deren Nettoeinnahmen (Zuflussprinzip)[557]. Daher ziehen wir nach IDW S 1 2005 die (typisierten) persönlichen Steuern der Eigner und die von ihnen zu erbringenden Einlagen ab[558]. Den typisierten Steuersatz benutzen wir selbst dann, wenn wir die persönlichen steuerlichen Verhältnisse der Anteilseigner kennen[559]. Dadurch bleibt der Unternehmenswert unabhängig von individuellen Steuersätzen. Solidaritätszuschlag und Kirchensteuer werden nicht zusätzlich berücksichtigt[560]. Das wird sich mit der Abgeltungsteuer ab 2009 221

---

550) IDW S 1 2008 Tz. 7
551) IDW S 1 2008 Tz. 4
552) Siehe Rn. 190
553) HansOLG Hamburg, NZG 2001, 471; LG Dortmund, Beschl. 16.7.2007 Az.: 18 AktE 23/03
554) Williams, The Theory of Investment Value, Amsterdam 1956, S. 57
555) OLG Stuttgart, NZG 2000, 744
556) IDW S 1 2008 Tz. 68
557) IDW 2008 Tz. 4
558) Siehe Rn. 383
559) IDW S 1 2005 Tz. 53. Das findet sich in IDW S 1 2008 so nicht mehr, vgl. dort Tz. 43–47
560) IDW S 1 2005 Tz. 53

(§§ 32d, 43, 52a EStG) ändern⁵⁶¹⁾. IDW S 1 2008 spricht von einer „anlassbezogenen"⁵⁶²⁾, einer „sachgerechten"⁵⁶³⁾ Typisierung und macht keine Vorgabe für die Höhe des Ertragsteuersatzes⁵⁶⁴⁾. Es seien „zusätzliche Annahmen" zu treffen „z. B. über den Zeitraum des Haltens der Unternehmensanteile"⁵⁶⁵⁾. Das Ergebnis bleibt abzuwarten⁵⁶⁶⁾.

222 Die erste Frage lautet daher: Mit welchen Zahlungen ist über welchen Zeitraum zu rechnen?

223 Die nächste Frage ist dann: Was sind diese Zahlungen am Stichtag wert? Dafür zinsen wir sie mit einem Zinssatz (Kapitalisierung). Auch bei ihm beachten wir typisierend die persönlichen Steuern; wir wählen also den Zinssatz nach Steuern. Kernproblem ist: Welchen Zinssatz wählen wir? Die Antwort: Er soll die Rendite widerspiegeln, die sich bei einer vergleichbaren anderen Investition erzielen lässt⁵⁶⁷⁾.

B. Nationale Sicht

I. Ausgangslage

224 Bei deutschen Unternehmen bewerten wir – angesichts der Nachsteuerbetrachtung – aus der Sicht einer inländischen, unbeschränkt steuerpflichtigen Person (vgl. § 1 Abs. 1 EStG „Wohnsitz oder gewöhnlicher Aufenthalt" im Inland) als Eigner mit einem Anteil von unter 1% im Privatvermögen (§ 17 Abs. 1 S. 1 EStG)⁵⁶⁸⁾. Das Risiko, das Wachstum und den zum Vergleich heranziehenden Kapitalmarkt beurteilen wir nach den Verhältnissen in Deutschland. Das gilt auch für die steuerliche Belastung der Unternehmenseigner; man nimmt an, dass sie bei uns ansässig sind⁵⁶⁹⁾. Die so lokalisierte Perspektive bezieht sich auf die Fortführung des Unternehmens in unverändertem Konzept mit allen Erwartungen, Chancen und Risiken. Einbezogen sind finanzielle Möglichkeiten des Unternehmens und „sonstige Einflussfaktoren"⁵⁷⁰⁾.

225 Es soll also auf das „Sitzland" des Unternehmens ankommen⁵⁷¹⁾, selbst wenn sich die Bewertung nach ausländischem Gesellschaftsstatut richtet⁵⁷²⁾. Offen

---

561) Siehe Rn. 386
562) IDW S 1 2008 Tz. 29
563) IDW S 1 2008 Tz. 43
564) Dörschell/Franken/Schulte, Ermittlung 445
565) IDW S 1 2008 Tz. 44
566) Siehe auch siehe Rn. 474
567) Einzelheiten unten
568) IDW S 1 2008 Tz. 31; vgl. aber Tz. 30 und siehe Rn. 449
569) IDW S 1 2005 Tz. 55. Anders evtl. LG Stuttgart, AG 2007, 52, 54
570) IDW S 1 2008 Tz. 29
571) LG Stuttgart, AG 2007, 52, 53
572) Vgl. Rn. 1161

bleibt, was „Sitz" ist: Geschäftsleitung oder Satzungssitz?[573]. Zu beachten ist wohl § 11 Abgabenordnung. Wie ist es aber bei einer englischen Limited Liability Company mit Verwaltungssitz bei uns?[574], wie bei einer englischen Limited Liability Partnership?[575] Ähnliche Fragen stellen sich bei einer Corporation aus Delaware/USA[576]. Nahe liegt eine Analogie zu § 1 Abs. 1 KStG und zu ähnlichen Fragen im Insolvenzrecht[577].

II. Fragen

Die regionale Anbindung der Eigner an den „Sitz" des Unternehmens ist angesichts globaler Finanzmärkte, Steueroasen und Hedge-Fonds zweifelhaft. Könnte sie ein am „Steuermodell" orientiertes, lebensmäßig eher zufälliges Anknüpfungsmerkmal sein, das immer weniger „typisch" ist? 226

„*Die Repräsentativität dieser Typisierung kann mit Blick auf die Verhältnisse der modernen Kapitalmärkte durchaus angezweifelt werden*"[578]. 227

Die Europäische Kommission sagt dazu: 228

„*Adaptation of financial statements to take account of legal and tax conventions was justified when investors and other stakeholders were generally of the same nationality as the company. But today the securities of any one company tend increasingly to be held by an internationally diverse group of investors. The interests of investors from another Member State are not served by having to interpret, or decipher, the financial statements prepared in accordance with the local conventions of the country where the company is incorporated*"[579].

Mit dieser Frage steht und fällt die Nachsteuerbewertung[580]. Sie wird mit „ganz erheblichen Vergröberungen" und mit Komplexität erkauft. Hinzu treten Fragen der intertemporalen Anwendung und ihrer Stellung innerhalb einer globalen Finanzverfassung[581]. 229

---

573) Dazu siehe Rn. 1157
574) Vgl. Dierksmeier, Die englische Ltd. In Deutschland – Haftungsrisiko für Berater, BB 2005, 1516; Lamprecht, Gelöschte englische Limiteds in Deutschland – Die Spaltungstheorie im Zeitalter der Niederlassungsfreiheit, ZEuP 2008, 289
575) Bank, Die britische Limited Liability Partnership: Eine attraktive Organisationsform für Freiberufler?, Berlin 2007
576) Drouven/Mödl, US-Gesellschaften mit Hauptverwaltungssitz in Deutschland im deutschen Recht, NZG 2007, 7
577) High Court of Justice London, Order No. 5618/2006 August 15, 2006, DB Status: Recht 2007, S. 46; AG Nürnberg, Beschl. v. 15.8.2006 – 8004 IN 1326/06 – 1331/06
578) Kuhner, Unternehmensbewertung, S. 834
579) Zitiert von Grossfeld, CyberCorporation Law – Comparative Legal Semiotics/Comparative Legal Logistics, The International Lawyer Fn. 56
580) Siehe Rn. 383
581) Hüttemann, Rechtliche Vorgaben 822

III. IDW S 1 2008

230 Die Fragen verschärfen sich, weil IDW S 1 2008 bei der Unternehmensbewertung *„im Rahmen unternehmerischer Initiativen"* vom *„Hintergrund der Internationalisierung"* spricht[582], nicht aber bei *„gesetzlichen oder vertraglichen Bewertungsanlässen (z. B. Squeeze Out)"*[583]. Diese Unterscheidung bedarf wohl der Begründung[584].

C. Prognose

> *„Prognosen sind schwierig, vor allem wenn sie die Zukunft betreffen"*[585].

231 Wir suchen den Wert des fortgeführten Unternehmens, also dessen Zukunftswert („going concern, vgl. § 252 Abs. 2 Nr. 1 HGB). Es gilt das Prinzip der Zukunftsbezogenheit; die Bewertung ist ein Prognoseverfahren. Die Zukunft ist jedoch dunkel[586]; sie ist ein „closed book".

232 Zukunft beruht aber auf Herkunft. Deshalb gehen wir von der Rechnungslegung aus und analysieren zunächst die Vergangenheit im Hinblick auf die Erfolgsfaktoren der Gegenwart[587] (*„rückwärtsblickend vorwärtsschauen"*[588]). Die Informationen sind nur insoweit wichtig, wie sie es erlauben, die Zukunft zu schätzen[589]. Sodann benötigen wir Informationen über den geplanten Absatz, über Kosten und Preise nach Abzug von Erlösschmälerungen. Verlangt wird eine einfühlsame Plausibilitätssicht[590].

D. Gesamtbewertung[591]

233 Ein Unternehmen erwirtschaftet Überschüsse durch das Zusammenspiel vieler Kräfte; dieses Wert steigernde Miteinander ist entscheidend: Das Ganze ist mehr wert als die Summe seiner Teile[592]. Anders als im Bilanzrecht (§ 252 Abs. 1 Nr. 3 HGB) bewerten wir daher nicht die einzelnen Vermögenswerte, Schulden, Chancen und Risiken (Einzelbewertung) sondern das Unternehmen als Einheit (Gesamtbewertung)[593]. Wir sprechen vom Prinzip der Be-

---

582) IDW S 1 2008 Tz. 30
583) IDW S 1 2008 Tz. 31
584) Vgl. Rn. 400
585) Unbekannter Autor
586) LG Frankfurt/M., Beschl. 21.3. 2006, oben Fn. 120, S. 8
587) IDW S 1 2008 Tz. 32. Vgl. Hennrichs, Prognosen
588) Friedrich Wilhelm Weber, Dreizehnlinden
589) IDW S 1 2008 Tz. 68
590) IDW S 1 2008 Tz. 107f.
591) IDW S 1 2008 Tz. 18-21
592) Matschke/Brösel, Unternehmensbewertung, S. 4
593) IDW S 1 2008 Tz. 18f.

wertungseinheit (vgl. § 2 Abs. 1 S. 2 BewG). So erfassen wir den Geschäfts- oder Firmenwert (Goodwill). Auch bei der Bewertung von einzelnen Anteilen gehen wir immer vom Ganzen des Unternehmens (quotaler Anteil) aus[594].

Alle wesentlichen Aspekte des Unternehmens sind zu beachten. Dazu gehören Branche[595], Absatz- und Bezugsbeziehungen, Märkte, Forschung und Entwicklung (Urheberrechte, Marken, Patente), Struktur und Organisation, Stand der Technik, Auslandsverflochtenheit, Konzernverbindungen, strategische Allianzen und Verrechnungspreise[596]. Unbeachtlich sind nur hypothetisch mögliche Entwicklungen[597]. 234

E. Substanz

Unternehmen benötigen im Allgemeinen eine materielle Substanz, um Leistungen zu erbringen. Daher sind Annahmen über Erhalt, Wachsen oder Schrumpfen der Substanz und über die finanziellen Folgen zu machen[598]. Danach bestimmen sich Abschreibungen, Reinvestitionen und Kapitalbedarf. 235

F. Eigenständigkeit[599]

Nach bisheriger Auffassung bewerten wir das Unternehmen danach, wie es sich als selbständige Einheit fortentwickelt hätte (stand alone – Ansatz)[600]; der Bewertungsanlass soll unbeachtlich sein. Doch muss das Unternehmen wirklich allein stehen; die am Stichtag bestehende Rechtslage (Beschränkung der Selbständigkeit) ist nicht auszublenden[601]. Das betrifft besonders Unternehmensverträge (§§ 304, 305 AktG), Squeeze Outs (§ 327a AktG) und Umwandlungen (§ 30 UmwG). Wir ermitteln den künftigen Überschuss, als ob das Unternehmen nicht eingebunden und durch die Umwandlung nicht verändert würde[602]. Heute ist dieser Ansatz zunehmend strei- 236

---

594) Siehe Rn. 1128. Mario Weiss, Der Ausschluss von Minderheitsaktionären, Diss. Universität Konstanz 2003, S. 80f. (zu finden über Google)
595) Drukarczyk/Ernst (Hrsg.), Branchenorientierte Unternehmensbewertung
596) Vgl. Erlass des Bundesministers der Finanzen zur Prüfung der Einkunftsabgrenzung bei international verbundenen Unternehmen v. 23.2.1983, BStBl. I 1983 S. 218; Thomas Möller, Verrechnungspreis und Zollwert, Witten 2004; Rasch/Rettinger, Aktuelle Fragen der Verrechnungspreisdokumentation: Unternehmenscharakterisierung und Methodenwahl in den Verwaltungsgrundsätze-Verfahren [v. 12.4.2005], BB 2007, 353. Vgl. Verdeckte Gewinnausschüttung, BB-Special 9/2007
597) OLG München, Beschl. 31.03.2008 Az.: 31 Wx 88/06, http://www.betriebsberater.de/, S. 7
598) Vgl. Rn. 324
599) IDW S 1 2008 Tz. 33f.
600) BGH, NZG 2006, 911, 912; OLG Düsseldorf, AG 2006, 287, 288
601) OLG Düsseldorf, AG 2004, 324, 327
602) BGH, NZG 1998, 379

tig⁶⁰³⁾, namentlich bei einer Orientierung an Börsenwerten (Capital Asset Pricing Model)⁶⁰⁴⁾. Zu solchen „Verbundvorteilen" („Synergieeffekte") komme ich später⁶⁰⁵⁾.

G. Stichtagsprinzip⁶⁰⁶⁾

I. Prinzip

1. Grundsatz

237 Werte sind zeitabhängig⁶⁰⁷⁾. Die Unternehmensbewertung bezieht sich daher auf ein bestimmtes Datum⁶⁰⁸⁾. Maßgeblich ist die *„Zeit seines Ausscheidens"* (§ 738 Abs. 1 BGB), der *„Zeitpunkt der Beschlussfassung ihrer Hauptversammlung"* (§ 305 Abs. 3 S. 2; § 327b Abs. 1 S. 1 AktG), der *„Zeitpunkt der Beschlussfassung über die Verschmelzung"* (§ 30 UmwG) Wir sprechen vom Stichtag und vom Stichtagsprinzip⁶⁰⁹⁾: Spätere Veränderungen und Erkenntnisse zählen grundsätzlich nicht⁶¹⁰⁾. Der Unternehmenswert soll ja den Preis spiegeln, den die Parteien zum Stichtag vereinbart hätten; die Dauer des gerichtlichen Verfahrens soll den Wert nicht beeinflussen.

238 Der Stichtag legt fest, ab wann Überschüssen den bisherigen Eignern ab- und den neuen Eignern zuzurechnen sind⁶¹¹⁾. Es kommt auf die Lage und auf die Erwartungen am Stichtag an⁶¹²⁾. Wie sah es damals aus, was war vorhersehbar? Was wusste man, was konnte man bei angemessener Sorgfalt wissen, womit konnte man rechnen?⁶¹³⁾ Das gilt auch für die Belastung der finanziellen Überschüsse mit Ertragsteuern⁶¹⁴⁾; doch ist sie kaum erahnbar⁶¹⁵⁾. Da das

---

603) Siehe Rn. 254
604) Siehe Rn. 267
605) Siehe Rn. 254
606) Komp, Zweifelsfragen des aktienrechtlichen Abfindungsanspruchs nach §§ 305, 320b AktG, Berlin 2002, S. 141ff.
607) Großfeld, Rechte Zeit, in: Backhaus/Bonus, Die Beschleunigungsfalle oder der Triumph der Schildkröte, 3. Aufl., Stuttgart 1998, S. 91
608) OLG Stuttgart, Der Konzern 2004, 128, 131
609) BFH, NZG 2004, 389
610) Zu Einzelheiten BGHZ 138, 136, 140; 140, 35, 38; OLG München, BB 2007, 2395, 2398; Schwetzler, Unternehmensbewertung bei nicht zeitnaher Abfindung – geänderte Bewertungsfaktoren während des Spruchstellenverfahrens und „volle Entschädigung", Finanz Betrieb 2008, 1. Nach Schwenzler soll es auf den „Zeitpunkt des Zuflusses der Abfindungszahlung" ankommen.
611) IDW S 1 2008 Tz. 22
612) Vgl. BFH, NZG 2006, 359
613) OLG München, AG 2008, 28, 32
614) IDW S 1 2008 Tz. 23
615) Siehe Rn. 383

II. Vergangenheit/Zukunft

Gericht grundsätzlich keine eigenen Prognosen entwickeln soll[616], kann es im Allgemeinen nicht auf Vorgänge nach dem Stichtag abstellen[617].

Bei Ausgleich (§ 304 AktG) und Abfindung (§ 305 AktG) kann die Gesellschaft schon „faktisch beherrscht" sein. Ist der Stichtag dann auf das Datum des Eintritts der Beherrschung vorzuziehen, um den damaligen Stand zu erfassen? Grundsätzlich gilt: Eine Beherrschung ist *„per se"* kein Grund, *„vom Stichtagsprinzip des § 305 Abs. 3 S. 2 AktG abzurücken"*[618]. 239

2. Eingrenzung

Das Stichtagsprinzip scheint von unantastbarer Objektivität zu sein und wird deshalb kaum kritisiert. Es ist aber zu bedenken, dass alles Wirtschaften und alles Bewerten zeitabhängig ist. Die Parteien einigen sich bei freier Veräußerung auch über den Zeitpunkt der Bestimmung des Preises. Das ist in unseren Fällen nicht so: Nur eine Partei wählt den Stichtag und bestimmt damit den Zeitwert. Sie wird dafür einen für sie günstigen „Zeitpunkt" suchen, der dann prägend ist (Zeitvorsprung). Deshalb ist der Stichtag im dynamischen Verlauf zu sehen und eine Mitte zwischen den „Zeitvorstellungen" („Zeitmoment im Zivilrecht") zu finden[619]. Das ist bei aller „Genauigkeit" zu beachten: „Stichtagsvergleiche" sind problematisch[620]. 240

II. Vergangenheit/Zukunft

Für die Bewertung kommt es auf die künftigen, also auf die **nach** dem Stichtag zu erzielenden Überschüsse an[621]. Doch planen wir nach den bilanzrechtlichen Vorgaben in Jahresabschnitten (Geschäftsjahr, § 242 Abs. 1 HGB). Das erste Planjahr ist damit das Geschäftsjahr, in dem der Stichtag liegt. Wenn also das Geschäftsjahr das Kalenderjahr ist und der Stichtag der 1.4.2009, so ist das Jahr 2009 das erste Planjahr[622]. Das Ergebnis dieses Jahres mag aber schon in der Wurzel angelegt sein[623]. 241

Die Abgrenzung kann schwierig sein, wenn der Stichtag am Beginn des neuen Geschäftsjahres liegt, der handelsrechtliche Jahresabschluss des Vorjahres aber noch nicht festgestellt ist. Das LG Dortmund sieht dann das Vorjahr als Prognosejahr an[624]. Es sei zu unterstellen, dass das gerichtliche Verfahren „nur eine ‚juristische Sekunde' andauert" Sonst träten mit jedem festgestellten 242

---

616) Siehe Rn. 461
617) LG Frankfurt/M., AG 2007, 42, 43; OLG Düsseldorf, AG 2003, 329
618) OLG Stuttgart, NZG 2000, 744; OLG Celle, ZIP 2007, 2025, 2026
619) Großfeld, Rechte Zeit
620) Vgl. Rn. 244
621) OLG Celle, Beschl. 29. 12. 2006, Az.: 9 W 41/06, S. 5
622) Vgl. LG München, AG 2002, 563, 565
623) Siehe Rn. 243
624) LG Dortmund, ZIP 2007, 2029

Jahresabschluss dessen Zahlen jeweils an die Stelle der prognostizierten Erträge. Ich halte demgegenüber für entscheidend, dass die Ergebnisse schon im Vorjahr **erzielt** waren, also Vergangenheit sind. Sähe man es anders, ergäben sich „Verschiebebahnhöfe".

III. Wurzeltheorie

1. Grundsatz

243 Das Stichtagsprinzip spiegelt eine Genauigkeit vor, die es im Leben nicht gibt; es schafft Scheingenauigkeit[625]: Der Stichtag unterbricht einen fließenden Strom, dessen Dynamik sich nicht scharf erfassen lässt; stets kommt es zu gleitenden Übergängen zwischen heute und morgen. Zu beachten sind daher alle Faktoren, die am Stichtag *„in der Wurzel angelegt"* sind („Wurzeltheorie)[626]. Maßgeblich ist die Wahrscheinlichkeit künftiger Ergebnisse zum Stichtag. Grundsätzlich darf man die Prognose nicht durch eine Betrachtung im Nachhinein ersetzen[627]; das gilt auch, wenn der Zeitraum der Detailplanung kurz ist[628].

2. Anhaltspunkte

244 Rückblickend erscheint Späteres häufig als am Stichtag schon angelegt; das ist zu beachten[629]. Insoweit muss man die Rückschau mit einer unsicheren Zukunftsprognose abwägen: Ist die Geschäftspolitik gleich geblieben, so verweisen spätere Entwicklungen auf das, was in der Wurzel angelegt war, vor allem, wenn sie eine Planung des Unternehmens bestätigen (Plausibilitätskontrolle)[630]. Es kann dann angenommen werden, *„dass die Grundlagen für diese Entwicklung schon zum Bewertungsstichtag vorgelegen haben"*[631].

3. Aufhellung

245 Die spätere Entwicklung muss nicht schon erkennbar gewesen sein[632]. Neue Erkenntnisse genügen, wenn sie die Lage am Stichtag aufhellen und Schlüsse erlauben *„auf den Wert der Gegenstände am Stichtag"*[633] (*„retrospektive Plau-*

---

625) Großfeld, Rechte Zeit
626) OLG Stuttgart, AG 2008, 510, 514; NZG 2007, 478, 479 = BeckRS 2007 05049, BGH, NZG 1998, 379, 380; DB 1973, 563
627) OLG Düsseldorf, AG 2003, 329; OLG Stuttgart, NZG 2007, 112, 115
628) OLG Stuttgart, BeckRS 2007 05049, Kurzfassung NZG 2007, 478; BayObLG, NZG 2001, 1137, 1138
629) OLG München, AG 2008, 28, 32
630) LG Frankfurt/M., AG 2007, 42, 43; OLG Stuttgart, BeckRS 2007 05049
631) LG Berlin, AG 2000, 284, 285
632) BGH, WM 1998, 867, 869
633) BGH, WM 1981, 452, 453

sibilitätskontrolle"⁶³⁴⁾. Dann ist der spätere Verlauf beachtlich⁶³⁵⁾. Es gilt Ähnliches wie für die Abgrenzung Wert beeinflussender und Wert aufhellender Umstände im Jahresabschluss (§ 252 Abs. 1 Nr. 4 HGB)⁶³⁶⁾. Verwirklichen sich schon am Stichtag bestehende konkrete Chancen oder Risiken?⁶³⁷⁾ Dafür sind eingeleitete oder hinreichend konkretisierte Maßnahmen zu beachten⁶³⁸⁾.

IV. Beispiele

Eine „Verwurzelung" ist zu bejahen, wenn Verhandlungen vor dem Stichtag 246
begannen, wenn Investitionen vorher geplant waren. Ertragschancen müssen im Ansatz geschaffen sein⁶³⁹⁾. Später entdeckte „Altlasten" zählen, wenn sie nach der Unternehmensgeschichte zu befürchten waren⁶⁴⁰⁾. Bei der Frage, ob mit einer Verbindlichkeit zu rechnen ist, kann man auf die folgende Entwicklung schauen, wenn sie schon risikomäßig angelegt war⁶⁴¹⁾.

V. Plausibilität

Es ist schwierig, sich in eine vergangene Zeit „zurückzufühlen"; Einzelheiten 247
lassen sich oft nur „erahnen". Heutige Tatsachen sind allemal sicherer als „Prognosen" aus vergangener Sicht. Auch deshalb kann man bei normalem Verlauf Ereignisse als Indiz für das in der Wurzel Angelegte nehmen⁶⁴²⁾. Das Tatsächliche erlaubt und gebietet ein kritisches Überdenken⁶⁴³⁾; sonst wären wir wirklichkeitsfremd. Deshalb kann die spätere Entwicklung doch zur Prüfung der Plausibilität herangezogen werden⁶⁴⁴⁾. Das Gericht kann neu schätzen, wenn die Prognosen *„völlig unplausibel"* sind⁶⁴⁵⁾.

VI. Maß

Ein „alles oder nichts" ist zu vermeiden; eine gewisse Flexibilität ist ange- 248
sagt⁶⁴⁶⁾. So lässt sich etwa an eine partielle Verwurzelung der Folgen denken. Vielleicht lag schon etwas „in der Luft", war mit Ergebnissen zu rechnen –

---

634) LG Dortmund, NZG 2004, 723, 725
635) BGH, NJW 1973, 509, 511
636) BFH, NZG 2006, 359
637) LG Dortmund, NZG 2004, 723, 725
638) Vgl. IDW S 1 2008 Tz. 32, 34
639) BGH, NZG 1999, 70, 71
640) OLG Düsseldorf, WM 1998, 2058, 2062
641) Vgl. BFH, BStBl. II 1996, 470, 472
642) Seetzen, Spruchverfahren
643) OLG Stuttgart, BeckRS 2007 05049; Leitsätze NZG 2007, 478
644) OLG München, AG 2008, 28, 30; BayObLG, AG 202, 390; LG Dortmund, AG 1998, 142; LG Frankfurt/M., Beschl. 21.3.2006, Az.: 3-05 O 153/04, S. 9
645) LG Frankfurt/M., aaO S. 9
646) Emmerich, Wie rechne ich mich arm?, S. 143

aber nicht in dieser Höhe. Das mag zu einem plausiblen Ergebnis führen oder zu einem Vergleich, der keine Seite ganz befriedigt – entsprechend dem Kompromisscharakter vieler Unternehmensbewertungen[647].

VII. Disziplin

249 All das zwingt uns zu einer argumentativen Disziplin. Adolf Moxter warnt:

> *„Das Wertaufhellungsprinzip stellt keinen Freibrief dar für die Zurückbeziehung von Informationen auf den Bewertungsstichtag. Der Bewerter (oder Richter), der die Wert bestimmenden Verhältnisse, wie sie sich am Bewertungsstichtag bei angemessener Sorgfalt präsentieren, der späteren Entwicklung dieser Verhältnisse gleichsetzt, erleichtert sich seine Aufgabe in ungebührlicher Weise; denn diese Gleichsetzung kann dazu führen, dass eine Partei erheblich benachteiligt wird"*[648].

250 Das Stichtagsprinzip verhindert, dass Prognosen in Spekulation und Wunschdenken ausufern; es sichert den Zeitbezug der wertbildenden Faktoren. Das ist grundlegend, weil jede Bewertung zeitabhängig ist. Das Stichtagsprinzip hindert auch das Gericht, eigene Prognosen aufzustellen[649]. Disziplin und Plausibilität sind gleichermaßen gefragt.

VIII. Vereinbarungen

251 Die Parteien können vereinbaren, ob und welche Entwicklungen nach dem Stichtag beachtet werden sollen[650]. Das zeigt erneut die Parteienbezogenheit der Bewertung. Die Satzung einer Aktiengesellschaft kann dies indes wegen § 23 Abs. 5 AktG nicht regeln.

IX. Aufzinsung / Abzinsung

252 Wenn der der Stichtag (z. B. 1.4.2009) vor dem Ende (z. B. 31.12.2009) des für die Planung angesetzten Geschäftsjahres liegt, so ist das Ergebnis auf den Stichtag abzuzinsen. Das geschieht oft mit dem Basiszinssatz vor Steuern[651]. Ist der Stichtag nach dem Ende des Geschäftsjahres, so wird entsprechend aufgezinst.

253 Besser erscheint es jedoch, die Zukunftserfolge auf den Beginn (1.1.2009) und auf das Ende (31.12.2009) des Geschäftsjahres abzuzinsen. Die Differenz zwischen den beiden Werten ist die Werterhöhung im laufenden Ge-

---

647) Siehe Rn. 20
648) Moxter, Grundsätze ordnungsmäßiger Unternehmensbewertung, 2. Aufl. Wiesbaden 1983, S. 169
649) LG Frankfurt/M., AG 2007, 42, 43
650) OLG Köln, NZG 1999, 1222, 1226
651) LG Dortmund, NZG 2004, 723, 726f.; LG Dortmund, BeckRS 2007 05697, S. 25

schäftsjahr. Sie ist entsprechend der am Stichtag vergangenen Monate aufzuteilen. Der Wert zum 1.1.2009 ist also um 1/4 der Differenz zu erhöhen, der Wert zum 31.12.2009 um ¾ der Differenz zu kürzen.

H. Verbundvorteile[652)

I. Überblick[653)

Verbundvorteile (Verbundeffekte = Synergieeffekte) sind „*Wertsteigerungspotentiale*"[654). Sie entstehen, wenn sich die Überschüsse durch die Verbindung zweier oder mehrerer Unternehmen steigern. Dann können Steigerungs-, Rationalisierungs- oder Kooperationsvorteile entstehen nach dem Schema 2 + 2 = 5 (sic!). Der Großaktionär hat kein Informationsdefizit, er weiß, „was in dem Unternehmen steckt" und kann es beeinflussen (verringertes Agency Problem). Häufig hofft er, dass er das Unternehmen in weitergehende Pläne, dass er es in seine Sphäre einbinden und so den Wert steigern kann. 254

II. Subjektiver Unternehmenswert

Das IDW S 1 2008[655) sagt dazu für den subjektiven Unternehmenswert: 255

> „*Bewertungsparameter sind deshalb neben der Anteilsquote insbesondere der dabei verbundene Einfluss des Anteilseigners auf die Unternehmenspolitik sowie erwartete Synergieeffekte*".

Sie sind dort also zu berücksichtigen[656). Keine Verbundvorteile sind steuerliche Vorteile des Erwerbers; sie gehören (auch bei Gesellschaften) nicht zur Verbundsphäre[657). 256

III. Objektivierter Unternehmenswert

Bei dem hier behandelten parteienbezogenen Wert möchte der Veräußerer ebenfalls an den Verbundvorteilen teilhaben. Es geht also um „Hoffnungen" als gemeinsames „Vermögen" und damit als Preisfaktor. Deshalb liegen Übernahmeangebote oft über dem Börsenkurs. Wir unterscheiden insoweit echte und unechte Verbundvorteile[658). Das wollen wir uns näher ansehen. 257

---

652) IDW S 1 2008 Tz. 33f.; OLG Stuttgart, NZG 2007, 112, 119
653) Adolff, Unternehmensbewertung, S. 492ff.; Komp, Zweifelsfragen
654) Matschke/Brösel, Unternehmensbewertung, S. 5
655) IDW S 1 2008 Tz. 13
656) IDW S 1 2008 Tz. 13
657) OLG Düsseldorf, DB 1990, 2312; AG 1991, 106
658) Einführend Hommel/Dehmel/Pauly, Unternehmensbewertung, S. 98

IV. Echte Verbundvorteile[659)]

1. Stand Alone Ansatz

258 Echte Synergieeffekte ergeben sich aus dem Bewertungsanlass und lassen sich nur mit dem ins Auge gefassten Partner erzielen. Nach dem stand alone-Ansatz[660)] sollen sie unbeachtlich sein[661)]. Bei einer Verschmelzung werden die Gesellschafter zu solchen der neuen Gesellschaft und genießen dann die Verbundvorteile. Ähnlich ist es, wenn außenstehende Aktionäre nach § 305 Abs. 2 Nr. 1 u.2 AktG Aktien der herrschenden Gesellschaft erhalten. Deshalb will das OLG Düsseldorf hier Verbundvorteile nicht ansetzen[662)]. Das entspricht wohl der Überlegung, dass bei einer Anleihe als Alternativanlage[663)] über die Zinsen hinaus keine echten Synergieeffekte erscheinen.

2. Diskussion

259 Andere Gerichte beachten die echten Verbundvorteile zur Hälfte[664)]. Das OLG Wien[665)] meint, dass bei einer Verschmelzung die Synergievorteile für die übernehmende Gesellschaft anzusetzen seien. Das LG Frankfurt[666)] lehnt die stand alone – Sicht beim Ausschluss von Minderheitsaktionären mit folgender Begründung ab:

> *„Bei der Ermittlung des Risikozuschlags anlässlich der Abfindungsbemessung beim Ausschluss von Minderheitsaktionären kann jedoch nicht ausgeblendet werden, dass der Hauptaktionär durch die vollständige Integration in seinen Konzern die bei der Aktienanlage oben dargestellten typischen Risiken, die durch den Risikozuschlag ausgeglichen werden sollen, minimieren kann und wird, da ansonsten der von ihm betriebene Ausschluss der Minderheitsaktionäre kaum nachvollziehbar ist".*

260 Wolfgang Ballwieser meint dazu:

> *„Dass bei Mergers and Acquisitions Synergieeffekte berücksichtigt werden, scheint mir ganz unstrittig zu sein. Denn Sie zahlen für das, was Sie herausholen können. So einfach ist das"*[667)].

---

659) Komp, Zweifelsfragen, S. 247
660) Siehe Rn. 45
661) OLG Düsseldorf, AG 2004, 324, 327; OLG Stuttgart, NZG 2000, 744, 745; BGH, AG 1998, 286; BayObLG, AG 1996, 127, 128;. Gegenschluss aus IDW S 1 2008 Tz. 34. Wohl offengelassen in OLG München, Beschl. 30.11.2006, Az.: 31 Wx 059/06
662) OLG Düsseldorf, DB 1990, 2312; AG 1991, 106
663) Siehe Rn. 633
664) BayObLG, DB 1995, 2590, 2591; BayObLG, BB 1996, 687, 688. Dazu Reinke, Moderne Unternehmensbewertung, Bericht über die Fachtagung 1997 des IDW, Düsseldorf 1998, S. 235, 251
665) OLG Wien, (österr.) Zeitschrift für Gesellschafts- und Steuerrecht 2005, 276, 281
666) LG Frankfurt/M., AG 2007, 42, 46; vgl. Kuhner, Unternehmensbewertung 833
667) Ballwieser, Diskussionsbeitrag, S. 255, 264

IV. Echte Verbundvorteile

Uwe Rathausky bemerkt: 261

> „*Von einigen Autoren in der Literatur wird die Berücksichtigung von Verbundwirkungen bereits seit langem und zu Recht gefordert*"[668].

Martin Jonas neigt wohl dahin, dass die Aufteilung der Synergien „*wesentlich treffender die Realität*" abbilde[669]. Dem schließen sich weitere Stimmen an[670]. 262

Die Diskussion ist jedenfalls aus der Sicht einer normorientierten Bewertung[671] neu entfacht[672]. Die Hoffnung auf Wertsteigerung gehört zum „Vermögen" aller Anteilseigner. Ein freiwillig ausscheidender Gesellschafter würde einen Preis verlangen, der den Vorteil für den Erwerber widerspiegelt[673]: Es ist der Preis für die im Unternehmen liegende Chance, Baustein eines größeren Verbundes zu werden[674]. Berücksichtigt man das nicht, erwirbt der Übernehmer aus konzentrationspolitischer Sicht zu billig[675]. 263

Nach Busse von Colbe ist daher eine Aufteilung „*dem Rechtsfrieden dienlicher als ihre völlige Vernachlässigung*"[676]. Es geht aber um mehr als einen „gefühlten" Rechtsfrieden sondern um die Auslegung des Gesetzes: Nach § 304 Abs. 2 S. 1 AktG bemisst sich die „*Ausgleichszahlung*" auch nach den „*künftigen Ertragsaussichten*", zu ihnen gehören ebenfalls Synergien. Deshalb kann man an eine Teilung denken[677]. 264

3. Stellungnahme

Die Verbundvorteile sind für Erwerber wie Verkäufer eines Unternehmens wichtig. Ein Erwerber ist bereit, für sie zu zahlen, ein Veräußerer will für sie einen Preis. Ein freiwillig ausscheidender Gesellschafter würde einen Preis anstreben, der den Verbundvorteil für den Übernehmer spiegelt. Das ist kein 265

---

668) Rathausky, Die Berücksichtigung
669) Jonas, Unternehmensbewertung 841
670) Reuter, Gesellschaftsrechtliche 893, 896; Rathausky, Die Berücksichtigung 118
671) Mandl/Rabel, Der objektivierte Unternehmenswert, S. 61; vgl. Kuhner, Unternehmensbewertung 831; Böcking, Das Verbundberücksichtigungsprinzip, S. 1407
672) Nachweise in OLG Stuttgart, NZG 2007, 112, 119; Rathausky, Die Berücksichtigung 114, 118; Reuter, Gesellschaftsrechtliche 881, 893, 896
673) Busse von Colbe, Der Vernunft eine Gasse: Abfindung von Minderheitsaktionären nicht unter dem Börsenwert ihrer Aktien, in: FS Marcus Lutter, 2000, S. 1053, 1062; Jonas, Unternehmensbewertung 841
674) Hüttemann, Rechtliche Vorgaben für ein Bewertungskonzept, WPg 2007, 812, 815
675) Großfeld, Brückenbauer, in: Gedächtnisschrift Alexander Lüderitz, Köln 2000, S. 233
676) Busse von Colbe, Berücksichtigung von Synergien versus Stand-alone-Prinzip bei der Unternehmensbewertung, ZGR 1994, 595, 609
677) Komp, Zweifelsfragen, S. 32ff.; Mandl/Rabel, Der objektivierte Unternehmenswert, S. 61; OVG Wien, Zeitschrift für Gesellschafts- und Steuerrecht 2005, 276; OLG Stuttgart, AG 2006, 420, 426

Minderheitsaufschlag als „Preis für Privatautonomie", sondern der Preis für eine im Unternehmen steckende Chance „Baustein" zu werden. Es erscheint dann eher „angemessen", diesen Preis bei einem Ausscheiden unter Druck anzusetzen[678]. Die Abfindungsregeln sollen nicht zu enteignungsähnlichen Vorgängen unter Privaten anreizen.

266 Aus dieser Sicht ist der gemeinsame Vorteil zwischen den Parteien zu teilen[679]. Das bedeutet nicht unbedingt Hälftung[680]. Da die Initiative vom Übernehmer ausgeht, mag es angemessen erscheinen, ihm mehr zuzuweisen[681]: dagegen spricht, dass er den Vorteil der Zeitbestimmung erhält[682]. Allerdings bleibt das Problem, dass bei der Anleihealternative keine direkten Synergieeffekte in die Rechnung eingehen[683]; deren Verhältnis zum Zinssatz ist schwer zu bestimmen.

4. Capital Asset Pricing Model

267 Die Nichtbeachtung echter Verbundvorteile mag aber wegen ihrer fehlenden „Berechenbarkeit" hinnehmbar sein, solange wie der Vergleichsmaßstab" „risikoadjustierte Zinsen" selbst nur „Berechenbares" einbezieht. Die Nichtbeachtung der echten Synergieeffekte beim Unternehmen entspricht deren Nichtbeachtung bei der Alternative „Anleihe". Bei einem Vergleich mit der Börse ist das anders. Die bisherigen Positionen sind daher namentlich für das CAPM Verfahren zu überdenken[684].

a. Ausgangslage

268 Der Bundesgerichtshof[685] will Verbundeffekte berücksichtigen, soweit sie an der Börse beachtet werden:

> „Sind die Effekte jedoch ... bei der Preisbildung vom Markt berücksichtigt worden, müssen sie ... im Börsenpreis belassen werden". Das ist eine „Konzession" an die Bildung von Marktpreisen[686]: „Sie stellt wohl eine unvermeidliche Konzession an die Öffnung der Abfindungspraxis gegenüber dem Börsenkurs dar"[687].

269 Solche Synergien lassen sich mangels „Vergangenheit" und „Typik" schwer schätzen. Dieser Preis für die Börsenbewertung darf nicht nur zu Lasten der

---

678) Reuter, Gesellschaftsrechtliche Fragen 896
679) Matschke/Brösel, Unternehmensbewertung, S. 663
680) Für Hälftung aber Reuter, Gesellschaftsrechtliche Fragen 894
681) Kuhner, Unternehmensbewertung 831; Rathausky, Die Berücksichtigung 122
682) Siehe Rn. 240
683) Siehe Rn. 258
684) Siehe Rn. 883
685) BGHZ 147, 108, 121f. (DAT/Altana) = NZG 2001, 603, 605
686) Hüffer/Schmidt-Assmann/Weber, Anteilseigentum, S. 35
687) AaO S. 68, 70

IV. Echte Verbundvorteile

Kleinaktionäre gehen[688]; das Schätzungsrisiko liegt auf beiden Seiten. Doch ist die Frage umstritten[689]; sie bedarf der Klärung[690].

b. Marktrisikoprämie

Stellt man auf Marktrisikoprämien ab, ist zu bedenken, dass die Börse Synergiechancen „erhofft" (geradezu davon „träumt"); sie ist „auf der Suche nach saftigen Übernahmeprämien": 270

> „Es ist die schiere Spekulation auf saftige Übernahmeprämien, die die Aktienindizes in vielen Märkten auf neue Hochs treibt"[691].

Übernahmegerüchte halten die Börse in Atem[692]. Zwei neuere Untersuchungen erklären „that investors would still be wise to buy the stocks of any company attracting the attentions of activists"[693]. Der Kurs der Volkswagen Aktie verdoppelte sich von September 2006 bis September 2007, nachdem die Porsche AG ihren Aktienanteil vergrößert hatte[694]. Die Übernahmeabsicht gleicht u. U. der Offenlegung eines bisher im Unternehmen verborgenen Schatzes. Bei der Alternative „Börse" bezieht sich somit die Marktrisikoprämie auf höhere Ergebniserwartungen. Das zeigen die Aktivitäten von Hedge-Fonds[695]. Sie zielen auf einen höheren als den bisherigen Überschuss. Peter Seppelfricke meint daher: 271

> „So werden z. B. mögliche Synergieeffekte, die nach dem Kauf eines Unternehmens entstehen können, missachtet. Der objektive Unternehmenswert entspricht deshalb bei M&A-Transaktionen in der Regel einem (tendenziell niedrigen) Verkäuferwert und ist mitnichten objektiv"[696].

Wenn wir für den Risikozuschlag auf die Börse schauen, sollten wir deren Sicht nach dem Homogenitätsprinzip auch auf die erhofften Überschüsse erstrecken[697]. 272

---

688) So meint es Hans-Georg Koppensteiner, Kölner Kommentar § 305, Rn. 65, S. 830
689) Gegen eine Einbeziehung Gude, Strukturänderungen, S. 380
690) Einzelheiten bei Rathausky, Die Berücksichtigung 121
691) Dries, Auf der Suche nach saftigen Übernahmeprämien, FAZ 23.4.2007 Nr. 94, S. 24; Übernahmen treiben Börsenphantasie, FAZ 12.4.2007 Nr. 85, S. 20; FAZ 5.5.2007 Nr. 104, S. 26
692) Schulz, Baissiers müssen auf den fahrenden Zug springen, FAZ 4.4.2007 Nr. 127, S. 32
693) Thurm, Does investor activism yield payoffs when firms aren't sold?, The Wall Street J. Europe, Wednesday, Sept. 12, 2007, S.6
694) Power, VW intends to triple vehicle sales in U.S, The Wall Street J. Europe, Wednesday, Sept. 12, 2007, S. 4
695) Hedge-Fonds greifen nach dem Mittelstand, FAZ 25.4.2007 Nr. 96, S. 19
696) Seppelfricke, Handbuch, S. 8f.
697) Hüttemann, Rechtliche Vorgaben 815

H. Verbundvorteile

273 Darauf bezieht sich die Marktrisikoprämie im Nenner der Abzinsungsformel[698]. Wegen der Homogenität ist dann auch der Zähler (sind die Überschüsse) entsprechend zu erhöhen[699].

274 Rainer Hüttemann erläutert:

> „Zudem ist es unstimmig, einerseits den Börsenkurs oder tatsächlich gezahlte Preise für Unternehmensanteile als Kontrollwerte zu berücksichtigen, bei der Feststellung des ‚wahren' Wertes aber ausschließlich auf das vorhandene Unternehmenskonzept abzustellen"[700].

275 Wichtig ist ferner die Beachtung des einseitig festgelegten Zeitmomentes[701]: Der Aktionär soll einen Anteil aufgeben, für den sich seine Börsenhoffnung (Übernahme) gerade erfüllt; dies zu einem „Zeitpunkt" in dem er vielleicht mit weiteren Angeboten rechnen darf. Warum sollte er Chancenreiches **gerade jetzt** in Risikoreiches umtauschen?

c. Beispiele

276 Ende Januar 2008 bot Microsoft für Yahoo 62% über dem Börsenkurs vom Vortag[702]. Im Juni 2008 kaufte die Robert Bosch GmbH Aktien der Ersol Solar Energy AG zu einem Preis, der ca. 60% über dem Börsenkurs liegt[703]. Die Schaeffler AG gewährte den Aktionären der Conti AG eine Prämie von 39% auf den letzten Börsenkurs vor Bekanntwerden der Kaufabsicht[704]. Die Deutsche Bank zahlte für knapp 30 % der Aktien der Postbank 33 % über dem Börsenwert. Die BASF SE bietet für Aktien der schweizerischen Ciba AG 32 % über dem Schlusskurs und 64 % über dem Durchschnittskurs der vergangenen dreißig Handelstage[705]. Dementsprechend sind nach den Internationalen Standards der Rechnungslegung (IFRS) Synergien bei Unternehmenszusammenschlüssen als Goodwill zu bilanzieren[706].

5. USA

277 Mario Weiss[707] erklärt zu den USA:

> „Nach und nach fand dann allerdings die im Schrifttum geäußerte Ansicht, es handle sich bei den Synergiepotentialen eines Unter-

---

698) Siehe Rn. 692
699) Ballwieser, Diskussionsbeitrag, S. 268
700) Hüttemann, Rechtliche Vorgaben 815
701) Siehe Rn. 240
702) FAZ 2.2.2008 Nr. 28, S. 2
703) FAZ 3.6.2008 Nr. 117, S. 9
704) Carsten Knop, Schaefflers taktische Meisterleistung, FAZ 22.8.2008 Nr. 106, S. 11
705) FAZ 16.9.2008 Nr. 217, S. 11
706) Siehe Rn. 1222
707) Weiss, Der Ausschluss; Margolin/ Kursh, The Economics of Delaware Fair Value 413

IV. Echte Verbundvorteile

nehmens um ein allen Anteilseigner zustehende Vermögensgut, eine immer breitere Zustimmung in Wissenschaft und Praxis. Wie auch einige Kommentatoren ... konstatieren, gebiete es die Fairness, dass die Kompensation für die ausscheidenden Minderheitsaktionäre auch die aus der Transaktion entstehenden Synergievorteile umfassen müsse".

Dafür steht das American Law Institute. Es sagt in § 7.22 (c) Standards for Determining Fair Value:

"... the court generally should give substantial weight to the highest realist price that a willing, able, and fully informed buyer would pay for the corporation as an entity. In determining what such a buyer would pay, the court may include a proportionate share of any gain reasonably to be expected from the combination unless special circumstances would make such an allocation unreasonable"[708]).

Die Kommentierung erklärt für eine Verschmelzung[709]):

„Under § 7.22(c), the court should generally permit dissenting shareholders to share proportionately in synergy gains ... Rather, the concept underlying § 7.22 (c) is that in the case of less than perfect markets that courts regularly encounter, the court often may best determine the price that a fully informed buyer would pay, at least in part" by first determining the synergy gains from the combination, and then allocating those gains proportionately between the two entities"

Section 623 (h) (4) New York Business Corporation Law sagt

"In fixing the fair value of the shares the court shall consider the nature of the transaction giving rise to the shareholder's right to receive payment for shares and its effects on the corporation and its shareholders, the concepts and methods then customary in the relevant securities and financial markets for determining fair value of shares of a corporation engaging in similar transactions under comparable circumstances and all other relevant factors".
"The statutory language does not, however, prevent the courts from considering post-transaction factors in assessing the fair value of the shares. ... The 1982 amendment eliminated this exclusion because 'experience has demonstrated that large premiums over market price are commonplace in mergers and in asset acquisitions'. It may be an abuse of discretion in some circumstances for the court not to consider post-transaction changes in value"[710]).

278

279

280

---

708) AaO S. 315
709) AaO S. 326f
710) Kantrowitz/Slutsky, in: White New York Business Entities, Vol. 2, 2005, 6-500; vgl. Für Delaware Margolin/Kursh, The Economics 413. Vgl. Weinberg v. UOP, Inc., 457 A.d 701, 713 (Del. 1983). In Cede Co. v. Technicolor, 542 A.2d 1182 (Del. 1988) bezog das Gericht für den künftigen Wert Erkenntnisse ein, die der Markt noch nicht hatte und die die Börsenkurse noch nicht beeinflussten.

H. Verbundvorteile

6. Grenzwert

281 Wir sahen schon, dass die Abfindung zwischen den Grenzwerten der Parteien liegen muss (parteibezogener Wert)[711]. Zu fragen ist daher, ob der Börsenwert der Grenzwert des ausscheidenden Aktionärs ist. Dabei ist zu bedenken: Der Ausscheidende wäre ohne den indirekten (Beherrschungsvertrag) oder direkten (Squeeze Out) rechtlichen Zwang nicht ausgeschieden: Der Börsenkurs hat ihn dazu nicht veranlasst. In jedem „Behalten" aber steckt eine „Hoffnung", die in eine Preisverhandlung eingegangen wäre. Diese Hoffnung ist nach der Statistik des Aktienmarktes berechtigt, sie treibt selbst den Erwerber der Anteile. Sie ist also statistisch relevant[712], ist eine „Hoffnung über den Börsenwert" hinaus und definiert den Grenzwert mit.

7. Gesetzeswertung

282 Diese Überlegungen zu echten Synergieeffekten entsprechen der Wertung, die dem Wertpapiererwerbs- und Übernahmegesetz für den kapitalmarktrechtlichen Squeeze Out zu Grunde liegt[713]. Die Hauptpunkte sind in §§ 31, 39a Wertpapiererwerbs- und Übernahmegesetz (WpÜG) geregelt[714]:

283 Entscheidend ist danach, dass 90% der Anteilseigner die Gegenleistung freiwillig akzeptieren.

284 Dieser privatautonome „Werthaltigkeitstest" ist besser als eine „technische" Unternehmensbewertung. Die bei Übernahmeangeboten anzutreffenden Übernahmeprämien[715] erklären sich wohl auch dadurch, dass echte Synergieeffekte auf den Preis wirken. Das lässt sich dann aber bei anderen Bewertungen mit Bezug auf den Börsenmarkt nicht wegdiskutieren.

V. Unechte Verbundvorteile

285 Sie lassen sich ohne den Bewertungsanlass oder mit nahezu beliebigen Partnern[716] erreichen[717]. Bestehen am Stichtag solche Chancen, so sind sie zu berücksichtigen[718]. Dazu gehören Rezepturen, optimale Ablaufsteuerungen oder kompatible EDV-Software (die zunehmend wichtiger wird)[719]. Die

---

711) Siehe Rn. 113
712) Großfeld, Statistisches Rechtsdenken
713) Siehe Rn. 82
714) Diekmann, Änderungen 19
715) Schmitt/Moll, Übernahmenprämien
716) IDW S 1 2005 Tz. 44 erwähnte die Möglichkeit einer Realisierung mit „einer nahezu beliebigen Vielzahl von Partnern"
717) IDW S 1 2008 Tz. 34
718) BGH, NZG 2001, 603 (Altana) = BGHZ 147m 108m 120f.
719) OLG Stuttgart, NZG 2000, 744, 745

I. Rechtliche Schranken

Maßnahmen müssen am Stichtag bereits eingeleitet oder im Unternehmenskonzept dokumentiert sein[720]).

Entsprechend dem bisherigen Vergleichsmaßstab (berechenbare Zinsen) ist auch der Ansatz solcher oft nur „gefühlten Größen" bisher eher zurückhaltend. Das kann sich ebenfalls ändern, wenn „Börsengefühle" den Risikozuschlag steuern und damit erhöhen. 286

VI. Abgrenzung

Die Arten der Verbundvorteile sind manchmal schwer zu unterscheiden. Echte Vorteile folgen aus der Verbindung mit dem neuen Partner, z. B. durch Rationalisierung[721]), oder durch Nutzung eines Verlustvortrags[722]). Nicht anzusetzen sind ersparte Kosten für die Hauptversammlung[723]) oder für den Abhängigkeitsbericht: Sie sind erst Folge des Ausscheidens. 287

J. Verbundnachteile

Sie sind dem Ausscheidenden nicht anzulasten; der Übernehmer trägt sie allein[724]). 288

K. Nebenbedingungen

I. Rechtliche Schranken

Rechtliche Schranken sind einzuhalten: Ausschüttbar ist nur, was gesellschaftsrechtlich erlaubt ist[725]). Zu befolgen sind also die Regeln über den Bilanzgewinn oder den handelsrechtlichen Jahresüberschuss[726]). Verlustvorträge oder Pflichtrücklagen können eine Ausschüttung verhindern, wenn sie sich nicht beseitigen lassen (z.B. Auflösung eines Verlustvortrags mittels Gewinnrücklagen). 289

Das ist zentral bei der Einnahmeüberschussrechnung: Hier sind die Ertragsüberschüsse stets ergänzend zu erfassen[727]), weil sich die handelsrechtlichen Regeln zur Ausschüttbarkeit auf sie beziehen. 290

---

720) IDW S 1 2008 Tz. 34
721) LG Dortmund, AG 1996, 278, 279
722) OLG Düsseldorf, AG 1988, 275, 2398; OLG München, BB 2007, 2395
723) OLG München, Beschl. 30.11.2006, Az.: 31 Wx 059/06; Meilicke, Die Barabfindung für den ausgeschlossenen oder ausscheidungsberechtigten Minderheits-Kapitalgesellschafter – Rechtsgrundsätze zur Unternehmensbewertung, Berlin 1975, S. 78. A. A. Komp, Zweifelsfragen, S. 322. Vgl. BGH, AG 1998, 37, 38
724) Matschke/Brösel, Unternehmensbewertung, S.650
725) IDW S 1 2008 Tz. 26
726) IDW S 1 2008 Tz. 35
727) IDW S 1 2008 Tz. 26

II. Ergänzender Finanzbedarf

291 Stets müssen wir die finanziellen Folgen der Ausschüttung, d. h. den Finanzierungssaldo, zeigen [728]. Ein Mittelbedarf lässt sich durch Fremdkapital, durch Thesaurierung oder durch neues Eigenkapital finanzieren. Einen Mittelüberschuss kann man zur Schuldentilgung oder zur Ausschüttung an die Eigner nutzen. Das verändert das Zinsergebnis und damit die Überschüsse.

L. Unternehmensleitung[729]

I. Allgemeines

292 Zu bewerten ist die übertragbare Leistungskraft des Unternehmens. Daher ist zu prüfen, ob man mit der bisherigen Leitung weiter rechnen kann.

293 Bei Aktiengesellschaften, Gesellschaften mit beschränkter Haftung und bei GmbH & Co KGs nimmt man typisierend an, dass die Geschäftsleitung bleibt[730]. Das kann im Ausland anders sein (vgl. „hired and fired").

294 Einzelunternehmen und Personengesellschaften sind oft von bestimmten Personen geprägt[731]. Die positiven oder negativen Wirkungen eines Ausscheidens müssen wir dann bedenken. Falls bisher kein angemessener Lohn gezahlt wurde, muss das für die Zukunft in Höhe dessen, was ein nicht beteiligter Geschäftsführer erhielte, fiktiv geschehen. Sind Familienangehörige bisher unentgeltlich tätig, so ist u. U. für sie ein fiktiver Lohn anzusetzen[732].

295 Im Familien- und Erbrecht spielen nicht übertragbare persönliche Faktoren eher eine Rolle[733].

II. Unternehmensverbund

296 Einflüsse aus einem Unternehmensverbund, die nicht mit übergehen, sind auszuscheiden. Gleiches gilt für persönliche oder familiäre Beziehungen[734]. Das kann bei der Bewertung ausländischer Unternehmen entscheidend sein[735].

---

[728] IDW S 1 2008 Tz. 26
[729] IDW S 1 2008 Tz. 38-42
[730] IDW S 1 2008 Tz. 38f.
[731] Vgl. Maremont, Success of firms is linked to lives of CEOs, The Wall Street J. Europe, Thursday Sept. 6, S. 8
[732] IDW S 1 2008 Tz. 40
[733] IDW S 1 2008 Tz. 42
[734] IDW S 1 2008 Tz. 41
[735] Vgl. Großfeld, Rechtsvergleichung als Kulturvermittlung, in Großfeld/Yamauchi (Hrsg.), Probleme des deutschen, europäischen und japanischen Rechts, Berlin 2006, S. 71, 82

III. Liquidationswert

Steht die bisherige Leitung nicht mehr bereit und lässt sich das Unternehmen 297
dann nicht weiterführen, so bleibt der Liquidationswert[736]. Gleiches gilt,
wenn bei Ansatz eines Unternehmerlohns der Überschusswert den Liquidationswert unterschreitet[737].

M. Mittlere Erwartungen

Anders als im Bilanzrecht nach § 252 Abs. 1 Nr. 4 HGB gilt das Vorsichts- 298
prinzip bei der Unternehmensbewertung nicht[738]. Es ist bei einer Abwägung
zwischen Gesellschaftern leicht parteiisch. Die abzufindenden Gesellschafter

> „haben ein Anrecht auf Beteiligung an den Entwicklungschancen des
> Unternehmens und brauchen sich nicht auf dasjenige verweisen zu
> lassen, was im ungünstigsten Fall mit Sicherheit als Ertrag zu erwarten ist"[739].

Auszugehen ist daher von mittleren Erwartungen bei allen Bewertungsfakto- 299
ren, also vom wahrscheinlichsten Wert. Das LG Dortmund setzte z. B. erwartete Währungsgewinne mit jeweils der Hälfte des Durchschnitts der Risiken der vorausgegangenen drei Jahre an:

> „Gleichwohl hängt die Frage, ob Währungsgewinne realisiert werden können oder nicht, von völlig unbeherrschbaren Faktoren ab,
> nämlich der Entwicklung des Wechselkurses des Euro zum US-Dollar und ggf. anderen Weltwährungen. Im Ergebnis kann es deshalb ebenso gut so sein, dass Währungsverluste realisiert werden, wie auch der Fall eintreten kann, dass die Währungsgewinne der Vorjahre noch übertroffen werden. Auch jedes Jahresergebnis zwischen diesen Extremen ist denkbar ... Der gerechten Verteilung der Risiken ... entspricht es deshalb, davon auszugehen, dass die Hälfte des Durchschnitts der Währungsgewinne der Vorjahre realisierbar sein werden"[740].

Erwartete Zinsen auf kurzfristige Anlagen können unter dem Basiszinssatz 300
liegen[741].

Die Zukunftserwartung zeigt sich bei der Einschätzung der Überschüsse 301
und/oder beim Risikozuschlag im Kapitalisierungszinssatz[742]. Dasselbe Risiko darf nicht zweimal angesetzt werden. Auf Einzelheiten komme ich zurück[743].

---

736) IDW S 1 2008 Tz. 140f. Siehe Rn. 1097
737) IDW S.1 2008 Tz. 42
738) IDW S 1 2008 Tz. 64
739) KG, WPg 1972, 211, 220
740) LG Dortmund, BeckRS 2007 05697 II 1 c aa 1 a
741) LG Dortmund, aaO S. 16
742) IDW S 1 2008 Tz. 65
743) Siehe Rn. 845

N. Nicht betriebsnotwendiges (neutrales) Vermögen[744]

302 Ein Unternehmen hat häufig Vermögen, das für den Betrieb nicht notwendig ist, z. B. betrieblich nicht genutzte Gebäude oder Grundstücke ohne Beziehung zum Betrieb. Dieses nicht betriebsnotwendige Vermögen ist „neutral", d. h. es kann veräußert werden, ohne die Aufgabe des Unternehmens zu beeinträchtigen (funktionale Abgrenzung). Es stellt einen gesonderten Rechnungsposten dar und wird regelmäßig mit dem Liquidationswert angesetzt[745].

303 Den Wert ermitteln wir im Allgemeinen gesondert. Bei Grundstücke zieht man die von öffentlichen Gutachterausschüssen ermittelten Werte oder Vergleiche mit tatsächlichen Veräußerungen heran[746]. Man rechnet den Wert grundsätzlich den Anteilseignern unmittelbar zu, geht also nicht von einer Ausschüttung aus[747]. Möglich ist aber auch, ihn im Ertragswert[748] mit dem Barwert zu erfassen[749]. Sichert das Vermögen einen Kredit, so kann eine Entnahme die Finanzlage des Unternehmens verändern[750].

O. Informationen

304 Die Bewertung bedarf zuverlässiger Informationen; sie bestimmen die Qualität der Analyse. Die Angaben müssen unternehmens- und marktorientiert sei; sie sollen auf die Zukunft hinweisen. Heranzuziehen sind interne Planungen, Marktanalysen, Angaben zur Marktstellung und zum allgemeinen wirtschaftlichen und politischen Umfeld. Immer ist plausibel zu schätzen[751].

P. Unterlagen[752]

305 Der Gutachter kann sich auf testierte Abschlüsse stützen, die evtl. zu bereinigen sind. Bei nicht geprüften Abschlüssen hat er die Basisdaten „abzuklopfen". Das Unternehmen muss eine Vollständigkeitserklärung abgeben. Die

---

744) IDW S 1 2008 Tz. 59-63
745) OLG Stuttgart, NZG 2007, 112, 119; OLG Düsseldorf, NZG 2006, 911, 912; OLG München, BeckRS 2006 13715, II B 1a
746) OLG München, BeckRS 2006 13715, II B 5 a
747) Siehe Rn. 1023
748) Beyer/Dörschell/von Lacum/Leverkus/Rus/Zeidler u.a., Die Anwendungen der neuen Grundsätze zur Unternehmensbewertung, 47. IDW Arbeitstagung Baden-Baden, 9.–11. Nov. 2005, S. 30
749) Zum Barwert der Überschüsse des betriebsnotwendigen Vermögens siehe Rn. 108
750) IDW S 1 2008 Tz. 63
751) IDW S 1 2008 Tz. 81
752) IDW S 1 2008 Tz. 82-84

Q. Unsicherheit

I. Nachvollziehbarkeit

Wir sehen, dass der Unternehmenswert auf vielen Vorgaben beruht. Entscheidend ist die Qualität der Daten und der Methoden[754]. Deshalb ist stets zu sagen, welche faktischen und methodischen Annahmen zugrunde liegen[755]. 306

Schätzungen sind nie objektiv; umso wichtiger ist, dass sie widerspruchsfrei und nachvollziehbar (plausibel) sind. Dafür sind Vergangenheit, Stichtag und Zukunft zu analysieren. 307

II. Abwägung/Schätzung[756]

Der Wert ist nach § 287 Abs. 2 ZPO innerhalb einer Bandbreite unterschiedlicher Werte zu schätzen[757]. Das Gericht muss sich aber um Richtigkeit bemühen; sie geht der „Wahrscheinlichkeit" i. S. v. § 738 Abs. 2 BGB, § 287 Abs. 2 ZPO vor. Zu schätzen ist, wenn eine weitere Aufklärung nicht realistisch ist. Der Verweis auf „schätzen" meint mehr als nur ein „dürfen". Das Gericht soll sein eigenes Ermessen einbringen und *„unter Würdigung aller Umstände nach freier Überzeugung"* (§ 287 Abs. 1 S. 1 ZPO) urteilen. Zu den „Umständen" zählt auch die Abwägung zwischen einer zeitlich angemessenen Entscheidung und einer späteren vielleicht genaueren (vgl. § 278 Abs. 2 ZPO)[758]. 308

Hinsichtlich der Komplexität ist ebenfalls Maß zu halten: Es gibt keine exakt mathematische Bewertung: Die Mathematik dient der Bewertung, führt sie aber nicht. Geboten sind plausible Vereinfachungen, die den Parteien und der Öffentlichkeit einsichtig zu machen sind. Es ist ein *„den tatsächlichen Verhältnissen entsprechendes Bild"* zu geben (vgl. § 264 Abs. 2 S. 1, § 297 Abs. 2 S. 2 HG)[759]. Hinweise auf Modelle, Formeln oder nicht rechtsvergleichend überprüfte Beispiele aus dem Ausland genügen nicht. 309

---

753) Zur Darlegungs- und Beweislast bei Angriffen gegen das Gutachten LG Frankfurt/M., NZG 2004, 432
754) IDW S 1 2008 Tz. 69
755) IDW S 1 2008 Tz. 66
756) Dazu einführend schon siehe Rn. 20
757) OLG München, AG 2008, 28, 29
758) BayObLG, NZG 2006, 156, 157
759) Überblick bei Leffson, Die beiden Generalnormen, in: FS Goerdeler, 1987, S. 315

Fünfter Teil
Analyse des Unternehmens[760)]

„Aller Kunst muss das Handwerk vorausgehen"[761)].

A. Vergangenheit

I. Grundlagen

1. Pfadabhängigkeit

Der Unternehmenswert ist ein zukunftsbezogener Wert, er wächst aber aus der Vergangenheit (Zukunft braucht Herkunft)[762)]. Deshalb ist das Unternehmen zunächst vergangenheits- und stichtagsorientiert zu analysieren (Grundsatz der Vergangenheitsanalyse). Die Vergangenheitsrechnungen sind gegebenenfalls zu bereinigen[763)]. 310

Die Überschüsse der Vergangenheit sind nicht ausschlaggebend, aber sie setzen Maßstäbe und geben den Schlüssel für die Zukunft: Unternehmen sind „pfadabhängig". Die Prognose geht von der Analyse der Vergangenheit aus[764)]. 311

2. Anzahl der Jahre

Wir gehen etwa drei bis fünf Jahre vor den Stichtag zurück[765)] und analysieren für diesen Zeitraum Gewinn- und Verlustrechnung, Bilanz, Kapitalflussrechnung und interne Aufstellungen. Eine Vergangenheitslastigkeit durch Beachtung weiterer Jahre ist zu vermeiden. Die Ursachen für die bisherigen Ergebnisse sind erkennbar zu machen. Die Posten sind mit ihren anteiligen Überschüssen vor und nach dem Stichtag anzusetzen: Sind halbfertige Arbeiten anteilig angesetzt, sind Risiken verursachungsgerecht zugeordnet? 312

3. Verlaufsanalyse

Zur Einschätzung der Entwicklung beachten wir Veränderungen der Märkte und der Branche, verfolgen technische Trends sowie volkswirtschaftliche/ politische Strömungen. Wichtig ist, wie sich die Marktstellung des Unternehmens entfaltet hat (Verlaufsanalyse, Verlaufsdynamik)[766)]. Deren Bedeu- 313

---

760) Siehe dazu den Erhebungsbogen zur Unternehmensbewertung. Er kann bei der IDW Verlag GmbH, Postfach 320580, 40420 Düsseldorf bezogen werden
761) Johann Wolfgang von Goethe
762) Vgl. OLG Düsseldorf, NZG 2005, 280, 282 OLG Düsseldorf, NZG 2000, 1079, 1080
763) IDW S 1 2008 Tz. 73
764) IDW S 1 2008 Tz. 75
765) IDW S 1 2008 Tz. 77
766) IDW S 1 2008 Tz. 74

A. Vergangenheit

tung ist je nach Markt unterschiedlich. Bei unsichtbaren Gütern, die nur über ihre Akzeptanz am Markt „existieren", wie z. B. bei Versicherungen, ist sie hoch. Zu beachten ist auch der **Verlauf** des Börsenkurses; er deutet u. a. auf die Fähigkeit hin, schnell und günstig Kapital aufzunehmen; Stetigkeit ist wichtig. Gleiches gilt für den **Verlauf** der Einstufung durch Ratingagenturen[767] und Banken nach den Regeln von Basel II[768]. Aber auch hier ist Distanz geboten – nach den ernüchternden Erfahrungen 2007 mit „subprime mortgages" in den USA[769] und dem damit verbundenen „Erdbeben im Weltfinanzsystem"[770].

II. Substanz

314 Zwar spielt der Substanzwert grundsätzlich keine Rolle[771]; deshalb sind stille Rücklagen nicht eigens zu erfassen. Aber die Substanz (ihr technischer Stand, ihr Erhaltungsgrad) beeinflusst doch künftige Überschüsse. Deshalb ist sie für die Investitions- und Finanzplanung zu beachten.

III. Wesentliche Positionen

315 Wir ermitteln die Überschüsse **nach** Steuern, ziehen also die vom Unternehmen gezahlten inländischen und ausländischen Steuer ab[772]. Aus der Gewinn- und Verlustrechnung erfassen wir im Übrigen vor allem folgende Positionen: Umsatzerlöse, Materialaufwand, Personalaufwand, Abschreibungen, sonstige betriebliche Aufwendungen und Erträge, Zinsertrag und Zinsaufwand, außerordentliches Ergebnis.

316 Aus der Bilanz entnehmen wir Anlagevermögen, Finanzanlagen, Vorräte und Kassenbestand. Es folgen Rückstellungen, die leicht „Verschiebebahnhöfe" sein können. Für Pensionsrückstellungen genügt eine Orientierung an § 6a EStG nicht; die tatsächliche demographische Entwicklung („Älterwerden") ist zu berücksichtigen[773]. Verbindlichkeiten aus Lieferungen und Leistungen, Fremdkapital und Eigenkapital und deren Verhältnis zueinander sind zu erfassen. Bei Personengesellschaften schauen wir auf eine evtl. persönliche

---

767) Großfeld, Europäische Unternehmensverfassung 169; vgl. Schneider, Verringern „Grundsätze ordnungsgemäßen Ratings", Risikomodelle und Eigenkapitalunterlegungen der Insolvenzgefahr bei Kreditinstituten, in: FS Dieter Rückle, Berlin 2006, S. 67; Deipenbrock, Ausgewählte Rechtsaspekte einer „Anerkennung" von Ratingagenturen, WM 2006, 2237

768) Hennrichs, „Basel II" und das Gesellschaftsrecht, 7GR 2006, 563

769) Lucchetti/Ng, Credit and blame: How calls made by rating firms fed subprime mess, The Wall Street J. Europe, Thursday, August 16, 2007, S. 12; Kazim, Die böse Macht der Krisen-Katalysatoren, http://www.spiegel.de/wirtschaft/0,1518,499674,00.html

770) Handelsblatt, 10.12.2007 Nr. 238, S. 1

771) Siehe Rn. 1115

772) LG Frankfurt/M., AG 2007, 42, 43

773) LG Dortmund, BeckRS 2007 05697

Haftung. Wir bilden uns ein Urteil über die Liquidität; sie ist von **zentraler** Bedeutung.

IV. Verrechnungspreise

Zu korrigieren sind Überschüsse, die durch Verrechnungspreise verzerrt 317 sind. Darauf ist besonders zu achten bei Geschäften zwischen Konzernmitgliedern[774]. Daraus können sich auch Vorteile ergeben[775]. Anzusetzen sind die Überschüsse, die ein selbständiges Unternehmen erzielt hätte (Fremdvergleichspreis)[776]. Evtl. sind dann die Steuern neu zu berechnen, ebenso die erfolgsabhängigen Bezüge der Geschäftsleitung.

V. Bereinigungen[777]

Herauszunehmen sind die Aufwendungen und Erträge des nicht betriebs- 318 notwendigen Vermögens[778];

Halbfertige Arbeiten sind periodengerecht mit anteiligen Erlösen anzuset- 319 zen; entsprechendes gilt für die Zuordnung von Aufwendungen und Erträgen;

Folgen aus der Änderung von Bewertungsmethoden sind zu korrigieren; 320

Unternehmerlohn oder Konzernbeziehungen sind zu beachten; 321

Ergebnisabhängige Steuern und Tantiemen sind gemäß den Bereinigungen zu 322 erfassen.

VI. Gewichtung

Die durchschnittlichen Überschüsse der Vergangenheit deuten auf die zu- 323 kunftsorientierte Erwerbskraft hin; wir können sie aber nicht schematisch als Indikator wählen. Vielmehr sind die einzelnen Jahre zu abzuwägen; die Überschüsse werden mit zunehmender Nähe zum Stichtag bedeutsamer. Oft lässt man das beste und das schlechteste von fünf Vergleichsjahren weg und gewichtet die drei verbleibenden Jahre in aufsteigender Reihe mit 1, 2, und 3; das letzte Jahr erhält so das stärkste Gewicht. Bei der Gewichtung besteht ein Ermessen, das es gestattet, ein „Ausreißerjahr" weg zu blenden[779]. Es ist darauf zu achten, welche Erfolgsanstöße noch zum Stichtag wirken.

---

774) OLG München, Beschl. 30.11.2006, Az.: 31 Wx 059/06
775) OLG Celle, ZIP 2007, 2025, 2026
776) BFH, NZG 2005, 859; vgl. auch § 1 Abs. 1 u. 3 AStG. Einzelheiten in Möller, Verrechnungspreis, S. 40ff.
777) IDW S 1 2008 Tz. 103
778) Siehe Rn. 1023
779) OLG Stuttgart, Der Konzern 2004, 128, 131

B. Zukunft[780]

I. Grundsätze

1. Going Concern

324 Wir gehen davon aus, dass das Unternehmen fortgeführt wird („going concern")[781]. Daher hängt der Wert von den künftigen Zuflüssen bei den Anteilseignern ab (Zuflussprinzip). Zu beachten sind alle Umstände, die am Stichtag in der Wurzel angelegt sind[782]. Vorübergehende positive oder negative Faktoren scheiden aus.

2. Neutrale Sicht

325 Die Zukunft beurteilen wir aus der Sicht eines neutralen Dritten. Da es um auf Dauer erzielbare Überschüsse geht, sind mittlere Werte maßgeblich (kein „Vorsichtsprinzip"[783]). Chancen und Risiken sind gleichmäßig einzubeziehen. Absehbare Chancen und Unsicherheiten der Zukunft sind zu beachten. Nur betrieblich bedingte Überschüsse sind anzusetzen; Überschüsse aus dem neutralen Vermögen erfassen wir getrennt[784].

II. Abschlussanalyse

326 Die Analyse der Zukunft beginnt mit dem letzten Jahresabschluss. Wir ermitteln das Verhältnis von Eigen- zu Fremdkapital und die Liquidität. Wir achten auf die Höhe des immateriellen Vermögens[785], welches bisher allenfalls teilweise in der HGB-Bilanz erscheint (§§ 248 Abs. 2, § 255 Abs. 4 HGB); das wird sich wohl in Kürze ändern[786].

327 Aus dem Konzernabschluss erkennen wir die Konzernverflechtungen sowie die Chancen und Risiken daraus; wir erhalten einen Überblick über das Ganze. Das kann sich beim Risikozuschlag auswirken[787]. Einzubeziehen ist eine Kapitalflussrechnung (vgl. § 297 Abs. 1 S. 1 HGB).

---

780) IDW S 1 2008 Tz. 68-71, 75-84, 102-120
781) Vgl. §. 253 Abs. 1 S. 2 HGB
782) Siehe Rn. 243
783) Vgl. § 253 Abs.1 S. 4 HGB
784) LG Berlin, NZG 2000, 284, 285f. Siehe auch Rn. 1023
785) Zur Bewertung einer Marke OLG Stuttgart, AG 2008, 510, 516
786) Siehe Rn. 1202
787) Siehe Rn. 592

III. Branchenanalyse

Zuerst analysieren wir die Branche (branchenorientierte Bewertung)[788]. Kann sie im Vergleich zu anderen wachsen oder fallen? Dann fragen wir nach der Stellung des Unternehmens in der Branche und nach der seiner Wettbewerber: Gibt es Marktführer, bestehen Schranken für den Markteintritt? Schützen Patente? Wie lange? Liegt das Unternehmen im, über oder unter dem Branchentrend? Hat gerade sein Produkt Chancen? Im Vordergrund steht die Verlaufsanalyse, weil sie die Dynamik zeigt; eine statische Betrachtung ist verfehlt.

328

IV. Einzelanalyse

Danach sind die Produkte und die Produktbereiche zu untersuchen[789]. Es empfiehlt sich, Erfolgseinheiten nach Produkt und Markt zu bilden. Zu beachten sind Tendenzen bei Kosten (z. B. Lohnsteigerungen) und Erlösen (z. B. Importdruck, technischer Vorsprung, Ablaufen eines Patents). Den künftigen Zinsaufwand leitet man aus einer Finanzbedarfsrechnung ab. Zum Überschuss gehört auch der Wert eines Anspruchs aus Nachteilsausgleich (§ 311 AktG).

329

V. Plandaten

Planungen und Prognosen obliegen in erster Linie der Geschäftsführung[790]. Daten über die Zukunft gewinnen wir daher aus internen Plan-Bilanzen, Plan-Gewinn- und Verlustrechnungen und aus Plan-Kapitalflussrechnungen. Diese Planungsrechnungen sind zeitnah zu aktualisieren oder zu erstellen[791]. Doch kann man sie nicht einfach übernehmen: Die Pläne sind gelegentlich zu „schön"; positive Entwicklungen werden leicht überschätzt, negative verdrängt. Unternehmer sind Optimisten; die Geschäftsleitung mag versuchen, sich in ein gutes Licht zu setzen – wegen der eigenen Karriere und wegen der Börse. Die Pläne können aber auch wegen befürchteter Abfindungen nach unten tendieren („corriger la fortune"). Immer ist Distanz geboten. Entscheidend ist die Plausibilität. Fehlen Planungsrechnungen oder sind sie nicht plausibel, so sind sachgerechte Prognosen zu treffen[792].

330

---

788) Drukarczyk/Ernst (Hrsg.), Branchenorientierte Unternehmensbewertung, 2. Aufl., München 2007. Zu den Besonderheiten eines Lebensversicherungsunternehmens OLG Düsseldorf, NZG 2006, 911. Zu Versicherungen allgemein LG Stuttgart, Beschl. 9.2.205, Az.: 36/99 KfH
789) Vgl. Schäfer/Matzen, Bewertung von Immobiliengesellschaften, in: Drukarczyk/Ernst (Hrsg.), aaO S. 451
790) OLG Düsseldorf, AG 2008, 498, 500; OLG Stuttgart, AG 2008, 510, 513
791) OLG Düsseldorf, Az.: I-26 W 5/06 AktG, 31.3.2006, http://www.justiz.nrw.de
792) OLG Düsseldorf, AG 2008, 498, 500f.

B. Zukunft

VI. Wachsende Überschüsse

1. Nominalrechnung/Realrechnung

331 Künftige höhere Überschüsse ergeben sich oft aus der Geldentwertung (Inflation). Wir können sie auf zwei Arten erfassen: Wir setzen die Überschüsse mit den nominalen Werten (Nominalrechnung) oder auf der Basis des Preisniveaus am Stichtag (Realrechnung) an[793]. Heute regiert die Nominalrechung[794], weil sie die Basis für die abzuziehenden Ertragsteuern des Unternehmens und der Anteilseigner ist[795]. Sie sichert den Bezug zum Basiszinssatz, der ebenfalls eine Nominalgröße ist (Homogenitätsprinzip)[796].

332 Die Inflationsrate bleibt wichtig für den Wachstumsabschlag, den wir uns später ansehen[797].

2. Weitere Veränderungen[798]

333 Für wachsende Überschüsse ist die Geldentwertungsrate nur ein erster Anhaltspunkt. Preissteigerungen auf Absatz- und Beschaffungsmärkten können höher sein; Änderungen bei Mengen und Kosteneinsparungen sind ebenfalls zu beachten. Immer ist zu prüfen, ob sich steigende Kosten auf die Kunden überwälzen lassen. Es ist zu schätzen, wie das geschehen kann und ob sich Mengen oder Strukturen ändern[799].

VII. Einzelne Überschüsse

1. Umsatzerlöse

334 Wir beginnen mit den Umsatzplanungen des Unternehmens und korrigieren sie eventuell. Wir schauen auf die Auftragsbestände und fragen nach saisonalen Einflüssen (z.B. Weihnachtsgeschäft). Bestimmte Umsätze sind vielleicht nur im Konzernverbund zu erreichen[800]. Wir ziehen übliche Schmälerungen des Ergebnisses ab (Rabatt, Skonto, kaufrechtliche Minderung). Auch hier entscheidet die Plausibilität.

2. Kosten/Erlöse

335 Wichtig ist, ob das Verhältnis von Kosten und Erlösen gleich bleibt, d. h. ob die Preise auf Beschaffungs- und Absatzmärkten parallel verlaufen. Von der

---

793) IDW S 1 2008 Tz. 94
794) IDW S 1 2008 Tz. 94
795) IDW S 1 2008 Tz. 94-96
796) IDW S 1 2008 Tz. 94; OLG Stuttgart, Der Konzern 2004, 128, 131
797) Siehe Rn. 926
798) IDW S 1 2008 Tz. 94-96
799) IDW S 1 2008 Tz. 96
800) OLG Düsseldorf, AG 2000, 324, 324

VIII. Finanzplanung

Produktionsseite her schätzen wir den Aufwand für Material, sowie für Roh-, Hilfs- und Betriebsstoffe.

Wir beziehen absehbare Lohn- und Gehaltssteigerungen, ferner einen Stellen- 336
aus- oder -abbau ein. Wenn Aufwendungen und Zahlungen für Pensionen weit auseinander fallen, prüfen wir die Folgen für Finanzierung und Besteuerung. Sorgfältig schauen wir auf alle Rückstellungen; sie mögen „Verschiebebahnhöfe" sein.

3. Investitionen

Wir prüfen die Reinvestitionsrate aufgrund der Investitionsplanung. Die Er- 337
gebnisse übernehmen wir in die Finanzplanung und in die Zinsrechnung.

4. Beteiligungen

Zu trennen ist zwischen inländischen und ausländischen Beteiligungen. 338
Das ist wegen oft anderer Marktverhältnisse notwendig, aber auch, um die Steuerlast richtig zu berechnen. Bei inländischen Beteiligungen stellen wir auf den Nettozufluss ab; bei ausländischen Beteiligungen achten wir darüber hinaus auf eine Anrechnung der ausländischen auf die deutsche Steuer.

5. Kapitalstruktur

Das Verhältnis von Eigenkapital zu Fremdkapital ist für die Finanzierungs- 339
kosten wichtig (Zinskosten als Zitterprämie?). Die Verminderung oder Vermehrung der Fremdmittel verbessert oder verschlechtert die Risikolage (Kapitalstruktur-Risiko)[801], weist auf Tendenzen hin. Deshalb müssen wir schon hier darauf achten und das Verhältnis von Eigenkapital zur Bilanzsumme ermitteln (Eigenkapitalquote)[802]. Im Übrigen ist die Kapitalstruktur wichtig für den Risikozuschlag im Kapitalisierungszinssatz[803].

VIII. Finanzplanung[804]

Wegen der starken Wirkung von Zins und Zinseszins[805] hängen die Über- 340
schüsse von der Finanzierung und deren Kapitalkosten ab.

Die Finanzplanung (Finanzbedarfsrechnung) stellt den Ausschüttungen den 341
Finanzbedarf einschließlich der Investitionen und der Liquiditätsvorsorge gegenüber. Ein evtl. Bedarf ist durch die Einbehaltung von Überschüssen, durch Fremdkapital oder durch neues Eigenkapital zu decken. Ein Mit-

---

801) Siehe Rn. 926
802) Vgl. § 4h Abs. 2 c EStG
803) Siehe Rn. 926
804) IDW S 1 2008 Tz. 109-111
805) Siehe Rn. 535

telüberschuss ermöglicht positive Zinseinnahmen oder die Tilgung von Krediten; Schulden führen zu Zins- und Zinseszins. Aus alledem formt sich das künftige Zinsergebnis als Teil der Überschüsse. Das Zinsergebnis kann aus einer Netto-Finanzposition (Saldo von Aktiva und Passiva) und einem durchschnittlichen langfristigen Zinssatz abgeleitet werden[806]. Danach sind die Unternehmenssteuern abzusetzen.

342 Die Finanzplanung ist zentral. Sie unterliegt vielen Einflüssen, die von außen kaum zu entschlüsseln sind; deshalb beschränken wir uns auf wesentliche Vorgänge. Hier endet die mathematische „Feinarbeit".

IX. Schwebende Geschäfte

343 Nach § 740 BGB nimmt der Ausgeschiedene an dem Ergebnis der schwebenden Geschäfte teil. Sie sind aber nicht gesondert abzurechnen, weil sie schon bei der Prognose der Überschüsse erfasst sind. Ein Erwerber würde die schwebenden Geschäfte nicht zusätzlich vergüten.

X. Ergänzungen

344 Bei unbegrenzter Lebensdauer verbinden wir den Barwert der Überschüsse aus dem betriebsnotwendigen Vermögen mit dem aus dem nicht betriebsnotwendigen Vermögen[807]. Bei begrenzter Lebensdauer fügen wir den Barwert der Überschüsse aus der Aufgabe oder Liquidation des Unternehmens hinzu[808].

XI. Perspektive

345 Das Unternehmen mag veräußert, es mag umstrukturiert oder verlagert werden. Auf wessen Sicht kommt es bei der Beurteilung der Zukunft an? Einige Autoren schauen auf die Pläne der verbleibenden Gesellschafter: Ein Streit über die Richtung des Unternehmens sei in der Gesellschafterversammlung oder in der Hauptversammlung zu lösen; das sei nicht Sache eines Gutachters.

346 Dem ist nicht zu folgen. Das Ausscheiden löst die Bindung an den Willen der Verbleibenden. Bliebe es bei deren Planung, könnten sie die Höhe der Abfindung bestimmen. Daher sind Alternativen aus der Sicht eines neutralen Dritten zu beurteilen und mit ihrer Wahrscheinlichkeit anzusetzen. Das geschieht durch alternative Überschussreihen[809].

---

806) IDW S 1 2008 Tz. 111
807) IDW S 1 2008 Tz. 86
808) IDW S 1 2008 Tz. 87
809) Siehe Rn. 365

XII. Nachteile aus Leitungsmacht[810)]

1. Grundlagen

Ein Unternehmensvertrag kann an einen früheren Unternehmensvertrag anschließen. Nach dem früheren Vertrag konnte die herrschende Gesellschaft stille Rücklagen der abhängigen Gesellschaft auflösen und Gewinne an sich abführen, vor allem im neutralen Vermögen[811)]; das soll durch die Verlustübernahme ausgeglichen werden (§ 302 AktG). Das so abgezogene Vermögen gehört der abhängigen Gesellschaft nicht mehr. Solange aber die herrschende Gesellschaft ihre Rechte nicht genutzt hat, ist es der abhängigen Gesellschaft zuzurechnen. Nach dem Prinzip der Eigenständigkeit bleiben dann Gewinnabführung und Verlustübernahme außer Betracht[812)]. 347

Die herrschende Gesellschaft muss jedoch das abhängige Unternehmen als lebensfähig erhalten[813)]. Sie verstößt gegen diese Pflicht, wenn sie das abhängige Unternehmen so ausgehöhlt hat, dass es keine Zukunft hat. Dann ist der Wert der herrschenden Gesellschaft der abhängigen Gesellschaft in dem Verhältnis zurechnen, wie es bestand, bevor die Lebensfähigkeit beeinträchtigt wurde[814)]. 348

2. Ansprüche[815)]

Bestand ein Beherrschungsvertrag, so kann die abhängige Gesellschaft Ansprüche aus §§ 309, 310 AktG haben, sonst aus §§ 317, 318 117 AktG, §§ 823, 826 BGB. Das OLG Stuttgart sieht die Gefahr, dass die Amtsermittlung im Spruchverfahren mit einem zivilprozessualen Streitverfahren „vermengt" wird[816)]. Das OLG Düsseldorf rechnete den Anspruch anfangs zum ihrem neutralen Vermögen[817)], verweist aber jetzt auf eine Leistungsklage[818)]. 349

XIII. Neues Eigenkapital[819)]

Grundsätzlich sind nur Alternativen zu beachten, die kein neues Eigenkapital erfordern[820)]. Es kann aber notwendig sein, für den Fortbestand des Unternehmens eine Finanzierungslücke zu schließen. Falls das durch Fremdkapital 350

---

810) LG Frankfurt/M., NZG 2007, 40
811) Beispiele OLG Düsseldorf, WM 1992, 986; ZIP 1990, 1333
812) So jedenfalls OLG Düsseldorf, ZIP 1990, 1333, 1338
813) BGH, WM 1979, 937; OLG Düsseldorf, ZIP 1990, 1333, 1338
814) OLG Düsseldorf, ZIP 1990, 1333, 1338; LG Berlin, AG 2000, 284, 285, 287
815) Vgl. Rn. 77
816) OLG Stuttgart, NZG 2000, 744 mit Verweis auf LG Düsseldorf, AG 1989, 138
817) OLG Düsseldorf, AG 1991, 106, 107f.
818) OLG Düsseldorf, AG 2000, 323, 326. Ebenso OLG Celle, ZIP 2007, 2025
819) Dazu OLG Celle, Beschl. 29. 12. 2006, Az.: 9 W 41/06, S. 8
820) Neuhaus, Unternehmensbewertung und Abfindung, Heidelberg 1990, S. 96

geschieht, erhöhen sich die Zinsen. Bei neuem Eigenkapital gibt es zwei Möglichkeiten: Man kann die davon erhofften Zusatzerfolge weglassen. Üblich ist jedoch, sie einzubeziehen und dann den Unternehmenswert um den Barwert der künftigen Kapitalzuführung zu kürzen[821]. Das sieht so aus:

Unternehmenswert nach Zuführung neuen Eigenkapitals	450.000 €
Abzüglich Barwert des zuzuführenden Eigenkapitals	100.000 €
Berichtigter Unternehmenswert	350.000 €

XIV. Veränderung durch Ausscheiden

1. Abzug von Sachmitteln

351 Wenn der ausscheidende Gesellschafter z. B. ein Grundstück zurückerhält (§ 738 Abs. 1 S. 2 1. Halbs. BGB), kann das die künftigen Überschüsse verringern. Zu welchen Bedingungen kann die Gesellschaft Ersatz erhalten? Der Gesellschafter erhält eine niedrigere Abfindung: Er kann nicht mit einer Abfindung rechnen als ob das Grundstück noch in der Gesellschaft ist.

2. Finanzierung der Abfindung[822]

352 Bei Personengesellschaften zahlt das Unternehmen die Abfindung (§§ 707, 733, 734 BGB); bei der Gesellschaft mit beschränkter Haftung kann es nach dem Gesellschaftsvertrag ähnlich sein. Das verschlechtert die Liquidität: Barvermögen fließt ab; oft entstehen Schulden. Das ist bei der Aktiengesellschaft anders, weil nicht sie die Abfindungen zahlt, sondern das herrschende Unternehmen oder der Übernehmer der Aktie.

353 Dennoch vernachlässigt die Praxis die Kosten der Finanzierung. Das ist richtig. Nach § 738 Abs. 1 S. 2 BGB soll der Ausscheidende erhalten, was er bei Auflösung der Gesellschaft und der Veräußerung des Unternehmens im Ganzen erhielte. Dann taucht das Finanzierungsproblem nicht auf. Bei der Abfindung liegt auch eine Parallele zum Kauf des Anteils nahe: Dort ist die Finanzierung allein Sache des Käufers.

354 Verfährt man anders, so finanziert der Ausscheidende den Erwerb seines Anteils zum Teil selbst – und damit den Zuwachs bei den Verbleibenden. In deren Händen liegt die Finanzierung, die der Ausscheidende nicht beeinflussen kann; deshalb kann sie nicht zu seinen Lasten gehen. Unter Umständen mag die gesellschaftliche Treuepflicht eine Ratenzahlung gebieten oder erlauben[823].

---

821) Vgl. OLG Stuttgart, NZG 2000, 744
822) Dazu Neuhaus, Unternehmensbewertung, S. 102ff.
823) Vgl. BGHZ 98, 382

Sechster Teil
Prognoseverfahren

A. Phasenmethode[824]

I. Allgemeines

Die Ergebnisse von Vergangenheit und Gegenwart lassen sich nicht mechanisch fortdenken. Vielmehr sind sie sensibel in die Zukunft zu projizieren (Prognoserechnung). Die Zukunft ist aber ungewiss, ist „a closed book"! Wir müssen daher lernen mit Unsicherheit umzugehen – davon entbinden uns keine Zahlen. Aussichten lassen sich für eine nähere Zeit noch einigermaßen erkennen, schließlich bleiben nur generelle Annahmen[825]; alle Verfeinerung ist „Horoskop". Die Planung ist dann kritisch mithilfe von „Sensitivitätsanalysen" (= Ende der Wissenschaft) zu befragen. **355**

Wir beginnen mit der Planung des Unternehmens und prüfen sie im Hinblick auf die tatsächlichen Abläufe (Planungstreue)[826]. Die Schätzung wird mit wachsender Entfernung vom Bewertungsstichtag unsicherer. Man darf sich dadurch aber nicht schrecken lassen; denn Schätzfehler können sich ausgleichen. Auch führt die Abzinsung der späteren Überschüsse zu immer geringeren Werten[827]; der sinkende Einfluss der künftigen Ergebnisse kann die unsichere Schätzung kompensieren. **356**

Die Zukunft unterscheidet sich aber doch im Grade der Unsicherheit: Die nähere Zukunft ist leichter zu beurteilen als die fernere, für die nur noch pauschale Annahmen zu machen sind. Daher teilt man die Zukunft in zwei Phasen (analytische Methode) ein[828]. Diese Phasenmethode ist der heutige Standard. **357**

II. Nähere Phase

Die nähere Phase (Detailplanungsphase) ist vom Recht nicht normiert[829]. Sie umfasst zumeist drei bis fünf Jahre[830], unter Umständen können auch zwei Jahre genügen[831]; für die Baubranche hat der Bundesgerichtshof sogar ein Jahr akzeptiert[832]. Für jedes Jahr werden die Überschüsse detailliert **358**

---

824) IDW S 1 2008 Tz. 75-80, 97f.
825) IDW S 1 2008 Tz. 76
826) BayObLG, AG 2006, 41, 43
827) Siehe Rn. 518
828) IDW S 1 2008 Tz. 77, 125, BayObLG, NZG 2006, 156, 158
829) OLG München, AG 2008, 28, 30
830) IDW S 1 2008 Tz. 77; vgl. LG Dortmund, NZG 2004, 723, 725; LG Dortmund, BeckRS 2007 05697, II 1 c aa
831) OLG Stuttgart, BeckRS 2007 05049; BayObLG, NZG 2001, 1137, 1138
832) BGH, BB 2083, 2084

prognostiziert. Die Geldentwertungsrate ist ein erster Anhaltspunkt für das erwartete Wachstum. Es ist aber stets zu prüfen, ob sich die Preissteigerungen auf die Kunden überwälzen lassen, ob mit Mengen- oder Strukturänderungen zu rechnen ist[833].

359 Die Ergebnisse der einzelnen Jahre diskontieren wir mit dem nominalen Zinssatz, der um die persönlichen Ertragsteuern gekürzt ist[834].

III. Fernere Phase

„From here to eternity"

1. Allgemeines

360 Für die fernere Phase gehen wir regelmäßig von einer unbegrenzten Lebensdauer des Unternehmens („ewige Rente") aus[835]. Dazu setzen wir die Sicht der näheren Phase langfristig im Sinne einer Trendentwicklung um[836]. Grundsätzlich schreiben wir die Daten des letzten Jahres fort[837], aber nicht gleichsam automatisch: Eignen sich die Ansätze der näheren Phase für die lange weitere Zukunft? Hat sich die Lage des Unternehmens „festgezurrt" (Gleichgewichts- oder Beharrungszustand)? Werden die Überschüsse gleich bleiben, wachsen oder schrumpfen[838]? Wir beachten künftige Investitionserfordernisse[839]. Unterliegt das Unternehmen in besonderem Maße konjunkturellen Schwankungen, kann es angemessen sein, den Durchschnitt der Planjahre anzusetzen; sonst würden Boom- oder Rezessionsphasen dauernd in die Zukunft fortgeschrieben[840]. Kurz: Stellt eine konstante Rate die Überschüsse angemessen dar? Die Antwort verlangt eine sorgfältige Analyse der Wachstumstrends und der Investitionserfordernisse[841].

2. Gewicht

361 Die fernere Phase hat bei weitem das größte Gewicht für den Unternehmenswert. Deshalb sind die Ansätze der näheren Phase auf ihre Eignung als Bezugsgröße sorgfältig zu prüfen[842]. Wichtig sind vor allem: Veränderungen

---

833) IDW S 1 2008 Tz. 96
834) IDW S 1 2008 Tz. 98
835) IDW S 1 2008 Tz. 85f.
836) IDW S 1 2008 Tz. 78f.
837) OLG Stuttgart, Beschl. 14.02.2008 Az.: 20 W 9/06, http://www.betriebs-berater.de/, Rn. 84; OLG Zweibrücken, WM 1995, 980, 982; LG Dortmund, BeckRS 2007 05697, S. 15
838) IDW S 1 2008 Tz. 78
839) IDW S 1 2008 Tz. 97
840) OLG München, Beschl. 31.03.2008 Az.: 31 Wx 88/06, http://www.betriebs-berater.de/, S. 7f.
841) IDW S 1 2008 Tz. 97
842) Beispielhafte Auflistung in IDW S 1 2008 Tz. 79

I. Mehrwertige Schätzung

auf dem Absatz- und Beschaffungsmarkt, Lebenszyklen von Produkten, Chancen und Kosten, Forschung und Entwicklung, Alterversorgung, Laufzeit von Patenten, Branchenkennzahlen. Die jeweiligen Trends müssen nachvollziehbar, die Ergebnisse plausibel sein[843].

3. Abzinsung

Der finanzielle Überschuss dieser Phase ist auf ihren Beginn zu diskontieren ("ewige Rente"). Das geschieht mit dem nominalen Kapitalisierungszinssatz, der um persönliche Ertragsteuern[844] und u. U. um einen Wachstumsabschlag[845] gekürzt ist. Das so erzielte Ergebnis wird dann weiter mit dem nominalen Kapitalisierungszinssatz nach Abzug der Ertragsteuern auf den Bewertungsstichtag abgezinst – ohne Wachstumsabschlag[846]. 362

IV. Mischmethode

Trotz aller Analyse bleibt die Zukunft ungewiss – selbst für Insider. Deshalb begegnen wir auch einer Mischmethode: Sie verbindet die bisher tatsächlich erzielten Überschüsse mit den am Stichtag absehbaren[847] und orientiert sich an den letzten drei Jahren vor dem Stichtag und den zwei oder drei Jahren danach. Dabei gewichtet man die vergangenen Jahre mit z. B. 15, 20 und 25%, die zukünftigen Jahre mit je 25%. Uwe Seetzen[848] erwägt 10, 20 und 30% vor dem Stichtag und 40% für das erste Jahr danach. Spätere Jahre will er nicht höher gewichten, weil die Gefahr von Prognosefehlern mit jedem Jahr steigt. 363

V. Methodenwahl

Die Wahl zwischen Phasen- und Mischmethode hängt ab vom Einzelfall. Die Phasenmethode ist vorzuziehen, wenn solide Plandaten vorliegen. 364

B. Alternative Reihen[849]

I. Mehrwertige Schätzung

Trotz der Unsicherheiten der Prognose wird oft nur eine Überschussreihe ermittelt und nur ein Risikoszenario angesetzt[850]. Da es aber um Pläne und 365

---

843) IDW S 1 2008 Tz. 81
844) IDW S 1 2008 Tz. 98; siehe Rn. 383
845) IDW S 1 2008 Tz. 98, siehe Rn. 926
846) IDW S 1 2008 Tz. 98
847) Seetzen, Die Bestimmung des Verschmelzungsverhältnisses im Spruchstellenverfahren, WM 1994, 45, 46f.
848) AaO
849) Komp, Zweifelsfragen, S. 123f.
850) So verlangt es IDW S 1 2008 Tz. 175

B. Alternative Reihen

Schätzungen geht, sind andere Sichten möglich. Es kann deshalb zweckmäßig oder notwendig sein, mehrwertig zu planen, so das Maß der Unsicherheit offen zu legen und im Gespräch eine Lösung zu finden[851]. Dadurch lassen sich auch *„Anhaltspunkte [gewinnen] für die Berücksichtigung der Unsicherheit im Rahmen des Bewertungskalküls "*[852], d. h. für den Risikozuschlag. Was aber wann und wo am wahrscheinlichsten ist, bleibt ein springender Punkt. Das muss das Gericht entscheiden; es darf sich nicht dem Gutachter „ausliefern".

366 Deshalb kann der Gutachter nicht irgendwelche Zu- und Abschläge für unwägbare Risiken machen; er muss dann mehrwertig schätzen indem er die Bandbreite der möglichen Überschüsse zeigt und mehrere Möglichkeiten angibt (Ermittlung der Überschussskala, Reihe von Alternativwerten). Sodann ist *„das Für und Wider der grundlegenden Alternativentwicklungen"* zu erörtern[853].

367 Die unterschiedlichen Erwartungen mit ihren jeweiligen Wahrscheinlichkeiten sind anzuführen und zu gewichten. Dabei sind unternehmensspezifische Unsicherheiten (z. B. Wettbewerbslage, Führungsproblem, Branchenlage, technische Entwicklung) und allgemeine Risiken (z. B. Konjunktur, Globalisierung) zu beachten. Die Kriterien für die Schätzung sind offen zu legen; nur dann kann das Gericht abschließend urteilen. Alternative Ergebnisreihen sind so grundsätzlich gefordert.

II. Technik

368 Technisch verfährt man so:

369 Zunächst sind z. B. für vier Zukunftslagen die Überschusswerte zu ermitteln; sie werden nebeneinander geschrieben, z. B.:

Zukunftslage	1	2	3	4
Überschusswert	600.000	1.200.000	1.800.000	2.400.000

370 Danach ordnen wir jedem Wert eine Wahrscheinlichkeit des Eintritts zu, z. B. 0,2 (= 20%), 0,3 (= 30%), 0,4 (= 40%), 0,1 (= 10%). Die Addition muss jeweils 1 (= 100%) ergeben.

---

851) Fischer-Winkelmann, Weiterentwicklung
852) IDW S 1 2008; Fischer-Winkelmann, Weiterentwicklung
852) IDW S 1 2008 Tz. 80
853) Moxter, Wirtschaftsprüfer und Unternehmensbewertung, in FS Erich Loitlsberger, Wien 1981, S. 409, 413

II. Technik

Das Bild sieht jetzt so aus: 371

Zukunftslage	1	2	3	4
Überschusswert	600.000	1.200.000	1.800.000	2.400.000
Wahrscheinlichkeit	0,2	0,3	0,4	0,1
	(= 20%)	(= 30%)	(= 40%)	(= 10%)

Anschließend wird jeder Wert mit seinem Wahrscheinlichkeitsfaktor multipliziert. Die Werte addiert man und erhält so den Überschusswert, der in den Unternehmenswert eingeht. Unsere Aufstellung weist das schließlich so aus: 372

Zukunftslage	1	2	3	4	Summe
Überschusswert	600.000	1.200.000	1.800.000	2.400.000	
Wahrscheinlichkeit	0,2	0,3	0,4	0,1	1,0
	(= 20%)	(= 30%)	(= 40%)	(= 10%)	(=100%)
Überschusswert	120.000	400.000	720.000	240.000	1.480.000

Die mehrwertige Planung hat einen weiteren Vorteil: Sie verdeutlicht die Grenzen der Unsicherheit. Das ist eine Hilfe für die Wahl des Risikozuschlags[854] beim Kapitalisierungszinssatz[855]. 373

Alternativwert ist auch der Börsenwert. Er ist immer heranzuziehen, um die Plausibilität zu beurteilen[856]. 374

Ist das allgemeine Unternehmensrisiko schon bei der Bandbreite beachtet, bedarf es keines Risikozuschlages mehr[857]. 375

---

854) IDW S 1 2008 Tz. 88-92
855) IDW S 1 2008 Tz. 80
856) IDW S 1 2008 Tz. 15, 178. Siehe Rn. 1052
857) OLG Stuttgart, DB 2003, 2429

C. Grenzen

> „Mein Freund, die Kunst ist alt und neu.
> Es war die Art zu allen Zeiten,
> Durch Drei und Eins und Eins und Drei
> Irrtum statt Wahrheit zu verbreiten"[858].

376 Trotz aller Prognosen darf man die Vergangenheit nicht gering schätzen: Euphorie und Spekulation sind zu meiden – das verlangt Disziplin und unabhängiges Urteil. Die Zukunft, namentlich die spätere, ist und bleibt unsicher. Bei Unternehmen geht es um ungewisse Chancen und Risiken!

377 Es gibt keine mathematische Sicherheit; an die Stelle von „richtig" und „falsch" tritt „glaubwürdig" oder „unglaubwürdig". Auf „Nachvollziehbarkeit" auf „Plausibilität" kommt es an. Die Teilplanungen müssen aufeinander abgestimmt, der Zeitablauf muss durchsichtig sein[859].

378 Faktoren außerhalb der Formeln können beachtlich sein. Das gilt u. a. für den Börsenwert[860] und für Einstufungen beim Rating[861]; zu denken ist auch an vereinfachte Verfahren[862].

---

858) Johann Wolfgang von Goethe
859) IDW S 1 2008 Tz. 81
860) Hüffer/Schmidt-Assmann/Weber, Anteilseigentum; Großfeld, Börsenwert und Unternehmensbewertung, BB 2000, 261
861) Siehe Rn. 365
862) Siehe Rn. 1113

# Siebter Teil
Unternehmenswert und Steuern[863]
A. Geschichte
I. Vorsteueransatz

Lange bewertete man den Wert des Unternehmens ohne die beim Unternehmen (Körperschaftsteuer) und bei den Eignern (Einkommensteuer) anfallenden Steuern zu beachten. Daher zog man weder die Körperschaftsteuer noch die die Ertragsteuer der Eigner von den Überschüssen ab (Vorsteueransatz): 379

> „Da die Unternehmenswertermittlung vor Berücksichtigung der Einkommensteuerbelastung des Anteilseigners vorgenommen wird, ist auch die anrechenbare Körperschaftsteuer grundsätzlich Einkommensbestandteil des Anteilseigners und erhöht mithin die Unternehmenserträge.
> Die Ermittlung von Unternehmenswerten nach Berücksichtigung der persönlichen Einkommensteuer ist unüblich. Sie würde insbesondere voraussetzen, dass ein Kapitalisierungszinssatz verwendet würde, der ebenfalls nach Abzug von Einkommensteuern (gleiche Belastung vorausgesetzt) ermittelt werden müsste, wodurch sich der Unternehmenswert vor und nach Einkommensteuern kaum ändern würde"[864].

Die Einkommensteuer gehöre zur Privatsphäre (Steuergeheimnis[865]) und interessiere nur das Finanzamt[866]. Man wollte vermeiden, dass der Unternehmenswert von individuell verschiedenen Steuersätzen abhing[867]. Anzusetzen war die Ertragsteuer nur bei der Suche nach dem subjektiven Unternehmenswert[868]. 380

Das LG München erklärte für einen Stichtag Ende 1995[869]: 381

---

863) Hommel/Demel/Pauly, Unternehmensbewertung case by case, 3. Aufl., Frankfurt/M. 2008, S. 155; Richter, Relativer Unternehmenswert und Einkommensteuer oder: Was ist paradox am Steuerparadox?, in: FS Jochen Drukarczyk, München 2003, S. 307; Wameling, Die Berücksichtigung von Steuern im Rahmen der Unternehmensbewertung, Wiesbaden 2004; Wagner, Franz W., Unterschiedliche Wirkungen bewertungsbedingter und transaktionsbedingter latenter Ertragsteuern auf Abfindungs- und Ausgleichsansprüche,WPg 2008, 834
864) IDW HFA 2/1983, WPg 1983, 468, Abschn. C 2 b 5,1 und 5,4, S. 477. Dazu LG Dortmund, Beschl. 193.2007, S.15; Großfeld/Güthoff, Abfindungsanspruch und Einkommensteuer bei Personengesellschaften, in: FS Ernst Stiefel, 1987, S. 247, dort S. 255f. zur Berechnung der Steuerwirkung; Hennrichs, Unternehmensbewertung und persönliche Ertragsteuern aus (aktien)rechtlicher Sicht, ZHR 164 (2000) 453
865) § 30 Abs. 1 AO
866) Vgl. BGH, AG 1983, 188, 190; OLG Düsseldorf, DB 2000, 81, 84; BFH, BStBl. II 1980, 405, 408; II 1980, 463, 465
867) Vgl. IDW S 1 2005 Tz. 53
868) Dazu jetzt IDW S 1 2005 Tz. 56-66, speziell Tz. 66; IDW S 1 2008 Tz. 43-47

A. Geschichte

> „Nach Überzeugung der Kammer ist es nicht sachgerecht ... die steuerlichen Auswirkungen auf den einzelnen Anteilsinhaber zu berücksichtigen. Dies ergibt sich schon daraus, dass weder ein Durchschnittssteuersatz ... zu ermitteln ist, noch davon ausgegangen werden kann, dass die steuerlichen Verhältnisse am Stichtag auf einen längeren Zeitraum – geschweige denn auf die Ewigkeit – unverändert bleiben.
> Die vom neuen IDW-Standard S 1 [2000] vorgesehene Berücksichtigung einer typisierten Steuerbelastung vermag nicht zu überzeugen. Ein typisierter Steuersatz von 35% ist, soweit für die Kammer erkennbar, durch keinerlei empirische Untersuchung untermauert. Er berücksichtigt zudem nicht den Umstand, dass Aktien in zunehmendem Maße von institutionellen Anlegern (Fonds) gehalten werden, die z. B. wegen ihres Auslandssitzes der inländischen Steuer gar nicht unterliegen".

382 Das hat sich gewandelt. Für die Ebene des Unternehmens und der Anteilseigner vertritt das Institut der Wirtschaftsprüfer jetzt die Nachsteuerbetrachtung.

II. Nachsteueransatz[870]

1. Wandel

383 Inzwischen hatten sich die Stimmen gemehrt, die eine Bewertung nach Steuern verlangten[871]: Der Wert des Unternehmens bestimme sich für die Anteilseigner danach, was ihnen aus dem Unternehmen zufließt; das hänge davon ab, was nach Steuern auf beiden Ebenen übrig bliebe[872]. Damit wandelte sich die gesellschaftsbezogene Sicht des Gesetzes („Normwert")[873] in eine stärker gesellschafterbezogenen Sicht mit steigender Komplexität. Das setzt der weiteren „Ausziselierung" normative Grenzen.

2. Wirkung

384 Die Nachsteuerbetrachtung wirkt sich vor allem für die nähere Phase von 3 bis 5 Jahren aus. Bei der „ewigen Rente" (30 bis 40 Jahre)[874] ist die „Transformation von ansonsten sofort zu versteuernden Ausschüttungen in erst später zu versteuernde Ausschüttungen"[875] werterhöhend. Der Faktor (1 − s) im

---

869) LG München, AG 2002, 563, 567
870) IDW S 1 2005 Tz. 32 – 36; Wameling, Die Berücksichtigung. Siehe jetzt IDW S 1 2008 Tz. 28
871) Ballwieser, Unternehmensbewertung; berichtend Großfeld/Güthoff, Abfindungsanspruch; Schwetzler, Was impliziert die Wachstumsformel des IDW S 1, Finanz Betrieb 2004, 198; kritisch dazu Günther, Unternehmensbewertung: Netto-Ertragswertformel nach IDW S 1, Finanz Betrieb 2004, 204
872) Franz W. Wagner, Der Einfluss der Besteuerung auf zivilrechtliche Abfindungs- und Ausgleichsansprüche bei Personengesellschaften, WPg 2007, 929
873) Vgl. Rn. 119
874) Siehe Rn. 512
875) IDW S 1 2005 Tz. 53

II. Nachsteueransatz

Zähler und Nenner kürzen sich heraus[876]: Vor- und Nachsteuerrechnung mögen sich indes über die Zeit hinweg angleichen[877]: Im Einzelnen ist das streitig[878]. Der Anteil der näheren Phase auf den Unternehmenswert ist bescheiden; er liegt bei 15 bis 20%[879]; deshalb ist fraglich, ob sich die Komplexität „lohnt" und verhältnismäßig ist. Das ist angesichts der neuen Abgeltungsteuer erneut zu prüfen.

3. IDW S 1 2000 (Halbeinkünfteverfahren)

Den Durchbruch repräsentiert IDW S 1 2000[880] mit den Aussagen[881]: **385**

> *„Der Wert eines Unternehmens wird durch die Höhe der Nettozuflüsse an den Investor bestimmt, die er zu seiner freien Verfügung hat. Diese Nettozuflüsse sind unter Berücksichtigung der Ertragsteuern des Unternehmens und der aufgrund des Eigentums am Unternehmen entstehenden persönlichen Ertragsteuern der Unternehmenseigner zu ermitteln"*[882].
> *„Ertragsteuern der Unternehmenseigner (Einkommensteuer, ggf. Kirchensteuer, Solidaritätszuschlag), die mit dem Eigentum an dem Unternehmen verbunden sind, müssen bei der Bewertung berücksichtigt werden"*[883].

4. IDW S 1 2005 (Halbeinkünfteverfahren)[884]/IDW S 1 2008 (Abgeltungsteuer)[885]

IDW S 1 2005 und 2008 setzen die Nachsteuerbetrachtung fort. Eine wesentliche Änderung bringt ab 2009 die Abgeltungsteuer[886]. Vor allem darauf antwortet IDW S 1 2008[887]. **386**

---

876) Siehe Rn. 460
877) Dausend/Schmitt, Abgeltungssteuern 292
878) Vgl. Wiese, Das Nachsteuer-CAPM im Mehrperiodenkontext, Finanz Betrieb 2006, 242. Kritisch dazu Rapp/Schwetzler, Das Nachsteuer-CAPM im Mehrperiodenkontext, Finanz Betrieb 2007, 108. Die Antwort darauf in Wiese, Das Nachsteuer-CAPM 116. Gründlich Hommel/Dehmel, Unternehmensbewertung case by case, 3. Aufl. 2008, S. 160, angelehnt an Bezug auf Bartels/Engler, Das Steuerparadox bei Wachstum im Rahmen der Unternehmensbewertung, BB 1999, 917
879) Kesten, Unternehmensbewertung und Performancemessung mit dem Robichek/Myers-Sicherheitsäquivalentmodell, Finanz Betrieb 2007, 88
880) IDW S 1 2000 Tz. 33-40, 117
881) IDW S 1 2000 Tz. 37, 99
882) IDW S 1 2000 Tz. 32
883) IDW S 1 2000 Tz. 37
884) IDW S 1 2005 Tz. 37-40
885) IDW S 1 2008 Tz. 28, 43. Dazu Wagner/Saur/Willerhausen, Zur Anwendung 131
886) § 32 d EstG. Siehe Rn. 449

A. Geschichte

5. Gerichtspraxis

387 Die Gerichte folgen der Nachsteuerbetrachtung[888]. Das OLG München führt aus:

> „Der Prozentsatz von 35% ist von der Rechtssprechung zwischenzeitlich anerkannt worden, um zu einer angemessenen Abfindung zu gelangen"[889].

388 Das Oberlandesgericht Stuttgart[890] hält „bis auf Weiteres" an der Nachsteuerbetrachtung fest und sieht den typisierten Steuersatz von 35% als sachgerecht[891].

389 Daran orientiert sich die Praxis[892]:

> „Auch zur Ermittlung der persönlichen Ertragsteuerbelastung der Anteilseigner sind typisierende Annahmen zu treffen, da insbesondere die steuerliche Situation bei der großen Zahl der Publikumsaktionäre unbekannt ist. Die zu kapitalisierenden Zukunftserträge werden daher entsprechend der Empfehlung des Instituts der Wirtschaftsprüfer um eine typisierte Ertragsteuerbelastung von 35% [jetzt 17,5%] vermindert. Der Kapitalisierungszinssatz wurde ebenfalls um den Steuereffekt angepasst. Der Steuersatz von 35% berücksichtigt pauschal sowohl die Steuerbelastung inländischer Groß- und Kleinaktionäre als auch diejenigen ausländischer Anteilseigner".

390 Doch ist die Diskussion nicht abgeschlossen – namentlich im Hinblick auf die zunehmende Globalisierung der Kapitalmärkte[893] und die Abgeltungssteuer[894].

---

887) Überblick in Hommel/Pauly, Unternehmensbewertung und Unternehmensteuerreform 2008 – Eine gegenüberstellende Betrachtung der Auswirkungen der Reformaßnahmen auf den Kapitalstruktur- und Ausschüttungsdifferenzeffekt, Finanz Betrieb 2008, 412
888) BGH, NZG 2001, 603; OLG München, AG 2007, 287, 290; BayObLG, AG 2006, 41f; OLG Stuttgart, BeckRS 2006 13711, II B 4d; OLG Stuttgart, ZIP 2004, 712, 714;
889) OLG München, BeckRS 2007 09179, AG 2008, 28, 31. Vgl. OLG Stuttgart, NZG 2007, 112, 117f.; OLG Stuttgart, AG 2007, 705, 707. Zustimmend Dausend/Schmitt, Implizierte Schätzung der Marktrisikoprämie für den deutschen Kapitalmarkt, in: Forschungsberichte des betriebswirtschaftlichen Instituts der Universität Würzburg, Nr. 1172006, S. 26
890) Beschl. v. 14.2.2008 Az.: 20 W 9/06, http://www.betriebs-berater.de/, Rn. 75; NZG 702, 302, 308
891) OLG Stuttgart, AG 2008, 510, 523; NZG 2007, 478, 479 = BeckRS 2007 05049
892) Verschmelzungsbericht Thyssen/Krupp S. 128; OLG Karlsruhe, NZG 2008, 791 (BeckRS 2008, 18939)
893) OLG Stuttgart, BeckRS 2007 05049
894) Siehe Rn. 449

6. Stichtag

Für den Informationsstand zur Ertragsteuerbelastung ist das geltende oder das vom Gesetzgeber für die Zukunft beschlossene Steuerrecht maßgeblich[895].   391

B. Steuerhöhe[896]

I. IDW S 1 2000[897]

1. Typisierung

IDW S 1 2000 bediente sich erstmals eines „*typisierten Steuersatzes*" für die Ertragsteuerbelastung der Anteilseigner. Dazu hieß es: 392

> „*Bei der Ertragswertermittlung ist folglich zunächst als Ertragsteuer des Unternehmens – neben der Gewerbeertragsteuer – lediglich die Körperschaftsteuer (abzüglich Solidaritätszuschlag) zu berücksichtigen, die als Definitivbelastung der nicht abzugsfähigen Betriebsausgaben bzw. der Differenz zwischen steuerlichem Gewinn und ausschüttungsfähigem Überschuss anfällt. Anschließend sind die persönlichen Ertragsteuern der Unternehmenseigner (für den objektivierten Unternehmenswert mit einem typisierten Steuersatz von 35%) in Abzug zu bringen. Entsprechend ist auch der Kapitalisierungszinssatz (Basiszinssatz zuzüglich Risikozuschlag) zu modifizieren. Bei Gewinnausschüttungen ist die Zusammensetzung des verwendbaren Eigenkapitals zu beachten.*
> *Wird eine Unternehmensbewertung nach den DCF-Verfahren vorgenommen, so ist die vom Unternehmer gezahlte Körperschaftsteuer in die künftigen Cash Flows einzubeziehen. Bei der Ermittlung der Kapitalkosten der Fremdkapitalgeber ist infolge der Anrechenbarkeit der Körperschaftsteuer beim Anteilseigner allein die Gewerbeertragsteuer abzusetzen*"[898].

Die Höhe von 35% ist wohl aus Daten des Statistischen Bundesamtes abgeleitet[899]; die Einzelheiten sind unklar[900]. Für 1989 ergibt sich ein Durchschnittssatz von 38%, für 1992 ein Satz von 35,3%. Neuere Einzelwerte sind nicht veröffentlicht. Eine Untersuchung für 1998[901] deutet auf einen vergleichbaren Durchschnittsteuersatz für alle Steuerpflichtigen, nicht aber auf   393

---

895) IDW S 1 2008 Tz. 23
896) Aders, Auswirkungen 2
897) Dazu OLG Stuttgart, AG 2008, 510, 513
898) IDW S 1 2000 Anhang
899) Finanzen und Steuern, Fachserie 14, Reihe 7.1, 1995 S. 24f., 1998 S. 16.f.
900) Vgl. OLG Stuttgart, AG 2007, 705, 707; Wagner/Jonas/Ballwieser/Tschöpel, Unternehmensbewertung in der Praxis 1013; Dausend/Schmitt, Abgeltungsteuern 288
901) Aus 2004

B. Steuerhöhe

den Satz für Einkünfte aus Kapitalvermögen⁹⁰²⁾. Solidaritätszuschlag und Kirchensteuer werden nicht zusätzlich berücksichtigt⁹⁰³⁾. Der Steuersatz ermäßigt sich nach dem Halbeinkünfteverfahren auf 17,5%.

2. Unbeschränkte Steuerpflicht⁹⁰⁴⁾

394 Man unterstellte, dass die Unternehmenseigner in Deutschland ansässig und daher hier unbeschränkt steuerpflichtig sind⁹⁰⁵⁾, ferner, dass sie ihre Anteile im Privatvermögen halten⁹⁰⁶⁾.

II. IDW S 1 2005

1. Grundlagen

395 IDW S 1 2005 folgt dem allgemeinen Ansatz. Im Rahmen einer „*objektivierten Bewertung*"⁹⁰⁷⁾ soll bisher ein Steuersatz „*in Höhe von 35% nach statistischen Untersuchungen als vertretbar angesehen werden*"⁹⁰⁸⁾. Eine Darstellung von 2006 kommt aus unterschiedlicher Sicht für 2005 zu 29,8/41,1/43,8%⁹⁰⁹⁾. Dem liegt auch hier zugrunde, „*dass die Unternehmenseigner im Sitzland des zu bewertenden Unternehmens ansässig sind*"⁹¹⁰⁾. Nach dem Halbeinkünfteverfahren bleibt beim Anteilseigner eine Belastung von 17,5%.

2. Typisierung

396 IDW S 1 2005 nimmt einen typisierten Ertragsteuersatz⁹¹¹⁾ selbst dann an, wenn die persönlichen steuerlichen Verhältnisse der Anteilseigner bekannt sind⁹¹²⁾. Er sagt dazu:

---

902) Einzelheiten in Strauß/Wilke, Der subjektive und typisierte Steuersatz des Anteilseigners in der DCF-Unternehmensbewertung, Arbeitspapier Nr. 5-1, April 2003, http://www.wiwi.uni-muenster.de/ctrl; Heintzen u. a., Die typisierende Berücksichtigung der persönlichen Steuerbelastung des Anteilseigners beim Squeeze Out, Nr. 346 (http://www.wiwi.uni-hannover.de)
903) IDW S 1 2005 Tz. 53
904) § 1 Abs. 1 S. 1 EStG, § 1 Abs. 1 KStG
905) IDW S 1 2005 Tz. 55
906) IDW S 1 2005 Tz. 53
907) IDW S 1 2005 Tz. 37-40
908) IDW S 1 2005 Tz. 51, zuerst FN-IDW 1997, Nr. 1-2 v. 28.2.1997. Zu den statistischen Hintergründen Wagner/Jonas/Ballwieser/Tschöpel, Unternehmensbewertung 1012 Fn. 65
909) Nachweise bei Dausend/Schmitt, Implizierte Schätzung, S.26; Dausend/Schmitt, Abgeltungssteuern 288f.
910) IDW S 1 2005 Tz. 55, 41
911) IDW FN 1997, Nr. 1-2 v. 8.2.1997; IDW S 1 2005 Tz. 55; Strauch/Wilke, Der subjektive und typisierte Steuersatz
912) IDW S 1 2005 Tz. 53; OLG München, AG 2007, 287, 290

„*Auch wenn die persönlichen steuerlichen Verhältnisse der Unternehmenseigner bekannt sind, ist bei der Ermittlung objektivierter Unternehmenswerte eine typisierter Steuersatz zu verwenden, der bei voller Besteuerung der finanziellen Überschüsse für Deutschland in Höhe von 35% nach statistischen Erhebungen als vertretbar angesehen werden kann. Auf diese Weise wird eine Typisierung vorgenommen, der die Verhältnisse eines im Inland ansässigen unbeschränkt steuerpflichtigen Unternehmenseigners und bei Kapitalgesellschaften eines Anteilseigners, der die Unternehmensanteile im Privatvermögen hält, zugrunde liegen. Durch die Einbeziehung der typisierten Steuerbelastung wird vermieden, dass der objektivierte Unternehmenswert aufgrund unterschiedlicher Verhältnisse der Unternehmenseigner von individuell verschiedenen Steuersätzen abhängig gemacht wird. Eine zusätzliche Berücksichtigung des Solidaritätszuschlages und der Kirchensteuer scheidet bei dieser Typisierung aus*"[913].

III. IDW S 1 2008

1. Abgeltungsteuer[914]

a. Allgemeines

IDW S 1 2008 antwortet auf die Abgeltungsteuer ab 1.1. 2009. Sie erfasst Zinsen, Dividenden und Spekulationsgewinne[915]. Zur Abgeltungsteuer von 25% tritt der Solidaritätszuschlag (5,5% von 25%) hinzu, insgesamt 26,375%[916] (aufgerundet 26,4%)[917]. Die Abgeltungsteuer soll für Stichtage ab dem Tag der Zustimmung durch den Bundesrat (6.7.2007) zu beachten sein, also für Bewertungsstichtage ab dem 7.7.2007[918]. Das wirkt sich ab dem Planjahr 2009 aus. Ab dann ist der Abgeltungsteuersatz auf die Ausschüttung anzusetzen[919].

b. Veräußerungsgewinnsteuer

Veräußerungsgewinne werden erst bei Anteilen besteuert, die ab dem 1.1.2009 erworben werden (Neuerwerbe). Daher ist die Veräußerungsgewinnsteuer grundsätzlich erst für Bewertungsstichtage ab dem 1.1.2009 anzusetzen[920].

---

913) IDW S 1 2005 Tz. 53
914) Hommel/Dehmel/Pauly, Unternehmensbewertung S. 290
915) § 20 Abs. 1, § 32d EStG
916) §§ 1, 4 Solidaritätszuschlaggesetz; Dausend/Schmitt, Abgeltungssteuer 287
917) Wagner/Saur/ Willershausen, Zu Anwendung 740
918) IDW S 1 2008 FN 1. Einzelheiten bei Wagner/Saur/Willershausen, Zur Anwendung 740, 743
919) Wagner/Saur/Willershausen, Zur Anwendung 735. Dort auch zu einer „*schrittweisen*" oder „*ad hoc*" Anwendung für frühere Stichtage. Weitere Einzelheiten 745f.
920) Wagner/Saur/Willershausen, Zur Anwendung 735f.

2. Grundregel

399 Im Grundsatz folgt IDW S 1 2008 den bisherigen Ansätzen mit einigen Klarstellungen. So heißt es jetzt:

> „Der Wert eines Unternehmens wird durch die Höhe der Nettozuflüsse an den Investor bestimmt, die er zu seiner freien Verfügung hat. Diese Nettozuflüsse sind unter Berücksichtigung der inländischen und ausländischen Ertragsteuern des Unternehmens und grundsätzlich der aufgrund des Eigentums am Unternehmen entstehenden persönlichen Ertragsteuern der Unternehmenseigner zu ermitteln"[921].

3. Typisierung

400 Die Unsicherheit erweist sich an den generellen Ansätzen:. IDW S 1 2008 verlangt „wegen der Wertrelevanz der persönlichen Ertragsteuern" „anlassbezogene Typisierungen der steuerlichen Verhältnisse der Anteilseigner"[922]. Die „wertrelevanten steuerlichen Verhältnisse der Anteilseigner" seien „im Bewertungskalkül sachgerecht zu typisieren"[923]. Weiter heißt es[924]:

> „Die künftigen Nettozuflüsse werden bei unmittelbarer Berücksichtigung der persönlichen Ertragsteuern um diese gekürzt und mit einem ebenfalls durch die persönlichen Ertragsteuern beeinflussten Kapitalisierungszinssatz diskontiert. Die praktische Umsetzung der Berücksichtigung persönlicher Ertragsteuern im Rahmen der objektiven Unternehmensbewertung erfordert daher grundsätzlich Typisierungen hinsichtlich der Höhe des effektiven persönlichen Steuersatzes des Anteilseigners als Ausfluss seiner steuerlich relevanten Verhältnisse und Verhaltensweisen. So sind bei der Bewertung von Kapitalgesellschaften bei differenzierter Effektivbesteuerung von Dividenden und Veräusserungsgewinnen zusätzlichen Annahmen, z. B. über den Zeitraum des Haltens der Unternehmensanteile zu treffen"

4. Unterschiedliche Bewertungen

401 IDW S 1 2008 unterscheidet eine Unternehmensbewertung im Rahmen unternehmerischer Initiativen von einer Unternehmensbewertung bei gesetzlichen und vertraglichen Bewertungsanlässen.

402 Gesetzliche Bewertungsanlässe sind z.B. Unternehmensverträge, Squeeze Outs und Barabfindungen oder Umtauschverhältnisse nach dem Umwandlungsgesetz. Mit ihnen haben wir es in diesem Buch zu tun. Bewertungen auf vertraglicher Grundlage ergeben sich bei Eintritt in oder Austritt aus einer

---

921) IDW S 1 2008 Tz. 28
922) IDW S 1 2008 Tz. 29
923) IDW S 1 2008 Tz. 43
924) IDW S 1 2008 Tz. 44

Personengesellschaft, bei Erbauseinandersetzungen und Erbteilungen sowie bei Abfindungen im Familienrecht[925].

a. Gesetzliche Anlässe

Dazu wird Folgendes gesagt:

„Bei gesellschaftsrechtlichen und vertraglichen Bewertungsanlässen (z. B. Squeeze Out) wird der objektivierte Unternehmenswert im Einklang mit der langjährigen Bewertungspraxis und deutschen Rechtsprechung aus der Perspektive einer inländischen unbeschränkt steuerpflichtigen natürlichen Person als Anteilseigner ermittelt. Bei dieser Typisierung sind demgemäß zur unmittelbaren Berücksichtigung der persönlichen Ertragsteuer sachgerechte Annahmen zu deren Höhe sowohl bei den finanziellen Überschüssen als auch bei Kapitalisierungszinssatz zu treffen"[926].

„Für Unternehmensbewertungen aufgrund gesellschaftsrechtlicher oder vertraglicher Vorschriften, insbesondere zur Ermittlung eines Abfindungsanspruchs bei Verlust von Eigentums- und Gesellschafterrechten, z. B. Squeeze Out, sind wegen der Typisierung einer unbeschränkt steuerpflichtigen natürlichen Person als Anteilseigner (vgl. Tz. 31) weitergehende Analysen zu den effektiven Auswirkungen der persönlichen Steuern auf die künftigen Nettozuflüsse und den Kapitalisierungszinssatz erforderlich. Die dabei getroffenen Annahmen sind in der Berichterstattung zu erläutern[927]*".*

Mit solchen gesellschaftsrechtlichen Vorschriften haben wir es in diesem Buch zu tun.

b. Unternehmerische Initiativen

Für die Bewertung im Rahmen unternehmerischer Initiativen lesen wir:

„Im Hinblick auf das Informationsbedürfnis und die Informationserwartungen der Adressaten der Bewertung sowie vor dem Hintergrund der Internationalisierung der Kapitalmärkte und der Unternehmenstransaktionen ist in diesen Fällen eine mittelbare Typisierung der steuerlichen Verhältnisse der Anteilseigner sachgerecht. Hierbei wird die Annahme getroffen, dass die Nettozuflüsse aus dem Bewertungsobjekt und aus der Alternativinvestition in ein Aktienportfolio auf der Anteilseignerebene einer vergleichbaren persönlichen Besteuerung unterliegen. Im Bewertungskalkül wird dann auf eine explizite Berücksichtigung persönlicher Ertragsteuern bei der Ermittlung der finanziellen Überschüsse und des Kapitalisierungszinssatzes verzichtet[928].

---

925) IDW S 1 2008 Tz. 11
926) IDW S 1 2008 Tz. 31
927) IDW S 1 2008 Tz. 46
928) IDW S 1 2008 Tz. 30

C. Ausschüttungsannahme

> „Bei Unternehmensbewertungen im Rahmen von Unternehmensveräußerungen und anderen unternehmerischen Initiativen ist eine mittelbare Typisierung (vgl. Tz. 30) sachgerecht, die davon ausgeht, das im Bewertungsfall die persönliche Einkommensteuerbelastung der Nettozuflüsse aus dem zu bewertenden Unternehmen der persönlichen Ertragsteuerbelastung der Alternativinvestition in ein Aktienportfolio entspricht. Entsprechend dieser Annahme kann in diesen Fällen auf eine mittelbare Berücksichtigung persönlicher Steuern bei den finanziellen Überschüssen verzichtet werden"[929].

5. Steuerhöhe

406 Die Ermittlung der Steuerhöhe vereinfacht sich insoweit, als der Betrag von Abgeltungsteuer und Solidaritätszuschlag auf Basiszinssatz und auf Ausschüttungen mit 26,375% (aufgerundet 26,4%) feststeht.

407 Ein neues Problem ergibt sich aber aus der Veräußerungsgewinnbesteuerung: Welche realisierten Kursgewinne sind wann zu erwarten? Je später sie anfallen, umso weniger fallen sie am Stichtag ins Gewicht. Jörg Wiese zeigt die Abhängigkeit von der Haltedauer für die Jahre 1, 5, 10, 20 und 50: Der Steuersatz verläuft dann von 26,375% über 25,547%, 22,433% und 18,767% zu 11,563%[930].

408 Daher sind hier zusätzliche Annahmen *„über den Zeitraum des Haltens der Unternehmensanteile"*[931] zu treffen. Der Vorstandssprecher des IDW Klaus-Peter Naumann erläutert knapp: *„Der Unternehmenswert wird somit in der Zukunft von der Haltedauer der Anteile beeinflusst"*[932].

409 Bei der Haltedauer hilft man sich bisher mit Hinweisen auf die USA (deren Umfeld wegen der unterschiedlichen sozialen Sicherung und anderer Steuerverhältnisse schwer vergleichbar ist[933]). Danach sei die effektive Kursgewinnsteuer = ½ der pauschalen Steuer = 13,1875%[934] = aufgerundet 13,2%[935].

C. Ausschüttungsannahme

410 Die traditionelle Sicht der Bewertung vor Steuern ging von der Vollausschüttung der jährlichen Ergebnisse aus. Diese Annahme schützte die Minderheit: Die Bewertung ließ sich nicht durch die Ausschüttungspolitik „gestalten".

---

929) IDW S 1 2008 Tz. 45
930) Wiese, Unternehmensbewertung und Abgeltungsteuer, WPg 2007, 368, 371. Siehe auch Wagner/Saur/Willershausen, Zur Anwendung 736
931) IDW S 1 2008 Tz. 44
932) IDW, Presseinformation 8/2007 v. 7.09.2007 S. 1
933) Siehe Rn. 866
934) Jonas, Vortrag IDW Landesgruppenveranstaltung, Dortmund, 12.6.2008, Tafel 40f., 47
935) Wagner/Saur/Willershausen, Zur Anwendung 740

Dies entsprach dem damaligen steuerlichen „Anrechnungsverfahren", das eine Ausschüttung begünstigte. Die Lage änderte sich mit der Einführung des „Halbeinkünfteverfahrens" im Jahre 2000.

I. IDW S 1 2000

1. Halbeinkünfteverfahren

IDW S 1 2000 antwortete auf dieses neue Verfahren (§ 3 Nr. 40 KStG), das seit 2001 gilt (§ 34 Abs. 1 u. 2 KStG) und das bis dahin geltende „Anrechnungsverfahren" ablöste: In der Gesellschaft werden die Gewinne mit 25% Körperschaftsteuer (plus Solidaritätszuschlag) belastet, die nicht mehr anrechenbar ist[936]. Der Anteilseigner muss alle ausgeschütteten Gewinne versteuern[937]. Sie unterliegen bei ihm einer persönlichen Einkommensteuer. Der typisierte Satz von 35% vermindert sich aber bei Kapitalgesellschaften (§ 3 Nr. 40a EStG), weil nur die Hälfte der Dividenden der Ertragsteuer unterliegt, die daher für den Gesamtbetrag auf 17,5% sinkt[938]. Diese Belastung ist abzuziehen[939]; Solidaritätszuschlag und Kirchensteuer sind nicht eigens anzusetzen[940].

411

2. Vollausschüttung

Trotz der veränderten Steuerlage blieb IDW S 1 2000 bei der These von der Vollausschüttung wie unter dem Anrechnungsverfahren. Die ermäßigte Körperschaftsteuer auf die Ausschüttungen wurde auf die Einkommensteuer der Anteilseigner angerechnet. Die Körperschaftsteuer erschien so als Vorauszahlung auf die Einkommensteuerschuld der anrechnungsberechtigten, unbeschränkt steuerpflichtigen Anteilseigner (keine Doppelbelastung)[941]. Es war somit steuerlich vorteilhaft, auszuschütten (vgl. das frühere „Schütt aus/Hol zurück" – Verfahren). Basis der Bewertung waren daher alle ausschüttbaren Überschüsse[942]. Rücklagen, die zwar möglich, aber rechtlich nicht zwingend waren, minderten die Überschüsse nicht (rücklagenfreier Erfolg):

412

---

936) IDW S 1 2005 Tz. 53f.
937) IDW S 1 2000 Tz. 117
938) IDW S 1 2005 Tz. 53f
939) IDW S 1 2005 Tz. 39, 54
940) IDW S 1 2005 Tz. 53
941) IDW S 1 2000, Anhang
942) IDW S 1 2000 Tz. 26f.

C. Ausschüttungsannahme

„Grundsätzlich ist bei der Ermittlung des objektivierten Unternehmenswerts von der Vollausschüttung derjenigen finanziellen Überschüsse auszugehen, die nach Berücksichtigung des unveränderten Unternehmenskonzeptes (Substanzererhaltung, Finanzierungsstruktur) und rechtlicher Restriktionen (z. B. Bilanzgewinn, ausschüttbarer handelsrechtlicher Jahresüberschuss) zur Ausschüttung zur Verfügung steht"[943].

II. IDW S 1 2005

1. Grundlage

413 Das Halbeinkünfteverfahren begünstigte die Einbehaltung der Gewinne: Es war deshalb steuerlich vorteilhafter, nicht alle Überschüsse auszuschütten (Teilausschüttung statt Vollausschüttung).

414 Das legte nahe zu unterscheiden zwischen einbehaltenen (thesaurierten) Überschüssen und solchen, die den Eignern tatsächlich zufließen (Zuflussprinzip)[944],. Schon im folgenden Jahr können dann zu den Ausschüttungen auch Erträge aus thesaurierten Überschüssen beitragen[945]. Den Wert bestimmen die Überschüsse, die in den Verfügungsbereich der Eigner gelangen (Nettoeinnahmen)[946].

2. Zuflussprinzip[947]

415 IDW S 1 2005 **korrigierte** daher IDW S 1 2000 durch das Zuflussprinzip:

Auszugehen ist jetzt von der Ausschüttung der Überschüsse, *„die nach Berücksichtigung des zum Bewertungsstichtag dokumentierten Unternehmenskonzepts und rechtlicher Restriktionen ... zur Ausschüttung zur Verfügung stehen"*[948]. Ins Zentrum tritt die Ausschüttungsquote[949].

III. IDW S 1 2008

416 Diesem Ansatz folgt IDW S 1 2008[950]: Auch hier begegnen wir dem Zuflussprinzip[951]. Die Abgeltungsteuer plus Solidaritätszuschlag[952] erfasst den

---

943) IDW S 1 2000 Tz. 44
944) IDW S 1 2005 Tz. 25f
945) IDW S 1 2005 Tz. 26. Zur Technik IDW S 1 2005 Tz. 45–47
946) IDW S 1 2005 Tz. 25
947) IDW S 1 2005 Tz. 25
948) IDW S 1 2005 Tz. 45
949) Vgl. IDW S 1 2005 Tz. 25
950) IDW S 1 2008 Tz. 26
951) IDW S 1 2008 Tz. 35 – 37. Vgl. ferner Tz. 43f., 93, 117, 120, 122
952) §§ 1,4 Solidaritätszuschlaggesetz

Basiszinssatz und die Ausschüttung mit 26,375% (aufgerundet 24%)[953] **und** die realisierten Kursgewinne[954] mit 13,2% (aufgerundet)[955].

D. Einzelheiten: IDW S 1 2005

Sehen wir uns Einzelheiten auf den Ebenen Unternehmen und Anteilseigner gemäß der Fassung 2005 an.   417

I. Unternehmensebene[956]

1. Betriebssteuern

Beim Unternehmen (Kapitalgesellschaft oder Personengesellschaft) setzen wir alle Steuern ab, die das Unternehmen belasten (Betriebssteuern). Das sind die Umsatzsteuer und die Gewerbesteuer[957]. Wir beziehen Steuern auf das nicht betriebsnotwendige Vermögen ein.   418

2. Ertragsteuern

Abzuziehen sind die Ertragsteuern des Unternehmens[958]. Dazu gehören die Körperschaftsteuer (zuzüglich Solidaritätszuschlag)[959] und die Gewerbeertragsteuer[960]. Auch ausländische Ertragsteuern sind abzuziehen, weil sie die Erträge mindern[961].   419

a. Kapitalgesellschaften

Kapitalgesellschaften sind selbständige Steuersubjekte (§ 1 Abs. 1 Nr. 1 KStG) und unterliegen der Körperschaftsteuer von z. Z. 25% (§ 23 Abs. 1 KStG zuzüglich Solidaritätszuschlag, § 1 Abs. 1 SolZG).   420

Diese Steuer ist von den Überschüssen abzusetzen. Die Belastung mit Körperschaftsteuer kann eine Finanzierungslücke schaffen, die durch Fremdkapital zu füllen ist; dadurch können höhere Zinsen anfallen.   421

---

953) So Wagner/Sauer/Willershausen, Zur Anwendung 741
954) § 20 Abs. 2 Nr. 1; § 32 d Abs.1 S 1 EstG. Die Steuer kann aufgrund einer "Günstigerprüfung" niedriger sein – § 32 d Abs. 6 EstG
955) Ebd. 741. Dazu siehe Rn. 449
956) IDW S 1 2005 Tz. 32 – 36. Zu den Änderungen der nominalen Steuersätze und der Bemessungsgrundlagen durch die Unternehmensteuerreform 2008 siehe Wagner/Saur/Willershausen, Zur Anwendung 735f.
957) IDW S 1 2005 Tz. 33f.
958) IDW S 1 2005 Tz. 33
959) IDW S 1 2005 Tz. 35
960) IDW S 1 2005 Tz. 34
961) LG Frankfurt/M., Beschl. 21.3.2006, Az.: 3-05 O 153/04, S. 15

b. Einzelunternehmen/Personengesellschaft

422 Hier ist das Unternehmen nicht selbständiges Steuersubjekt, es wird also durch die Ertragsteuer nicht belastet[962]. Nur der Unternehmer oder der Gesellschafter unterliegt der Ertragsteuer (§ 15 Abs. 1 EStG)[963]. Auf eine Ausschüttung kommt es nicht an.

423 Auf der Ebene des Unternehmens ist als Betriebsteuer nur die Gewerbeertragsteuer abzusetzen[964]. Dabei ist zu beachten, dass sie auf die Einkommensteuer angerechnet wird[965].

II. Eignerebene[966]

424 Die Überschüsse für die Eigner mindern sich durch die typisierte Ertragsteuer darauf[967], soweit sie mit dem Anteil am Unternhmen verbunden sind[968]. In der Regel entsteht bei den Eignern keine Gewerbeertragsteuer[969].

1. Kapitalgesellschaft

425 Die Anteilseigner einer Kapitalgesellschaft beziehen über die Dividenden Einkünfte aus Kapitalvermögen (§ 20 Abs. 1 Nr. 1 EStG), wenn sie Anteile im Privatvermögen halten. Sie beziehen Einkünfte aus Gewerbebetrieb (§ 15 Abs. 1 S. 1 Nr. 1 EStG), wenn die Anteile im Betriebsvermögen liegen.

426 Bisher wurden die Ausschüttungen nur zur Hälfte steuerlich erfasst (3 Nr. 40 d EStG). Danach verbleibt der Nettozufluss an die Anteilseigner. Dieses „Halbeinkünfteverfahren" gilt für Geschäftsjahre, die nach dem 31.12.2000 beginnen; es betrifft erstmals Dividenden, die ab 2002 ausgeschüttet werden. Eine Gewerbeertragsteuer fällt in der Regel nicht an, weil wir typisierend annehmen, dass die Anteile im Privatvermögen gehalten werden[970].

2. Einzelunternehmen/Personengesellschaft

427 Die Gesellschafter einer Personengesellschaft als Mitunternehmer schulden Ertragsteuern (§ 15 Abs. 1 Nr. 2 EStG, § 8 KStG). Abzusetzen ist die anre-

---

962) IDW S 1 2008 Tz.36, IDW S 1 2008 Tz. 47
963) IDW S 1 2005 Tz. 36
964) IDW S 1 2005 Tz. 34
965) IDW S 1 2005 Tz. 40
966) IDW S 1 2005 Tz. 37-40, 53-55, 61, 121; IDW S 1 2008 Tz. 28. Zu den Änderungen aufgrund der Steuerreform 2008 siehe Wagner/Saur/Willershausen, Zur Anwendung 735 f.
967) IDW S 1 2005 Tz. 121
968) IDW S 1 2005 Tz. 32, 37
969) IDW S 1 2005 Tz. 38
970) IDW S 1 2005 Tz. 38

I. Allgemeines

chenbare Gewerbeertragsteuer[971]. Eine Halbeinkünfteregelung gibt es dort nicht.

E. Kapitalisierungszinssatz[972]

I. Allgemeines[973]

Wir suchen den Wert des fortgeführten Unternehmens bezogen auf eine andere Investition am Kapitalmarkt[974] Der Kapitalisierungszinssatz soll diese Beziehung herstellen. Er steht für die Rendite, die der Anteilseigner anderweitig erhalten kann. Das soll es ihm ermöglichen, den Ertrag zu erwirtschaften, von dem er am Stichtag ausgeschlossen wird. Dieser Zinssatz setzt sich aus einem Basiszinssatz und verschiedenen Zu- und Abschlägen zusammen. Entscheidend ist, wo man die „Alternative" sieht. Wogegen würde man die Beteiligung am Unternehmen tauschen? Dafür schauen wir auf Werte am Anleihe- oder am Aktienmarkt[975].

428

---

971) IDW S 1 2005 Tz. 40, 54. Zu den Änderungen aufgrund der Unternehmensteuerreform 2008 siehe Wagner/Saur/Willershausen, Zur Anwendung 735
972) Überblick zur Höhe in vielen gerichtlichen Entscheidungen in OLG Stuttgart, BB 2007, 682 m. Anm. Wassmann S. 680. Die Ergebnisse beziehen sich auf verschiedene Methoden und Stichtage. Daher sind sie nur bedingte und grobe Anhaltspunkte.
973) Wiese, Komponenten des Zinsfußes in Unternehmensbewertungskalkülen, Frankfurt/M. 2006
974) Stellungnahme HFA 2/1983: Grundsätze zur Durchführung von Unternehmensbewertungen, WPg 1983, 468, B 4 S. 472
975) Malloy, Law in a Market Context, Cambridge 2004

429 Der Kapitalisierungszinssatz besteht aus Basiszinssatz[976] plus Risikozuschlag[977] (ohne Wachstumsabschlag[978]). Ihn fand man traditionell durch einen Vergleich mit einem risikoangepassten festverzinslichen Wertpapier (Zinssatz am Anleihemarkt). Er bezieht sich damit auf Einkünfte, auf die Einkommen- oder Körperschaftsteuer zu zahlen ist; deshalb müssen wir diese Belastung vom Kapitalisierungszinssatz abziehen. Wir gelangen so zum Nettozinssatz. Wir ziehen nicht die Gewerbeertragsteuer der Anteilseigner ab: Wer die beste Anlage sucht, hält sie im Privatvermögen[979].

II. Steuerabzug

430 Für die Vergleichbarkeit müssen wird beachten, dass die finanziellen Überschüsse aus der alternativ am Kapitalmarkt zu tätigenden Anlage der Ertragsbesteuerung unterliegen. Daher ist der Kapitalisierungszinssatz um die Steuerbelastung zu kürzen[980].

431 Das entspringt dem Prinzip der Methodengleichheit (Homogenitätsprinzip)[981]: Wenn wir die Überschüsse um Steuern kürzen, müssen wir das beim Kapitalisierungszinssatz ebenfalls tun. Überschuss und Zinssatz müssen einander methodisch entsprechen: Sie sind nur vergleichbar, wenn sie beide nach Steuern angesetzt werden[982].

III. Ergebnis IDW S 1 2005

432 Der Zinssatz mindert sich hier um 35 %[983], weil die zum Vergleich herangezogenen Zinseinnahmen typisierend voll besteuert werden[984]:

> *„Diese Nachsteuerbetrachtung ermöglicht es, die Wirkungen des Halbeinkünfteverfahrens ... beim Unternehmenseigner zu berücksichtigen. Da die unterstellte Alternativinvestition der vollen Besteuerung unterliegt, ist der steuerangepasste Kapitalisierungszinssatz unverändert zu übernehmen, wohingegen die finanziellen Überschüsse aus dem Unternehmen entsprechend geringer mit Steuern belastet sind"*[985].

---

976) Siehe Rn. 564
977) Siehe Rn. 592
978) Siehe Rn. 926
979) IDW S 1 a.F. Tz. 99
980) IDW S 1 a.F. Tz. 99; OLG Karlsruhe, NZG 2008, 791 (BeckRS 2008, 18939)
981) LG Frankfurt/M./M, AG 2007, 42, 44; Beschl. 21.3.2006, oben Fn. 120, S.15; BFH, BStBl. II 1980, 405, 408
982) Zur Berücksichtigung der Abgeltungsteuer schon für 2008 siehe Wagner/Saur/Willershausen, Zur Anwendung 737
983) IDW S 1 n.F. Tz. 24, 32, 101f.
984) OLG Stuttgart, BB 2007, 682
985) IDW S 1 a.F. Tz. 99

Das Ergebnis ist also, dass wir die Überschüsse bei Kapitalgesellschaften um 17,5% kürzen, den Zinssatz aber stets um 35%[986]). **433**

F. IDW S 1 2008

IDW S 1 2008 folgt diesem Muster[987]). Der Zinssatz ändert sich mit der Einführung der Abgeltungsteuer. Die Marktrisikoprämie vor Steuern wird mit 5% angenommen, nach Steuern mit 4,5%[988]). **434**

G. Marktrisikoprämie

> *„Kapitalmarktuntersuchungen haben gezeigt, dass Investitionen in Aktien in der Vergangenheit höhere Renditen erzielten als Anlagen in risikoarmen Gläubigerpapieren"*[989]).

Die Bewertung nach Steuern erhielt einen neuen Akzent mit der Sicht, den Risikozuschlag nicht mehr an Anleihen zu orientieren sondern – zunächst alternativ – an Aktienrenditen[990]). Die Marktrisikoprämie trat damit als Vergleichsmaßstab in den Vordergrund[991]). Generell heißt es dazu: **435**

> *„Die finanziellen Überschüsse aus dem Unternehmen sind mit den aus einer gleichartigenAlternativinvestition in Unternehmen zu erzielenden finanziellen Überschüssen zu vergleichen.*[992]) *Hierzu ist bei der Ermittlung eines objektivierten Unternehmenswerts typisierend auf Renditen eines Bündels von am Kapitalmarkt notierten Unternehmensanteilen (Aktienportfolio) als Ausgangsgröße abzustellen. Sofern die zu diskutierenden Überschüsse um persönliche Ertragsteuern vermindert werden, ist der Kapitalisierungszinssatz ebenfalls unter unmittelbarer Berücksichtigung persönlicher Ertragsteuern anzusetzen"*[993]).

Bei dieser Methode ist zu unterscheiden zwischen Dividenden und Kursgewinnen[994]). Hieraus ergibt sich der wesentliche Unterschied zwischen IDW S 1 2005 und IDW S 1 2008: Die Abgeltungsteuer erfasst alle realisierten Kursgewinne[995]). **436**

Wir werden uns näher damit unter dem Stichwort „Tax-CAPM" befassen[996]). **437**

---

986) IDW S 1 2005 Tz. 101; § 3 Nr. 40d. Zur erstmaligen Anwendung § 52 Abs. 4b EStG
987) Vgl. IDW S 1 2008 Tz. 93
988) Wagner/Saur/Willershausen, Zur Anwendung 741
989) Verschmelzungsvertrag T-Online/Deutsche Telekom, S. 260
990) IDW S. 2005 Tz. 98
991) Einzelheiten siehe Rn. 724
992) Muster dazu in Wagner/Saur/Willershausen, Zur Anwendung 746
993) IDW S 1 2008 Tz. 93
994) Einzelheiten siehe Rn. 692
995) § 20 Abs. 2 Nr. 1; § 32 d EStG
996) Siehe Rn. 887

H. Einzelunternehmen/Personengesellschaft

438 IDW S 1 2008[997] stellt klar:

> *"Die Bewertung eines Einzelunternehmens oder einer Personengesellschaft erfordert stets eine Berücksichtigung persönlicher Ertragsteuern, wenn – wie im Fall des derzeitigen Steuersystems – die persönliche Einkommensteuer teilweise oder ganz an die Stelle der in der Alternativrendite bereits berücksichtigten Unternehmenssteuer tritt".*

J. Anteilseigner im Ausland

I. IDW S 1 2005

439 Bewertet wird gemäß der Annahme, *"dass die Unternehmenseigner im Sitzland des zu bewertenden Unternehmens ansässig sind"*[998]. Der Unternehmenswert soll eben unabhängig sein von individuell unterschiedlichen Steuersätzen – selbst wenn sie bekannt sind[999]. Das soll auch gelten für Anteilseigner im Ausland:

> *"Ebenso wie bei der steuerlichen Belastung der Minderheitsaktionäre kann hier nicht auf konkrete einzelne steuerliche Belastungen Rücksicht genommen werden, sondern es ist im Rahmen der pauschalierten Betrachtungsweise auch hier der durchschnittliche Steuersatz für unbeschränkt steuerpflichtige Steuerinländer anzusetzen"*[1000].

440 Das betrifft vor allem Anteilseigner in „Steueroasen"[1001].

II. IDW S 1 2008

441 IDW S 1 2008 spricht von einer *"anlassbezogenen Typisierung der steuerlichen Verhältnisse der Anteilseigner"*[1002]. Ferner heißt es: *"Daher sind die wertrelevanten steuerlichen Verhältnisse der Anteilseigner bei der Ermittlung des objektivierten Unternehmenswertes im Bewertungskalkül sachgerecht zu typisieren"*[1003]. Hingewiesen wir auf die *"Internationalisierung der Kapitalmärkte"*[1004]; doch ist der *"objektivierte Unternehmenswert" "im Einklang mit der langjährigen Bewertungspraxis und deutschen Rechtsprechung"* zu ermitteln *"aus der Perspektive einer inländischen unbeschränkt steuerpflichtigen natürli-*

---

997) IDW S 1 2008 Tz. 47
998) IDW S 1 2005 Tz. 55
999) IDW S 1 2005 Tz. 53
1000) LG Frankfurt/M., NZG 2006, 868, 872. A. A. Mandl/Rabel, Der objektivierte Unternehmenswert, S. 59f
1001) Vgl. jetzt aber § 50 d Abs. 3 EStG, der das „Treaty Shopping" erschwert.
1002) IDW S 1 2008 Tz. 29
1003) IDW S 1 2008 Tz. 43
1004) IDW S 1 2008 Tz. 30

chen Person als Anteilseigner"[1005]). Dem folgt der Hinweis auf die „*Typisierung einer inländischen unbeschränkt steuerpflichtigen natürlichen Person als Anteilseigner*"[1006]).

K. Intertemporale Regeln

I. Rückwirkung

Streitig ist, ob die neue Sicht für frühere Bewertungsstichtage gilt. Der Bundesgerichtshof[1007] verbietet eine „*unechte Rückwirkung*" nur „*in sehr engen Grenzen*", wenn sie „*existenzbedrohende Auswirkungen hätte*"; das Landgericht Bremen[1008] bejaht sie ausdrücklich in der Steuerfrage. Es meint, dass der Nachsteueransatz „*neueren betriebswirtschaftlichen Erkenntnissen*" folge; das Stichtagsprinzip gelte nur für „*bewertungsrelevante Umstände*", nicht jedoch für die „*Bewertungsmethode*". In der Vorauflage[1009] hatte ich gemeint, dass die Veröffentlichung des IDW Standards 2000 entscheidend sei und die neue Regel damit für Stichtage nach dem 1.9.2000 infrage komme.

442

Die Unternehmensbewertung nach Steuern ist kompliziert; kann man sie rückwirkend in das Verständnis der Parteien („parteienabhängiger Wert") „hineindenken"?[1010]. Das OLG Düsseldorf[1011] blieb bei der Bewertungspraxis am Stichtag. Ebenso tat es das OLG München mit folgender Begründung[1012]:

443

> „*Die Verschmelzungspartner hatten in der ersten Jahreshälfte 1999 keinen Anlass, den Wechsel zum Halbeinkünfteverfahren durch das Steuersenkungsgesetz vom 23.10.2000 vorherzusehen oder gar vorwegzunehmen. Es gibt auch keinen Grund, abweichend vom Stichtagsprinzip die Rechtslage zugrunde zu legen, die zum Zeitpunkt der mündlichen Verhandlung oder der Entscheidung gilt*".

Das LG Dortmund folgte dem[1013]:

444

> „*Der Umstand, dass auf Unternehmens- und Anteilseignerebene Ertragsteuern anfallen, ist aber keine neue wissenschaftliche Erkenntnis, sondern kann als allgemein bekannt gelten. Was mit dem IDW S 1 als ‚Nachsteuerbetrachtung' eingeführt wurde, ist deshalb nichts anderes, als eine neue Betrachtungsweise, ein anderes Kalkül*"[1014]).

1005) IDW S 1 2008 Tz. 31
1006) IDW S 1 2008 Tz. 46
1007) NZG 2001, 603, 606
1008) AG 2003, 214
1009) S. 106. Vgl. auch Großfeld, Barabfindung und Ausgleich nach §§ 304, 305 AktG, NZG 2004, 74, 75
1010) Vgl. LG Dortmund, BeckRS 2007 05697
1011) NZG 2000, 323, 326
1012) OLG München, AG 2006, 420, 426
1013) LG Dortmund, BeckRS 2007 05697
1014) Dagegen Wittgens/Redeke, Zu aktuellen Fragen 2017

III. Abgeltungsteuer

445 Die Lage ist unklar. Die Steuerbelastung zum Stichtag ist unsicher, inländische und ausländische Aktionäre werden ungleich behandelt, ebenso Aktien im Privat- und Betriebsvermögen. Die Weiterungen der Methode zeigen sich im IDW S 1 2005 und 2008[1015]; sie wurden anfangs nicht gesehen. Nachdenklich stimmt auch das Urteil des Bundesfinanzhofs zu den Voraussetzungen einer Bilanzberichtigung[1016].

446 Die Steuerbelastung gehört möglicherweise doch zur persönlichen Sphäre, berührt dann aber nicht den Wert des Unternehmens[1017].

II. Änderung des Steuersatzes

447 Der Steuersatz kann sich zwischen Stichtag und Datum der Entscheidung ändern. Das LG Nürnberg wollte eine Änderung während des Verfahrens in der Tatsacheninstanz beachten[1018]. Das IDW stellt für die Steuerbelastung auf den Informationsstand ab, *„der bei angemessener Sorgfalt zum Bewertungsstichtag hätte erlangt werden können"*[1019]. So sieht es ebenfalls das Bayerische ObLG[1020].

448 Zu fragen ist auch hier: Was hätten verständige Partner aufgrund der Lage am Stichtag vereinbart? War die Steueränderung damals schon in der Wurzel angelegt? Musste man billigerweise mit ihr rechnen?

III. Abgeltungsteuer[1021]

449 Die Fragen stellen sich erneut durch die Abgeltungsteuer[1022]. Sie ist jedenfalls für Stichtage nach dem Abschluss des Gesetzgebungsverfahrens (Zustimmung des Bundesrats am 6.7.2007), also ab dem 7.7.2007 zu beachten[1023]. Doch erfasst sie nur Anteile, die nach dem 1.1.2009 erworben sind. Durch sie erhalten die Zweifel an der Voraussehbarkeit der Steuerlast mehr

---

1015) Siehe Rn. 386
1016) BFH, BB 2007, 2337; dazu teilweise kritisch Schulze-Osterloh, Bilanzberichtigung bei Verkennung der Grundsätze ordnungsmäßiger Buchführung, BB 2007, 2335
1017) LG Dortmund, BeckRS 2007 05697, S. 17f.
1018) AG 2000, 89
1019) IDW S 1 2008 Tz. 23
1020) EWiR § 304 AktG 1/2001, 1027 (Luttermann)
1021) Aders, Auswirkung der Unternehmenssteuerreform
1022) Dausend/Schmitt, Abgeltungssteuern und die Zukunft des IDW S 1, Finanz Betrieb 2007, 287
1023) IDW S 1 2008 Fn. 1

I. Grundlagen

Gewicht[1024]. Die Antwort fällt schwer, vor allem im Verhältnis von näherer und fernerer Planungsphase[1025]:

„*Allgemein beruht die Unternehmensbewertung auf sehr engen Prämissen. Wichtiger als die bloße Tatsache, dass jene wirklichkeitsfern sind, erscheint, dass man sich der hinter dem Bewertungskalkül stehenden Annahmen bewusst ist und sie offen legt. Gegenwärtig steht man mit Blick auf das Nachsteuer-CAPM vor der Wahl: Entweder man bildet das Steuersystem – wie in IDW S 1 geschehen – realitätsnah im Modell ab, weiß aber nicht, welche Annahmen für dessen wiederholten Ansatz zugrunde zu legen sind; oder man setzt ein zumindest nach gegenwärtiger Rechtslage unrealistisches Steuersystem voraus, kann jedoch dafür das Nachsteuer-CAPM theoretisch fundiert im Mehrperiodenkontext verwenden*"[1026].

Die neue Steuer mag schon früher „in der Wurzel angelegt" sein[1027], weil die Parteien wohl eher mit einem neuen Steuerrecht rechnen[1028]. 450

L. Abwägung[1029]

I. Grundlagen

Die Bestimmung einer typisierten Steuer wie nach IDW S 1 2005 ist schwierig, weil wir nicht wissen, inwieweit Privatanleger oder steuerbefreite institutionelle (§ 8 Abs. 1 S. 1 KStG) oder ausländische Anleger die Preise an den Aktienmärkten bestimmen. Wir stehen vor einem Rätsel. 451

Der Ansatz der Steuer vereinfacht sich zunächst nach Einführung der Abgeltungsteuer für unbeschränkt steuerpflichtige Privatanleger (Abgeltungsteuer + Solidaritätszuschlag)[1030]. Problematisch ist aber die zeitliche Zuordnung realisierter Kursgewinne[1031] („*Zuflussäquivalenz*"), d. h. die Annahme „*über den Zeitraum des Haltens der Unternehmensanteile*"[1032]. Deshalb sind die 452

1024) Wiese, Unternehmensbewertung und Abgeltungssteuer; ders., Unternehmensbewertung unter neuen steuerlichen Rahmenbedingungen, 08. Januar 2007, Google; Schreiber/Ruf, Reform der Unternehmensbesteuerung: ökonomische Auswirkungen bei Unternehmen mit inländischer Geschäftätigkeit, BB 2007, 1099; Hommel/Pauly, Unternehmenssteuerreform 2008: Auswirkungen auf die Unternehmensbewertung, BB 2007, 1155
1025) Beyer, Unternehmensbewertung, Wachstum und Abgeltungssteuer, Finanz Betrieb 2008, 256
1026) Wiese, Das Nachsteuer-CAPM im Mehrperiodenkontext, Finanz Betrieb 2006, 242
1027) Hommel/Pauly, Unternehmensteuerreform 1161; Wagner/Saur/Willershausen, Zur Anwendung 735f., 745f.
1028) Dausend/Schmitt, Abgeltungssteuern und die Zukunft des IDW S 1, Finanz Betrieb 2007, 287. Zu den Fragen beim Tax-CAPM
1029) OLG Stuttgart, NZG 2007, 302, 308f., teilweise abgedruckt in BB 2007, 682
1030) Dausend/Schmitt, Abgeltungssteuern 292
1031) Siehe Rn. 460
1032) IDW S 1 2008 Tz. 44

L. Abwägung

Angaben doch unsicher[1033]). Bei ausländischen Anlegern mag es auch Unterschiede aufgrund von Doppelbesteuerungsabkommen geben.

II. Meinungsstand

453 Der Nachsteueransatz soll die unterschiedliche Höhe und den Zeitpunkt von Steuerzahlungen angemessen erfassen[1034]). Wie wir sahen, hat die Rechtsprechung die Nachsteuerbetrachtung bisher im Allgemeinen akzeptiert[1035]); in der Literatur findet sie Zustimmung,[1036]) stößt aber auch auf Widerstand[1037]). Für sie spricht, dass die Abfindung dem Anteilseigner eine gleichwertige Wiederanlage ermöglichen soll[1038]). Für ihn ist dann maßgeblich, was er ohne den letztlich abzuführenden Steueranteil behalten darf.

454 Dennoch begegnet die Nachsteuerbetrachtung Skepsis[1039]), weil sie sich nicht aus *„den Verhältnissen der Gesellschaft"* (§ 305 Abs. 3 S. 2, § 327 b Abs. 1 S. 1 AktG) ergebe. Die *„Umformung in eine Nettorendite ... ohne weitere Prämissen"* sei nicht möglich, *„insbesondere, weil wir die Grenzsteuersätze und ihre Gewichtungsfaktoren nicht beobachten können"*[1040]).

455 Das LG München erklärt:

> *„Nach Überzeugung der Kammer ist es nicht sachgerecht bei der Unternehmenswertberechnung ... die steuerlichen Auswirkungen der einzelnen Anteilsinhaber zu berücksichtigen. Dies ergibt sich schon daraus, dass weder ein Durchschnittssteuersatz für die außenstehenden Aktionäre ... zu ermitteln ist, noch davon ausgegangen werden kann, dass die steuerlichen Verhältnisse am Stichtag auf einen längeren Zeitraum – geschweige denn auf die Ewigkeit – unverändert bleiben.*
> *Die vom neuen IDW-Standard S 1 vorgesehen Berücksichtigung einer typisierten Steuerbelastung vermag nicht zu überzeugen. Ein typisierter Steuersatz von 35%, ist, soweit für die Kammer erkennbar, durch keinerlei empirische Untersuchung untermauert. Er berücksichtigt zudem nicht den Umstand, dass Aktien in zunehmendem Maße von institutionellen Anlegern (Fonds) gehalten werden, die*

1033) Dausend/Schmitt, Abgeltungssteuern 292
1034) IDW S 1 2005 Tz. 53; IDW S 1 2008 Tz. 43
1035) BayObLG, AG 2006, 41f; OLG Stuttgart, ZIP 2004, 712, 714; OLG Stuttgart, BeckRS 2006 13711, II B 4d; OLG Karlsruhe, NZG 2008, 791 (BeckRS 2008, 18939)
1036) Jonas, Ausschüttungsverhalten und Betafaktor deutscher Aktiengesellschaften, Finanz Betrieb 2006, 479, 484
1037) Emmerich, Wie rechne ich mich arm?; Knoll, IDW ES 1 n.F. und der Preis der Ästhetik, AG 2005, Sonderheft, Fair Valuation, S. 39
1038) OLG Stuttgart, AG 2008, 510, 513
1039) Barthel, Unternehmenswert: Rechtsformabhängige Bewertung, Finanz Betrieb 2007, 508; ausführlich zur Problematik OLG Stuttgart, NZG 2007, 302, 308ff.
1040) Jonas/Löffler/Wiese, Das CAPM 911; Dausend/Schmitt, Abgeltungssteuern 290

z. B. wegen ihres Auslandssitzes der inländischen Steuer gar nicht unterliegen"[1041].

Das OLG Stuttgart verweist auf den unsicheren Durchschnittssteuersatz und darauf, dass für Anteilseigner oft unterschiedliche Steuersätze gelten. Institutionelle und ausländische Anleger würden häufig „auch nicht annähernd zutreffend erfasst"[1042]:

456

> „Hinzu kommt, dass gerade das deutsche Steuerrecht u. a. wegen seiner sozialen, wirtschaftlichen und globalen Relevanz einem hohen Reformdruck unterliegt. Auch aus der Sicht eines bestimmten Stichtags sind deshalb Annahmen, die auf eine Perpetuierung der derzeit geltenden Regeln hinauslaufen, nicht gerade zwingend"[1043].

Das Gericht lässt dann dahingestellt, ob der Nachsteueransatz richtig ist[1044]. Es erwähnt die Notwendigkeit, von den Verhältnissen der Gesellschaft auszugehen, nicht von denen der Anteilseigner. Die Nachsteuerbetrachtung sei ein deutscher Sonderweg.

457

III. Statistik

Neuere statistische Daten für die typisierte Einkommensteuer gemäß IDW S 1 2005 fehlen: Wir tappen angesichts der steigenden Zahl ausländischer Anteilseigner seit 1992 im Dunkeln[1045]. Seit 2001 hat sich der Anteil amerikanischer institutioneller Investoren fast versiebenfacht; er lag 2006 bei 18%. Ausländische Investoren insgesamt besaßen Ende 2006 rund 44% des deutschen Aktienkapitals[1046]. Anfang 2006 hielten Ausländer rund ein Drittel der Anteile an börsennotierten Unternehmen in der Europäischen Union[1047]. Der Anteil scheint weiter zu steigen[1048].

458

Bei der Abgeltungsteuer ist die Typisierung der „Haltedauer" schwierig[1049].

459

1041) LG München, AG 2002, 563, 567
1042) OLG Stuttgart, NZG 2007, 302, 308
1043) AaO
1044) AaO; OLG Stuttgart, BeckRS 2007 05049
1045) Schutzgemeinschaft der Kapitalanleger, Stellungnahme vom 27.6.2005 zur Neufassung des IDW Standards S 1 Grundsätze zur Durchführung von Unternehmensbewertungen, AG 2005, Sonderheft, Fair Valuation, S. 43
1046) Auch 47% werden geschätzt, so Helaba, Volkswirtschaft/Research (Eigene Schätzungen), DAI
1047) FAZ, 11.1.2006 Nr. 9, S. 13. Vgl. aber Strauch/Wilke, Der subjektive und typisierte Steuersatz
1048) Amerikaner kaufen sich in die Deutschland AG ein, FAZ 16.1.2008 Nr. 13, S. 22, http://www.dresdnerkleinwort.com/requestGISreport
1049) Siehe Rn. 400

IV. Komplexität

460 In das Zentrum der Diskussion tritt mehr und mehr die steigende Komplexität namentlich im Hinblick auf die Abgeltungsteuer. Charakteristisch ist, dass die „Empfehlungen zur Umsetzung" des IDW S 1 2008[1050] neun von sechzehn Seiten diesem Thema widmen. Sie weisen darauf hin, dass in der „*angelsächsischen Bewertungspraxis*" die Berücksichtigung von Steuer „*aus Komplexitätsgründen aus den Bewertungskalkülen ausgeklammert wird*"[1051]. Die Nachsteuerbetrachtung gerät als „scheingenau" zunehmend unter Kritik[1052]. Sie schaffe eine „*Scheingenauigkeit, die mit den tatsächlichen Verhältnissen nicht in Einklang zu bringen ist*"[1053] und sich in bewertungsfremden Maßstäben „*verliert*"[1054]. Es sei „*ernsthaft zu befürchten, dass die bereits überbordende Komplexität im Steuerrecht auf den Bereich der Unternehmensbewertung überschwappt*"[1055].

461 Das künftige Ausschüttungsverhalten ist schwer einschätzbar[1056] angesichts des Weges von Anrechnungsverfahren über Halbeinkünfteverfahren zu Abgeltungsteuer[1057]. Die niedrigeren Steuern auf der Unternehmensebene mögen zu einer weitergehenden Thesaurierung anregen. Unklar ist, wie sich die „*Günstigerprüfung*"[1058] typisierend auswirkt. Vor allem ist unsicher, wann realisierte Kursgewinne anfallen: Je später sie anfallen, umso geringer ist ihr Wert zum Stichtag.

V. Typisierung von Zeit

462 Lässt sich der Zeitpunkt für die Realisierung von Kursgewinnen typisieren? Wie „greifen" wir Zeit? Der Bezug auf eine „*Sensitivitätsanalyse*" ist wenig verlässlich[1059]. Steuerlich bedingte Wertunterschiede entstehen aus unterschiedlichen Zuflüssen bei Bewertungsobjekt und Alternative. Der Vor-

---

1050) Wagner/Saur/Willershausen, Zur Anwendung
1051) Wagner/Saur/Willershausen, Zur Anwendung 739
1052) Barthel, Unternehmenswert; Hüttemann, Rechtliche Vorgaben für ein Bewertungskonzept, WPg 2007, 812, 821; Hennrichs, Unternehmensbewertung und persönliche Ertragsteuern. Siehe auch OLG Stuttgart, NZG 2007, 302, 308
1053) Schutzgemeinschaft der Kapitalanleger e. V. (SdK), Stellungnahme vom 27.6.2005 zur Neufassung des IDW Standards S 1 Grundsätze zur Durchführung von Unternehmensbewertungen, AG 2005, Sonderheft, Fair Valuations, S. 42
1054) Barthel, Unternehmenswert 511
1055) Barthel, Unternehmenswert 510
1056) Einzelheiten bei Hommel/Pauly, Unternehmenssteuerreform 2008; Die Abgeltungssteuer bringt Sparern Vorteile, FAZ 23.8.2007 Nr. 195, S. 17. Vgl. Wiese, Das Nachsteuer-CAPM. Kritisch dazu Rapp/Schwetzler, Das Nachsteuer-CAPM im Mehrperiodenkontext, Finanz Betrieb 2007, 108. Die Antwort darauf in Wiese, Das Nachsteuer-CAPM.
1057) Wiese, Unternehmensbewertung
1058) § 32 d Abs. 6 EStG
1059) Hommel/Pauly, Unternehmenssteuerreform 2008 1160

schlag, auf die „*Realisationsfrequenz von Kursgewinnen*" abzustellen, klingt mathematisch präzise. Bisher ist indes offen, wie und wo man sie (ähnlich wie die Ausschüttungsäquivalenz) im Vergleich mit einer Alternativanlage ermitteln kann, um zu einer „*Zuflussäquivalenz*" zu gelangen[1060]. Wir stehen vor großen Komplikationen[1061].

VI. Steuerprognose

„*Mit Worten lässt sich trefflich streiten,
Mit Worten ein System bereiten*"[1062].

Die Entwicklung des Steuerrechts lässt sich kaum voraussehen (unkalkulierbare Steuergesetzgebung)[1063], namentlich für die „ewige Rente", die wir mit 30–34 Jahren ansetzen[1064]. Das belastet die Bewertung mit der „*erratischen und letztlich unkalkulierbaren Steuergesetzgebung*"[1065]. 463

Gewiss ist die Prognose der künftigen Ertragsteuerbelastung wichtig[1066]. Doch das misslang selbst dem IDW:.Der Standard S 1 2000 vom 28.6.2000 bezog sich schon auf das am 14.7.2000 verabschiedete Halbeinkünfteverfahren; man übersah aber, dass das Vollausschüttungsprinzip dann nicht mehr haltbar war. Der IDW Standard S 1 2005 suchte den Mangel rückwirkend (!) durch eine Ausschüttungsquote und durch das Tax -CAPM zu heilen[1067]. Der IDW Standard 2008 muss wegen der Veräußerungsgewinnsteuer neue Theorien zur „Haltedauer" berufen[1068]. Innerhalb von 8 Jahren drei Anpassungen! 464

VII. Kosten/Nutzen

Die Unterschiede zwischen Nachsteuer- und Vorsteuerbelastung sind schwer zu schätzen[1069]. Das OLG Stuttgart[1070] sieht das, vor allem für die „ewige Rente", so: 465

„*Bei der Berechnung einer ewigen Rente unter Annahme unendlich konstanten Wachstums liegt so der Nachsteuerwert regelmäßig über dem Vorsteuerwert*".

1060) Wiese, Unternehmensbewertung 373
1061) Vgl. Wiese, aaO 372
1062) Johann Wolfgang von Goethe, Faust I, Schülerszene
1063) Emmerich, Wie rechne ich mich arm?, S.144. Vgl. Wenger, Verzinsungsparameter in der Unternehmensbewertung – Betrachtungen aus theoretischer und empirischer Sicht, AG, Sonderheft 2005, Fair Valuations, S. 9, 17
1064) Siehe Rn. 518
1065) Emmerich, Wie rechne ich mich arm?,
1066) IDW S 1 2008 Tz. 23
1067) Siehe Rn. 887
1068) Siehe Rn. 400
1069) Einzelheiten bei Hommel/Dehmel, Unternehmensbewertung 155
1070) OLG Stuttgart, AG 2008, 510, 513

L. Abwägung

466 IDW S 1 2005 sprach für die fernere Phase von der „*Wertneutralität der persönlichen Ertragsteuern*"[1071]. Jörg Wiese meint, dass im künftigen Steuersystem „*offenbar*" auch im „*Unendlichkeitskalkül*" von einer Wertrelevanz auszugehen sei[1072]. „*Offenbar*" ist aber als Argument wenig. Dagegen steht:

> „*Diese tatsächlich zumeist existierenden Unterschiede dürften sich allerdings im Zeitablauf nivellieren. Im nachhaltigen Ergebnis i. S. eines eingeschwungenen Zustands dürften sie regelmäßig vernachlässigbar sein*"[1073].

467 Doch ist die Relevanz persönlicher Steuern nach wie vor „*hoch umstritten*"[1074]. Wie groß ist demgegenüber der „Genauigkeitsgewinn"? „Lohnt" sich eine Nachsteuerbewertung, die ein erweitertes „Zahlenmanagement" erfordert und die „Durchsicht" erschwert? Für die Abgeltungsteuer ist das neu zu diskutieren[1075].

VIII. Inlandsicht

468 Bisher herrscht eine Inlandsicht: Abzustellen sei auf die „*Perspektive einer inländischen, unbeschränkt steuerpflichtigen natürlichen Person als Anteilseigner*"[1076]. Begründet wird das mit der „*Maßgeblichkeit des Sitzlandes des zu bewertenden Unternehmens*":

> „*Die Ermittlung eines objektivierten Wertes erfolgt grundsätzlich unter der Annahme, dass die Unternehmenseigner im Sitzland des zu bewertenden Unternehmens ansässig sind. Hieraus ergeben sich Konsequenzen für die nach den Gegebenheiten des jeweiligen Sitzlandes zu berücksichtigende typisierte Steuerbelastung*"[1077].

469 Heute wächst Kritik an der deutschen „Sonderstellung"[1078]:

> „*Vielmehr ist es international üblich, das geschilderte Problem [Einkommensteuer] zu ignorieren und Bewertungen ohne Berücksichtigung persönlicher Steuern durchzuführen*"[1079].

1071) IDW S 1 2005 Tz. 53, so nicht übernommen in IDW S 1 2008
1072) Wiese, Unternehmensbewertung 372
1073) Jonas, Ausschüttungsverhalten 485; ähnlich Dausend/Schmitt, Abgeltungssteuern und die Zukunft des IDW S 1, Finanz Betrieb 2007, 287, 292. Stärker differenzierend jedoch Wiese, Unternehmensbewertung 374
1074) Jonas, Relevanz persönlicher Steuern? Mittelbare und unmittelbare Typisierung der Einkommensteuer in der Unternehmensbewertung, WPg 2008, 826
1075) Zum Ausmaß der Komplexität siehe Hommel/Pauly, Unternehmensbewertung und Unternehmensteuerreform 2008 – Eine gegenüberstellende Betrachtung der Auswirkungen der Reformmaßnahmen auf den Kapitalstruktur- und Ausschüttungsdifferenzeffekt, Finanz Betrieb 2008, 412, 413
1076) IDW S 1 2008 Tz. 31
1077) IDW S 1 2005 Tz. 55
1078) Fischer-Winkelmann, „Weiterentwicklung" 163f.
1079) Jonas/Löffler/Wiese, Das CAPM 899

IX. Überwirkung

Die Inlandsicht erfasse oft nicht die Lage der Abzufindenden[1080]. Der nationale Ansatz[1081] werde sich in einem globalen Umfeld kaum durchsetzen[1082]; er mag zu einem Problem des Europäischen Rechts werden[1083]:

> „Es muss daher mit Blick auf die Kapitalmarkteffizienz in Deutschland die Frage gestellt werden, ob es nicht an der Zeit ist, sich mehr am Fair Value – Gedanken, wie er sich im internationalen Gebrauch durchgesetzt hat, zu orientieren und objektivierte Unternehmenswerte ohne Berücksichtigung der individuellen Steuerverhältnisse der Anteilseigner zu ermitteln"[1084].

470

Der bisherige Ansatz einer typisierten Einkommensteuer könnte aber die Anziehungskraft von Steueroasen mindern[1085].

471

IX. Überwirkung

Die Berücksichtigung der Steuer wirkt auch in anderer Weise in die Bewertung hinein:

472

> „Die Problematik von sich im Zeitablauf ändernden Steuersätzen ist aber nicht nur hinsichtlich der zukünftigen Anpassungen bewertungsrelevant. Die Bewertungspraxis berechnet den (Netto-) Eigenkapitalkostensatz [Rendite des Eigenkapitals] häufig unter Rückgriff auf an realen Kapitalmärkten beobachtbaren Daten. Dabei werden nicht selten historisch ermittelte Marktrisikoprämien fortgeschrieben, die aus Zeiträumen stammen, in denen Steuerreformen zu verzeichnen waren. ... Eine Vernachlässigung dieser Veränderungen verstößt sowohl gegen das Zukunftsbezogenheits- als auch das Verfügbarkeitsäquivalenzprinzip. Die resultierenden Verwerfungen sind daher, so fordert die Literatur, durch den ‚jeweiligen Bewerter im Rahmen seines gutachterlichen Ermessens [zu] schließen'. Ob durch diese Vorgehensweise ein verstärkt objektivierter und ermessensfreier Unternehmenswert resultiert, darf bezweifelt werden"[1086].

Im Ganzen wachsen so Zweifel[1087].

473

1080) Kuhner, Unternehmensbewertung 834
1081) Hock, Fair Valuations – Moderne Grundsätze zur Durchführung von Unternehmensbewertungen, AG 2005 Sonderheft, Fair Valuations, S. 34, 38; Knoll, IDW ES 1 n.F. 39
1082) Fischer-Winkelmann, 163
1083) Fischer-Winkelmann, aaO
1084) Aders, Auswirkungen 7
1085) Vgl. LG Frankfurt/M., NZG 2006, 868, 872; Weit in die Zukunft, Wirtschaftswoche, Heft 5, 2007, S. 100
1086) Hommel/Dehmel/Pauly, Unternehmensbewertung, Unternehmensbewertung unter dem Postulat der Steueräquivalenz, BB Spezial 7/2005 Unternehmensbewertung S. 13, 18
1087) OLG Stuttgart, NZG 2007, 302, 308; OLG Stuttgart, BeckRS 2007 05049; OLG München, Beschl. 31.3.2008 Az.: 31 Wx 88/06, dazu Hommel, Entscheidungsreport, Keine zwingende Zugrundelegung des Tax-CAPM bei der Festlegung der angemessenen Abfindung bei Strukturmaßnahmen, BB 2008, 1056

L. Abwägung

X. Ergebnis

474 Eine stimmige Lösung ist schwierig. Bei der Fahrt zwischen Scylla und Charybdis erscheint ein unsicherer Kompromiss annehmbar[1088]. Ausländischen Anteilseignern wird man die deutsche Sicht zumuten können[1089]. Die Abgeltungsteuer (2009) und die Frage der „Haltedauer" aber lassen den Vorsteueransatz in einem neuen Licht erscheinen[1090]:

> „*Ein nicht zu unterschätzender Nebeneffekt einer Bewertung vor persönlichen Steuern wäre, dass die Ergebnisse von Unternehmensbewertungen wieder leichter zu kommunizieren, vergleichen und verstehen wären*"[1091].

475 Die Nachsteuerbewertung gleicht einer Pandorabox.

1088) Vgl. Strauch/Wilke, Der subjektive und typisierte Steuersatz, S. 24
1089) Vgl. LG Frankfurt/M., NZG 2006, 868, 871
1090) Dahin neigen wohl Peemöller/Beckmann/Meitner, Einsatz eines Nachsteuer-CAPM bei der Bestimmung objektivierter Unternehmenswerte – eine kritische Analyse des IDW ES 1 n.F., BB 2005, 90
1091) Aders, Auswirkungen 7

Achter Teil
Ausschüttungsquote

A. Bedeutung[1092]

Wertbestimmend sind die finanziellen Überschüsse, die an die Eigentümer gelangen (Nettoeinnahmen), die bei Kapitalgesellschaften an sie ausgeschüttet werden (Zuflussprinzip)[1093]. Deren Höhe hängt auch von den thesaurierten Überschüssen und deren Verwendung ab; denn diese Überschüsse schaffen die Basis für künftige Ausschüttungen[1094]. **476**

Diese Annahme entspricht der Ableitung des Kapitalisierungszinssatzes aus einem Aktienportfolio[1095]: Man will der Steuerlage bei für „typisch" gehaltenen Vergleichsinvestitionen entsprechen[1096]. Dividenden und Kursgewinne als Teil der Marktrendite wurden bisher beim Anteilseigner unterschiedlich besteuert[1097]: Dividenden zur Hälfte (Halbeinkünfteverfahren)[1098], Kursgewinne beim Kleinanleger typischerweise nicht[1099]. Der Kapitalisierungszinssatz vor und nach Steuern unterscheidet sich also durch die Belastung der Dividende mit Einkommensteuer[1100]. Das ändert sich mit der Abgeltungsteuer[1101]: Bei ihr werden Dividenden **und** realisierte Kursgewinne besteuert. **477**

Wählt man die Rendite am Kapitalmarkt als Muster, so ist zwischen ausgeschütteten (steuerpflichtigen) und thesaurierten (beim Anteilseigner steuerfreien) Überschüssen zu unterscheiden. Deshalb müssen wir zwischen ausgeschütteten und thesaurierten Überschüssen trennen. Deren Verhältnis zu einander bildet die Ausschüttungsquote, wie sie uns oben begegnete[1102]. **478**

Bei Einzelunternehmen und Personengesellschaften spielt die Ausschüttungsquote keine Rolle, weil alle Überschüsse gleich besteuert werden[1103]. **479**

1092) Wagner/Jonas/Ballwieser/Tschöpel, Weiterentwicklung
1093) IDW S 1 2008 Tz. 25
1094) IDW S 1 2008 Tz. 26
1095) IDW S 1 2008 Tz. 92
1096) IDW S 1 2008 Tz. 43
1097) IDW S 1 2005 Tz. 101
1098) Siehe Rn. 385
1099) IDW S 1 2005 Tz. 102. Vgl. § 17 Abs. 1 S. 1 EStG, § 8b Abs. 2 KStG
1100) IDW S 1 2005 Tz. 102
1101) Siehe Rn. 385
1102) Siehe Rn. 397
1103) Vgl. Reichert/Düll, Gewinnthesaurierung bei Personengesellschaften und die Unternehmensteuerreform, ZIP 2008, 1248

B. Höhe[1104]

I. Nähere Phase

480 Für die nähere Phase (Detailplanungsphase) bestimmen wir die Ausschüttungsquote nach dem Unternehmenskonzept, wie es am Bewertungsstichtag dokumentiert ist, gemäß den handelsrechtlichen Beschränkungen[1105]. Wir schauen auf die bisherige und die geplante Ausschüttungspolitik und die steuerliche Rahmenbedingungen[1106]. Die Ausschüttungsquote hängt von der Kapitalstruktur (Verschuldungsstruktur) ab: Bei hoher Verschuldung wird weniger ausgeschüttet. Daher sind Kapitalstruktur und Ausschüttungsquote aufeinander abzustimmen[1107]. Die Quote verändert sich wohl mit der Höhe der Überschüsse: Steigen sie, so wird evtl. prozentual mehr ausgeschüttet. Wie sich das im Einzelnen verändert, kann man nur ahnen.

II. Fernere Phase

1. Ausgangslage

481 Für die fernere Phase („ewige Rente") nehmen wir typisierend an, dass das zu bewertende Unternehmen so ausschüttet wie der Durchschnitt der Unternehmen der Vergleichsgruppe, es sei denn, es bestehen andere Besonderheiten der Branche, der Kapitalstruktur oder der rechtlichen Rahmenbedingungen[1108]. Zum Vergleich zieht man dieselbe Peer Group heran wie beim Betafaktor[1109]. Man meint, dass Betafaktoren etwas über die Ausschüttungspolitik aussagen: Niedrige Betas gehen mit hohen, hohe Betas mit niedrigen Ausschüttungen einher. Unternehmen, die sich sicher fühlen, schütten eben mehr aus[1110]. Hier stellt sich ebenfalls die Frage der Vergleichbarkeit mit allen damit verbundenen Unsicherheiten, auf die wir beim Betafaktor näher eingehen werden[1111].

1104) Dausend/Lenz, Unternehmensbewertung mit dem Residualmodell unter Einschluss persönlicher Steuer, WPg 2006, 719
1105) IDW S 1 2008 Tz. 35
1106) IDW S 1 2008 Tz. 36
1107) IDW S 1 2008 Tz. 37
1108) IDW S 1 2008 Tz. 37
1109) Siehe Rn. 146
1110) Jonas, Ausschüttungsverhalten 484. Vgl. Wagner/Jonas/Ballwieser/Tschöpel, Weiterentwicklung 894
1111) Siehe Rn. 746

II. Fernere Phase

2. Vergangenheit

In der Vergangenheit soll die durchschnittliche Ausschüttungsquote zwischen 40% und 60% gelegen haben[1112]. Von 1988-2003 betrug diese Rate im DAX 51,2%, im MDAX 48,2%[1113]. 482

Deshalb setzt man im Allgemeinen 50% an[1114]. Für 2004 (2003) lauten die Zahlen aufgrund von Bloomberg-Daten: DAX 37% (44,5%), im C-DAX 46,5% (52,3%), im TecDAX 30,5% (33,3%). Für kleinere Unternehmen orientiert man sich am C-DAX und gelangt so zu 50%[1115]. Bei jungen, technologieorientierten Unternehmen sieht man auf den TecDAX und setzt 40,0% an. Langfristig nähert sich die Ausschüttungsquote junger Unternehmen der von etablierten Unternehmen[1116]. Aber wieso schüttet ein Unternehmen in Zukunft so aus, wie der Durchschnitt der anderen Unternehmen das in der Vergangenheit tat? Kann man nur „*in den Rückspiegel schauen?*"[1117]. 483

Bei der Verschmelzung der Allianz Aktiengesellschaft und der RIUNIONE ADRIATICA DI SICURTÀ zur Allianz SE nahm man bei beiden Unternehmen für die „ewige Rente" eine Ausschüttungsquote von 47% an[1118]. Bei der Verschmelzung Der T-Online International AG auf die Deutsche Telekom AG wählte man für T-Online „*eine in der Internetbranche langfristig erwartete*" Quote von 37%, für Deutsche Telekom 50%[1119]. 484

Das Ausschüttungsverhalten hängt auch vom Betafaktor ab. Bei Unternehmen mit der Betafaktor 1 gibt es eine Bandbreite von 30% bis 45%[1120]. 485

3. Abgeltungsteuer

Die bisher angenommenen Quoten können sich mit der Abgeltungsteuer (2009) ändern[1121]: Die Körperschaftsteuer auf der Ebene der Gesellschaft sinkt; Dividenden und Kursgewinne werden auf der Ebene der Gesellschafter besteuert. Das Ausschüttungsverhalten wird sich dann wandeln – wohin ist 486

1112) Wagner/Saur/Willershausen, Zur Anwendung 733
1113) Wagner/Jonas/Ballwieser/Tschöpel, Weiterentwicklung 894 in Übersicht 1
1114) Widmann/Schieszl/Jeromin, Der Kapitalisierungszinssatz in der praktischen Unternehmensbewertung, Finanz Betrieb 2003, 800; LG Frankfurt/M., Beschl. 21.3.2006, oben Fn. 120, S. 24
1115) Beyer/Dörschell/von Lackum/Leverkus/Rus/Zeidler, Die Anwendung
1116) Beyer u. a., aaO S. 27
1117) Fischer-Winkelmann, „Weiterentwicklung"
1118) Verschmelzung der Allianz Aktiengesellschaft und der RIUNIONE ADRIATICA DI SIICURTÀ Società per Azioni zur Allianz SE – Verschmelzungsdokumentation der Allianz Aktiengesellschaft, S. 250
1119) Verschmelzung S. 275, 304
1120) Jonas, Ausschüttungsverhalten 482 f.
1121) Wagner/Saur/Willershausen, Zur Anwendung 733

typisierend noch nicht zu erkennen[1122]. Die „Empfehlungen zur Umsetzung" des IDW S 1 2008 wählen bei einem Beispiel eine Quote von 50%[1123].

C. Thesaurierte Überschüsse

I. Bedeutung

487 Für die Nettoeinnahmen sind auch die thesaurierten Überschüsse und deren Verwendung zu beachten[1124]. Sie können genutzt werden zur Investition, zur Tilgung von Fremdkapital oder zur Rückführung von Eigenkapital (z. B. Rückkauf von Aktien)[1125]. Sie sind unter Umständen beim Risikozuschlag (bessere Kapitalausstattung)[1126] und beim Wachstumsabschlag (schnelleres Wachstum)[1127] zu beachten.

II. Ansatz

488 Ist für die Thesaurierung am Stichtag nichts geplant, so können wir auf zweierlei Weise vorgehen:

489 Wir nehmen an, dass die thesaurierten Beträge zum Kapitalisierungszinssatz vor Abzug der Unternehmenssteuern angelegt werden[1128]. Das gilt nicht, wenn Anlagemöglichkeiten fehlen, wenn also eine Expansion oder Aktienrückkäufe ausscheiden[1129]. Die Thesaurierung erhöht so die prognostizierten Überschüsse und in der Folge die Ausschüttungen:

> *„Werterhöhend wirkt alleine die Transformation von ansonsten sofort zu versteuernden Ausschüttungen in erst später zu versteuernde Ausschüttungen auf der Anlage und Verzinsung der thesaurierten Beträge zum Kapitalisierungszinsfuß"*[1130].

490 IDW S 1 2008[1131] verlangt jetzt allgemein *„eine sachgerechte Prämisse zur Mittelverwendung"*.

491 Wir konnten die thesaurierten Beträge auch wertgleich fiktiv den Anteilseignern zurechnen[1132], weil sie Kurssteigerungen steuerfrei realisieren konnten. Die Beträge waren bei ihnen gesondert ohne Abzug von persönlicher Ein-

---

1122) Vgl. Wiese, Unternehmensbewertung und Abgeltungssteuer
1123) Wagner/Sauer/Willershausen, Zur Anwendung 740
1124) IDW S 1 2008 Tz. 26
1125) IDW S 1 2008 Tz. 26
1126) Siehe Rn. 607
1127) Siehe Rn. 926
1128) IDW S 1 2008 Tz. 36, 37
1129) Ebd.
1130) IDW S 1 2005 Tz. 53
1131) IDW S 1 2008 Tz. 36
1132) IDW S 1 2008 Tz. 36

III. Beispiel

kommensteuer zu erfassen[1133]. Auch das ändert sich mit der Abgeltungsteuer:

> *"Sofern für die Verwendung thesaurierter Beträge keine Planungen vorliegen und auch die Investitionsplanung keine konkrete Verwendung vorsieht, ist eine sachgerechte Prämisse zur Mittelverwendung zu treffen. Unterliegen die thesaurierungsbedingten Wertzusätze einer effektiven Veräußerungsgewinnbesteuerung, so ist dies bei der Bewertung zu berücksichtigen"*[1134].

Dieses Bewertungskalkül ist dann bei den Ergebnissen und beim Zinssatz zu beachten[1135]. 492

Die erste Methode führt u. U. zu mancherlei Rechnerei; die zweite Methode vereinfacht und wird daher vorgezogen. Sie wird nachstehend geschildert. 493

III. Beispiel

1. IDW S 1 2005

Wenn von einem Jahresüberschuss nach Unternehmenssteuern von 600 50% ausgeschüttet werden, ergibt sich nach IDW S 1 2005 folgende Rechnung: 494

Ausschüttung 300 – (abgerundet) 52 (17,5% ESt)	= 248[1136]
Thesaurierung	= 300
Nettoeinnahme (teils fiktiv)	= 548[1137]

Dieser Betrag wird dann mit dem Kapitalisierungszinssatz abgezinst. 495

Wegen der Durchsichtigkeit und der Plausibilität bevorzugt man die unmittelbare Zurechnung an die Anteilseigner. Das sieht so aus[1138] (alle Zahlen in tausend €): 496

1133) IDW S 1 2008 Tz. 36f.
1134) IDW S 1 2008 Tz. 36
1135) Vgl. Wagner/Saur/Willershausen, Zur Anwendung 736
1136) Aufgerundet von 247,5
1137) Nach Beyer u.a., Die Anwendung 26
1138) Nach Beyer u.a., aaO

C. Thesaurierte Überschüsse

		2005	2006	2007	2008 u. folg.
	Ergebnis vor Steuern	1.000	1.000	1.000	1.000
	Ergebnis aus Thesaurierung	_[1139]	–	–	–
	Ergebnis vor Steuern	1.000	1.000	1.000	1.000
./.	Unternehmenssteuer (GewSt, KSt)	400	400	400	400
=	Jahresüberschuss	600	600	600	600
*	Ausschüttungsquote	50%	50%	50%	50%
=	Thesaurierung laufendes Jahr	300	300	300	300
	Thesaurierung kumuliert	_[1140]	–	–	–
	Ausschüttung	300	300	300	300
./.	Typis. Ertragsteuer auf Ausschüttung (17,5%)	52[1141]	52	52	52
=	Wertbeitrag aus Ausschüttung	248[1142]	248	248	248
+	Wertbeitrag aus Thesaurierung	300[1143]	300	300	300
=	Nettoeinnahme	548	548	548	548

497 Die jeweiligen Nettoeinnahmen werden dann mit dem Kapitalisierungszinssatz abgezinst.

2. IDW S 1 2008

498 Die „*Empfehlungen zur Umsetzung*" geben bei Kapitalgesellschaften für Stichtage ab 1.1.2009 folgendes (vorläufiges) Muster der „ewigen Rente"[1144]:

1139) Nicht angesetzt, weil sogleich den Anteilseigner zugerechnet
1140) Wie vorige Fußnote
1141) Abgerundet von 52,2
1142) Aufgerundet von 247,5
1143) Nicht gekürzt um typisierte Ertragsteuer
1144) Wagner/Saur/Willershausen, Zur Anwendung 746. Dort ist auch abgedruckt ein Muster für Personengesellschaften.

III. Beispiel

EBT[1145]		100
GewSt (bei 400%)	14,0%	−14
KSt inkl. SolZ	15,8%	−16
Jahresüberschuss		70
Ausschüttung	50,0%	35
Abgeltungsteuer	26,4%	−9
Thesaurierung (fiktive Zurechung)		35
Effektive Veräusserungsgewinnbesteuerung	13,2%	−5
Nettoausschüttung		**56**
Basiszins vor ESt[1146]		4,75%
Abgeltungsteuer	26,38%	−1,25%
Basiszinssatz nach ESt		3,50%
Betafaktor[1147]		1,0
Marktrisikoprämie v. ESt		4,5%
Risikoprämie[1148]		4,5%
Kapitalisierungszinssatz nach ESt[1149]		8,0%
Wachstumsabschlag[1150]		1,0%
Barwertfaktor		14,29
Unternehmenswert		**805**

1145) Earnings Before Taxes
1146) Siehe Rn. 564
1147) Siehe Rn. 696
1148) Siehe Rn. 607
1149) Dazu sogleich
1150) Siehe Rn. 926

D. Beurteilung

499 Die Wende vom Vollausschüttungs- zum Zuflussprinzip und zur „Ausschüttungsquote" ist schlüssig bei der Bewertung nach Steuer. Die Ausschüttungsquote ist allerdings „vorausschauend" gestaltbar und erlaubt eine „Wertsteuerung". Der Verweis auf den Durchschnitt des Marktes gibt ebenfalls „Gestaltungsspielraum"[1151]. Die künftige Ausschüttungsquote lässt sich schwer bestimmen; die Quote kann sich ändern mit niedrigeren oder höheren Erträgen. Das gilt namentlich für die „ewige Rente"[1152]. Die Ableitung aus dem Durchschnitt des Portfolios überzeugt nicht. Beim Wachstumsfaktor ist schwer abzugrenzen zwischen der Wirkung der Thesaurierung und den allgemeinen Wachstumschancen.

500 Zusammen mit anderen Fragen bei der Bewertung nach Steuern (z. B. deren Voraussehbarkeit) muss die Neuorientierung ihren „Außenseiter-Test" noch bestehen. Für die Abgeltungsteuer ab 2009 sind weitere Fragen offen.

E. Gerichtspraxis

501 Die Gerichte scheinen gegenüber der Teilausschüttungsthese (wohl wegen deren Komplikationen) zurückhaltend zu sein[1153].

1151) Fischer-Winkelmann, „Weiterentwicklung" 165
1152) Einzelheiten siehe Rn. 512
1153) Vgl. OLG Celle, ZIP 2007, 2025; OLG Stuttgart, Beschl. 14.02.2008 Az.: 20 W 9/06,http://www.betriebs-berater.de/, Rn. 63; OLG München, Beschl. 31.03.2008 Az.: 31 Wx 88/06, http://www.betriebs-berater.de/, S. 8f.; Beschl. 2.4.2008 Az.: 31 Wx 85/06, http://www.betriebs-berater.de/

Neunter Teil
Kapitalisierung
A. Begriff

Den Unternehmenswert finden wir, indem wir die künftigen Überschüsse auf den Bewertungsstichtag abzinsen. Das nennen wir „kapitalisieren" (diskontieren). Damit stellen wir die Beziehung zu einer anderen Anlage her und ermitteln so den Wert, der bei einer realistischen Rendite die gleichen Erträge bringt wie das Unternehmen[1154]. Die Methode beruht auf folgendem Gedanken: 502

Eine spätere Zahlung ist weniger wert als eine sofortige Zahlung; denn in der verstreichenden Zeit entgehen Renditen. Deshalb machen wir wegen der späteren Zahlung einen Abschlag für den Renditeausfall, wir zinsen sie also ab. Das geschieht mit Hilfe des Kapitalisierungszinssatzes; er schafft zugleich einen Vergleich mit dem Wert der künftigen Überschüsse aus einer anderen Anlage, z. B. Bundesanleihen oder Aktien. Das Ergebnis ist der Barwert der künftigen Überschüsse am Stichtag[1155]. 503

B. Arten[1156]

Der Unternehmenswert lässt sich durch eine direkte (einstufige) Nettokapitalisierung oder durch eine indirekte (mehrstufige) Bruttokapitalisierung ermitteln[1157]. 504

I. Einstufige Nettokapitalisierung

Wir suchen den Wert für die Anteilseigner. Von den Überschüssen ziehen wir daher die Kosten (Zinsen) für das Fremdkapital ab (Nettokapitalisierung). Den danach verbleibenden Überschuss kapitalisieren wir in einem Schritt. So machen wir es im Allgemeinen beim Ertragswertverfahren[1158] und beim Equity-Ansatz[1159] als Variante des Discounted Cashflow-Verfahrens. 505

II. Mehrstufige Bruttokapitalisierung

Wir können auch von allen Überschüssen, die das Unternehmen für Eigentümer und Gläubiger erwirtschaftet, ausgehen. Wir setzen dann die Zinsen 506

1154) OLG Düsseldorf, ZIP 1988, 1560, NZG 2003m
1155) OLG Düsseldorf, NZG 2006, 911, 913
1156) IDW S 1 2008 Tz. 99
1157) IDW S 1 2008 Tz. 99f.
1158) IDW S 1 2008 Tz. 102
1159) IDW S 1 2008 Tz. 124

nicht ab. Stattdessen kürzen wir das Ergebnis um den Marktwert des Fremdkapitals. So machen wir es beim Konzept der gewogenen Kapitalkosten (Weighted Average Cost of Capital, WACC-Ansatz) und beim Konzept des angepassten Barwerts (Adjusted Present Value Ansatz, AVP-Ansatz)[1160] als Varianten des Discounted Cashflow-Verfahrens[1161].

C. Kapitalstruktur

507 Bei jeder Form der Kapitalisierung ist die Kapitalstruktur des Unternehmens und ihr Einfluss auf die Kapitalisierungszinssätze zu beachten. Dafür sind Marktwerte, nicht Buchwerte maßgeblich. Ein hoher Verschuldungsgrad deutet auf ein hohes finanzielles Risiko und damit auf einen höheren Risikozuschlag hin[1162]. Wenn sich die Kapitalstruktur absehbar ändert, ist der Risikozuschlag anzupassen[1163].

D. Rentenformel

508 Die künftigen Überschüsse stellen eine fortlaufende Reihe dar. Deren Barwert errechnen wir nach der Formel für eine nachschüssige (d. h. jeweils am Ende des Jahres zu zahlende) Rente (Rentenformel). Für das Ergebnis ist entscheidend, als wie lang wir die Zukunft sehen; das wiederum hängt davon ab, wie wir die Lebensdauer des Unternehmens einschätzen. Wir unterscheiden zwischen Unternehmen mit begrenzter (endlicher) und unbegrenzter (unendlicher) Lebensdauer[1164].

I. Begrenzte Lebensdauer

509 Sie ist eher die Ausnahme. Sie kann sich z. B. aus der Laufzeit eines Gesellschafts- oder eines Miet- oder Pachtvertrages ergeben. Der Unternehmenswert besteht dann aus dem Barwert der künftigen Überschüsse aus dem betriebsnotwendigen und dem nicht betriebsnotwendigen Vermögen bis zur Aufgabe des Unternehmens. Hinzu tritt der Barwert der künftigen Überschüsse aus der Aufgabe (z. B. der Liquidation) des Unternehmens[1165].

510 Bei Unternehmen mit zeitlich begrenzter Lebensdauer ist der für diese Frist geltende Zinssatz heranzuziehen[1166]. Für die danach erforderlich Wiederan-

---

1160) IDW S 1 2008 Tz. 124
1161) Siehe Rn. 1012
1162) Siehe Rn. 607
1163) IDW S 1 2008 Tz. 100
1164) IDW S 1 2008 Tz. 85-87
1165) IDW S 1 2008 Tz. 87
1166) IDW S 1 2008 Tz. 117

II. Unbegrenzte Lebensdauer

lage kann man die aktuelle Zinsstrukturkurve heranziehen[1167]; doch ist eine Gesamtbeurteilung[1168] unverzichtbar[1169].

Die Formel ist (für Juristen) recht kompliziert: 511

$$\text{Jahresüberschuss} \times \frac{q^n - 1}{q^n \times i} + \frac{L}{q^n}$$

Der Teil der Formel $\frac{q^n - 1}{q^n \times i}$ ist der Barwertfaktor.

In ihm steht q für 1 + i; i ist der Kapitalisierungszinssatz, z. B. $\frac{10}{100}$; n bezeichnet das letzte Jahr der Reihe (Lebensdauer); L ist der Liquidationserlös.

II. Unbegrenzte Lebensdauer

Im Allgemeinen gehen wir von einer unbegrenzten Lebensdauer aus[1170]. 512
Dann entspricht der Unternehmenswert dem Barwert der künftigen Überschüsse aus dem betriebsnotwendigen und dem nicht betriebsnotwendigen Vermögen[1171].

1. Formel

Die Formel für die „ewige Rente" lautet: 513

$$\frac{\text{Jahresüberschuss}}{i}$$

i ist wiederum der Kapitalisierungszinssatz.

(Bei „unbegrenzter" Lebensdauer wird n [letztes Jahr] unendlich; durch ein- 514
fache Umwandlung ergibt sich dann die Formel für die „ewige Rente"; der Ausdruck $\frac{L}{q^n}$ [Barwert des Liquidationsüberschusses] strebt bei „unbegrenzter" Lebensdauer nach Null und kann daher vernachlässigt werden).

1167) IDW S 1 2008 Tz. 117; http://www.bundesbank.de/statistik/statistik_zeitreihen.php?func=row&tr=wz3409. Nachweise bei Wüstemann, BB-Rechtsprechungsreport 1500; OLG Stuttgart, AG 2007, 705, 706f.: Die stetigen Renditen sind nicht in diskrete umzurechnen.
1168) Siehe Rn. 585
1169) OLG München, Beschl. 30.11.2006, Az.: 31 Wx 059/06
1170) BGH, JZ 1992, 156, 157; IDW S 1 n.F. Tz. 91
1171) IDW S 1 2008 Tz. 86

515 Bei dem Ansatz eines durchschnittlichen Jahresüberschusses und bei einem Zinssatz von $\frac{10}{100}$ sieht das so aus:

$$\frac{\text{Jahresüberschuss}}{\frac{10}{100}} = \frac{\text{Jahresüberschuss} \times 100}{10}$$

516 Wir können auch schreiben $\frac{\overline{E}}{i}$. Der Strich über dem E weist darauf hin, dass E als fortlaufender Durchschnittsertrag angenommen wird. Die verkürzte Formel $\frac{\overline{E}}{i}$ nutzen wir fortan jedenfalls im Grundsatz.

2. Grundlagen

517 Die Annahme des „ewigen" Unternehmens beruht auf drei Gründen:

Man geht erstens davon aus, dass es gelingt, das ursprünglich eingesetzte Kapital zu erhalten, so dass das Kapital „ewig" bestehen bleibt. Man nimmt zweitens an, dass die künftigen Überschüsse als unendliche Reihe gleich hoher Beträge fließen („ewige Rente"). Das ist zwar nicht realistisch, aber die Lebensdauer eines Unternehmens ist zumeist nicht bekannt und nicht abschätzbar. Die Annahme einer ewigen Rente vereinfacht auch die Rechnung (man vergleiche die beiden Formeln miteinander).

518 Diese Vereinfachung leisten wir uns ohne Skrupel[1172], weil der Barwert einer ewigen Rente dem Barwert einer 30–34jährigen Rente nahezu gleichkommt. Jedenfalls sind von da an die Unterschiede zwischen den beiden Formeln gering. Die Barwerte nähern sich umso schneller, je höher der Kapitalisierungszinssatz ist. Für weit in der Zukunft liegende Überschüsse wird eben in der Gegenwart kaum etwas gezahlt[1173].

E. Phasenmethode

519 Es war lange üblich, ein durchschnittliches Ergebnis für alle künftigen Jahre zu ermitteln (Pauschalmethode). Wir sahen aber, dass heute bei der Zukunftsanalyse nach näherer Detailplanungsphase und fernerer Phase („ewige Rente") getrennt wird[1174]. Für die nähere Phase sind jeweils eigenständige Jahresüberschüsse zu kapitalisieren; erst für die fernere Phase rechnen wir mit durchschnittlichen nachhaltigen Überschüssen. Das wollen wir uns ansehen.

1172) Kritisch aber Kruschwitz/Löffler, Unendliche Probleme bei der Unternehmensbewertung, DB 1998, 1041
1173) Haack, Renaissance der Abfindung zum Buchwert?, GmbHR 1994, 437
1174) Siehe Rn. 355

I. Nähere Phase

Die hier einzeln geschätzten Überschüsse pro Jahr (also die der nächsten drei oder fünf Jahre) zinsen wir zunächst einzeln nach der Formel ab: **520**

$$K = K_t \times \frac{1}{q^t} = \frac{K^t}{q^t}$$

In dieser Formel ist K der gesuchte Barwert, K^t der abzuzinsende Ertragsüberschuss des jeweiligen zukünftigen Jahres, t bezeichnet das jeweilige Jahr (z. B. 1., 2., 3., ... Jahr), $\frac{1}{q}$ ist der Abzinsungsfaktor, q kennen wir schon, es steht für 1 + i, wobei i der Kapitalisierungszinssatz ist (z. B. $\frac{10}{100}$): Wir können die Formel auch eleganter fassen, indem wir für $\frac{1}{q}$ das Symbol v verwenden. Dann lautet die Abzinsungsformel: **521**

$$K = K_t \times v^t$$

Nehmen wir etwa an, dass die zukünftigen Überschüsse am Ende des ersten, zweiten, dritten, vierten und fünften Jahres je (Vereinfachung) 120.000 € betragen werden. Bei einem Kapitalisierungszinssatz von 10% lauten dann die Formeln für die Barwerte (K) der Überschüsse so: **522**

Erstes Jahr: $\quad K = \dfrac{120\,000}{(1+\frac{10}{100})} = 109\,090{,}91\ €$

Zweites Jahr: $\quad K = \dfrac{120\,000}{(1+\frac{10}{100})^2} = 99\,173{,}55\ €$

Drittes Jahr: $\quad K = \dfrac{120\,000}{(1+\frac{10}{100})^3} = 90\,157{,}78\ €$

Ebenso verfahren wir mit den anderen einzeln ermittelten Jahren (4. und 5. Jahr). Das gibt dann die weiteren Barwerte 81 916,62 und 74 510,56 €. **523**

Man kann diese Rechung in **einer** Formel zusammenfassen[1175], aber uns geht es ja gerade um die einzelnen Schritte. **524**

1175) Siehe Rn. 511

E. Phasenmethode

II. Fernere Phase

525 Haben wir so den Barwert der einzelnen Jahresüberschüsse ermittelt, fragen wir jetzt nach dem Wert der Überschüsse, die ab dem sechsten Jahr anfallen[1176]. Dazu bedarf es zweier rechnerischer Schritte: Zuerst ist festzustellen, was die fortlaufende Reihe („ewige Rente") zu Beginn des sechsten Jahres wert ist. Dann zinsen wir den ermittelten Betrag weiter auf den Stichtag ab und erhalten so dessen Barwert.

526 Den Wert der „ewigen Rente" finden wir nach der Rentenformel:

$$\frac{\overline{E}}{i}$$

527 Als zu erwartenden Überschuss setzen wir den des fünften Jahres an, also 120.000€[1177]. Das ergibt folgendes Bild:

$$\frac{120.000 \times 100}{10} = 1.200.000\ \text{€}.$$

528 Das Ergebnis bezieht sich auf den Beginn des sechsten Jahres. Wir müssen es daher auf den Bewertungsstichtag abzinsen nach der Formel:

$$\frac{1.200.000}{\left(1 + \frac{10}{100}\right)^6} = 677.966\ \text{€}$$

529 Wir sehen, wie stark das Ergebnis der ewigen Rente den Unternehmenswert prägt.

III. Schlussrechnung

530 Zum Schluss addieren wir die so ermittelten Barwerte der einzelnen Jahre und den Barwert der „ewigen Rente":

1. Jahr	109.090,91 €
2. Jahr	99.173,55 €
3. Jahr	90.157,78 €
4. Jahr	81.916,62 €
5. Jahr	74.510,56 €
Barwert der „ewigen Rente"	677.966,70 €
Summe	1.132.816.10 €

[1176] Zur Berücksichtigung von Schwankungsrückstellungen (§ 341 h Abs. 1 HGB) bei Versicherungen OLG München, Beschl. 30. 11. 2006, Az.: 31 Wx O59/06. Vgl. Sterz, Besonderheiten der Bewertung von Banken in der Praxis, Finanz Betrieb 2007, 213

[1177] Zu Einzelheiten siehe Rn. 312

IV. Gesamtformel

Damit erhalten wir den Überschusswert. So einfach ist das! **531**

IV. Gesamtformel

Für mathematisch Interessierte (andere lesen nicht weiter!): Die einzelnen **532**
Schritte lassen sich durch folgende Gesamtformel erfassen:

$$\frac{K_1}{q^1} + \frac{K_2}{q^2} + \frac{K_3}{q^3} + \frac{K_4}{q^3} + \frac{K_4}{q^4} + \frac{K_5}{q^5} + \frac{\overline{E}}{i \times q^5}$$

oder weiter vereinfacht:

$$\text{Ertragsgwert} = \sum_{t=1}^{n} \frac{K_t}{q^t} + \frac{\overline{E}}{i \times q^n}$$

Wenn wir – wie oben gesagt – für $\frac{1}{q}$ das Symbol v verwenden, können wir **533**
auch schreiben:

$$\text{Ertragswert} = \sum_{t=1}^{n} K_t \times v^t + \frac{\overline{E} \times v^n}{i} \quad 1178)$$ **534**

1178) Das Zeichen $\sum_{t=1}^{n}$ ist das Summenzeichen. Es heißt: Addition der einzelnen Werte der näheren Phase beginnend mit dem Jahr 1 (untere Summationsgrenze) bis zum Jahr 5 (obere Summationsgrenze) plus Wert der ewigen Rente.

Zehnter Teil
Kapitalisierungszinssatz[1179)]
„Zeit ist Geld"[1180)].

A. Zinsmacht[1181)]

I. Zinsstruktur

Die Kapitalisierungsformel zeigt: Der geschätzte Überschuss und der Zinssatz entscheiden über den Barwert. Der Zinssatz verdichtet die Überschüsse auf eine Größe am Stichtag. Wir sahen auch: Ein niedriger Zinssatz ergibt einen hohen, eine hoher Zinssatz einen niedrigen Barwert. Der Zinssatz wird so zur Schlüsselfrage: 535

> *„Keine Größe scheint bei der Bewertung von Unternehmen in der Praxis so umstritten zu sein wie der Kalkulationszinsfuß … Sein Hebeleffekt ist bekannt und berüchtigt: Schon geringe Verminderungen des Zinssatzes können den Wert überproportional erhöhen; Erhöhungen des Zinssatzes senken den Unternehmenswert. Diese Effekte machen ihn bei Parteien, die Einfluss auf den Wert nehmen wollen, so beliebt"*[1182)].

John D. Rockefeller (1839–1937) hielt Zins und Zinseszins für das *„achte Weltwunder"*, Albert Einstein (1879–1955) meinte, sie seien *„stärker als die Wasserstoffbombe"*. In der Tat sind es die stärksten sozialen Elemente, die Menschen gefunden haben. Das erklärt, warum Zins und Zinseszins auch kulturell so umstritten sind[1183)]. 536

Wir beginnen mit einem Basiszinssatz[1184)], den wir um einen „Risikozuschlag" erhöhen[1185)] und bei der „ewigen Rente" evtl. um einen „Wachstumszuschlag" mindern[1186)]. Wir beachten die Steuerbelastung[1187)]. Wir wollen uns das der Reihe nach ansehen. 537

1179) Ballwieser, Der Kalkulationszinsfuß in der Unternehmensbewertung: Komponenten und Ermittlungsprobleme, WPg 2002, 736; Widmann/Schieszl/Jeromin, Der Kapitalisierungszinssatz
1180) Vgl. Benjamin Franklin, 1706-1790: „*Time is money*"
1181) Großfeld/Hoeltzenbein, Globale Zeichenmacht/Globale Zeichenkontrolle: Zins und Zinseszins, ZVglRWiss 104 (2005) 31; Schumann, Zur Geschichte christlicher und islamischer Zinsverbote, in: Hagemann (Hrsg.), Studien zur Entwicklung der ökonomischen Theorie, 2007, S. 149
1182) Ballwieser, Der Kalkulationszinsfuß 736
1183) Großfeld/Hoeltzenbein, Globale Zeichenmacht/Globale Zeichenkontrolle
1184) IDW S 1 2008 Tz. 115f.
1185) IDW S 1 2008 Tz. 115
1186) IDW S 1 2008 Tz. 98
1187) IDW S 1 2005 Tz. 37-40; IDW S 1 2008 Tz. 28

A. Zinsmacht

II. 72er-Regel[1188]

538 Die überragende Kraft des Zinssatzes[1189] sehen wir an der Faustformel („72er-Regel"[1190]):

72 geteilt durch den Zähler des Zinssatzes führt zur Zahl der Jahre, in denen sich ein Anspruch oder eine Schuld jeweils verdoppelt. Bei 6% ergibt das $\frac{72}{6}$ = 12 Jahre, bei 9% $\frac{72}{9}$ = 8 Jahre. Die Verdoppelung wiederholt sich dann alle 12 bzw. 8 Jahre. Eine Schuld von 120€ wächst so in 24 Jahren bei 6% auf 480€ (4fach), bei 9% auf 960€ (8fach) und bei 12% auf 1.920€ (16fach). Eine Verdoppelung des Zinssatzes von 6 auf 12% führt also in 24 Jahren zu einer Vervierfachung des Betrages: Statt 480€ sind es 1.920€!

III. „Ewige Rente"

539 Diese Macht entfaltet sich auch bei der Abzinsung, wie uns das Beispiel der „ewigen Rente" zeigt. Wir erinnern uns, dass wir sie berechnen nach der Formel

$$\frac{\overline{E}}{i},$$

wobei i der Kapitalisierungszinssatz ist. Aus der Formel ergibt sich: Je höher der Kapitalisierungszinssatz, desto niedriger der Wert der ewigen Rente und umgekehrt.

540 Kapitalisiert man z. B. einen Ertragsüberschuss von 120 000€ mit einem Zinssatz von 8% so lautet die Formel:

$$\frac{120\,000 \times 100}{8}$$

541 Sie führt zu einem Wert von 1 500 000€.

542 Setzt man den Kapitalisierungszinssatz mit 12% an, so folgt aus der Formel

$$\frac{120\,000 \times 100}{12}$$

ein Wert von 1 000 000€. Der Wert der ewigen Rente sinkt also umgekehrt proportional zum Anstieg des Zinssatzes.

1188) http://betterexplained.com/articles/the-rule-of-72/
1189) Vgl. Baums, Das Zinsverbot im Aktienrecht, in: FS Norbert Horn, Köln 2006, S. 249
1190) The Rule of 72 (with calculator), http://www.moneychimp.com/features/rule72.htm

IV. Phasenmethode

Deshalb kann man bei unterschiedlichen Überschüssen durch die Wahl eines anderen Zinssatzes zum selben Wert gelangen. Ein Überschuss von 120 000 € bringt bei einem Zinssatz von 12% nach der Formel $\frac{\overline{E}}{i}$ einen Wert von 1 000 000 €; zu diesem Ergebnis führt auch ein Überschuss von 100 000 €, wenn man ihn mit 10% kapitalisiert. 543

IV. Phasenmethode

Ähnlich wirkt der Kapitalisierungszinssatz, wenn wir nach der Phasenmethode die Barwerte der Überschüsse der einzelnen Jahre ermitteln. Wir benutzen dafür die Formel: 544

$$K = \frac{K_t}{q^t}$$

(dabei ist q = 1 + i, i = Kapitalisierungszinssatz, t = das jeweilige Jahr). Auch hier zeigt sich: Je höher der Zinssatz, desto niedriger der Barwert und umgekehrt.

Bei einem Überschuss von 120 000 € im zweiten Jahr und einem Zinssatz von 8% gelangen wir nach der Formel: 545

$$\frac{120\,000}{(1 + \frac{8}{100})^2}$$

zu einem Barwert von 102 880,65 €.

Nehmen wir als Zinssatz 10%, so folgt aus der Formel: 546

$$\frac{120\,000}{(1 + \frac{10}{100})^2}$$

ein Barwert von 99 173,55 €.

Bei einem Ansatz von 12% ergibt sich aus der Formel: 547

$$\frac{120\,000}{(1 + \frac{12}{100})^2}$$

ein Barwert von 95 663,27 €.

B. Sorgfalt

Die Beispiele zeigen: Schon kleine Änderungen des Zinssatzes wirken stark auf den Barwert. Daran sehen wir: Zinsen „sind" stärker als Überschüsse. 548

Zinsen steigen infolge von Zins und Zinseszins in geometrischer Proportion, Überschüssen wachsen linear.

549 Das beweist die überragende Bedeutung des Zinsfaktors. Alle Verfeinerungen bei der Prognose der Überschüsse zählen wenig, wenn der Zinssatz nicht angemessen ist. Daher muss man bei ihm **sehr** sorgfältig sein. Schon kleine Änderungen bei den Ausgangsannahmen können große Wirkung entfalten. Um ihn wird daher lebhaft gestritten.

550 Zugleich muss man der Versuchung widerstehen, alle Probleme auf den Zinssatz zu verlagern; dadurch ließe sich der Barwert kräftig steuern[1191]. In der Praxis schwanken die Zinssätze zwischen 8% bis 15%. Bei einem Überschuss von 120.000€ ergibt das für die „ewige Rente" nach der Formel $\frac{\overline{E}}{i}$ Werte zwischen 1.500.000 und 800.000€.

C. Alternativrendite

> „Erst wo die Dinge vergleichlich,
> lässt sich ihr Wert bestimmen.
> Feuer, die nur noch glimmen
> wärmen nicht sehr; jedoch reichlich
> wärmen sie, wo es friert"[1192].

I. Grundlage

551 Durch die Abzinsung machen wir die finanziellen Überschüsse des Unternehmens vergleichbar mit Anlagealternativen. Wir finden den Betrag, der bei einer anderen Anlage Überschüsse erwirtschaftet, wie sie denen des Unternehmens entsprechen[1193].

552 Den Kapitalisierungszinssatz leiten wir daher aus einer am Markt beobachtbaren Rendite einer anderen Anlage ab[1194]. Wir zerlegen sie in einen Basiszinssatz und in einen Risikozuschlag und kürzen gegebenenfalls um einen Wachstumsabschlag[1195].

II. Anleihen

553 Traditionell sah man das Vergleichsmuster bei Anleihen und den dafür zu zahlenden Zinsen.

1191) Vgl. Rn. 535
1192) Albert Brenning, Reifezeit, XXII, Montreux 1979, S. 68
1193) OLG Stuttgart, NZG 2000, 744, 747; OLG Stuttgart, AG 2004, 43, 45; IDW S 1 n. F. Tz. 123f.
1194) IDW S 1 2008 Tz. 114
1195) IDW S 1 2008 Tz. 115

III. Aktienmarkt

Das Institut der Wirtschaftsprüfer unterschied in seiner Stellungnahme HFA 554
2/1983, Grundsätze zur Durchführung von Unternehmensbewertungen[1196]
zwischen dem „speziellen Unternehmerrisiko" im Hinblick auf die Prognose
der Überschüsse und dem „generellen Unternehmerrisiko" (*generelles Unternehmerwagnis*") für den Zinssatz. Nur das generelle Unternehmerrisiko
könne zu einem Risikozuschlag auf den Zinssatz führen. Das gehe so:

> *„Zur Abschätzung des generellen Unternehmerwagnisses kann die banktübliche Verzinsung von Großkrediten an Unternehmen Anhaltspunkt bieten, wobei zu beachten ist, dass die Beteiligung an haftendem Kapital gegenüber der Gläubigerposition noch weitere Unterschiede aufweist und jeder Zinssatz nur in Bezug auf die jeweilige Anlage zu sehen ist ...*
> *Es bleibt damit Angelegenheit des pflichtmäßigen gutachterlichen Ermessens auf der Grundlage der dargelegten Zusammenhänge unter Würdigung der gegebenen Sachlage ... Zuschläge wegen des generellen Unternehmerrisikos vorzunehmen"*[1197].

Das BayObLG stellte auf die Differenz zwischen Basiszinssatz und der 555
banktüblichen Verzinsung von Großkrediten (Kontokorrentkredite) ab und
fand 1,2%[1198].

Schauen kann man auch auf die Renditedifferenz zwischen Bundesanleihen 556
und investitionsfähigen Unternehmensanleihen (den „Spread"). Er lag Ende
2006 bis Mai 2007 in den USA bei etwa 1%[1199]; seit dem „subprime mortgages disaster" liegt er höher.

Diese Linie bestätigte die Rechtsprechung auch unter dem IDW S 1 a. F. 557

III. Aktienmarkt

Das Institut der Wirtschaftsprüfer bevorzugt jetzt, verlangt wohl sogar einen 558
Vergleich mit Kapitalmarktrenditen eines Aktienportfolios an der Börse[1200]:

> *„Den Ausgangspunkt für die Bestimmung der Rendite der Alternativanlage bildet die beobachtete Rendite einer Anlage in Unternehmensanteile"*[1201].

Es unterscheidet nicht mehr zwischen dem besonderen (speziellen) und dem 559
allgemeinen (generellen) Risiko: Das gesamte Unternehmerrisiko soll im

---

1196) WPG 1983, 468, Abschn. B 3, S. 471
1197) Dem folgte BayObLG, AG 1996, 127, 129f., Vgl. OLG München, NZG 2001, 1137, 1139
1198) BayObLG, AG 1996, 127, 130
1199) Ng, How stocks might burn bonds, Wall Street J: Europe, Monday, May 7, 2007, S. 19
1200) IDW S 1 2008 Tz. 114f.
1201) IDW S 1 2008 Tz. 114

C. Alternativrendite

Kapitalisierungszinssatz erfasst werden. Im Zähler der Formel sind dann die „Erwartungswerte" anzusetzen und evtl. zu korrigieren[1202]. Das führt zu spürbaren Wertveränderungen[1203].

560 Der Aktienmarkt als Vergleichsmarkt ist aber nicht sicher zu typisieren. Bei den Abfindungen geht es fast immer um die Anteile von Kleinanlegern, die je nach Lebens- und Steuersituation zwischen Aktien- oder Anleihemarkt „pendeln". Mitte 2007 favorisierten 6% der Deutschen eine Aktienanlage, bei 44% war das Sparbuch am beliebtesten[1204]. Mitte 2008 lag der Prozentsatz der Aktienanlage noch niedriger[1205]. Zu beachten ist auch, dass man z. B. Bundesanleihen bei der Bundeswertpapierverwaltung kostenfrei erwerben und hinterlegen kann. So günstig kann man Aktien nicht erwerben.

561 Zudem tragen Kleinanleger wegen ihrer Einflussschwäche ein überproportional hohes Risiko, was jedoch nicht ihre quotale Beteiligung am Gesamtrisiko des Unternehmens spiegelt[1206]. Nur eine solche quotale Beteiligung entspricht aber dem gesellschaftsrechtlichen Gleichheitssatz (Normwert)[1207].

562 Die Methode ist auch deshalb umstritten, weil sich „Erwartungswerte" für die Überschüsse ohne Risikoeinschätzung kaum prognostizieren lassen. „Erwartung" beinhaltet immer „Risiko", weil Zukunft per definitionem unsicher ist. Sonst spräche man vom „Wissen" oder „Kennen" künftiger Überschüsse. Ein „Überlappen" der Risikosichten ist fast unausweichlich – somit entsteht die Gefahr eines verdeckten doppelten Ansatzes[1208].

563 Das werden wir im Einzelnen beim CAPM[1209] und beim Tax-CAPM[1210] diskutieren.

1202) IDW S 1 2008 Tz. 90
1203) Siehe Rn. 535
1204) Gesellschaft für Konsumforschung, FAZ 14.7.2007 Nr. 161, S. 11
1205) Deutsche meiden Aktien, FAZ 30.7.2008 Nr. 176, S. 17
1206) Siehe Rn. 818
1207) Siehe Rn. 119
1208) Fischer-Winkelmann, „Weiterentwicklung" 175
1209) Siehe Rn. 671
1210) Siehe Rn. 887

Elfter Teil
Basiszins[1211)]

A. Ausgangslage

Wie wir sahen[1212)], schätzen wir die Überschüsse als Nominalgrößen. Entsprechend wählen wir einen Zinssatz als Nominalgröße ohne Inflationsabschlag[1213)]. Wir suchen ihn aus der Sicht beider Parteien und wählen einen für beide typischen Bezugsrahmen. Damit erstreben wir einen Zinssatz, *„wie ihn ein vernünftig wirtschaftlich denkender Mensch sicher erzielen kann"*[1214)]. Wir vergleichen daher mit der Rendite einer (quasi-)risikofreien Anlage am Kapitalmarkt[1215)]; „(quasi-)risikofrei", weil es eine völlig sichere Anlage nicht gibt. Selbst erste Adressen können wanken, wie wir es in der „subprime mortgages" Krise erleben.

564

B. Landesüblicher Zins

I. Allgemeines

Als Basiszinssatz wählt man den „landesüblichen Zinssatz" für eine (quasi-)risikofreie Anlage. Als (quasi-)risikofrei gelten nur öffentliche Anleihen. Deshalb nimmt man die durchschnittliche langfristig erzielbare Rendite inländischer öffentlicher Anleihen[1216)] im Verlauf der letzten 10[1217)] bis 30 Jahre[1218)]. Wir finden die Angaben dazu in den Monatsberichten der Deutschen Bundesbank[1219)].

565

Der Zinssatz kann für die Bewertungsphasen unterschiedlich sein. Es ist also zulässig, zweiphasig vorzugehen, weil das die Prognosegenauigkeit erhöhen mag[1220)]. Vorzuziehen ist aber ein einheitlicher Zinssatz, weil sich die Planungsphasen nicht klar abgrenzen lassen[1221)].

566

1211) Wüstemann, Basiszinssatz; Metz, Der Kapitalisierungszinssatz bei der Unternehmensbewertung, Mannheim 2007
1212) Siehe Rn. 331
1213) IDW S 1 2008 Tz. 94; vgl. BGH, NZG 2008, 469, 470
1214) OLG Düsseldorf, DB 2000, 82
1215) IDW S 1 2008 Tz. 116; Gebhardt/Daske, Kapitalmarktorientierte Bestimmung von risikofreien Zinssätze für die Unternehmensbewertung, WPg 2005, 649
1216) IDW S 1 2008 Tz. 116
1217) So OLG Düsseldorf, NZG 2006, 911, 913
1218) BGH, NJW 1982, 575
1219) Statistische Beihefte zu den Monatsberichten der Deutschen Bundesbank, Reihe 2 Wertpapierstatistik, Kap. 8 Renditen.
1220) BayObLG, NZG 2006, 156, 158; Schiedsspruch, SchiedsVZ 2007, 219, 222
1221) OLG München, AG 2008, 28, 30

B. Landesüblicher Zins

II. Beispiele

567 Das BayObLG nahm den Basiszinssatz zu einem Stichtag im März 1989 für die Phase 1 mit 7% an, für die Phase 2 mit 7,7%[1222]. Das OLG Stuttgart sah ihn Ende 1990 bei 7,8%[1223] und für Ende 1992 bei 5,75%[1224], das OLG Hamburg für Ende 1992 bei 7,5%[1225], das OLG Celle im April 1993 ebenfalls bei 7,5%[1226], das OLG München für 1995 bei 7,5%[1227], das OLG Düsseldorf bei 7,35%[1228] und das OLG München Ende 1997 bei 6,5%[1229]. Für Ende 1999 gelangte das OLG Stuttgart zu 6%[1230].

568 Das LG Dortmund wählte für Februar 2000 6%[1231], ebenso das OLG Düsseldorf für August 2000[1232], und das OLG Celle für Dezember 2000[1233]. Das OLG Stuttgart sah für November 2000 5,5% als „eher zu niedrig" an[1234]; dagegen für März 2001 6,5% als „relativ hoch"[1235]. Das OLG München hielt für Mitte 2001[1236] und für Mitte 2002 ebenfalls 6% für richtig[1237], das LG Dortmund im Februar 2002 6%[1238]. Das OLG Stuttgart fand für August 2002 5,75%[1239], das Landgericht Frankfurt im November 2002 5,4%[1240] und im September 2003 5,2%[1241]. Das OLG München setzte für Juni 2002 6% an[1242] und für Mai 2003 5,28%[1243], das OLG Stuttgart fand für den Februar 2004 5,25%[1244].

1222) BayObLG, NZG 2006, 156, 158
1223) OLG Stuttgart, Der Konzern 2004, 128, 131
1224) OLG Stuttgart, NZG 2007, 306, teilweise abgedruckt BB 2007, 682 m. Anm. Wassmann S. 680
1225) OLG Düsseldorf, NZG 2004, 622, 624
1226) OLG Celle, Beschl. v. 29. 12. 2006, Az.:9 W 41/06, S. 6
1227) OLG München, Beschl. 30. 11. 2006, Beschl. 30.11.2006, Az.: 31 Wx 059/06
1228) OLG Düsseldorf, Az.: I-26 W 5/06 AktE, 31.3.2006, http://www.justiz.nrw.de
1229) OLG München, AG 2008, 29, 30
1230) OLG Stuttgart, AG 2008, 510, 514
1231) LG Dortmund, BeckRS 2007 05697, S. 20
1232) OLG Düsseldorf, NZG 2006, 911, 913
1233) OLG Celle, ZIP 2007, 2025
1234) OLG Stuttgart, BeckRS 2007 05049, Leitsätze NZG 2007, 478
1235) OLG Stuttgart, AG 2007, 705, 706
1236) OLG München, AG 1996, 287, 290
1237) OLG München, BeckRS 2006 13711, II B 4a; OLG München, ZIP 2006, 1722, 1725
1238) LG Dortmund, BeckRS 2007 05697
1239) OLG Stuttgart, NZG 2007, 112, 115
1240) LG Frankfurt/M., NZG 2006, 868, 870
1241) LG Frankfurt/M., AG 2007, 42, 44; Beschl. 21.3.2006, oben Fn. 120, S 16
1242) OLG München, Beschl. 31.03.2008 Az.: 31 Wx 88/06, http://www.betriebsberater.de/, S. 9
1243) OLG München, BeckRS 2007 09107
1244) OLG Stuttgart, Beschl.14.02.2008, Az.: 20 W 9/06, http://www.betriebs-berater.de/, Rn. 79

II. Beispiele

Ein Schiedsgericht sah den Basiszinssatz für April 1996 (nähere Phase) bei 569
4,17%, ab 2000 (fernere Phase) bei 6,97%[1245]. Bei der Verschmelzung „Allianz Aktiengesellschaft" setzte man für den Stichtag Ende April 2005 4%
an[1246]. Im Fall Vattenfall Europe Aktiengesellschaft wählte man für Anfang
März 2006 4,25%[1247].

Das IDW empfahl zunächst 6,0%, ab 1.1.2003 5,5%[1248], ab 1.1.2005 5%[1249] 570
und ab 19.7.2005 4,25%[1250]. Der Zeitpunkt für die Anwendung dieser Empfehlungen kann nicht pauschal vorverlagert werden[1251].

Bei den von Anfang 2004 bis Mitte 2008 durchgeführten Bewertungen von 571
börsennotierten Unternehmen finden sich folgende Basiszinssätze: 2004
5,5%, ab 2005 5%, Mitte 2005 4,25%, Anfang 2007 4,00%, Mitte 2007
4,50%, Mitte 2008 4,75%[1252].

C. Laufzeitäquivalenz

Wir müssen die langfristige Anlage im Unternehmen mit einer ähnlich lang- 572
fristigen anderen Anlage vergleichen. Da wir eine unendliche Lebensdauer
ansetzen, müssten wir eigentlich auf eine zeitlich unbegrenzte Anleihe der
öffentlichen Hand schauen. Die gibt es aber bei uns nicht. Deshalb wählt
man Anleihen mit mindestens zehnjähriger Laufzeit und länger, soweit möglich auch 30jährige Anleihen[1253]. 30jährige Anleihen waren bisher noch nicht
zahlreich und mochten daher der „Gestaltung" ausgesetzt sein. Inzwischen
erscheinen solche Bundesanleihen aber im Turnus von knapp zwei Jahren[1254]. Das legt es nahe, sie mit heranzuziehen[1255].

Bei Unternehmen mit zeitlich begrenzter Lebensdauer gilt der Zins für An- 573
leihen vergleichbarer Laufzeit[1256].

1245) Schiedsspruch, SchiedsVZ 2007, 219, 222
1246) Verschmelzung der Allianz Aktiengesellschaft und der RIUNIONE ADRIATICA DI SICURA – Verschmelzungsdokumentation der Allianz Aktiengesellschaft, S. 226
1247) Bericht der Vattenfall Aktiebolag, S. 113
1248) FN-IDW Nr. 1-2/2003, S 26
1249) FN-IDW Nr. 1-2/2005, S.70
1250) FN-IDW Nr. 8/2005, S. 555f.
1251) OLG Stuttgart, AG 510, 514
1252) Mitgeteilt von Gerwald Mandl, Graz
1253) LG München AG 2002, 562, 565; Überblick bei Schmitt/Dausend, Unternehmensbewertung mit dem Tax-CAPM, Finanz Betrieb 2006, 233, 234
1254) Deutsche Bundesbank, Emission von Bundesanleihen, http://www.bundesbank.de/download/kredit/kredit_emission_chronologie.pdf
1255) Wenger, Der unerwünscht niedrige Basiszinssatz als Störfaktor bei der Ausbootung von Minderheiten, in: FS Jochen Drukarczyk, München 2003, S. 475, 484ff. Siehe auch Ballwieser, Zum risikolosen Zins für die Unternehmensbewertung, in: FS Drukarczyk, 2003, S. 19, 28, 33.
1256) IDW S 1 2008 Tz. 117

D. Zinsprognose[1257]

574 Der Basiszinssatz ist zukunftsbezogen; nicht entscheidend ist seine Höhe am Stichtag[1258]. Wir suchen die Verzinsung, die aus der Sicht des Stichtags auf Dauer zu erzielen ist[1259], also den von kurzfristigen Einflüssen befreiten Normalzinssatz. Auch hier ist also ein Risiko „eingebaut". Für die Nachhaltigkeit orientiert man sich auch am Durchschnitt der Vergangenheit[1260], etwa der letzten zwanzig Jahre[1261]. IDW S 1 2000 sagte ausdrücklich: *„Für die dabei erforderliche Wiederanlage kann zur Orientierung die Zinsentwicklung der Vergangenheit herangezogen werden"*[1262]. Man geht daher 15 bis 30 Jahre zurück und erwägt dann, ob sich am Zinstag eine Tendenz zu höheren oder niedrigeren Zinsen zeigt. Den Zinssatz wählt man sodann für die nähere Phase; für die fernere Phase („ewige Rente") kann man ihn gegebenenfalls ändern. Der Schwerpunkt verschiebt sich aber zunehmend auf die Prognose (Gesamtbetrachtung[1263]).

575 Wegen der Plausibilität der Schätzung[1264] dürfen wir die Zinsentwicklung nach dem Stichtag beobachten. Das LG Nürnberg-Fürth zog die durchschnittlichen Zinsen für Kontokorrentkredite acht Jahre **nach** dem Stichtag heran[1265]. All das lässt sich verfeinern, indes um den Preis von Unsicherheit (*„every decoding is a new encoding"*).

E. Zinsstrukturkurve[1266]

I. Neuer Trend

576 Die traditionelle Methode ist nach wie vor zulässig. Heute dringt aber die Ausrichtung an der aktuellen Zinsstrukturkurve für Staatsanleihen vor, wie sie die Deutsche Bundesbank nutzt[1267], und wie sie sich international durchsetzt. Im Entwurf 2007 des IDW S 1 2008[1268] hieß es noch, sie *„kann zur Orientierung"* herangezogen werden. Nach der Endfassung *„empfiehlt es*

1257) OLG Stuttgart, NZG 2007, 112, 115
1258) OLG Düsseldorf, NZG 2000, 323, 325; BayObLG, NZG 2006, 156, 158; LG Frankfurt/M., NZG 2006, 868, 870
1259) OLG Stuttgart, NZG 2000, 747
1260) BGHZ 156, 57; OLG Celle, Beschl. 29. 12. 2006, 9 W 41/06, S. 6; LG Dortmund, BeckRS 2007 05697, S. 19
1261) BayObLG, NZG 2006, 156, 159
1262) IDW S 1 2000 Tz. 121
1263) Siehe Rn. 585
1264) Siehe Rn. 1180
1265) NZG 2000, 89, 90
1266) Wiese/Gampenrieder, Marktorientierte Ableitung des Basiszinses mit Bundesbank- und EZB-Daten, BB 2008, 1722
1267) Deutsche Bundesbank, Monatsbericht Oktober 1997, S. 61-66. Einzelheiten bei Wüstemann, Basiszinssatz 2225
1268) http://www.idw.de, Verlautbarungen Tz. 117

II. Struktur

sich", den Basiszinssatz aus aktuellen Zinsstrukturkurven abzuleiten[1269]. Dabei greift man auf die Datenbasis der Deutschen Bundesbank zurück[1270]. Hinweise zur Berechnung finden sich auf der Homepage des IDW (Mitgliederbereich)[1271]. Kurzfristige Anleihen verzinsen sich aber generell niedriger als langfristige; deshalb sind auch *„zeitlich darüber hinausgehende Prognosen"* beachtlich[1272]. Ergänzend mögen daher dreißigjährige Anleihen beachtlich sein[1273]. Zur Plausibilisierung können auch vergleichbare Daten der Europäischen Zentralbank herangezogen werden[1274].

Das LG Frankfurt/M.[1275], das OLG Stuttgart[1276] und das OLG München haben die Zinsstrukturkurve akzeptiert[1277]. Das OLG Stuttgart benutzte sie schon für einen Stichtag Ende 1999[1278]; das LG Frankfurt/M. wandte sie als *„sach- und interessengerecht"* für einen Stichtag im November 2002[1279] und im September 2003 an[1280]. Es sei jeweils die neueste Rechtsprechung anzuwenden, auch wenn sie zum Zeitpunkt des zu beurteilenden Sachverhalts noch nicht gegolten habe[1281].

577

II. Struktur

Die Zinsstrukturkurve geht von Nullkuponanleihen aus, wie sie auf dem Markt zu einem bestimmten Zeitpunkt für verschiedene Laufzeiten gelten.

578

1269) IDW S 1 2008 Tz.117; OLG München, Beschl. 31.03.2008 Az.: 31 Wx 88/06, http://www.betriebs-berater.de/, S. 10; OLG Stuttgart, NZG 2007, 112, 116; LG Frankfurt/M., NZG 2006, 868, 870. Dazu Obermaier, Marktzinsorientierte Bestimmung des Basiszinssatzes in der Unternehmensbewertung, Finanz Betrieb 2006, 472, 473; Kniest, Bewertungspraktiker, Beilage Finanzbetrieb Oktober-Dezember 2005, 9

1270) http://www.bundesbank.de/statistik/statistik_zeitreihen.php?func=row&tr=wz3409) . Dort ist folgendes Verzeichnis zu wählen: Kapitalmarkt/Zinsstruktur am Rentenmarkt-Schätzwerte/Börsennotierte Bundeswertpapiere/Parameter. Anfragen sind zu richten an die Pressestelle der Deutschen Bundesbank betr. „Zeitreihenanfrage: Bundesbank-Kennung oder Bezeichnung".

1271) OLG Stuttgart, NZG 2007, 112, 116

1272) IDW S 1 2008 Tz. 117

1273) Obermaier, Die Kapitalmarktorientierte Bestimmung des Basiszinssatzes für die Unternehmensbewertung: The Good, the Bad and the Ugly, Finanz Betrieb 2008, 493, 503

1274) Europäischen Zentralbank (Hrsg.) Technical Notes, http://www.ecb.int/stats/money/yc/html/index.en.html/index.en.html#data. Dazu Wagner/Saur/Willershausen, Zur Anwendung 737

1275) LG Frankfurt/M. NZG 2006, 868, 870

1276) OLG Stuttgart, NZG 2007, 112, 116; Beschl.14.2.2008 Az.: 20 W 9/06, C II 2 a, http://www.betriebs-berater.de/

1277) OLG München, AG 2007, 287, 290, AG 2007, 42, 44; BeckRS 2007 09107; AG 2008, 28, 30. Ebenso OLG Karlsruhe, NZG 2008, 791 (BeckRS 2008, 18939)

1278) AG 2008, 510, 514

1279) LG Frankfurt/M., NZG 2006, 868, 870

1280) LG Frankfurt/M., Beschl. 21.3.2006, oben Fn. 120, S. 16. Dort auch ausführliche Darstellung

1281) AaO S. 19

E. Zinsstrukturkurve

Nullkuponanleihen sind Anleihen die mit einem hohen Disagio (Abschlag) statt jährlicher Zinszahlungen bis zur Rückzahlung des Nominalbetrages ausgegeben werden; es gibt also nur eine Zinseinschätzung (Verhältnis zwischen Rückzahlungswert und aktuellem Kurs), damit lediglich **eine** Unbekannte[1282]. Sie folgt aus dem Kurs der Anleihe am Stichtag. Bei Nullkuponanleihen ist die Zinsstrukturkurve am Rentenmarkt direkt beobachtbar.

579 Der Rentenmarkt kennt nur wenige (quasi-)risikofreie Nullkuponanleihen: Die meisten Bundesanleihen sind Kuponanleihen. Deshalb sind deren Zinssätze mit einzubeziehen; dabei geht man von einer Laufzeit bis zu zehn Jahren aus. Für die laufenden Zahlungen gibt es aber wegen der Kursentwicklung der Anleihe unterschiedliche Zinssätze, also **mehrere** Unbekannte. Man stellt daher eine theoretische Zinskurve auf, fragt welchen Renditen am Markt sie entsprechen und variiert die Zinsstruktur solange, bis die theoretischen Renditen sich möglichst mit den tatsächlichen Renditen decken.

580 Wählt man öffentliche Anleihen mit begrenzter Laufzeit, ist die Wiederanlage zu berücksichtigen, weil ja grundsätzlich eine unbegrenzte Lebensdauer des Unternehmens angenommen wird[1283].

III. Formel

581 Die von der Deutschen Bundesbank benutzte Formel für die Zinsstrukturkurve erscheint Juristen als kompliziert[1284]. Ursprünglich von anderen entwickelt, erweiterte Svensson sie um den Term β3, um günstigere Schätzstatistiken zu liefern[1285]. Deshalb spricht man von der „Svensson Methode". Sie konvergiert zu einem sehr langfristigen Grenzwert als Zinssatz. Die Deutsche Bundesbank weist diese Zinssätze aus ohne Beachtung eines Ausfallrisikos[1286].

1282) LG Frankfurt/M., aaO S. 63
1283) OLG München, ZIP 2006, 1722, 1725; AG 2007, 287, 290; Beschl. 30.11.2006, Az.: 31 Wx 059/06
1284) Sie ist wiedergegeben in LG Frankfurt/M., AG 2007, 868, 870. Sie sieht so aus:

$$z(T\beta) = \beta 0 + \beta 1 \frac{(1-\exp(-T/\tau 1))}{(T/\tau 1)}$$

$$+ \beta 2 \left[\frac{(1-\exp(-T/\tau 1))}{(T/\tau 1)} - \exp\left(\frac{-T}{\tau 1}\right)\right]$$

$$+ \beta 3 \left[\frac{(1-\exp(-T/\tau 2))}{(T/\tau 2)} - \exp\left(\frac{-T}{\tau 2}\right)\right]$$

z (T,β) bezeichnet den Zinssatz für Laufzeit T als Funktion des Parametervektors β. β0, β1, β2, β3, τ1 und τ2 stehen für die zu schätzenden Parameter dieses Vektors

1285) L. E. O. Svensson, Estimating and interpreting forward interest rates: Sweden 1992–94, IWF Working Paper 114, Sept. 1994
1286) Deutsche Bundesbank, Monatsbericht Oktober 1997, S. 61, 64

Wir lassen die Einzelheiten der Formel auf sich beruhen und vertrauen auf 582
die Mathematiker der Deutschen Bundesbank[1287]. Sie veröffentlicht die Daten börsentäglich gebührenfrei in ihrer Zeitreihen-Datenbank im Internet; sie teilt aber auf Anfrage auch die bisherige Schätzung der Rentenstruktur mit.

IV. Durchschnittskurs

Auch bei der Zinsstrukturkurve streitet man sich – bisher unentschieden – 583
über Stichtagskurs und Durchschnittskurs[1288]. Konkrete Verfahren für den Durchschnittskurs gibt es nicht[1289]. Angelehnt an den Dreimonatszeitraum bei Börsenwerten[1290] stellt das IDW auf einen Zeitraum von drei vollen Monaten ab[1291]. Das LG Frankfurt/M präzisiert, dass es die letzten drei Monate vor dem Bewertungsstichtag sein müssen, weil *„sich die generalisierende Annahme eines Basiszinssatzes für einen bestimmten Zeitraum verbietet"*[1292]. Ist der Stichtag der 15. 10. 2007, so reicht der relevante Zeitraum vom 1.7.2007 bis zum 30.9.2007.

V. Rundung

Der einheitliche Basiszinssatz soll nach Meinung des IDW auf 0,25%-Punkte 584
gerundet werden, z. B. von 4,14% auf 4,25%[1293]. Das LG Frankfurt/M.[1294] meint dagegen: Sachgerecht sei nur eine Rundung auf eine Stelle hinter dem Komma (also 4,2%). Beim Ausschluss von Minderheitsaktionären komme sogar nur infrage *„eine Abrundung auf die nächste Stelle hinter dem Komma"* (also 4,1%):

> *„Bei einer Aufrundung würde im Ergebnis der Wert der gesellschaftsrechtlichen Beteiligung des Minderheitsaktionärs zu seinen Lasten abgeändert, wodurch der verfassungsrechtlich geforderte volle Ausgleich bei einem Ausschluss von Minderheitsaktionären nicht mehr gegeben wäre"*[1295].

1287) Die Formel ist wiedergegeben in Obermaier, Marktzinsorientierte 473
1288) Obermaier, Marktzinsorientierte 474
1289) IDW-FN 2005, 556
1290) Siehe Rn. 1078
1291) IDW-FN 2005, 555. Vgl. Jonas/Wieland-Blöse/Schiffahrth, Basiszins in der Unternehmensbewertung, Finanz Betrieb 2005, 647
1292) LG Frankfurt/M., NZG 2006, 868, 871
1293) IDW FN 2005, 555
1294) Ebd. 871. Ebenso LG Frankfurt/M., AG 2007, 42, 46
1295) Ebd. 871, so schon LG Frankfurt/M., Beschl. v. 2.5.2006, Az, 3-5 O 153/04. Ebenso Beschl. v. 21.3.2006, S. 18

F. Gesamtbetrachtung

585 Es geht um die Prognose einer Zinsentwicklung, nicht um den Stichtagseffekt. Das OLG München verlangt bildhaft eine „*Gesamtschau*"[1296], eine „*Gesamtbeurteilung*"[1297]. Es berücksichtigt unter dem Aspekt der Wiederanlage nicht nur die Zinsstrukturkurve sondern ebenfalls die „*Zinsentwicklung der Vergangenheit*" und die Laufzeitäquivalenz[1298]. Das erscheint mir angemessen.

G. Euroland

586 Als Standard für die Bewertung deutscher Unternehmen gelten bisher Anleihen der deutschen öffentlichen Hand; man nimmt eben an, dass der Ausscheidende sein Geld darin anlegt. Heute müsste man auf den Euro-Kapitalmarkt schauen. Aber was gehört dort zur „öffentlichen Hand", was ist „(quasi-)risikofrei"?

587 Heranziehen lassen sich nur die langfristigen Anleihen von Schuldnern, die einen ähnlichen Status haben, wie wir ihn für Deutschland fordern. Es kommt wohl auf die Einschätzung durch Rating Agenturen an: Allenfalls „triple A" zählt. Doch nach den Erfahrungen mit hoch eingeschätzten „subprime mortgages"[1299] bleiben Unsicherheiten. Das Risiko ist in der Unternehmensbewertung eben allgegenwärtig.

H. Begrenzte Lebensdauer

588 Bei Unternehmen mit zeitlich begrenzter Lebensdauer ist der für diese Frist geltende Zinssatz zu wählen[1300]. Für die danach erforderliche Wiederanlage kann man die aktuelle Zinsstrukturkurve heranziehen[1301].

J. Gleichbehandlung

589 Großanleger können oft höhere Zinsen erzielen als Kleinanleger. Setzte man für letztere aber höhere Zinsen an, so ermäßigte sich der Barwert der künftigen Überschüsse und damit der Wert ihrer Anteile[1302].

1296) OLG München, AG 2007, 287, 290
1297) OLG München, Beschl. 30.11.2006, Az.: 31 Wx 059/06: ähnlich OLG Düsseldorf, AG 2004, 324, 329
1298) BayObLG, AG 2006, 41,44; OLG München, ZIP 2006, 1722, 1724
1299) Vgl. Von Schweinitz, Die Haftung von Ratingagenturen, WM 2008, 954; Richter, Ratings oder Credit Spreads – mögliche Anknüpfungspunkte für eine Kapitalmarktregelung, WM 2008, 960
1300) IDW S 1 2008 Tz. 117
1301) IDW S 1 2008 Tz. 117
1302) Siehe Rn. 535

Die Antwort folgt aus dem Rechtsverhältnis, das die Bewertung regiert: Im 590
Aktienrecht schauen wir auf die einzelne Aktie (§ 1 Abs. 2, § 8 Abs. 1 S. 1,
Abs. 4 AktG); daher ist an den Gesellschafter mit der kleinsten Stückelung
anzuknüpfen. Bei Personengesellschaften und Gesellschaften mit beschränkter Haftung gelangen wir zum selben Ergebnis, weil der gesellschaftsrechtliche Gleichheitssatz („Gleiche Brüder gleiche Kappen") einen einheitlichen
Zins verlangt. Der Basiszins erweist sich so als guter Kompromiss. Er ist eben von einem *„vernünftig und wirtschaftlichen denkenden Menschen sicher zu
erzielen"*[1303].

K. Interner Zins

Der Basiszinssatz zeigt die (quasi-)risikofreie Alternativanlage am Kapital- 591
markt. Er kann anders sein als der Zinssatz, den das Unternehmen selbst bei
seinen Anlagen erzielt oder den es intern ansetzt (z.b. bei Pensionsrückstellungen oder bei Konzernbeziehungen)[1304]. Der interne Zinssatz ist zwar für
die Ermittlung der Überschüsse, nicht aber für die Kapitalisierung beim typisierten Unternehmenswert wichtig.

1303) OLG Düsseldorf, NZG 2000, 323, 324
1304) OLG Celle, NZG 1998, 987, 989

Zwölfter Teil
Risikolage[1305)

*„Was ist das Schwerste von Allem,
Was Dir am leichtesten dünket?
Mit den Augen zu sehen,
Was vor den Augen Dir liegt"*[1306).

A. Risikoscheu

Der Basiszins bezieht sich auf (quasi-)risikofreie festverzinsliche öffentliche 592
Anleihen. Er ist der feste Preis für die zeitweise Überlassung des Geldes in
bestimmter Höhe „quasi" ohne Verlustrisiko: Das Geld wird voll zurückgezahlt. Solche Papiere sind an Börsen leicht zu veräußern; sie sind oft, aber
nicht immer liquide (wie selbst die größten Banken und Anlageberater bei
den „subprime mortgages" lernten).

Bei der Anlage in einem Unternehmen ist das im Allgemeinen anders. Über- 593
schüsse schwanken dort; immer bleibt es eine risikobehaftete, volatile Anlage; das angelegte Geld kann leichter ganz verloren gehen[1307). Die Liquidität
mag geringer sein. Zudem gewichten Anleger Risiken stärker als Chancen.
Das zeigt jede Versicherung: Man versichert sich gegen Verluste, nicht
gegen entgehende Chancen. Ein Anleger will im Allgemeinen lieber einen
(quasi-)sicheren Zins von 10% als einen Zins, der zwischen 0% und 20%
schwankt. Wir sprechen von Risikoscheu, von Risikoaversion[1308). Daher erwarten Anleger in Unternehmen eine höhere Renditechance („Zitterprämie")[1309).

B. Unterschiedliche Risiken

Wir unterscheiden das besondere (spezielle) Risiko und das allgemeine (ge- 594
nerelle) Risiko[1310). Ursprünglich trennte das IDW beide Risiken:

> *„Inzwischen darf als weitgehend anerkannte Übung gelten, dass spezielle Chancen und Risiken bei der Planung der Ergebnisse berücksichtigt und für sie keine Zu- oder Abschläge beim Kapitalisierungszinssatz vorgenommen werden"*[1311).

1305) IDW S 1 2008 Tz. 88-92. Dazu Seicht, Aspekte des Risikokalküls in Unternehmensbewertungen, in: FS Dieter Rückle, Berlin 2006, S. 97
1306) Johann Wolfgang von Goethe, 1749-1832
1307) BGH, ZIP 2006, 663, 664, OLG Stuttgart, BB 2007, 682
1308) IDW S 1 2008 Tz. 88
1309) OLG Stuttgart, NZG 2007, 112, 117
1310) Komp, Zweifelsfragen, S. 125ff. Andere Methoden haben sich bisher nicht durchgesetzt, vgl. Kesten, Unternehmensbewertung
1311) Stellungnahme HFA 2/1983: Grundsätze zur Durchführung von Unternehmensbewertungen, WPg 1983, 469 Abschn. 3, S. 472

I. Besonderes (spezielles) Risiko

595 Die österreichische Kammer der Wirtschaftstreuhänder sagt im „Entwurf des Fachgutachtens Unternehmensbewertung"[1312]:

> „Das spezielle Unternehmensrisiko ist das auf ein bestimmtes Unternehmen bezogene Risiko. Hierzu zählen etwa die Konkurrenzsituation, die Managementqualifikation, besondere Einkaufs- und Absatzverträge, Stand der Produktinnovation, Art der Unternehmensorganisation, Finanzierungs- und Kapitalstrukturverhältnisse, die Flexibilität des Unternehmens, das heißt die Fähigkeit, sich ändernden Umwelteinflüssen mehr oder weniger rasch anzupassen, das Alter und die Eignung von Vermögensausstattung des Unternehmens, der Umfang und die Qualität der Forschung und Entwicklungstätigkeit, Qualifikation der Mitarbeiter, die Wettbewerbssituation, der das Unternehmen ausgesetzt ist".
> „Übereinstimmung besteht ... dahingehend, dass im Risikozuschlag nur außergewöhnliche Ereignisse berücksichtigt werden können, da die spezifischen Unternehmensrisiken ebenso wie die entsprechenden Chancen bereits bei der Ermittlung des Unternehmensertrags zu berücksichtigen sind"[1313].

II. Allgemeines (generelles) Risiko

596 Darüber hinaus gibt es ein allgemeines Risiko, wie nicht absehbare Entwicklungen aus Konjunktur, Politik, Umwelt und Branche des Unternehmens. Im Vordergrund steht das Risiko eines Totalverlustes (Insolvenzrisiko, Immobilitätsrisiko)[1314]. Zu bedenken ist auch, dass die Prognose nur Umstände erfasst, die am Stichtag schon in der Wurzel angelegt sind; im Übrigen bleibt das Dunkle als Schätzungsrisiko. Diesem allgemeinen Risiko wollen wir uns jetzt zuwenden.

C. Erfassung des allgemeinen Risikos

I. Geschichte

597 Die Erfassung des allgemeinen Risikos war anfangs umstritten. Der Schöpfer des AG-Konzernrechts Ernst Geßler, hatte erklärt:

> „Wer das Ausscheiden von Gesellschaftern erzwingen oder sich eine Rechtsposition verschaffen will, die nach Auffassung des Gesetzgebers Gesellschafter zum Ausscheiden berechtigt, kann nicht sein künftiges Unternehmensrisiko zum Teil auf die Abfindung des Ausscheidenden abwälzen und diese darum kürzen. Das bis zu seinem Eintritt fragliche Unternehmensrisiko kann nicht vorweg als sicher

---

1312) Kammer der österreichischen Wirtschaftstreuhänder (2005): Entwurf des Fachgutachtens Unternehmensbewertung (Stand: 14.2.2005), zitiert nach Seicht, Aspekte, S. 99
1313) OLG Düsseldorf, Az.: I-26 W 5/06 AktE, 31.3.2006, http://www.justiz.nrw.de
1314) Seicht, Aspekte, S. 125; LG Frankfurt/M., AG 2007, 42, 45

III. Stellungnahme

dem Ausscheidenden angelastet werden, ihm verbleiben auch nicht dessen Chancen"[1315].

II. Doppelerfassung

Das OLG Celle meinte, dass die besonderen Chancen und Risiken schon bei den zukünftigen Überschüssen beachtet seien; das allgemeine Unternehmensrisiko sei „*in exakten Zahlen nicht fassbar*"[1316]. In der Tat könnte es schon die „mittleren Erwartungen"[1317] beeinflusst haben; sie lassen sich ohne Beachtung von Risiken nicht schätzen: 598

> „*Da der Manager auch bei jeder Entscheidung intuitiv das Risiko berücksichtigt, wird es immer zweimal bewertet*"[1318].

Diese Argumente erhalten neues Gewicht bei einer Orientierung an der Marktrisikoprämie[1319], die sich auf besonderes **und** allgemeines Risiko zugleich bezieht[1320]. 599

III. Stellungnahme

Die gesonderte Erfassung des allgemeinen Risikos hat sich durchgesetzt[1321]. Sie ist richtig bei Anleihen eines Unternehmens, weil das Unternehmen zahlungsunfähig werden kann. Der Anleger erhält höchstens die Zinsen, vielleicht auch weniger. Begrenzte Chancen begegnen dem Risiko eines Totalverlustes. 600

Bei der Beteiligung an einem Unternehmen stehen nicht begrenzte Chancen den Risiken eines Totalverlustes gegenüber. Doch ist zweifelhaft, ob sie sich ausgleichen: Die Chancen sind über das Steuerrecht und das Arbeitsrecht weitergehender sozialisiert als die Risiken – jedenfalls wird das so empfunden. Das gilt auch für Großunternehmen, die im Zeichen globaler Märkte stärker exponiert sind – z. B. dem amerikanischen Foreign Corruption Practices Act und den Anforderungen der amerikanischen Securities and Exchange Commission (vgl. die an Wall Street notierte Siemens AG). Der Preis für die Überlassung des Geldes aber richtet sich nach dem Unternehmenswagnis[1322], das zunehmend global „vernetzt" ist[1323]. 601

1315) GEBERA-Schriften, Bd. 1, 1977, S. 121, 134f.; vgl. LG Berlin, AG 1983, 137, 138
1316) OLG Celle, NZG 1998, 987, 989; OLG Stuttgart, Der Konzern 2004, 128, 131
1317) OLG Düsseldorf, AG 1999, 321, 324
1318) Zit. nach Knoll, Risikozuschlag 469
1319) Vgl. OLG Stuttgart, BeckRS 2007 05049, Leitsätze NZG 2007, 478
1320) Vgl. Ballwieser, Unternehmensbewertung, S. 201
1321) OLG München, AG 2008, 29, 30; LG Hannover, Beschl. 18.12.2007 Az.: 26 AktE 22/97 Rn. 23
1322) OLG Köln, NZG 1999, 1222, 1227

602 Selbst wenn Chance und Risiko gleich sind, ist die Risikoaversion des Anlegers zu beachten[1324]: Zwar scheint die oft niedrigere Dividende bei Aktien anzudeuten, dass Anleger die Chancen höher einstufen. Aber das täuscht, weil die Dividenden oft nicht entscheidend sind: Bezugsrechte und erhoffte Kursgewinne sind wesentliche Antriebe.

IV. Kapitalstruktur

603 Beim Risikozuschlag ist die Kapitalstruktur des Unternehmens zu beachten. Für dieses „Kapitalstrukturrisiko"[1325] sind Markt-, nicht Buchwerte der einzelnen Vermögenswerte und Schulden anzusetzen. Die Buchwerte sind aber in der Praxis ein wichtiges Indiz: Wer kennt schon die „realen" Werte? Eine hohe Verschuldung führt zu einem höheren Risikozuschlag[1326]. Die Kapitalstruktur muss nicht gesondert erfasst werden, wenn sie der der Alternativanlage gleicht[1327].

D. Ansatzmethoden

I. Methodenwahl

604 Das allgemeine Risiko „des Unberechenbaren" (Zukunft ist dunkel!) kann man auf zwei Weisen berücksichtigen[1328]: Bei der Schätzung der Überschüsse kann man einen Abschlag vom Erwartungswert machen (Sicherheits- oder Risikoäquivalenzmethode), man kürzt also die Überschüsse. Man kann das allgemeine Risiko aber auch durch einen Zuschlag zum Basiszinssatz erfassen (Zinszuschlagsmethode, Risikozuschlagsmethode[1329]).

605 Die in Österreich geltende Richtlinie[1330] sagt dazu:

> *„Das allgemeine Unternehmerrisiko (Unternehmerwagnis) ergibt sich generell aus der Investition in ein Unternehmen; zu diesem Risiko gehören die Gefahr von Konjunkturschwankungen, nicht vorhersehbare Umwelteinflüsse und Probleme, die sich aus der Branche des Unternehmens ergeben. Es ist durch einen Zuschlag zum Kapitalmarktzinssatz zu erfassen.*

1323) Rosario E. Heppe/Hansjörg Heppe, The Impact of US Law-Driven Compliance and Ethics Programmes on Emerging Economics, in: Liber Amicorum Roberto MacLean, London 2002, S. 169
1324) Siehe Rn. 339
1325) IDW S 1 2008 Tz. 91
1326) IDW S 1 2008 Tz. 100
1327) IDW S 1 2008 Tz. 100
1328) BayObLG, AG 1996, 127, 129
1329) Vgl. IDW S 1 2008 Tz. 89
1330) Kammer der österreichischen Wirtschaftstreuhänder (1989): Unternehmensbewertung (KFS/BW 1), 20. 12. 1989, Fachgutachten Nr. 74, Abschn. 7.2.2.

IV. Ausschließlichkeit

Im Gegensatz dazu ist das spezielle Unternehmerrisiko, welches sich aus der besonderen Situation des zu bewertenden Unternehmens ergibt, bei der Ermittlung der Zukunftserfolge zu berücksichtigen".

II. Überschussabschlag

Man kann die Überschüsse nach Wahrscheinlichkeitsindizes niedriger ansetzen. Hier berücksichtigt man das unternehmensspezifische Risiko (also das operative Risiko und das vom Verschuldungsgrad beeinflusste Kapitalstrukturrisiko[1331]) Die Gewichtung ist aber stets subjektiv; das sollte man nicht durch „mathematische Indizes" verschleiern. 606

III. Risikozuschlag

Diese Methode erfasst allgemeine Risiken bei Unternehmen[1332] – wo man wegen chaotischer Märkte „mit dem Schlimmsten" rechnen muss[1333]. Sie ist heute üblich[1334]. 607

IV. Ausschließlichkeit

Ist das allgemeine Unternehmensrisiko schon bei den Überschüssen berücksichtigt, darf es nicht erneut im Kapitalisierungszinssatz erscheinen[1335]. Denn dann würde es zweimal wertmindernd erfasst[1336]. Darauf ist zu achten bei dem gewichteten Durchschnitt verschiedener Verläufe[1337]. Es ist auch zu bedenken bei der Nutzung von Marktrisikoprämien[1338]. 608

Im Übrigen hängt die Höhe des Risikozuschlags davon ab, welche besonderen Risiken wir bei der Schätzung der Überschüsse einbezogen; der Risikozuschlag ist dann entsprechend höher oder niedriger[1339]. Bei einer Begutachtung ist das miteinander abzustimmen. 609

Die Abgrenzung ist schwierig, wie das folgende Zitat zeigt: 610

> „Der Risikozuschlag soll aber dem Umstand Rechnung tragen, dass eine Kapitalanlage in einem Unternehmen regelmäßig mit höheren Risiken verbunden ist als eine Anlage in öffentlichen Anleihen. Hierher gehören nicht nur solche Umstände, die bei der Ertragsprognose grundsätzlich berücksichtigt werden können, sondern auch außergewöhnliche Umstände wie Betriebsstörungen durch höhere

---

1331) Vgl. IDW S 1 2008 Tz. 90, 91
1332) Vgl. IDW S 1 2008 Tz. 90
1333) LG Hamburg, Beschl. 3.4.2007 Az.: 414 O 26/97, S. 13f.
1334) IDW S 1 2008 Tz. 90
1335) BayObLG, AG 1996, 127, 129; OLG Celle, NZG 1998, 987, 988; OLG München, AG 2007, 287, 290; OLG München, BeckRS 2006 13711, II B 4 b
1336) OLG Celle, NZG 1998, 987, 989
1337) Siehe Rn. 365
1338) Vgl. Rn. 845
1339) OLG Düsseldorf, AG 1999, 321, 323

D. Ansatzmethoden

> *Gewalt, Substanzverluste durch Betriebsstillegungen, Aufwendungen für Umstrukturierungsmaßnahmen, Insolvenzen wichtiger Abnehmer, Belegschaftsveränderungen und Ähnliches sowie das stets vorhandene Konkursrisiko*[1340].

V. Methodeneinheit

611 Doch ist es erlaubt, das gesamte Risiko **allein** im Zuschlag zu erfassen[1341]. So will es das Institut der Wirtschaftsprüfer[1342]. Danach gibt es nur noch eine Methode, nämlich die Risikozuschlagsmethode. Das folgt aus der Orientierung an der Marktrisikoprämie und am Betafaktor: Sie erfassen ja das besondere und das allgemeine Unternehmensrisiko in einem Ansatz[1343].

612 So hieß es im IDW 2005[1344] und heißt es im IDW S 1 2008[1345]:

> *"Wegen der Problematik einer eindeutigen Abgrenzung sollte nicht zwischen unternehmensspeziellen und allgemeinen Risiken unterschieden und das (gesamte) Unternehmensrisiko ausschließlich im Kapitalisierungszinssatz berücksichtigt werden. Im Zähler der Bewertungsformeln sind dann die Erwartungswerte anzusetzen. Planungsrechnungen des Unternehmens sind entsprechend zu korrigieren, wenn sie andere Werte widerspiegeln".*

613 Der Risikozuschlag erfasst damit das gesamte Unternehmerrisiko[1346]:

> *„Dabei hat der unternehmensspezifische Risikozuschlag sowohl das operative Risiko aus der Art der betrieblichen Tätigkeit als auch das Verschuldungsgrad beeinflusste Kapitalstrukturrisiko abzudecken".*

614 Die Stellungnahme wird indes relativiert[1347]:

> *„Am Markt beobachtete Risikoprämien sind hierfür geeignete Ausgangsgrößen, die an die Besonderheiten des Bewertungsfalls anzupassen sind. Eine bloße Übernahme beobachteter Risikoprämien scheidet grundsätzlich aus, weil sich das zu bewertende Unternehmen in aller Regel hinsichtlich seiner – durch externe und interne Einflüsse (z. B. Standort-, Umwelt- und Brancheneinflüsse, Kapitalstruktur, Kundenabhängigkeit, Produktprogramm) geprägten – spezifischen Risikostruktur von den Unternehmen unterscheidet, für die Risikoprämien am Markt beobachtet worden sind. Darüber hinaus müssen für die Vergangenheit beobachtete Risikoprämien angepasst werden, wenn für die Zukunft andere Einflüsse erwartet werden. Dabei hat der unternehmensspezifische Risikozuschlag sowohl*

1340) OLG Düsseldorf, NZG 2000, 323, 325. Ähnlich LG Frankfurt/M./Main, AG 2007, 45
1341) BayObLG NZG 2006, 156, 159
1342) So auch BayObLG, NZG 2006, 156, 159
1343) Knoll, Risikozuschlag 469
1344) IDW S 1 2005 Tz. 98
1345) IDW S 1 2008 Tz. 90
1346) IDW S 1 2008 Tz. 90
1347) IDW S 1 2008 Tz. 91

das operative Risiko aus der Art der betrieblichen Tätigkeit als auch das vom Verschuldungsgrad beeinflusste Kapitalstrukturrisiko abzudecken".

VI. Würdigung

Ein einheitlicher Risikoansatz erhöht die Gefahr einer Doppelzählung[1348]. Der Gutachter bezieht bei der Schätzung der Überschüsse unvermeidbar besondere Risiken ein; das zeigt sich z. B. bei dem Ansatz der geschätzten Ergebnisse für die ewige Rente[1349]. Er kann und soll das beim Risikozuschlag „ausbalancieren". Das unterbleibt jedoch beim Ansatz der Marktrisikoprämie. Zwei Messtechniken (die des Gutachters und die der Börse) finden nur schwer zusammen[1350].

VII. Unterschiedliche Ergebnisse

Die Ergebnisse der Methoden sind unterschiedlich namentlich deshalb, weil sich nach den Vorstellungen des IDW S 1 2005 und 2008 ein höherer Risikozuschlag ergibt[1351]. Dazu folgende Beispiele:

Traditionelle Formel (nach Steuern)

	Basiszins	5,00%
+	Risikozuschlag	2,50%
=		7,50%
./.	35% typ. ESt	2,63%
=		4,87%

CAPM (vor Steuern)

	Basiszins	5,00%
+	Risikozuschlag	4,5%
=		9,5%

1348) Siehe Rn. 845
1349) Vgl. OLG München, Beschl. 31.3.2008 Az.: 31 Wx 88/06, http://www.betriebsberater.de/, S. 7f.
1350) Siehe Rn. 183
1351) Vgl. LG Hannover, Beschl. 18.12.2007 Az.: 26 AktE 22/97 Rn. 23

E. Einzelheiten

CAPM (nach Steuern)

	Basiszins	5,00%
+	Risikozuschlag	4,50%
=		9,50%
./.	35% typ. ESt	3,33%
=		6,17%

Tax-CAPM

	Basiszins	5,00%
./.	35% typ. ESt	1,75%
=		3,35%
+	Risikozuschlag	5,50%
=		8,85%

617 Bei einer Nachsteuerbetrachtung ergeben sich folgende Zinssätze: 4,87/6,17/8,85%.

618 Bei einem prognostizierten Überschuss von 100.000 € führt das bei der „ewigen Rente" zu folgenden Werten: 2.053.388/1.620.746/1.129.946. Macht des Zinses, Macht der Prämissen!

E. Einzelheiten

619 Fassen wir die Einzelheiten noch einmal zusammen.

I. Zinsmacht

620 Die Kraft der Zinsen zeigt sich erneut im Risikozuschlag: Er mindert den Barwert u. U. erheblich. Zinsen wir einen Überschuss von 120.000€ im dritten Jahr mit 8% ab, so ist der Barwert 95.261 €, bei 12% ist er 85.415 €. Ähnlich ist es bei der „ewigen Rente". Bei einem Überschuss von 120.000 € und 8% kommen wir zu 1.500.000 € und bei 12% zu 1.000.000 €. Zinst man diese Ergebnisse wiederum auf den Bewertungsstichtag ab, so erhalten wir 81.632 € bzw. 68.182 €. Deshalb ist ein Risikozuschlag bei denen beliebt, die eine Abfindung zahlen müssen.

II. Unsicherheit

Der Risikozuschlag ist ein Manipulationsinstrument erster Ordnung[1352]. Seine Höhe ist nicht exakt in Zahlen zu ermitteln, lässt sich nicht pauschal angeben[1353]. Vorgänge am Markt sind Anhaltspunkte, die sich nicht mechanisch übernehmen lassen. Die Vergleichbarkeit mit der Alternativanlage ist häufig Glaubenssache, lässt sich „wissenschaftlich" „typisierend" nicht ganz klären[1354]. Die Einflüsse aus Standort, Umwelt und Branche sind oft anders: Produkt, Kundenbeziehungen (Abhängigkeit von Großkunden) und Kapitalausstattung unterscheiden sich. Das gilt namentlich bei Vergleichen mit dem Ausland[1355]; die Annahme leichter Vergleichbarkeit deutet auf fehlende Auslandserfahrung hin. Immer ist zu fragen, ob neue Methoden langfristig besser geeignet sind[1356].

621

Risikozuschläge aus der Vergangenheit sind mit Vorsicht zu nehmen, weil das zukünftige Risiko zählt. Zuschläge bei anderen „Vorgängen" können wir deshalb nicht einfach übernehmen; wir müssen vielmehr darauf achten, ob sich das zu bewertende Unternehmen durch innere und äußere Umstände unterscheidet.

622

III. Außergewöhnliche Risiken

Nach dem traditionellen Verständnis soll der Zuschlag für das allgemeine Unternehmensrisiko[1357] nur außergewöhnliche Risiken abdecken[1358], weil ja die „normalen" Risiken schon bei den künftigen Überschüssen beachtet sind[1359]. Außergewöhnlich sind z. B. Störungen durch höhere Gewalt, Substanzverluste durch Betriebsstillegungen oder Umstrukturierungen, Insolvenzen wichtiger Abnehmer[1360] und das Insolvenzrisiko[1361]. Hinzutritt das allgemeine Schätzungsrisiko.

623

Der Risikozuschlag entfällt, wenn schon ein entsprechender Abschlag bei den Überschüssen gemacht wurde[1362], sonst erschiene das Risiko zweimal wertmindernd[1363]. Das ist auch beim CAPM zu beachten[1364]. Erfasst der Zuschlag das gesamte Risiko (wie nach der Vorstellung von IDW S 1 2008

624

1352) OLG München, AG 2008, 28, 30. Dazu Knoll, Risikozuschlag
1353) Komp, Zweifelsfragen, S. 179
1354) Vgl. IDW Standard S 1 2008 Tz. 91
1355) Siehe Rn. 28
1356) OLG München, AG 2008, 28, 30
1357) OLG Celle, NGZ 1998, 987, 989
1358) BayObLG, AG 1996, 127, 129
1359) OLG Köln, NZG 1999, 1222, 1227
1360) IDW S 1 2008 Tz. 91
1361) OLG Köln, NZG 1999, 1222, 1227
1362) OLG München, BeckRS 2006 13715
1363) OLG Düsseldorf, AG 1999, 321, 323

E. Einzelheiten

Tz. 90[1365]); so ist die Abgrenzung zur Prognose der Überschüsse problematisch und schwer überprüfbar.

625 Der Zuschlag ist zukunftsorientiert[1366]). Am Markt beobachtete Risikoprämien geben Anhaltspunkte, können aber nicht einfach übernommen werden. Zu beachten sind das unternehmensspezifische Risiko aus der besonderen betrieblichen Tätigkeit, der Grad der Corporate Governance[1367]). Eine schwache Corporate Governance ergibt einen höheren Risikozuschlag.

IV. Kapitalstruktur

626 Wichtig für den Risikozuschlag sind die Kapitalstruktur und die Liquidität[1368]). Beim Vergleich mit dem Anleihemarkt[1369]) ist die Sicht eines Gläubigers maßgeblich, der sicher sein möchte, sein Geld zurück zu erhalten. Deshalb ermitteln wir die Eigenkapitalquote[1370]); u. U. ist bei einzelnen Posten auf Markt-, nicht auf Buchwerte, abzustellen[1371]). Da bleibt nur eine Schätzung der einzelnen Vermögenswerte und Schulden, weil der gesamte Wert des Eigenkapitals durch die Unternehmensbewertung erst noch zu ermitteln ist (Gefahr eines Zirkelschlusses[1372]). Der Risikozuschlag ist anzupassen, wenn sich die Kapitalstruktur voraussichtlich ändern wird.

627 Entsprechendes gilt, wenn der Risikozuschlag von der Aktienbörse[1373]) abgeleitet wird. Dann soll die Kapitalstruktur mittels eines Marktmodells zu erfassen sein[1374]), z. B. eines Arbitragemodells, das auf dem Modigliani-Miller-Theorem basiert[1375]). Das ist jedoch nicht zwingend; eine stattdessen gewählte Methode ist zu erläutern und zu begründen[1376]).

V. Nicht betriebsnotwendiges Vermögen

628 Zu beachten ist auch das nicht betriebsnotwendige Vermögen. Wenn dem Anteilseigner über die fiktive Veräußerung dieses Vermögens mehr zugerechnet wird, muss er auch die fiktive Erhöhung des Risikos tragen[1377]).

1364) Siehe Rn. 845
1365) Oben Rn. 611
1366) LG Frankfurt/M., NZG 2006, 868, 872
1367) IDW S 1 2008 Tz. 91
1368) IDW S 1 2008 Tz. 100
1369) Siehe Rn. 635
1370) Siehe Rn. 339
1371) OLG München, AG 2007, 701, 703
1372) Siehe Rn. 1001
1373) IDW S 1 2008 Tz. 92
1374) IDW S 1 2008 Tz. 100
1375) Dazu siehe Rn. 738
1376) IDW S 1 2008 Tz. 100
1377) Forster, Zur angemessenen Barabfindung, in: FS Claussen, 1994, S. 91, 100

VI. Risiken und Chancen

Der Risikozuschlag darf nicht genutzt werden, um Risiken einseitig dem Ausscheidenden aufzulasten. Zu denken ist auch an die Chance, dass sich die Lage verbessert[1378]; das gilt selbst angesichts der „Risikoscheu". 629

VII. Offene Fragen

Die Wahl zwischen Dualismus und Monismus lässt offene Fragen beim Abgleich von Überschussschätzung und Risikozuschlag. Wenn man das gesamte Risiko in einem Zuschlag erfassen will, soll er sowohl das operative Risiko als auch das Kapitalstrukturrisiko abdecken[1379]. Eindrucksvoll für Laien, aber wie macht man das? Es entsteht die Gefahr eines doppelten Ansatzes. 630

VIII. Neuanlagerisiko

Schließlich ist zu bedenken, dass dem Ausscheidenden eine Neuanlage aufgedrängt wird, deren Risiko zu schätzen ist. Sie lässt sich schwerer einordnen als die bisherige Anlage (man weiß nie was man bekommt). Für dieses Zusatzrisiko wird im Leben bezahlt – doch lässt sich nicht genau bemessen, wie viel. Man sollte deshalb beim Risikozuschlag eher zurückhaltend sein[1380]. Er wird ja auch durch die einseitige Wahl des Stichtages mitbestimmt[1381]. 631

IX. Persönliche Ertragsteuern

Da die ausgeschütteten Überschüsse sich um persönliche Ertragsteuern mindern, ist die Steuerbelastung beim Kapitalisierungszinssatz ebenfalls zu erfassen[1382]. 632

1378) NZG 2000, 284, 286
1379) IDW S 1 2008 Tz. 91
1380) Vgl. OLG Celle, NZG 1998, 987, 989. Kritisch dazu Jonas, Unternehmensbewertung, 843
1381) Siehe Rn. 428
1382) IDW S 1 2008 Tz. 93

Dreizehnter Teil
Risikozuschlag: Traditionelle Ermittlung

„*Nah beieinander wohnen die Gedanken,
Doch hart im Raume stoßen sich die Sachen*"[1383].

Im Vordergrund stand bis zum IDW S 1 2000[1384] eine typisierende Einschätzung des Risikozuschlags durch das Gericht. Diese gelegentlich „pauschal" genannte Methode ist nach wie vor anerkannt[1385]; sie ist nicht überholt[1386]. Michael Hommel begründet das so: **633**

> „*Der Unternehmensbewertung droht derzeit eine Vertechnisierung. Die von der Literatur vorgeschlagenen ‚richtigen' Bewertungsformeln werden theoretisch immer exakter und (formal) genauer. Sie basieren jedoch auf so zahlreichen offenen und verdeckten Modellannahmen, dass ihre Verwendung im Einzelfall keineswegs zu einem ‚besseren' Unternehmenswert führen muss. Allzu oft widersetzt sich die Realität hartnäckig den ausgefeilten Annahmen, die den Denkmodellen zugrunde liegen*"[1387].

Die traditionelle Methode wollen wir daher zuerst behandeln und uns danach den neueren Sachen zuwenden. **634**

A. Fremdkapitalzinsen

I. Risikoanpassung

Hier bestimmt man den Kapitalisierungszinssatz durch risikoangepasste Zuschläge auf den Zinssatz festverzinslicher Wertpapiere[1388]. Man verfolgt also den Weg über den Anleihevergleich konsequent weiter, wie man ihn mit dem Basiszinssatz beschritten hat[1389]. Das Bayerische Oberste Landesgericht sagt dazu[1390]: **635**

1383) Friedrich von Schiller, Wallenstein
1384) IDW S 1 2000 Tz. 94–98
1385) IDW S 1 2005 Tz. 99. Vgl. IDW S 1 2005 Tz. 100: "*Können insbesondere vorgenommen werden*".
1386) OLG München, Beschl. 31.3.2008 Az.: 31 Wx 88/06, http://www.betriebsberater.de/, S. 11; Beschl. 2.4.2008 Az.: 31 Wx 85/06, http://www.betriebsberater.de/, S. 10 = Zusammenfassung BB 2008, 1056 m. Anm. Hommel. Siehe ferner Wüstemann, Basiszinssatz und Risikozuschlag in der Unternehmensbewertung: aktuelle Rechtsprechungsentwicklungen, BB 2007, 2223, 2226
1387) Hommel, aaO
1388) Reuter/Lenz, Unternehmensbewertungen nach der Neufassung des IDW-Standards S 1 – Modifikation für aktienrechtliche Zwecke, DB 2006, 1689
1389) Siehe Rn. 553
1390) BayObLG, AG 1996, 127, 129f.

A. Fremdkapitalzinsen

„*Die Bewertung dieses Risikos ist in exakten Zahlen praktisch nicht fassbar. Der Senat hält es für die zuverlässigste Methode, als Anhaltspunkt den Vergleich zwischen Basiszinssatz und der banküblichen Verzinsung von Großkrediten zu nehmen und davon ausgehend die Risiken nach oben oder unten auf den Einzelfall abzustimmen*".

636 Das IDW erläuterte die Methode ursprünglich so:

„*Zur Bemessung des Kapitalisierungszinssatzes wird nach den Umständen des Einzelfalls von einer bestimmten Renditeerwartung ausgegangen oder eine bestimmte oder die günstigste der den jeweils Beteiligten erreichbaren Alternativinvestitionen abgeschätzt. Sofern typisierenderweise eine langfristige Anlage am Kapitalmarkt unterstellt wird, muss das generelle Unternehmerwagnis, welches mit der Kapitalanlage in einer unternehmerischen Beteiligung untrennbar verbunden ist, zum Zwecke der Vergleichbarkeit mit dem risikoärmeren erwarteten Kapitalmarktzins in den Kapitalisierungszinssatz einbezogen werden. Auf diese Weise wird der Zinssatz langfristiger risikoärmerer Kapitalanlagen zum Zinssatz der Investition in Unternehmen modifiziert. Zur Abschätzung des generellen Unternehmerwagnisses kann die bankübliche Verzinsung von Großkrediten an Unternehmen Anhaltspunkte bieten, wobei zu beachten ist, dass die Beteiligung am haftenden Kapital gegenüber der Gläubigerposition noch weitere Unterschiede aufweist und jeder Zinssatz in Bezug auf die jeweilige Anlage zu sehen ist.*

Die Modifizierung des erwarteten Kapitalisierungszinssatzes unter Einbeziehung der generellen Unternehmerrisiken berücksichtigt die meist vergleichsweise höheren Unternehmerwagnisse. Chancen und Risiken können zwar im Einzelfall in gewisser Weise zu einem Ausgleich kommen, dennoch bietet die Anlage in ein Unternehmen generell weniger Sicherheit und Fungibilität als dies für die Anlage in einem festverzinslichen Wertpapier zutrifft"[1391])

II. Ermittlung

637 Der Risikozuschlag wird nicht „pauschal" gegriffen[1392]). Vielfach vergleicht man den Basiszins (für quasi-sicheres Fremdkapital) mit dem höheren Zinssatz (Basiszinssatz + „Credit Spread")[1393]) von Bankkrediten an Unternehmen (für ausfallbedrohtes Fremdkapital)[1394]). Eine schematische Übernahme scheidet indes aus: Der „Credit Spread" erfasst nicht nur das Risiko sondern auch Kosten der Kreditvergabe und Kreditbeobachtung[1395]). Der Gläubiger bekommt einen festen Zins und hat in der Insolvenz eine bessere Chance; er nimmt aber nicht teil an steigenden Überschüssen. Der Aktionär erhält eine

---

1391) Stellungnahme HFA 2/1983: Grundsätze zur Durchführung von Unternehmensbewertungen, IDW 1983, 468, Abschn. B 3, S. 472
1392) So aber OLG Stuttgart, NZG 2007, 302, 307
1393) Siehe Rn. 641
1394) LG Nürnberg Fürth, NZG 2000, 89, 90; IDW Grundsätze, WPg 1983, 472
1395) Knoll/Vorndran/Zimmermann, Risikoprämien bei Eigen- und Fremdkapital – vergleichbare Größen?, Finanz Betrieb 2006, 380, 382

II. Ermittlung

variable Rendite und steht in der Insolvenz hinter den Gläubigern; er ist besser gegen Inflation geschützt.

B. Verlässlichkeit

Der Zinssatz für Bankkredite zielt auf das **ganze** Unternehmen, nicht auf den einzelnen Anteil. Das entspricht dem Grundansatz der Unternehmensbewertung, für die vom Ganzen auszugehen ist[1396]. Der Zinssatz beruht oft auf einer Kenntnis des jeweiligen Unternehmens, die einer Innensicht nahe kommt; er spiegelt das Urteil von Profis, die auf das Unternehmen einwirken können (z. B. über Aufsichtsrat oder Beirat). Deren Urteile sind oft denen des Kapitalmarktes überlegen[1397]. Das ist statistisch relevant. Ein Teil des Risikos besteht für den Gläubiger darin, dass er sich auf die Geschäftsleitung verlassen, also „agency costs" besorgen muss. Insoweit ist sein Risiko höher als das des Mehrheitsgesellschafters, der zuerst auf sich selbst vertrauen kann.

638

C. Risikoanteil

Für das Ausfallrisiko eines Gläubigers werden zwischen 10% bis mehr als 50% des Zinssatzes angesetzt[1398]. Das Bayerische Oberste Landesgericht fand 8,6% als Durchschnittsatz für Großkredite und einen Basiszinssatz von 7,4%. Das Gericht setzte die Differenz von 1,2% nur zur Hälfte als Risikozuschlag an, weil das Unternehmerrisiko gering sei[1399]. Das LG München wies darauf hin, dass Banken ihr Risiko durch Sicherheiten begrenzten; sie hätten zudem einen zeitnäheren Einblick in das Unternehmen. Es hielt daher einen Zuschlag von 3% für angemessen[1400]. „Sicherheiten" an Grundstücken eines Unternehmens verlieren aber oft rasch ihren Charakter, wenn das Unternehmen nicht fortgeführt wird; es kann eine Industriebrache entstehen. Es bleibt indes dabei, dass die Begutachtung im Spruchverfahren einen „zeitnäheren Einblick" vermittelt.

639

Seit der allgemeinen Geltung von Basel II ist ein Vergleich mit Bankkrediten wohl unentbehrlich, weil die Zinshöhe auf Risikoeinstufungen beruht[1401]. Hinweise geben die vom Unternehmen gezahlten Zinsen in Verbindung mit den geleisteten Sicherheiten. Sie verraten eine zeit- und ortsnahe Einschätzung.

640

1396) Siehe Rn. 233
1397) Vgl. Jonas, Unternehmensbewertung 840
1398) Knoll/Vorndran/Zimmermann, Risikoprämien 382
1399) BayObLG, AG 1996, 127, 130
1400) LG München, DB 1999, 684, 685
1401) Niedostadek, Rating, Berlin 2006

D. Anleihevergleich

641 Zu denken ist an einen Vergleich der Zinsen von (quasi-sicheren) öffentlichen Anleihen mit den Zinsen bei Unternehmensanleihen (risikoangepasster Zinssatz). Dazu benutzt man Zusammenstellungen von „Credit Spreads". Sie zeigen die Zinsdifferenz, die Unternehmen Kapitalgebern zahlen im Vergleich zu (quasi-)sicheren Staatsanleihen[1402]. In Deutschland lag der Marktzins für Unternehmensanleihen mit guter Bonität (Investment Grade) 2003 im Durchschnitt 2% über der zehnjährigen Bundesanleihe, Mitte Juni 2007 betrug der Abstand 0,4%[1403]. Er stieg wieder nach dem „subprime mortgages" Fiasko bis Mitte 2008 auf ca. 1,8%[1404]. Nachweise findet man u. a. bei IBoxx[1405] und bei Datastream[1406]. Hinweise für Ausfallwahrscheinlichkeiten gibt der Index „iTrax-Crossover" für handelbare Kreditversicherungen (Credit Default Swaps)[1407]. Auch hier muss man auf die Ratingstufen achten[1408].

642 Für Euroanleihen der S&P Ratingklasse BBB verlief die Zuschlagskurve von Februar 2002 bis Januar 2003 zwischen ca. 1,75 und 2,75%; sie lag im Durchschnitt bei 2,3%[1409].

E. Verhältnis zum Basiszins

643 Die Höhe des Risikozuschlags richtet sich auch nach dem Verhältnis zum Basiszins[1410]. Ist dieser z. B. 5%, so erhöht ein Zuschlag von 3% auf 8% den Zins um ca. 67%. Ist der Basiszinssatz 6% und fügt man 3% hinzu, steigt der Zins auf 9%, also um 50%. Eine eindeutige Relation gibt es nicht. Der Bundesgerichtshof sprach von der Hälfte des Basiszinssatzes[1411], der Bundesfinanzhof von 50% bis 60%[1412]. Gelegentlich wird eine Relation 70/30 als

---

1402) Menz, Modellierung und Bewertung von Credit Spreads, Finanz Betrieb 2006, 375
1403) Herres, Warten auf den großen Einbruch, FAZ 22.6.2007 Nr. 142, S. 21
1404) Handelsblatt, Finanzzeitung, 20./21./22.6.2008 Nr. 118, S. 21
1405) http://www.iboxx.com, Menüpunkte Quick Data Access, Overall, Corporates
1406) Datastream, Datastream Series, Bond indices & CDS
1407) Deutsche Bundesbank, Monatsbericht Dezember 2004; iTraxx ETFs, http://www.dbxtrackers.com; Stefan Ruhkamp, Der Infektionsweg, FAZ 24.1.2008 Nr. 20, S. 21
1408) Nexis
1409) Widmann/ Schieszl/Jeromin, Der Kapitalisierungszinssatz 807. Zur Lage in den USA von 1987-1996 siehe Elton/Gruber/Agrawal/Mann, Explaining the Rate Spread on Corporate Bonds, Journal of Finance 56 (2001), 247, 253. Die Zuschläge nach Steuern finden sich auf S. 266
1410) BayObLG, NZG 2001, 1137, 1139; Knoll, Der Risikozuschlag in der Unternehmensbewertung: Was erscheint plausibel?, Google; Schwetzler, Unternehmensbewertung 32
1411) BGH, WPg 1978, 302. Ähnlich LG Frankfurt/M./M, AG 1985, 310
1412) BStBl. II 1983, 667, 668. So im Ergebnis auch Peemöller/Popp/Kunowski, Bilanz-Wert, Unternehmensbewertung am PC, Version 2,0. Benutzeranleitung S. 29

plausibel dargestellt[1413]; sie könnte hinter dem Ansatz von 2% durch das Bayerische Oberste Landesgericht stehen[1414].

Bei anderen Basiszinssätzen senkt der gleiche Zuschlag den Barwert der Überschüsse unterschiedlich stark. Erhöht man also den Basiszinssatz, so sinkt grundsätzlich der Risikozuschlag; vermindert man den Basiszinssatz, so steigt grundsätzlich der Risikozuschlag[1415]. Wenn man Risikozuschläge vergleicht, ist daher darauf zu achten, auf welchen Basiszins sie sich beziehen. **644**

F. Verhältnis zum Überschuss

Die Höhe des Zuschlags hängt mit dem Ansatz der Überschüsse zusammen[1416]. So sagte das LG München[1417]: **645**

> „Der Sachverständige hat das ab 1993 als nachhaltig angenommene Unternehmensergebnis mit ca. 30% über dem durchschnittlichen Ergebnis der Jahre 1987 bis 1991 angesetzt. Dies macht einen relativ hohen Risikozuschlag für die Jahre 1993ff. notwendig und ist als Äquivalent für die generellen Risiken überaus plausibel".

Das Bayerische Oberste Landesgericht meinte knapp: **646**

> „Es kann daher die Höhe des Risikozuschlags nicht losgelöst vom Ansatz der Ertragswerte ermittelt werden"[1418].

So sieht es auch Wolfgang Ballwieser: **647**

> „Dass bei Mergers and Acquisitions Synergieeffekte berücksichtigt werden, scheint mir ganz unstrittig zu sein. Denn Sie zahlen für das, was Sie herausholen können. So einfach ist das"[1419].

Er erläutert weiter: **648**

> „Mein Argument war, dass ein Risikozuschlag nur begründet werden kann, wenn das Risiko offengelegt wird. Zu diesen Zwecken müssen Szenarien für die Erträge entwickelt werden. An der Bandbreite der Erträge – als des ‚Zählers' der verschiedenen Szenarien – kann man den Risikozuschlag verankern ... .
> Was mich jedoch ärgert, sind Gutachten, die keine Auseinandersetzung mit der Ertragsprognose enthalten, in denen aber lang und breit über den Risikozuschlag diskutiert wird. In diesem Fall haben sie keinerlei Bezugsbasis ..."[1420].

1413) Knoll, Der Risikozuschlag; ders., Risikozuschlag 476
1414) BayObLG, NZG 2006, 156, 159
1415) Seicht, Aspekte, S. 111 mit Nachweisen.
1416) BayObLG, NZG 2001, 1137, 1139
1417) LG München, DB 1999, 684, 685
1418) BayObLG, NZG 2001, 1137, 1139
1419) Ballwieser, Diskussionsbeitrag, S. 255, 264
1420) Ballwieser, Diskussionsbeitrag, S. 268

G. Eigenkapitalisierung

649 Eine große Rolle spielen die Eigenkapitalquote und die Überdeckung des Anlagevermögens mit Eigenkapital[1421].

H. CAPM Daten

650 Auch bei der traditionellen Methode spielen CAPM Daten[1422] eine Rolle; sie sollten bei einer kritischen Überprüfung der Plausibilität für die Schätzung herangezogen werden[1423].

J. Rating[1424]

651 Wichtig ist das Urteil von Rating Agenturen, die nach „Basel II" unser „Wert-Schicksal" sind oder werden. Ein Unternehmen mit einem „triple A" für langfristige Verbindlichkeiten wurde einem deutschen öffentlich-rechtlichen Schuldner oft fast gleichgestellt. Da blieb kaum mehr als das allgemeine Schätzungsrisiko. Der Fall „Enron" und die weltweite Hypotheken Krise (subprime mortgages)[1425] 2007/2008 haben aber Zweifel an Prognosefähigkeit und Unabhängigkeit des Rating geweckt. Ist die Höhe der Rating-Gebühr abhängig vom Ergebnis? Double A" „mortgages" fielen zunächst auf 65% des Nennwertes und vom 19. zum 29.10.2007 auf 50%[1426]. Wurden die komplexen Hypothekenbindungen und die sehr langen Texte in den USA analysiert? Sind sie für uns mehr als „Chinesisch"? Ohne den „Spürsinn" von Gutachter und Gericht (Schätzungsermessen!) geht es auch insoweit in der Unternehmensbewertung nicht.

K. Beispiele[1427]

652 Die Gerichte setzten den Zuschlag bisher zwischen 0,5[1428] und 4,1% (*„sehr hoher Risikozuschlag"*)[1429] an. Das OLG Düsseldorf sah ihn 1986 für eine Zuckerfabrik bei 0,5%[1430], ebenso 1995 für eine Brauerei[1431]. Das BayObLG

1421) LG Dortmund, BeckRS 2007 05697, S. 23
1422) Einzelheiten siehe Rn. 671
1423) OLG München, Beschl. 31.3.2008 Az.: 31 Wx 88/06, http://www.betriebsberater.de/, S. 15
1424) Niedostadek, Rating; PWC Financial Services, IFSR und Basel II – Eine Schnittstellenanalyse, 2. Aufl. 2006; Großfeld, Rating, ZVglRWiss 101 (2002) 387
1425) Siehe Rn. 796
1426) Mollenkamp/Taylor/Hudson, Banks' woes may persist, The Wall Street J. Europe, Tuesday, Oct. 30, 2007, S. 1, 32
1427) Dazu LG Dortmund, NZG 2004, 723, 726. Zu früheren Beispielen 4. Aufl., S. 130
1428) OLG Hamburg, NZG 2001, 471, 473 (Wohnungsunternehmen)
1429) OLG Düsseldorf, NZG 2003, 588 (Nixdorf)
1430) OLG Düsseldorf, AG 1999, 321, 323
1431) OLG Düsseldorf, AG 1990, 490, 493

K. Beispiele

wählte für eine Brauerei ebenfalls 0,6% („*weitgehend krisensicheres Produkt*")[1432], das LG Frankfurt/M. 1,5%[1433]. Das LG Bremen fand für Mitte 1995 eine Marktrisikoprämie von 6% und den Betafaktor 1; es gelangte so zu 1,86%[1434].

Der Bundesgerichtshof entschied bei einem Unternehmen aus der Baubranche auf 2% für das erste Jahr nach dem Stichtag, für die folgenden Jahre 3%[1435]. Das LG München bejahte bei einem Bauunternehmen 3%[1436]. Das OLG München hielt bei einem großen Tissue-Produzenten 2,5% für richtig[1437], bei einem Hersteller von Zellstoff, Papier und Pappe 2,5% (er hatte „*zu kämpfen*" mit „*starken Preisschwankungen auf den Absatz und Beschaffungsmärkten*")[1438]. Bei einer Grundstückgesellschaft gelangte das OLG Stuttgart zu einer Marktrisikoprämie von 4,5%, einem Betafaktor von 0,18 und zu einem Risikozuschlag von 0,81%[1439]. Das OLG München verminderte für eine Rückversicherungsgesellschaft den Risikozuschlag von 5% (Marktrisikoprämie 5%, Betafaktor 1) auf 2,5%[1440]; bei einer Bank hielt das Gericht 3,0% für richtig[1441], ebenso bei einem Hersteller von Wälzlagern[1442]. 653

Das LG Dortmund wählte bei einem Unternehmen im Sanitärbereich 1%[1443] und bei einem Unternehmen im Maschinen- und Apparatebau für Juni 1995 einen „*Mittelwert*" von 1,65%[1444]. Das OLG Düsseldorf hielt bei einem Hersteller von Geräten zur Milchproduktion „*angesichts schwieriger Branchensituation*" 3,5% für richtig[1445] Das OLG München bezeichnete bei einem Unternehmen der regionalen Energieversorgung (Verteilung und Vertrieb) 2% als angemessen[1446]. Bei einem Unternehmen im Automobilhandel hielt das OLG Stuttgart 4,5% für richtig („*generell für angemessen*") bei einem Beta- 654

1432) BayObLG, AG 1996, 127, 130
1433) LG Frankfurt/M., AG 2007, 42, 46
1434) LG Bremen, AG 2003, 215
1435) BGH, BB 2083, 2084. Das Gericht folgte den Vorinstanzen BayObLG, NZG 2001, 1137, 1139; LG München, AG 1999, 476f.
1436) LG München, DB 1999, 684, 685
1437) OLG München, BB 2007, 2395, 2397
1438) OLG München, AG 2008, 28, 30f.
1439) OLG Stuttgart, NZG 2007, 302, 307; teilweise abgedruckt in BB 2007, 682
1440) OLG München, BeckRS 2006 13711; vgl. LG München, AG 2002, 562, 568
1441) OLG München, BeckRS 2007 09107
1442) OLG München, Beschl. 31.03.2008 Az.: 31 Wx 88/06, http://www.betriebsberater.de/archiv, S. 9
1443) LG Dortmund, Beschl. 19.3.2007 Az.: 18 AktE 5/2003
1444) LG Dortmund, NZG 2004, 723, 726
1445) OLG Düsseldorf, Az.: I-26 W 5/06, 31.3.2006, http://www.justiz.nrw.de
1446) OLG München, Beschl. 19. 10. 2006, Az.: 31 Wx 092/05; Beschl. 26. 10. 2006, Az.: 31 Wx 012/06 II B 4

faktor von 1[1447]. Bei einem Hersteller von Software für die Autoindustrie fand dasselbe Gericht eine Marktrisikoprämie von 4,5% für richtig und einen Betafaktor von 1,2; es gelangte so zu 5,4%[1448], Das OLG Celle nannte in der Papierindustrie 2,5%[1449], das LG Hamburg bei einer Ölmühle 1,5%[1450].

655 Das LG München bejahte für eine Versicherung 2,2%[1451]; das OLG Düsseldorf nahm für eine Lebensversicherung eine Marktrisikoprämie von 5% (*„innerhalb einer Bandbreite von 4% bis 6%"*) und einen Betafaktor von 0,3 an; es gelangte so zu 1,5%[1452]. Das OLG München kam bei einer Rückversicherungsgesellschaft zu 2,5%[1453]. Das OLG Celle bejahte bei einem Hersteller von Großwasserzählern eine Marktrisikoprämie von 5%, einen Betafaktor von 0,8 und somit einen Risikozuschlag von 4%[1454]. Beim Zusammenschluss Daimler-Benz/Chrysler war der Risikozuschlag für beide Unternehmen 3,5%, ebenso hoch war er beim Zusammenschluss Thyssen/Krupp[1455]. Bei der Verschmelzung der Allianz Aktiengesellschaft und der Riunione Adriatica di Sicurtà (RAS) zur Allianz SE wählte man eine Marktrisikoprämie nach Steuern von 5,5%[1456]. Den Betafaktor für die Allianz Aktiengesellschaft sah man bei 1,3, den Betafaktor für die RIUNIONE bei 0,8[1457]. Bei der Verschmelzung von T-Online International AG auf die Deutsche Telekom AG wählte man ebenfalls eine Marktrisikoprämie nach Steuern von 5,5% sowie Betafaktoren von 1,10 für T-Online und 0,72 für Deutsche Telekom[1458].

L. Grenzen

656 Zumeist ergeben sich Zuschläge zwischen 1% und 1,5%, 1,5% und 2%. In 30% der Fälle waren es mehr als 2%[1459]. Der Durchschnitt lag bei 1,86%, bei Benutzung der Marktrisikoprämie und des Betafaktors bei 2,86[1460]. Risiko-

---

1447) OLG Stuttgart, BeckRS, 05049
1448) OLG Stuttgart, NZG 2007, 112, 116f.
1449) OLG Celle, Beschl. 29. 12. 2006, Az.: 9 W 41/06, S. 6f.
1450) LG Hamburg, Beschl. 3.4.2007 Az.: 414 O 26/97, S. 14
1451) LG München, AG 2002, 563, 566
1452) OLG Düsseldorf, NZG 2006, 911, 913
1453) OLG München, Beschl. 30.11.2006, Az.: 31 Wx 059/06
1454) OLG Celle, ZIP 2007, 2025, 2028
1455) Verschmelzungsbericht, S. 147
1456) Verschmelzung der Allianz Aktiengesellschaft – Verschmelzungsdokumentation, S. 227
1457) AaO S. 229
1458) Verschmelzung der T-Online International AG auf die Telekom AG, S. 261
1459) Metz, Der Kapitalisierungszinssatz, S. 162; OLG Stuttgart, Der Konzern 2004, 128, 131
1460) Wüstemann, Basiszinssatz und Risikozuschlag in der Unternehmensbewertung: Aktuelle Rechtsprechungsentwicklungen, BB 2007, 2223

zuschläge über 2% bedürfen nach Meinung des BayObLG[1461] und des OLG München[1462] einer besonderen Begründung. Doch sei ein schematisierter Ansatz abzulehnen; immer sei der konkreten Situation Rechnung zu tragen[1463]. Das entspricht der Beobachtung, dass der Marktzins für Unternehmensanleihen mit Investment Grade Bonität etwa 2% über dem der zehnjährigen Bundesanleihen liegt[1464]. Das LG Frankfurt/M.[1465] kam allerdings für den November 2002 auf 6% – es handelte sich um eine Kapitalgesellschaft mit Sitz in einem anderen EU-Mitgliedstaat[1466].

M. Unterschiedlicher Zuschlag

Oft wählt man einen einheitlichen Zuschlag für die ganze Prognosezeit[1467]. Bei der Phasenmethode kann es jedoch angemessen sein, den Risikozuschlag mit dem Beginn der „ewigen Rente" zu verändern, etwa im Hinblick auf traditionelle Zyklen von Wachstums- und Abschwungsphasen[1468]. Das ist mit dem „Wachstumsabschlag" abzustimmen[1469].

657

N. Bestehen eines Unternehmenvertrags

Auch wenn zu dem Unternehmen als abhängiger Gesellschaft ein Unternehmensvertrag besteht, ist der Risikozuschlag unvermindert anzusetzen. Der Unternehmensvertrag ändert nicht den Charakter der Aktie als Risikopapier.

658

O. Politische Risiken

Politische Risiken blenden wir bisher aus, weil wir die Verhältnisse in Deutschland als „(quasi-)stabil" ansehen. In „Euroland" und vor allem darüber hinaus mag das anders sein. Hier begegnen wir Länderrisiken, namentlich bei der Bewertung ausländischer Unternehmen[1470].

659

1461) BayObLG, NZG 2006, 156, 159; OLG München, Beschl. 30.11.2006, Az.: 31 Wx 059/06; LG Dortmund, NZG 2006, 868, 872. Anders OLG Stuttgart, NZG 2007, 112, 117
1462) OLG München, AG 2008, 28, 30
1463) OLG München, Beschl. 31.3. 2008 Az.: 31 Wx 88/06, http://www.betriebsberater.de/, S. 15
1464) Uttich, Warten auf den großen Einbruch, FAZ 22.6.2007 Nr. 142, S. 21
1465) LG Frankfurt/M., NZG 2006, 868
1466) Dazu siehe Rn. 1172
1467) LG Nürnberg-Fürth, NZG 2000, 89, 90, 91
1468) Vgl. BayObLG, NZG 2001, 1137, 1139; LG München, AG 2002, 563, 565
1469) Siehe Rn. 926
1470) Siehe Rn. 1172

P. Kapitalisierungszinssatz

660 Fasst man diese Komponenten zusammen, so ergibt sich nach IDW S 1 2005 folgendes Bild[1471]:

	Phase I	Phase II
Basiszinssatz	6,00%	6,00%
Risikozuschlag	4,00%	4,00%
Kapitalisierungszinssatz vor pers. ESt	10,00%	10,00%
Abzüglich typ. ESt	3,50%	3,50%
Kapitalisierungszinssatz nach pers. ESt	6,50%	6,50%
Wachstumsabschlag	0,00%	1,00%
Kapitalisierungszinssatz	6,50%	5,50%

Q. Kritik

661 Das LG München[1472] kritisierte früh die traditionelle Ermittlung des Risikozuschlags:

> „Die ... Differenz zwischen banküblichen Kreditzinssätzen und dem Basiszinssatz ist ... kein geeignetes Bewertungskriterium für die dargestellten generellen Unternehmensrisiken. Diese Zinsdifferenz bildet nämlich nur den Risikozuschlag der Banken ab, die anders als Anleger ihr Gläubigerrisiko durch Sicherheiten begrenzen und zudem zeitnahe und weitreichende Einblicksmöglichkeiten in die wirtschaftliche Situation ihrer Schuldner (=Unternehmen) besitzen. Dieser Ansatz zur Berechnung eines Risikozuschlags ist deshalb für die Unternehmensbewertung ungeeignet. Er vergleicht Unvergleichbares: Die Gewährung von Risikokapital durch Aktionäre unterscheidet sich grundlegend von dem Ausreichen von Krediten. Die Dividendenerwartung des Aktionärs entspricht auch nicht den fest vereinbarten Zins- und Tilgungsraten der Gläubigerbanken".

662 Später sagte das Gericht:

> „Der Nachteil dieser Sachverständigenrisikoeinschätzung ist, dass sie von Außenstehenden kaum überprüft werden kann. Demgegenüber favorisiert die moderne Wirtschaftswissenschaft zur Unternehmensbewertung ... das sog. CAPM (Capital Asset Pricing Model). ... Auch wenn ... einzuräumen ist, dass dessen theoretischen Annahmen in der Wirklichkeit nur unvollkommen abgebildet sind, er-

---

1471) Vgl. die Muster in OLG Stuttgart, NZG 2007, 112, 114f.
1472) LG München, AG 1999, 476f.

I. Schätzungsermessen

scheint eine solche – der rationalen Nachprüfung und Diskussion zugängliche – Berechnung vorzugswürdig gegenüber einer individuellen Schätzung, mag sie noch so fachkundig sein. Zudem sind die Ausgangswerte (Marktprämie und Betafaktor) eher für informierte Aktionäre nachvollziehbar. Damit werden Unternehmensbewertungen untereinander besser vergleichbar und gestatten somit eine gewisse Standardisierung von Unternehmensbewertungen im Spruchverfahren. Dies stellt wegen der damit verbundenen Vorhersehbarkeit für die beteiligten Unternehmen und Aktionäre schon als solches einen Wert dar"[1473].

Das Gericht fand eine Markrendite von 8,88% und eine Anleihenrendite von 5,20%, somit eine Marktrisikoprämie vor Steuern von 3,68, aufgerundet 3,7%[1474]. Bei Annahme eines Betafaktors von 0,6 verminderte es die nach traditioneller Methode gefundene Risikoprämie von 2,5% auf 2,2%, die es nicht um Steuern ermäßigte.

Das OLG Stuttgart sieht *„rational kaum zu begründende Spielräume"*. Die traditionelle Methode lasse offen *„welche Risiken an welcher Stelle (u. U. mehrfach) Berücksichtigung gefunden haben, aber auch wenn allgemeine Unternehmensrisiken und Spezifika des untersuchten Unternehmens nicht getrennt werden"*[1475].

R. Würdigung

I. Schätzungsermessen

Die traditionelle Ermittlung des Risikozuschlags beruht auf dem Schätzungsermessen und der Schätzungspflicht des Gerichts nach § 287 Abs. 2 ZPO[1476]. Sie ist mathematisch nicht voll ableitbar. Die Parallelität zum Anleihemarkt führt aber in die Nähe von unternehmensnahen Sichten: Der risikoadjustierte Zins stellt auf das Unternehmen im Ganzen, nicht auf das spezielle Risiko des Kleinaktionärs ab. Innen- und Außensicht treffen sich; dank der Einschaltung eines Gutachters entsteht eine „Begegnungssicht". Die Informationen mögen daher auf einer besseren Grundlage beruhen, als sie der Aktienmarkt hat[1477]. Spezifische Risiken und allgemeine Risiken lassen sich eher abgrenzen; die Gefahr einer Doppelerfassung sinkt.

1473) LG München, AG 2002, 563, 566
1474) LG München, AG 2002, 563, 566
1475) OLG Stuttgart, NZG 2007, 112, 117
1476) Siehe Rn. 20
1477) So ausdrücklich Verschmelzung der Allianz Aktiengesellschaft, oben Rn. 484, S. 220, Verschmelzung der T-Online, oben Rn. 484, S. 256

II. Erfahrungswissen

> „Es ist immer Vorsicht geboten, wenn hochkomplexe Finanzprodukte als todsichere Geldanlagen vermittelt werden"[1478].

666 Risikozuschläge beruhen weiterhin auf dem Erfahrungswissen und der Tatsachenzuwendung der Kammern für Handelssachen (*„da mihi facta, dabo tibi jus"*[1479]) sowie der ihnen übergeordneten Gerichte: Sie sind nicht „einfach gegriffen". Namentlich Vergleichsverhandlung zeigen, wie Parteien das Risiko einschätzen. Sie bringen oft unmittelbare Anschauung ein – wie sie mancher Modellbetrachter und Zahlenfan nicht hat.

667 Manchen „Fachleuten" fehlt internationale und rechtsvergleichende Erfahrung vor Ort, wenn sie Modelle aus einer anderen Wirtschafts- und Rechtskultur übertragen[1480]. Die „subprime mortgages-Manie" ist ein klassisches Beispiel für die Dominanz von Inlandssichten und Zahlengläubigkeit (ohne Überprüfung vor Ort). Ein kurzer Blick auf die „Papierflut" bei amerikanischen mortgages (mehrere hundert Seiten), bei der Bündelung in Wertpapiere (*„structured investments"* = Auseinanderfallen von Vertriebsgebühr und Risiko) und bei den *„special purpose vehicles"* hätte schnell zu einem *„den tatsächlichen Verhältnissen entsprechenden Bild"* (§ 264 Abs. 2 S. 1 HGB) geführt. Ähnlich verhält es sich wohl mit „auction rate securities" (ARS = Auktionsanleihen), welche Banken jetzt für Milliarden von den Anlegern zurückkaufen[1481].

668 Die Übernahme betriebswirtschaftlicher Modelle ohne Einbettung in den rechtskulturellen, geographisch geprägten Normwert genügt ebenfalls nicht[1482]: Recht bleibt trotz aller Globalisierung im Kern lokal[1483] – jede Zahl in der Unternehmensbewertung ist kulturgebunden[1484].

III. Fazit

669 Daher bleibt als Fazit, dass sich die traditionelle Ableitung der Risikoprämie *„im Einzelnen gut begründen lässt und durch die kapitalmarktorientierte Ermittlung von Risikoprämien auch keinesfalls überholt ist"*[1485]. Sie sei *„in der*

1478) Roland Lindner, Mit Vorsicht, FAZ 9.8.2008 Nr. 185, S. 10
1479) Siehe Rn. 4
1480) Ziesemer, Why German Banks Get Burned, The Wall Street J. Europe, Thursday, August 16, 2007, S. 11
1481) FAZ 9.8.2008 Nr. 185 S. 9; Vergleiche bei ARS reichen an Fondsskandal, FAZ 12.8.2008 Nr. 187, S. 20
1482) Großfeld, Unternehmensbewertung und Rechtskultur, in: FS Richard Buxbaum, Köln 2000, S. 329; Seidman, The Communication of Law and the Process of Development, Wisconsin L. Rev. 1972, 697
1483) Großfeld, Geography
1484) Grossfeld, Global Valuation; ders., Cross-Border Mergers: Corporate Accounting/ Corporate Valuation, ZVglRWiss. 101 (2002) 1
1485) Wüstemann, Basiszinssatz und Risikozuschlag, S. 2226; Volker Metz, S. 125ff.

R. Würdigung

Lage" gewesen, der Anforderung „*gerecht zu werden*", „*eine angemessene Abfindung für die beeinträchtigten Aktionäre festzusetzen*"[1486]. Die Methode lässt sich – nachvollziehbar für Außenseiter – in allgemein verständlicher Sprache vermitteln – einschließlich ihrer Schwächen[1487]. Ihre Bestandteile Basiszinssatz, Risikozuschlag und Wachstumsabschlag sind konsistent. Michael Hommel[1488] formuliert im Hinblick auf das Urteil des OLG München vom 2.4.2008[1489]:

> „*Mit dieser Entscheidung stärkt das OLG München die Selbstverantwortung des Bewerters und rückt dessen unternehmensspezifisches (subjektives) Wissen wieder explizit in den Mittelpunkt der Wertfindung. Der Bewerter muss sich danach nicht vor einer gerichtlichen Überprüfung seines Unternehmenswerts fürchten, nur weil er diesen nicht anhand hoch komplexer mathematischer Methoden ermittelte. Relevant und (gerichts-)entscheidend bleibt vielmehr, ob der Bewerter die unternehmensindividuellen zukünftigen Nettocashflows sachkundig und den Risikozuschlag bei der Alternativanlage situativ angemessen bestimmt*".

Die traditionelle Methode ist wohl „*keineswegs überholt*"[1490]. **670**

1486) OLG München, AG 2008, 28, 30
1487) Vgl. die Forderung in IDW S 1 2008 n.F. Tz. 66f.
1488) Hommel, Anmerkung, BB 2008, 1056
1489) OLG München, Az.: 31 Wx 85/06, http://www.betriebs-berater.de
1490) OLG München, Beschl. 31.03.2008 Az.: 31 Wx 88/06, http://www.betriebs-berater.de. Zustimmend Wüstemann, BB-Rechtsprechungsreport 1501; vgl. Hommel, Anmerkung

Vierzehnter Teil
Risikozuschlag: CAPM[1491)

„*Kleider machen Leute*"[1492).

A. Grundlagen

„*Im Ganzen haltet euch an Zahlen,
So geht ihr durch des Zweifels Qualen
Zur Ruhe der Gewissheit ein*"[1493).

I. Wende

Die Annahme einer alternativen Investition in Anleihen hat nach Meinung des IDW nicht mehr Priorität[1494). Das deutete sich an mit dem IDW S 1 2000[1495). Für Unternehmensbewertungen sei realistischer eine Wiederanlage in Unternehmensanteile mit vergleichbarer Risikostruktur[1496). Die Wende brachte IDW S 1 2005[1497): Danach gilt die Orientierung an der Aktienrendite als vorrangiger Standard[1498). Er ergebe „*vergleichsweise niedrigere Werte, die nunmehr weniger stark von Börsenkursen oder Marktwerten abweichen*"[1499). Die „*niedrigeren Werte*" als ein tragender Hinweis stimmen indes nachdenklich: Eine Methode sollte nicht am Ergebnis orientiert sein. Diese Sicht führte zum „Kapitalmarktpreisbildungsmodell" („Capital Asset Pricing Model" = „CAPM")[1500) und von dort zum Tax-CAPM = Nachsteuer-CAPM (Nachsteuerbetrachtung)[1501). IDW S 1 2008 führt diesen Ansatz weiter[1502). 671

Die Folgen sind spürbar: Oft ergibt sich ein höherer Risikozuschlag[1503), der weniger durch Steuern gemindert ist als bei einem Vergleich mit Anleihen. 672

1491) Großfeld/Frantzmann, „Da mihi facta": Unternehmensbewertung, in: FS Beuthien, 2009, erscheint demnächst; Hock, Fair Valuations – Moderne Grundsätze zur Durchführung von Unternehmensbewertungen, AG, Sonderheft 2005, Fair Valuations, S. 34; Reuter, Nationale und internationale Unternehmensbewertung mit CAPM und Steuer-CAPM im Spiegel der Rechtsprechung, AG 2007, 1; Wiese, Komponenten; vgl. dazu Gorny, WPg 2008, S. V.
1492) Gottfried Keller, Kleider machen Leute
1493) Wilhem Dilthey, 1833-1911, Der Mensch und die Zahlen, 1862
1494) Vgl. dazu LG München, Urt. 31. 01. 2008, Az.: 5 HK O 19782/06
1495) IDW S 1 2000 Tz. 98, 135
1496) Wagner/Jonas/Ballwieser/Tschöpel, Unternehmensbewertung 1016
1497) IDW S 1 2005 Tz. 99f., 125, 128; Anhang: CAPM und Tax-CAPM
1498) IDW S 1 2005 Tz. 132
1499) 48. IDW Arbeitstagung November 2006, S. 3
1500) IDW S 1 2005 Tz. 128
1501) IDW S 1 2005 Tz. 100, Anhang: CAPM und Tax-CAPM; IDW S 1 2008 Tz. 118
1502) IDW S 1 2008 Tz. 92, 115, 118, 122
1503) Anders jedoch LG München, AG 2002, 563, 566

A. Grundlagen

Das soll zu Unternehmenswerten führen, die um 20%–32% (20%–25%)[1504] niedriger sind. Es kommt daher darauf an, ob der so ermittelte Risikozuschlag Maßstab sein kann für einen parteienbezogenen Normwert[1505].

II. Eigenart

673 Beim CAPM werden die Kapitalkosten und Risikoprämien vor persönlichen Steuern ermittelt[1506]. Die Formel dafür lautet:

$$r_{vSt} = r_i + (r_m - r_i)\beta$$

r_{vSt} = Alternativrendite vor Einkommensteuer
r_i = risikoloser Zinssatz
r_m = Marktrendite (z. B. Aktienmarkt)
β = Betafaktor

III. Modellcharakter

674 „Erfinder" des CAPM sind die Amerikaner William Sharpe und Harry Markowitz, die dafür 1990 den Wirtschaftsnobelpreis erhielten. Hintergrund ist die Erfahrung mit dem amerikanischen Aktienmarkt und amerikanischen Anlegerinteressen (Altersversorgung). Das Modell führt zu „*modelltheoretischen Marktwerten*"[1507], es ist bisher nicht empirisch bestätigt[1508]. Zugrunde liegt die Sicht eines Investors auf der Annahme eines „*vollkommenen Kapitalmarktes*"[1509], in dem sich Risiken und Chancen ausgleichen. Man begegne rational handelnden Akteuren („homo oeconomicus") mit vollem Überblick und mit homogenen Erwartungen:

> „Es wird nur ein einziger abgeschlossener Kapitalmarkt analysiert. Kredite zum risikolosen Zinssatz können von allen Marktteilnehmern in unbegrenzter Höhe aufgenommen werden. Im Hinblick auf den Markt wird betont, dass als Folge der Annahme ‚vollkommener Kapitalmarkt' alle Marktteilnehmer von ‚praktisch' identischen Wahrscheinlichkeitserwartungen (homogenen Erwartungen) ausgehen"[1510].

1504) Anne-José Paulsen, Rezeption, S. 824
1505) Siehe Rn. 119
1506) IDW S 1 2008 Tz. 119
1507) BayObLG, AG 2006, 41, 43
1508) Fama/French, The Capital Asset Pricing Model: Theory and Evidence, J. of Economic Perspectives 18 (2004) 25
1509) Stehle, Die Festlegung der Risikoprämie von Aktien im Rahmen der Schätzung des Wertes von börsennotierten Kapitalgesellschaften, WPg 2004, 906, 908; Böcking/Nowak, Der Beitrag 685
1510) Stehle, Die Festlegung 912

IV. Anwendbarkeit

In Wikipedia heißt es: 675

> *„The model assumes that all investors have access to the same information and agree about the risk and expected return of all assets (homogeneous expectations assumptions)"*[1511].

Eher ironisch heißt es bei einem anderen Autor: 676

> *"In plain English, that means that everyone is assumed to be equally rational, have equal bargaining power, and that there is no asymmetry of information"*[1512].

Die Spieltheorie und die "behavioural economics" haben diese Annahmen in Zweifel gezogen und auf die Kraft emotionaler Antriebe hingewiesen[1513]. 677

Doch spiegeln höhere Renditen entsprechend höhere Risiken. Das IDW S 1 2008[1514] drückt das so aus: 678

> *„Ein unternehmerisches Risiko ist stets mit Risiken und Chancen verbunden. Die Übernahme dieser unternehmerischen Unsicherheit (des Unternehmerrisikos) lassen sich Marktteilnehmer durch Risikoprämien abgelten".*

Somit ergeben sich die Kosten des Eigenkapitals aus der Rendite (quasi-) risikofreier Kapitalanlagen und einem Risikozuschlag, bestehend aus der Marktrisikoprämie und einen unternehmensspezifischen Zu- oder Abschlag („Betafaktor")[1515]. 679

Das CAPM wurde für eine Unternehmensbewertung vor Steuern entwickelt[1516]. Es nutzt daher auch Basiszinssatz und Risikozuschlag vor Abzug von persönlichen Ertragsteuern. Die steuerliche Betrachtung kommt im Tax-CAPM hinzu[1517]. 680

IV. Anwendbarkeit

1. Begründung

Das Institut der Wirtschaftsprüfer begründet die Anwendbarkeit des Modells so: 681

1511) Einzelheiten bei Kuhner, Unternehmensbewertung 827
1512) Janet M. Dine, The Capture of Corruption: Complexity and Corporate Culture, Global Business and Development L. J. 20 (2007) 263, 276
1513) Ariely, Predictably Irrational. The Hidden Forces That Shape Our Decisions, New York 2007; Besprechung Berreby, Economics, New York Times, Sunday March 16, 2008, S. 21
1514) IDW S 1 2008 Tz. 88
1515) Siehe Rn. 728
1516) IDW S 1 2005 Anhang Abs. 4
1517) Dazu siehe Rn. 887

A. Grundlagen

> „Eine in vielen wissenschaftlichen Beiträgen und Untersuchungen fundierte Modellbetrachtung stellt das Capital Asset Pricing Model (CAPM) an. Wenngleich in den verschiedenen Modellvarianten explizit und implizit viele, z. T. nicht mit der Wirklichkeit im Einklang stehende Annahmen getroffen werden, finden Grundgedanken des CAPM auch in der Unternehmensbewertungspraxis zunehmend Anwendung. Das CAPM ist einer pauschalen Ermittlung von Risikozuschlägen bei Ermittlung des Kapitalisierungszinsfußes deutlich überlegen, weil es die Ermittlung des Risikozuschlags besser nachprüfbar macht"[1518].

2. Schwächen

682 Lassen sich „viele" wirklichkeitsferne Annahmen plausibel[1519] ausgleichen durch eine bessere Nachprüfbarkeit? Die Schwächen benennt Martin Jonas[1520]:

> „Relevant bleibt damit die Frage, wie weit die Fiktion eines funktionierenden Marktes gehen darf. Da Bewerten Vergleichen heißt, verläuft die Grenze zwischen Bewertungsobjekt und Vergleichsobjekt. Das Bewertungsobjekt wird mit seinen internen, i.d.R. nur Insidern bekannten Eigenschaften (i.d.R. Zahlungserwartungen) abgebildet. Bewertet werden diese Zahlungserwartungen mit den Eigenschaften des Vergleichsobjekts (d.h. mit der Rendite der Alternativanlage = Kapitalisierungszinssatz). Da dem Gutachter für das Vergleichsobjekt keine Insiderinformation zur Verfügung stehen, kann er hier nur auf Kapitalmarktdaten zurückgreifen und dabei (wirklichkeitsfremd) einen vollkommenen Kapitalmarkt unterstellen. Objektivierte Kapitalisierungszinssätze können daher modelllogisch nur aus den Kapitalkosten vergleichbarer börsennotierter Unternehmen (peer group) gewonnen werden".

683 Was bringt der Vergleich einer Insidersicht beim zu bewertenden Unternehmen mit einer Außensicht bei Vergleichsobjekten, wenn die verbindende Grundannahme (vollkommener Kapitalmarkt) „wirklichkeitsfremd" ist? Kann das Wort „modelllogisch" die Sichten parteienbezogen verbinden?[1521] In Zweifel stürzt die Bemerkung des Nobelpreisträgers Joseph Stiglitz[1522]:

> „This was a hope based more on faith – especially by those whom it served well – than on science. My research and that of others, on the consequences of asymmetric information ... has shown that one of the reasons that the invisible hand may be invisible is that it is simply not there".

684 Menschen glauben an das „that will favour themselves"[1523].

1518) IDW S 1 2005 Anhang Abs. 2. Dazu Jonas, Unternehmensbewertung
1519) Vgl. Rn. 1180
1520) Jonas, Unternehmensbewertung 840
1521) Vgl. Rn. 119
1522) Stiglitz, The Roaring Nineties: Seeds of Destruction, London 2003, zit. nach Dine, The Capture of Corruption 277
1523) Dine, The Capture 283

V. Alternativanlage

3. Unsicherheit

Verständlich, dass das CAPM umstritten ist[1524]. Die unsichere Ausgangslage umschrieb das LG München so[1525]:

> „Die Höhe der Marktprämie ist indes alles andere als eine einfach zu bestimmende Größe. Wegen der hohen Volatilität von Aktienrenditen und der unterschiedlichen von dem Betrachtungszeitraum sehr stark abhängigen Durchschnittswerte der Aktienrendite ist schon ein für die Vergangenheit unangreifbarer Durchschnittswert für die Marktprämie nicht festzustellen. Zu alledem ist zu berücksichtigen, dass es ... nicht auf die historische Marktprämie sondern auf die künftige Marktprämie ankommt".

685

Damit einher gehen Subjektivismen über Beginn und Länge des Erhebungszeitraums[1526].

686

4. Modellcharakter

Für eine Antwort müssen wir uns das Modell oder die Modelle ansehen. Doch können Modelle nur Annäherungen geben; Gerichte sollen nicht Modelle ausführen, sondern das „Chaos" eines Streites entwirren. Angesichts der *„emotionalen Verfassung"* von Kapitalmärkten müssen sie den Wert eines Unternehmens jeweils **tatsachennah** *„erfühlen"*[1527]. Das Bürgerliche Gesetzbuch spricht daher von *„Schätzung"*, nicht von *„Berechnung"* (§ 738 Abs. 2)[1528]. Im Hinblick auf den Normwert[1529] ist daher **entscheidend**, ob das Modell der rechtlichen Wertung entspricht; ist es ein normorientiertes Modell? Die Hinnahme *„vieler"* wirklichkeitsfremder Annahmen ist vor allem dann fraglich, wenn die „Wirklichkeit" der gesellschaftsvertraglichen Beziehung nicht mit angesetzt ist. Genügt es für den **Normwert**, sich auf die *„breite Mehrheit der Ökonomen zu verlassen"*?[1530]

687

V. Alternativanlage

Weil die Höhe des Risikozuschlags schwer zu bestimmen ist, sucht man – trotz aller Emotionalität – nach einer *„objektivierten"* Grundlage am

688

1524) Ballwieser, Unternehmensbewertung, S. 179; ders., Unternehmensbewertung und Komplexitätsreduktion; Seppelfricke, Handbuch, S. 67; Wittgens/Redeke, Zu aktuellen Fragen
1525) AG 2002, 563, 566
1526) Obermaier, Die kapitalmarktorientierte Bestimmung 497
1527) Piasko/Uttich, Stimmungen
1528) Siehe Rn. 21
1529) Siehe Rn. 119
1530) Löffler, Was kann die Wirtschaftswissenschaft für die Unternehmensbewertung (nicht) leisten?, WPg 2007, 808, 810

A. Grundlagen

Markt[1531]), die man als nationalen Aktienmarkt definiert[1532]). Man will ermitteln, welche „Risikoprämie" der Markt dafür bietet, dass jemand in das zu bewertende Unternehmen investiert.

689 Ausgangspunkt ist die Frage, welche Mehrrenditen über den Zinssatz einer (quasi-)risikofreien Anleihe (Basiszinssatz) hinaus einen Anleger veranlassen, sein Geld in Aktien statt in Anleihen anzulegen (Marktrendite). Dazu zählen nicht nur Dividenden sondern auch Kursgewinne:

> „Der Rückgriff auf eine festverzinsliche Anlage als Alternativinvestition zu einem unternehmerischen Investment ist für viele Bewertungsanlässe der Praxis nicht realitätsnah und aus risikotheoretischer Sicht problematisch. Es kann angenommen werden, dass ein Anteilseigner, der unter Berücksichtigung seiner individuellen Risikoeinstellung bereit ist, in ein riskantes Investment wie das zu bewertende Unternehmen zu investieren, als risikoäquivalente Alternativanlage regelmäßig keine festverzinsliche Anlage wählen wird. Vielmehr ist eine Alternativinvestition in andere Unternehmensanteile mit gleichem Risiko konsequent. Dies gilt insbesondere für aktienrechtliche Unternehmensbewertungsanlässe wie z. B. Squeeze-Out-Verfahren, bei denen die Investoren bereits in Unternehmensanteile, d. h. Aktien des zu bewertenden Unternehmens investiert haben"[1533]).

690 Man nimmt also an, dass ein ausscheidender Anteilseigner dahin neigt, als adäquate Alternativanlage sich wieder an einem anderen Unternehmen zu beteiligen. Die Sicht auf den Aktienmarkt verändert die steuerliche Lage: Zinsen sind voll zu versteuern[1534]), Aktienrenditen unterlagen bis zur Einführung der Abgeltungsteuer nur teilweise der Steuer[1535]). Die Folgen schildert das LG Frankfurt/M unter der Geltung des Halbeinkünfteverfahrens:

> „Durch die steuerliche Begünstigung der Dividenden aus Aktien gegenüber der vollen Besteuerung der Zinserträge aus festverzinslichen Anlagen wächst grundsätzlich jedoch seitdem die Ertragschance des Anlegers bei Aktien gegenüber der Anlage in festverzinslichen Anlagen, da bei theoretische gleich hohen künftigen Erträgen aus beiden Anlageformen der tatsächliche Erlös aus der Aktienanlage und die Hälfte des persönlichen Steuersatzes höher ausfällt als der Ertrag aus einer festverzinslichen Anlage. Dem dargestellten höheren Risiko einer Investition in Aktien steht daher allein schon durch die steuerliche Begünstigung eine höhere Ertragschance gegenüber"[1536]).

1531) Siehe Rn. 138
1532) Dazu siehe Rn. 224
1533) Wagner/Jonas/Ballwieser/Tschöpel, Weiterentwicklung 891
1534) Siehe Rn. 397
1535) Zum Hintergrund Gampenrieder, Unternehmensbewertung: Künftig niedrigere Ertragswerte, Versicherungswirtschaft 2005, 570
1536) LG Frankfurt/M., NZG 2006, 868, 872

VIII. Betafaktor

Das Gericht erwähnt zugleich „*die hohe Subjektivität und Komplexität bei der* 691
Bestimmung subjektiver Risikonutzenfunktionen"[1537].

VI. Marktrisiko

Die Mehrrendite über den Basiszinssatz hinaus (Marktrisikoprämie) gilt auf 692
einem vollkommenen Markt als Risikoprämie. Man ermittelt dafür zunächst
die Marktrendite, zieht von ihr den Basiszinssatz ab und erhält die Marktrisikoprämie. Im Hintergrund dieses Modells steht die Annahme des „risikoscheuen" Investors, der für steigende Anlagerisiken auch steigende Renditen
erwartet, was wohl der Praxis entsprechen dürfte.

Den Aktienmarkt grenzt man näher ein, z. B. durch Bezug auf einen Index 693
(Portfolio), wie etwa den XETRA DAX, M-DAX, aber auch Euro Stoxx
oder Stoxx, gegebenenfalls Dow Jones, Standard & Poor oder NASDAQ.
Aber welcher Index ist repräsentativ für das zu bewertende Unternehmen?
Die Rendite findet man z. B. im jährlich erscheinenden „DAI-Factbook" des
deutschen Aktieninstituts, Frankfurt/M.[1538].

VII. Unternehmensindividuelles Risiko

Danach kommt die entscheidende Frage: Was kostet die Anlage des Kapitals 694
in **dieses** Unternehmen am Markt? Welches Entgelt wird für dessen Erträge
verlangt? Was muss dem Anleger über den (quasi-)risikofreien Zinssatz hinaus **hier** geboten werden? Man prüft dafür, in wieweit das Unternehmen risikobehafteter ist als der Durchschnitt der Unternehmen im Index: Was ist
das spezielle Risiko?

Als Indiz dafür wählt man die Schwankungsbreite des Kursverlaufs (Volatili- 695
tät[1539]): Schwanken die Kurse des zu bewertenden Unternehmens gleich,
stärker oder schwächer als der Durchschnitt? Das Hin und Her der Kurse ist
also ein eigenständiges Element der Bewertung. Ist die Volatilität größer als
beim Durchschnitt, so ist das Risiko relativ höher, ist sie kleiner, so ist das
Risiko relativ geringer. Wir setzen also die Volatilität des Marktes in eine Beziehung zur Volatilität des Unternehmens (Korrelation)[1540].

VIII. Betafaktor[1541]

Die Beziehungszahl zwischen diesen Grundfaktoren (= Alphafaktoren) 696
nennen wir Betafaktor. Sind Volatilität des Marktes und die des Unternehmens gleich, so ist der Betafaktor 1. Ist die Volatilität des Unternehmens

---

1537) AaO. Skeptisch auch Ballwieser, Unternehmensbewertung, S. 95f.
1538) Es ist erhältlich als Buch und Online: factbook@dai.de
1539) Von lateinisch „volatilis" = „flüchtig, vergänglich"
1540) Zur Technik Großfeld/Stöver, Ermittlung des Betafaktor 2803ff.
1541) IDW S 1 2008 Tz. 121

größer, so ist das Risiko höher; der Betafaktor steigt (z. B. auf 1,2). Die Folge ist ein niedrigerer Unternehmenswert. Liegt der Betafaktor unter 1 (z. B. 0,8) so ist das Risiko geringer, der Unternehmenswert somit höher. Mit dem Betafaktor multiplizieren wir anschließend die Marktrisikoprämie und finden so den Risikozuschlag.

697 Betafaktoren werden von Kapitaldienstleitern bereitgestellt – etwa von Bloomberg[1542].

IX. Formel

698 Daraus folgt die allgemeine Formel: Der Risikozuschlag des zu bewertenden Unternehmens ergibt sich, wenn man die Marktrisikoprämie mit dem Betafaktor des Unternehmens multipliziert (Marktrisikoprämie × Betafaktor). Mathematisch sieht das so aus:

$$r = r_i + (r_M - r_i) \times \beta_i$$

Das bedeutet: Risikoprämie (r) = Basiszinssatz (r_i) + (Kapitalmarktrendite [r_M] – Basiszinssatz [r_i] × Betafaktor (β_i).

699 Das Ergebnis addiert man dann zum Basiszinssatz; darauf komme ich zurück[1543].

B. IDW Standard S 1 2000

700 Das CAPM ist nicht neu. Das LG München wandte das Verfahren schon unter der Geltung des HFA 2/1983 für den Stichtag 14.12.1995 an[1544]. Ebenso tat es das OLG Düsseldorf[1545]. Das IDW S 1 2000[1546] kannte das CAPM Verfahren als Alternative[1547]: Der Risikozuschlag könne *„insbesondere"* nach dem CAPM ermittelt werden (Wahlfreiheit)[1548].

701 Für das Discounted Cashflow – Verfahren hieß es dagegen:

> „Zur Bestimmung der Eigenkapitalkosten wird in aller Regel auf das Kapitalmarktpreisbildungsmodell (CAPM) zurückgegriffen, das grundsätzlich börsennotierte Unternehmen voraussetzt"[1549].

1542) http://www.bloomberg.com. Weitere Nachweise bei Großfeld/Merkelbach, Wirtschaftsdaten
1543) Siehe Rn. 728
1544) LG München, AG 2002, 563, 566
1545) OLG Düsseldorf, Beschl. 31.03.2006 – I-26 W 5/06 AktE, abrufbar unter http://www.justiz.nrw.de
1546) IDW S 1 2000 Tz. 135
1547) OLG Stuttgart, AG 2008, 510, 514
1548) IDW S 1 2000 Tz. 98
1549) IDW S 1 2000 Tz. 135

II. Vorzugsstellung

Es wurde betont, dass das CAPM „*grundsätzlich börsennotierte Unternehmen voraussetzt*"[1550]. Das OLG Celle[1551] meinte indes, dass schon hier die CAPM-Methode vorrangig war. Zur Ermittlung des Betafaktors erschien dem Gericht „*der Rückgriff auf eine internationale peer-group durchaus eine seriöse Methode*"[1552].

C. IDW Standard S 1 2005/2008

I. Neuer Ansatz

Das Institut der Wirtschaftsprüfer empfiehlt eine Festlegung „*mit Hilfe von Typisierungen und vereinfachender Annahmen*"[1553]. Als typische Alternativanlage[1554] gelten nicht mehr Anleihen sondern Aktienportefeuilles am Börsenmarkt[1555]. Die Rendite von Aktien an der Börse[1556] umfasst Dividenden und Kursgewinne. Sie wird ebenfalls zerlegt[1557] in einen Basiszinssatz und eine „*Risikoprämie*"[1558]. Für diese "*marktgestützte Ermittlung*" des Risikozuschlags[1559] sind „*am Markt beobachtete Risikoprämien*" „*geeignete Ausgangsgrößen*"; man muss sie an die Besonderheiten des Bewertungsfalls anpassen[1560].

Jetzt soll das CAPM unabhängig von der Rechtsform des zu bewertenden Unternehmens gelten[1561]. Neu ist das Tax-CAPM.

II. Vorzugsstellung

Das IDW S 1 setzt sich für CAPM und Tax-CAPM („*kann insbesondere*")[1562] ein und verweist dafür in der Fassung von 2005 auf Erläuterungen im Anhang[1563]. Aus den Aktienrenditen „*können mit Hilfe von Kapitalmarktpreisbildungsmodellen (CAPM, Tax-CAPM) Risikoprämien abgeleitet werden*"[1564]. Es heißt auch: Die „*marktgestützte Ermittlung*" des Risikozu-

---

1550) IDW S 1 2000 Tz. 136
1551) OLG Celle, ZIP 2007, 2025, 2027
1552) OLG Celle, aaO S. 2028
1553) IDW S 1 2008 Tz. 91
1554) IDW S 1 2008 Tz. 92, 115, 118
1555) IDW S 1 2008 Tz. 113 – 122, bes. Tz. 115
1556) IDW S 1 2008 Tz. 114
1557) IDW S 1 2008 Tz. 115, 92
1558) IDW S 1 2008 Tz. 115
1559) IDW S 1 2008 Tz. 92
1560) IDW S 1 2008 Tz. 91
1561) IDW S 1 2008 Tz. 114
1562) IDW S 1 2008 Tz. 92, 115, 118
1563) IDW S 1 2005 Anhang Nr. 1-3
1564) IDW S 1 2008 Tz. 118

schlags[1565]). „*kann insbesondere vorgenommen werden*" auf der Basis des Capital Asset Pricing Model (CAPM)[1566] oder des Tax-Capital Asset Pricing Model (Tax-CAPM)[1567]. Schließlich lesen wir:

> „*Die finanziellen Überschüsse aus dem Unternehmen sind mit den aus einer gleichartigen Alternativinvestition in Unternehmen zu erzielenden finanziellen Überschüssen zu vergleichen. Hierzu ist bei der Ermittlung eines objektivierten Unternehmenswerts typisierend auf Renditen eines Bündels von am Kapitalmarkt notierten Unternehmensanteilen (Aktienportfolio) als Ausgangsgrößen abzustellen*"[1568].

706 Abschließend wird für den „*objektivierten Unternehmenswert*" erläutert:

> „*Der Kapitalisierungszinssatz setzt sich bei unmittelbarer Berücksichtigung von persönlichen Steuern aus dem um die typisierte persönliche Ertragsteuer gekürzten Basiszinssatz und der auf der Basis des Tax-CAPM ermittelten Risikoprämie zusammen. ... In beiden Fällen kann der Erwartung wachsender finanzieller Überschüsse in der zweiten Phase durch einen Wachstumsabschlag Rechnung zu tragen sein*"[1569].

707 Danach scheint es doch nur die börsenorientierte Methode geben, zumindest ist sie vorzugswürdig. In Literatur und Rechtsprechung ist das umstritten[1570].

D. Marktrendite[1571]

I. Allgemeines

708 Wie wir sahen[1572], ist Ausgangspunkt die „Risikoscheu" eines Anlegers: Er verlangt für mehr Risiken auch mehr Rendite. Die Frage ist daher, welchen Zuschlag er über den Basiszinssatz hinaus verlangen würde, wenn er in das zu bewertende Unternehmen statt in (quasi-)sichere Anleihen investiert. Man vergleicht dafür die Rendite des Unternehmens mit der Rendite des Kapitalmarktsegments, zu dem das Unternehmen gehört (z. B. DAX oder M-DAX, Euro Stoxx oder Stoxx).

1565) IDW S 1 2008 Tz. 92
1566) IDW S 1 2008 Tz. 92
1567) IDW S 1 2008 Tz. 92, 118-120
1568) IDW S 1 2008 Tz. 93
1569) IDW S 1 2008 Tz. 122. Vgl. IDW S 1 2005 Tz. 132
1570) Wenger, Verzinsungsparameter 9; OLG München, Beschl. 31.3.2008 Az.: 31 Wx 88/06, http://www.betriebs-berater.de/, S. 11ff.
1571) IDW S 1 n.F. Tz. 128f., 143-145. Vgl. Schulz/Stehle, Empirische Untersuchungen zur Frage CAPM vs. Steuer-CAPM, AG, Sonderheft 2005, Fair Valuations, S. 22
1572) Siehe Rn. 592

III. Betrachtungsperiode

II. Zukunftsaspekte

Grundsätzlich kommt es auch hier – wie in der Unternehmensbewertung allgemein – auf die zukünftige Entwicklung an[1573]. Sie ist aber aus Marktdaten nicht direkt ableitbar. Deshalb halten wir uns „notgedrungen" an historische Daten[1574]. Sie werden „zukunftsorientiert" um 1% bis 1,5% gekürzt, ohne nähere Begründung[1575]. Wir bewerten also aus dem Rückspiegel heraus – kann man damit in die Zukunft globaler Finanzmärkte fahren? Das ist zweifelhaft namentlich wegen der Ängste aufgrund der „subprime mortgages"[1576] – gerade sind die beiden größten amerikanischen Immobilienfinanzierer Fanny Mae und Freddie Mac in Schwierigkeiten[1577]. 709

Das OLG München sagt: 710

> „Auch der gerichtliche Sachverständige kommt hier zu dem Ergebnis, dass die historische beobachtete Marktrisikoprämie nicht mit der zukünftig erwarteten Marktrisikoprämie gleichgesetzt werden darf. Nach zitierten Studien solle die künftige Marktrisikoprämie zwischen 2,4% und 5,9% betragen. Der Sachverständige setzt eine Marktrisikoprämie nach Steuern von 5% an. Dabei handelt es sich offensichtlich nicht um einen mathematisch abgeleiteten Wert, sondern um sachverständiges Schätzungsermessen. Ein methodischer Gewinn gegenüber dem bisherigen, regelmäßig gleichfalls sachverständigem Schätzungsermessen eröffneten Ermittlung des Risikozuschlages, welcher dazu zwänge, diese Vorgehensweise als Schätzgrundlage für die Bestimmung der Angemessenheit der Abfindung zu verwenden, ist nach alledem nicht ersichtlich"[1578].

Auch hier ist Gespür für die Zukunft gefragt. 711

III. Betrachtungsperiode

1. Vergangenheit

Die Ergebnisse hängen vor allem von der Betrachtungsperiode ab. Man ermittelt den Durchschnitt über einen längeren Zeitraum (20–50 Jahre). Das LG München bezog sich für den Stichtag Ende 1995 auf die Periode von 1875–1992[1579]. Zumeist wird auf eine Darstellung von Richard Stehle ver- 712

1573) LG Frankfurt/M., NZG 2006, 868, 872; OLG München, BeckRS 2006 13711
1574) Schmitt/Dausend, Unternehmensbewertung 237
1575) OLG München, BeckRS 2006 13711
1576) Die großen Aktienindizes vor dem Absturz?, FAZ 21.11.2007 Nr. 271, S. 24
1577) Immobilienfinanzierer Freddie Mac schockt mit Milliardenverlusten, FAZ 21.11. 2007, S. 15; Hagerty, Housing woes bash Freddie Mac, The Wall Street J. Europe, Wednesday, Nov. 21, 2007, S. 6
1578) OLG München, BeckRS 2006 13711
1579) LG München, AG 2002, 563, 566

D. Marktrendite

wiesen; er wählte die Zeit von 1955 bis 2003[1580]. Für den Basiszinssatz nutzte er den REXP[1581]. Das sind seine Ergebnisse vor Steuern:

	Arithm. Mittel	Geom. Mittel
CDAX	5,46%	2,66%
DAX	6,02%	2,76%

713 Die Methode bezieht die „Boomjahre" bis 1965 und die Spekulationsblase 1996 bis März 2000 (Börsenkurs ca. 8000) ein, die im Gefolge der hohen Aufwendungen für die UMTS Lizenzen bis Anfang 2003 verging (Börsenkurs ca. 2000): In drei Jahren verlor der DAX drei Viertel seines Werts. Mitte 2007 sind wieder ca. 8000 erreicht; im Gefolge der „subprime mortgages" sinken die Kurse wieder.

714 Raimo Reese[1582] gibt für 1955 bis 2006 folgende Zahlen:

	Arithm. Mittel	Geom. Mittel
CDAX	6,10%	3,42%
DAX	6,55%	3,45%

715 Das Deutsche Aktieninstitut bringt Daten von 1870 bis 2004[1583], die unter denen von Richard Stehle liegen[1584]. Für die Jahre 1955 bis 2003 weist das Deutsche Aktieninstitut eine Aktienrendite von 8,2% aus, für die „Boomjahre" 1955 bis 1965 10,8%, für 1996 bis 2000 22,2%, für 2000 bis 2003 14,9%[1585]. Was soll gelten?

2. Zukunft

716 Die Vergangenheitsbetrachtung mag mit Einführung der Abgeltungsteuer an Grenzen stoßen. Denn dadurch kann sich die Marktrendite bereits ab dem

---

1580) Stehle, Die Festlegung 921, aufbauend auf Drukarczyk/Schüler, Unternehmensbewertung, 6. Aufl., München 2008. Vgl. aber auch Stehle, Renditevergleich von Aktien und festverzinslichen Wertpapieren auf Basis des DAX und des REXP, http://www.wiwi.hu-berlin.de/finance/Material/Forschung/dax_rexp.pdf
1581) Siehe Rn. 857
1582) Reese, Schätzung von Eigenkapitalkosten für die Unternehmensbewertung, Frankfurt M. 2007, S. 17
1583) Gielen, Deutsche Aktien: Historisches Wachstum von 6,8% p. a., Deutsches Aktieninstitut, DAI-Kurzstudie 3/2004. Dez. 2004
1584) Einen Überblick vermitteln Wagner/Jonas/Ballwieser/Tschöpel, Unternehmensbewertung 1018ff.
1585) Deutsches Aktieninstitut 2007, DAX – Renditen seit 1948. Das DAI-Rendite-Dreieck, Stand 31. 12. 2007

Planjahr 2008 verändern. Nach den *„Empfehlungen zur Umsetzung"* sei es nicht zu beanstanden, bereits für 2008 von angepassten Marktrisikoprämien auszugehen[1586]. Ab 1.1.2009 soll die Marktrisikoprämie vor Steuern 5% betragen, die Marktrisikoprämie nach Steuern 4,5%[1587].

IV. „Mittelwert"

Für das CAPM sucht man einen Weg zwischen dem arithmetischen und dem geometrischen Mittel[1588]. Beim arithmetischen Mittel wird unterstellt, dass die Wertpapiere jedes Jahr verkauft werden und der Erlös mit den Erträgen wieder angelegt wird. Beim geometrischen Mittel werden die Wertpapiere zu Beginn des Untersuchungszeitraums gekauft und an dessen Ende verkauft; die jeweiligen Erträge werden jährlich wieder angelegt[1589]. Das arithmetische liegt regelmäßig über dem geometrischen Mittel[1590]. So heben sich 50% Kurssteigerungen und 50% Kursrückgang arithmetisch auf, geometrisch ergibt sich jedoch ein Verlust von 25%. 717

Wolfgang Ballwieser erklärte 1995, dass die Literatur sich *„überwiegend für das geometrische Mittel"* ausspreche[1591]. Bisher konnte man sich aber nicht darüber einigen, welches „Mittel" richtig ist[1592], deshalb wählt man den Mittelwert zwischen beiden Mitteln. also „das Mittel von Mitteln". Die Entscheidung für einen bestimmten Mittelwert ist jedoch *„nicht trivial"*[1593]. 718

Dimson/Marsh/Staunton[1594] nennen für 1900–2005 für Deutschland eine Marktrisikoprämie von 3,09%. Weltweit schätzen sie ein geometrisches Mittel von 3–3 ½% und eine arithmetisches Mittel von 4 ½–5%. Der zugrunde gelegte risikofreie Zinssatz wird aus „bills[1595] and bonds[1596]" abgeleitet[1597], allerdings nicht zahlenmäßig genannt. Bei dem arithmetischen Mittel verweisen sie auf Unsicherheiten des arithmetischen Mittels, das von der Volatilität 719

1586) Wagner/Saur/Willershausen, Zur Anwendung 737, Einzelheiten für die Zeit vom 7.7.2007 bis 31. 12. 2008 auf S. 740f., für die Zeit ab 1.1.2009 S. 741
1587) Ebd. 741
1588) Zu den Unterschieden Wikipedia, Mittelwert, Google
1589) Baetge/Krause, Die Berücksichtigung des Risikos in der Unternehmensbewertung, BFuP 1194, 450f.; Ballwieser, Aktuelle Aspekte der Unternehmensbewertung, WPg 1995, 119, 125
1590) Einzelheiten bei Reese, Schätzung von Eigenkapitalkosten 18; Richard Stehle, Die Festlegung 919; Großfeld/Stöver, Ermittlung des Betafaktors 2801
1591) Ballwieser, Aktuelle Aspekte 125
1592) Widmann/Schieszl/Jeromin, Der Kapitalisierungszinssatz; dort S. 805 andere Auflistungen
1593) Ballwieser, Unternehmensbewertung, S. 106 mit Verw. auf S.98
1594) The Worldwide Equity Premium: Smaller Puzzle (London Business School), revised 7. 04.2006, Google
1595) Kurzläufer bis zu einem Jahr
1596) Langläufer von 2 bis zu 30 Jahren
1597) Dimson/Marsh/Staunton, The Worldwide Equity Premium, S. 39

D. Marktrendite

der Märkte abhängt[1598] 1. Angesichts der höheren Verzinsung von Anleihen gegenüber Geldmarktpapieren könnte die Marktrisikoprämie noch niedriger liegen.

V. Beispiel

720 Copeland/Koller/Murrin[1599] wollen ein arithmetisches Mittel auf der Grundlage einer zweijährigen Anlage nutzen; so werde der erhöhte Wert des arithmetischen Mittels gemindert. Die Methode zeigt sich an einem Beispiel, das von Zahlen ausgeht, die Richard Stehle bringt[1600]:

	Anlagezeitraum in Jahren ab 1955				
	1	2	5	10	30	49
DAX-Werte (vor Steuern)					
Aktienrendite	12,96	11,46	9,31	8,39	10,60	9,60
Risikoprämie	6,02	4,55	2,32	1,53	3,00	2,76
DAX-Werte (nach Steuern)					
Aktienrendite	11,54	10,04	7,94	7,00	9,20	8,22
Risikoprämie	7,04	5,58	3,44	2,51	4,21	3,81
C-DAX-Werte (vor Steuern)					
Aktienrendite	12,40	11,00	8,99	8,14	9,81	9,50
Risikoprämie	5,46	4,09	2,01	1,15	2,21	2,66
C-DAX-Werte (nach Steuern)					
Aktienrendite	11,16	9,73	7,76	6,90	8,62	8,24
Risikoprämie	6,66	5,27	3,26	2,41	0,57	3,83

721 Das Bild zeigt z. B. für den C-DAX bei einem zweijährigen Anlagehorizont eine Marktrisikoprämie von 4,09% vor Steuern und von 5,27% nach Steuern. Ein fünfjähriger Horizont ergibt 2,01% vor Steuern und 3,36% nach Steuern.

VI. Fragen

722 Die Fragen liegen auf der Hand: Über welchen Zeitraum misst man die Marktrendite, welcher Index ist repräsentativ für das Unternehmen? Wie

---

1598) AaO S. 36
1599) Unternehmenswert – Methoden und Strategien für eine wertorientierte Unternehmensführung, 3. Auflage, Frankfurt/M. 2002, S. 271
1600) Stehle, Die Festlegung 922ff.

I. Allgemeines

weit stehen die Ergebnisse für die Zukunft? Welche Rolle spielen die Kosten der Wiederanlage?[1601] Sie sind in den Untersuchungen nicht angesprochen, sind aber wesentlich für die Marktrendite des Kleinanlegers: „The average investor earns substantially less than the market return"[1602].

Zu bedenken ist auch, dass die jeweilige Besteuerung die Höhe von Marktrenditen beeinflusst. Inwieweit lässt sich aus Renditen unter dem System der Anrechnungsteuer, des Halbeinkünfteverfahrens und der Abgeltungsteuer ein Durchschnitt ermitteln?[1603] Bisher gibt es keine Daten dazu, wie die Abgeltungsteuer auf die Marktrendite wirkt[1604].

E. Marktrisikoprämie[1605]

I. Allgemeines

Die Marktrisikoprämie ist die Differenz zwischen Marktrendite (rm) und Basiszinssatz (i)[1606]. Liegt also die Marktrendite bei 10,5% und der Basiszinssatz bei 5,5% so ist die Marktrisikoprämie 5,0%. Studien der letzten 10 Jahre weisen Spannweiten von 1,81%–6,90% auf[1607]. Das OLG Stuttgart erwähnt „eine sehr niedrige Marktrisikoprämie von nur 2%"[1608]. Das OLG Düsseldorf hielt 3% bis 6% für richtig[1609]; später nutzt es bei einer Lebensversicherung 5% und einen Betafaktor von 0,3 und gelangt so zu 1,5%[1610]. Das LG München bejahte 3,68% (aufgerundet 3,7%) vor Steuern[1611].

Das IDW hält ab dem 31. Dezember 2004 eine Marktrisikoprämie vor persönlichen Ertragsteuern von 4,0% bis 5,0% und nach persönlichen Ertragsteuern von 5,0% bis 6,0% für angemessen [1612]. Richard Stehle vertritt für Ende 2003/Anfang 2004 bei Nutzung des marktbreiteren CDAX 5,5% nach Steuern; das deutet auf 4,5% vor Steuern[1613]. Ein Schiedsgericht wählte

---

1601) Siehe Rn. 782
1602) Milkier, Improving Investors' Average, Wall Street J. Europe, Wednesday, April 11, 2007, S. 12. Vgl. Bogle, The Little Book of Common Sense Investing, New York, N.Y. 2006
1603) Vgl. Wagner/Saur/Willershausen, Zur Anwendung 736
1604) Wagner/Saur/Willershausen, Zur Anwendung 737
1605) Stehle, Die Festlegung
1606) IDW S 1 2005 Anhang Nr. 3
1607) Aktie v. Rente, Studien des deutschen Aktieninstituts, Heft 26, S. 15
1608) OLG Stuttgart, AG 2007, 705, 707
1609) OLG Düsseldorf, Beschl. 31.03.2006, Az.: I-26 W 5/06 AktE, abrufbar unter http://www.justiz.nrw.de
1610) OLG Düsseldorf, AG 2006, 287
1611) OLG München, AG 2002, 563, 566
1612) FN-IDW Nr. 1-2/ 2005, S. 70. Ebenso Wagner/Jonas/Ballwieser/Tschöpe, Unternehmensbewertung 1019. Zu den Grundlagen Stehle, Die Festlegung; Munkert, Der Kapitalisierungszinssatz in der Unternehmensbewertung, Wiesbaden 2005, S. 235ff.
1613) Stehle, Die Festlegung 906, 911, 919, 921

5%[1614]. Das OLG Stuttgart lehnt 5% ausdrücklich ab und hält 4,5% vor Steuern für „noch plausibel". Der Wert sei „im unteren Bereich der Bandbreite anzusiedeln"[1615]. Es sagt jetzt, dass es „in ständiger Rechtsprechung" 4,5% vor Steuern ansetze[1616]. Das OLG München erwähnt für Mitte 2002 eine Marktrisikoprämie von 4%[1617], das OLG Düsseldorf sah für Mitte 1995 eine solche von 3%[1618]. Verschiedene andere Schätzungen geben 1,2 bis 6,7% für das geometrische und 8,2 bis 10,4% bis für das arithmetische Mittel an[1619].

726 Einige Autoren halten die Marktrisikoprämie für zu hoch. Die Kritik bezieht sich darauf, dass bei der Aufstellung eine „Überperformance des deutschen Marktes" in der zweiten Hälfte der fünfziger Jahre des vorigen Jahrhunderts einbezogen sei[1620]. Das habe eine Illusion auf zukünftig zu erzielende Risikoprämien erweckt. Genannt wird auch eine Bandbreite von 3–6.5%.

II. Untergrenze[1621]

727 Untergrenzen für die Marktrisikoprämie sucht man durch einen Vergleich mit der Risikoprämie (Spread) bei einer Anleihe. Die Frage lautet: Wie hoch ist die Risikoprämie für eine Aktie im Vergleich mit der einer Anleihe? Dabei nimmt man an, dass Aktien risikoreicher sind. Gewinne schwanken, Zinsen sind stabil. Bei der Insolvenz hat der Gläubiger einen Vorrang vor den Aktionären, die oft nichts mehr erhalten. Die dafür angesetzte Ausfallsprämie soll 20–35% des Spread betragen; daher sollen ca. 70% das gesamte Anleiherisiko ausmachen.. Die Untergrenze für die Marktrisikoprämie liege bei 3,20%[1622].

F. Betafaktor[1623]

I. Allgemeines

728 Die Marktrisikoprämie gibt das Risiko des gesamten jeweiligen Portfolios wieder. Das genügt aber nicht; denn wir suchen das individuelle Risiko des zu bewertenden Unternehmens, den unternehmensindividuellen Risikozu-

---

1614) Schiedsspruch, SchiedsVZ 2007, 219, 222
1615) OLG Stuttgart, NZG 2007, 112; OLG Stuttgart, NZG 2007, 302, 307
1616) OLG Stuttgart, AG 2008, 510, 514; Beschl. 14.2.2008 Az.: 20 W 9/06, http://www.betriebs-berater.de/, Rn. 80
1617) OLG München, Beschl. 31.3.2008 Az.: 31 Wx 88/06, http://www.betriebs-berater.de/, S. 16
1618) OLG Düsseldorf, Az.: I-26 W 5/06 AktG, 31.3.2006, http://www.justiz.nrw.de
1619) Ballwieser, Unternehmensbewertung, S. 95. Unternehmensspezifische Risikoprämien nach Steuern finden sich bei Dausend/Schmitt, Implizite Schätzung, S. 30
1620) Siehe Rn. 795
1621) Widmann/Schieszl/Jeromin, Der Kapitalisierungszinssatz 806
1622) Widmann/Schieszl/Jeromin, aaO S. 808
1623) Einzelheiten bei Bernhard Großfeld/Rüdiger Stöver, Ermittlung des Betafaktors in der Unternehmensbewertung: Anleitung zum „Do it yourself", BB 2004, 2799

schlag[1624]. Wir müssen also herausfinden, wie sich das Risiko des Unternehmens zum Markrisiko verhält. Dafür suchen wir den „Betafaktor" [1625]. Das ist in den Grundzügen schon dargestellt[1626]; ich vertiefe es hier im Zusammenhang.

An Kapitalmärkten gelten Kursschwankungen (Volatilität) als Hinweis auf 729 Risiken, weil man annimmt, dass sie unstete Renditen anzeigen. Man vergleicht also die relative Kursschwankung einer Aktie gegenüber der Gesamtheit der Aktien im Index[1627]. Bewegen sich die Kurse des zu bewertenden Unternehmens gleich, stärker oder schwächer als der Durchschnitt? Was ist das Verhältnis (die Korrelation) zueinander?

Das Verhältnis zwischen den Grundfaktoren der Volatilität (den Alphafakto- 730 ren) nennen wir Betafaktor, kurz „beta"[1628]. Der IDW S 1 2008[1629] sagt das so:

> *„Der unternehmensindividuelle Betafaktor ergibt sich als Kovarianz [Wechselbeziehung] zwischen den Aktienrenditen des zu bewertenden Unternehmens oder vergleichbarer Unternehmen und der Rendite eines Aktienindex, dividiert durch die Varianz des Aktienindex. Die Prognoseeignung von Betafaktoren ist im jeweiligen Einzelfall zu würdigen (Zukunftsausrichtung, Datenqualität, Angemessenheit im Hinblick auf die Kapitalstruktur, Übertragung ausländischer Betafaktoren".*

II. Wirkung

Schwankt der Kurs des Unternehmens im Gleichklang mit dem gesamten 731 Marktindex (= 1), so können wir die Marktrisikoprämie auch als individuelle Prämie nutzen[1630]. Schwankt der Kurs stärker (= 1,2), so ist das Risiko höher (Folge: Niedrigerer Unternehmenswert), schwankt er schwächer (= 0,8), so ist das Risiko geringer (höherer Unternehmenswert). Wir müssen deshalb die Bandbreite der Kursschwankungen über einen bestimmten Zeitraum durch eine Verhältniszahl („Betafaktor") miteinander in Beziehung setzen. Im Anhang des IDW Standards[1631] heißt es dazu:

> *„Im Beta-Faktor kommt die Volatilität der Rendite des zu bewertenden Unternehmens im Vergleich zur Volatilität zur Rendite des Marktportfolios zum Ausdruck".*

1624) IDW S 1 2008 Tz. 120
1625) Einzelheiten in Großfeld/Stöver, Ermittlung des Betafaktor 2799. Dort S. 2806 ff. auch zur Berechnung mit Hilfe des Excel Programms.
1626) Siehe Rn. 696
1627) OLG Düsseldorf, NZG 2006, 911, 913
1628) IDW S 1 2008 Tz. 121
1629) IDW S 1 2008 Tz. 121
1630) IDW S 1 2008 Tz. 120
1631) Abs. 3

F. Betafaktor

732 Wir rechnen so: Mit dem Betafaktor multiplizieren wir die Marktrisikoprämie (z. B. 5%). Ist der Betafaktor = 1, so entspricht das Risiko dem Marktdurchschnitt, die Marktrisikoprämie ist also als Risikoprämie anzusetzen (1 x 5 = 5). Liegt der Betafaktor über 1 (z. B. 1,2), so ist das Risiko größer (1,2 x 5 = 6); die Folge ist ein niedrigerer Unternehmenswert. Ist der Betafaktor unter 1 (z. B. 0,8), so ist es geringer (0,8 x 5 = 4); die Folge ist ein höherer Unternehmenswert. Daraus ergibt sich eine allgemeine Formel: Der Risikozuschlag ergibt sich, wenn man die Marktrisikoprämie mit dem Betafaktor des zu bewertenden Unternehmens multipliziert (Marktrisikoprämie x Betafaktor). Das Ergebnis addiert man zum Basiszinssatz.

733 Das wirkt mathematisch genau und sicher. Ist es das? Nehmen wir ein Beispiel: Die Mehrrendite deutscher Aktien von 1954 bis 1988 soll 5% betragen haben. Der Betafaktor von Daimler-Benz am 23.9. 1996 war 0,84. Das ergibt einen Risikozuschlag von 5,0 x 0,84 = 4,2%. Addiert man den Basiszinssatz von 7,5% erhält man einen Kapitalisierungszuschlag von 11,7%. Die Crux ist: Bei der Verschmelzung Daimler-Benz/Chrysler wählte man zum 18.9.1998 aber einen Kapitalisierungszinssatz vor Steuern von 10% (Basiszinssatz 6,5%, Risikozuschlag 3,5%)[1632].

III. Ermittlung

734 Bei der Ermittlung des Betafaktors stoßen wir auf Fragen der Statistik, die ich im Einzelnen nicht darstellen möchte[1633]. Doch werden für die meisten börsennotierten Unternehmen Betafaktoren veröffentlicht[1634]. Hilfreich sind Kursteile börsenorientierter Zeitungen[1635], wie z. B. „Börsenzeitung" oder „Handelsblatt". Schon berechnete Betafaktoren für 30 oder 250 Tage findet man in Datenbanken, z. B. in Nexis[1636]. Ein größeres Angebot unterschiedlicher Zeiträume gibt es über den Online-Broker Comdirect[1637].

735 Entscheidend ist, welchen Zeitraum man wählt[1638]. Während für die Marktrendite ein langer Zeitraum verlangt wird, soll beim Betafaktor eine kürzere Zeit genügen („jüngste Vergangenheit"). Dirk Schmitt/Florian Dausend sagen dazu:

> „Die Schätzung des Betafaktors aus historischen Renditerealisationen weist offensichtlich erhebliche Freiheitsgrade zur Ausübung von subjektivem Ermessen auf. Es ist daher nicht verwunderlich, wenn

---

1632) Bericht zum Zusammenschluss Daimler-Benz/Chrysler S. 91f.
1633) Einzelheiten bei Großfeld/Stöver, Ermittlung des Betafaktors 2805
1634) Barthel, Handbuch der Unternehmensbewertung, Karlsfeld/München, Losebl., Teil 1, Risikozuschlag (Beta-Faktoren)
1635) Z. B. „Börsenzeitung", Abschnitt „Indizes"
1636) Nachweise in Großfeld/Merkelbach, Wirtschaftsdaten
1637) http://www.comdirect.de
1638) OLG Düsseldorf, NZG 2006, 911, 913

verschiedene Datenanbieter zu einem bestimmten Stichtag für das gleich Unternehmen unterschiedliche Betawerte ausweisen"[1639].

In der Praxis üblich sind wöchentliche Messungen über zwei Jahre hinweg oder monatliche Messung über fünf Jahre hinweg. Doch beeinflusst die Wahl des Zeitintervalls die Höhe des Betafaktors (Intervalling-Effekt). Das gilt vor allem bei einem unregelmäßigen Handel von Aktien; dann liegt es nahe, die Aktienrendite nur zwischen den Tagen zu ermitteln, an denen es Umsätze gab (Trade-to-Trade-Verfahren)[1640]. „Wirtschaftsdaten für Juristen" sind damit ein zentrales Thema[1641]. 736

IV. Kapitalstruktur[1642]

1. Allgemeines

Wie schon dargestellt[1643] ist für den Risikozuschlag die Kapitalstruktur zu beachten, d. h. das Verhältnis von Eigen- zu Fremdkapital[1644]. Denn die Renditeforderungen steigen mit dem Verschuldungsgrad und dem daraus resultierenden Kapitalsstrukturrisiko an. Für die Höhe des Eigenkapitals sind gutachtlich ermittelte Marktwerte maßgeblich, nicht Buchwerte. Ein starker Verschuldungsgrad erhöht den Risikofaktor. Der Risikofaktor ist anzupassen, wenn sich die Kapitalstruktur im Zeitablauf ändert[1645]. 737

Wenn wir den Kapitalisierungszinssatz vom Kapitalmarkt ableiten, so ist auch die Kapitalstruktur mittels eines Marktmodells zu erfassen. Das IDW empfiehlt Arbitragemodelle, die auf dem „Modigliani-Miller-Theorem" beruhen[1646]. Macht man es anders, so ist das zu erläutern und zu begründen[1647]. 738

Bei diesem Modell werden die Betafaktoren der Vergangenheit des verschuldeten Unternehmens in einen unverschuldeten Betafaktor („unlevern") um 739

1639) Schmitt/Dausend, Unternehmensbewertung 241
1640) Brüchle/Erhardt/Nowak, Konzerneinfluss und Entkopplung vom Marktrisiko. Eine empirische Analyse der Betafaktoren bei faktischen und Vertragskonzernen, ZfB 2008, 455, 462
1641) Großfeld/Merkelbach, Wirtschaftsdaten für Juristen
1642) IDW S 1 2008 Tz. 100
1643) Siehe Rn. 339
1644) IDW S 1 2008 Tz. 91; OLG München, AG 2007, 701, 703
1645) IDW S 1 2008 Tz. 100
1646) Ebd.
1647) IDW S 1 2008 Tz.100

gerechnet[1648]. Danach ermitteln wir die zukünftige Kapitalstruktur; wir korrigieren dann den unverschuldeten Betafaktor entsprechend („relevern")[1649].

2. T-Online/Deutsche Telekom

740 Bei der Verschmelzung der T-Online International AG auf die Deutsche Telekom AG lag der Betafaktor vor der Bekanntmachung der geplanten Fusion bei 1,11. Das weitere Vorgehen ist dann so beschrieben[1650]:

> „Zur Berücksichtigung der sich im Planungszeitraum verändernden Finanzierungsstruktur der Gesellschaften wurden die in der Vergangenheit beobachteten Betafaktoren der verschuldeten Unternehmen zunächst in unverschuldete Betafaktoren umgerechnet (so genanntes ‚unlevern'). Diese unverschuldeten Betafaktoren betragen 1,10 für die T-Online und 0,72 für die Deutsche Telekom. Auf der Grundlage der allgemeinen Risikoprämie von 5,5% und der Betafaktoren der unverschuldeten Unternehmen errechnet sich ein Risikozuschlag für das operative Risiko von 6,05% für T-Online und 3,96% für die Deutsche Telekom (jeweils vor Anpassung an die periodenspezifische Finanzierungsstruktur).
> Anschließend wurden diese unverschuldeten Größen anhand der sich aus den Planungsrechnungen ergebenden zukünftigen Finanzierungsstrukturen und des Verschuldensgrads wieder periodenspezifisch in verschuldete Kapitalkosten zurückgerechnet (so genanntes ‚relevern')".

3. Vattenfall Europe AG/Vattenfall Aktiebolag

741 Für die Übertragung der Aktien der Vattenfall Europe AG auf die Vattenfall Aktiebolag (§ 327c Abs. 2 S. 1 AktG)[1651] ergab sich folgendes Muster im Hinblick auf die Peer Group:

[1648] Die Formel lautet so:

$$\beta^u = \frac{\beta}{\left(1+\dfrac{FK}{EK}\right)}$$

$$\beta = \beta^u \left(1+\frac{FK}{EK}\right) \text{ oder } \beta = \beta^u + \beta^u \frac{FK}{EK}$$

Mit:
- β: Betafaktor des verschuldeten Unternehmens
- β^u: Betafaktor des unverschuldeten Unternehmens
- EK: Marktwert des Eigenkapitals
- FK: Marktwert des Fremdkapitals

[1649] Zu den Einzelheiten der Formeln Großfeld/Stöver, Ermittlung des Betafaktors; Dörschell/Franken/Schulte, Ermittlung 447

[1650] T-Online International AG/Deutsche Telekom, S. 261

[1651] Bericht der Vattenfall Aktiebolag an die Hauptversammlung der Vattenfall Europe Aktiengesellschaft über die Voraussetzungen der Übertragung der Aktien der Minderheitsaktionäre der Vattenfall Europe AG und die Angemessenheit der festgelegten Barabfindung gemäß § 327c Abs. 2 S. 1 AktG, S. 116 f.

IV. Kapitalstruktur

Peer Group	Verschuldetes Beta	Leveragefaktor	Unverschuldetes Beta
E.ON AG	0,72	44,0%	0,56
RWE AG	0,77	120,0%	0,43
Endesa SA	1,14	100,0%	0,69
Enel SpA	0,84	50,0%	0,63
Iberdrola SA	0,75	64,0%	0,53
Suez SA	0,95	102,0%	0,57
Mittelwert			**0,57**

„*Unter Berücksichtigung aller Komponenten des Risikozuschlags ergaben sich in den einzelnen Perioden Risikozuschläge nach Steuern zwischen 5,50% und 5,69% Punkten*".

4. Vereinfachung

Ich will nicht in die Einzelheiten der Formel einsteigen. Denn man kann auf sie verzichten, wenn die Kapitalstruktur nahezu der der Alternativanlage entspricht und im Zeitablauf kaum schwankt[1652]. In der Praxis nimmt man wegen der Vereinfachung zumeist einen gleich bleibenden Verschuldungsgrad an.

742

5. Beispiel

Beispielhaft ist die Ermittlung der Betafaktoren bei der Verschmelzung der Allianz Aktiengesellschaft. Dort ist ausgeführt[1653]:

743

> „*In dem Betrachtungszeitraum sind ungefähr gleich lange Phasen mit verhältnismäßig niedrigen Beta-Faktoren (1999 bis Mitte 2002) und Phasen mit verhältnismäßig hohen Beta-Faktoren (Mitte 2002 bis Mitte 2005) enthalten. Darüber hinaus hat sich das Risikoprofil der Allianz Gruppe ab 1999 durch sukzessive Zukäufe außerhalb des traditionellen Versicherungsbereichs signifikant verändert. Insofern kann das durchschnittliche in diesem Zeitraum beobachtete Risiko als repräsentativ zur Einschätzung eines zukunftsgerichteten Risikomaßes angesehen werden.*

1652) Ebd.
1653) Verschmelzungsdokumentation, S. 228 f.

F. Betafaktor

> *Der Faktor der Allianz liegt in diesem Zeitraum bei rund 1,3. Für die RAS liegt der Beta-Faktor im selben Zeitraum bei 0,8. Im Falle der RAS entspricht dieser langfristige Beta-Faktor in etwa dem in der jüngeren Vergangenheit (seit 2002) beobachteten Beta-Faktor. Für die Allianz liegt der Beta-Faktor deutlich unter dem seit dem Jahr 2002 bis zur Ankündigung der Verschmelzung beobachteten Beta-Faktor. Insofern wird unterstellt, dass sich der Beta-Faktor der Allianz langfristig von dem hohen Niveau seit 2002 reduzieren wird.*
>
> *Die Unterschiede der Beta-Faktoren der Allianz von 1,3 und der RAS von 0,8 erscheinen auch vor dem Hintergrund der jeweiligen unterschiedlichen Risikofaktoren plausibel. Allianz und RAS unterscheiden sich diesbezüglich insbesondere im Hinblick auf operative Risiken, Risiken der Kapitalanlagen und Kapitalstrukturrisiko".*

744 Das OLG Stuttgart[1654] setzte z. B. für ein Immobilienunternehmen mit „geringem Verschuldungsgrad" und „ausgezeichneter Lage der Objekte" den Betafaktor mit 0,18 an.

V. Zukunftsbetas

745 Die geschilderten Betafaktoren sind Vergangenheit. Die Unternehmensbewertung zielt aber auf die Zukunft; das gilt auch für den Betafaktor. Daher zählen an sich die künftige Marktrendite und die künftigen Volatilitäten. Aber wer kann das einschätzen? Finanzdienstleister bieten Prognosen für Betafaktoren an; deren Eignung ist jeweils zu prüfen[1655]. Auch hier kommt es auf Datenqualität und Angemessenheit für die Kapitalstruktur an.

VI. Peer Group

1. Allgemeines

746 Nach IDW S 1 2000 setzte die Methode grundsätzlich voraus, dass das zu bewertende Unternehmen zum Stichtag an der Börse notiert ist[1656]. Dem folgte die Literatur[1657]. Seit IDW S 1 2005 gibt es diese Begrenzung nicht mehr[1658]. Ähnlich ist es, falls die Börsenbewegungen gering sind, wie z.B. häufig bei Squeeze Outs[1659]. Zu erwägen ist dann ein Vergleich mit anderen börsennotierten Unternehmen, deren Betas bekannt sind („Peer Group" = „Vergleichsgruppe)[1660] oder die Nutzung von „Branchenbetas". Beides führt allenfalls zu Annäherungen[1661].

1654) OLG Stuttgart, Beschl. 14.2.2008 Az.: 20 W 9/06, C II 2 b
1655) IDW S 1 2008 Tz. 121
1656) IDW S 1 2000 Tz. 135f. Vgl. Reuter, Unternehmensbewertung S. 3 Fn. 3
1657) Komp, Zweifelsfragen, S. 191
1658) Vgl. IDW S 1 2008 Tz. 114
1659) Siehe Rn. 80
1660) OLG Düsseldorf, NZG 2006, 911, 913
1661) Vgl. Exler, Midcap M&A, Herne/Berlin 2006, S. 61

VI. Peer Group

2. Vergleichbarkeit

Die Vergleichbarkeit ist schwer zu bestimmen[1662]; ein Durchschnittswert daraus sagt für das einzelne Unternehmen wenig, und auf dessen „Verhältnisse" kommt es ja zuerst an[1663]:

747

> „Das Grundproblem ist zunächst die sachgerechte (Vor)Auswahl der Peer Group. Gerade für hoch spezialisierte Unternehmen wird es vielfach schwer sein, börsennotierte Vergleichsunternehmen zu finden. Als Alternative bietet es sich dann an, Unternehmen heranzuziehen, die zumindest der gleichen Branche angehören ... Fraglich ist, wie viele Unternehmen eine aussagekräftige Peer Group enthalten sollte. Zu beachten ist dabei, dass ein Mehr von Unternehmen in aller Regel mit einem Weniger an Übereinstimmung hinsichtlich der Geschäftstätigkeit verbunden ist. So ist im Einzelfall zu entscheiden, ob bereits eine Peer Group von drei bis vier Unternehmen ausreichend sein kann"[1664].

Welche zwei Unternehmen haben vergleichbare Geschäftsbereiche, Überschüsse und Kapitalstrukturen? Wie lassen sich die Daten beschaffen?[1665]. Daher ist das CAPM bei nicht börsennotierten Unternehmen nur begrenzt brauchbar[1666]. Das LG Frankfurt/M.[1667] kommt zu folgendem Schluss:

748

> „Zudem sind der Ermittlung des Betafaktors abweichend von dem individuellen Betafaktor anhand einer sog. peer durch die gesetzlichen Bestimmungen des § 327b Abs. 1 AktG Grenzen gesetzt. Der Gesetzgeber hat hier ausdrücklich die Bemessung der Abfindung hauptsächlich auf die Verhältnisse der Gesellschaft zum Zeitpunkt der Beschlussfassung abgestellt. Auf historische Betas oder solche anderer Gesellschaften kann es daher hier nicht entscheidend ankommen. Ein eigenes Beta der Gesellschaft lässt sich aber in Bezug zum gesetzlich vorgegebenen Stichtag (durch einen bestimmten Zeitraum bis zum Hauptversammlungstermin) nicht mit der durch das CAPM-Modell vorgegebenen Prämisse ermitteln. Jedenfalls zum Zeitpunkt der Hauptversammlung der Gesellschaft und in einem nicht unerheblichen Zeitraum zuvor muss der Hauptaktionär aufgrund der Bestimmung des § 327a ff. AktG bereits mindestens 95% der Aktienanteile gehalten haben. Daraus folgt aber, dass die zur Ermittlung des Betafaktors nach der CAPM-Methode erforderliche Volatilität der Aktie in der Nähe des Stichtags keine Aussagekraft haben kann. Zudem ist der Betafaktor zukunftsbezogen, da auch auf die zukünftige Marktrendite und das künftige Verhältnis der Volatilität abzustellen ist. ... Dies ist aber bei einem Aktien-

---

1662) Vgl. Knoll, Risikozuschlag 476, Ballwieser, Unternehmensbewertung, S. 96
1663) LG Frankfurt/M., NZG 2006, 868, 872
1664) Dörschell/Franken/Schulte, Praktische Probleme bei der Ermittlung der Kapitalkosten bei Unternehmensbewertungen, BewertungsPraktiker 2006, 2, 6
1665) Großfeld/Stöver, Ermittlung des Betafaktors 2799
1666) Ablehnend OLG Düsseldorf, Az.: I-26 W 5/06 AktE, 31.3.2006, http://www.justiz.nrw.de
1667) NZG 2007, 42, 46

besitz von 100% und Delisting nach erfolgtem Ausschluss der Minderheitsaktionäre nicht darstellbar".

749 Das LG Hamburg sieht einen „ganz entscheidenden Nachteil" der Vergleichsgruppe in fehlender Transparenz. Das Gericht könne meistens nicht überprüfen, ob die Geschäftsdaten der Peer Group vergleichbar seien[1668].

3. Squeeze Out

750 Einwände gegen die Heranziehung einer Peer Group werden besonders beim Squeeze Out erhoben[1669]. Die Ermittlung des Marktrisikos setze einen funktionierenden Kapitalmarkt voraus; bei einem Squeeze Out sei der Kapitalmarkt verzerrt (dominierte Situation)[1670]. Das Risiko des Tochterunternehmens sei wegen des starken Hauptaktionärs sehr gering („nahe 0"); jedenfalls lasse es sich nicht ermitteln (Marktrisiko-Entkoppelung)[1671]. Deshalb scheide eine Vergleichbarkeit mit Unternehmen aus, von denen viele Aktien an der Börse gehandelt werden[1672]. Man mag allerdings als Anhaltspunkt den Betafaktor des Mutterunternehmens wählen und ihn gegebenenfalls verringern. Doch sollte man die Vergleichbarkeit mit der Peer Group bedachtsam angehen[1673].

4. Ausweitung

751 In der betriebswirtschaftlichen Literatur deutet sich ein Trend an, den Ansatz beim individuellen Betafaktor aufzugeben und von vornherein auf die Peer Group abzustellen[1674].

5. Ausländische Betafaktoren

a. Verlockung

752 Wie wir sahen, hält das OLG Celle den Rückgriff auf eine internationale Peer Group „durchaus" für „eine seriöse Methode"[1675]:

> „Dass hierbei – weil entsprechende inländische Unternehmen nicht vorhanden sind – auf eine Gruppe internationaler Unternehmen zurückgegriffen wird, ist nicht zu beanstanden, weil zum einen die Kapital- und Aktienmärkte eng miteinander verflochten sind, was für

---

1668) LG Hamburg, aaO S. 17
1669) Siehe Rn. 80
1670) Ehrhardt/Nowak, Viel Lärm um Nichts? Zur (Ir)relevanz der Risikoprämie für die Unternehmensbewertung im Rahmen von Squeeze-outs, AG, Sonderheft 2005, S. 3
1671) LG Frankfurt/M., AG 2007, 442, 46; Brüchle/Erhardt/Nowak, Konzerneinfluss 468 ff.
1672) Schmitt/Dausend, aaO 241
1673) Brüchle/Erhardt/Nowak, Konzerneinfluss 472
1674) Jonas, Aktuelle Entwicklungen, Schaubild 75
1675) OLG Celle, ZIP 2007, 2025, 2028

VI. Peer Group

eine Vergleichbarkeit spricht, zum anderen diese Vergleichbarkeit auch aus dem Umstand folgt, dass es sich weitgehend um Konkurrenten des zu bewertenden Unternehmens handelt".

b. Erfahrung

Doch ist Vorsicht geboten[1676]: Ausland ist nicht Inland! Hier dürfte das folgende Zitat im Zusammenhang mit der „subprime mortgage" Krise analog gelten:

„Medium-size banks find foreign markets particularly appealing, but only because they don't really understand the risks"[1677].

Selbst Hausgrundstücke und Einfamilienhäuser in den USA sind nicht das, was wir in Deutschland darunter verstehen[1678]. Aber das muss man **gesehen** (nicht nur gelesen) haben!

Das Zeichensystem „Zahlen" scheint weltweit einheitlich:

„Das ist verführerisch. Zahlen suggerieren Klarheit und Exaktheit. Insoweit wirken gerade Zahlenwerke der Bilanz ... mathematisch genau. Die bilanzielle Ausgewogenheit zeigt Gleichgewicht und bedient wohl ein ureigenes menschliches Bedürfnis"[1679].

Zahlen sind nicht Symbole für gleiche Erfahrungen; sie abstrahieren, bannen die Lebens- und Wirtschaftsverhältnisse eines Unternehmens in ein formallogisches System, das jeweils in eine andere Kultur eingebettet ist. Hier tun sich alle Schwierigkeiten der Rechtsvergleichung auf[1680].

G. Grenzen

Die Darstellung führt uns die Unsicherheiten vor Augen. Wichtig ist, welchen Zeitraum man wählt, weil sich daraus unterschiedliche Renditen ergeben. Für die Marktrendite ist ein langer Zeitraum zu wählen, aber wie erfasst man die Zukunftsorientierung? Für die Volatilität soll ein kürzerer Zeitraum genügen („jüngste Vergangenheit"). Reicht das? In der Praxis wählt man zwei Jahre auf Basis wöchentlicher Renditen, fünf Jahre auf Basis monatlicher Renditen oder ein Jahr auf Basis täglicher Renditen. Manchmal geschieht das nebeneinander, um ein Gesamturteil zu finden[1681].

1676) Vgl. IDW S. 1 2008 Tz. 121
1677) Hagerty u. a., Germany sets shaky precedent with bailout of wobbling lender, Wall Street J. Europe, Monday, August 6, 2007, S. 15
1678) Brooks/Ford, Trouble at home: Subprime mess has broader foundations in U.S., The Wall Street J. Europe, Friday – Sunday, Oct. 12-14, 2007, S. 12
1679) Luttermann/Luttermann, IFRS, Kultur und Internet: eine „Weltsprache" der Rechnungslegung?, RIW 2007, 434, 436
1680) Siehe Rn. 28. Vgl. Großfeld, Rechtsvergleichung; ders., Globale Unternehmen
1681) Dörschell/Franken/Schulte, Praktische Probleme, BewertungsPraktiker 2006, 6

758 Thomas Hering und Gerrit Brösel sprechen von dem „*empirisch längst als gehaltlose Tautologie widerlegten Betafaktor ... Die Einwände gegen das ... CAPM sind Legion*"[1682]. Dieter Schneider spricht von „*Beta-Kokolores*"[1683] oder „*Klumpfuß*"[1684]. Er warnt vor einer „*Unternehmensbewertung als Rhetorik*"[1685], vor einer „*in ihren Prämissen nicht deutlich gemachte subjektive präferenzbezogene Rechnung*"[1686].

759 Die Meinung in der Literatur war und ist geteilt[1687]. Das Fazit lautet wohl: Die Ermittlung des Risikozuschlags nach dem CAPM lässt subjektive Spielräume und führt – entgegen dem Anschein – nicht zu einer mathematisch exakten Bemessung[1688]. Der Anspruch auf „*Objektivierung*" stößt an Grenzen.

H. Rechtsprechung

760 Die Rechtsprechung ist gespalten.

I. Zustimmung

OLG Düsseldorf

761 Das OLG Düsseldorf akzeptierte das CAPM für einen Stichtag im August 2000. Es nahm bei einer Bandbreite von 4% bis 6% eine Marktrisikoprämie von 5% an und einen Betafaktor von 0,3. Damit gelangte es zu einem Risikozuschlag von 1,5%[1689]. Das sei „*überzeugend*" begründet[1690].

OLG Celle

762 Das OLG Celle meint, der Risikozuschlag sei „*wie im IDW S 1 (sowohl ‚alt' als auch ‚neu') vorgesehen nach der CAPM-Methode (Capital Asset Pricing Model = Kapitalpreisbildungsmodell) festzusetzen gewesen. Danach ist zunächst ein (allgemeiner) Marktrisikozuschlag zu ermitteln, der sodann über den sog.

[1682] Hering/Brösel, Der Argumentationswert als „blinder Passagier" im IDW S 1 – Kritik und Abhilfe, WPg 2004, 936, 938
[1683] Schneider, Unternehmensdimensionierung und Unsicherheitsverringerung, in: Bühner u. a. (Hrsg.), Die Dimensionierung des Unternehmens, 1995, S. 45, 54
[1684] Schneider, Marktwertorientierte Unternehmensbewertung: Pegasus mit Klumpfuß, DB 1999, 1473
[1685] Schneider, Marktwertorientierte 1473
[1686] Schneider, aaO
[1687] Komp, Zweifelsfragen, S. 195, 199
[1688] OLG München, BeckRS 2006 13711, II B 4 b; OLG München, Beschl. 30.11.2006, Az.: 32 Wx 059/06, II 3 b bb und cc; Hommel, Anmerkung, BB 2008, 1056
[1689] OLG Düsseldorf, NZG 2006, 911, 913; vgl. LG Dortmund, NZG 2004, 723, 726
[1690] NZG 2006, 911, 913

II. Skepsis

Beta-Faktor in ein etwaiges unternehmensspezifisches Risiko umzuwandeln ist"[1691]).

Das Gericht bejahte ebenfalls eine Marktrisikoprämie von 5% zum 1.12.2000. Es fand für ein Unternehmen der Wassermesstechnik einen Betafaktor von 0,8 und damit einen Risikozuschlag von 4%[1692]).

OLG Stuttgart

Das OLG Stuttgart sah für einen Stichtag im August 2002 eine Marktrisikoprämie von 4,5% (im unteren Bereich der Bandbreite), einen Betafaktor von 1,2 und damit einen Risikozuschlag von 5,4%[1693]). Ein höherer Wert könne aus den Überlegungen von Stehle nicht abgeleitet werden[1694]). Für den Stichtag 18. 12. 2002 wählte das Gericht ebenfalls eine Marktrisikoprämie von 4,5%[1695]), die sich *"bei einer Nachsteuerbetrachtung mit einem typisierten Steuersatz von 35% ...noch auf unter 3% reduziert"*[1696]). 4,5% entsprächen *"genau dem, was der Senat als Marktrisikoprämie generell für angemessen gehalten hat"*[1697]).

II. Skepsis

BayObLG

Das BayObLG[1698]) erklärte für einen Stichtag im März 1989:

> *"Es braucht hier nicht entschieden zu werden, ob die Beurteilung des CAPM als ‚Pseudo-Rechtfertigung' für einen Risikozuschlag mangels anderer überzeugender Ansätze zutrifft. ... Jedenfalls sind die aus dem CAPM abgeleiteten Werte nicht Produkte exakter mathematischer Berechnung, sondern nur modelltheoretische Marktwerte. ... Die Anwendung des CAPM ist deshalb in diesem Verfahren für die Schätzung der angemessenen Abfindung und des angemessenen Ausgleichs von Rechts wegen nicht geboten"*[1699]).

1691) OLG Celle, ZIP 2007, 2025
1692) OLG Celle, ZIP 2007, 2025, 2027
1693) OLG Stuttgart, NZG 2007, 112, 116 f. Siehe auch OLG Stuttgart, AG 2004, 271
1694) WPg 2004, 906, 921 mit Bezug auf Großfeld/Stöver/Tönnes, Neue Unternehmensbewertung 2, 6. Bestätigt durch OLG Stuttgart, NZG 2007, 302, 307
1695) OLG Stuttgart, NZG 2007, 112, 117; NZG 2007, 302, 307, teilweise abgedruckt in BB 2007, 682
1696) OLG Stuttgart, NZG 2007, 112, 117. Dem folgend OLG Stuttgart, BB 2007, 682 und OLG Stuttgart, Beschl. 4.2.2008 Az.: 20 W 9/06, http://www.betriebs-berater.de/, Rn. 80
1697) OLG Stuttgart, BeckRS 2007 05049; Leitsätze NZG 2007, 478. Ähnlich OLG Karlsruhe, NZG 2008, 791 (BeckRS 2008, 18939)
1698) BayObLG, NZG 2006, 156, 157
1699) BayObLG, NZG 2006, 156, 157 f.

LG München

766 Das LG München meinte für einen Stichtag in 1993[1700]:

> „Die Berechnung von Risikoprämien anhand statistischer Werte wie Beta-Faktoren oder KGV ist ... wenig sinnvoll. Zum einen beweist die starke Volatilität von Börsenkursen, dass die Ertragswerte von Unternehmen spekulativ stark überzeichnet sind, zum anderen haben Untersuchungen zur Berechnung des Risikozuschlags aufgrund von Komponenten, wie Beta-Koeffizient und Marktrisikoprämie, ergeben, dass diese Werte ebenfalls nur mit großen Ermessensspielräumen geschätzt werden können und eine von Sachverständigen plausibel ‚gegriffenen' Risikozuschlag nicht überlegen sind"[1701].

OLG München

767 Das OLG München sagt für einen Stichtag Ende 1995[1702]:

> „Die geschilderten Zahlen ... weisen je nach betrachtetem Zeitraum und je nach verwendeter mathematischer Methode der Mittelwertbildung eine beträchtliche Streubreite auf ...
>
> Bei der hier vorgeschlagenen Methode ist es zweifelhaft, of sie als taugliche Schätzungsprozedur für eine angemessene Abfindung in Spruchverfahren herangezogen werden kann, solange elementare Fragen wie berücksichtigungsfähige Zeiten für die Festlegung der Risikoprämien und die anzuwendende Durchschnittsmethode nicht in einer für die Rechtsprechung nachvollziehbaren Weise geklärt sind.

768 Es sei unbefriedigend, dass die künftigen Marktrisikoprämien aus der Vergangenheit abgeleitet werden.

> „Ein methodischer Gewinn gegenüber der bisherigen, regelmäßig gleichfalls sachverständigem Schätzungsermessen eröffneten Ermittlung des Risikozuschlages, welcher dazu zwänge, diese Vorgehensweise als Schätzgrundlage für die Bestimmung der Angemessenheit der Abfindung zu verwenden, ist nach alledem nicht ersichtlich".

769 Abschließend heißt es:

> „Unabhängig von der nicht eröffneten zeitlichen Anwendbarkeit hält der Senat die Berechnung des Risikozuschlags mittels CAPM in dem hier zu entscheidenden Fall mangels erkennbarer methodischer Überlegenheit zu der bisherigen Vorgehensweise nicht für eine überlegene Schätzungsprozedur, um zu einer angemessenen Abfindung zu gelangen"[1703].

1700) LG München, AG 1999, 476f.
1701) Zustimmend, Beschl. 3.4.2007 Az.: 414 O 26/97, S. 15
1702) OLG München, BeckRS 2006 13711 II 3 b bb
1703) Ähnlich OLG München, AG 2008, 28, 30. Vgl. Krenek, Besprechung

II. Skepsis

Für einen Stichtag Ende 1997 erklärte das Gericht[1704]: 770

> „Es besteht von Rechts wegen keine Verpflichtung auf das CAPM zur Ermittlung des Risikozuschlags zu wechseln, da sich nach dem derzeitigen Erkenntnisstand nicht der Nachweis führen lässt, dieses Modell sei der bisherigen Zu-/Abschlagsmethode überlegen und weniger willkürlich".

Für den hier gegebenen Stichtag sei das CAPM ohnehin nicht einschlägig. 771

Für einen Stichtag Ende Mai 2001 meinte das Gericht[1705]: 772

> „Auch die Ermittlung der Marktrisikoprämie nach dem CAPM ... lässt aber erhebliche Ermessensspielräume und kann nicht zu einer mathematisch exakten Bemessung der Risikoprämie führen".

Für einen Stichtag im August 2000 lesen wir, dass „auch die schematische Heranziehung des CAPM Bedenken begegnet"[1706]. Für einen Stichtag Mitte 2002 sagte das Gericht, dass das Verfahren „keineswegs völlig objektiv" sei; es hänge in hohem Maße von der subjektiven Einschätzung des Bewerters ab: 773

> „Die rechnerische Herleitung des Risikozuschlags täuscht darüber hinweg, dass aufgrund der Vielzahl von Annahmen, die für die Berechnung getroffen werden müssen, nur eine scheinbare Genauigkeit erzielt wird. Eine mathematisch exakte Bemessung des für die Investition in das Unternehmen angemessenen Risikozuschlags kann nach dieser Methode nicht gelingen"[1707].

LG Dortmund

Das LG Dortmund wendet für den Stichtag Februar 2000 das CAPM nicht rückwirkend an. Es bestehe kein unmittelbarer Zusammenhang zwischen der Höhe der erzielten Überschüsse und der Höhe des Risikos: 774

> „Denn den Grad der Riskanz einer Anlage reziprok aus dem Umfang der in der Vergangenheit beobachteten Verwirklichung von Chancen abzuleiten, ist logisch in sich nicht stimmig"[1708].

Das Gericht weist auch darauf hin, dass es keine Untersuchung gebe über „insolvenzbedingte Totalverluste von in Aktien angelegtem Kapital im Verhältnis zum gesamten solchermaßen angelegtem Kapital". Es schätzt die Quote auf „unter 0,5%"[1709]. 775

1704) OLG München, AG 2008, 28, 30
1705) OLG München, Beschl. 30.11.2006, Az.: 31 Wx 059/06
1706) OLG München, NZG 2007, 701, 7/03; BeckRS 2007 09107
1707) OLG München, Beschl. 31.3.2008, Az. 31 Wx 88/06, http://www.betriebs-berater.de
1708) Kritisch dazu Wittgens/Redeke, Zu aktuellen Fragen 2027ff.
1709) LG Dortmund, BeckRS 2007 05697, S. 21f

LG Frankfurt/M.

776 Das LG Frankfurt/M. lässt für einen Stichtag im November 2002 dahin gestellt, ob das CAPM zu objektivierten Zuschlägen führen kann[1710], meldet aber Bedenken an[1711]: Das Ergebnis hänge vom subjektiv gewählten Marktindex und vom Beobachtungszeitraum ab. Jedenfalls beim Ausschluss von Minderheitsaktionären sei der Risikozuschlag nicht nach dem CAPM zu ermitteln[1712]. Der Hauptaktionär könnte dann sein künftiges Unternehmerrisiko zum Teil auf die Abfindung der Ausscheidenden abwälzen. Dem Squeeze Out folge in der Regel ein Delisting an der Börse. Kursgewinne seien dann nicht mehr zu erzielen, ein aussagefähiges, auf die Zukunft bezogenes eigenes Beta gebe es nicht mehr.

777 Das Verfahren sei nur sinnvoll unter der Annahme vollkommener Kapitalmärkte, *„wenn sich alle Informationen korrekt in den Kursen widerspiegeln und unternehmensspezifische Risiken durch Diversifikation keine Relevanz für den Unternehmenswert haben"*. Die Realität spreche jedoch dagegen: Transaktionskosten, Konkurskosten, Informationsdefizite, schlecht diversifizierte Portfolios und unsichere Zahlungen führten zu Fehlern am Aktienmarkt. Ein hoher Anteil an einem Unternehmen schaffe zudem Risiken, die im Betafaktor nicht erfasst werden – wohl aber im Rating. Der Kapitalmarkt biete keine zuverlässigen Informationen über den künftigen Risikoumfang eines Unternehmens und damit den Kapitalkostensatz (Diskontierungszins). Das CAPM werde daher selbst von den Vertretern der Theorie effizienter Märkte als unbrauchbar eingeschätzt.

778 Das Gericht meint weiter, dass es *„hauptsächlich"* ankomme *„auf die Verhältnisse der Gesellschaft"*[1713]. Das CAPM dagegen sei *„zur Bewertung einer Aktienanlage ... und nicht zur Bewertung eines Unternehmens"* entwickelt[1714]. Der Ermittlung des Betafaktors anhand einer Peer Group seien durch § 327b Abs. 1 S. 1 AktG (*„die Verhältnisse der Gesellschaft"*) Grenzen gesetzt. Auf historische Betas oder solche anderer Gesellschaften könne es nicht ankommen. Das Gericht lehnt daher das CAPM beim zwangsweisen Ausschluss von Minderheitsaktionären ab[1715]. In einem folgenden Beschluss wiederholt das Gericht diese Argumente[1716]. Der Hauptaktionär habe 95% der Aktien

---

1710) LG Frankfurt/M., NZG 2006, 868, 871; ähnlich AG 2007, 42, 45 f.
1711) NZG 2006, 868, 872
1712) So auch LG Frankfurt/M., Beschl. 21.3.2006, Az.: 3-05 O 153/04, S. 20; Ehrhardt/Nowak, Viel Lärm
1713) LG Frankfurt/M., NZG 2006, 868, 872
1714) AaO 872
1715) LG Frankfurt/M., NZG 2006, 868, 872; AG 2007, 42, 44
1716) LG Frankfurt/M., AG 2007, 42, 46

II. Alternativrendite

gehalten; daher fehle die Volatilität für einen Betafaktor. Das schließe jedoch einen Risikozuschlag nicht aus[1717].

LG Hamburg

Das LG Hamburg[1718] folgt dem BayObLG. Die Marktrisikoprämie sei „offenbar kaum verbindlich festzusetzen": 779

> „Die unterschiedliche Beurteilung desselben Sachverhalts durch zwei sachkundige Wirtschaftsprüfer soll danach zu einem Risikozuschlag von 1,5% bzw. 6,25% führen, also zu einer Abweichung von 4,75%"[1719].

J. Würdigung

Das Institut der Wirtschaftsprüfer meint: 780

> „Das CAPM ist einer pauschalen Ermittlung des Kapitalisierungszinsfußes deutlich überlegen, weil es die Ermittlung des Risikozuschlages besser nachprüfbar gestaltet"[1720].

I. Parteienbezogenheit

Das CAPM entstand im Rahmen der Investitionsrechnung[1721] aus der Sicht eines Investors, nicht aus einer Parteienbezogenheit im Rahmen eines Normwerts. Die Komplexität steigert sich, wenn die „Gegensicht" eines anderen Beteiligten zu beachten ist: Eindimensionale Sichten gelangen auf eine zweidimensionale Ebene. Was für den Erwerber eine hinreichende Basis sein mag, kann für den Abgeber anders ein. Das gilt vor allem, wenn nur der Erwerber den Zeitpunkt für die Bewertung (den Stichtag) und damit für die Realisierung einer Hoffnung festlegt[1722]. Alle Bewertungen aber sind **zeitbezogen**. 781

II. Alternativrendite

1. Typisierung

Beim Vergleich müssen wir auf eine Rendite der nächstbesten alternativen Kapitalverwendung aus der Sicht des Minderheitsaktionärs schauen[1723]. Das kann der Aktienmarkt, kann aber auch der Anleihemarkt sein. Die Entscheidung hängt wesentlich vom Zinssatz der Anleihen ab. Das sieht man am 782

1717) LG Frankfurt/M., AG 2007, 42, 45; Beschl. 21.3.2006, Az.: 3-05 O 153/04, S. 22 f.
1718) LG Hamburg, Beschl. 3.4.2007, Az.: 414 O 26/97 S. 15
1719) LG Hamburg, aaO S. 16
1720) IDW S 1 2005 Anhang Abs. 2
1721) BayObLG, AG 1996, 127, 128
1722) Siehe Rn. 275
1723) Jonas, Unternehmensbewertung 839

J. Würdigung

Leitzins der Nationalbanken aber auch an der "London Interbank Offered Rate" (Libor): *"Higher Libor rates affect the whole economy by tightening the budgets of borrowers large and small … It hurts corporate profits and tightens household budgets"*[1724].

783 Die neue Sicht setzt allgemein voraus, dass die Abfindung wieder in Aktien angelegt wird, die Aktienbörse also die Alternativrendite bestimmt. Das ist unsicher, weil der Anleihenmarkt größer ist als der Aktienmarkt und beide miteinander verknüpft sind[1725]: Anleiherendite sind letztlich entscheidend: Die Leitzinsen der Notenbanken bestimmen Stärke oder Schwäche von Börsen und das Verhältnis von Währungen zueinander. Zinsen sind **die** globale Zeichenmacht[1726]. Zudem entstehen bei einer Anlage in Bundesanleihen über die Bundesvermögensverwaltung und bei einer Verwahrung dort keine oder nur geringe Kosten. Das Verhältnis der beiden Märkte zueinander hängt auch von der jeweiligen Steuerbelastung ab. Nach Einführung der Abgeltungsteuer (2009) verlieren Aktien *"für den kleinen Mann an Attraktivität"*[1727].

784 Der Blick auf die Aktienbörse gerät unter Druck, wenn man von einem risikoscheuen Anleger ausgeht[1728]. Er will sich bei einer Veräußerung die Chance einer äquivalenten anderen Anlage offen halten und nicht auf die Sicht des Erwerbers „festgenagelt" werden. Es ist **das** Besondere einer Geldwirtschaft, dass man beim Verkauf (anders als beim Tausch) abstrakte Kaufkraft erhält und frei ist zum Erwerb eines beliebigen anderen Guts[1729]. Sicherheits- und Renditehoffnungen können in unterschiedliche Richtungen weisen[1730]. Die Wahl hängt von Verhältnissen am Stichtag und vom individuellen Zeithorizont ab. Wenn der Stichtag für das Aushandeln schon fremdbestimmt ist (vom Übernehmer), sollte es nicht auch der Zeithorizont für die Wiederanlage sein. Angesichts dessen kann der Gutachter nicht die Alternative „bestimmen"; sie lässt sich nicht „typisieren". Nur die Wiederanlage in Aktien als „konsequent" anzusehen[1731] ist zweifelhaft: *"Es stehe den ausscheidenden Aktionären frei, wie sie die erhaltene Abfindung anlegen"*[1732].

1724) McDonald/MacDonald, Libor's perilous climb, The Wall Street J. Europe, Wednesday, Sept. 5, 2007, S. 1
1725) Lahart u. a., Is diversification spent?, Wall Street J. Europe, Monday, August 6. 2007, S. 1
1726) Großfeld/Hoeltzenbein, Globale Zeichenmacht 32
1727) Lang, „Steinbrück darf nicht nachgeben", FAZ 30.3.2007 Nr. 76, S. 14
1728) Siehe Rn. 592
1729) Ernst, Geld, Jahrbuch für Biblische Theologie 21 (2006) 3, 10
1730) Areddy, Beijing frets over savings, The Wall Street J. Europe, Wednesday, June 27, 2007, S. 9
1731) Wagner/Jonas/Ballwieser/Tschöpel, Weiterentwicklung 891
1732) OLG Düsseldorf, AG 1999, 321, 323

II. Alternativrendite

2. Weichende Kleinanleger

Der Blick auf den Aktienmarkt liegt nahe, wenn jemand neu in ein Unternehmen investieren möchte. Er vergleicht dann den von ihm zu erbringenden Preis mit dem Wert anderer Unternehmen. Wer aber als Kleinanleger aus Aktien aussteigt oder aussteigen muss, denkt auch an eine andere marktgängige Investition. Für ihn ist die Aktie eher eine Kapitalanlage als eine unternehmerische Beteiligung[1733]. Er legt sich daher normalerweise in der Wiederanlage nicht fest, sondern prüft unterschiedliche Chancen. Für wie viel Geld kann er woanders mindestens den gleichen Ertrag erzielen? Wie viel wird dafür verlangt? Er steigt nur aus, wenn er in einer anderen Anlage höhere Chancen oder geringere Risiken sieht; warum sollte er sonst wechseln? Ob Aktien nach dem Erlebnis eines Herausdrängens noch erste Wahl sind, ist jedenfalls fraglich. Anteile im Privatvermögen werden zudem mit steigendem Alter der Eigentümer eher in Anleihen getauscht. Für den Erwerber ist das der Preis der Privatautonomie.

785

3. Fondsanleger

Das mag bei Anteilen, die in reinen Aktienfonds gehalten werden, anders sein. Es ist aber unsicher, ob das die „typische" Anlageform ist; gemischte Fonds sind ebenfalls beliebt. Lebensversicherungen investieren ganz überwiegend in Anleihen. So hielten die deutschen Lebensversicherer Ende 2004 8% und Ende 2006 10% ihrer Kapitalanlagen in Aktien. Beim Marktführer Allianz Leben waren es Ende 2006 21%, bei der Debeka 1%. Zur Debeka heißt es: *„Sie hat das schon vor der Baisse getan und steht deshalb heute trotz oder gerade wegen der geringen Aktienquote glänzend da"*[1734].

786

4. Offene Frage

Die relative Attraktivität von Aktien und Anleihen lässt sich nicht typisieren. Die Wahl für die eine oder andere Anlage hängt von der Höhe des Basiszinssatzes, von Hausse oder Baisse, vom individuellen Zeithorizont ab. Das Deutsche Aktieninstitut erklärt im Dezember 2004 im Hinblick auf ein neues Jahreshoch des CDAX[1735]:

787

> *„Dieser positiven Entwicklung wird von vielen Anlegern aber nicht getraut, und nicht wenige Anlagegremien auch bei institutionellen Investoren dürften versucht sein, die Aktienquoten erneut zurückzufahren. Die Entscheidung für eine höhere Aktienquote in langfristigen Portfolios fällt jedoch leichter, berücksichtigt man die langfristige Kursentwicklung in Deutschland".*

1733) BVerfG, BB 2007, 1515, 1516
1734) An der Assekuranz geht die Hausse vorbei, FAZ 24.4.2007 Nr. 95, S. 21
1735) Gielen, Deutsche Aktien: Historisches Wachstum von 6,8% p.a., Deutsches Aktieninstitut, DAI-Kurzstudie 3/2004

J. Würdigung

788 Nach den Kursanstiegen in der ersten Jahreshälfte 2007 hieß es:

> „Doch Anleger sollen nicht übermütig werden. Das gestiegene Kursniveau sollten sie dazu nutzen, ihre Anlagen zu verbreitern und die Risiken zu verringern....Das heißt: einen Teil der Gewinne in inzwischen ansehnlich verzinsliche Anleihen umlenken"[1736].

5. Modellabhängigkeit

789 Es ist nach wie vor streitig, was angesichts schwankender und mitunter gegenläufiger Märkte mehr bringt: Anleihen oder Aktien? Der Bewerter kann daher den Markt für die Wiederanlage nicht „vorschreiben"; er verließe damit das Käufer/Verkäufer Modell. Jedenfalls genügt nicht die Angabe:

> „Die geänderte Wiederanlageprämisse sei dabei nicht als Änderung einer Annahme zu werten, sondern vielmehr der neuen Bewertungsmethode geschuldet"[1737].

790 Das heißt das Pferd vom Schwanze aufzäumen! Tatsachen sind vor Gericht nie „Schuldner" eines Modells. Das widerspricht der Grundannahme des „Normwertes" und der richterlichen Tätigkeit: *„Da mihi facta, dabo tibi ius"*. Auch für Modelle gilt *„Vergleichsverbote sind getarnte Denkverbote"*[1738]. Sie isolieren Vorgänge von ihrem Kontext.

III. Wechselbeziehung

791 Nachdenklich stimmt, dass beim CAPM der Basiszinssatz von Anleihen abgeleitet wird, der Risikozuschlag aber von Aktien. Basiszinssatz und Risikozuschlag beeinflussen sich gegenseitig[1739] und beide können wiederum von der Steuerbelastung abhängen. Wie passen die Komponenten zusammen? Der Basiszinssatz wird aus der Sicht auf das Unternehmen als Einheit abgeleitet[1740], die Marktrisikoprämie aus der Sicht auf Kleinanteile mit einem besonderen Marktrisiko. Das sind unterschiedliche Bezugsgrößen. Der zukunftsorientierte Basiszinssatz wird mit einer historischen Marktrisikoprämie verbunden. Die Schwierigkeiten eines konsistenten Zusammenfügens werden kaum erörtert[1741]. Wie sehen Anleger die Verknüpfung zwischen den Märkten? Wolfgang Ballwieser hält eine theoretisch saubere Lösung für unmöglich[1742]. Hinzu tritt, dass bei Aktienanlagen das „timing" entscheidend ist und das Risiko einer Wiederanlage bestimmt.

1736) Mussler, Der andere Mai, FAZ 2.6.2007 Nr. 126, S. 33
1737) 48. IDW Arbeitstagung November 2006, S. 3
1738) Rüthers, Hatte die Rechtsperversion in den deutschen Diktaturen ein Gesicht?, JZ 2007, 556, 564
1739) Siehe Rn. 643; Schwetzler, Unternehmensbewertung 32
1740) Siehe Rn. 170
1741) Obermaier, Die kapitalmarktorientierte Bewertung 504, 506
1742) Ballwieser, Unternehmensbewertung, S. 108

IV. Markteffizienz

„*What you see is not what you get*"[1743].

1. Grundlage

Die Annahme einer "Markteffizienz" beruht auf der Lehre von der „unsichtbaren Hand" („*invisible hand*"), wie sie der Theologe Adam Smith[1744] entwickelte. Sie geht von der Idee des „deus geometra" und des „mos mathematicorum" des hohen Mittelalters aus. Die „unsichtbare Hand" ist „Glaubenssache": Adam Smith wurde durch Verse in Friedrich Händels Oratorium „Judas Maccabäus" angeregt[1745]:

> „*How vain is man who boasts in fight*
> *The valour of gigantic might!*
> *And knows not that a hand unseen*
> *Directs and guides the great machine*"[1746]

Heute spricht man eher von „spontaner Ordnung" (obgleich Ordnung „*ein Gefühl der Seele*" ist [Blaise Pascal]), aber zitiert nach wie vor die „*unsichtbare Hand*" (des Wettbewerbs).

2. Nationaler Kapitalmarkt

Die wesentliche Annahme ist, dass auf funktionierenden Märkten im Gleichgewicht die Grenzkosten langfristig gleich den Grenzerlösen sind[1747], die Marktrendite also dem Marktrisiko entspricht[1748]. Der Glaube an die „unsichtbare Hand" des Marktes „sub specie eternitatis" und damit an die „Vollkommenheit" von Börsenmärkten ist aber nicht mehr, was er einmal war[1749]. Das LG Frankfurt/M. erklärt[1750]:

> „*Tatsächlich ist dieses Verfahren [CAPM] – welches grundsätzlich zur Bewertung einer Aktienanlage entwickelt wurde und nicht zur Bewertung eines Unternehmens – jedoch nur unter der Annahme ‚vollkommener Kapitalmärkte' sinnvoll, wenn sich alle Informationen korrekt in den Kursen widerspiegeln und unternehmensspezifische Risiken durch Diversifikation keine Relevanz für den Unternehmenswert haben. Die Realität spricht jedoch gegen vollkomme-*

1743) Card Jr., A Burger-Flipper's-Eye View of Fast-Food Management Styles, Wall Street J. Europe, Jan. 19, 2006
1744) 1723–1790
1745) Großfeld, Europäisches Erbe als Europäische Zukunft, JZ 2000, 1
1746) Großfeld, Rechtsvergleichende Poetik, ZVglRWiss 105 (2006) 343, 354
1747) Walter, Der Mehrwert des Entrepreneurs, VentureCapital Magazin, 2007 (Juli), S. 10
1748) Kritisch dazu als Beschreibung des Aktienmarktes LG Dortmund, BeckRS 2007 05697; Lahart, ‚Minksy moment' arrives, The Wall Street J. Europe, Tuesday, August 21, 2007, S. 20
1749) Hommel/Dehmel/Pauly, Unternehmensbewertung 12. Anders aber OLG Stuttgart, NZG 2007, 112, 114
1750) LG Frankfurt/M., NZG 2006, 868, 872

J. Würdigung

Kapitalmärkte. Gründe für diese Unvollkommenheiten sind Transaktionskosten, Konkurskosten, Informationsdefizite der Aktionäre, schlecht diversifizierte Portfolios sowie Verfahren zur Bewertung der unsicheren Zahlungen und psychologisch bedingte Bewertungsfehler der Investoren am Aktienmarkt".

3. Skepsis

795 Ursache der Skepsis ist einerseits, dass Aktien langfristig die höchste Rendite bringen[1751]; andererseits sind es die Informationslücken bei Jahres- und Konzernabschlüssen:

> *„Hinzu kommt, dass Kapitalmärkte bekanntlich nicht vollkommen effizient sind. Nach der heute herrschenden ‚abgemilderten' (semistrong) Version besagt die Efficient Capital Market Hypothesis (ECMH), dass der Kapitalmarkt bei der Preisbildung keine Informationen verarbeitet, die nicht öffentlich verfügbar sind. Da Informationen in testierten Jahresabschlüssen im Wesentlichen vergangenheitsbezogen sind, bleiben Ineffizienzen bei der Gewinnung, Verarbeitung und Vermittlung der Informationen im Jahresabschluss selbst bei größter Gewissenhaftigkeit und Sorgfalt des Abschlussprüfers möglich. Das wiederum hat Auswirkungen auf wesentliche Grundlagen für Entscheidungen der Kapitalmarktteilnehmer"*[1752].

796 Zu erinnern ist an die Namen „Enron", „Deutsche Industriebank", „Northern Rocks", „Union Bank of Switzerland" („UBS"), „Bear Stearns", „Merril Lynch[1753] u. a[1754]. Die Begriffe *„subprime mortgages"* und *„conduits"* (*„special purpose vehicles"* *„structured investment vehicles"*) *„dank HGB außerhalb der Bilanz"*[1755] (*„Außerbilanzielle Abenteuer"*)[1756] haben manche Illusion auf das *„tatsächliche Bild"* (= Erzielung von Gebühren!) zurückgeführt[1757], wie es in der Bilanz erscheinen soll (§ 264 Abs. 2 S. 1, § 297 Abs. 1 S. 2 HGB)[1758]. Unter den Teilnehmern am Kapitalmarkt herrscht eine *„ungleiche Wissensverteilung"*[1759]. Das Bundesverfassungsgericht weist auf die

---

1751) Aktien bringen nach verbreiteter Auffassung die höchste Rendite, Mohr, Ein Plädoyer für die Aktien, FAZ 24.7.2008 Nr. 171, S. 11

1752) Ebke, Kapitalmarktinformationen, Abschlussprüfung und Haftung, in: FS Yamauchi, Berlin 2006, S. 105, 109

1753) Ng/Mollenkamp, Pioneer of CDOs helped Merril move deeply into business, The Wall Street J. Europe, Friday – Sunday, Oct. 26, 2007, S. 14

1754) Lindner, Das Beben der Banken, FAZ 31.10.2007 Nr. 253, S. 13

1755) Die Spuren der Finanzkrise werden erst später sichtbar, FAZ 15.8.2007 Nr. 188, S. 20; Bosak, Die meisten „Conduits" tauchen in keiner Bilanz auf, FAZ 12.9.2007 Nr. 212, S. 23

1756) Schäfer, Der fragwürdige Rettungsfonds, FAZ 25.10.2007 Nr. 248, S. 13

1757) Zu Recht kritisch LG Dortmund, BeckRS 2007 05697

1758) Vgl. Hauck, Die Probleme der „conduits", FAZ 21.9.2007 Nr. 230, S. 8; Schmidt, Zweckgesellschaften, FAZ 8.10.2007 Nr. 233, S. 10; Reilly, Post-Enron rule changes kept banks' risks in dark, The Wall Street Journal Europe, Wednesday, Oct. 17, 2007, S. 24

1759) Schneider, Verringern „Grundsätze ordnungsgemäßen Ratings" 66, 80

IV. Markteffizienz

„vielfältigen Möglichkeiten" der „Bilanzpolitik" hin[1760]. Der Präsident der Bafin schließt, dass sich die systematische Deregulierung (des internationalen Finanzsystems) als gefährlicher Irrweg erwiesen habe[1761].

4. Homo oeconomicus

Das Menschenbild des rational handelnden „homo oeconomicus" mit vollem Überblick ist durch die Spieltheorie[1762] und durch Behavioral Finance ins Zwielicht geraten[1763]: An den Finanzmärkten ist rationales Handeln eher selten[1764] Heute hören wir über die Kenntnis vieler Marktteilnehmer von Zinswirkungen (über den Libor): *„They don't know how to pronounce it. They don't know what it means"*[1765].

797

Über die "sub prime mortgages" lesen wir: *„100%-loan-to-value securized mortgages rated triple-A by irresponsible rating agencies and sold to unsuspecting investors"*[1766]. Zu den Investoren zählen weltweit bedeutende Banken[1767]. Zur größten amerikanischen Bank Citigroup (Abschreibungen von 8 bis 10 Mrd. $ in 2007 auf „super senior" = „above AAA" Anleihen[1768] heißt es:

798

> *„Some of those problems are not yet fixed, but we suspect it will be some time before any investor buys a AAA-rated 'collateralized debt obligation' just because it has Citigroup's name on the marketing. That's progress"*[1769].

Daher sollten heute bei der Investition in komplexe Wertpapiere *„weitere unabhängige Analysen erstellt und einbezogen werden"*[1770]. Ohne eine Überprüfung „vor Ort" geht es nicht – davon „befreit" uns kein Modell.

799

1760) BVerfG, DStR 2007, 235, 243
1761) Subprime-Krise: BaFin-Chef Sanio warnt vor Moral Hazards, NZG 2008, S. VI
1762) Bolton/Ockenfels, ERC: A Theory of Equity, Reciprocity, and Competition, American Economic Rev. 90 (2000) 166
1763) Fickinger/Horn, Das Gehirn entscheidet anders, FAZ 20.10.2007 Nr. 244, S. 13; Rossbach, Das Geheimnis der Emotionen, FAZ 17.8.2007 Nr. 190 S. 12; Barthel, Unternehmenswert 588
1764) Mattern, Anpassung und Verhalten, FAZ 2.10.2007 Nr. 220, Beilage S. 1
1765) McDonald/MacDonald, Libor's perilous climb 2
1766) Makin, An American Recession, The Wall Street J. Europe, Monday, Sept. 10, 2007, S. 15
1767) Morse, Nomura's subprime bind, The Wall Street J. Europe, Wednesday, Sept. 12, 2007, S. 22
1768) Nixon, Why Citigroup's CDO holdings may not be super-safe after all, The Wall Street J. Europe, Wednesday, Nov. 7, 2007, S. 17: "Above AAA, where the risk of default is almost nonexistent".
1769) Ex-Prince of the Citi, The Wall Street J. Europe, Wednesday, Nov. 7, 2007, S. 12
1770) Schneider, Eine riskante Erfindung, FAZ 19.9.2007 Nr. 218, S. B 1, B 2

J. Würdigung

5. Gerichte

800 Zurückhaltend ist der Österreichische VGH[1771]. Er hielt eine nur am Börsenwert orientierte Abfindung für verfassungswidrig, weil der Börsenwert deutlich unter dem angemessenen Wert liegen könne. Hans G. Koppensteiner leitet daraus den Einwand ab, dass der Börsenwert den inneren Wert eines Unternehmens nicht widerspiegele. Anteilswert und Unternehmenswert seien nicht identisch[1772].

801 Das OLG Stuttgart hält das marktorientierte Vorgehen für *„methodisch transparenter"*[1773], betont aber, dass die Höhe der Marktrisikoprämie Gegenstand eines *„bis heute (teilweise erbittert) geführten Streits auf wirtschaftswissenschaftlicher Ebene"* sei, *„der zum Teil auch durch entsprechende Interessenlagen geprägt ist"*[1774].

802 Man könne nicht davon ausgehen, *„dass diese Bewertung durch den Kapitalmarkt auf einer effizienten Verarbeitung von Informationen über die für die Unternehmensbewertung entscheidenden Fundamentaldaten beruht"*[1775].

803 Das Gericht ließ aber die Frage offen, ob und unter welchen Voraussetzungen der Kapitalmarkt *„im wenigstens halb-strengen Sinne informations- bzw. allokationseffizient ist"*, so dass eine Börsenkapitalisierung den richtigen Unternehmenswert wiedergebe[1776]. Jedenfalls führe ein *„Konglomeratsabschlag"* zur Unterbewertung des Unternehmens[1777]; ähnliches gelte für Unternehmen der *„old economy"*, mit einer *„eher konservativen, nicht vornehmlich auf Shareholder-Value ausgerichteten Thesaurierungs- und Portfoliostrategie"*. Davon zu unterscheiden sei die Frage, ob die Ineffizienz des Kapitalmarkts bei der Anteils- oder Relationsbewertung gegen Börsenkurse spreche[1778].

804 Es bleibt daher unklar, weshalb geschätzte, aber plausible Risikozuschläge weniger geeignet sind als mathematisch gewonnene, deren Berechnung auf z. T. *„nicht mit der Wirklichkeit in Einklang stehenden Annahmen"* beruht[1779].

1771) Österr. VGH, ÖZW 2003, 12
1772) Koppensteiner, Kölner Kommentar § 305 Rn. 53, S. 822f.
1773) NZG 2007, 112, 117
1774) OLG Stuttgart, NZG 2007, 112, 117
1775) OLG Stuttgart, AG 2007, 705, 707
1776) Bezugnahme auf Adolff, Unternehmensbewertung 78
1777) Vgl. Funke, Konglomeratabschlag und Transaktionskostentheorie, Wiesbaden 2006; Höppner, Wer beherrscht die deutschen Unternehmen, Frankfurt/M. 2003
1778) OLG Stuttgart, AG 2007, 705, 708. Für die Relationsbewertung abgelehnt S. 711ff.
1779) IDW S 1 2005, Anhang Abschn. 2; Hommel/Dehmel/Pauly, Unternehmensbewertung 12

6. Globaler Kapitalmarkt

Fraglich ist, ob der **deutsche** Aktienmarkt noch die maßgebliche „abgeschlossene" Alternative ist. Finanzmärkte machen keinen Halt an nationalen Grenzen; die finanzielle Integration der Europäischen Union beschleunigt sich. Die bisher ermittelten Marktrenditen berücksichtigen das nicht; sie erfassen also nicht einen wichtigen Zukunftsaspekt. Dafür fehlt es noch an einem Rahmen, der finanzielles und wirtschaftliches Verhalten zusammenbringt. Jedes Denken in Modellen setzt aber voraus, dass die fundamentalen Marktdaten gleichbleiben[1780].

V. Unternehmensrisiko/Anteilsrisiko

Zu fragen ist auch, ob die Marktrisikoprämie das Unternehmensrisiko spiegelt oder das Risiko des Anteils. Auf Ersteres aber kommt es an. An der Börse werden zumeist Minderheitsanteile gehandelt, die eigenen Markteinflüssen unterliegen und wegen ihrer Einflusslosigkeit einem höheren Risiko unterliegen (Anteilsrisiko). Das CAPM mag eine weitere Hinwendung zum Preis der Anteile bringen und damit eine Abwendung vom Vorrang der Verhältnisse im Unternehmen (innerer Wert)[1781]. Bei der Unternehmensbewertung wird als Ausgangspunkt für die Abfindung jedoch das Risiko des gesamten Unternehmens gesucht, nicht nur eines Anteils daran[1782].

Hans-Joachim Böcking erläutert[1783]:

> „Insofern ist – zumindest für deutsche Kapitalmarktverhältnisse – vor einer allzu plötzlichen Übernahme des Börsenkurses als alleinigem Wertmaßstab für den Unternehmenswert zum gegebenen Zeitpunkt zu warnen. Nicht zuletzt ist vor diesem Hintergrund davor zu warnen, die Marktkapitalisierung eines Unternehmens mit seinem Unternehmenswert gleichzusetzen".

Hans-Georg Koppensteiner erklärt zum Prämissenwechsel (des Ausgangspunktes)[1784]:

> „Unabhängig davon gilt, dass sich der Anteilswert ökonomisch nach der subjektiven Einschätzung des Anteilseigners ..., der Wert des Unternehmens dagegen nach dem Barwert zukünftiger Barüberschüsse bestimmt. Der Börsenkurs entspricht keinem dieser Maßstäbe. Den ,inneren Wert' des Unternehmens könnte er nur dann re-

---

1780) Kaufman, Risky New Financial Markets, The Wall Street J. Europe, Thursday, August 16, 2007, S. 11
1781) KG, Az.: 2 W 148/01, 16.10.2006, B II 1 b aa
1782) Siehe Rn. 170
1783) Zur Bedeutung des Börsenkurses für die angemessene Barabfindung, in: Richter u. a. [Hrsg.], Kapitalgeberansprüche, Marktorientierung und Unternehmenswert, München 2003, S. 59, 85
1784) Kölner Kommentar zum Aktiengesetz, § 305 Rn. 53 S. 822f.

J. Würdigung

flektieren, wenn es einen vollkommenen und informationseffizienten Kapitalmarkt gäbe, was nicht zutrifft.

....

In Anknüpfung daran fragt sich, ob der nach [§ 305] Abs. 3 bei der Ermittlung der Abfindung unentbehrliche Blick auf die ‚Verhältnisse der Gesellschaft' mit dem Börsenkurs als Maßstab vereinbar ist. Die gesetzliche Tatbestandsbildung spricht dafür, das ein Wertbestimmungsfaktor gemeint ist, der auf Spezifika der Gesellschaft, nicht der Minderheitsaktionäre hinweist".

809 Zwischen Unternehmensbewertung und Börsenbewertung bestehen Unterschiede.

VI. Datengrundlage

1. Allgemeines

810 Es ist schwierig, die Zuverlässigkeit der Datengrundlagen einzuschätzen. Die Arbeit von Richard Stehle[1785] ist umstritten; andere Untersuchungen ergeben andere Zahlen[1786]. Oft stößt man auf das Argument, dass die Ergebnisse („Blasen") der Jahre 1955 bis 1965 (1954 endete der Koreakrieg) und 1996 bis 2000 (das Internet revolutionierte die globalen Verknüpfungen) nicht in die Zukunft projiziert werden können[1787].

2. Blasen

811 Ab März 2000 fiel der DAX innerhalb von drei Jahren von 8.136 auf 2.188, Mitte 2007 lag er bei 8.152[1788], Mitte 2008 bei 6.200. Nachdenklich stimmt angesichts dessen auch die Ermittlung des Betafaktors. Wie wir sahen[1789], bildet er das Maß der Volatilität im Verhältnis zu den anderen Anteilen im Portfolio ab. Wenn deren Volatilität steigt, sinkt der Betafaktor des zu bewertenden Unternehmens, falls deren Volatilität sinkt, steigt er. Der Betafaktor kann so bei gleich bleibenden Unternehmensverhältnissen aus dem Börsenumfeld heraus wechseln, wenn z. B. in einem Index eine „Blase" endet oder sich eine neue bildet[1790]. Es bleibt unklar, wie das den Wert des Unternehmens verändert[1791]. Erfasst der Betafaktor dann hinreichend „die Ver-

---

1785) Stehle, Die Schätzung der Risikoprämie von Aktien im Rahmen der Schätzung des Wertes von börsennotierten Kapitalgesellschaften, WPg 2004, 1999
1786) Deutsches Aktieninstitut; Überblick bei Wagner/Jonas/Ballwieser/Tschöpel, Unternehmensbewertung 1017ff.
1787) Vgl. LG Hannover, LG München, Beschl. 24.3.2005 Az.: 5 HK 149/03
1788) Ulrich, Die freudlose Hausse, FAZ 14.7.2007 Nr. 161, S. 1f.; Der DAX durchbricht die Mauer des Zweifels, FAZ 14.7.2007 Nr. 161, S. 21
1789) Siehe Rn. 728
1790) Siehe Rn. 810
1791) KG Berlin, NZG 2007, 71; Koller/Goedhart/Wessels, Valuation. Measuring and Managing the Value of Companies, 4. Aufl., 2006, S. 310

VI. Datengrundlage

hältnisse der Gesellschaft", wie es eine normative Bewertung verlangt (vgl. z. B. § 305 Abs. 3 S. 2 AktG)? Muss man die Zeit der „Blase" auslassen?

3. Spielraum

> *"Und dennoch: es gibt keine Kalkulation,*
> *in die man sich nicht schon verstiegen"*[1792].

Die mathematischen Ansätze bieten „Gestaltungsspielraum". Wolfgang Ballwieser erläutert: 812

> *„Das CAPM hat den didaktischen Vorteil, den Zuschlagssatz in die Komponenten Betafaktor und Marktrisikoprämie zu zerlegen; es hat den Nachteil, auf irrealen Prämissen aufzubauen"*[1793].

Das OLG München meint: 813

> *„Auch die Ermittlung der Marktrisikoprämie nach dem CAPM (Capital Asset Pricing Model) lässt aber erhebliche Ermessensspielräume und kann nicht zu einer exakten Bemessung der Risikoprämie führen"*[1794].

An welchem Index misst man Marktrisiko und Betafaktor, für welchen Zeitraum? Wählt man das arithmetische oder das geometrische Mittel? Kann man sie „mitteln"? Bei einer Verlängerung des Zeitraums können sich andere Prämien ergeben[1795]. Was ist die Vergleichsgruppe („Peer Group")? Die „genauen" Zahlen können Spielräume „überspielen" („safety in numbers")[1796], mögen Schätzungen den Anschein zahlenmäßiger Sicherheit geben. Eine Kontrolle durch Außenseiter dringt schwer ein. 814

Die subjektiven Inhalte der „*Objektivierung*" lassen sich so zusammenfassen: Freiräume bei der Festlegung des Marktindexes und der Zeitperiode, bei Marktrisikoprämie und Betafaktor. Verweise auf Peer Groups sind unscharf[1797] und schwer überprüfbar[1798]. Das gilt namentlich bei Einschluss des Auslands. 815

Die Börse beruht auf der „Reputationsarbeit" großer Kommunikationsabteilungen[1799] und auf unsicheren Bilanzinformationen[1800], wie – nach Enron 816

1792) Brennink, Bärentaten, Montreux 1994, S. 69
1793) Ballwieser, Der Kalkulationszinsfuß 742
1794) OLG München, BeckRS 2006 13715; ähnlich OLG München, Beschl. 31.3.2008 Az.: 31 Wx 88/06, http://www.betriebs-berater.de/, S. 11
1795) OLG Stuttgart, NZG 2007, 112, 117
1796) LG München, DB 1999, 684, 685; Einzelbeispiele bei Großfeld/Stöver, Ermittlung des Betafaktors 2803
1797) Hachmeister, Impairment-Test 221
1798) LG Hamburg, Beschl. 3.4.2007 Az.: 414 O 26/97 S. 16f.
1799) Hoffmann/Meckel, Wahrnehmung und Unternehmensbewertung, FAZ 29.5.2007 Nr. 122, S. 22
1800) Pi mal Daumen, Wirtschaftswoche, Nr. 26, 2007, S. 82

J. Würdigung

und „subprime mortgages" – jeder weiß. Insiderwissen ist weithin ausgeschlossen[1801]. Wenn man den Börsenwert als Unternehmenswert nicht voll akzeptiert (nur als Mindestwert[1802]), wirkt sich die Skepsis auf Börsenvorgänge insgesamt aus. Börsenteilnehmer müssen gegenüber der Börse vorsichtig sein, das gilt auch für Gutachter und Gerichte.

VII. Streubesitz

> „Erfolgreiches unternehmerisches Handeln bewirkt ..., dass das Ganze mehr wert ist als die Summe seiner Teile. Durch das Zusammenwirken der Teile ergeben sich dann wertsteigernde Effekte ... für das Ganze. Diese Kombinationsvorteile gehen verloren, wenn das Ganze in seine Einzelteile zerlegt wird"[1803].

817 Entscheidend ist daher, ob der Börsenwert eines Anteils die Quote am Gesamtwert des Unternehmens spiegelt[1804].

1. Minderheit

a. Minderheitsabschlag

818 Nach dem IDW S 1 2005 reflektiert das Marktportfolio „den für jeden Marktteilnehmer selben Preis für Risiko"[1805]. An der Börse werden indes überwiegend Anteile im Streubesitz (Minderheitsanteile) gehandelt[1806], so dass ein Minderheitsabschlag nahe liegt:

> „Denn der Börsenkurs reflektiert in aller Regel das wertmäßige Äquivalent des Anteilsbesitzes eines Kleinaktionärs ohne besondere Einflussmöglichkeiten und damit nicht den anteiligen Wert des Gesamtunternehmens"[1807].

819 Nach Schätzungen in den USA liegen die Abschläge zwischen 29 und 33%[1808]. Dem mag man entgegenhalten, dass Mehrheitsaufschläge sich über lange Zeiträume ebenfalls an der Börse spiegeln (z. B. durch Übernahmeangebote). Größere Anteile werden aber oft außerhalb der Börse übertragen. Nichts Gewisses weiß man.

1801) Grossfeld, Global Corporate Governance and Legal Education, L. and Business Rev. of the Americas 185 (2005), 101; ders., International Financial Reporting Standards 12
1802) Siehe Rn. 1065
1803) Matschke/Brösel, Unternehmensbewertung, S. 4f.
1804) Siehe Rn. 1088
1805) IDW S 1 2005 Anhang Nr. 4
1806) Vgl. IDW S 1 n.F. Anhang Nr. 4; LG Dortmund, BeckRS 2007 05697, S. 22f
1807) Kuhner, Unternehmensbewertung 829; Carney/Heimendinger, Appraising the Non-Existent: The Delaware Courts' Struggle with Control Premiums, U. of Pennsylvania L. Rev. 152 (2003) 845
1808) Moll, Shareholder Oppression and "Fair Value": Of Discounts, Dates, and Dastardly Deeds in the Close Corporation, 54 Duke L: J. 293, 315

VII. Streubesitz

Das „färbt" die Sicht eines typisiert – risikoscheuen Anlegers. Minderheiten tragen ein höheres Risiko, weil sie weniger „wissen" und fast nichts „tun" können[1809]. Zwischen ihnen und dem Mehrheitsaktionär herrscht „Informationsassymmetrie"[1810]. § 148 AktG verbessert ihre Lage zwar; er gilt indes erst ab 1.11.2005. Einige wenige „Berufskläger" mögen Anfechtungsklagen missbrauchen[1811], aber eine „statistische" Lösung ist das nicht.

820

Das weniger an „Können" bestimmt die Marktrisikoprämie: Sie zeigt das Risiko des Minderheitsaktionärs, nicht aber das Risiko des ganzen Unternehmen, das *„als Einheit"*[1812] zu bewerten ist. Das LG Frankfurt/M. deutet die Diskrepanz an, wenn es darauf hinweist, dass der Hauptaktionär sein Risiko *„minimieren"* könne[1813]. Das LG Dortmund meint wohl Ähnliches, wenn es die wenigen *„insolvenzbedingten Totalverluste von in Aktien angelegtem Kapital"* erwähnt und die Insolvenzquote auf unter 0,5% schätzt[1814].

821

Die Verwendung von Marktrisikoprämien kann daher Regeln des parteienbezogenen Normwertes[1815] verletzen[1816]: Die Beteiligung eines Gesellschafters bestimmt sich nach dem gesellschaftsrechtlichen Gleichheitssatz[1817]; daran orientiert sich der Wert seines Anteils[1818]. Dieser Rechtssatz kommt zwischen unverbundenen Teilnehmern an der Börse nicht oder kaum zum Tragen; deshalb ist die Rechtslage dort anders. Dem entspricht das Ergebnis: Die Addition des Preise kleiner Anteile bildet nicht den Wert des Unternehmens: Er ist mehr als die Summe seiner Teile[1819]:

822

> „Da die Börsenkapitalisierung nicht den ‚richtigen' Marktpreis eines gesamten Unternehmens widerspiegelt, sondern sich aus einer schematischen Multiplikation des Börsenkurses eines Anteils mit der Gesamtanteilszahl ergibt, ..., ist die Bedeutung des ermittelten Wertes (‚potentieller Marktpreis') auf jeden Fall gleich null"[1820].

Das Verfahren unterscheide nicht zwischen der Bewertung einer Unternehmung als Ganzes und der Bewertung von Unternehmensanteilen. Es handele

823

1809) Fleischer, Das neue Recht des Squeeze Out, ZGR 2002, 757, 779; LG Dortmund, BeckRS 2007 05697
1810) Gude, Strukturänderungen, S. 358
1811) Meist enden Aktionärsausschlüsse vor Gericht, FAZ 24.20.2007 Nr. 247, S. 27; zum Missbrauch LG Frankfurt/M., BB 2007, 2362
1812) BGH, GmbHR 1992, 257, 261
1813) LG Frankfurt/M. AG 2007, 42, 46
1814) LG Dortmund, BeckRS 2007 05697
1815) Siehe Rn. 119
1816) Siehe Rn. 122
1817) LG Köln, BB 1980, 1288
1818) Kuhner, Unternehmensbewertung 829f. Vgl. Both, Minority Discounts and Control Premiums in Appraisal Proceedings, Working Paper, University of Maryland 2001
1819) Koppensteiner, Abfindung
1820) Matschke/Brösel, Unternehmensbewertung, S. 549

J. Würdigung

sich um ein „*einzelbewertungsorientiertes Vergleichsverfahren*"[1821]. Der Börsenkurs liegt dann aber „*tendenziell unter dem Leitbild einer angemessenen Abfindung*"[1822].

b. Asymmetrische Bewertung

824 Oft wird befürchtet, „*dass in deutschen Gerichtsverfahren ceteris paribus tendenziell niedrigere Risikozuschläge als am Markt üblich verwendet werden*". Das ergebe „*eine gegenüber dem Mark systematische Höherbewertung*"[1823]. Es ist jedoch zu bedenken, dass die Gerichte den „Normwert" suchen, der gemäß dem gesellschaftsrechtlichen Gleichheitsgebot unabhängig von Mehrheitsaufschlägen und Minderheitsabschlägen ist[1824].

2. Mehrheit

825 Ein vergleichbares Risiko besteht für den Großaktionär nicht. Er kann sich auf sich selbst verlassen, muss sich nicht anderen anvertrauen (vermindertes „agency problem"); er kann das Unternehmen innerhalb seines Netzwerkes nutzen. Er kontrolliert nicht nur die tatsächlichen Abläufe sondern auch die bilanzielle Darstellung und damit die Volatilität der Kurse. Das gibt seinen Anteilen oft einen höheren Börsenwert.

826 § 1 Abs. 3 BewG sagt dementsprechend:

> „*Ist der gemeine Wert einer Anzahl von Anteilen an einer Kapitalgesellschaft, die einer Person gehören, infolge besonderer Umstände (z. B. weil die Höhe der Beteiligung die Beherrschung der Kapitalgesellschaft ermöglicht) höher als der Wert, der sich aufgrund der Kurswerte (Abs. 1) oder der gemeinen Werte (Abs. 2) für die einzelnen Anteile insgesamt ergibt, so ist der gemeine Wert der Beteiligung maßgebend*".

827 Abschn. 95 Abs. 6 S. 1 Erbschaftsteuerrichtlinien zieht einen Paketzuschlag „*bis zu 25%*" in Betracht, "*wenn sich der gemeine Wert der Beteiligung nicht aus Verkäufen von Paketen ableiten lässt*".

828 Dahin weist ein Vergleich mit Mehrheitsaufschlägen. Gerade will die Kohlberg, Kravis Roberts & Co (KKR) die First Data Corporation in Colorado übernehmen. Sie bietet je Aktie 34 $, das ist ein Aufschlag von 26% gegen-

---

1821) Matschke/Brösel, aaO unter Bezug auf Olbrich, Zur Bedeutung des Börsenkurses für die Bewertung von Unternehmungen und Unternehmungsanteilen, BFuP 52 (2000) 454, 459
1822) Hecker, Regulierung von Unternehmensübernahmen und Konzernrecht, Wiesbaden 2000, S. 229
1823) Jonas, Unternehmensbewertung 843
1824) Siehe Rn. 818

über dem Schlusskurs des Vortages[1825]). Auf den Fall Schaeffler AG/Conti AG wurde schon hingewiesen[1826]).

3. USA

Ähnlichen Überlegungen finden sich in den USA.

a. Literatur

Douglas K. Moll erklärt:

> „*After all, valuation is contextual, and a buyout in the shareholder oppression setting bears little resemblance to a voluntary sale to outsiders. As this article has argued, it is far more accurate to view an oppression buy out as a compelled redemption by insiders (typically insiders with control), rather than as a willing sale to outsiders. When viewed in this manner, minority shares ... represent a partial ownership stake in an existing business venture. When that stake is involuntarily relinquished ..., the investor should be compensated for what he has given up, – i.e., a proportionate share of the company's overall value. The enterprise value interpretation of fair value properly captures this notion by rejecting discounts and by avoiding the voluntary sales conception that plagues the fair market value approach – a conception that poorly describes the realities of the shareholder oppression setting*"[1827]).

b. American Law Institute

Das American Law Institute sagt in „Principles of Corporate Governance: Analysis and Recommendations", § 7.22 (a)[1828]):

> "*The fair value of shares ... should be the value of eligible holder's ... proportionate interest in the corporation, without any discount for minority status or, absent extraordinary circumstances, lack of marketability.*
> ...
> *(The) court generally should give substantial weight to the highest realistic price that a willing, able, and fully informed buyer would pay for the corporation as an entirety. In determining what such a buyer would pay, the court may include a proportionate share of any gain reasonably to be expected to result from the combination, unless special circumstances would make such an allocation unreasonable*"[1829]).

1825) Google
1826) Knop, Schaefflers taktische Meisterleistung, FAZ 22.8.2008 Nr. 106, S. 11
1827) Moll, Shareholder Oppression 382. Vgl. Grossfeld, Global Financial Statements 337
1828) 1994, Bd 2, Part VII, S. 314f.
1829) Weitere Nachweise in Weiss, Der Ausschluss von Minderheitsaktionären, S. 81

J. Würdigung

832 Die Kommentierung dazu lautet[1830]:

"*Some recent decisions have used a 'willing buyer-willing seller' standard ..., but have focused this test on the value of the specific shares held by the dissenting shareholder. In contrast, § 722 (a) focuses on what a buyer would pay for the firm as an entirety ... In focusing on the value of the firm, rather than the specific value of specific shares, § 722 (a) thus adopts the principle, long recognized by the Delaware courts, and more recently by the New York courts, that the appraisal remedy should award each shareholder a proportionate share of the firm's value ... As a result, once an aggregate value of the firm is obtained, the court under § 7.2 (a) normally has only to prorate this value equally among all shares of the same class*".

"*Some decisions have declined to consider tender offer premiums or other higher prices that prospective acquirers were willing to pay on the apparent grounds that such prices were erratic or temporary or did not reflect going concern value ... This view appears to be outdated, because sales at a premium above market have increasingly become commonplace in a world where corporate control transactions are a fact of life*".

833 Es heißt weiter[1831]:

"*Some decisions have upheld the substraction of a minority discount from the value of the shares held by small stockholders on the theory that non-controlling stock is worth less than its proportionate share of the corporation's fair value ... However, both Delaware and Maine have recently and properly rejected the use of any such discount ... Section 7.22 (a) follows these jurisdictions in requiring the appraisal court to value the firm as a whole, not specific shares, and to allocate that value proportionately, absent extraordinary circumstances*".

...

The positions taken by § 722 (a) is not inconsistent with prevailing law's acceptance of the payment of a control premium. Although the law generally recognizes the legitimacy of such a premium, the theory underlying the approach is that an acquiring shareholder may be willing to pay a premium to acquire a control block of securities in order to change corporate policies with a view to maximizing firm value for all. The theory is by no means that a shareholder, having so maximized firm value, is then entitled to appropriate that value to itself by effecting a freeze-out merger in which other shareholders receive no part of this gain. Also, in the case of the appraisal remedy, the focus under § 7.22 (a) is not on the block of securities, but on the value of the firm as a whole. Accordingly, § 7.22 (a) generally requires that the firm's value be prorated equally in the appraisal process.

Under a very limited exception to the principles set forth in § 7.22 (a) the court may determine that a discount reflecting the lack of marketability of shares is appropriate in 'extraordinary circumstances'".

1830) Bd 2, Part VII, S. 321f.
1831) AaO S. 324f.

VIII. Zeitwahl

Werte sind zeitabhängig[1832]; das gilt auch hier[1833]: Das herrschende Unternehmen kann den „*Zeitpunkt*" für die Bemessung der Abfindung wählen; es wird ihn nach seinen Interessen bestimmen. Da es einen besseren Einblick in die Lage des Unternehmens hat, mag es eine Zeit suchen, zu der der Börsenkurs unter dem erwarteten inneren Wert liegt. 834

Das führt zu folgendem Schluss: 835

> „Wegen möglicher Antizipationen durch den Kapitalmarkt müssen die Gerichte die Möglichkeit haben, den Börsenkurs gegebenenfalls nach oben zu korrigieren, um opportunistischem Verhalten des herrschenden Unternehmens entgegenzuwirken. Dabei bildet der Börsenkurs den Ausgangspunkt zur Ermittlung des Unternehmenswerts, der gegebenenfalls nach oben zu korrigieren ist"[1834].

IX. Außensicht / Innensicht

1. Gleiche Erwartungen

Das CAPM setzt voraus, dass alle Investoren Zugang zu denselben Informationen haben "*and agree about the risk and expected return of all assets (homogeneous expectations assumption)*"[1835]. Die Börse informiere alle Interessierten über den Preis des einzelnen Anteils. "Preis" ("market value") und "Wert" ("intrinsic value") sind jedoch nach der gesellschaftlichen Konvention nicht dasselbe (vgl. „unter Wert verkaufen"). „Preis" kennzeichnet zuerst eine Sicht von Außen, „Wert" bezieht eine Sicht von innen ein. Insoweit bestehen Unterschiede zwischen den Parteien[1836]. 836

2. Bilanzpolitik

Der Börsenwert beruht auf einer Sicht „von außen her": Insiderwissen kommt im Allgemeinen nur begrenzt zum Zuge[1837]. 837

a. USA

Dort ist man sich inzwischen bewusst, dass die Rechnungslegung namentlich nach den International Financial Reporting Standards „*einer kaum kontrollierbaren Bilanzpolitik*" unterliegt[1838]. Arthur Levitt, der Chairman der U. S. 838

1832) Siehe Rn. 237
1833) Gude, Strukturänderungen, S. 359
1834) Gude, aaO S.362
1835) Wikipedia: Capital Asset Pricing Model; Böcking/Nowak, Der Beitrag 690
1836) Siehe Rn. 1
1837) Die Folgen sind nach wie vor umstritten: Manne, The Welfare of Investors, The Wall Street J. Europe, Wednesday, June 14, 2006, S. 13; ders., Insider Trading and the Stock Market, New York 1966; Beny, Insider trading rules can affect the attractiveness of country's stock markets, Law Quadrangle Notes, Fall 2007, S. 73

J. Würdigung

Securities and Exchange Commission von 1993 – 2001 spricht von einem „*intense interest-group lobbying*":

> „*The cause of this complexity is rooted in the structure of the FASB and GASB. While the Sarbanes-Oxley Act created an independent funding mechanism for the FASB, the GASB still relies on donations from those for whom they write standards. Various constituencies in practice have board seats set aside for them ... Those who fill them, in turn, at times have lobbied for the groups that put them there. Exceptions are then thrown into the rule-making mix in order to create a compromise that pleases each and every constituent group. The result is a regulatory sausage that is hard for companies and investors to swallow.*
> *It's time to ... re-engineer accounting standards-setters to serve the public that relies on there rules*"[1839].

839 500 große Unternehmen waren aufgefordert worden, Aktienoptionen für Beschäftigte freiwillig als Aufwand auszuweisen. Nur zwei taten das, bis die Securities and Exchange Commission es erzwang[1840].

b. Europa

840 Ist es in der Europäischen Union anders[1841]?

> „*Internationale Prüfungsgesellschaften fördern auf der ganzen Welt testierbare Standards nicht ganz uneigennützig als Geschäftsmodell. Ein Schelm, wer Böses dabei denkt*"[1842].

841 Das mag zugespitzt sein. Das den „*tatsächlichen Verhältnissen entsprechende Bild*" (§ 264 Abs. 2 S. 1, § 297 Abs. 2 S. 1 HGB) und damit der Europäische Wahrheitsgrundsatz[1843] werden gern heruntergespielt[1844] - angeblich waren nicht einmal die „conduits" für „subprime mortgages" in der Bilanz auszuweisen (was gegen § 264 Abs. 2 S. 1, § 297 Abs. 2 S. 2 HGB verstößt). Jörg Baetge spricht von einer Informationsasymmetrie zugunsten der Bilanzierenden: „*Der Bilanzleser kann (gar) nicht seine Wertermittlung dem ermittelten Wert des Bilanzierenden gegenüberstellen, und er kann auch nicht mit ihm über den Wert verhandeln*". Es bestehe immer die Gefahr, dass die Informations-

---

1838) Baetge/Schulz, Fair value-Option 134
1839) Levitt, Account Simple, The Wall Street J. Europe, Friday-Sunday, March 9–11, 2007, S. 11
1840) „*Die Vorschriften sind verdammt komplex*", FAZ 15.3.2007 Nr. 63, S. 21
1841) Dazu Luttermann, Rechnungslegung ist ein Rechtsakt, kein Marketing, FAZ 26.2.2007 Nr. 48, S. 20
1842) Knop, Geschäftsmodell IFRS, FAZ 15.3.2007 Nr. 63, S. 11
1843) EuGH, Slg 1996 I 3133 Rs. C-234/94 Tomberger; Großfeld/Luttermann, Bilanzrecht, S. 69 Rn. 253
1844) Vgl. Busse von Colbe/Ordelheide/Gebhard/Pellens, Konzernabschlüsse, Wiesbaden 2006, S. 9

IX. Außensicht / Innensicht

asymmetrie durch ein unlauteres Management ausgenutzt wird (Moral Hazard)[1845].

3. Informationserweiterung

Deshalb ist für die Unternehmensbewertung eine Überprüfung des „inneren Wertes" geboten. Sie erfordert einen „Einstieg" in die Schätzung der Überschüsse aus der „Innensicht" des Gutachters heraus. Von dort her kann die Welt anders aussehen als aus der „Außensicht" der Börse:

842

> „Letztlich ein Unterfall der im Rahmen der Unternehmensbewertung heranzuziehenden Unternehmensplanung ist die Berücksichtigung von Insiderwissen. Im Gegensatz zu den Minderheitsaktionären einer Aktiengesellschaft sind Haupt- und Mehrheitsaktionär regelmäßig mit den Unternehmensinterna vertraut. Sie vermögen weit besser als die Minderheitsaktionäre die zukünftige Entwicklung der Gesellschaft abzuschätzen ... Der Haupt- oder Mehrheitsaktionär, der einen Wissensvorsprung hinsichtlich der zukünftigen Entwicklung der Gesellschaft hat, der geeignet ist, eine positive Zukunftsprognose zu stützen, beeinflusst die Bewertung zum Nachteil der Minderheitsaktionäre, wenn er seine Kenntnis ... unberücksichtigt lässt: Der Haupt- oder Mehrheitsaktionär ... bewirkt letztlich die Trennung der Minderheitsaktionäre von ihrer Beteiligung unter Wert"[1846].

Bei der Verschmelzung zur Gründung der Allianz SE 2005 sagt das Gutachten[1847]:

843

> „Eine Verwendung von Börsenwerten (Marktkapitalisierung) als Grundlage für die Festlegung eines Umtauschverhältnisses im Rahmen einer Verschmelzung kann eine Unternehmensbewertung nach den dargestellten Grundsätzen dann nicht ersetzen, wenn diese Bewertung eine bessere und breitere Informationsgrundlage als der Kapitalmarkt verwendet. Die im vorliegenden Fall in die Bewertung eingeflossenen Informationen beruhen auf der Analyse von Vergangenheitsdaten und auf langfristigen Unternehmensplanungen. Informationen dieser Art sind in diesem Detaillierungsgrad und Umfang öffentlich nicht zugänglich"[1848].

Auf die Möglichkeiten eines Kurs-Bashing sei am Rande hingewiesen[1849].

844

1845) Baetge, Januskopf: DCF-Verfahren in der Unternehmensbewertung und in der Bilanzierung, BB 2005, Heft 30, Die Erste Seite
1846) Schlitt, Strafrechtliche Aspekte bei Squeeze-out und Delisting, NZG 2006, 925, 927. Vgl. Emmerich, Wie rechne ich mich arm?, S. 142
1847) Verschmelzung der Allianz Aktiengesellschaft und der RIUNIONE ADIATICA DI SICURTÀ zur Allianz SE – Verschmelzungsdokumentation der Allianz Aktiengesellschaft S. 220
1848) Vgl. Schiedsspruch, SchiedsVZ 2007, 219, 224
1849) Schlitt, Strafrechtliche Risiken 927; Heidel (Hrsg.), Aktienrecht Teil 14, S. 2462 (Fischer zu Cramburg/ Royé)

J. Würdigung

X. Synergien

845 Entschließt man sich für die Sicht der Aktienbörse und damit für das CAPM, so ist weiter zu prüfen, ob sich Innensicht des Gutachters und Außensicht der Börse auf dieselben „Überschüsse" beziehen. Wie wir sahen, hängen Bemessung der Erträge und Risikozuschlag miteinander zusammen[1850]. Die jetzigen Bewertungsmethoden nutzen Überschüsse nach dem Stand alone-Konzept und klammern echte Synergieeffekte aus[1851]. Das mag stimmig sein beim Vergleich mit dem Anleihemarkt. Bei einem Vergleich mit der Börse ist das aber anders. Das wurde oben schon erörtert[1852].

XI. Doppelter Ansatz

846 Es mag zu einem doppelten Ansatz des Risikos kommen[1853]: Der Gutachter kann die Überschüsse nicht ohne Risikobetrachtung schätzen. Die Börse erfasst aber das ganze Risiko, also auch das bei der Schätzung der Überschüsse[1854]. Die Alleinstellung der Risikozuschlagsmethode[1855] führt so zum Bezug auf Börsenrenditen, die nicht nach speziellen und allgemeinen Risiken unterscheiden (es fehlt die Innensicht). Die Frage ist, ob das bei der Schätzung der Überschüsse bedacht wird oder bedacht werden kann. Risikoerwägungen fließen so leicht zweimal ein. Das legt es nahe, den Risikozuschlag zu senken – aber um wie viel? Gutachter und Börse stimmen sich nicht miteinander ab.

XII. Quotaler Wert/Anteilswert[1856]

1. Grundsatz[1857]

> „Der Marktpreis einer einzelnen Aktie ... mag nicht den angemessenen Preis des Ganzen spiegeln. Deshalb ist der Marktpreis einer Aktie nicht der einzige Maßstab für den angemessenen Preis des Ganzen"[1858].

847 Der Wert des Anteils entspricht dem quotalen Anteil am Gesamtwert des Unternehmens (quotaler Unternehmenswert)[1859]:

1850) Siehe Rn. 645
1851) Siehe Rn. 258
1852) Siehe Rn. 266
1853) Siehe Rn. 615
1854) Siehe Rn. 611
1855) Vgl. Rn. 611
1856) Siehe Rn. 170. BGH, NZG 2001, 603, 605; OLG München, AG 2006, 422; Hüffer/Schmidt-Assmann/Weber, Anteilseigentum, S. 62; Moll, Shareholder Oppression 322
1857) Siehe Rn. 170
1858) US-amerikanischer Financial Accounting Standard Nr. 142
1859) IDW S 1 2008 Tz. 13. A. A. Müller, Anteilswert 1015

XII. Quotaler Wert/Anteilswert

> *"Den Anteilswert ermittelt der Senat wie das LG, indem er den Unternehmenswert auf die Zahl aller Aktien verteilt"*[1860].
>
> *"Der Wert der Anteile ist dabei aber nicht der Verkehrswert des Anteils als eigenständiges Wirtschaftsgut ..., sondern der auf das Mitgliedschaftsrecht entfallende Anteil am Wert des Unternehmens als Ganzes ... Das Umtauschverhältnis ist also dann angemessen, wenn alle Anteilseigner der aus der Verschmelzung hervorgegangenen Gesellschaft im Wesentlichen im Verhältnis ihrer bisherigen Beteiligung am tatsächlichen Unternehmenswert teilhaben, also jeder Gesellschafter an der Summe der Einbringungswerte seinen bisherigen relativen Anteil behält"*[1861].

Das IDW sagte zunächst: 848

> *"Nach der Rechtsprechung zur Abfindung im Rahmen des Aktiengesetzes bildet allerdings der quotale Anteil am Gesamtwert des ganzen Unternehmens die Bewertungsgrundlage"*[1862].

Heute heißt es: 849

> *"Der objektivierte Wert des Unternehmensanteils entspricht dem quotalen Wertanteil am objektivierten Gesamtwert des Unternehmens"*[1863].

Dafür kommt es also zunächst auf die *"Verhältnisse der Gesellschaft"* (vgl. 850 § 305 Abs. 3 S. 2) an, nicht auf den gerade am Markt geltenden Preis des Anteils.

2. Ausgangspunkt

Das CAPM macht den Wert des Anteils am Markt zur Ausgangsbasis für 851 den Wert des Unternehmens als Ganzen. Das mag zwar für die Marktrendite zu relativieren sein[1864], aber für den Betafaktor gilt es: Er findet sich über einen kurzen Zeitraum aus den Kursverläufen von Aktien in Streubesitz. Angesichts der Macht von Zins und Zinseszins[1865] verschiebt er den Ausgangspunkt der Bewertung spürbar zum Preis des Minderheitsanteils hin.

3. Typisierende Betrachtung

Für den quotalen "Normwert" am Unternehmen hat das CAPM wohl noch 852 einen Weg vor sich. Entscheidend ist die Risikolage des Unternehmens aus

---

1860) OLG München, AG 2007, 287, 291
1861) So für die Verschmelzung OLG München, AG 2006, 420, 422
1862) Stellungnahme HFA 2/1983: Grundsätze zur Durchführung von Unternehmensbewertungen, WPg 1983, 468. Abschn. B 4 d, S. 474
1863) IDW S 1 2008 Tz. 13
1864) Siehe Rn. 757
1865) Siehe Rn. 535

der typisierten Sicht *aller* Anleger, nicht überwiegend aus der Sicht der Kleinanleger. Der gesellschaftsrechtliche Gleichheitssatz verlangt, dass auch die Wertsicht des Großanlegers in die Betrachtung eingeht.

853 Dieses Argument verliert nicht dadurch an Gewicht, dass der Anteilseigner soviel erhält, um gleiche Anteile wieder erwerben[1866]. Es geht nicht zuerst um den Erwerb von Anteilen, sondern um eine Beteiligung, die wertgleich der ist, die er aufgeben muss. Der Aktionär geht durch den Neuerwerb ein zusätzliches Risiko ein: Er muss relativ Vertrautes für Unbekannteres aufgeben. Das würde bei einem freiwilligen „Tausch" niemand ohne Zuzahlung machen. Immer würde der Übertragende einen Teil der Vorteile des Erwerbers für sich verlangen.

XIII. Technische Aspekte[1867]

854 Die technischen Ausgangslagen sind nicht so scharf, wie sie scheinen könnten.

1. Referenzperiode

855 Eine Referenzperiode ist nur sinnvoll, wenn deren Verhältnisse am Kapitalmarkt vergleichbar sind mit den heutigen und mit denen am Stichtag. Das ist fraglich, soweit die 50er Jahre des vorigen Jahrhunderts einbezogen sind. Der Aufstieg nach dem Ende des Koreakrieges (1950-1953) hatte eine unvergleichliche Dynamik[1868]. Schwierigkeiten bereitet auch die hochspekulative Phase von 1996 bis 2000, die abrupt endete. Kann man sie mitrechnen oder blendet man sie aus? War die Interneteuphorie ein Ereignis „im Rahmen"?[1869]

856 Vergleichbarkeit verlangt annähernd ähnliche Steuerbelastungen, weil sie im Marktgleichgewicht andere Preise bewirken können. Das Halbeinkünfteverfahren gibt es seit 2001[1870]; ab 2009 kommt es zur Abschlagssteuer. Eine realistische Prognose steht so auf tönernen Füßen[1871].

2. (Quasi-)sichere Anlage

857 Will man die durchschnittliche Marktrisikoprämie ermitteln, muss man auch einen durchschnittlichen Basiszinssatz annehmen. Einen Anhalt bietet der REXP (Deutscher-Rentenperformance-Index)[1872], wie ihn die Deutsche

---

1866) Vgl. Rn. 185
1867) Zum Folgenden Schmitt/Dausend, Unternehmensbewertung 238ff.
1868) Bruttoinlandsprodukt 2004 für Deutschland, http://www.destatis.de/presse/deutsch/pk/2005/bip2004i.pdf
1869) Siehe Rn. 715
1870) Siehe Rn. 142
1871) Siehe Rn. 474
1872) Siehe Rn. 712

Börse AG misst. Allerdings entspricht er nicht der Laufzeitäquivalenz[1873], weil die durchschnittliche Restlaufzeit nur 1–10 Jahre beträgt; auch Kursgewinne aus Zinsverfall sind erfasst[1874]. „Langfristige" Sicherheit gibt es dort nicht.

3. Betafaktor

Entscheidend ist, wie der Betafaktor gefunden wird. Die Tendenz geht zu Jahresbetas auf Basis täglicher Renditen. Doch gibt es Spielraum mit jeweils unterschiedlichen Ergebnissen. Wir sehen das am Beispiel General Motors: Dessen Betafaktor schwankt je nach Zeitabschnitt und Index erheblich[1875]. Bei Daimler-Chrysler ergaben sich je nach Vergleichsindex und Zeitraum Betafaktoren zwischen 0,84 (CDAX) und 1,77 (S&P 500)[1876]. Bei abhängigen Unternehmen ist der Betafaktor für die Aktien im Streubesitz oft problematisch. Er lässt sich dann nicht über eine Peer Group oder über Branchenbetas finden; dazu sind die Herrschaftsverhältnisse zu unterschiedlich[1877].

858

4. Fazit

Wolfgang Ballwieser fasse seine Überlegungen 1995 so zusammen:

859

> „Aus dem bisherigen folgt, dass die marktgestützte und insofern objektivierte Erhebung des Risikozuschlags ... keineswegs so unproblematisch ist, wie sie sich auf den ersten Blick vielleicht darstellt. Grund dafür ist, dass die Vergangenheit ‚zu begründen' vermag. Dies gilt ganz unabhängig von der Gretchenfrage, ob und inwieweit Vergangenheitsdaten überhaupt stellvertretend für die Zukunft stehen dürfen"[1878].

Er neigt wohl dahin, sie nur als Anhaltspunkte für die Risikoeinschätzung am Markt zu nehmen[1879]. Jens Wüstemann ergänzt, die eigentliche Herausforderung liege „in der Analysefähigkeit, Urteilskraft und (vor allem) Unabhängigkeit des Bewerters". Das gerate durch den „technischen Expertenaufwand" gelegentlich „aus dem Blick"[1880]. Michael Hommel warnt vor einer „Vertechnisierung"[1881].

860

1873) Siehe Rn. 572
1874) Widmann/Schieszl/Jeromin, Der Kapitalisierungszinssatz 805f.
1875) Tabelle in Großfeld/Stöver, Ermittlung des Betafaktors 2803
1876) Gebhard/Daske, Zukunftsorientierte Bestimmung 13
1877) Vgl. Rn. 746
1878) Ballwieser, Aktuelle Aspekte 126
1879) AaO S. 126
1880) Wüstemann, Basiszinssatz 2228
1881) Hommel, Anmerkung

J. Würdigung

XIV. Angleichung durch Thesaurierung

1. IDW S 1 2005

861 Man darf die Unterschiede zum traditionellen Risikozuschlag indes nicht überschätzen. Ein höherer Kapitalisierungszinssatz wird zum Teil dadurch ausgeglichen, dass eine „kapitalwertneutrale" Anlage der Thesaurierungsbeträge „*zum Kapitalisierungszinssatz vor Steuern (d. h. vor Unternehmenssteuern)*" zu unterstellen ist oder dass die thesaurierten Beträge „*wertgleich*" den Anteilseignern fiktiv zuzurechnen sind[1882].

862 Ein höherer Kapitalisierungszinssatz kann zu einem größeren Thesaurierungsbetrag führen[1883]; dieser wird also durch den Risikozuschlag mitbestimmt. Das Ergebnis im Einzelnen hängt auch von der Ausschüttungsquote ab. Angesichts der „geometrischen" Kraft des Zinses schafft das aber keinen Gleichstand mit dem Ansatz eines niedrigeren Risikozuschlags.

2. IDW S 1 2008

863 IDW S 1 2008[1884] fasst das angesichts der Abgeltungsteuer[1885] jetzt so:

> „*Sofern für die Verwendung thesaurierter Beträge keine Planungen vorliegen und auch die Investitionsplanung keine konkrete Verwendung vorsieht, ist eine sachgerechte Prämisse zur Mittelverwendung zu treffen. Unterliegen die thesaurierungsbedingten Wertzuwächse einer effektiven Veräusserungsgewinnbesteuerung, so ist die bei der Bewertung zu berücksichtigen*".

864 Weiter wird im Rahmen der zweiten Phase[1886] „*grundsätzlich angenommen, dass das Ausschüttungsverhalten des zu bewertenden Unternehmens äquivalent zum Ausschüttungsverhalten der Alternativanlage ist, sofern nicht Besonderheiten der Branche, der Kapitalstruktur oder der rechtlichen Rahmenbedingungen zu beachten sind. Für die thesaurierten Beträge wird die Annahme einer kapitalwertneutralen Verwendung getroffen*"[1887].

865 Die Zahlung persönlicher Ertragsteuern wird hinausgeschoben; der Effekt wächst mit der Thesaurierungsrate (thesaurierungsbedingtes Wachstum)[1888]. So bleibt es auch hier bei der Frage der Haltedauer[1889].

1882) IDW S 1 2005 Tz. 46
1883) LG Frankfurt/M., Beschl. 21.3.2006, Az.: 3-05 O 153/04, S. 24f.
1884) IDW S 1 2008 Tz. 36
1885) Siehe Rn. 397
1886) IDW S 1 2008 Tz. 77-78
1887) IDW S 1 2008 Tz. 37
1888) Wagner/Jonas/Ballwieser/Tschöpel, Unternehmensbewertung 1012
1889) IDW S 1 2008 Tz. 44; siehe Rn. 914

K. Rechtsvergleichung: USA[1890]

„Numbers often impress because they seem to be definitive. They rarely are"[1891].

I. Rechtsvergleichung

Die neueren Entwicklungen namentlich in Richtung CAPM sind vor allem durch Literatur aus den USA angestoßen[1892]. Da es bei Abfindungen um den „Normwert" geht, reicht aber eine grenzüberschreitende Übertragung betriebswirtschaftlicher Modelle nicht[1893]. Vielmehr ist zu prüfen, ob und in welchem Umfang die so entwickelten Modelle Teil des dortigen „Normwerts" sind. Dazu finden sich jedoch kaum Hinweise.

866

Die Orientierung am Kapitalmarkt basiert auf dem Glauben, dass der Kapitalmarkt „effizient" ist, dass er besser informiert ist als Gutachter. Daran sind in den USA vor allem nach „Enron" und „Fannie Mae" Zweifel aufgetreten. Enron war „rating getrieben" und setzte „alles" auf einen guten Börsenausweis (das minderte die Kapitalkosten)[1894]. Fannie Mae[1895] als größte amerikanische Hypothekenbank „vermied" jede Überschuss- und damit Kursvolatilität (das senkte den Betafaktor und damit die Kapitalkosten)[1896]. Die Siemens AG und die dortigen Buchungstechniken für „nützliche Zuwendungen" sind ein anderes Beispiel.

867

Zwei Autoren sagen zu den praktischen Schwierigkeiten mit dem CAPM, es sei *„poor enough to invalidate the way it is used in applications"*[1897]. In den USA hörte man: *„If beta is not dead, then surely it's wounded"*[1898]. Es fällt jedenfalls auf, dass ein dortiger Investmentfond, der dem „efficient market" verpflichtet ist, doch dem Rat zweier Professoren folgt[1899].

868

1890) Zu Grundlagen der Bewertung siehe Damodaran, Valuation Approach and Metrics: A Survey of the Theory and Evidence, Nov. 2006; ders., The Data Page, http://pages.stern.nyu.edu/~adamodar/. Allgemein Großfeld, Probleme der Rechtsvergleichung im Verhältnis Vereinigte Staaten von Amerika – Deutschland, RabelsZ 39 (1975) 5
1891) Walker, Not Even Fuzzy, New York Times, Sunday, Jan. 28, 2007. Siehe auch Berenson, The Number, New York 2003
1892) Jonas/Löffler/Wiese, Das CAPM; Richard Stehle, Die Festlegung; ders., Die Schätzung
1893) Grossfeld, Rechtsvergleichung 28
1894) Grossfeld, Global Corporate Governance; Chanos, Short-Lived Lessons – From an Enron Short, Wall Street J. Europe, Wednesday, May 31, 2006
1895) Bernanke Hits Fannie, The Wall Street J. Europe, Thursday March 8, 2007, S. 11
1896) Office of Federal Housing Enterprise Oversight, Report of the Special Examination of Fannie Mae, May 2006; The Other Enron, Wall Street J. Europe, Monday, May 29, 2006
1897) Fama/French, The CAPM. Theory and Evidence, in: Center for Research in Security Prices (RRSP), University of Chicago, Working Paper No. 550 (August 2003), zit. nach Gebhard/Daske, Zukunftsorientierte 23

II. Parteigutachter

„*Verkünde
mir nur keine adler-weisheit! Die pfründe
der hochgebornen war'n immer schon einkalkuliert*"[1900].

869 Die Vorzugsstellung des CAPM mag dem Gefühl in den USA entsprechen; doch ist die Rechtslage in den USA anders als bei uns. Vor den Zivilgerichten der USA gibt es fast nur Parteigutachter, keine gerichtlich bestellten Gutachter[1901]. Das Misstrauen gegenüber dem Ermessen eines Parteigutachters ist groß[1902]. Dieser bemüht sich daher, einen objektiven, mathematisch abgesicherten Eindruck zu vermitteln; er stellt den Börsenmarkt als neutralen „arbiter" dar, der sich dem Schätzungsermessen entzieht. Oft handelt es sich dennoch um einen „Argumentationswert"[1903]:

> "Valuing an entity is a difficult intellectual exercise, especially when business and financial experts are able to organize data in support of wildly divergent valuations fort he same entity. For a judge who is not an expert in corporate finance, one can do little more than try to detect gross distortions in the experts' opinion"[1904].

870 Andere Gerichte sprechen von einem *"battle of experts"* und gehen über deren Ergebnisse signifikant hinweg[1905]. Man begegnet Skepsis:

> "As Judge Frank Johnson has succinctly noted ‚the examination of a scientific study by a cadre of lawyers is not the same as the examination by others trained in the field of science and medicine'"[1906].

871 Der Börsenansatz ist in diesem kulturellen Umfeld u. U. zuverlässiger als ein Parteigutachter: Es gibt dort vielleicht keine Alternative zum CAPM. Das ist anders bei einem vom Gericht bestellten unabhängigen Gutachter. Er (sie) ist (hoffentlich) verlässlicher und damit die „Goldwährung" des Spruchverfahrens.

1898) Zitiert von Grossfeld, Global Valuation. Siehe auch Cornell/Rutten, Market Efficiency
1899) Einzelheiten in Ossinger, The Dimensions of Pioneering Strategy, The Wall Street Journal, Monday, Nov. 6, 2006, S. R1.
1900) Albert Brennink, Bärentaten 32
1901) Vgl. Daubert v. Merrell Dow Pharmaceuticals, Inc., 509 U.S. 579 (1993)
1902) Vgl. Reilly, A Narrow Escape: how KPMG weathered a tax-shelter crisis, The Wall Street J. Europe, Friday-Sunday, February 16-19, 2007, S. 12
1903) Vgl. Hering/Brösel, Der Argumentationswert 940
1904) Cede & Co. v. Technicolor Inc., Del. Ch, Civil Action No. 7129, 12/31/03
1905) Rainforest Café Inc. v. State of Wisconsin Investment Board, 667 N.W. 2d 443 (Minn. Ct. App. 2004). Zusammenstellung bei Chen/Yee/Yoo, Did Adoption of Forward-Looking Valuation Methods Improve Valuation Accuracy in Shareholder Litigation?, Journal of Accounting, Auditing and Finance, 22 (2007) 573
1906) Daubert v. Merrell Dow Pharmaceutical, Inc. 43 F.3d 1311, 1318 Fn. 8 (1994)

III. Richter[1907)

Auch die Stellung der Richter ist anders. „Richter" hier und „Richter" dort bedeuten Unterschiedliches[1908). In den Gliedstaaten der USA finden wir auf Zeit (2–6 Jahre) gewählte Richter, die mitunter erstaunlich jung sind. Bei den Bundesgerichten gibt es dagegen Richter auf Lebenszeit (also für eine oft lange „Strecke"). Die meisten Urteile verfasst ein Stab von „staff attorneys".

Die Richter stehen der Politik nahe[1909); sie entscheidet über deren Wahl oder Ernennung[1910). Die „Jury" aus meistens zwölf Laien spielt im Zivilrecht ebenfalls eine herausragende Rolle. Auch das erzwingt eine „objektivierende" Darstellung.

IV. Interkulturelles Unternehmensrecht[1911)

Wir begegnen einem Musterfall für das Thema „Unternehmensbewertung und Rechtskultur"[1912). Die andersartige rechtliche Ausgangslage ist zu beachten, wenn es um darum geht, Verfahren für die Unternehmensbewertung zu empfehlen. Gerade hier erweist sich die Besonderheit des Normwertes: Er lässt sich nicht gleichsam „neutral" von einer Rechtswelt in eine andere übertragen[1913).

L. Abwägung

I. Neue Sicht

Wenn die Grundannahmen nicht der Wirklichkeit entsprechen[1914), nützt alle Mathematik wenig. Wird der Börsenwert als verbindlicher Unternehmenswert nicht akzeptiert, wirkt die Skepsis auf Börsenvorgänge insgesamt über. Die Börse ist ein eigener Risikofaktor, ist eigenständiger Werteschaffer und -vernichter. Starke Gruppen sind an Börsenwerten interessiert: Das Management, die Analysten, die Banken und die Börse selbst. Auch darauf antwortet eine hohe Marktrisikoprämie. Die Börse beruht auf unsicheren Bilanzinformationen[1915). Unternehmen sind der Versuchung ausgesetzt, „to

---

1907) Vgl. George, Challenges Facing an Independent Judiciary, New York University Law Review 80 (2005) 1345
1908) Gelinsky, Ein Geflecht von Vorschriften, FAZ 27.02.2007 Nr. 49, S. 8. Für England siehe Kerr, As Far As I Remember, Oxford 2005
1909) Sunstein/Schkade, Are Judges Political?, Washington, D. C. 2006
1910) Scherer, Scoring Points, Stanford, Cal. 2005
1911) Großfeld, Interkulturelle Unternehmensbewertung
1912) Großfeld, Unternehmensbewertung und Rechtskultur; ders., Rechtsvergleichung als Kulturvermittlung
1913) Vgl. Reisach, Die Amerikanisierungsfalle, Berlin 2007
1914) Siehe Rn. 4
1915) Zu den Gründen im Einzelnen Großfeld, Grenzüberschreitende Rechnungslegung.; ders., Europäische Unternehmensverfassung

play games with their valuations"[1916]; das kann in beide Richtungen gehen. Korrigierendes Insiderwissen ist dem Außenseiter verschlossen[1917]. Historische Markdaten haben keinen Objektivierungsvorteil. Es ist nicht zu begründen, dass sie entscheidend für eine auf die Zukunft gerichtete Bewertung sind[1918]. Hier gilt das zum Basiszinssatz Gesagte[1919].

II. Traditionelle Sicht

876 Demgegenüber sind die bisherigen Risikozuschläge nicht „pauschal" oder Ausdruck von „Pi mal Daumen". Sie beruhen auf Vergleichen mit den Zinsen von Unternehmensanleihen, bei denen sich Innen- und Außensicht auf das Unternehmen als Ganzes verbinden[1920].

877 Sie erlauben die Beachtung aller Unternehmensdaten und erfassen, ob es sich um ein Unternehmen mit hoher, normaler oder niedriger Risikostruktur handelt[1921]. Hinzu tritt richterliche Erfahrung aus Verhandlungen und Vergleichsgesprächen. Handelsrichter bringen oft die eigene berufliche Anschauung ein.

878 Es ist schwer, Modelle aus einer anderen Wirtschafts- und Rechtskultur zu übertragen. Recht bleibt trotz aller Globalisierung im Kern lokal – jede Zahl in der Unternehmensbewertung ist kulturgebunden. Für die Rechtskontrolle ist ferner zu beachten, dass der Ermessenscharakter beim traditionellen Vorgehen deutlich und damit diskutierbar wird, während er beim CAPM leicht hinter „Mathematik" verblasst und dann die Sicht von Außen erschwert.

879 Das Wirtschaftsprüfer – Jahrbuch 2002 sagt[1922]:

> „Zwar zeigt sich, dass die auf das CAPM gestützte Ermittlung des Risikozuschlags wissenschaftlich nicht unanfechtbar ist und zugleich auch nur bedingt den Grundsätzen der Nachvollziehbarkeit der Bewertungsgrundsätze erfüllt. Gleichwohl kann das CAPM eine marktbezogene Orientierungsgröße liefern, die jedoch die einzelfallbezogene unternehmensindividuelle Risikoeinschätzung des WP nicht ersetzen kann".

III. Komplexität[1923]

880 Nachsteuerrechnung, Ausschüttungsquote und CAPM beeinflussen sich gegenseitig. Deshalb fragt sich, wie viel Komplexität verhältnismäßig und wie

---

1916) Reilly/Taylor, Deutsche Bank takes hit, The Wall Street J. Europe, Thursday, Oct. 4, 2007, S. 136
1917) Grossfeld, Global Financial Governance and Legal Education, L. and Business Rev. of the Americas 185 (2005), 101; ders., International Financial Reporting Standards
1918) Obermaier, Die kapitalmarktorientierte Bestimmung 504
1919) Siehe Rn. 574
1920) Siehe Rn. 638
1921) LG Hamburg, Beschl. 3.4.2007 Az.: 414 O 26/97 S. 17
1922) IDW, WP – Handbuch, Bd. II, 12. Aufl., Düsseldorf 2002, S. 75
1923) Knoll, Risikozuschlag

V. Ergebnis

viel wir gemäß § 287 Abs. 2 ZPO akzeptieren **dürfen**. Danach *„entscheidet"* das Gericht als Träger des öffentlichen Vertrauens. Das steht für ein Ethos, der Komplexität nicht zu erliegen; es verlangt plausible Vereinfachungen, die den Parteien und der weiteren Öffentlichkeit einsichtig sind.

Das für die Sicht **eines** Investors entwickelte CAPM stößt auf ein **parteienbezogenes** Umfeld, das durch Rechtsbeziehungen wechselseitig gestaltet ist. Dadurch unterscheidet es sich von offenen Marktkontakten bei anonymer Begegnung. Der Sache nach geht es um eine typisierte subjektive Betrachtung aus der Sicht eines objektiven Beurteilers, nicht aber aus der Sicht eines subjektiv für objektiv genommenen anderen Sachverhalts.

IV. Offene Fragen

Das CAPM erscheint zahlenmäßig sicherer, obgleich es in seinen Prämissen ebenfalls auf subjektiven Einschätzungen beruht[1924]. Die Abschätzung des Marktrisikos aus Börsendaten der Vergangenheit ist ungewiss angesichts der gebotenen Zukunftssicht und angesichts sich stetig erweiternder Finanzmärkte. Die Ableitung des Betafaktors aus dem Vergleich mit einer Peer Group ist unsicher. Der Verschuldungsgrad ist schwer zu ermitteln. Es kann zu einer doppelten Erfassung des Risikos kommen. Der Marktrisikoprämie fehlt die Sicherheit einer internen Prüfung.

V. Ergebnis

„Was ihr nicht rechnet, glaubt ihr, sei nicht wahr"[1925].

Die Hinwendung zu Daten von der Börse kann hilfreich sein, führt aber nicht zwingend zum Normwert. Beide Methoden (Anleihemarkt/Aktienmarkt) haben ihre Stärken und Schwächen. Es ist schwer zu sagen, welche Methode allgemein „sicherer" ist; an beiden ist „etwas dran". „Innensicht" und „Außensicht" können sich ergänzen. Sie fallen beide in den Bereich des § 287 Abs. 2 ZPO, sind im Hinblick auf die Plausibilität mögliche Varianten. Insoweit mag man sagen:

> *„Beide Methoden haben in gleichzeitiger Anwendung ihre Berechtigung, ja Notwendigkeit"*[1926].

Jedenfalls können die durch das CAPM gewonnen Daten *„als eines der Elemente für die Schätzung des Risikozuschlags herangezogen werden"*[1927]. Beachtet man das Miteinander nicht, kann das zu Fehlbewertungen führen[1928].

1924) IDW S 1 2005, Anhang 2
1925) Johann Wolfgang von Goethe, Faust II, I. Akt, Kaiserliche Pfalz
1926) Seicht, Aspekte 125
1927) OLG München, Beschl. 31.3.2008 Az.: 31 Wx 88/06, http://www.betriebsberater.de/, S. 15
1928) Beispiele bei Seicht, Aspekte 105ff.

L. Abwägung

885 Das CAPM für sich allein erweist sich nicht als überlegen[1929]; es kann keine Alleinstellung beanspruchen[1930]. Ungeklärt ist, wie sich die Modellannahmen zur Realität verhalten[1931] und wie sie die Typisierung erleichtern[1932]. Ein „Rückwirkung" ist angesichts der offenen Fragen schwierig, namentlich im Hinblick auf „Peer Groups"[1933]. Der Anspruch auf „Objektivität" begrenzt eine Diskussionsoffenheit, ohne die es in der Unternehmensbewertung nicht geht[1934]. Das traditionelle Verfahren ist „durchsichtiger" in seinen Unsicherheiten. Es ist zu bedenken, *dass gerichtliche Entscheidungen auch dem Gedanken der Rechtssicherheit und des Rechtsfriedens zu dienen haben*[1935].

886 Das OLG München[1936] kommt für das CAPM zu folgendem Ergebnis:

> *„Vielmehr wird bei näherer Betrachtung deutlich, dass auch hier das Ergebnis in hohem Maße von der subjektiven Einschätzung des Bewerters abhängt. Diese wird nur nicht unmittelbar durch die Schätzung des Risikozuschlags selbst ausgeübt, sondern mittelbar durch die Auswahl der Parameter für die Berechnung von Marktrisikoprämie und Beta-Faktor. Die rechnerische Herleitung des Risikozuschlags täuscht darüber hinweg, dass aufgrund der Vielzahl von Annahmen, die für die Berechnung getroffen werden müssen, nur eine scheinbare Genauigkeit erreicht wird. Eine mathematisch exakte Berechnung des für die Investition in das Unternehmen angemessenen Risikozuschlags kann nach dieser Methode nicht gelingen ... Schließlich werden sowohl Marktrisikoprämie als auch Betafaktor regelmäßig ... auf Vergangenheitsdaten ermittelt, während die Unternehmensbewertung zukunftsbezogen zu erfolgen hat. Die Bedeutung der historischen Werte erschöpft sich folglich von vornherein darin, die Prognose der künftigen Entwicklung zu erleichtern ... Diese Prognose unterliegt ebenso subjektiver Wertung wie die Auswahl der Parameter, die sowohl Marktrisikoprämie als auch Beta-Faktor entscheidend beeinflussen"*[1937].

[1929] BayObLG, NZG 156, 157f., OLG München, BeckRS 2006 13711; BeckRS 2007 00107; BB 2007, 2395, 2396; LG Dortmund, BeckRS 2007 05697, S. 23; Böcking/Nowak, Der Beitrag 685; Reuter, Nationale und internationale Unternehmensbewertung 5; Hommel/Dehmel/Pauly, Unternehmensbewertung 18; Reuter/Lenz, Unternehmensbewertungen 1692; Knoll, Risikozuschlag. Anders OLG Karlsruhe, NZG 2008, 791 (BeckRS 2008, 18939)

[1930] OLG München, AG 2008, 28, 30. Vgl. Ballwieser, Unternehmensbewertung, S. 210

[1931] Dörschell/Franken/Schulte, Praktische Probleme, 2, 6

[1932] Böcking/Nowak, Der Beitrag 690

[1933] LG Dortmund, BeckRS 2007 05697

[1934] Vgl. Preuss, Fremdes Amerika, FAZ 10.9.2007 Nr. 210, S. 18

[1935] Paulsen, Statement 824

[1936] Beschl. 31.3.2008 Az.: 31 Wx 88/06, http://www.betriebs-berater.de/, S. 11f.

[1937] Zustimmend Hommel, Anmerkung

Fünfzehnter Teil
Nachsteuer – Capital Asset Pricing Model (Tax-CAPM)[1938]

Heute wird das „Capital Asset Pricing Model" (CAPM) in seiner Ausgestaltung durch das „Tax-Capital Asset Pricing Model" (Tax-CAPM) empfohlen[1939]. Das Tax-CAPM soll typisierte persönliche Ertragsteuern berücksichtigen und damit die Besteuerung von Dividenden und Kursgewinnen erfassen[1940]. Es summiert den Basiszinssatz nach Ertragsteuern und die Marktrisikoprämie nach Ertragsteuern; dabei wird die Risikoprämie durch den Betafaktor individualisiert[1941]. 887

Der Kapitalisierungszinssatz setzt sich vor der Abgeltungsteuer aus dem quasi-risikofreien Basiszinssatz nach Abzug von Steuern (typisiert 35%), der steuerfreien Kursrendite (§ 23 Abs. 1 Nr. 2 EStG)[1942] und der Dividendenrendite zusammen, die mit typisierten 17,5% zu versteuern war[1943]. Gegebenenfalls ist ein Wachstumsabschlag zu machen[1944]. 888

IDW S 1 2008[1945] definiert in Hinblick auf die Abgeltungsteuer so: 889

> „Der Kapitalisierungszinssatz setzt sich bei unmittelbarer Berücksichtigung von persönlichen Steuern aus dem um die typisierte persönliche Ertragsteuer gekürzten Basiszinssatz und der auf der Basis des Tax-CAPM ermittelten Risikoprämie zusammen. ... In beiden Fällen kann der Erwartung wachsender finanzieller Überschüsse in der zweiten Phase durch einen Wachstumsabschlag Rechnung getragen werden".

A. Überblick

IDW S 1 2000 nannte das Tax-CAPM nicht[1946]. IDW S 1 2005 erläutert es so: 890

> „Die Portfoliorendite wird im Standard-CAPM durch die Summe aus risikolosem Basiszinssatz und Marktrisikoprämie erklärt; im Tax-CAPM setzt sie sich zusammen aus dem um die Besteuerungswirkungen modifizierten risikolosen Zinssatz, eine um Besteue-

---

1938) Wagner/Saur/Willershausen, Zur Anwendung 738; Wagner/Jonas/Ballwieser/Tschöpel, Weiterentwicklung; Wiese, Unternehmensbewertung unter neuen steuerlichen Rahmenbedingungen; Schmitt/Dausend, Unternehmensbewertung
1939) IDW S 1 2008 Tz. 92, 118
1940) IDW S 1 2008 Tz. 119
1941) IDW S 1 2008 Tz.120; zum Betafaktor Tz. 121
1942) IDW S 1 2005 Tz. 102. Dieser Text ist in IDW S 1 2008 entfallen. Vgl. Angst vor Abgeltungssteuern von 30 Prozent, FAZ 11.7.2006 Nr. 158, S. 19
1943) IDW S 1 2005 Tz. 129
1944) IDW S 1 2005 Tz. 132
1945) IDW S 1 2008 Tz. 122
1946) IDW S 1 2000 Tz. 98

B. Grundgedanke

*rungswirkungen beeinflusste Marktrisikoprämie sowie die Steuerlast auf Dividenden.
Im Vergleich zum Standard-CAPM resultiert im Tax-CAPM durch den Einfluss einkommensteuerlicher Wirkungen eine höhere Marktrisikoprämie"*[1947].

891 IDW S 1 2008[1948] sagt jetzt[1949]:

> „Nach dem Tax-CAPM werden die erwarteten Renditen nach typisierter Ertragsteuer als Summe aus dem risikolosen Basiszinssatz nach Ertragsteuer und einer Risikoprämie nach Ertragsteuer, die mittels des unternehmensindividuellen Betafaktors zu einer unternehmensindividuellen Risikoprämie transformiert wird, erklärt. Entspricht im Einzelfall das Risiko des zu bewertenden Unternehmens dem Risiko des herangezogenen Aktienportefeuilles, stimmt die Rendite des Aktienportefeuilles nach Ertragsteuern mit dem Kapitalisierungszinssatz nach Steuern überein".

B. Grundgedanke[1950]

I. Ausgangslage

892 Das CAPM entstand in den USA für eine Bewertung **vor** Steuern (Vorsteueransatz)[1951]. Gemäß dem Homogenitätsprinzip[1952] wird dann auch der Kapitalisierungszinssatz nicht um Steuern gekürzt. Da in Deutschland aber zurzeit **nach** persönlichen Steuern zu bewerten ist (Nachsteueransatz), liegt es nahe, das CAPM über das Tax-CAPM dieser Forderung anzupassen[1953]:

> „Im Rahmen der Bestimmung eines objektivierten Unternehmenswerts sind jedoch persönliche Ertragsteuern (typisierend) durch eine Nachsteuer-Rechnung zu berücksichtigen"[1954].

II. Technik

893 Das Abstellen auf ein „Aktienportfolio" zwingt zu einer differenzierten Beachtung von persönlichen Ertragsteuern[1955]. Während man von einer Alternativanlage in Anleihe und dem Halbeinkünfteverfahren ausging[1956], war es systemgerecht, den Kapitalisierungszinssatz um 35% zu kürzen. Das ändert

---

1947) IDW S 1 2005 Anhang Abs. 4. Siehe auch IDW S 1 2005 Tz. 130
1948) IDW S 1 2008 Tz. 120
1949) Erläuterung Wagner/Saur/Willershausen, Zur Anwendung 738
1950) Jonas/Löffler/Wiese, Das CAPM; Wiese/Reese, Die kapitalmarktorientierte Ermittlung des Basiszinses für die Unternehmensbewertung, 2006; , Nationale und internationale Unternehmensbewertung
1951) IDW S 1 2005 Tz. 129; Anhang Nr. 4
1952) Vgl. LG Frankfurt/M., AG 2007, 42, 44
1953) IDW S 1 2008 Tz. 92, 118f.
1954) IDW S 1 2005 Anhang Nr. 4
1955) IDW S 1 2008 Tz. 93
1956) Siehe Rn. 413

II. Technik

sich, wenn man die Alternative in der Börse sieht: Kursgewinne waren bis zur Einführung der Abgeltungsteuer (2009) regelmäßig steuerfrei, Dividenden waren hälftig mit Einkommensteuer belastet (Halbeinkünfteverfahren)[1957]:

> „Da die finanziellen Überschüsse aus der alternativ am Kapitalmarkt zu tätigenden Anlage der persönlichen Ertragsbesteuerung des Unternehmenseigners unterliegen, ist der Kapitalisierungszinssatz unter Berücksichtigung der Steuerbelastung zu ermitteln, die im Durchschnitt auf Renditen solcher Anlagen entfällt (vgl. Tz. (54)) Dabei ist der unterschiedlichen Besteuerung von Dividenden und Kursgewinnen als Bestandteilen von Aktienrenditen Rechnung zu tragen. Während Dividendenzahlungen nach dem Halbeinkünfteverfahren hälftig mit Einkommensteuer belastet werden, unterliegen Kursgewinne für einen typisierten Anteilseigner regelmäßig nicht der Einkommensteuer, da unterstellt wird, dass keine Beteiligung i. S. d. § 17 Abs. 1 Satz 1 EStG vorliegt und eine Veräußerung nicht im Zeitraum gemäß § 23 Abs. 1 S. 1 Nr. 2 EStG stattfindet. Insofern unterscheiden sich Vor- und Nachsteuer-Kapitalisierungszinssatz letztlich durch die Einkommensteuerbelastung auf die Dividendenrendite"[1958].

Daher waren bisher nach dem Tax-CAPM nur der Basiszins um 35% und der Dividendenanteil der Risikoprämie um 17,5% (halber Steuersatz) zu kürzen. Die Kurssteigerung blieb steuerfrei. **894**

Nach Einführung der Abgeltungsteuer ist entsprechend den neuen Vorgaben zu kürzen[1959]. Dementsprechend unterscheiden sich der Kapitalisierungssatz vor (CAPM) und nach Steuern (Tax-CAPM)[1960]. **895**

Angesichts der Macht des Zinses führt das zu klaren Unterschieden beim Unternehmenswert. **896**

C. Formel

Zur Darstellung der Formel halte ich mich noch an das Muster des IDW S 1 2005 (Halbeinkünfteverfahren). **897**

Beim Tax-CAPM beginnen wir mit dem Basiszinssatz nach Ertragsteuern und fügen die individuelle Risikoprämie[1961] hinzu, wie sie sich nach dem Tax-CAPM ergibt[1962]. Die einzelnen Faktoren werden dabei nach persönlichen Steuern als Summe aus dem risikolosen Basiszinssatz nach Ertragsteuer **898**

1957) IDW S 1 2005 Tz. 102
1958) IDW S 1 2005 Tz. 101 f.
1959) IDW S 1 2008 Tz. 93, 46
1960) IDW S 1 2005 Tz. 102, 101, 54; Anhang Nr. 4
1961) IDW S 1 2005 Tz. 130
1962) Wagner/Jonas/Ballwieser/Tschöpel, Weiterentwicklung 893; Knoll, Fair Valuation

C. Formel

und einer Risikoprämie nach Ertragsteuer erklärt[1963]. Die Formel lautet also[1964]:

$$r_{nSt}(EK) = \underbrace{r_i(1-est)}_{\text{risikofreier Zins nach Steuern}} + \underbrace{\beta\left(r_m - r_i(1-est) - d_m\frac{est}{2}\right)}_{\substack{\text{Risikoprämie der} \\ \text{Alternativanlage} \\ \text{unter Berücksichtigung} \\ \text{persönlicher Steuern}}} + \underbrace{d_j\frac{est}{2}}_{\substack{\text{Steuern auf} \\ \text{Ausschüttungen}}}$$

r_{nSt} = Alternativrendite nach Einkommensteuer
r_i = risikoloser Zinssatz
rm = Marktrendite (z. B. Aktienmarkt)
β = Betafaktor
est = typisierter Einkommensteuersatz (bisher 35%)
dm = Dividendenrendite des Marktes
dj = Dividendenrendite der Alternativanlage

899 Die obige Gleichung ist das Resultat modelltheoretischer Arbeiten von Jörg Wiese, der auf Grundlage des *Brennan*-Modells die Regeln des deutschen Steuerrechts zu den Einkünften aus Kapitalvermögen (Dividenden, Zinsen, Kursgewinne) in die Formel einarbeitete. Demnach setzen sich die erwarteten Nachsteuer-Kapitalkosten eines Unternehmens COC_j analog zur Standardversion des CAPM aus drei Komponenten zusammen:

1. dem Basiszins $i(1-s)$,
2. dem im Vergleich zum Standard CAPM unveränderten Betafaktor &bgr;, sowie
3. der Marktrisikoprämie nach Steuern (Halbeinkünfteverfahren)[1965].

900 Für die „ewige Rente" müssen wir im Allgemeinen einen Wachstumsabschlag hinzufügen[1966].

901 Es ist ungeklärt, wie sich die einzelnen Komponenten zu einander verhalten[1967]: Sie sind abhängig von Kenntnissen über die Nutzensicht der Marktteilnehmer, *„die nicht zu beschaffen sind"*[1968]. Darüber helfen keine Zah-

---

1963) IDW S 1 2008 Tz. 120, 122
1964) Nach Schmitt/Dausend, Unternehmensbewertung
1965) Übernommen von Schmitt/Dausend, Unternehmensbewertung. Details zu einzelnen Unternehmen bei Dausend/Schmitt, Implizite Schätzung 30ff.
1966) Siehe Rn. 926
1967) Ballwieser, Unternehmensbewertung, S. 104
1968) Ballwieser, aaO S. 105

len und Formeln hinweg: Sie bieten „*eine intellektuelle Bereicherung*" aber „*keine Freude*"[1969].

D. Höhe

Wirtschaftsprüfer orientieren sich auch hier zumeist an den Daten von Richard Stehle[1970]. Das IDW empfiehlt ab dem 31.12.2004 eine Marktrisikoprämie vor Steuern von 4,0% bis 5,0% und eine nach Steuern von 5,0% bis 6,0%, „*sofern nicht Besonderheiten im zu beurteilenden Einzelfall entgegenstehen*"[1971]. Für die Nachsteuerrechnung wird ein Mittelwert von 5,5% empfohlen[1972]. 902

Das ändert sich mit der Abgeltungsteuer. Zu rechnen ist mit einem leichten Absinken der Marktrisikoprämie **nach** Steuern und mit einem leichten Anstieg der Marktrisikoprämie **vor** Steuern. Die Tendenz in Bewertungsgutachten geht wohl zu 4,5% **nach** und zu 5% **vor** Steuern[1973]. 903

E. Beispiele

> „*Bei der Frage der Marktrisikoprämie hätte man sich eine eingehendere Auseinandersetzung mit der kritischen Haltung des OLG München zum (Tax-) CAPM-Modell wünschen können*"[1974].

Die Praxis der Gerichte stimmt mit der oben genannten Formel bisher nicht überein. 904

I. OLG Stuttgart

1. Kürzung um 35%

Das OLG Stuttgart addierte zu dem Basiszinssatz vor Einkommensteuer (5,75%) eine Marktrisikoprämie (5,4%), insgesamt 11,15%. Davon zog es 35% (3,9%) ab und gelangte so zu einem Kapitalisierungszinssatz von 7,25%, den es für die „ewige Rente" durch einen Wachstumsabschlag (1%) auf 6,25% kürzte[1975]. Das ergab folgendes Muster für den Kapitalisierungszinssatz[1976]: 905

1969) Gorny, Besprechung Wiese, Komponenten, WPg 2008, S. VI
1970) Stehle, Die Festlegung
1971) Fachnachrichten-IDW Nr. 1-2/2005, S. 70
1972) IDW S 1 2005 Anhang Nr. 4
1973) Auskunft Gerwald Mansel, Graz
1974) Krenek, Besprechung
1975) OLG Stuttgart, NZG 2007, 112, 117
1976) AaO S. 115. Methodisch gleich OLG Stuttgart, NZG 2007, 302, 306

E. Beispiele

	Phase I	Phase II
Basiszinssatz	5,75	5,75
Risikozuschlag (Marktrisikoprämie 4,50) × Betafaktor 1,2	5,40	5,40
Kapitalisierungszinssatz vor typ. ESt	11,15	11,15
Abzüglich typ. ESt 35%	3,90	3,90
Kapitalisierungszinssatz nach typ. ESt	7,25	7,25
Inflations-/Wachstumsabschlag	0,00	1,00
Kapitalisierungszinssatz	7,25	6,25

906 Diesem Muster folgte das OLG Stuttgart in seiner jüngsten Entscheidung[1977].

2. Kürzung um 17,5%

907 Das OLG Stuttgart erörtert als mögliche Alternative[1978]:

Basiszinssatz vor Steuer		5,75
Basiszinssatz nach 35% Steuern		3,74
Markt-/Portfoliorendite vor Steuer		10,25
Markt-/Portfoliorendite nach 17,5% Steuern		8,46
Marktrisikoprämie	8,46 ./. 3,74	4,72

II. Abgeltungsteuer

908 Das Tax-CAPM vereinfacht sich formell mit Einführung der Abgeltungsteuer: Anzusetzen ist die um den Steuersatz (s) zu kürzende Rendite gemäß CAPM[1979]. Die Frage ist indes, wie sich das „Zeitmoment" bei realisierten Kursgewinnen erfassen lässt[1980].

1977) OLG Stuttgart, Beschl. 14.2.2008 Az.: 20 W 9/06, http://www.betriebs-berater.de/, Rn. 81–83
1978) OLG Stuttgart, NZG 2007, 302, 310
1979) Dausend/Schmitt, Abgeltungssteuern 292
1980) Siehe Rn. 237

II. Abgeltungsteuer

F. Abwägung

909 Das Tax-CAPM ist für die Nachsteuerbetrachtung eine Folge des CAPM. Hält man die nach dem CAPM ermittelte Marktrisikoprämie für zu unsicher, so wirkt sich das auf das darauf fußende Tax-CAPM aus[1981]. Es steigert die Komplexität[1982]; damit stellt sich die Frage nach der „rechtlichen" Verhältnismäßigkeit[1983].

910 Die steuerlichen Annahmen stehen auf schwankendem Boden wegen der heterogenen Struktur der Anleger und dem wachsenden Anteil international orientierter Anleger. Künftige Steuerdaten sind kaum abzuschätzen. Der Zugewinn an Analysegenauigkeit erscheint „*bescheiden*"[1984].

911 Basiszinssatz und Risikozuschlag haben eine Wechselbeziehung zueinander[1985]. Hier aber werden der Basiszinssatz aus Gläubigersicht und der Risikozuschlag aus Börsensicht zusammengefügt. Wie ist beides aufeinander abgestimmt? Unklar ist, auf welche Ertragserwartungen sich Kursbewegungen beziehen.

912 Das OLG München kommt zu folgendem Ergebnis[1986]:

„*Abgesehen von den grundsätzlichen Einwänden gegen das Modell, insbesondere im Hinblick auf die Ermittlung der Daten ..., ist bislang jedenfalls für den deutschen Markt nicht belegt, dass das Nachsteuer-CAPM die Realität an den Kapitalmärkten hinreichend gut beschreibt ... Eine durchgreifende methodische Verbesserung der Schätzung künftiger Marktrisikoprämien vermag der Senat darin nicht zu erkennen*"[1987].

913 Das Fazit von Wolfgang Ballwieser lautet so[1988]:

„*Das bedeutet in letzter Konsequenz, dass jede Ermittlung des Kalkulationszinsfußes aus den oben beschriebenen einzelnen Komponenten theoretisch nicht sauber erfolgt. Über den dabei entstehenden Fehler lässt sich nur spekulieren, weil eine Aussage über seine Ver-*

1981) OLG München, 31.3.2008 Az.: 31 Wx 88/06 und 2. 4, 2008 Az.: 31 Wx 85/06, wiedergegeben bei Wüsemann, BB-Rechtsprechungsreport 1501. Zustimmend Hommel, Anmerkung BB 2008, 1056; OLG Stuttgart, NZG 2007, 112, 116; Reuter /Lenz, Unternehmensbewertungen 169
1982) Schmitt/Dausend, Abgeltungssteuern; a. A. Wiese, Unternehmensbewertung und Abgeltungssteuer 372; ders., Unternehmensbewertung unter neuen steuerlichen Rahmenbedingungen, Google, S. 13
1983) Siehe Rn. 22
1984) Hommel/Dehmel/Pauly, Unternehmensbewertung 18
1985) Siehe Rn. 643. Einzelheiten bei Schwetzler, Unternehmensbewertung 32
1986) OLG München, Beschl. 31.3.2008 Az.: 31 Wx 88/06, http://www.betriebsberater.de/, S. 14f.
1987) Zustimmend Hommel, Anmerkung. Er nennt das Tax-CAPM „*(schein)-objektiviert*".
1988) Ballwieser, Unternehmensbewertung, S. 108

nachlässigbarkeit die Kenntnis der richtigen Lösung voraussetzt, welche fehlt".

G. Abgeltungsteuer[1989]

914 Auch hier gilt, dass niemand *„die Veränderungen der zukünftigen Steuersätze [und deren Folgen] verlässlich prognostizieren"* kann[1990]. Das belegt die ab 2009 geltende Abgeltungsteuer, die Dividenden und Kursgewinne erfasst[1991].

915 Dividenden fallen periodisch an, Kursgewinne werden erst besteuert, wenn sie realisiert sind. Je später die Anteilseigner aber veräußern, umso weniger wirkt sich die Steuer im Unternehmenswert aus. Zudem braucht man für den Vergleich eine Alternative mit ähnlichen Rhythmen bei der Realisierung von Kursgewinnen. Bisher gibt es darauf keine sichere Antwort[1992]: *„Es ist derzeit unklar, wie sich die Probleme bewältigen lassen"*[1993]. Die Annahmen über die Haltedauer seien zu einem *„marktdurchschnittlichen Satz zu verdichten"*[1994]; herzustellen sei eine *„Zuflussäquivalenz"* bei dem zu bewertenden Unternehmen und bei der Alternativinvestition"[1995]. Die *„Empfehlungen zur Umsetzung"* des IDW S 1 2008 versuchen es mit ihrem oben[1996] dargestellten Muster[1997].

H. Dividend Discount Model

916 Als Alternative zum Tax-CAPM sieht das LG Frankfurt/M.[1998] eine Variante des Dividend Discount Model (Gordon Modell). Danach besteht der Risikozuschlag in der Differenz zwischen der Dividendenrendite eines breit diversifizierten Aktienportfolios und dem Basiszinssatz. Die Dividendenrendite (rEK) findet man, in dem man die Dividende (D) durch den Wert der Aktie (V) teilt und eine Wachstumsrate (g) hinzufügt, also rEK = D/V + g. Beispiel: 5,5% = 50/1000 + 0,5.

917 Das Gericht variiert dieses Modell, weil der Hauptaktionär durch den Ausschluss der Minderheit in eine konkrete Aktienanlage investiere. Daher sei auf die Differenz zwischen der Dividendenprognose aufgrund der Unternehmensplanung und dem Basiszinssatz abzustellen. Für den Wert der Aktie (V) sei der Tag maßgeblich, an dem der Hauptaktionär bekannt macht, dass

---

1989) Dazu schon siehe Rn. 397
1990) Hommel/Demel/Pauly, Unternehmensbewertung; siehe Rn. 463
1991) Siehe Rn. 449
1992) Wiese, Unternehmensbewertung und Abgeltungssteuer 375
1993) Ballwieser, Unternehmensbewertung, S. 188
1994) Wiese, Unternehmensbewertung unter neuen steuerlichen Rahmenbedingungen, Google 8
1995) Wiese, aaO S. 18
1996) Siehe Rn. 498
1997) Einzelheiten bei Wagner/Saur/Willershausen, Zur Anwendung 736, 741
1998) LG Frankfurt/M., NZG 2006, 868, 873

II. Abgeltungsteuer

er die Minderheit ausschließen will; auf die Kursentwicklung bis zur Hauptversammlung komme es nicht an. Der Kurs sei ins Verhältnis zu setzen zur geplanten Dividende abzüglich 17,5% (D/V). Die Wachstumsrate der Dividende (g) entspreche dem allgemeinen Wachstumsabschlag[1999]. Das Ergebnis sei um 35% zu kürzen. Das Gericht gelangte damit zu einem Risikozuschlag von 6%. Die allgemeinen Probleme wegen der Börsensicht bestehen indes auch hier.

1999) Dazu siehe Rn. 926

Sechzehnter Teil
Weitere Zuschläge
A. Besondere Risiken

Gelegentlich ist an einen höheren Zuschlag zu denken, wenn die Anlage in einem Unternehmen außergewöhnlich risikoreich ist. Das kann so sein bei einem „exotischen" Unternehmen in einem fremden Land, z.b. Basisunternehmen im Pazifik – etwa in Niue („hinter" Samoa), Cook Islands („noch weiter hinter" Neuseeland) oder bei Cyber Corporations[2000]. 918

B. Immobilitätszuschlag

Bei Personengesellschaften und Gesellschaften mit beschränkter Haftung wird oft für einen Immobilitätszuschlag (auch: Fungibilitätszuschlag) plädiert[2001], weil die Anteile kaum (§ 719 Abs. 1 BGB, §§ 105 Abs. 3, 161 Abs. 2 HGB) oder schwerer (§ 15 Abs. 3 GmbHG) zu veräußern sind. Sie werden damit regelmäßig niedriger bewertet. Gleiches gilt für vinkulierte Namensaktien (§ 68 Abs. 2 AktG). Solche Abschläge können sich auf 35% bis 50% belaufen[2002]. 919

Das ist aber differenziert zu sehen: 920

1. Wenn ein Gesellschafter gegen seinen Willen herausgedrängt wird, entfällt für diesen Vorgang die Beschränkung der Veräußerbarkeit. Dann ist es treuwidrig, wenn der Erwerber sich darauf beruft[2003]:

> „Ein Gesellschafter, der unfreiwillig aus einem Unternehmen ausscheidet, braucht sich als wertmindernden Umstand nicht entgegenhalten zu lassen, dass er seine Unternehmensbeteiligung, die er gar nicht aufgeben will, gegen eine wiederum illiquide Finanzanlage eintauschen muss. Für ihn kann es nur darauf ankommen, dass die Abfindung in Zukunft den gleichen Zahlungsstrom erbringt wie die aufgegebene Unternehmensbeteiligung"[2004].

Dem könnte man entgegenhalten, dass erst der Zuschlag die wenig liquide Anlage mit der Anlage in liquide Mittel wertmäßig gleichstellt[2005]. Der Erwerber zeigt aber durch die Übernahme, dass er den Anteil so bewertet wie eine mobilere Anlage (im Verhältnis zu ihm wird der Anteil ja mobil). Diese Sicht muss er auch dem Ausscheidenden zubilligen (Gleichheitsgedan- 921

2000) Grossfeld, Cyber Corporation Law
2001) OLG Düsseldorf, Beschl. 31.03.2006, Az.: I-26 W 5/06, http://www.justiz.nrw.de, Rz. 58
2002) Moll, Shareholder Oppression 317
2003) LG Dortmund, NZG 2004, 723, 726; Moll, aaO 366
2004) Müller, Der Wert der Unternehmung, Jus 1974, 424, 428; Klomp, Zweifelsfragen 399
2005) Moxter, Bespr. Großfeld, NJW 1994, 1852

ke!)²⁰⁰⁶⁾. Bei einem Immobilitätszuschlag erhielte der Ausscheidende u. U. keinen ertragsmäßigen Gegenwert: Er kann nur eine „mobile" Anlage wieder erwerben und braucht das **dafür** erforderliche Geld.

922 Dem Erwerber nützt die mangelnde Mobilität u. U. sogar: Sie schützt gegen „aufgedrängte" Gesellschafter, gegen „Attacken" über den Kapitalmarkt („feindliche Übernahme"). Sie kann so den Wert seiner Beteiligung erhöhen (*„staying private and not going public"*), ist jedenfalls zwischen den Gesellschaftern nicht wertmindernd²⁰⁰⁷⁾.

923 2. In anderen Fällen ist der erzielbare Abfindungsbetrag anzusetzen; Beschränkungen sind unbeachtlich, wenn die Abfindung dadurch unangemessen niedrig wird²⁰⁰⁸⁾.

C. Zugang zum Kapitalmarkt

924 Ebenso spielt der bestehende oder fehlende Zugang zum Kapitalmarkt **unter Gesellschaftern** grundsätzlich keine Rolle. Das kann anders sein, wenn man z. B. mit der Zulassung zur Börse oder mit der Aufnahme in einen bestimmten Index rechnet und deshalb auf eine Wertsteigerung hofft (was allerdings – wie am Neuen Markt gesehen – auf Euphorie beruhen mag).

D. Unternehmerische Mitbestimmung[2009]

925 Ein Zuschlag mag darauf antworten, dass eine Gesellschaft der unternehmerischen Mitbestimmung unterliegt. Die Folgen der Mitbestimmung für den Wert eines Unternehmens sind kaum untersucht. Gelegentlich hört man, dass die Mitbestimmung den Wert nicht berühre[2010]. Das mag „political correctness" oder Wunschdenken sein. Ein hoher Grad der Mitbestimmung beeinträchtigt u. U. die internationale Flexibilität und damit Chancen, mag zu „Hartz Verwicklungen" verführen. Die Aktionärskontrolle ist gelockert; das könnte einen höheren Zuschlag ergeben.

2006) Vgl. OLG München, AG 2007, 701, 704
2007) OLG Köln, NZG 1999, 1222, 1227. Ähnlich Lawson Mardon Wheat, Inc. v. Smith, 734 A. 2d 738, 749 (New Jersey 1999).
2008) OLG München, NZG 2006, 65, 66
2009) Du Plessis/Grossfeld u.a., German Corporate Governance in International and European Context, Heidelberg 2007; Kühling, Gewerkschaftsvertreter im Aufsichtsrat, Düsseldorf 2006
2010) Baums/Frick, Co-Determination in Germany: The Impact on the Value of the Firm, Arbeitspapier 1997, S. 29

Siebzehnter Teil
Wachstumsabschlag[2011]

A. Grundlagen

Normalerweise gehen wir von einer unbegrenzten Lebensdauer des zu bewertenden Unternehmens aus. In der näheren Phase (Detailplanungsphase) lassen wir die Überschüsse nominal ansteigen; wir kapitalisieren sie sodann mit einem nominalen Zinssatz[2012], den wir um die persönlichen Ertragsteuern kürzen. Das ändert sich in der ferneren Phase („ewige Rente"): Hier setzen wir einen Betrag an, den wir ad infinitum konstant halten. Steigerungen beachten wir nicht mehr; inflationäre Einflüsse bleiben außer Betracht. Dieses „Festschreiben" korrigieren wir durch einen Wachstumsabschlag[2013]. 926

Das ist eine verkürzte Sicht. Denn das Unternehmen wächst ja wahrscheinlich mengen- und inflationsbedingt weiter (nachhaltiges Wachstum); damit steigt sein Wert. Das Unternehmen wird auch Preissteigerungen in gewissem Umfang weitergeben können[2014]. Wir erfassen das durch den Wachstumsabschlag: Die Überschüsse der ferneren Phase sind abzuzinsen auf den Beginn der Phase mit einem nominalen, um persönliche Ertragsteuern gekürzten Kapitalisierungszinssatz, der um die Wachstumsrate vermindert ist[2015]: 927

> *„Für die Schätzung des zukünftigen nominalen Wachstums der finanziellen Überschüsse kann die erwartete Geldentwertungsrate daher nur ein erster Anhaltspunkt sein. Die Preissteigerungen, denen sich das Unternehmen auf den Beschaffungsmärkten gegenübersieht, können mehr oder weniger stark von dieser Geldentwertungsrate abweichen und sind zudem meist für die jeweiligen Einsatzfaktoren unterschiedlich hoch. Noch darüber hinaus kann nicht ohne weiteres unterstellt werden, dass diese Preissteigerungen voll auf die Kunden übergewälzt werden können. Vielmehr ist im konkreten Bewertungsfall eine Annahme darüber zu treffen, ob und in welcher Höhe Preissteigerungen übergewälzt werden können und darüber hinaus Mengen und Strukturänderungen zu erwarten sind"*[2016].

2011) IDW S 1 2008 Tz. 98; Widmann/Schieszl/Jeromin, Der Kapitalisierungszinssatz 808; Laitenberger/Tschöpel, Vollausschüttung und Halbeinkünfteverfahren, WPg 2003, 1357; Henselmann, Empirische Erkenntnisse zu Restwertverläufen in der Unternehmensbewertung, Finanz Betrieb 2007, 34; Lobe, Unternehmensbewertung und Terminal Value, Frankfurt/M. 2006
2012) IDW S 1 2008 Tz. 94
2013) OLG Stuttgart, AG 2008, 510, 514; OLG München, AG 2008, 28, 31; OLG Karlsruhe, NZG 2008, 791 (BeckRS 2008, 18939)
2014) OLG München, BeckRS 2006 13715; OLG Stuttgart, NZG 2007, 112, 118; OLG Stuttgart, NZG 2007, 302, 307
2015) IDW S 1 2008 Tz. 98, 122
2016) IDW S 1 2008 Tz. 96

C. Höhe

928 Deshalb ist der Kapitalisierungszins nach Steuern grundsätzlich um einen Wachstumsabschlag (ohne Abzug von Steuern) zu kürzen:

> „Wachsen die finanziellen Überschüsse unendlich lange mit konstanter Rate, ist zur Barwertermittlung der erste finanzielle Überschuss dieser Reihe mit einem um die Wachstumsrate verminderten (nominalen, ggf. um persönliche Ertragsteuern gekürzten) Kapitalisierungszinssatz zu diskontieren.
>
> Bei der Phasenmethode sind daher zunächst die in der Detailplanungsphase einzeln veranschlagten finanziellen Überschüsse mit einem – nur um persönliche Ertragsteuern gekürzten Kapitalisierungszinssatz zu diskontieren, da ein Wachstum bereits in den finanziellen Überschüssen abzubilden ist. Erst die finanziellen Überschüsse der ferneren Phase sind mit einem um einen Wachstumsabschlag geminderten – zuvor um persönliche Ertragsteuern gekürzten – Kapitalisierungszinssatz auf den Zeitpunkt des Beginns dieser Phase zu diskontieren; die weitere Abzinsung auf den Bewertungsstichtag ist dann wiederum mit dem – nur um persönliche Ertragsteuern gekürzten – nominalen Kapitalisierungszinssatz vorzunehmen"[2017].

B. Reihenfolge

929 Wir bestimmen zunächst den Kapitalisierungszinssatz. Davon ziehen wir den Wachstumsabschlag ab[2018]. Wir nutzen also zwei Zinssätze: Den für die nähere Phase (Detailplanungsphase) und den für die fernere Phase („ewige Rente"). Bei der Detailplanungsphase erhöhen wir den Basiszinssatz um den Risikozuschlag und kürzen die Summe sodann um die typisierte Einkommensteuer. Bei der „ewigen Rente" vermindern wir das Ergebnis um den Wachstumsabschlag.

C. Höhe

I. Inflationsrate

930 Für die Höhe des Abschlags ist die Geldentwertungsrate ein erster Anhaltspunkt, aber nicht allein maßgebend[2019]. Im Zeichen des Euro setzt man die Geldentwertungsrate mit 2–2,2% an[2020]. Entscheidend ist dann, inwieweit das Unternehmen die Geldentwertung auf die Kunden überwälzen kann[2021].

2017) IDW S 1 2008 Tz. 98
2018) IDW S 1 2008 Tz. 98
2019) OLG Stuttgart, Beschl. 14.2.2008 Az.: 20 W 9/06, http://www.betriebs-berater.de/, Rn. 84; vgl. BGH, NZG 2008, 469, 479; Nachweise bei Wüstemann, BB-Rechtsprechungsreport 1502
2020) Statistisches Bundesamt: Preise, Verbraucherindex und Einzelhandelspreise, Lange Reihe ab 2003. Wachstum der Jahresüberschüsse deutscher Unternehmen: Deutsche Bundesbank, Sonderveröffentlichung 1999, S. 18–19, Monatsbericht Oktober 2005, S. 38. Dazu Schüler/Lampenius, Bewertungspraxis auf dem Prüfstand: Wachstumsannahmen, BewertungsPraktiker, Nr. 3/2007, 2; dies., Wachstumsannahmen in der Bewertungspraxis: Eine empirische Untersuchung ihrer Implikationen, BFUP 2007, 232
2021) IDW S 1 n.F. Tz. 105; OLG Stuttgart, NZG 2007, 112, 118

II. Beispiele

Auf Märkten mit hohem Preiswettbewerb ist das schwierig; in der Vergangenheit soll es nur knapp zur Hälfte gelungen sein[2022]. Die nominalen Überschüsse können auch durch Mengen- und Strukturveränderungen steigen (neue Produkte, Einsparung von Kosten)[2023]. Zu bedenken sind neue Wettbewerber. Der Wachstumsabschlag ist mehr als ein Inflationsabschlag[2024].

II. Beispiele

Die Annahme eines Nullwachstums findet sich bisher nicht. Die Gerichte wählen den Wachstumsabschlag aber gelegentlich mit 0,25% (*„sehr vorsichtig"*)[2025], zumeist aber zwischen 0,5%[2026] und 3%[2027], etwa in Höhe zurückhaltend bemessener Inflationsraten[2028]; als „Mittelwert" ist 1% beliebt[2029]. Als *„regelmäßig"* gelten auch 1% bis 2%[2030]. 2,5% gelten als *„ambitioniert"*[2031]. Das OLG Düsseldorf wählte für Mitte 1995 bei einem Hersteller von Geräten zur Herstellung von Milchprodukten 1,35%[2032], das LG Bremen in einer anderen Branche 2%[2033], das LG Dortmund bei einem Sanitärunternehmen 2% [2034] und das LG Frankfurt/M. 0,5% bei einer Brauerei[2035]. Das OLG München setzte für einen Hersteller von Zellstoff, Papier und Pappe (*„starke Preisschwankungen"*) 1% an[2036], ebenso für einen regionalen Energieversorger (Verteilung und Vertrieb)[2037], bei einer Bank *„angesichts der hohen Konkurrenz auf dem Gebiet der Direktbanken"*[2038] und bei einem

931

2022) Einzelheiten LG Frankfurt/M., AG 2007, 42, 47; Widmann/Schieszl/Jeromin, Der Kapitalisierungszinssatz, S. 809
2023) LG Frankfurt/M., Beschl. 21.3.2006, S. 24
2024) OLG Stuttgart, AG 2008, 510, 515
2025) OLG Celle, Beschl. 29. 12. 2006, Az.: 9 W 41/06, S. 7
2026) LG Frankfurt/M., AG 2007, 42, 47
2027) OLG Stuttgart, NZG 2007, 112, 118 für den 15.8.2002; OLG Düsseldorf, NZG 2003, 588, 595 2% für 1192. Auflistung bei Munkert, Der Kapitalisierungszinssatz 505ff.; Ballwieser, Unternehmensbewertung, S. 105ff.
2028) OLG Stuttgart, NZG 2007, 112, 118
2029) OLG Stuttgart, NZG 2007, 112, 118; OLG Stuttgart, BB 2007, 682; OLG München, BB 2007, 2395, 2397. Vgl. LG Dortmund, NZG 2004, 723, 726; OLG München, AG 2007, 287, 290; BeckRS 2007 09107; Widmann/Schieszl/Jeromin, Der Kapitalisierungszinssatz 810 halten bei einem Basiszinssatz von 5,5% und einer Inflationsrate von 1% – 2% durchschnittlich 0,5% und höchstens 1% für möglich (Ende 2003)
2030) Wagner/Jonas/Ballwieser/Tschöpel, Unternehmensbewertung in der Praxis 1020
2031) Auskunft Gerwald Mandl, Graz
2032) OLG Düsseldorf, Az.: I-26 W 5/06 AktE, 31.3.2006, http://www.justiz.nrw.de
2033) LG Bremen, AG 2993, 215
2034) LG Dortmund, Beschl. 19.3.2007 Az.: 18 AktE 5/03
2035) LG Frankfurt/M., Beschl. 21.3.2006, Az.: 3-05 O 153/04, S. 23
2036) OLG München, AG 2008, 28, 31
2037) OLG München, AG 2007, 287, 290
2038) OLG München, BeckRS 2007 09107

Hersteller von Wälzlagern[2039]. Das OLG Stuttgart machte es ebenso für ein Unternehmen im Automobilhandel, auf *„nicht sonderlich starken Märkten"* mit einem *„starken Wettbewerbsdruck"*[2040]. Es hielt 1% für angemessen bei einem Unternehmen für den Vertrieb von Milch, Milcherzeugnissen und sonstigen Nahrungsmitteln [2041]. Ein Schiedsgericht erkannte ebenfalls auf 1%[2042]. Im Verschmelzungsvertrag T-Online/Deutsche Telekom (April 2005) setzte man für T-Online 3,5% und für Deutsche Telekom 2,0% an[2043]. Bei der Verschmelzung der Allianz Aktiengesellschaft (Februar 2006) ergab sich 1%[2044], beim Fall Vattenfall Europe Aktiengesellschaft (Anfang März 2006) 0,25%[2045].

D. Verhältnis zum Ausgangszinssatz

932 Die Höhe richtet sich ebenfalls nach dem Verhältnis zum Ausgangszinssatz; es gilt das zum Risikozuschlag Gesagte in umgekehrter Richtung[2046]. Beim Vergleich von Abschlägen ist also zu beachten, welcher Ausgangszinssatz zu Grunde liegt. Risikozuschlag und Wachstumsabschlag können sich u. U. der Größenordnung nach aufheben[2047].

E. Thesaurierte Überschüsse[2048]

I. Ausgangslage

933 Das Wachstum wird durch die Thesaurierung im Rahmen der Ausschüttungsquote gesteigert[2049]. Es kann höher liegen, weil die thesaurierten Überschüsse steigende Überschüsse schaffen. Damit tritt ein preis- oder mengenbedingtes Wachstum neben ein steuerlich veranlasstes. Dieses Miteinander müssen wir beachten[2050].

2039) OLG München, Beschl. 31.3.2008 Az.: 31 Wx 88/06, http://www.betriebsberater.de/, S. 17
2040) OLG Stuttgart, BeckRS 2007 05049, Leitsätze NZG 2007, 478
2041) OLG Stuttgart, AG 2008, 510, 515
2042) Schiedsspruch, SchiedsVZ 2007, 219, 223
2043) Verschmelzung oben Rn. 484, S. 261
2044) Verschmelzungsbericht, oben Rn. 484, S. 229
2045) Bericht der Vattenfall Aktiebolag, oben Rn. 569, S. 118
2046) Siehe Rn. 643
2047) BayObLG, AG 2002, 390, 391; AG 2006, 41, 44
2048) Wagner/Jonas/Ballwieser/Tschöpel, Weiterentwicklung 895, 897
2049) LG Frankfurt/M., AG 2007, 42, 47
2050) Schwetzler, Halbeinkünfteverfahren und Ausschüttungsäquivalenz – die Überanpassung der Ertragswertbestimmung, WPg 2005, 601; Wiese, Wachstums- und Ausschüttungsannahmen im Halbeinkünfteverfahren, WPg 2005, 617; Knoll, Wachstum und Ausschüttungsverhalten in der ewigen Rente, WPg 2005, 1120; Schwetzler, Ausschüttungsäquivalenz, inflationsbedingtes Wachstum und Nominalrechnung in IDW S 1 n. F. WPg 2005, 1125

II. Wirkung

Das LG Frankfurt/M. sagt dazu[2051]:

934

> „Daraus ergibt sich aber auch, dass zukünftig bei einer Unternehmensbewertung unter Abkehr von der Vollausschüttungsprämisse (vgl. IDW ES 1 Tz. 48 wohl 46) die angenommene freiwillige Thesaurierung der Gewinne durch ihre Wiederanlage im Unternehmen zu einer Rendite führen wird, die nach Abzug der Unternehmenssteuern mindestens dem Kalkulationsfuß entspricht und damit zu einem Gewinnwachstum führen wird, der seinen Niederschlag in entsprechenden Wachstumsabschlägen bei dem Zinssatz der Abfindung finden muss".

Weiter heißt es:

935

> „Hinsichtlich der geplanten thesaurierten Beträge muss hier nämlich unterstellt werden, dass diese mindestens in einer kapitalwertneutralen Anlage zum Kapitalisierungszins vor allen Unternehmenssteuern angelegt wird (vgl. IDW ES 1 Tz. 47[2052])«[2053]).

2051) LG Frankfurt/M., Beschl. 21.3.2006, Az.: 3-05 O 153/04, S. 24f.

2052) Tz. 46

> „Soweit die Planung zwei Phasen unterscheidet, sind die Ausschüttungen der finanziellen Überschüsse sowie die Verwendung thesaurierter Beträge für die erste Phase der Planung (Detailplanungsphase) (vgl. Abschn. 5.3) auf der Basis des individuellen Unternehmenskonzeptes und unter Berücksichtigung der bisherigen und geplanten Ausschüttungspolitik, der Eigenkapitalausstattung und der steuerlichen Rahmenbedingungen zu bestimmen. Liegen Planungen zur Verwendung thesaurierter Beträge nicht vor, ist eine kapitalwertneutrale Anlage der Thesaurierungsbeträge zum Kapitalisierungssatz vor Steuern (d. h. vor Unternehmenssteuern) oder wertgleich durch eine fiktive unmittelbare Zurechnung der thesaurierten Beträge an die Anteilseigner vereinfachend zu unterstellen. Dies gilt nicht, sofern dem tatsächlichen Gegebenheiten (z. B. geringere Anlagemöglichkeiten zum Kapitalisierungszinssatz, fehlende Marktchancen für entsprechende Expansion, fehlende Möglichkeit von Aktienrückkäufen) erkennbar entgegenstehen".

Tz. 47

> „Im Rahmen der zweiten Phase (vgl. Abschn. 5.3) wird grundsätzlich typisierend angenommen, dass das Ausschüttungsverhalten des zu bewertenden Unternehmens äquivalent zum Ausschüttungsverhalten der Alternativanlage ist, sofern nicht Besonderheiten der Branche, der Kapitalstruktur oder der rechtlichen Rahmenbedingungen zu beachten sind. Für die Wiederanlage der thesaurierten Beträge ist dann kapitalwertneutral typisierend die Anlage zum Kapitalisierungszinssatz (vor Berücksichtigung der auf der Unternehmensebene anfallenden Steuern) anzunehmen"

IDW S 1 2008 sagt in Tz. 36:

> „Sofern für die Verwendung thesaurierter Beträge keine Planungen vorliegen und auch die Investitionsplanung keine konkrete Verwendung vorsieht, ist eine sachgerechte Prämisse zur Mittelverwendung zu treffen. Unterliegen die thesaurierungsbedingten Wertzuwächse einer effektiven Veräußerungsgewinnbesteuerung, so ist dies bei der Bewertung zu berücksichtigen".

2053) LG Frankfurt/M., Beschl. 21.3.2006, Az.: 3-05 O 153/04, S. 24f.

III. Methode

936 Das infolge der Thesaurierung gesteigerte Wachstum lässt sich dadurch erfassen, dass man eine zusätzliche Thesaurierung in Höhe der Wachstumsrate bezogen auf das Eigenkapital annimmt[2054]:

> „Werterhöhend wirkt allein die Transformation von ansonsten sofort zu versteuernden Ausschüttungen in erst später zu versteuernde Ausschüttungen aus der Anlage und Verzinsung der thesaurierten Beträge zum Kapitalisierungszinssatz"[2055].

937 Man kann dem dadurch entsprechen, dass man den Wachstumsabschlag erhöht[2056]:

> „Es wäre daher neben dem bereits existierenden Abschlag für preis- und/oder mengenbedingtes Wachstum ein Wachstumsabschlag bei der Abzinsung für die Berücksichtigung wachsender Ausschüttungen infolge der anteiligen Thesaurierung zusätzlich zu berücksichtigen"[2057].

938 Einfacher ist aber ein Verfahren, wie wir es für die thesaurierten Überschüsse schon kennen lernten[2058]: Wir setzen zunächst die ausgeschütteten Überschüsse an und diskontieren sie nach der Formel für die „ewige Rente". Dann setzen wir die thesaurierten Überschüsse in Höhe des Kapitalisierungszinssatzes vor Abzug der Unternehmenssteuern[2059] an und diskontieren sie ebenfalls mit der Formel für die „ewige Rente". Die Ergebnisse addieren wir.

F. Ertragsteuern

939 Den Wachstumsabschlag mindern wir **nicht** um Ertragsteuern der Eigner. Sie sind „wertneutral"[2060], weil es über einen langen Zeitraum auf die zeitliche Verschiebung der Steuerzahlung wohl nicht ankommt.

2054) T-Online/Deutsche Telekom S. 261; Wagner/Jonas/Ballwieser/Tschöpel, Weiterentwicklung

2055) IDW S 1 2005 Tz. 53. IDW S 1 2008 Tz. 43 sagt nur:
„Daher sind die wertrelevanten steuerlichen Verhältnisse der Anteilseigner bei der Ermittlung des objektivierten Unternehmenswertes im Bewertungskalkül sachgemäss zu typisieren".

2056) LG Frankfurt/M., AG 2007, 42, 47. Die Formel wird verfeinert durch Wiese, Wachstums- und Ausschüttungsannahmen im Halbeinkünfteverfahren, dort Formel Kapital III Nr. 14; ich ziehe wohl diese Formel vor. Wiese wendet sich gegen Schwetzer, Halbeinkünfteverfahren und Ausschüttungsäquivalenz, WPg 2005, 610. Dazu ist auch zu beachten Wiese, Das Nachsteuer CAPM

2057) LG Frankfurt/M., Beschl. 21.3.2006, Az.: 3-05 O 153/04, S. 24f.

2058) Siehe Rn. 487

2059) IDW S 1 2005 Tz. 46; IDW S 1 2008 Tz. 36

2060) IDW S 1 2005 Tz. 53

G. Abzinsung auf Bewertungsstichtag

Den so gefundenen Barwert der ewigen Rente zinsen wir dann weiter auf den Bewertungsstichtag ab. Wir benutzen dazu den Ausgangszinssatz **ohne** Wachstumsabschlag[2061].

940

H. Sicherung des Wachstums

Wie in der Detailphase bedarf auch das Wachstum in der Fortführungsphase der Finanzierung. Bei der Verschmelzung der T-Online International AG auf die Deutsche Telekom AG[2062] ist dazu gesagt:

941

> „Zur Finanzierung des damit verbundenen Wachstums in der Fortführungsperiode ist eine Thesaurierung in Höhe der Wachstumsrate bezogen auf das Eigenkapital zum Ende des Detailplanungszeitraums zu berücksichtigen".

In der Verschmelzungsdokumentation der Allianz Aktiengesellschaft zur Allianz SE heißt es:

942

> „Zur Finanzierung des unterstellten Wachstums in der ewigen Rente bedarf es bei Kreditinstituten und Versicherungsunternehmen der zusätzlichen Stärkung des Kapitals. Zur Berücksichtigung dieser Erfordernisse ist in der ewigen Rente eine Thesaurierung in Höhe der Wachstumsrate bezogen auf den Net Asset Value zum Ende des Detailplanungszeitraums zu berücksichtigen. Der Net Asset Value entspricht dem bilanziellen Eigenkapital abzüglich Firmenwerten zuzüglich stiller Reserven auf Kapitalanlagen"[2063].

J. Zusammenschau

Fassen wir die Reihenfolge noch einmal zusammen:

943

1. In der Detailplanungsphase sind die Überschüsse der einzelnen Jahre abzuzinsen mit dem nominalen Kapitalisierungszins nach Steuern (Ausgangszins).

2. Der Überschuss des ersten Jahres der zweiten Phase („ewige Rente") ist zu kapitalisieren mit dem Ausgangszins nach Abzug des Wachstumsabschlags (Wert der ewigen Rente).

3. Der so gefundene Wert der ewigen Rente ist sodann abzuzinsen auf den Bewertungsstichtag (Barwert der ewigen Rente). Dafür nutzen wir den Ausgangszins **ohne** Wachstumsabschlag.

2061) IDW S 1 2008 Tz. 98
2062) Verschmelzung S. 261
2063) Verschmelzung 230

Achtzehnter Teil
Ertragswertverfahren[2064]

A. Grundlagen

Hier diskontieren wir die den Eignern künftig zufließenden Überschüsse des betriebsnotwendigen Vermögens (Barwert), wie sie sich aus den handelsrechtlichen Erträgen ergeben. Wir gehen von den bereinigten Ergebnissen der Vergangenheit aus und entwickeln daraus die Prognosen[2065]. Der Unternehmenswert wird einstufig ermittelt: Die Überschüsse werden um die Kosten des Fremdkapitals vermindert und dann in einem Schritt diskontiert[2066]. Dann fügen wir den Barwert des nicht betriebsnotwendigen Vermögens hinzu.   944

B. Wahlfreiheit

Das Ertragswertverfahren ist in Literatur und Rechtsprechung anerkannt[2067]; es steht gleichberechtigt neben dem Discounted Cashflow-Verfahren (Methodenoffenheit)[2068].   945

Die Gerichte nutzen bisher ganz überwiegend das Ertragswertverfahren[2069]. Das Discounted Flow Verfahren dringt aber international vor, weil es weniger „kulturabhängig" erscheint („cash" = „cash")[2070], was indes zweifelhaft ist. Das wird sich bei uns auswirken, wenn die europäischen International Financial Reporting Standards (Internationale Standards der Rechnungslegung) auf den Einzelabschluss „durchschlagen"[2071] (bisher sind sie nur für den Konzernabschluss eines börsennotierten Unternehmens zwingend, § 315a HGB). Die europäischen Standards mit ihrer stärkeren Orientierung an Zeitwerten erlauben mehr subjektive Wertsichten und damit „gestaltbare" Erträge.   946

2064) IDW S 1 2008 Tz. 101-122; OLG Düsseldorf, NZG 2004, 429; OLG Stuttgart, NZG 2007, 112, 114; NZG 2007, 302,306
2065) IDW S 1 2008 Tz. 102-105
2066) IDW S 1 2008 Tz. 99
2067) BGH, AG 2003, 627f.; OLG München, BeckRS 2007 09107; OLG Karlsruhe, NZG 2008, 791 (BeckRS 2008, 18939)
2068) IDW S 1 2008 Tz. 7, 101
2069) Nachweise bei Wüstemann, BB-Rechtsprechungsreport 1499
2070) Großfeld/Egert, Cash Flow in der Unternehmensbewertung, in: FS Ludewig, Düsseldorf 1996, S. 365
2071) Großfeld, Grenzüberschreitende Rechnungslegung

C. Grundsatz

I. HGB Zahlen

947 Bisher ermitteln wir die künftigen Überschüsse aus den handelsrechtlichen Ergebnissen des betriebsnotwendigen Vermögens (Bilanzrecht des HGB). Sie sind unser „Eichstrich"[2072]. Wir gelangen so zu einer Ertragsüberschussrechnung nach folgendem Muster:

	Umsatzerlöse
+	Sonstige Erträge
./.	Materialaufwand
./.	Personalaufwand
./.	Lineare Abschreibung
./.	Außerordentliche Abschreibung/Sonderabschreibung
./.	Abschreibung auf Finanzanlage
./.	Sonstiger Aufwand
=	**Operatives Ergebnis**
+	Beteiligungsertrag Inland (netto)
+	**Beteiligungsertrag Ausland (Brutto)**
=	**Ergebnis vor Steuern und Zinsen (= Ebit = Earnings before interests and taxes)**
+	Zinsertrag
./.	Zinsaufwand
=	**Ergebnis vor Steuern**

948 Davon ziehen wir die Unternehmenssteuern ab. Das sind bei Personengesellschaften die Gewerbesteuer, bei Kapitalgesellschaften die Gewerbesteuer und die Körperschaftsteuer, jeweils mit Solidaritätszuschlag[2073].

2072) Knoll, Unternehmensbewertung auf der Basis von IFRS Zahlen 371
2073) IDW S 1 2005 Tz. 117 a. E.

II. IFSR-Zahlen

Danach gleichen wir einen evtl. Verlustvortrag aus und erhalten so den Gesamtertrag, den wir in Ausschüttungsquote und Thesaurierungsquote aufteilen (System der Teilausschüttung)[2074]. Den Ausschüttungsbetrag kürzen wir sodann um die typisierten Ertragsteuern der Eigner. Bei Kapitalgesellschaften berücksichtigten wir bisher das Halbeinkünfteverfahren[2075], bei Personengesellschaften die Anrechnung der Gewerbesteuer auf die persönliche Ertragsteuer[2076]. Wir setzen sodann die Veränderungen des Kapitals aufgrund von Einlagen oder Entnahmen an. Danach zinsen wir auf den Stichtag ab.

949

II. IFSR-Zahlen[2077]

Das Vordringen der International Financial Reporting Standards (IFSR) mag uns eine andere Basis bringen. Sie können schon jetzt wirksam werden, wenn wir den Konzernabschluss ergänzend mit heranziehen (z. B. bei Prognose oder Risikoeinschätzung)[2078]. Die neuen Regeln stellen nicht auf ausschüttbare Gewinne ab; sie können zu einem früheren Ausweis des Gewinns und zu einer vorgezogenen Steuerlast führen. Bisher ist es naheliegend, alternativ auf HGB-Basis umzurechnen[2079].

950

D. Bereinigungen[2080]

Im Allgemeinen sind die folgenden Punkte zu bereinigen:

951

– Aufwendungen und Erträge des nicht betriebsnotwendigen Vermögens, z. B. Erträge aus Beteiligungen, die nicht betriebsnotwendig sind[2081];

– Periodenabgrenzung, z. B. Bewertung halbfertiger Arbeiten zu anteiligen Erlösen; Zuordnung aperiodischer Aufwendungen und Erträge, wie etwa Bildung und Auflösung von Rückstellungen;

– Bilanzierungswahlrechte, z. B. Änderung von Bewertungsmethoden;

– Personenbezogene und andere spezifische Ergebnisfaktoren, z. B. kalkulatorischer Unternehmerlohn, besondere Einkaufs- und Absatzbeziehung im Konzernverbund;

2074) Siehe Rn. 487
2075) IDW S 1 2005 Tz. 54
2076) IDW S 1 2005 Tz. 54
2077) IDW S 1 2008 Tz. 102
2078) OLG Hamburg, ZIP 2004, 2288; OLG Hamm, DB 2005, 1956; Entwurf Neufassung IDW S 1 Tz. 102
2079) Knoll, Unternehmensbewertung auf der Basis von IFRS Zahlen 372; ders., EWiR 2005, 278f.; vgl. Essler, Internationale Bewertungsstandards – Aktuelle Entwicklungen und Auswirkungen für Bewertungsprofessionals in Deutschland, Bewertungs Praktiker 2007, 13
2080) IDW S 1 n.F. Tz. 112
2081) Zur Abgrenzung OLG München, Beschl. 30.11.2006, Az.: 31 Wx 059/06

– Verrechnungspreise[2082];

– Folgen von Bereinigungen, z. B. Änderungen für Vor- oder Folgejahre, ergebnisabhängige Bezüge und Steuern.

E. Aufwendungen und Erträge

952 Wir beginnen bei den vorliegenden Gewinn- und Verlustrechnungen und planen von daher die Zukunftsphasen. Dabei analysieren wir die Produkte und Produktbereiche und achten auf die Trends bei Aufwendungen und Erträgen[2083]. Im Einzelnen gilt:

I. Umsatzerlöse[2084]

953 Wir benutzen die Umsatzplanung des Unternehmens, soweit sie plausibel ist. Wir schauen auf saisonale Einflüsse (z. B. Weihnachtsgeschäft), auf allgemeine und branchenbezogene Einflüsse und prüfen, ob das Unternehmen im Branchentrend liegt. Einmalerträge sind u. U. auszusondern. Wir untersuchen auch die künftige Entwicklung der Kosten-Erlös-Relationen[2085].

II. Aufwendungen[2086]

954 Folgende Positionen verlangen besondere Aufmerksamkeit:

– Kosten-Erlös-Verhältnis: Wird es sich fortsetzen, sind parallele Preisänderungen auf Absatz- und Beschaffungsmärkten zu erwarten?

– Materialaufwand: Zu schätzen sind die künftige Produktionsmenge (einschließlich Abfällen, Gewichtsverlust und Ausschuss) und die Preise für Roh-, Hilfs- und Betriebsstoffe;

– Personalaufwand: Zu beachten sind absehbarer Personalaufbau oder -abbau, voraussichtliche Lohn- und Gehaltssteigerungen;

– Pensionen: Wenn Aufwendungen und Auszahlungen wesentlich auseinander fallen (noch kein „Beharrungszustand"), sind die Folgen für Finanzierung und Steuern zu schätzen;

– Abschreibungen: Zu korrigieren sind u. U. außerordentliche Abschreibungen (§ 253 Abs. 3 S. 2 HGB), „weitere" Abschreibungen (§ 253 Abs. 4 HGB), steuerliche Abschreibungen (§§ 254, 279 Abs. 2 HGB). Statt degressiven sind lineare Abschreibungen anzusetzen;

2082) Siehe Rn. 317
2083) IDW S 1 2008 Tz. 104f.
2084) IDW S 1 2008 Tz. 106
2085) IDW S 1 2008 Tz. 108
2086) IDW S 1 2005 Tz. 117

IV. Abschreibungen

– Reinvestitionsrate: Wir legen die Investitionsplanungen des Unternehmens zugrunde, soweit sie plausibel sind. Es liegt nahe, nach Art der Investitionen zu unterscheiden: z. B. Ersatz (gleiche neue Anlagen), Rationalisierung (technisch neue Anlagen), Erweiterung (zusätzliche Anlagen), Sonstige (Umwelt, Soziales, Verwaltung). Die Zahlungen dafür nehmen wir in den Finanzplan auf;

– Rückstellungen: Sie sind periodengerecht (nach Geschäftsjahren) aufzuteilen. Falls die Risikolage unverändert bleibt, setzen wir die erfahrungsgemäß zu erwartende Inanspruchnahme an.

III. Unternehmenssteuern

Die Unternehmenssteuern sind abzusetzen. Es handelt sich um die Gewerbeertragsteuer und die Körperschaftsteuer plus Solidaritätszuschlag[2087]. 955

IV. Abschreibungen

Überschuss ist nur, was bei Erhaltung der Substanz abgeschöpft werden kann. Deshalb sind alle Aufwendungen zur Sicherung der Substanz abzusetzen. Sehen wir uns das schematisch an[2088]. 956

1. Reinvestitionsrate

Abschreibungen berechnen wir von den Anschaffungs- und Herstellungskosten (§ 254 Abs. 1 S. 1 HGB). Sie kommen normalerweise als Kalkulationskosten über den Preis wieder herein (Finanzierungsfunktion der Abschreibung). Sie reichen indes nicht zur Erhaltung der Substanz aus, wenn wegen der Geldentwertung die Wiederbeschaffung teurer wird. Ist z. B. eine Maschine mit 10.000€ abgeschrieben, kostet eine gleiche Maschine jetzt aber 20.000€, so genügt der Abschreibungsbetrag nicht zur Neuanschaffung. Wir müssen die Reinvestitionsrate ansetzen. 957

Deshalb ist beim Anlagevermögen von Wiederbeschaffungswerten abzuschreiben (Tagesneuwerte)[2089], wie es das Unternehmen in seiner Kalkulation tut. Wir erhöhen also die „historischen" Abschreibungen um die Reinvestitionsquote[2090] und stellen so die Abschreibungen auf Wiederbeschaffungskosten um[2091]. 958

Aber selbst dann wird die Substanz nicht erhalten. Denn in unserem Beispiel behält das Unternehmen keine 20.000€. Das Steuerrecht lässt nämlich eine 959

2087) IDW S 1 2005 Tz. 117 a. E.
2088) Anschaulich OLG Düsseldorf, Az.: I-26 W 5/06 AktE, 31.3.2006, http://www.justiz.nrw.de
2089) OLG Celle, Beschl. 10.7.2008 Az.: 9 W 10/08, II 1 b
2090) LG Berlin, NZG 2000, 284, 285; OLG Düsseldorf, DB 2000, 82
2091) Einzelheiten OLG Düsseldorf, Beschl. 31.03.2006, Az.: I-26 W 5/06 AktE

Abschreibung von Wiederbeschaffungswerten nicht zu. Es gestattet nur 10.000 € als Abschreibung; für die anderen 10.000 € ist Körperschaftsteuer zu zahlen. Diese Steuer auf Scheingewinne führt zu einer Finanzierungslücke und damit zu einem höheren Zinsaufwand. Das lässt sich durch die Bildung einer freien Rücklage auffangen[2092].

2. Technik

960 Die Reinvestitionsraten setzen wir mit den Wiederbeschaffungskosten an, indem wir die Normalabschreibungen durch die Reinvestitionsraten erhöhen. Das LG Berlin erläutert:

> *„Denn für die Ermittlung des tatsächlichen Ertragswertes eines Unternehmens ist nicht die Höhe der tatsächlichen Abschreibungen, sondern nur der Abschreibungen auf die Wiederbeschaffungskosten maßgebend, die erforderlich sind, um das Unternehmen auch in Zukunft zu sichern"*[2093].

961 Ähnlich erklärt das OLG Düsseldorf:

> *„Es ist deshalb notwendig, dass die steuerlich nur auf die Beschaffungskosten zulässigen Abschreibungen auf Wiederbeschaffungskosten umgestellt werden, wenn zum Zweck des Ausgleichs und der Abfindung der erzielbare Zukunftserfolg errechnet werden soll"*[2094].

V. Finanzplanung[2095]

962 Sie ist wesentlicher Teil der Unternehmensführung und wirkt in alles hinein. Wir müssen uns bei der Finanzplanung auf wesentliche Vorgänge beschränken.

963 Jeder Finanzüberschuss und jeder Finanzbedarf gestaltet das Verhältnis von Zinserträgen und Zinsaufwendungen. Deshalb ist zu beachten, wie sich der Finanzbedarf infolge des Anstiegs oder der Verringerung von Eigen- und Fremdmitteln entwickelt. Dies kann das Risiko der Kapitalgeber verändern und den Risikozuschlag beeinflussen (Kapitalstrukturrisiko[2096]). Wandlungen der Finanzstruktur wirken sich auf Zinserträge und Zinsaufwendungen aus. Deren Prognose ist der Kern der Finanzplanung; dabei kann man einen durchschnittlichen langfristigen Zinssatz nutzen[2097].

2092) OLG Düsseldorf, DB 2000, 81, 82
2093) LG Berlin, NZG 2000, 284, 285
2094) OLG Düsseldorf, AG 2000, 323, 324
2095) IDW S 1 2008 Tz. 109
2096) Siehe Rn. 339
2097) IDW S 1 2008 Tz. 111

VI. Liquidität/Ausschüttbarkeit

Überschüsse sind nicht gleich Liquidität, sind also nicht ohne weiteres ausschüttbar. Deshalb ist zu prüfen, was Ausschüttungen insoweit bewirken: Finanzbedarf und Finanzdeckung dafür sind einander gegenüber zu stellen. Wir erhalten so die Grundlagen für das Zinsergebnis, welches wiederum in die Überschussrechnung eingeht. 964

VII. Persönliche Ertragsteuern

Die auszuschüttenden finanziellen Überschüsse (nicht die einbehaltenen) mindern wir um die persönlichen Ertragsteuern der Unternehmenseigner[2098] – bei Kapitalgesellschaften beachten wir bisher das Halbeinkünfteverfahren[2099], ab 2009 die Abgeltungsteuer[2100]. 965

2098) IDW S 1 2005 Tz. 121, oben
2099) IDW S 1 2005 Tz. 37-40, 53-54, 121
2100) IDW S 1 2008 Tz. 44, 46

Neunzehnter Teil
Discounted Cashflow-Verfahren[2101]

„*Cash is King*"[2102]

A. Überblick[2103]

„*Wissenschaftliche Kämpfe
Der Erste hat das Haar gespalten
Und einen Vortrag darüber gehalten;
Der Zweite fügt es neu zusammen
Und muss die Ansicht des Ersten verdammen;
Im Buche des Dritten kann man lesen,
Es sei nicht das richtige Haar gewesen*"[2104].

I. Einführung

Neben das Ertragswertverfahren treten zunehmend Varianten des Discounted Cashflow-Verfahrens (DCF-Verfahren)[2105]. Es bestimmt den Unternehmenswert durch die Abzinsung von Cashflows (= Geldströme, Zahlungsüberschüsse), d. h. von liquiden Mitteln, die in das Unternehmen hinein und aus ihm heraus fließen. Dem zugrunde liegt ein Misstrauen gegenüber der Bilanzkosmetik bei Bewertungen[2106]. Man meint, dass Zahlungen weniger manipulierbar sind: Eine leere Hoffnung[2107]. Wir unterscheiden drei Verfahren[2108]: Equity-Ansatz[2109], Konzept der gewogenen Kapitalkosten (WACC-Ansatz)[2110] und Konzept des angepassten Barwerts (APV-Ansatz)[2111]. Ein dominantes Verfahren gibt es bisher nicht; in der Praxis findet sich besonders der WACC-Ansatz[2112]. 966

Die Wende zu Cashflows zeigte sich an der obligatorischen Kapitalflussrechnung im Konzernabschluss börsennotierter Mutterunternehmen zu- 967

2101) IDW S 1 2008 Tz. 124-138; Seppelfricke, Handbuch, S. 21ff.; Behringer, Cash-flow und Unternehmensbewertung, 8. Aufl., Berlin 2003; Wiese, DCF-Verfahren bei Wachstum, Teilausschüttung und persönliche Besteuerung. Eine vergleichende Analyse, 2006 (Google); Großfeld/Stöver, Ermittlung des Betafaktors
2102) Copeland/Koller/Murrin, Valuation, 3. Aufl., New York u. a. 2000, S. 73. Ballwieser, Unternehmensbewertung, S. 177 Fn. 579 meint, dass bei der Übersetzung „Cashflow als Erfolgsmaßstab" die „*Wirkung ... verblasst*".
2103) Behringer, Cash-flow
2104) Ludwig Fulda, Das Buch der Epigramme, Berlin 1920, S. 304
2105) IDW S 1 2008 Tz. 101
2106) Siehe Rn. 193
2107) Siehe Rn. 194
2108) IDW S 1 2008 Tz. 124
2109) IDW S 1 2008 Tz. 138
2110) IDW S 1 2008 Tz. 125-135
2111) IDW S 1 2008 Tz. 136f.
2112) Guter Überblick bei Hommel/Demel, Unternehmensbewertung, S. 309ff.

A. Überblick

nächst im Handelsgesetzbuch (§ 297 Abs. 1 S. 2) und jetzt im Europäischen Recht (IFRS/IAS 7). Rating Methoden beruhen oft auf Cashflow Rechnungen.

968 Der IDW S 1 2008 erklärt:

>„Ertragswert- und Discounted Cash Flow Verfahren beruhen auf der gleichen konzeptionellen Grundlage ... Bei gleichen Bewertungsannahmen bzw. -vereinfachungen, insbesondere hinsichtlich der Finanzierung, führen beide Verfahren zu gleichen Unternehmenswerten. Beobachtet man in der Praxis unterschiedliche Unternehmenswerte aufgrund der beiden Verfahren, so ist dies regelmäßig auf unterschiedliche Annahmen – insbesondere hinsichtlich Zielkapitalstruktur, Risikozuschlag und sonstiger Plandaten – zurückzuführen"[2113].

II. Free Cashflows

969 Das DCF–Verfahren stellt die Liquidität des Unternehmens und damit die Fähigkeit, in der Zukunft zu bestehen, in den Mittelpunkt: Welche entziehbaren Zahlungsüberschüsse (Free Cash-Flows) werden erwartet? Das sind die Überschüsse, die an die Anteilseigner ausgeschüttet werden dürfen (handelsrechtliche Ausschüttbarkeit gemäß § 169 Abs. 1 HGB, § 29 Abs. 1 GmbHG, §§ 57 Abs. 3, 158 AktG). Thesaurierte Cashflows erfassen wir durch die Veränderung entsprechender Bilanzpositionen[2114]. Daher ist zu beachten, ob Verlustvorträge oder die Bildung gesetzlicher Rücklagen eine Ausschüttung verhindern. Je nach dem genutzen Verfahren definieren wir die zu kapitalisierenden Überschüsse anders. Das verlangt unterschiedliche Rechentechniken, soll aber nicht zu anderen Ergebnissen führen (Vorsicht!)[2115].

III. Prognose

970 Den Cashflow schätzen wir als konstante Größe oder nach der Phasenmethode[2116]. Für die nähere Phase wählen wir drei bis fünf Jahre, für die fernere Phase ermitteln wir einen Zusatzwert (Residualwert)[2117]. Dabei unterscheiden wir zwischen Fortführung oder Veräußerung (Liquidation) des Unternehmens; maßgeblich ist grundsätzlich der jeweils höhere Residualwert[2118].

2113) IDW S 1 2008 Tz. 101
2114) IDW S 1 2008 Tz. 127
2115) Vgl. Rn. 195
2116) IDW S 1 2008 Tz. 125, 129-131
2117) IDW S 1 2008 Tz.125. Dazu Stellbrink, Der Restwert in der Unternehmensbewertung, Düsseldorf 2005; Dausend/Lenz, Unternehmensbewertung
2118) IDW S 1 2008 Tz. 129

IV. Ermittlung

Fortführungswert ist der Barwert der Cashflows am Beginn der fernen Phase 971
(„ewige Rente"[2119]; die Kapitalstruktur setzen wir dabei als konstant an[2120].
Liquidationswert ist der voraussichtliche Veräußerungswert **als Ganzes** abzüglich der Kosten[2121]. Ihn finden wir nach den allgemeinen Regeln[2122].

Schließlich fügen wir dem Gesamtkapitalwert den Wert des nicht betriebs- 972
notwendigen Vermögens hinzu[2123].

IV. Ermittlung

1. Cashflow

Die Definition des Cashflows gewährt Spielraum für Argumentation, weil es 973
für die Definition unterschiedliche Ansätze gibt[2124]. IDW S. 1 2008[2125] bestimmt so:

> „Die künftigen Free Cashflows sind jene finanziellen Überschüsse, die unter Berücksichtigung gesellschaftsrechtlicher Ausschüttungsgrenzen allen Kapitalgebern des Unternehmens zur Verfügung stehen. Die Free Cashflows stellen finanzielle Überschüsse nach Investitionen und Unternehmenssteuern, jedoch vor Zinsen, sowie nach Veränderungen des Nettoumlaufvermögens dar. Thesaurierte Cashflows werden insoweit durch die Veränderung entsprechender Bilanzposten berücksichtigt"*.

2. Alternative Methoden

Den Cashflow können wir direkt oder indirekt ermitteln. Bei der direkten 974
Methode verrechnen wir in jedem Jahr die Aufwendungen und Erträge, die
zu Zahlungen führen.

Bei der indirekten Methode gehen wir vom Jahresüberschuss in der Gewinn- 975
und Verlustrechnung aus: Wir korrigieren dort alle Posten, die nicht zu Zahlung führten (z. B. Zuschreibungen oder Abschreibungen); zugleich ergänzen wir alle Zahlungen, die nicht ertrags- oder aufwandswirksam sind. Die
indirekte Methode ist verbreiteter. Sie verwende ich im Folgenden gemäß
folgendem Muster[2126]:

2119) Siehe Rn. 360
2120) IDW S 1 2008 Tz. 130
2121) IDW S 1 2008 Tz. 131, vgl. Tz. 140f
2122) IDW S 1 2008 Tz. 140f., siehe Rn. 1097
2123) IDW S 1 2008 Tz. 125
2124) Überblick bei Matschke/ Brösel, Unternehmensbewertung 566ff.
2125) IDW S 1 2008 Tz. 127
2126) IDW S 1 2008 Tz. 127

A. Überblick

	Handelsrechtliches Jahresergebnis
+	Fremdkapitalzinsen
./.	Unternehmenssteuer-Ersparnis in Folge der Abzugsfähigkeit der Fremd-Kapitalzinsen (tax shield)
+	Abschreibungen und andere zahlungsunwirksame Aufwendungen
./.	zahlungsunwirksame Erträge
./.	Investitionsauszahlungen abzüglich Einzahlungen aus Desinvestitionen
+/./.	Verminderung/Erhöhung des Nettoumlaufvermögens
=	**Free Cashflow**

V. Nettokapitalisierung/Bruttokapitalisierung

976 Der Cashflow kennzeichnet den Wert des Gesamtkapitals, also des Eigen- und Fremdkapitals. Uns interessiert aber der Wert, der auf die Eigner entfällt; also der Wert des Eigenkapitals. Ihn können wir auf zwei Arten bestimmen:

1. Nettokapitalisierung

977 Bei der Nettokapitalisierung finden wir wie beim Ertragswertverfahren[2127] die Überschüsse nach Abzug der Zinsen für das Fremdkapital. Den so gefundenen Betrag kapitalisieren wir. Dann fügen wir den Wert des nicht betriebsnotwendigen Vermögens hinzu[2128]. So gehen wir beim Equity-Ansatz vor[2129].

2. Bruttokapitalisierung

978 Bei der Bruttokapitalisierung bestimmen wir zunächst den Gesamtwert des Unternehmens für Anteilseigner und Gläubiger (Entity-Methode). Deshalb setzen wir den ganzen Free Cashflow unter Einschluss der gezahlten Zinsen an (Gesamtkapitalansatz). Die Summe diskontieren wir mit den gewogenen Kapitalkosten[2130]. Danach fügen wir den Wert des nicht betriebsnotwendi-

---

2127) Siehe Rn. 944
2128) Vgl. IDW S 1 2008 Tz. 125
2129) IDW S 1 2008 Tz. 124
2130) Einzelheiten siehe Rn. 996

gen Vermögens hinzu[2131]. Von diesem Ergebnis ziehen wir den Marktwert des Fremdkapitals ab: Das ergibt den Unternehmenswert.

Das sieht so aus: 979

	Free Cashflows (abgezinst mit gewichteten Kapitalkosten)
+	Nicht betriebsnotwendiges Vermögen
=	**Wert des gesamten Unternehmens**
./.	Markwert des Fremdkapitals
=	**Marktwert des Eigenkapitals**
=	**gesuchter Wert des Unternehmens**

So machen wir es beim Konzept der gewogenen Kapitalkosten (Weighted Average Cost of Capital = WACC-Ansatz) und beim Konzept des angepassten Barwerts (Adjusted Present Value = APV-Ansatz)[2132].

VI. Muster   980

1. Equity-Verfahren

	Handelsrechtliches Jahresergebnis
+	Zuführung von Fremdkapital
./.	Tilgung von Fremdkapital
=	Cashflow an die Anteilseigner

2131) IDW S 1 2008 Tz. 125
2132) IDW S 1 2008 Tz. 124

A. Überblick

2. WACC Verfahren/APV Verfahren[2133]

	Handelsrechtliches Jahresergebnis
+	Zinsen für Fremdkapital
./.	Unternehmenssteuer-Ersparnis (wegen der Abzugsfähigkeit der Zinsen für das Fremdkapital – tax shield)[2134]
+	Abschreibungen und andere zahlungsunwirksame Aufwendungen
./.	Zahlungsunwirksame Erträge
./.	Auszahlungen für Investitionen
+/./.	Verminderung/Erhöhung des Nettoumlaufvermögens
=	**Cashflow**

VII. Nachsteuerbetrachtung

981 Auch bei den Cashflow Verfahren bestimmt sich der Wert des Unternehmens nach den Nettoeinnahmen, die den Unternehmenseignern zufließen (Zuflussprinzip). Deshalb sind hier ebenfalls die ausgeschütteten Überschüsse um typisierte Steuern der Eigner oder um die Abgeltungsteuer zu kürzen[2135]. Die Steuern sind auch bei den Kapitalkostensätzen zu beachten[2136]. Thesaurierte Cashflows erfassen wir in den Veränderungen der entsprechenden Bilanzansätze[2137].

982 Die Abgeltungsteuer bringt hier gleichfalls neue Fragen[2138].

VIII. Kapitalisierung[2139]

983 Zu ermitteln ist der nominelle Wert zukünftiger Cashflows am Stichtag. Dafür sind sie zu diskontieren, weil ein erst später anfallender Geldbetrag weni-

---

2133) IDW S 1 2008 Tz. 127
2134) Siehe Rn. 995
2135) Baetge/Linau, Die Berücksichtigung von Steuern bei der Unternehmensbewertung von Personenhandelsgesellschafen mit Discounted-Cash-Flow Verfahren nach IDW S 1 n. F., WPg 2005, 805
2136) IDW S 1 2008 Tz. 129
2137) IDW S 1 2008 Tz. 127
2138) Kesten, Adjusted Present Value und Unternehmenssteuerreform 2008/2009 (Google)
2139) Rausch, Unternehmensbewertung mit zukunftsorientierten Eigenkapitalkostensätzen, 2008

I. Konzept

ger wert ist als ein jetzt eingehender (deshalb *Discounted* Cashflow – Verfahren). Der früher verfügbare Betrag bringt ja sogleich Zinsen[2140].

Das A und O ist daher der Kapitalisierungszinssatz, der hier oft „Kapitalkosten" genannt wird (übersetzt aus dem Amerikanischen „cost of capital"). Die Kapitalkosten hängen von der Höhe des Eigen- und des Fremdkapitals (daher Kapital*kosten*satz), also von der Kapitalstruktur ab[2141]. Die Kosten des Fremdkapitals sind der gewogene durchschnittliche Kostensatz der einzelnen Fremdkapitalformen[2142]. Dabei ist zu beachten, dass Eigen- und Fremdkapital zu anderen Steuerlasten führen (fehlende Finanzierungsneutralität der Unternehmensbesteuerung). Deshalb achten wir auf den Verschuldungsgrad. 984

Die Kosten des Eigenkapitals bestimmen wir wie beim Ertragswertverfahren[2143]. 985

IX. Unterschiede

IDW S 1 2008 erklärt: 986

> „*Ungeachtet der Unterschiede in der Rechentechnik führen die einzelnen DCF-Verfahren bei konsistenten Annahmen grundsätzlich zu übereinstimmenden Ergebnissen*"[2144].

Das stimmt indes nur, wenn die Rendite des Eigenkapitals dem Verschuldungsgrad angepasst wird; ein kritisches und komplexes Thema[2145]. In der Praxis beeinflusst die jeweilige Methode daher doch das Ergebnis[2146]. 987

B. WACC-Ansatz[2147]

Dieses Verfahren ist international verbreitet. Wir wollen uns dessen Voraussetzungen und ihr Verhältnis zum Normwert ansehen[2148]. **Das** ist die juristische Aufgabe. 988

I. Konzept[2149]

Wir ermitteln zunächst den Wert des Gesamtkapitals (Eigen- und Fremdkapital) des Unternehmens und ziehen davon den Wert des Fremdkapitals ab. 989

2140) Vgl. Rn. 503
2141) IDW S 1 2008 Tz. 133
2142) IDW S 1 2008 Tz. 134
2143) IDW S 1 2008 Tz. 135 mit Verweis auf Tz. 114-122
2144) Tz. 124
2145) Siehe Rn. 742
2146) Ballwieser, auch Hering/Brösel, Der Argumentationswert 937
2147) IDW S 1 2008 Tz. 125-135
2148) Siehe Rn. 119
2149) IDW S 1 2008 Tz. 125

B. WACC-Ansatz

Wir legen den Wert eines unverschuldeten Unternehmens, das nur durch Eigenkapital (abgesehen von Steuereinflüssen) finanziert wird, zugrunde[2150]. Wir diskontieren also die Free Cashflows vor Abzug der Zinsen[2151].

990 Für die gewichteten Kapitalkosten benötigen wir die Kosten des Eigenkapitals und des Fremdkapitals.

991 Die Kosten des Eigenkapitals sind: (Quasi-)risikoloser Basiszins + Risikoprämie (evtl. ./. Wachstumsabschlag). Die Kosten des Fremdkapitals sind: Der gewogene durchschnittliche Zinssatz der einzelnen langfristigen Verbindlichkeiten unter Beachtung des Steuervorteils.

992 Wir diskontieren die Überschüsse sodann mit den „gewogenen Kapitalkosten" (= einen Zinssatz, der Kosten für Eigen- und Fremdkapital umfasst)[2152]. Zu dem Gesamtkapitalwert addieren wir den Wert des nicht betriebsnotwendigen Vermögens[2153].

993 Im Ergebnis suchen wir aber nur den Wert des Eigenkapitals. Deshalb müssen wir den Wert des Fremdkapitals vom Gesamtkapitalwert (Eigen- und Fremdkapital) abziehen (indirekte Ermittlung des Wertes des Eigenkapitals). Ihn finden wir, indem wir die künftigen Zahlungen an die Fremdkapitalgeber mit einem Zinssatz diskontieren, der das Risiko dieser Zahlungen spiegelt. Für die tatsächliche Finanzstruktur passen wir sodann den Kapitalisierungszins an (gewogene Kapitalkosten). Die Differenz aus Gesamtkapitalwert und Marktwert des Fremdkapitals ist der Marktwert des Eigenkapitals, also der Unternehmenswert[2154].

II. Bestimmung der Cashflows

994 Free Cashflows sind die Überschüsse nach Investitionen und Unternehmenssteuern. Der Posten Zinsen umfasst sowohl vereinbarte Zinsen, als auch die, welche sich aus dem Rechtsverhältnis ergeben. Das sind solche aus Pensionsverpflichtungen, die zum Fremdkapital gehören und bei den gewogenen Kapitalkosten erfasst sind[2155]. Hinzu kommen Veränderungen des Nettoumlaufvermögens.

III. „Tax Shield"

995 Die Ertragsteuern des Unternehmens berechnen wir für ein unverschuldetes Unternehmen. Da wir die Zinsen dem Ergebnis hinzufügen, müssen wir das ebenfalls bei den Ertragsteuern des Unternehmens beachten. Gezahlte

---

2150) IDW S 1 2008 Tz. 126
2151) IDW S 1 2008 Tz. 125
2152) Siehe Rn. 996
2153) IDW S 1 2008 Tz. 125, 132
2154) IDW S 1 2008 Tz. 126
2155) IDW S 1 2008 Tz. 128

V. Formel

Schuldzinsen mindern ja den Überschuss und damit – als Betriebsausgaben – die Steuern. Wenn wir aber die Zinsen dem Ergebnis hinzurechnen, entfällt die Steuerersparnis; damit sind die Überschüsse zu hoch. Deshalb ziehen wir die Steuerersparnis ab[2156]. Den dafür angesetzten Abzugsposten nennen wir „Tax Shield".

IV. Gewichtete Kapitalkosten

Den so ermittelten Zahlungsstrom müssen wir mit dem Kapitalisierungszins abzinsen (Kapitalkosten). Dabei diskontieren wir jede Periode der Detailplanungsphase mit dem gewichteten Zinssatz eines verschuldeten Unternehmens für die unterschiedlichen Renditen des Eigen- und des Fremdkapitals[2157]. Hinzu tritt die „ewige Rente", die hier „Residualwert" heißt. Wir sprechen vom „weighted average cost of capital", von der WACC Methode. 996

Für die Rendite des Eigenkapitals nutzt man das Capital Asset Pricing Model (CAPM) und in Deutschland bisher das Tax-CAPM[2158]. Wir begegnen daher den oben geschilderten Problemen[2159]. Für das Fremdkapital greift man auf die Zinsforderungen der Gläubiger zurück. Dabei entsteht die Frage, was zum verzinslichen Fremdkapital gehört. Klar ist das nur bei Bank- und Lieferantenschulden; Zweifel entstehen bei Pensionsrückstellungen[2160]. 997

Die gewogenen Kapitalkosten hängen dann von der Höhe der Eigen- und der Fremdkapitalkosten sowie vom Verschuldungsgrad ab; ihn misst man als Verhältnis des Marktwertes des Fremdkapitals zum Markwert des Eigenkapitals[2161]. Man findet die gewogenen Kapitalkosten dadurch, dass man die Kosten des Eigen- und des Fremdkapitals nach ihrem Anteil am Gesamtkapital addiert. Dabei mindern wir die Kosten des Fremdkapitals um den Steuervorteil, der sich dadurch ergibt, dass sie als Betriebsausgaben absetzbar sind (Tax Credit). 998

V. Formel[2162]

Die Formel ist einschüchternd komplex; sie sieht für das Konzept der gewogenen Kapitalkosten (WACC-Ansatz) so aus[2163]: 999

2156) IDW S 1 2008 Tz. 128
2157) IDW S 1 2008 Tz. 133-135
2158) Siehe Rn. 887
2159) Siehe Rn. 909
2160) Dörschell/Franken/Schulte, Praktische Probleme, 6
2161) IDW S 1 2008 Tz. 133
2162) Für die Darstellung dieser und der folgenden Formeln in diesem Kapitel danke ich Dipl.Kauffrau Frederike Bischofs, Schumacher & Partner, Münster.
2163) Großfeld/Stöver, Ermittlung des Betafaktors, S. 2800

B. WACC-Ansatz

(1) $UW = \sum_{t=1}^{\infty} \dfrac{CF_t}{(1+c_{WACC})^t} - FK_0 + N_0$

(2) $c_{WACC} = r_{FK} \circ (1-s) \circ \dfrac{FK}{GK} + r_{EK} \circ \dfrac{EK}{GK}$

(3) $UW = EK$ [2164]

1000 Nach „bewährtem Muster" überlassen wir Einzelheiten wiederum den Finanzmathematikern[2165]. Wir weisen nur auf die Pfeillinien in der Formel hin, die uns zum zentralen Problem führen.

VI. Zirkularität

1001 Dieses zentrale Problem nennen wir „Zirkularität" (Zirkelschluss): Bei der Gewichtung wird schon der Marktwert des Eigentums angesetzt, den wir erst finden wollen[2166]. Man sucht das Problem durch „mathematische Itineration" zu lösen, d. h. durch ein langsames Heranarbeiten über Trial and Error und durch ein „Rollback-Verfahren"[2167]. Dabei geht man von geschätzten Marktwerten aus.

VII. Veränderter Verschuldungsgrad

1. Beachtung

1002 Die erzielten Renditen eines Unternehmens ergeben sich jeweils aus einem konkreten Verschuldungsgrad EK/FK. Wegen der Schwierigkeiten, die gewichteten Kapitalkosten zu finden, möchte man die Rechnung nicht gern für jedes Jahr wiederholen. Deshalb unterstellt man beim WAAC-Ansatz zur

---

[2164] UW   Unternehmenswert aus Sicht der Eigentümer (= Marktwert des Eigenkapitals)
GK   Marktwert des Gesamtkapitals
EK   Marktwert des Eigenkapitals
FK   Marktwert des Fremdkapitals
FK_0 Marktwert des verzinslichen Fremdkapitals im Bewertungszeitpunkt
N_0 Barwert der Liquidationserlöse aus der Veräußerung des nicht betriebsnotwendigen Vermögens
CF_t künftig zu erwartende periodenspezifische Free Cashflows
c_{wacc} Gewogene durchschnittliche Kapitalkosten
r_{FK} risikoäquivalente Renditeforderung der Fremdkapitalgeber
r_{EK} risikoäquivalente Renditeforderungen der Eigentümer eines verschuldeten Unternehmens
s   Ertragsteuersatz auf Unternehmensebene

[2165] Großfeld/Stöver, Ermittlung des Betafaktors; Großfeld/Stöver/Tönnes, Neue Unternehmensbewertung 7
[2166] Vgl. Rn. 993
[2167] Einzelheiten bei Großfeld/Stöver/Tönnes, Neue Unternehmensbewertung 7

VIII. Kapitalisierungszinssatz

Vereinfachung einen im Zeitverlauf gleich bleibenden Verschuldungsgrad[2168]. Das ist zwar nicht immer wirklichkeitsnah, erleichtert aber die „Mathematik".

Mit dem Verschuldungsgrad steigt das Kapitalstrukturrisiko. Das nicht zu berücksichtigen, ist eine Schwäche des Ansatzes; denn in der Wirklichkeit bleibt der Verschuldungsgrad selten konstant. Er ist allerdings schwer zu prognostizieren. 1003

Falls sich dieses Verhältnis in wesentlichem Umfang ändern sollte, sind trotz allem die gewogenen Kapitalkosten anzupassen. Das muss ebenso geschehen, wenn sich Eigenkapital- und/oder Fremdkapitalkosten erheblich ändern[2169]. Nimmt man einen schwankenden Verschuldungsgrad an, so verursacht das weitere Berechnungen[2170]. 1004

2. Neuer Betafaktor

Der zunächst ermittelte Betafaktor bezieht sich auf das verschuldete Unternehmen. Wenn sich aber dort der Verschuldungsgrad ändert, verbessert oder verschlechtert sich das Risiko und damit der Betafaktor. Damit sinkt oder fällt der Unternehmenswert. Wir müssen also den Betafaktor auf die veränderte Lage „umrechnen". Dazu gehen wir den Weg über den Betafaktor des unverschuldeten Unternehmens („unlevered Beta") und gehen von dort weiter zum Betafaktor des Unternehmens mit dem neuen Verschuldungsgrad („levered Beta")[2171]. Einzelheiten überlassen wir auch hier den Finanzmathematikern[2172]. 1005

VIII. Kapitalisierungszinssatz

A und O sind auch für die Cashflow Bewertung die Zinssätze für die Kapitalisierung (Kapitalkosten). Wir unterscheiden dabei zwischen dem Markwert des Eigenkapitals und dem Marktwert des Fremdkapitals; deren Verhältnis zueinander (Verschuldungsgrad) in Marktwerten müssen wir daher zuerst ermitteln (deshalb „gewogen"). Falls sich dieses Verhältnis wahrscheinlich ändern wird, müssen wir die Kapitalkosten anpassen[2173]. 1006

Die Eigenkapitalkosten (Rendite des Eigenkapitals) ermitteln wir bisher nach dem Tax-CAPM[2174]. Die Fremdkapitalkosten finden wir als gewogenen 1007

2168) IDW S 1 2008 Tz. 130, vgl. aber Tz. 133
2169) Ebd.
2170) Einzelheiten bei Großfeld/Stöver/Tönnes, Neue Unternehmensbewertung, BB-Spezial 7/2005 1
2171) Dazu Dörschell/Franken/Schulte, Praktische Probleme, 7
2172) Dazu Großfeld/Stöver/Tönnes, Neue Unternehmensbewertung
2173) IDW S 1 2008 Tz. 133
2174) IDW S 1 2008 Tz. 135

durchschnittlichen Kostensatz der einzelnen Formen des Fremdkapitals. Bei nicht ausdrücklich festgelegten Zinsen (z. B. bei Pensionsrückstellungen) ist ein Marktzins für fristadäquate Kredite zu nutzen. Die Gewerbeertrags- und die Körperschaftsteuer sind abzuziehen[2175]. Die Formel lautet so:

$$rFK = i \times (1 - s).$$

1008 Dabei ist rFK der Kostensatz des Fremdkapitals, i der Zinssatz, s der Grenzsteuersatz auf Unternehmensebene. Aus Eigenkapital- und Fremkapitalkosten bilden wir einen Mittelwert gemäß dem quantitativen Verhältnis der Kapitalanteile zueinander[2176].

IX. Fortführungswert

1009 Den einzeln ermittelten Barwerten der Cashflows[2177] in der Detailplanungsphase fügen wir dann den verbleibenden „Residualwert" hinzu. Er ist unterscheidet sich danach, ob wir eine unbegrenzte Fortführung oder eine Veräußerung des Unternehmens im Ganzen annehmen[2178]. Grundsätzlich entspricht der „Fortführungswert" dem Ergebnis der ewigen Rente bezogen auf Cashflows. Die Kapitalstruktur sehen wir in der Regel als konstant an[2179]. Den Veräußerungswert finden wir nach Abzug der Veräußerungskosten[2180].

X. Unternehmenswert

1010 Dem so gefundenen Ergebnis fügen wir den Wert des nicht betriebsnotwendigen Vermögens hinzu[2181]. Dadurch erhalten wir den Gesamtkapitalwert. Es ist sodann auf Eigenkapital und Fremdkapital aufzuteilen[2182]. Dazu bestimmen wir zunächst den Marktwert des Fremdkapitals, indem wir die Free Cashflows an die Gläubiger mit einem dem Risiko angemessenen Zinssatz kapitalisieren. Diesen Betrag ziehen wir vom Gesamtkapitalwert ab und

---

2175) IDW S 1 2008 Tz. 134
2176) Die Formel sieht so aus:
  $$k = rEK \times EG/GK + rFK \times FG/GK$$
  Die Zeichen bedeuten:
  k = Kapitalisierungszinssatz des Free Cashflow
  rEK = Kostensatz des Eigenkapitals
  EK/GK = Eigenkapitalquote (Marktwert)
  rFK = Kostensatz des Fremdkapitals
  FK/GK = Fremdkapitalquote (Marktwert).
2177) Siehe Rn. 973
2178) IDW S 1 2008 Tz. 129
2179) IDW S 1 2008 Tz. 130; vgl. Rn. 1004
2180) DIW S 1 2008 Tz. 131
2181) IDW S 1 2008 Tz. 125; zur Bewertung Tz. 132, 59–63
2182) IDW S 1 2008 Tz. 126

erhalten so den Marktwert des Eigenkapitals, d. h. den Unternehmenswert[2183].

XI. Kritik

Das WACC-Ansatz beruht auf einem Zirkelschluss: Wie die Formel zeigt[2184], benutzen wir den Wert des Gesamtkapitals schon bei der Suche nach diesem Ergebnis[2185]. Dem Problem kann man bei der Investitionsrechnung aus der Sicht **eines** Investors, der seine Schätzwerte für sich plausibilisiert und eingrenzt, hinnehmen. Bei einem parteienbezogenen Einigungswert zwischen zwei Schätzungen wird das Verfahren jedoch problematisch. Es gibt Anlass zu mitunter harscher Kritik: 1011

> *„Mit dieser Vorgabe ist freilich zugleich die Aufteilung des Marktwertes des Gesamtkapitals in den Marktwert des Eigenkapitals einerseits und den Marktwert des Fremdkapitals andererseits vorweggenommen ... Dies kann durchaus mit dem Bild eines Zauberers verglichen werden, der das Kaninchen, das er später aus dem Hut herauszaubert, zuvor dort versteckt hat. Der WAAC-Anhänger versteckt sein Resultat, das er dann präsentiert, zuvor im Ansatz der gewichteten Kapitalkosten. Dies gekonnt zu verbergen, muss daher sein Bemühen (und auch das Bemühen der mit diesen Verfahren Argumentierenden) sein"*[2186].

C. Konzept der angepassten Barwertformeln (APV-Ansatz)[2187]

I. Grundsatz

Hier bauen wir den Gesamtkapitalwert aus seinen Komponenten auf. Wir nehmen wie beim Konzept der gewogenen Kapitalkosten zunächst an, dass das Unternehmen ganz eigenfinanziert, also unverschuldet ist. Seinen Marktwert ermitteln wir zunächst, indem wir die Cashflows des fiktiv unverschuldeten Unternehmens (also **einschließlich** Fremdkapitalzinsen) mit der Rendite des Eigenkapitals eines unverschuldeten Unternehmens diskontie- 1012

2183) IDW S 1 2008 Tz. 126
2184) Siehe Rn. 999
2185) Großfeld/Stöver, Ermittlung des Betafaktors 2801; Matschke/Brösel, Unternehmensbewertung, S. 563
2186) Matschke/Brösel, Unternehmensbewertung, S. 586. In der Fn. 242 heißt es:
> *„Der Kalkulationszins wird also aus den Kapitalkosten des Bewertungsobjekts selber und unter Berücksichtigung eines pseudo-objektivierten Kapitalmarktbezugs hergeleitet. Die Modelle sind somit selbstreferentiell und aus diesem Grunde ... für Entscheidungszwecke unbrauchbar"*.

Umfassend unter Beachtung der steuerlichen Lage ab 1.1.2009; Blum, Auswirkungen der Unternehmensteuerreform 2008 auf die Bewertung von Unternehmen mittels AVP-Ansatz, WPg 2008, 455
2187) IDW S 1 2008 Tz. 136f.

C. Konzept der angepassten Barwertformeln (APV-Ansatz)

ren. Dazu müssen wir den Betafaktor des unverschuldeten Unternehmens ermitteln[2188]. Das entspricht dem WACC Ansatz.

1013 Danach ermitteln wir den Wertbeitrag der Verschuldung mit dem gewogenen durchschnittlichen Zinssatz des Fremdkapitals und fügen ihm den Wert des Eigenkapitals zu. Sodann wird der Tax Shield gesondert diskontiert und ebenfalls addiert. Das ergibt den Gesamtkapitalwert. Von ihm ziehen wir den Marktwert des Fremdkapitals ab; dazu nutzen wir den Fremdkapitalzinssatz. Danach fügen wir den Wert des nicht betriebsnotwendigen Vermögens hinzu und erhalten so den Unternehmenswert. Für Zirkelschlüsse gilt das oben Gesagte[2189].

II. Formel

1014 Die Formel lautet so:

(1) $UW = V^u + \Delta V^l - FK_0 + N_0$

unter der Bedingung: $\dfrac{EK}{FK} = konst$

1015 Marktwert des Eigenkapitals des unverschuldet angenommenen Unternehmens:

(2) $V^u = \sum\limits_{t=1}^{\infty} \dfrac{CF_t}{(1+r_{EK})^t}$

1016 Wertbeitrag der Fremdfinanzierung (Barwert des Tax Shield):

(3) $\Delta V^l = \sum\limits_{t=1}^{\infty} \dfrac{s \circ i_r \circ FK_{t-1}}{(1+i_r)^t}$ [2190]

2188) Siehe Rn. 1005
2189) Siehe Rn. 1001. Einzelheiten bei Großfeld/Stöver/Tönnes, Neue Unternehmensbewertung, S. 7f.
2190) Die Zeichen bedeuten:
  V^u Marktwert des Eigenkapitals des als unverschuldet angenommenen Unternehmens
  ΔV^l Wertbeitrag der Fremdfinanzierung
  CF_t periodenspezifische Free Cashflows (Annahme: vollständig eigenfinanziert)
  r_{EK} risikoäquivalente Renditeforderungen der Eigentümer eines unverschuldeten Unternehmens
  i_r risikoloser Zinssatz
  FK_{t-1} Bestand an zinspflichtigem Fremdkapital zu Beginn der Periode t
  FK_0 Marktwert des verzinslichen Fremdkapitals im Bewertungszeitpunkt
  N_0 Barwert der Liquidationserlöse aus der Veräußerung des nicht betriebsnotwendigen Vermögens

II. Formel

Wieder stoßen wir auf einen Zirkelschluss: Wegen der angenommenen Konstanz der Verschuldung EK/FK hängt das erforderliche Fremdkapital ab vom Wert des Eigenkapitals, der gerade bestimmt werden soll.   1017

III. Eigenart

Der APV-Ansatz erfasst besser veränderte Kapitalstrukturen. Deshalb zieht Wolfgang Ballwieser ihn vor[2191].   1018

D. Wert des Eigenkapitals (Equity-Ansatz)[2192]

I. Grundsatz

Ausgangspunkt der Bewertung ist der Free Cashflow an die Eigentümer. Wir diskontieren ihn mit der Rendite des Eigenkapitals. Wir gehen nicht über den Gesamtkapitalwert, sondern suchen – wie beim Ertragwertverfahren[2193] – direkt den Wert des Eigenkapitals. Von den Cashflows, die den Eigentümern zufließen, setzen wir die Zinsen für das Fremdkapital ab. Den so ermittelten Betrag diskontieren wir sodann mit dem Kapitalisierungszinssatz auf den Stichtag. Der Zinssatz muss sowohl das operative Risiko des Unternehmens als auch das Risiko der Kapitalstruktur spiegeln, wie wir es beim Risikozuschlag erfahren haben[2194]. Danach fügen wir den Wert des nicht notwendigen Betriebsvermögens hinzu.   1019

II. Formel

$$(1) \quad UW = \sum_{t=1}^{\infty} \frac{FTE_t}{(1+r_{EK}^l)^t}$$

$$(2) \quad r_{EK}^l = r_{EK}^u + (r_{EK}^u - i)(1-s) \circ \frac{EK}{FK} \quad [2195]$$

Wieder begegnet uns ein Problem der Zirkularität[2196]. Die Renditeforderung der Eigentümer lässt sich nur unter Kenntnis des Bewertungsergebnisses,   1020

2191) Ballwieser, Unternehmensbewertung, S. 177
2192) IDW S 1 2008 Tz. 138
2193) Siehe Rn. 944
2194) Siehe Rn. 604
2195) FTE_t Cashflows an die Eigenkapitalgeber in der Periode t „Flows to Equity"
r_{EK}^l Risikoäquivalente Renditeforderung der Eigentümer eines verschuldeten Unternehmens
r_{EK}^u Risikoäquivalente Renditeforderung der Eigentümer eines unverschuldeten Unternehmens
2196) Dazu im Einzelnen Großfeld/Stöver/Tönnes, Neue Unternehmensbewertung 8f.

E. Vergleich der Verfahren

1021 Das Ertragswertverfahren wurde bei uns auf der Basis des Bilanzrechts entwickelt, wie es sich im Handelsgesetzbuch findet. Diese Grundlage verändert sich zunehmend durch das Vordringen des Europäischen Bilanzrechts (International Financial Reporting Standards/IFRS)[2197]. Es basiert stärker auf Zeitwerten und handhabt erworbene Geschäfts- oder Firmenwerte „flexibler"[2198].

1022 Cashflows sind ebenfalls gestaltbar (z. B. durch das Verschieben von Reparaturaufwendungen). Das jeweils benutzte Modell ist weniger „mathematisch" genau als es aussehen mag. Das ergibt sich aus den Zirkelschlüssen[2199] und aus dem Tax-CAPM[2200]. Die „Mathematik" mag Argumentations- statt Normwerte schaffen[2201]: *„Es gehört freilich zum Mimikry des Argumentationswertes, dass er seinen wahren Charakter verleugnet"*[2202].

[2197] Großfeld, Europäische Unternehmensverfassung 169
[2198] Siehe Rn. 1205
[2199] Siehe Rn. 1001.Hering/Brösel, Der Argumentationswert 938
[2200] Siehe Rn. 887
[2201] Dazu Schneider, Marktwertorientierte .1476f.; Böcking, Zur Bedeutung des Börsenkurses für die angemessene Barabfindung, in: FS Drukarczyk, München 2003, S. 59; Hering/Brösel, Der Argumentationswert 940
[2202] Hering/Brösel, Der Argumentationswert

Zwanzigster Teil
Vom Barwert zum Unternehmenswert
A. Nicht betriebsnotwendiges (neutrales) Vermögen[2203)]
I. Begriff

Betriebsnotwendig sind diejenigen Vermögensgegenstände und Schulden, die das Unternehmen benötigt, um Überschüsse zu erzielen[2204)]. Bei Finanzmitteln wird dies stets vermutet[2205)]. Fast immer gibt es aber Gegenstände, die nur locker oder gar nicht mit Produktion oder Vertrieb verbunden sind und zum Ertrag nichts beitragen. Sie lassen sich veräußern, ohne dass dies den Unternehmensablauf und die Überschüsse sonderlich berührt (Sonderwert). Es ist dann geboten, sie nicht beim Überschusswert zu erfassen, weil sie einen höheren Veräußerungswert haben können[2206)]. Deshalb ist die sachgerechte Abgrenzung u. U. wichtig[2207)]. Wir sprechen vom nicht betriebsnotwendigen, vom neutralen Vermögen. Dessen Wert wird gesondert ermittelt und dem Wert des betriebsnotwendigen Vermögens zugefügt.

1023

II. Umfang

Das neutrale Vermögen umfasst alle Gegenstände, die sich verkaufen lassen, ohne die Ziele des Unternehmens und den Überschusswert wesentlich zu ändern. Die Ziele können sich aus der Satzung ergeben[2208)]. Auf die Absicht, zu veräußern, kommt es nicht an[2209)]. Man spricht auch von Überschuss- oder Ergänzungssubstanz, die „außerhalb" des Betriebsgeschehens steht. Wenn neutrales Vermögen Überschüsse bringt, bleiben sie beim Überschusswert außer Betracht.

1024

Die gesonderte Betrachtung soll verhindern, dass dem Abzufindenden ein maßgeblicher Wert „*vorenthalten wird*"[2210)]. Gaststättengrundstücke einer Brauerei rechnen z. B. zum neutralen Vermögen, wenn nur 5% des Umsatzes über diese Gaststätten laufen[2211)]. Sähe man das anders, verlöre der Abzufindende einen höheren Sachwert:

1025

2203) IDW S 1 2008 Tz. 59-63, 112
2204) BayObLG, AG 2006, 41, 44; OLG München, BeckRS 2006 13711
2205) OLG München, AG 2008, 28, 32
2206) Schlitt, Strafrechtliche Risiken bei Sqeeze-out und Delisting 927; Schiedsspruch, SchiedsVZ 2007, 219, 223; OLG Düsseldorf, Az.: I-26 W 5/06 AktE, 31.3.2006, http://www.justiz.nrw.de
2207) Emmerich, Wie rechne ich mich arm?, S. 147
2208) OLG Stuttgart, BeckRS 2007 05049, Leitsätze NZG 2007, 478
2209) BayObLG, AG 1996, 127, 128
2210) OLG Düsseldorf, AG 1999, 321, 324
2211) BayObLG, AG 1996, 127, 128

A. Nicht betriebsnotwendiges (neutrales) Vermögen

„Das zeigt, dass brauereieigene Gaststätten in aller Regel nicht betriebsnotwendig sind. Ersichtlich in dieser Erkenntnis hat eine Münchener Großbrauerei ihre brauereigenen Gaststätten in eine Grundstücksgesellschaft ausgegliedert"[2212].

1026 Satzungsmäßige Nebenverpflichtungen zur Lieferung von Zuckerrüben sollen indes zum betrieblichen Vermögen gehören, weil die Vorteile daraus beim Überschuss angemessen erfasst sind[2213]. Lieferrechte und Lieferpflichten zählen jedenfalls zum betrieblichen Vermögen, wenn sie sich z. B. bei einem Zusammenschluss in der aufnehmenden Gesellschaft fortsetzen[2214].

1027 Entscheidend ist der funktionale Zusammenhang. Das gilt auch bei ausländischen Beteiligungen[2215]. Die betriebliche Entscheidung trifft nicht das Gericht: Es muss von den tatsächlichen Verhältnissen ausgehen, darf kein hypothetisches Unternehmensbild zugrunde legen. Die konkreten Entscheidungen der Unternehmensleitung sind indes nicht verbindlich – sie mögen nicht *„angemessen"* sein[2216].

III. Beispiele

1. Allgemeines

1028 Zum Betriebsvermögen gehören alle Grundstücke, auf denen das Kerngeschäft betrieben wird[2217]. Neutrales Vermögen sind dagegen nicht mehr benötigte Reservegrundstücke, Brauereigaststätten[2218], stillgelegte Anlagen, Beteiligungen außerhalb des Unternehmenszwecks (Finanzanlagen)[2219], Überbestände bei Vorräten, nicht notwendige Finanzmittel[2220], Körperschaftsteuer-Guthaben[2221] und Ersatzansprüche nach §§ 117, 317 AktG[2222]. Bei Werkswohnungen kann es darauf ankommen, ob der Wegfall von Mietvorteilen zu höheren Löhnen und Gehältern führt[2223].

1029 Die Abgrenzung ist wichtig bei Reservegrundstücken. Falls sie eine „betriebsnotwendige" Reserve sind, „verschwinden" sie im Überschusswert, sonst ist ihr eigenständiger Wert hinzuzufügen. Hierhin können z. B. fremd-

---

2212) BayObLG aaO
2213) OLG Düsseldorf, AG 1999, 321, 324
2214) OLG Düsseldorf, ebd.
2215) OLG München, BeckRS 2006 13711 II 3 f aa
2216) Schiedsspruch, SchiedsVZ 2007, 219, 224
2217) OLG Düsseldorf, AG 2003, 688
2218) BayObLG, AG 1996, 127, 130
2219) LG Berlin, AG 2000, 284, 285
2220) Ebd. 286; LG Frankfurt/M., Beschl. 21.3.2006, Az.: 3-05 O 153/04, S. 14
2221) LG Dortmund, NZG 2004, 723, 727
2222) OLG Düsseldorf, DB 1990, 2312
2223) Schiedsspruch, SchiedsVZ 2007, 219, 224

III. Beispiele

vermietete Betriebswohnungen gehören. Eigenkapitalreserven sind im Allgemeinen betriebsnotwendig – bis zum Beweis des Gegenteils[2224].

2. Beteiligungen

Beteiligungen, die auf einem vergleichbaren Geschäftsfeld – selbst im Ausland – tätig sind, gelten als Betriebsvermögen[2225]. Gleiches gilt im Allgemeinen bei Anteilen an Genossenschaftsbanken[2226]. Kleinere Beteiligungen können nicht betriebsnotwendig sein, wenn sie in anderen Geschäftsfeldern, nicht mehr tätig oder liquidiert sind[2227]. 1030

3. Pensionsrückstellungen

Falls Pensionsrückstellungen eine Unterdeckung aufweisen, deren Aufholung in der Planungsrechnung nicht vorgesehen ist, ist die Unterdeckung als Sonderwert auszuweisen[2228]. Zu prüfen ist die wahrscheinliche künftige Entwicklung der Aufwendungen[2229]. 1031

4. Bewertung

Das neutrale Vermögen setzen wir mit dem Verkehrswert (abzüglich Kosten und Steuern) am Stichtag an, unter dem Gesichtspunkt einer bestmöglichen Verwertung[2230]. Falls die Veräußerung abzüglich Kosten und Steuern mehr bringt als den Barwert der künftigen Überschüsse, gilt der Liquidationswert[2231]. Ihn fügt man dem Barwert der finanziellen Überschüsse hinzu[2232]. 1032

5. Schulden

Schulden, die dem neutralen Vermögen zuzurechnen sind (z.B. Kaufschulden), müssen vom Liquidationserlös abgesetzt werden mit dem Rückzahlungsbetrag minus der Kosten für die Ablösung[2233]. 1033

2224) BayObLG, ebd.
2225) OLG Düsseldorf, AG 1999, 321, 324; OLG München, 2007, 347 für Beteiligungen eines Versicherungsunternehmens, die auf einem vergleichbaren Geschäftsfeld tätig sind
2226) OLG Düsseldorf, AG 1999, 321, 324
2227) BayObLG, NZG 2006, 156, 159
2228) T-Online/Deutsche Telekom S. 305
2229) LG Frankfurt/M., Beschl. 21.3.2006, Az.: 3-05 O 153/04, S. 11
2230) LG Berlin, AG 2000, 284, 286; LG Frankfurt/M., AG 2007, 42, 47
2231) IDW S 1 2008 Tz. 60; OLG Stuttgart, NZG 2007, 112, 119
2232) IDW S 1 2008 Tz. 60
2233) IDW S 1 2008 Tz. 62

A. Nicht betriebsnotwendiges (neutrales) Vermögen

6. Kreditsicherung

1034 Ein Vermögen kann selbst dann „neutral" sein, wenn es Kredite sichert. Dann mag die Veräußerung aber die Finanzstruktur des Unternehmens und die Zinslast ändern[2234].

7. Höhe

1035 Entscheidend ist der Einzelveräußerungspreis[2235]. Bei Grundstücken zieht man die von den Gutachterausschüssen festgelegten Werte[2236] (Bodenrichtwertkarte[2237]) und tatsächlich erzielte Vergleichspreise[2238] heran. Oft wählt man ein Vielfaches der Jahresmiete[2239] mit Multiplikatoren zwischen 11 und 20[2240]. Das OLG Düsseldorf billigte bei Innenstadtlage einen Faktor 16[2241]; Feuerversicherungswerte gelten nur als grobe Wertindikation[2242]. Wertpapiersondervermögen erscheint zum Börsenwert[2243].

1036 Die Kosten der fiktiven Veräußerung sind abzuziehen (Netto-Liquidationswert)[2244], ebenso sind es die fiktiv anfallenden Steuern des Unternehmens[2245]. Falls der Erlös ausgeschüttet werden soll, sind die Steuern der Eigner abzusetzen[2246]; bei einer Thesaurierung unterbleibt das[2247]. Im Regel-

---

2234) IDW S 1 2008 Tz. 63
2235) OLG Düsseldorf, NZG 2000, 323 = EWiR § 305 AktG 1/2000 (Luttermann)
2236) OLG Stuttgart, Beschl. 14.2.2008 Beschl. 20 W 9/06, http://www.betriebsberater.de/, Rn. 97
2237) AaO Rn. 99f. Zu Erbbaurechten aaO Rn. 107
2238) OLG München, BeckRS 2006 13715; Schulte/Leopoldsberger, Bewertung von Immobilien, in: Drukarczyk/Ernst (Hrsg.), Branchenorientierte 429.Vgl. auch Schäfers/Matzen, Bewertung von Immobilienunternehmen 451
2239) Hans OLG Hamburg, NZG 2000, 471, 472
2240) LG Berlin, AG 2000, 284
2241) OLG Düsseldorf, NZG 2000, 1079, 1082
2242) LG Frankfurt/M., AG 2007, 42, 47
2243) OLG München, BeckRS 2006 13715
2244) OLG Stuttgart, Beschl. 14.2.2008 Az.: 20 W 9/06, http://www.betriebs-berater.de/, Rn. 109; OLG Düsseldorf, ebd.; anders BayObLG, AG 1996, 127, 130 wenn eine „tatsächliche Veräußerung ausscheidet"
2245) OLG Düsseldorf, ebd.; OLG München, AG 2007, 287, 290; OLG München, Beschl. 30.11.2006, Az.: 31 Wx 059/06; OLG München, Beschl. 31.3.2008 Az.: 31 Wx 88/06, http://www.betriebs-berater.de/, S. 19; OLG Stuttgart, AG 2007, 705, 707; OLG Stuttgart, Beschl. 14.2.2008 Az.: 20 W 9/06, http://www.betriebs-berater.de/, Rn. 110; LG Frankfurt/M., AG 2007, 42, 47; LG Frankfurt/M., Beschl. 21.3.2007, S. 27. Anders noch BayObLG, NZG 2006, 156, 158 für 1989
2246) OLG München, AG 2008, 28, 31; IDW S 1 2008. Tz. 61. Vgl. aber LG Frankfurt/M., AG 2007, 42, 47
2247) Vgl. Verschmelzung der T-Online International Ag auf die Deutsche Telekom AG 2005, S. 255

III. Beispiele

fall wird der thesaurierter Ertrag fiktiv zugerechnet; dann werden die persönlichen Ertragsteuern nicht abgesetzt[2248].

Falls die Liquidation länger dauert, ist eine angemessene Zeit anzusetzen. Der Erlös ist auf den Bewertungsstichtag abzuzinsen[2249].

1037

8. Verlustvortrag[2250]

a. Ansatz

Steuerliche Verlustvorträge (§ 10d Abs. 2 EStG, § 8 Abs. 1 KStG) haben einen zu diskontierenden Verkehrswert[2251]: Der Erwerber kann u. U. Steuervorteile erlangen[2252]. Werden nämlich künftige Gewinne mit dem Verlustvortrag verrechnet, so entfallen insoweit Gewerbe- und Körperschaftsteuer. Deshalb wirkt ein Verlustvortrag grundsätzlich werterhöhend[2253]. Entscheidend ist der Barwert der zu erwartenden Steuervorteile[2254]; auch er ist nach persönlichen Steuern anzusetzen[2255]. Das gilt nicht, wenn ein Unternehmen chronisch defizitär bleibt (non profit Unternehmen)[2256].

1038

Der Verlustvortrag ist als neutrales Vermögen anzusetzen, wenn das Unternehmen ihn selbst nicht hätte ausgleichen können, wohl aber ein Erwerber[2257]. Der Verlustvortrag ist mitunter sogar **der** Anreiz, ein Unternehmen zu erwerben:

1039

> „Der Verlustvortrag kann nicht mit einem Rationalisierungs-, Verbund- oder Synergieeffekt verglichen werden, der sich nur aus der Kombination der besonderen Strukturen der eingegliederten und der aufnehmenden Gesellschaft ergibt und deshalb möglicherweise nicht zu bewerten ist. Ein steuerlicher Verlustvortrag stellt vielmehr für einen unübersehbar großen Kreis von potentiellen Erwerbern einen Vorteil wegen der damit erzielbaren Steuervorteile dar"[2258].

2248) LG Frankfurt/M., Beschl. 21.3.2006, oben Fn. 120, S. 27
2249) IDW S 1 2008 Tz. 61
2250) Jakobs, Die Berücksichtigung steuerlicher Verlustvorträge bei der Bestimmung des Umtauschverhältnisses zu verschmelzender Gesellschaften, in: Haarmann, Hemmelrath & Partner (Hrsg.), Gestaltung und Analyse in der Rechts-, Wirtschafts- und Steuerberatung von Unternehmen, 1998, S. 51; Komp, Zweifelsfragen, S. 100ff.
2251) OLG Stuttgart, AG 2007, 705, 707; OLG Stuttgart, NZG 2006, 112, 119; OLG Stuttgart, AG 2004, 271, 274
2252) OLG Stuttgart, NZG 2007, 111, 119 a. E.
2253) OLG München, BB 2007, 2395, 2398; OLG Stuttgart, AG 2004, 271, 276; NZG 2000, 744 = EWiR § 305 AktG 2/2000, 209 (Luttermann); OLG Düsseldorf, NZG 2000, 1079, 1081
2254) OLG München, BB 2007, 2395, 2398; AG 2008, 28, 31
2255) OLG München, Beschl. 31.03.2008 Az.: 31 Wx 88/06, http://www.betriebsberater.de/, S. 17
2256) LG Dortmund, Beschl. 16.7.2007 Az.: 18 AktE 23/03
2257) OLG Düsseldorf, WM 1988 1052, 1056 = EWiR § 320 AktG 1/1988 (Bernhard Großfeld)
2258) OLG Düsseldorf, ebd. Ähnlich OLG Stuttgart, AG 2007, 705

B. Nichtfinanzielle Nutzen

b. Höhe

1040 Der Verlustvortrag ist anzusetzen mit seinem typisierten Wert, losgelöst von den Verhältnissen des übernehmenden Unternehmens. Entscheidend ist der Barwert der erwarteten Steuerersparnis[2259]; sie ist auf den Stichtag mit dem allgemeinen Kapitalisierungszinssatz abzuzinsen[2260]. Der Wert des Verlustvortrags ergibt sich aus der Differenz der Ertragswerte des Unternehmens mit und ohne Beachtung der steuerlichen Verlustverrechnung. Deshalb wird der Ertragswert zunächst ohne den steuerlichen Verlustvorteil und danach mit dem steuerlichen Verlustvorteil errechnet [2261].

1041 Das Ergebnis ist ganz dem zu bewertenden Unternehmen zuzuordnen, also nicht mit dem Erwerber zu teilen:

> „Die Wahrscheinlichkeit, sich Verlustvorträge zunutze machen zu können ist ebenso groß und risikobehaftet wie die Aussicht eines – insbesondere des aufnehmenden – Unternehmens, Gewinne zu erzielen. Der Wert eines Unternehmens ist aber nicht nur deshalb lediglich mit 50% anzusetzen, weil die Gewinnaussichten risikobehaftet sind und es sich insoweit um einen ‚Hoffnungskauf' handelt. Es ist deshalb nicht gerechtfertigt, den Wert der Verlustvorträge nur mit der Hälfte der erzielbaren Steuervorteile zu berücksichtigen. Sie stellen vielmehr auf dem Markt einen Vorteil in Höhe des Barwerts der damit erzielbaren Steuerersparnisse dar, gemindert lediglich um den auch bei Gewinnprognosen üblichen Risikoabschlag"[2262].

1042 Aus der schnelleren Nutzung kann sich ein Zinsvorteil ergeben. Dieser ist aufzuteilen[2263].

9. Steuern

1043 Grundsätzlich ist der Wert der Verlustvorträge nach persönlichen Steuern anzusetzen[2264]. Wenn der Wertbeitrag eines Sonderwertes der Thesaurierung zugerechnet wird, sind keine typisierten Ertragsteuern anzusetzen[2265].

B. Nichtfinanzielle Nutzen

1044 Im Allgemeinen bewerten wir das Unternehmen „unter der Voraussetzung ausschließlich finanzieller Ziele" „allein aus seiner Eigenschaft ..., finanzielle

---

2259) OLG Düsseldorf, NZG 2000, 1079, 1081; OLG München, AG 2008, 28, 31
2260) OLG Düsseldorf, WM 1988, 1052, 1056
2261) OLG Stuttgart, AG 2008, 510, 515
2262) OLG Düsseldorf, WM 1995, 1056
2263) OLG Stuttgart, AG 2007, 705, 707
2264) OLG München, Beschl. 31.3.2008 Az.: 31 Wx 88/06, http://www.betriebsberater.archiv.de, S. 17
2265) T-Online S. 255. Vgl. aber OLG München, aaO S. 17f.

III. Beispiele

Überschüsse für die Unternehmenseigner zu erwirtschaften"[2266]. Es herrscht die Sicht des homo oeconomicus.

Etwas anderes kann sich u. U. aus dem Rechtsverhältnis ergeben („Normwert"[2267]). Das Betriebsgelände mag etwa schön gelegen sein, oder das Unternehmen verkörpert eine Familientradition. Stellt das zwischen den Beteiligten einen Vermögenswert dar? § 253 BGB steht dem nicht entgegen, weil es nicht um eine „Entschädigung" geht sondern um einen Bereicherungsausgleich. Es kommt darauf an, ob nichtfinanzielle Nutzenerwartungen in das Verhältnis der Beteiligten einbezogen sind. Daher meinte das OLG Hamm zur „angemessenen Barabfindung", dass *„auch Billigkeitsgesichtspunkte zu berücksichtigen sind, die nicht eindeutig vermögensmäßig greifbar sind"*[2268]. **1045**

Das kann bei Personengesellschaften und bei Gesellschaften mit beschränkter Haftung eine Rolle spielen, kaum bei Aktiengesellschaften. Dort kommt es im Allgemeinen wohl nur auf Faktoren an, die *„im Wirtschaftsleben allgemein nicht außer Betracht bleiben"*[2269]. **1046**

[2266] IDW S 1 2008 Tz. 4
[2267] Siehe Rn. 119
[2268] Koppenberg, Bewertung von Unternehmen, 1964, S. 99, 106
[2269] OLG Hamm, ebd. 106, 138; Barthel, Unternehmenswert 590f.

Einundzwanzigster Teil
Vergleichswerte/Selbsteinschätzung

A. Einführung

Die geschilderten Bewertungsverfahren führen nur zu Annäherungen. Sie sind ungenauer, als sie „mathematisch" scheinen, lassen dem Ermessen Raum[2270]. Deshalb ziehen wir weitere Schätzungsgrundlagen heran[2271], namentlich tatsächlich erzielte Preise, zu denen auch Börsenwerte gehören (Fremdvergleichstest)[2272]. Sie ersetzen aber keine eigenständige Unternehmensbewertung[2273]. 1047

B. Anteilspreise

Die Bewertung muss die Preise von Anteilen beachten, die vor dem Stichtag veräußert wurden[2274]. Gleiches gilt für Preise bis zu fünf Jahren nach dem Stichtag – falls der Markt sich nicht wesentlich verändert hat[2275]. Keine Rolle soll der Preis spielen, den das herrschende Unternehmen vor dem Abschluss eines Unternehmensvertrages zahlte[2276]; das gebiete selbst die gesellschaftliche Treuepflicht nicht[2277]. Dem ist so allgemein nicht zu folgen: Solche Preise erlauben doch eine Schätzung[2278]. 1048

C. Unternehmenspreise

Tatsächliche erzielte Preise für andere Unternehmen helfen bei der Beurteilung der Plausibilität; sie ersetzen keine Unternehmensbewertung[2279]. Abzustellen ist auf das konkrete Unternehmen, nicht auf den Durchschnitt der Branche[2280]. Das ist indes leichter gesagt als getan: Kein Unternehmen gleicht dem anderen; die Preise vieler Verkäufe sind unbekannt. Sind die Beziehungen zwischen den Partnern vergleichbar? Das ist etwa zu bei Zahlungen an „lästige" Gesellschafter beachten[2281]. 1049

2270) Siehe Rn. 14
2271) So vor allem Barthel, Unternehmenswert 589
2272) OLG Stuttgart, AG 2008, 510, 516
2273) IDW S 1 2008 Tz. 13
2274) OLG Köln, NZG 1999, 1222, 1225
2275) BGH, BB 1992, 2464
2276) OLG Stuttgart, AG 2008, 510, 516; OLG Celle, NZG 1998, 987
2277) OLG Düsseldorf, WM 1995, 757, 761; AG 2008, 498, 501
2278) Einzelheiten siehe Rn. 1094
2279) IDW S 1 2008 Tz. 13
2280) OLG Stuttgart, AG 1994, 564, 565
2281) HansOLG Hamburg, NZG 2001, 471, 473

D. Verhalten der Beteiligten

1050 Wichtig ist das Verhalten der Beteiligten, die „es wissen müssen". Führen sie ein schwächelndes Unternehmen weiter, so deutet das auf bessere Zukunft. Indiz ist wohl auch der Preis, den ein Mehrheitsgesellschafter für Anteile gezahlt hat[2282], selbst wenn im Preis ein „Paketzuschlag" war. Der Zuschlag zeigt, was der Mehrheitsgesellschafter aus den Anteilen der Minderheit herausholen will, ist also seine Einschätzung der Anteile (echte Synergieeffekte)[2283]. Anders ist es, wenn besondere Umstände den Preis formten, so für die letzte Aktie beim Erwerb einer qualifizierten Minderheit[2284].

E. Bilanzwert

1051 Er ist ebenfalls eine Selbsteinschätzung; gemäß dem Niederstwertprinzip (§ 252 Abs. 1 Nr. 4 HGB) ist er prima facie Mindestfortführungswert (§ 252 Abs. 1 Nr. 2 HGB). Eine Abfindung darunter ist schwer zu begründen[2285].

2282) Gude, Strukturänderungen, S. 386
2283) Siehe Rn. 1094
2284) LG Köln, DB 1993, 217
2285) BGH, WM 1995, 1410 = EWiR § 253 HGB 1/1995, 898 (Großfeld)

Zweiundzwanzigster Teil
Börsenwert[2286]

A. Allgemeines[2287]

Der Börsenwert (die Börsenkapitalisierung) ergibt sich aus der Zahl der Aktien x Börsenkurs. Lange vernachlässigte man ihn[2288]. Er könne durch gezielte oder zufällige Vorgänge, die mit dem inneren Wert des Unternehmens nichts zu tun haben, beeinflusst sein[2289]: Er sei zu stark abhängig von *„spekulativen Einflüssen und sonstigen nicht wertbezogenen Faktoren wie politischen Ereignissen, Gerüchten, Informationen und psychologischen Momenten"*[2290]. Die Bezüge auf die *„Verhältnisse der Gesellschaft"* in § 305 Abs. 3 S. 2 AktG oder auf die *„Verhältnisse des übertragenden Rechtsträgers"* in § 30 Abs. 1 S. 1 UmwG sollten **auch** klären, dass es für die Abfindung nicht „allein" auf den Börsenwert ankommt[2291]. 1052

Das OLG Hamm hatte 1963 erstmals den Börsenkurs als Untergrenze der Abfindung gesehen[2292]. Eine Wende zeigte sich in einem Beschluss des BayObLG[2293]: 1053

> *„Hat die Aktie, deren Wert festgestellt werden soll, einen Börsenwert, der auch aussagekräftig ist, weil er nicht von einem zu engen Markt oder von Manipulationen beeinflusst wird, so wird er in der Regel den ‚Verkehrswert' ebenso zutreffend angeben, wie eine langwierige Berechung des Unternehmenswertes durch Sachverständige nach der Ertragswertmethode"*.

Das Bundesverfassungsgericht griff den Gedanken auf[2294]. Gemäß Art. 14 GG sei die Verkehrsfähigkeit der Aktie bei der Wertbestimmung zu beachten[2295], der Börsenwert sei daher der Mindestwert. 1054

Der Bundesgerichtshof sieht den Börsenwert jetzt als „Ausgangspunkt" der Wertermittlung[2296]. Das BayObLG nennt ihn ein „wichtiges Indiz"[2297]. Das 1055

2286) Adolff, Unternehmensbewertung; Gude, Strukturänderungen, S. 151ff.; Henze, Die Berücksichtigung des Börsenkurses bei der Bemessung von Abfindung und variablem Ausgleich im Unternehmensvertragsrecht, in: FS Marcus Lutter, München 2000, S. 1101
2287) Böcking, Zur Bedeutung 59
2288) BGHZ 71, 40
2289) OLG Düsseldorf, DB 1984, 817; vgl. Gude, Strukturänderungen, S. 254ff.
2290) BGH, NJW 1967, 1464. Dazu KG, Az.: 2 w 148/01, 16.10.2006. B II 1 b cc
2291) Kropff, Aktiengesetz, Düsseldorf 1965, S. 399; kritisch dazu Luttermann, Zur Rechtspraxis 616
2292) AG 1963, 218, 219
2293) ZIP 1998, 1872
2294) BVerfG, JZ 1999, 942 m. Anm. Luttermann
2295) BVerfG, NZG 2007, 631; ebenso BGH, NZG 2003, 280, 282
2296) BGH, NZG 2001, 603

B. Börseneffizienz

OLG Stuttgart[2298] will ihn „*entscheidend ... berücksichtigen*". Das KG Berlin meint beim Vergleich mit „*spekulativen Einflüssen*" auf die Prognosen eines Sachverständigen:

> „*Viel spricht dafür, Börsenkursen insoweit tendenziell sogar eine größere Aussagekraft für den ‚wahren Wert' des Unternehmens zuzustehen, sind sie doch Ergebnis eines tatsächlichen Preisbildungsprozesses am Markt, der auf einer Vielzahl realer Kauf- und Verkaufentscheidungen der Anleger beruht. Bei der Beurteilung der Ertragslage eines Unternehmens werden sich die Anleger bzw. die Analysten der Banken an den allgemein zugänglichen Unternehmensdaten orientieren. Dass die Summe der hier getroffenen Entscheidungen von vornherein weniger Aussagekraft hat als die Bewertung eines einzigen Gutachters, lässt sich nicht annehmen*"[2299].

1056 Abzustellen ist auf den Durchschnittskurs über einen Zeitraum, der jeweils vom Einzelfall abhängt[2300]. Der Kurs wird nach dem Umsatz gewichtet[2301]. Zu beachten sind auch Kurse aus dem Freiverkehr an der Börse[2302].

B. Börseneffizienz

1057 Die jetzige Linie beruht auf der Annahme, dass der Börsenwert die Informationen über ein Unternehmen bestmöglich widerspiegelt („efficient capital market hypothesis"). Die These ist aber angesichts globaler Märkte wieder offen[2303]. Börsenwerte sind nicht berechenbar. Die Änderung des Diskontsatzes um Bruchteile eines Prozentes wandelt von einem Tag auf den anderen das Kursbild: „*The size of the bubble, the shape of the bubble is only completely clear in retrospect*"[2304]. Das deutet auf Tiefenstrukturen einer nichtlinearen Mathematik, die uns nicht hinreichend bekannt sind (noise – theory, chaos – theory)[2305].

1058 Vorschriften über die Offenlegung von Insiderwissen verhindern oft eine schnelle Information. Wir wissen nicht, wie Insider auf den Börsenkurs wirken. Deren Wissen ist jedenfalls wichtig, kommt aber oft erst durch eine Begutachtung ans Licht. In Cede & Co. v. Technicolor Inc.[2306] zog das Gericht

---

2297) BayObLG, AG 2006, 41, 45
2298) Beschl. 14.02.2008 Az.: 20 W 9/06, http://www.betriebs-berater.de/, Rn. 31
2299) KG Berlin, Beschl. 16.10.2006, volles Zitat Fn. 142, II 1b cc
2300) IDW S 1 2008 Tz. 16
2301) Adolff, Unternehmensbewertung 207ff.; Nachweise in OLG Stuttgart, NZG 2007, 112, 113. OLG Stuttgart, AG 2007, 705, 708 diskutiert „Unterbewertungen".
2302) OLG Düsseldorf, AG 2008, 498, 501
2303) Koppensteiner, Kölner Kommentar § 305 Rn. 53, S. 823; Shiller, Irrational Exuberance, 2. Aufl., Princeton 2005
2304) Malkiel, Malkiel unleashed: the full interview with Burton Malkiel, June 20, 2003, Google
2305) Cunningham, From Random Walks to Chaotic Crashes: The Linear Genealogy of the Efficient Market Hypothesis, 62 George Washington L. Rev. 546 (1994)
2306) 542 A.2d 1182 (Del. 1988)

D. Plausibilität

Erkenntnisse heran, die die Börse noch nicht hatte. Ebenso geschah es im Allianz Fall 2006[2307]. In einer globalen Wirtschaft können zudem kulturelle Barrieren einen schnellen Einblick erschweren. Wirklichkeit braucht „Quellzeit" um Wahrheit zu werden[2308]. Im Allgemeinen ist die Information des Insiders breiter und sicherer als die des Marktes[2309].

Fernöstliche Abschlüsse z. B. sind immer für Überraschungen gut, weil das Verhältnis zwischen privater Geheimhaltung und öffentlicher Mitteilung unter kulturellen „Gleichheits"-gesichtspunkten anders gesehen wird[2310]. 1059

C. Zeichenwirkung

Börsenkurse sind durch Zeichensysteme beeinflusst, die die Wirklichkeit evtl. gezielt „unwirklich" darstellen. Das ist Teil einer umfassenderen rechtsvergleichenden Zeichenkunde[2311]. Nach der Diskussion um „Enron" um den Ausweis von Optionen für Mitarbeiter und um den „Goodwill impairment test" bedarf das keiner Vertiefung[2312]. 1060

D. Plausibilität

Bei der Bewertung sind die „*Verhältnisse der Gesellschaft*" zu berücksichtigen (vgl. § 305 Abs. 3 S. 2 AktG) – dazu gehört nicht nur, aber **auch** der Börsenwert; er wäre ja bei einer freien Vereinbarung miterwogen worden. Vielfach sieht man in ihm einen „Argumentationswert", der das Ergebnis einer Vereinbarung beeinflusst[2313]. 1061

Der Börsenwert ist heranzuziehen, um die Plausibilität des Zukunftserfolgswerts zu beurteilen[2314]. Dabei sind besondere Einflüsse zu berücksichtigen, die sich an der Börse ausgewirkt haben, z. B. wenige gehandelte Anteile, Marktlage[2315]. Ergeben sich wesentliche Unterschiede, sind die Ausgangsda- 1062

2307) Siehe Rn. 484, 743
2308) Hüffer/Schmidt-Assmann/Weber, Anteilseigentum, S. 152; Bonus, Die Langsamkeit von Spielregeln, in: Backhaus/Bonus (Hrsg.), Die Beschleunigungsfalle, S. 41
2309) Hüffer/Schmidt-Assmann/Weber, aaO S. 63
2310) Großfeld, Rechtsvergleichung als Kulturvermittlung; Großfeld/Hoeltzenbein, Globalizations and the Limits of Language. Comparative Legal Semiotics, Rechtstheorie 35 (2004) 87
2311) Grossfeld, Comparatists and Languages, in: Legrand/Munday, Comparative Legal Studies: Traditions and Transitions, Cambridge 2003, S. 154; ders./Hiller, Comparative Legal Semiotics and the Divided Mind: Are We Educating Half-Brained Lawyers?, American J. Comp. L. 50 (2002) 175
2312) Grossfeld, International Financial Reporting Standards 12
2313) Matschke/ Brösel, Unternehmensbewertung 48, 51, 544; Hering/Brösel, Der Argumentationswert 936
2314) IDW S 1 2008 Tz. 13–16, 142
2315) IDW S 1 2008 Tz. 15

ten und Prämissen der Bewertung zu überprüfen[2316]. Das LG Nürnberg-Fürth sagt treffend, *„dass das vom Gutachter gefundene Ergebnis anhand des Börsenwertes ‚überprüft' werden könnte, wenn sich zwischen Ergebnis des Gutachtens und dem Kurswert eine zu große Differenz zeige"*[2317].

E. Gutachter

1063 Der Börsenwert ersetzt keine Unternehmensbewertung[2318]. Der Gutachter bekommt Einblicke und Planungsunterlagen, die der Markt u. U. nicht hat:

> *„Das kann dazu führen, dass der Börsenwert durch Halbwahrheiten, Gerüchte oder Spekulationen beeinflusst wird"*[2319].

1064 Der Gutachter erlangt auch eine längerfristige Sicht, wie sie hier notwendig ist. Er kann sich „von Angesicht zu Angesicht" ein Bild von der Qualität des Managements verschaffen: „Seeing is believing!". Er kann politische oder psychologische Einflüsse eher als kurz- oder langfristig einschätzen.

F. Mindestwert[2320]

1065 Das Bundesverfassungsgericht sieht den Börsenwert bei Abfindungen nach §§ 304, 305, 320b und 327a AktG[2321] grundsätzlich als Mindestwert[2322]. Dem folgt der Bundesgerichtshof[2323]. Das gilt auch für den Ausgleich nach § 304 Abs. 2 S. 2 AktG[2324]. Einige Grundannahmen sind nach wie vor umstritten[2325].

1066 Bei einer Verschmelzung[2326] unter unabhängigen Partner gilt der Börsenwert nicht als Mindestwert[2327]. Bei der Verschmelzung einer abhängigen Gesellschaft mag aber ein Interessengegensatz bestehen (vertikaler Interessenkonflikt). Nach einer verbreiteten Ansicht greift der Börsenwert, wenn beide

---

2316) IDW S 1 2008 Tz. 15
2317) LG Nürnberg-Fürth, AG 2000, 89
2318) IDW S 1 2008 Tz. 13
2319) Henze, Die Berücksichtigung 1111
2320) OLG Stuttgart, NZG 2007, 112, 119
2321) Dazu OLG Düsseldorf, AG 498, 501
2322) BVerfG, JZ 1999, 942, 944; BB 2007, 1515 m. Anm. Bungert. Vgl. IDW S 1 2008 Tz. 16. Zu einer Ausnahme OLG Düsseldorf, DB 2006, 2391
2323) BGH, NZG 2001, 603. Zusammenstellung in OLG Stuttgart, NZG 2007, 302
2324) BGH, NZG 2001, 603; Hüffer/Schmidt-Assmann/Weber, Anteilseigentum, S. 93
2325) Henze, Die Berücksichtigung des Börsenwertes; Munkert, Die Relevanz des Börsenkurses für die Ermittlung der Verschmelzungswertrelation, in: Birk/Pöllath/Saenger (Hrsg.), Forum Unternehmenskauf 2005, Baden-Baden 2006, S. 179
2326) Hüffer/Schmidt-Assmann/Weber, Anteilseigentum, S. 100ff.
2327) OLG Stuttgart, AG 2007, 705, 711; OLG München, AG 2006, 420, 427; OLG München, AG 2007, 701, 704; BayObLG, NZG 2003, 483; OLG Düsseldorf, NZG 2003, 588, 597; Hüffer/Schmidt-Assmann/Weber, Anteilseigentum, S. 102, 123ff., 1126ff.

Unternehmen börsennotiert sind (Prinzip der Methodengleichheit)[2328]. Nach einer Mindermeinung genügt, dass nur eines der Unternehmen börsennotiert ist; dann gelte jedoch nur der Börsenkurs vor Ankündigung der Verschmelzung[2329].

Das OLG Stuttgart lehnt den Börsenkurs jetzt generell ab: **1067**

> „Deshalb gilt auch hier, dass das Umtauschverhältnis für alle Aktionärsgruppen angemessen sein und das Maß ihrer jeweiligen Beteiligung in Relation zu den vorher gehaltenen Vermögensmassen wahren muss. Für die Frage, ob das Umtauschangebot angemessen ist, kommt es deshalb nicht darauf an, ob eine Anteilswertrelation auf der Grundlage von Börsenkursen für die Minderheitsaktionäre günstiger ist als die Unternehmenswertrelation. Für diese allein maßgebliche Unternehmenswertrelation spielen Börsenkurse schon aus tatsächlichen Gründen keine Rolle"[2330].

Ein Mindestwert für die Minderheitsaktionäre der übertragenden Gesellschaft benachteilige die Minderheitsaktionäre der übernehmenden Gesellschaft (horizontaler Interessenkonflikt)[2331]. Daher müsse es bei der Unternehmenswertrelation bleiben[2332]. **1068**

G. Marktenge/Manipulation[2333]

Der Börsenwert ist unbeachtlich, wenn er nicht den Verkehrswert der Aktien widerspiegelt[2334]. Daher sagt der IDW S 1 2008[2335]: **1069**

> „Dies gilt jedoch nicht, wenn der Börsenwert – z. B. bei fehlender Marktgängigkeit oder Manipulation des Börsenkurses – nicht dem Verkehrswert der Aktien entspricht".

Das ist anzunehmen, wenn sich Aktien aufgrund einer Marktenge nicht veräußern lassen[2336], etwa bei einem nur „marginalen Handel"[2337]. Beweisen muss das der zur Abfindung Verpflichtete[2338]. Ein Schema dafür gibt es nicht[2339]; nach Ansicht des OLG Stuttgart scheinen die Kriterien „*noch weitgehend ungeklärt*"[2340]. **1070**

2328) OLG München, AG 2007, 701, 704f.; OLG Düsseldorf, NZG 2003, 588, 597
2329) OLG München, AG 2007, 701, 705
2330) OLG Stuttgart, AG 2007, 705, 706 mit ausführlicher Begründung
2331) Mit Bezug auf Adolff, Unternehmensbewertung 445f, 450, 468f.
2332) OLG Stuttgart, AG 2007, 705, 714 mit Bezug auf Adolff, Unternehmensbewertung 475ff.
2333) Zur Komplexität siehe Bericht Vattenfall Europe AG, oben Rn. 741, Fn. 1668, S. 124ff.
2334) BVerfG, JZ 1999, 942, 945
2335) IDW S 1 2008 Tz. 16
2336) KG Berlin, NZG 2007, 71; OLG Stuttgart, AG 2007, 705, 715
2337) OLG Stuttgart, Beschl. 14.02.2008 Az.: 20 W 9/06, http://www.betriebs-berater.de/, Rn. 35; Einzelheiten in OLG Düsseldorf, AG 2008, 498, 501f.

G. Marktenge/Manipulation

1071 Der Bundesgerichtshof verneint eine Marktenge, wenn 2,5% – 3,7% der Aktien eines Unternehmens gehandelt werden[2341]. Nach dem OLG Düsseldorf spiegelt der Börsenwert bei einem Volumen von weniger als 5% den Verkehrswert der Aktie nicht wieder[2342]. Das OLG München verneinte eine Marktenge bei einem freien Aktienanteil (free float) von 0,45%, wenn 7,6% des free float gehandelt wurden[2343], Das OLG Stuttgart hält einen freien Aktienanteil von 0, 73% bei einem Handelsvolumen von über 7,6% für ausreichend[2344]. Ein Streubesitz von ca. 4,87% schließe *„für sich genommen"* die Heranziehung von Börsenkursen noch nicht aus[2345]. Das OLG Celle bejaht eine Marktenge, wenn nur 1,13% der Aktien im Streubesitz sind und es sich um höchstens 1.360 Aktien handelt.[2346]

1072 Auf ein Mindestvolumen des Marktes kommt es jedoch nicht an[2347]. Der Börsenkurs muss ein *„reales Marktgeschehen"* wiedergeben[2348]. Entscheidend ist, ob Minderheitsaktionäre an vielen Tagen die Möglichkeit hatten, die Aktien zu verkaufen (so wenn Geldkurse ausgewiesen werden)[2349]. Das OLG Stuttgart[2350] fasst zusammen:

> *„Vielmehr kommt es darauf an, dass die Börsenkurse auf einem realen und nicht nur marginalen Marktgeschehen beruhen, dem ein ausreichender Handel oder zumindest eine zu einigermaßen konstanten Kurs anhaltende Nachfrage nach den Aktien zugrunde liegt. Dazu ist – wie auch bei der Regelung in § 5 Abs. 4 WpÜG-AngVO – einerseits auf die Volatilität der Kurse und auf das Ausmaß des tatsächlichen Handels nach Handelstagen und – insoweit über die o. g. Regelung hinaus – auch nach Umsätzen abzustellen".*

2338) OLG Stuttgart, NZG 2007, 302, 305; vgl. KG Berlin, Beschl. 16. 10. 2006, volles Zitat Fn. 142, B II b cc
2339) KG Berlin, NZG 2007, 71
2340) OLG Stuttgart, AG 2007, 705, 715
2341) BGH, AG 2001, 417, 420
2342) OLG Düsseldorf, NZG 2003, 588, 592; vgl. KG Berlin, Beschl. 16.10.2006, volles Zitat Fn. 142, B II b cc
2343) OLG München, ZIP 2006, 1722, 1723f.
2344) OLG Stuttgart, BB 2007, 682
2345) OLG Stuttgart, Beschl. 14.02.2008 Az.: 20 W 9/06, http://www.betriebs-berater.de/, Rn. 54
2346) OLG Celle, Beschl. 10.7.2008 Az.: 9 W 10/08 II 4
2347) BGH, NZG 2001, 603
2348) OLG Stuttgart, AG 2007, 705, 715
2349) OLG München, ZIP 2006, 1722, 1723f.
2350) OLG Stuttgart, Beschl. 14.02.2008 Az.: 20 W 9/06, http://www.betriebs-berater.de/, Rn. 53

I. Stichtagskurs

Entscheidend sei eine „*Gesamtbetrachtung der Marktumstände im Einzelfall*". 1073
Auch bei wenigen Handelstagen könne ein „*relativ stabiles Kursgeschehen*" als
Anhalt genügen[2351].

Der Börsenkurs scheidet als Mindestwert aus, wenn Aktionäre aufgrund fal- 1074
scher rechtlicher Beurteilung[2352] zu viel gezahlt haben[2353].

H. Höchstwert

Der Börsenwert ist kein Höchstwert. Denn die Begutachtung kann Einsich- 1075
ten bringen, die der Markt (noch) nicht kennt oder die er noch nicht verarbeitet hat[2354]. Das gilt auch bei Verschmelzungen[2355].

J. Zeitverlauf[2356]

I. Stichtagskurs

Der Stichtagskurs ist für den Börsenwert wenig hilfreich. Das Leben verläuft 1076
nicht punktuell (Zeit ist nicht „gepunktet"). Der Begriff „Zeitpunkt" stammt
von den „gepunkteten" Gebetszeiten der Zisterzienser innerhalb einer geometrisierten Umwelt (Architektur „more geometrico")[2357]. Wir haben es dagegen mit dem „power of the continuum" zu tun, das sich nicht mit den traditionellen mathematisch-geometrischen Weltsichten unserer Rechtsschablonen („*mos mathematicorum*") erfassen lässt[2358]. Abzustellen ist auf dynamische Verläufe, auf „Strömungstechniken". Naheliegend ist es, § 5 Abs. 3
WpÜG – Angebotsverordnung analog anzuwenden[2359].

Das mag sich ändern, wenn im Gefolge des CAPM Verfahrens[2360] echte 1077
Synergieeffekte zu beachten sind. Sie bündeln sich gerade zum Stichtag hin,
erweisen damit den „Schatzfund", auf den die Börse oft hofft.

2351) OLG Stuttgart, aaO Rn. 59f. Das Gericht verweist auch insoweit auf § 5 Abs. 4
WpÜG-AngVO
2352) Entgegen BGH, NJW 2006, 3146
2353) OLG Düsseldorf, NZG 2007, 36, 39f.
2354) Großfeld, Börsenwert
2355) BVerfG, JZ 1999, 942, 945; a. A. Busse von Colbe, Der Vernunft 1066f.
2356) OLG Düsseldorf, NZG 2000, 1074. Dazu Bilda, Zur Dauer 299
2357) Dazu Landes, Revolution in Time, London 2000, S. 58: "*Nothing was as important as
the punctuality of the collective prayer circle*".
2358) Großfeld, Zeichen und Zahlen im Recht, 2. Aufl., Tübingen 1997
2359) OLG München, ZIP 2006, 1722, 1724
2360) Siehe Rn. 267

J. Zeitverlauf

II. Bezugszeitraum[2361]

1. Hauptversammlung

1078 Es fehlt eine Methode, um den Bezugszeitraum sicher festzulegen. Der Bundesgerichtshof wählt wegen der *„größtmöglichen"* Nähe zum Stichtag einen Zeitraum von drei Monaten *„unmittelbar vor der Hauptversammlung der beherrschten AG"*[2362]. Man rechnet also vom Tag der Hauptversammlung drei Monate zurück. Verfassungsrechtlich ist nicht zu beanstanden, wenn der Referenzzeitraum auch die Zeit nach Bekanntmachung der Maßnahme umfasst[2363]; die Frage hat *„keinen verfassungsrechtlichen Gehalt"*[2364].

1079 Diese Bezugsperiode ist problematisch und stößt zunehmend auf Kritik[2365]: Der Börsenkurs wird durch die Ankündigung der Maßnahme und durch die Bekanntgabe der zu erwartenden Abfindung nachhaltig beeinflusst[2366]. Das OLG Stuttgart schildert einen Fall[2367], in dem sich folgende Kurse ergaben: Drei Monate 79,70 €, sechs Monate 74,85 €, zwölf Monate 71,20 €. Es meint: *„Angesichts dieser Bewegungen erscheint es eher willkürlich, die Betrachtung auf einen Zeitraum von drei Monaten ... zu beschränken".* Es sei auch zu berücksichtigen,

> *„dass ein wie auch immer auf der Basis von Börsenkursen ermittelter Börsenwert nicht mit einem erzielbaren Börsenkurs selbst verwechselt werden darf, der lediglich einen Preis darstellt. Wenn aus den durch Angebot und Nachfrage zustande gekommenen Preisen durch Mittelung über einen beliebigen Zeitraum ein Wert errechnet wird, kann dieser aus ökonomischer Sicht ohnehin keinen exakten Aktienwert zum Ende des Zeitraums darstellen oder gar einen kapitalisierten Börsenwert"*[2368].

2. Ankündigung

1080 Das Kammergericht stellt auf den Kurs während der drei Monate vor dem Tag der ersten Ankündigung der Strukturmaßnahme ab[2369]. In dem Fall lag der gesamte Referenzzeitraum sonst nach der Bekanntmachung der Um-

---

2361) Allgemein OLG München, AG 2006, 420, 427
2362) BHGZ 147, 108, 118. Dazu Bungert, Der BGH 2763 Fn. 23. Zustimmend LG Frankfurt/M., NZG 2007
2363) BVerfG, NZG 2007, 228
2364) BVerfG, NZG 2007, 228, 230
2365) OLG Stuttgart, Beschl. 14.02.2008 Az.: 20 W 9/06, http://www.betriebs-berater.de/, Rn. 40-45. Vgl. Wasmann, Bewegung im Börsenkurs: Kippt die „Dreimonats"-Rechtsprechung?, BB 2007, 680
2366) OLG Stuttgart, aaO Rn. 44; vgl. OLG Düsseldorf, NZG 2007, 36, 39f.
2367) OLG Stuttgart, AG 2007, 705, 710
2368) Weber, Börsenkursbestimmung aus ökonomischer Perspektive, ZGR 2004, 280, 290ff.
2369) KG, NZG 2007, 71ZIP 2007, 75. Dagegen LG Frankfurt/M., NZG 2007, 40

wandlung. Es will damit *„spekulative Einflüsse"* und *„manipulative Beeinflussungen"* aus der Bewertung heraushalten[2370].

Ebenso sieht es das OLG Stuttgart[2371]. Es zieht heran die Wertung des § 31 WpÜG i. Vbd. m. § 5 Abs. 1 WpÜG-AngVO[2372]. Nach Meinung des Bundesverfassungsgerichts *„mag es im Hinblick auf den intendierten Schutz der Minderheitsaktionäre besser sein, auf eine Referenzperiode im Vorfeld der Bekanntgabe der Maßnahme abzustellen"*[2373]. Dafür sprechen *„gewichtige Gründe"*[2374]. Entscheidend wäre dann, auf die ad hoc Mitteilung nach § 15 WpHG abzustellen[2375]. Das ist eine Verbesserung. Es eröffnen sich indes Chancen für die Betreiber des Vorgangs; das gilt auch, wenn man auf den Tag der Bekanntmachung der Maßnahme abstellt[2376].

Das Fazit lautet: Es ist weiterhin Vorsicht geboten![2377] Der Börsenwert ist selbst als Mindestwert unsicherer als er manchmal erscheint.

III. Marktgeschehen

Der Börsenkurs ist nur dann zu beachten, wenn er aussagekräftig ist. Das setzt *„eine zu einigermaßen konstantem Kurs anhaltende Nachfrage nach den Aktien"* voraus[2378]. Eine Marktenge an sich steht nicht entgegen. Das OLG Stuttgart verneint aber einen realen Markt, wenn nicht einmal 2% des Free-Float = 0,1% der gesamten Aktien an weniger als einem Drittel der Handelstage gehandelt werden[2379]. Nicht zu berücksichtigen sind *„außergewöhnliche oder sprunghafte Entwicklungen binnen weniger Tage, die sich nicht verfestigen – gleichgültig ob es sich um steigende oder fallende Kurse handelt"*[2380]. Das gilt vor allem für stark schwankend Kurse nach der Bekannt-

---

2370) Just/Lieth, Der Referenzzeitraum für die Bestimmung der Barabfindung beim Ausschluss von Minderheitsaktionären nach §§ 327a ff. AktG, NZG 2007, 444
2371) OLG Stuttgart, NZG 2007, 302 = BB 2007, 682. Ausführlich OLG Stuttgart, Beschl. 14.2.2008 Az.: 20 W 9/06, http://www.betriebs-berater.de/, Rn. 57ff. Zustimmend Pluskat, „Endlich Klärung hinsichtlich der Lage des Referenzzeitraums bei Relevanz des Durchschnittsbörsenkurses für die Abfindungshöhe?", NZG 2008, 65. Vgl. Wasmann, Bewegung. Ebenso OLG Stuttgart, AG 2007, 705, 710; Beschl. 14.2.2008 Az.: 20 W 9/06, http://www.betriebs-berater.de/, Rn. 42, 46; Hüttemann, Rechtliche Vorgaben für die maßgeblichen Börsenkurse bei der Ermittlung von Abfindungen, BewertungsPraktiker 2007, 8, 10
2372) BGBl. I 2001, 4263, so schon LG Frankfurt/M., AG 2003, 581, 582
2373) BVerfG, ZIP 2007, 175, 178
2374) OLG Düsseldorf, AG 2008, 498, 502
2375) Munkert, Die Berechnung 8
2376) So der Vorschlag von Munkert, aaO
2377) Streit, BB-Kommentar, BB 2007, 345
2378) OLG Stuttgart, Beschl. 14.2.2008 Az.: 20 W 9/06, http://www.betriebs-berater.de/, Rn. 53
2379) OLG Stuttgart, aaO Rn. 54
2380) BGH, NZG 2001, 603

machung[2381]). Stets ist auf einen „*geeigneten Durchschnittskurs*" abzustellen; dafür sind die Gegebenheiten des Einzelfalls zu beachten[2382]). Zieht man die Zeit vor der Bekanntmachung heran, so können auch längerfristige Tendenzen beachtet werden[2383]).

K. Mehrere Börsenplätze[2384])

1084 Aktiengesellschaften sind häufiger an mehreren Börsen notiert. Der Bundesgerichtshof will den Durchschnittkurs aller Notierungen heranziehen[2385]). Man muss dann den gewichteten Durchschnitt der mittleren Tageskurse an diesen Börsenplätzen ansetzen[2386]).

L. Vorwirkung

1085 Oft verändern sich die Kurse, wenn der Markt von einer bevorstehenden Abfindung „Wind bekommt". Das Verbot der Marktmanipulation in § 20a WpHG reicht nicht immer[2387]). Die Bestimmung des Bezugszeitraums durch den Bundesgerichtshof[2388]) ermutigt, zu Lasten des abfindenden Unternehmens zu spekulieren[2389]). Die Abfindung wird zur Lotterie. Es gibt Squeeze Out–Fonds, die auf den Kursanstieg nach der Ankündigung des Squeeze Out setzen.

M. Gesamtwürdigung

1086 „*Der Marktpreis einer einzelnen Aktie...mag nicht den angemessenen Preis des Ganzen spiegeln. Deshalb ist der Marktpreis einer Aktie nicht der einzige Maßstab für den angemessenen Preis des Ganzen*"[2390]).

2381) OLG Stuttgart, Beschl. 14.2.2008 Az.: 20 W 9/06, http://www.betriebs-berater.de/, Rn. 55
2382) IDW S 1 2008 Tz. 16
2383) OLG Stuttgart, aaO; LG Frankfurt, NZG 2007, 40 = Der Konzern 2006, 553
2384) Gude, Strukturänderungen, S. 391ff.
2385) BGH, NZG 2001, 603; OLG Düsseldorf, NZG 2005, 1012. Einzelheiten bei Bungert, DTA/Atlanta 1166. Anders LG Frankfurt/M., NZG 2007, 40 mit Bezug auf § 5 Abs. 1 u. 3 der WpÜG-Angebotsverordnung. Siehe auch OLG Frankfurt/M., AG 2003, 581
2386) Bungert, aaO
2387) Eichelberger, Das Verbot der Marktmanipulation (§ 20a WpHG), Berlin 2007
2388) Siehe Rn. 1078
2389) Deshalb bevorzugt das OLG Stuttgart drei Monate vor der Ankündigung, Beschl. 14.2.2008 Az.: 20 W 9/06 D I 3, http://www.betriebs-berater.de/
2390) U. S. Financial Accounting Standard No. 142

I. Andere Märkte

Der Börsenwert gibt uns nicht die Sicherheit, die wir suchen. Das gilt für Abfindungen schon deshalb, weil es bei ihnen – anders als an der Börse – sehr oft um langfristige Investitionen geht („Alterssparen"), die sich nicht schnell rückgängig machen lassen. Das Börsenmotto lautet dagegen vielfach „schnell rein, schnell raus!". Die Börse ist – statistisch relevant („statistisches Rechtsdenken"[2391]) – weithin ein Markt der „day trader". Dort genügen eher kurzfristige und oberflächliche Informationen. Auf sie vertraut bei langfristigen Anlagen aber niemand: Einen leichten und schnellen Ausstieg gibt dort es nicht. Es handelt sich um in mancherlei Hinsicht unterschiedliche Werte. Fehlerhaft wäre es daher, den Börsenwert für **den** maßgeblichen Wert zu halten. 1087

II. Gesetzesbindung

Das gilt bei einer normativen Bewertung selbst für den Mindestwert. Die Meinung des Bundesverfassungsgerichts[2392] dazu „knirscht" am Wortlaut des § 305 Abs. 3 S. 2 AktG und des § 30 Abs. 1 S. 1 UmwG, wonach *„die Verhältnisse der Gesellschaft"* oder *„des übertragenden Rechtsträgers"* zu berücksichtigen sind. Das entspricht dem Grundsatz, dass jede Schätzung bei dem konkreten „Inhalt" des Unternehmens (innerer Wert) ansetzen muss[2393]. Zudem verlangt § 287 ZPO die Beachtung „aller Umstände" – nicht nur des Börsenwertes. Die Annahme als Mindestwert hält sich aber angesichts der vielen Unsicherheiten in einem akzeptablen Rahmen und wird inzwischen überwiegend bejaht. 1088

N. Intertemporales Bewertungsrecht

Der Beschluss des Bundesverfassungsgerichts zum Mindestwert erfasst grundsätzlich nur Gerichtsentscheidungen, die danach ergehen. Bis dahin ist die Nichtbeachtung des Börsenwertes *„keine grobe Verkennung der durch eine Grundrecht gewährten Schutzes"* oder *„ein geradezu leichtfertiger Umgang mit grundrechtlich geschützten Positionen"*[2394]. Das kann anders sein, wenn die Nichtbeachtung des Börsenwertes den Aktionär *„existentiell"* betrifft, wenn die Entscheidung für ihn *„von existentieller Bedeutung"* ist. 1089

Fraglich ist, ob die Festschreibung des Börsenwertes als Mindestwert Sachverhalte aus der Zeit vor dem Beschluss des Bundesverfassungsgerichts erfasst, wenn also der Stichtag vorher lag. Das Oberlandesgericht Düsseldorf bejaht das; der Gedanke des Vertrauensschutzes stehe nicht entgegen[2395]. 1090

2391) Großfeld, Zivilrecht als Gestaltungsaufgabe, 1977, S. 86
2392) Siehe Rn. 1054
2393) BFH, BStBl. II 1999 S. 811, 812
2394) BVerfG, NZG 2000, 420
2395) OLG Düsseldorf, NZG 2000, 1074, 1077

Der Bundesgerichtshof hält die *„unechte Rückwirkung"* für zumutbar; sie sei nicht *„existenzbedrohend"*[2396].

O. Erwerb außerhalb der Börse[2397]

I. Einführung

1091 Preise, die das erwerbende Unternehmen außerhalb der Börse gezahlt hat, sollen unbeachtlich seien[2398]. Sie seien u. U. durch den Grenznutzen für den Großaktionär motiviert, spiegelten einen Paketzuschlag[2399]. Das Bundesverfassungsgericht hielt das für unbedenklich:

> *„Der Preis, den ein Mehrheitsaktionär an die Minderheitsaktionäre für Aktien der gemeinsamen Gesellschaft zu zahlen bereit ist, hat zu dem ‚wahren' Wert des Anteilseigentums in der Hand des Mehrheitsaktionärs regelmäßig keine Beziehung. In ihm kommt der Grenznutzen zum Ausdruck, den der Mehrheitsaktionär aus den erworbenen Anteilen ziehen kann. Dieser ist vielfach dadurch bestimmt, dass der Mehrheitsaktionär mithilfe der erworbenen Aktien ein Stimmenquorum erreicht, das aktien- oder umwandlungsrechtlich für bestimmte gesellschaftsrechtliche Maßnahmen erforderlich ist. Deshalb ist der Mehrheitsaktionär zumeist bereit, für die Aktien, die ihm noch für ein bestimmtes Quorum fehlen, einen ‚Paketzuschlag' zu zahlen.*
> *Auch zu dem Verkehrswert des Aktieneigentums haben außerbörslich gezahlte Preise regelmäßig keine Beziehung. Im Vorfeld und zur Vorbereitung einer gesellschaftsrechtlichen Maßnahme akzeptiert der Mehrheitsaktionär deshalb einen bestimmten (überhöhten) Preis für die ihm für ein erforderliches Quorum noch fehlenden Aktien, weil ihm sonst die beabsichtigte Konzernierungsmaßnahme unmöglich wäre. Eine solche Erwägung ist aber nur für den Mehrheitsaktionär bestimmend, während sie für Dritte keine Bedeutung hat. Aus der Sicht des Minderheitsaktionärs ist der vom Mehrheitsaktionär außerbörslich gezahlte (‚überhöhte') Preis mithin nur erzielbar, wenn es ihm gelingt, gerade seine Aktien an den Mehrheitsaktionär zu veräußern"*[2400].

II. Übernahmegesetz

1092 Die Frage bekommt einen neuen Akzent durch § 31 Abs. 1 Wertpapiererwerbs- und Übernahmegesetz (WpÜG)[2401]. Nach § 5 Abs. 1 WpÜG-AngVO v. 27.12.2001[2402] muss die Gegenleistung mindestens dem durchschnittlichen gewichteten Börsenwert während der letzten drei Monate vor

---

2396) BGH, DB 2001, 969,973 m. Anm. Meilicke/Heidel
2397) Vgl. Rn. 1050; Gude, Strukturänderungen, S. 398ff.
2398) OLG Stuttgart, NZG 2007, 112, 119; LG Nürnberg-Fürth, AG 2000, 89
2399) OLG Stuttgart, NZG 2007, 112, 119
2400) BVerfG, JZ 1999, 942, 944
2401) Siehe Rn. 82. Diekmann, Änderungen 19
2402) BGBl. I 4263. Abgedruckt siehe Fn. 254

der Veröffentlichung des Übernahmeangebots entsprechen. Hat der Bieter innerhalb der Zeit mehr bezahlt, so ist grundsätzlich dieser Preis maßgeblich. Zulässig sind Abschläge bis zu 15%, wenn dadurch der Durchschnittspreis nicht unterschritten wird.

Der deutsche Anwaltsverein folgte dieser Linie, wenn ein Hauptaktionär das Recht erhalten soll, die restlichen Aktien zu erwerben. Erwerbspreis soll dann mindestens der Betrag sein, den der Hauptaktionär innerhalb der letzten zwölf Monate für eine Aktie bezahlt oder vereinbart hat[2403]. 1093

III. Heutiger Stand

Außerhalb der Börse gezahlte Preise gehören zu *„allen Umständen"*, die nach § 287 Abs. 2 ZPO zu würdigen sind[2404]. Auch solche Preise beziehen sich auf den Verkehrswert. Sie beruhen auf rationalen Erwägungen des Erwerbers und gehen in seine Handels- und Steuerbilanz als Anschaffungskosten ein. Durch sie entsteht ein Marktpreis, der – zumindest bei Verträgen „unter Profis" – so aussagekräftig ist wie der Börsenwert[2405]. Woher wissen wir, dass der Preis „überhöht" ist? Woher kennen wir die Absichten des Erwerbers? Ist die Chance des Verkaufs an ihn auch ein Bestandteil des Anteilswertes?[2406] Das BayObLG[2407] fragte daher *„zu welchem Preis die B-AG vor Abschluss des Unternehmensvertrages Aktien oder ein Aktienpaket der A-AG außerhalb der Börse käuflich erworben hat"*. 1094

IDW S 1 2008 sagt[2408]: 1095

„Tatsächlich gezahlte Preise für Unternehmen und Unternehmensanteile können – sofern Vergleichbarkeit mit dem Bewertungsobjekt und hinreichende Zeitnähe gegeben sind – zur Beurteilung der Plausibilität von Unternehmenswerten und Anteilswerten dienen, ersetzen aber keine Unternehmensbewertung".

Diese Preise sind jedenfalls Indiz für u. U. zu beachtende Synergieeffekte[2409], beziehen sich wohl auch auf echte Verbundvorteile[2410] und deuten so evtl. auf den Grenzwert des Veräußerers[2411]. Jedenfalls sollte man die- 1096

2403) ZIP 1999, Heft 6 S. VIII. Voller Text http://www.zip-online.de/archiv.php. Zustimmend Müller, Die Unternehmensbewertung in der Rechtsprechung, in: FS Bezzenberger, 2000, S. 705, 717
2404) Busse von Colbe, Der Vernunft 1053, 1061, 1063
2405) Ausführliche Begründung Rathausky, Die Berücksichtigung 114, 115ff.
2406) Vgl. BayObLG, NZG 1998, 946, 948; Hauptrechtsausschuss des deutschen Anwaltsvereins, ZIP 1999, Heft 6, VIII; voller Text http://www.zip-online.de/archiv.php. Zustimmend Müller, Die Unternehmensbewertung 717
2407) BayObLG, NZG 1998, 946, 948
2408) IDW S 1 2008 Tz. 13
2409) Siehe Rn. 254
2410) Siehe Rn. 258
2411) Siehe Rn. 113

O. Erwerb außerhalb der Börse

sen Aspekt nach dem Vorbild des Übernahmegesetzes beachten. Evtl. ist ein Abschlag zu machen, wenn man echte Verbundvorteile ausblenden will[2412]. Das ist aber kein Anlass, die Preise ganz außer Acht zu lassen. Wichtig ist die zeitliche Nähe. Nach Ansicht des OLG Stuttgart ist eine Zeit von 1½ Jahren zu lang[2413].

[2412] Dazu siehe Rn. 266
[2413] OLG Stuttgart, AG 2007, 705, 708

Dreiundzwanzigster Teil
Liquidationswert[2414)]

A. Allgemeines[2415)]

Der Liquidationswert ist der Barwert der Nettoerlöse aus dem Verkauf aller Gegenstände des Unternehmens, wenn also Vorräte, Maschinen, Patente, Marken, Gebäude oder Grundstücke veräußert werden. Das Zusammenwirken der Gegenstände wird nicht beachtet. Der Liquidationswert ist die Summe der Einzelveräußerungspreise. Nach Abzug der Schulden, der Liquidationskosten und evtl. entstehender Ertragsteuern ergibt sich dann der Liquidationsnettowert[2416)]. Zu den Kosten zählt auch der Sozialplan nach § 112 BetrVerfG. Ansprüche auf Steuererstattung erhöhen den Wert. 1097

Der Grundsatz der Bewertungseinheit gilt hier nicht. Wir fingieren eine Abwicklung, daher ist grundsätzlich maßgeblich der Wert am Absatzmarkt. Der Wert hängt davon ab, ob mehrere Gegenstände als Einheit veräußert werden oder nicht (Zerschlagungsintensität) und wie schnell liquidiert wird (Zerschlagungsgeschwindigkeit)[2417)]. Tochterunternehmen kann man oft als Einheit ansehen. Falls die Liquidationserlöse erst in Zukunft anfallen, sind sie auf den Bewertungsstichtag abzuzinsen[2418)]. 1098

Auch zeitlich gilt das Gebot von Treu und Glauben (§ 242 BGB). Ein vorübergehender Preisanstieg oder Preisrückgang am Stichtag ist unbeachtlich: 1099

> „Denn ein vorübergehender Preisrückgang ist bei einem Vermögensgegenstand, der nicht zum Verkauf ansteht, auf den ‚wirklichen' Wert ohne Einfluss"[2419)].

B. Ansatz

Der Liquidationswert ist die untere Grenze des Unternehmenswertes[2420)]. Bei börsennotierten Unternehmen wird er durch einen höheren Börsenwert als Mindestwert verdrängt[2421)]. Er kommt als Mindestwert infrage bei einer Pflicht zur Liquidation[2422)] oder bei dauerhaft schlechter Ertragslage[2423)] (Li- 1100

2414) IDW S 1 2008 Tz. 140f.
2415) Komp, Zweifelsfragen, S. 215ff.
2416) IDW S 1 2008 Tz. 141; OLG Stuttgart Beschl. 14.2.2008 Az.: 20 W 9/2006 D
2417) OLG Stuttgart, AG 2008, 510, 516
2418) IDW S 1 2008 Tz. 141
2419) BGH, BB 1986, 91
2420) HansOLG Hamburg, NZG 2001, 471; LG Dortmund, Beschl. 16.7.2007 Az.: 18 AktE 23/03; IDW S 1 n.F. Tz. 150
2421) LG Dortmund, Beschl. 16.7.2007 Az.: 18 AktE 23/03
2422) OLG Düsseldorf, AG 1999, 321, 324
2423) BGH, NJW 1982, 2497, 2498; OLG Düsseldorf, NZG 2005, 280, 284; LG Berlin, AG 2000, 284, 286; IDW S 1 n.F. Tz. 150

quidationsreife)²⁴²⁴⁾. Er scheidet also aus, wenn das Unternehmen fortgeführt werden soll und das wirtschaftlich vertretbar ist²⁴²⁵⁾. Er entfällt auch, wenn ein rechtlicher oder tatsächlicher Zwang zur Fortführung besteht²⁴²⁶⁾, z. B. bei einem Unternehmen des Personennahverkehrs²⁴²⁷⁾.

1101 Der Substanzwert (Teilrekonstruktionswert)²⁴²⁸⁾ scheidet hier ebenfalls aus²⁴²⁹⁾. Er beruht auf der Sicht des Leistungserstellers, nicht des Anteilseigners; er bestimmt nicht den Wert eines Unternehmensanteils²⁴³⁰⁾. Bei Grundstücken werden im Allgemeinen herangezogen die städtischen Baurichtwerte²⁴³¹⁾; für immaterielle Vermögenswerte ist zu beachten der IDW Standard: Grundsätze zur Bewertung immaterieller Vermögenswerte (IDW S 5)²⁴³²⁾.

C. Einzelheiten²⁴³³⁾

1102 Die Kosten der Liquidation sind abzusetzen und die steuerlichen Folgen für das Unternehmen zu beachten (z. B. Ertragsteuern auf den Erlös)²⁴³⁴⁾ – unabhängig davon, ob liquidiert wird oder liquidiert werden soll²⁴³⁵⁾. Nach IDW S 1 2005 hängt die Berücksichtigung der Steuern von der Verwendungsabsicht (Thesaurierung oder Ausschüttung) ab²⁴³⁶⁾.

1103 Falls nicht sofort liquidiert werden kann, ist ein Liquidationsplan für einen angemessenen Zeitraum zu machen. Der Liquidationserlös abzüglich Kosten

---

2424) Zu weiteren Einzelheiten BGH, NJW 1982, 2497, 2498; OLG Düsseldorf, AG 1999, 321, 324; vgl. BGH, WM 1973, 306, 307
2425) IDW 1 2008 Tz. 140; OLG Stuttgart, Beschl. 14.02.2008 Az.: 20 W 9/06, http://www.betriebs-berater.de/, Rn. 94; LG Dortmund, Beschl. 16.7.2007 Az.: 18 AktE 23/03. Str., Nachweise in OLG Düsseldorf, AG 2008, 498, 500
2426) IDW S 1 2008 Tz. 140
2427) LG Dortmund, Beschl. 16.7.2007 Az.: 18 AktE 223/03
2428) IDW S 1 2008 Tz. 152, 170
2429) Vgl. Rn. 1115
2430) LG Dortmund, Beschl. 16.7.2007 Az.: 18 AktE 23/03
2431) OLG Stuttgart, Beschl. 14.02.2006 Az.: 20 W 9/06, http://www.betriebs-berater.de/, Rn. 99. Dort auch zu weiteren Einzelfragen. Vgl. Rn. 303
2432) FN-IDW 2007, 610. Siehe auch OLG Stuttgart, AG 2008, 510, 516.Vgl. Beine/Lopatta, Purchase Price Allocation – Brückenschlag zwischen Bilanzrecht und Unternehmensbewertung, in: Ballwieser/Grewe (Hrsg.), Wirtschaftsprüfung, S. 451
2433) Umfassend OLG Stuttgart, Beschl. 14.02.2008 Az.: 20 W 9/06, http://www.betriebs-berater.de/, Rn. 95-112
2434) OLG Stuttgart, aaO Rn. 96; vgl. aber BayObLG, AG 1996, 127, 130
2435) OLG Stuttgart, aaO Rn. 109; OLG München, Beschl. 31.03.2008 Az.: 31 Wx 88/06, http://www.betriebs-berater.de/, S. 19
2436) Vgl. IDW S 1 2008 Tz. 61

ist dann auf den Bewertungsstichtag abzuzinsen[2437]. Soweit Schulden dem nicht betriebsnotwendigen Vermögen zuzurechnen sind, wird der Liquidationserlös um bei der Ablösung anfallende Ausgaben gekürzt[2438]. Falls das nicht betriebsnotwendige Vermögen Kredite sichert, ist die veränderte Finanzierungslage (z. B. höhere Zinslast) zu beachten[2439].

[2437] IDW S 1 2008 Tz. 61
[2438] Vgl. IDW S 1 2008 Tz. 62
[2439] Vgl. IDW S 1 2008 Tz. 63

Vierundzwanzigster Teil
Besonderheiten bei Unternehmen

Grundsätzlich ermitteln wir den Wert unabhängig von Art und Größe des Unternehmens. Stets suchen wir nach der Fähigkeit, entziehbare finanzielle Überschüsse zu erzielen. Es können aber Besonderheiten zu beachten sein[2440]. 1104

A. Wachstumsstarke Unternehmen[2441]

Solche Unternehmen sind häufig geprägt durch Produkt- und Leistungsinnovation, durch hohe Investitionen und Vorleistungen in den Ausbau, durch wachsenden Kapitalbedarf und schnell steigende Umsätze[2442]. Die Vergangenheit zählt bei ihnen wenig, gibt nicht genug her für Prognose und Plausibilität; die Börsenwerte bieten wegen z. T. hoher Schwankungen kaum Anhaltspunkte. Das mahnt zur Sorgfalt bei der Prognose und bei der Finanzierbarkeit. Auch Risikoprämie[2443] und Wachstumsabschlag[2444] sind darauf zuzuschneiden. 1105

B. Ertragsschwache Unternehmen[2445]

Das sind Unternehmen, deren Kapitalrendite nachhaltig unter dem Kapitalisierungszinssatz liegt. Hier mag die Gefahr einer Zerschlagung in der Insolvenz bestehen[2446]; dann sind Zerschlagungskonzepte zu prüfen. Der Liquidationswert erscheint als Möglichkeit[2447]. 1106

Bejaht man eine Fortführung, so ist deren Gestaltung bedeutsam. Nur am Stichtag bereits eingeleitete oder hinreichend konkretisierte Maßnahmen zählen und sind auf ihre Plausibilität und Realisierbarkeit hin zu prüfen; alles andere ist „nuda spes". Danach erst sind die Überschüsse zu prognostizieren. 1107

2440) IDW S 1 2008 Tz. 145
2441) IDW S 1 2008 Tz. 146-148
2442) Vgl. Bassen/Popovis, Die Bewertung von B2C-E-Commerce Unternehmen, Finanz Betrieb 2004, 838
2443) Siehe Rn. 633
2444) Siehe Rn. 926
2445) IDW S 1 2008 Tz. 149-151
2446) Vgl. Entwurf einer Neufassung des IDW Prüfungsstandards: Beurteilung eingetretener oder drohender Zahlungsunfähigkeit bei Unternehmen (IDW EPS 800 n.F.), FN-IDW 2008, 100
2447) Siehe Rn. 1097

C. Kleine und mittelgroße Unternehmen[2448]

1108 Hier ist oft die unternehmerische Fähigkeit der Eigner sehr wichtig. Daneben ist besonders zu achten auf die Abgrenzung des Bewertungsobjekts, auf den Unternehmerlohn und auf zuverlässige Informationen[2449]. Mitunter wird kritisiert, dass die Anwendung der allgemeinen Bewertungsregeln bei diesen Unternehmen zu „formelhaft" sei. Deshalb finden sich gelegentlich vereinfachte Preisfindungen[2450]. Darauf komme ich zurück[2451].

D. Vorgesellschaften

1109 Für die Vorbelastungsbilanz bei einer Gesellschaft mit beschränkter Haftung wird das Unternehmen nach den allgemeinen Regeln im Ganzen bewertet, wenn es *„bereits ausnahmsweise zu einer Organisationseinheit geführt hat, die als Unternehmen anzusehen ist"*[2452]. Dafür muss es den *„Markttest"* bestanden haben[2453]. Sonst bleibt es bei der Einzelbewertung der Vermögensgegenstände gemäß deren Substanzwert[2454] abzüglich des Gründungsaufwands[2455]: Gezeigt wird damit das Maß der Ausgaben, die der späteren GmbH erspart bleiben[2456].

1110 Das soll auch gelten, wenn die Vorgesellschaft sich als „Start-up-Unternehmen" bezeichnet. Dann könne man *„nur in engen Ausnahmefällen"* eine *„strukturierte Organisationseinheit"* annehmen[2457].

2448) IDW S 1 2008 Tz. 20, 154-160; Behringer, Unternehmensbewertung der Mittel- und Kleinbetriebe, 3. Aufl., Berlin 2004; Schobert/Ihlau, Besonderheiten und Handlungsempfehlungen bei der Bewertung von Familienunternehmen, BB 2008, 2114, Ziegler/Schütte-Biastoch, Gelöste und ungelöste Fragen bei der Bewertung von kleinen und mittleren Unternehmen, Finanz-Betrieb 2008, 590
2449) IDW S 1 2008 Tz. 157-159
2450) IDW S 1 2008 Tz. 164-169
2451) Siehe Rn. 1113
2452) BGH, NZG 2006, 390, 391
2453) BGH, NZG 2006, 390, 391
2454) Siehe Rn. 1115
2455) BGH, NZG 2006, 390
2456) IDW S 1 n.F. Tz. 162f., 180. Ausführlich dazu LG Hamburg, NZG 2007, 680 = BeckRS 2007 11559 (Hamburger Hochbahn)
2457) BGH, NZG 2006, 390, 391. Kritisch dazu Luttermann/Lingl, Unterbilanzhaftung, Organisationseinheit der Vor-GmbH und Haftungskonzept, NZG 2006, 454

E. Unternehmen zur Leistungserstellung[2458)]

1111 Das sind sog. „Non-Profit-Unternehmen", zumeist gemeinnützige Unternehmen. Sie dienen vor allem der öffentlichen Daseinsvorsorge (Wohnung, Stadtentwicklung, Verkehr) oder karikativen Zwecken (z. B. Krankenhäuser)[2459)]. Für sie ist nicht der Zukunftserfolgswert sondern der Rekonstruktionswert aus der Sicht des Betreibers maßgeblich: Was würde es kosten, wenn man die Basis der „guten Werke" (materielle und immaterielle Vermögenswerte) am Stichtag erstellte?[2460)] Das ist schon deshalb „weich", weil es einen „Markt" für „gute Werke" gibt, die miteinander konkurrieren; oft geht es um die Sicherung von Arbeitsplätzen. Lässt sich die Leistung mit einer billigeren Struktur erreichen, so ist der Rekonstruktionswert niedriger. Stets hinzuzufügen ist der Liquidationswert des nicht betriebsnotwendigen Vermögens. Aus der Sicht des Anteilseigners bleibt es bei den allgemeinen Regeln[2461)].

1112 Selbst bei unzureichenden Erträgen scheidet eine Liquidation aus, wenn eine anderweitige Investition außerhalb des zu bewertenden Unternehmens möglich erscheint.

F. Vereinfachte Verfahren[2462)]

1113 Bei kleinen und mittleren Unternehmen nutzt die Praxis oft vereinfachte Verfahren (Faustregeln); dabei verwendet sie Vervielfältiger von Ergebnis, Umsatz oder Produktmenge (Multiplikatorverfahren[2463)]). Das als repräsentativ angesehene Ergebnis vor Steuern multipliziert man dann mit einem branchen- oder unternehmensspezifischen Faktor. Der Gutachter muss stets angeben, inwieweit und mit welchen Folgen er ein solches Verfahren einsetzt.

1114 So geht man häufig bei Dienstleistungsunternehmen vor, die durch den Wert des übertragbaren Kundenstammes geprägt sind. Telefongesellschaften be-

---

2458) IDW S 1 2008 Tz. 152-153
2459) Teichmann, Bewertung von Krankenhäusern, in: Drukarczyk/Ernst (Hrsg.), Branchenorientierte 385
2460) IDW S 1 2008 Tz. 170-182, siehe Rn. 1101
2461) LG Dortmund, Beschl. 16.7.2007 Az.: 18 AktE 23/03
2462) IDW S 1 2008 Tz. 164-169; Seppelfricke, Handbuch, S. 131ff.; Barthel, Unternehmenswert 589; Meyer, Unternehmensbewertung
2463) Hommel/Dehmel/Pauly, Unternehmensbewertung 64; Schiffbauer, Markbewertung mit Hilfe von Multiplikatoren im Spiegel des Discounted-Cashflow-Ansatzes, BB 2004, 148; Exler, Multiplikatorenmethode – die „Praktikerformel" für die Bewertung von KMU, BB 2007, 43; Barthel, Unternehmenswert: Auswahl der Bezugsgrößen bei Markt Multiples, Finanz Betrieb 2007, 666; Ausführlich Seppelfricke, Handbuch, S. 131

F. Vereinfachte Verfahren

wertet man z. B. nach der Zahl der Kunden, Videotheken nach der Zahl der Videos. Freiberufliche Praxen sind „*in besonderem Maße an die Person des Inhabers gebunden und hängen vorrangig von dessen fachlichen Fähigkeiten und dessen Persönlichkeit ab*"[2464]. Sie werden häufig mit einem Umsatzmultiplikator bewertet, der bei dem 1,0 bis 1,2 fachen liegen soll[2465]. Die Ergebnisse können herangezogen werden für die Plausibilitätskontrolle der Ergebnisse von Ertragswert- oder Discounted Cashflow-Verfahren. Insoweit haben sie eher eine „Alibifunktion".

[2464] BGH, NJW 2006, 2847, 2850. Zu Einzelheiten Behringer, Die Bewertung einer freiberuflichen Praxis mit dem Ertragswertverfahren: Eine Fallstudie, StuB 208, 145
[2465] Vgl. Popp, Bewertung von Steuerberatungs- und Wirtschaftsprüfungsgesellschaften, in: Drukarczyk/Ernst (Hrsg.), Branchenorientierte 253; Nehm, Bewertung von Rechtsanwaltskanzleien, ebd. S. 275

Fünfundzwanzigster Teil
Substanzwert[2466)]

Der Substanzwert ist der Gebrauchswert der betrieblichen Substanz. Er ergibt sich als Rekonstruktions- oder Wiederbeschaffungswert aller materiellen und immateriellen Werte im Unternehmen abzüglich der Schulden (Nettosubstanzwert). Er drückt die Ausgaben aus, die man dadurch erspart, dass man das Unternehmen nicht neu aufbauen muss. Dem Alter der Substanz trägt man durch Abschläge Rechnung. Da man im Allgemeinen immaterielle Werte nicht erfasst, ergibt sich nur ein Teil-Rekonstruktionswert. Ihm fehlt der Bezug zu den künftigen finanziellen Überschüssen. Daher hat er für den Unternehmenswert keine eigenständige Bedeutung[2467)]. 1115

Gewiss muss man die Substanz kennen, weil sich daraus Hinweise für den Überschuss und für den Finanzbedarf ergeben. Sie erlaubt Schlüsse auf Chancen, Abschreibungen und Zinsen sowie auf die Kreditfähigkeit (Sicherheiten!). Aber deshalb muss man die Gegenstände nicht zu einem Wert zusammenfassen. Es entstehen dann keine falschen „Zungenschläge" und keine unkontrollierbaren „Elastizitäten". 1116

Im Hinblick auf ein landwirtschaftliches „Sachwertdenken" hat der Bundesgerichtshof das Substanzwertverfahren zugelassen[2468)]. Es ist auch bei der Einzelbewertung von Vermögensgegenständen in der Vorgesellschaft anwendbar[2469)]. 1117

2466) IDW S 1 2008 Tz. 170-172; Seppelfricke, Handbuch, S. 165ff.
2467) Siehe Rn. 110; OLG Celle, DB 1979, 1031
2468) BGH, ZIP 1998, 1161, 1166. Dort auch zu den dann anwendbaren Methoden
2469) BGH, NZG 2006, 390. Dazu siehe Rn. 1109

Sechsundzwanzigster Teil
Konzernbewertung
A. Allgemeines

Ein Konzern (§ 18 AktG) lässt sich auf zwei Weisen bewerten: Man kann jedes Konzernunternehmen einzeln bewerten und die Ergebnisse dann zusammenfassen. Man mag aber auch den Konzern gleich als Einheit bewerten. Der erste Weg macht das Vorgehen durchsichtig, der zweite erfasst mehr das Ineinanderwirken der Glieder. 1118

Bei einem eng verknüpften Konzern liegt der zweite Weg nahe. Oft lassen sich die Ergebnisse einer Konzerngesellschaft nicht losgelöst von denen einer anderen darstellen; ein Risiko- und Chancenverbund wird sichtbar. Die Finanzierung läuft häufig über die Hauptgesellschaft und ist schwer den einzelnen Gliedern zuzuordnen. 1119

Es stehen auch Börsenwerte mit höherem Volumen und größerer Liquidität bereit; Risikoeinschätzung und Betafaktor sind dann leichter zu erkennen. Die Wirkung des Konzernverbundes für die Kapitalkosten wird deutlich. 1120

B. Bewertungsmethode

Zu beachten ist, dass für Einzelabschluss und Konzernabschluss andere Regeln der Rechnungslegung gelten (§§290-315a HGB)[2470]. Bei börsennotierten Mutterunternehmen sind IFRS/IAS zu beachten (§315a HGB). Auch auf ihnen lässt sich eine Unternehmensbewertung aufbauen[2471], aber die Wahl zwischen Ertragswert- und Discounted Cashflow-Verfahren mag anders ausfallen. Das kann das Ergebnis beeinflussen. Deshalb sollte man zur Sicherung der Plausibilität das andere Rechenwerk im Sinne eine „Planungsdialogs" beachten und an das Verfahren anpassen[2472]. 1121

Den Wachstumsabschlag für den Konzern im Ganzen ermittelt man aus den Wachstumsraten der einzelnen Teile. Man gewichtet sie mit dem jeweils erwarteten Überschussergebnis am Beginn der ewigen Rente[2473]. 1122

C. Verfahren

Die Bewertung einer Muttergesellschaft mit vielen Töchtern (zunehmend im Ausland) ist schwierig und zeitraubend. Daher liegt es nahe, nur die Überschusswerte der Töchter *„unter einheitlicher Leitung"* genau zu ermitteln. Bei 1123

[2470] Siehe Rn. 1200
[2471] Siehe Rn. 950; OLG Düsseldorf, DB 2006, 2223
[2472] Vgl. Allianz SE, Verschmelzungsdokumentation der Allianz AG, 2005, S. 223
[2473] Beispiel in Verschmelzung T-Online International AG auf die Deutsche Telekom AG, S. 262

D. Wertansätze

Beteiligungen ohne „*einheitliche Leitung*" (assoziierte Unternehmen – § 311f. HGB[2474]) sieht man sich die großen genauer an. Man ermittelt dann deren Ansätze im Konzernabschluss und stuft die anderen entsprechend ein. Kleinere Töchter mag man prima facie mit den Ansätzen im Konzerabschluss bewerten[2475], die indes auf Plausibilität zu prüfen sind. Die bilanziellen Wertansätze der Beteiligungen sind vergleichend heranzuziehen[2476]. Eine Beteiligung ohne Einfluss trägt mehr Risiko; das mag den Risikozuschlag erhöhen[2477].

D. Wertansätze

1124 Maßgeblich ist auch hier der Stichtag. Spätere Ereignisse sind nur beachtlich, wenn sie eine am Stichtag latent vorhandene Lage offen legen (Wurzeltheorie)[2478]. Wird z. B. die Beteiligung später veräußert, so ist der Erlös nur maßgeblich, wenn die Veräußerung am Stichtag konkret geplant und ein Preisrahmen absehbar war[2479].

2474) Dazu Großfeld/Luttermann, Bilanzrecht, S. 338 Rn. 1280
2475) Siehe Rn. 1219
2476) EWiR § 23 HGB 1/1995 (Großfeld)
2477) Vgl. Rn. 633
2478) Siehe Rn. 243
2479) OLG München, DB 1994, 269

Siebenundzwanzigster Teil
Anteilsbewertung[2480)]

A. Ausgangslage

Gesucht wird der Wert, den der Anteil am Unternehmen verkörpert. Das ist der quotale Anteil am Gesamtwert des Unternehmens (quotaler Unternehmenswert)[2481)]. **1125**

Dafür kommt es also zunächst auf die „Verhältnisse der Gesellschaft (vgl. § 305 Abs. 3 S. 2)[2482)], nicht auf den gerade am Markt geltenden Preis des einzelnen Anteils an[2483)]. Der Marktwert des Anteils bestimmt sich nach dem Verhältnis zwischen Angebot und Nachfrage und über den Einfluss der Eigner auf das Unternehmen (Alleineigentum, qualifizierte oder einfache Mehrheit, Sperrminorität oder Streubesitz). Er ist kein normorientierter Wert (Normwert), wie wir ihn bei der Unternehmensbewertung suchen[2484)]; deshalb spielt er nur unter dem Aspekt der Plausibilität eine Rolle. **1126**

Dieser Wert kann mehr oder weniger vom typisierten Gesamtwert oder vom quotalen Anteil daran abweichen[2485)]. Deshalb dienen tatsächlich gezahlte Preise für Unternehmen und Anteile zwar der Orientierung für die Plausibilität, ersetzen aber keine Unternehmensbewertung. Das gilt auch für den Börsenwert[2486)]; er ist im Rahmen der Plausibilität[2487)] und u. U. als Mindestwert[2488)] zu beachten[2489)]. **1127**

Der Wert des einzelnen Anteils wird aus dem Unternehmenswert[2490)] als eine Quote vom Gesamtwert (quotaler Unternehmenswert) abgeleitet. Deshalb gelten zunächst dieselben Regeln wie für die Unternehmensbewertung. **1128**

2480) Moll, Shareholder Oppression 322
2481) IDW S 1 2008 Tz. 13. Vgl. Rn. 233
2482) So für die Verschmelzung OLG München, AG 2006, 420, 422
2483) IDW S 1 2008 Tz. 13
2484) Siehe Rn. 119
2485) IDW S 1 2008 Tz. 13
2486) IDW S 1 2008 Tz. 13
2487) IDW S 1 2008 Tz. 14f., 152
2488) IDW S 1 2008 Tz. 16
2489) Siehe Rn. 1065
2490) Siehe Rn. 233

B. Abschlag/Zuschlag

1129 Für die Anteilsbewertung gilt der gesellschaftsrechtliche Gleichheitssatz[2491]. Wenn nicht Gesetz, Vertrag oder Satzung anderes sagen, haben alle Gesellschafter gleiche Wertbeziehungen zur Gesellschaft. Das ist wichtig für Ab- oder Zuschläge.

1130 In der Praxis und in der steuerlichen Bewertung (§11 Abs. 3 BewG, R. 101 ErbStR) sind Mehrheitszuschläge (Paketaufschläge) *„bis 25%"* verbreitet. Gleiches gilt für Minderheitsabschläge; sie sind oft realitätsgerecht. In den USA werden sie zwischen 29% und 31,5% geschätzt[2492].

1131 Bei Abfindungen sind sie nicht hinzunehmen[2493]. Denn hier kommt es nicht auf das im Verkehr Übliche, sondern auf die Sicht des Rechts an (Werturteil des Gesetzes), auf das, was nach dem Rechtsverhältnis richtig ist (vgl. § 276 Abs. 1 BGB). Maßgebend ist der vom Gleichheitssatz regierte Normwert[2494]. Aktionäre mit gleichen Anteilen erhalten die gleiche Abfindung; es gibt weder einen Paketzuschlag noch einen Minderheitsabschlag[2495]:

> *"Only in this fashion can minority stockholders be assured that insiders in control of the company, burdened by conflicting interests, may not purchase the enterprise at a price less than that obtainable in the marketplace of qualified buyers and avoid paying a full and fair price to the minority"*[2496].

1132 Das gilt ebenfalls für Minderheitsaufschläge[2497]. Zwar mag es eines höheren Aufwandes bedürfen, um den „Willen zum Behalten" zu brechen (Preis der Privatautonomie). Aber in den hier behandelten Fällen hat das Gesetz den Ausscheidenden in eine Zwangslage versetzt; ein Preis für Privatautonomie entfällt[2498]. Gleiches gilt, wenn der Gesellschafter kündigte (die Privatautonomie ist dann „verbraucht") oder wenn ihm gekündigt wurde. Ein lästiger Gesellschafter kann keine gleichheitswidrige Begünstigung erzwingen[2499].

2491) BGH, GmbHR 1992, 257, 261; LG Köln BB 1980, 1288
2492) Moll, Shareholder Oppression
2493) Moll, Shareholder Oppression 318; vgl. Booth, Minority Discounts and Control Premiums in Appraisal Proceedings, Working Paper, University of Maryland 2001
2494) Siehe Rn. 119
2495) OLG Köln, NZG 1999, 1222, 1227; OLG Düsseldorf, WM 1973, 1087; Klomp, Zweifelsfragen 403
2496) Sims, 588 N.E. 2d 14, 19 (Mass. App. Ct 1992). Zum Ganzen Thompson, Exit, Liquidity, and Majority Rule: Appraisal's Role in Corporate Law, 84 Georgetown L. J. 1, 38 (1995); Moll, Shareholder Oppression
2497) HansOLG Hamburg, NZG 2001, 471, 473; Klomp, Zweifelsfragen 405
2498) Kort, Ausgleichs- und Abfindungsrechte (§§ 304, 305 AktG) beim Beitritt eines herrschenden Unternehmens zu einem Beherrschungsvertrag, ZGR 1999, 402, 412
2499) Vgl. HansOLG Hamburg, NZG 2001, 471, 473

C. Niedriger/Höherer Wert für Übernehmer

Die Bereicherung des Übernehmers kann geringer sein als der Verlust des Ausscheidenden, wenn der Übernehmer sein Geld z. B. anderwärts besser anlegen kann. Das ist unbeachtlich, weil der Grenzpreis des Ausscheidenden die Untergrenze der Abfindung ist[2500]. Die Anteile können für den Übernehmer auch wertvoller sein, weil er anderwärts mehr bezahlen müsste. Er erspart etwa Verwaltungskosten oder muss keinen Abhängigkeitsbericht (§ 312 AktG) mehr machen[2501]. 1133

D. Kosten des Ausscheidens/der Wiederanlage

Nachteile, denen die Abfindung gerade begegnen will, mindern sie nicht[2502]. Die Kosten des Ausscheidens (z. B. Eintragung in das Handelsregister, Ermittlung des Unternehmenswerts) trägt der Übernehmer, wenn er das Ausscheiden veranlasst hat. Streitig ist, ob dem Ausscheidenden die typischen Kosten der Wiederanlage zu ersetzen sind[2503]. Sie hängen vom „timing" ab[2504]. Lassen sie sich typisieren? 1134

2500) BayObLG, NZG 2001, 1033, 1034; BGHZ 138, 136, 140; OLG München, AG 2007, 287, 288
2501) Vgl. BGH, DB 1074, 572.
2502) OLG Celle, Az.: 9 W 2/77, insoweit nicht abgedruckt in AG 1979, 230
2503) OLG Hamm, in: Koppenberg, Bewertung 99, 106
2504) Siehe Rn. 237

Achtundzwanzigster Teil
Atypische Anteile[2505]

A. Problem[2506]

Atypische Gestaltungen finden wir bei Personen- und bei Kapitalgesellschaften. Bei Personengesellschaften sind das z. B. Beschränkungen der Gewinnentnahme, verminderte Abfindungen und Lasten bei Veräußerung und Vererbung. Bei Gesellschaften mit beschränkter Haftung ist auf §§ 15 Abs. 1, 29 Abs. 2 S. 2, 72 S. 2 GmbHG hinzuweisen. Bei Aktiengesellschaften finden wir etwa Aktien besonderer Gattung (§§ 11, 60 Abs. 2, 271 Abs. 2 AktG), Vorzugsaktien ohne Stimmrecht (§§ 12 Abs. 1 S. 2, 139-141 AktG), Mehrstimmrechtsaktien (§ 12 Abs. 2 S. 2 AktG, § 5 EG AktG) und vinkulierte Namensaktien (§§ 68 Abs. 2, 180 Abs. 2 AktG). Wie sind sie zu bewerten? 1135

B. Methode

Auch hier entscheidet das Rechtsverhältnis (Normwert). Soll die Besonderheit zu einer anderen Abfindung führen? Bei Personengesellschaften schauen wir auf §§ 738, 734 BGB, den Parteiwillen und die „Angemessenheit", bei Gesellschaften mit beschränkter Haftung weiterhin auf § 72 GmbHG. Im Aktienrecht gelten ebenfalls die „Angemessenheit" und das Gebot der vollen Entschädigung. 1136

C. Gleichbehandlung

Der gesellschaftliche Gleichheitssatz verlangt Gleichbehandlung bei gleichen Voraussetzungen. Daher sind Unterschiede vom Rechtsgehalt her zu beachten. Dem steht nicht entgegen, dass z. B. nach § 306 AktG die Abfindung einheitlich festzustellen ist. Eine Unterscheidung nach Aktiengattungen (vgl. § 11 Abs. 2 AktG) entspricht der Typik des Rechtsverhältnisses. 1137

D. Gleiche Beschränkungen

Oft gibt es gleiche Beschränkungen für alle Gesellschafter, z. B. bei Entnahmerecht, Veräußerung oder Vererbung. Sie begründen keine Abschläge, weil sie vorteilhaft oder nachteilig sein können – je nachdem, wer gerade kündigt[2507]; Chancen und Risiken gleichen sich aus[2508]. Das entspricht der herkömmlichen Meinung zum Gesellschaftsvertrag. So kann eine Schenkung vorliegen, wenn nur bei einem Gesellschafter die Abfindung ausgeschlossen 1138

2505) Klomp, Zweifelsfragen 46ff. Vgl. R 106 ErbStR
2506) Gude, Strukturänderungen, S. 423
2507) BGH, JZ 1980, 105, 106
2508) BFH, BStBl. II 1994, 503

ist; wenn das aber bei allen so ist, entfällt die Schenkung: Der Ausschluss des einen ist der Preis für den Ausschluss des anderen[2509].

1139 Das gilt ebenfalls, wenn eine Mehrheit die Beschränkung aufheben kann. Der geringere faktische Einfluss ist kein Grund, die Anteile der Minderheit niedriger anzusetzen. Anders ist es, wenn die Minderheit aus Rechtsgründen an der Abstimmung nicht beteiligt ist.

E. Mehrstimmrechte

1140 Sie sind heute bei Aktiengesellschaften nicht mehr erlaubt, bei Gesellschaften mit beschränkter Haftung aber häufig anzutreffen. Für den Fortführungswert ist das beachtlich, weil für mehr Stimmrechte im Verkehr ein höherer Preis gezahlt werden mag. Es ist indes zweifelhaft, ob und wie sich eine Stimmrechtsprämie ermitteln lässt. Falls die Aktien eine Minderdividende erhalten, gleicht diese das höhere Stimmrecht aus[2510].

F. Stammaktien/Vorzugsaktien[2511]

I. Stammaktien

1141 Sie sind mit einem Stimmrecht (§ 12 Abs. 1 S. 1 AktG) verbunden. Für ihre plausible Bewertung ist der Börsenwert zu beachten. Gelegentlich werden aber nur die Vorzugsaktien ohne Stimmrecht[2512] an der Börse gehandelt[2513]. Was lässt sich aus deren Börsenwert für die Stammaktien entnehmen?

1142 Stammaktien gewähren Stimmrecht, aber keinen Dividendenvorzug; bei Vorzugsaktien ist es umgekehrt. Der Wert von Stammaktien ist im Allgemeinen höher – aber sicher ist das nicht[2514]; der Wert liegt zumeist nicht unter dem der Vorzugsaktien[2515]. Die Wertrelation hängt von den konkreten Verhältnissen der Gesellschaft ab[2516]: Bei der Volkswagen AG war das Verhältnis zwischen Stamm- und Vorzugaktien im Februar 2007 wie ca. 1,5 zu 1[2517].

2509) Vgl. BGHZ 22, 186, 194, 78, 177
2510) OLG Karlsruhe, AG 2006, 463; BayObLG, NZG 2002, 1016 = DB 2002, 2265; OLG Düsseldorf, NZG 2003, 588, 592; OLG München, BeckRS 2006 13711, II B 8 a, 1, LG Frankfurt/M., AG 1987, 315
2511) Jung/Wachtler, Die Kursdifferenz zwischen Stamm- und Vorzugsaktien, AG 2001, 513; Binz/Sorg, Aktuelle Fragen der Bewertung von Stamm- und Vorzugsaktien im Steuerrecht, DStR 1994, 993
2512) Dazu sogleich
2513) Zur Ableitung einer Stimmrechtsprämie allgemein BayObLG 2002, 250, 257
2514) BayObLG, NZG 2002, 1016; AG 2006, 420, 428; LG Dortmund, Beschl. 19.3.2007, 18 AktG 5/03, BeckRS 2007 05697, vgl. BB 2008, 272 m. abl. Anm. Wüstemann; BeckRS 2007 04467
2515) BFHE 173, 561
2516) BFH, NZG 2000, 109, 110
2517) FAZ 26.3.2007 Nr. 72, S. 11

II. Vorzugsaktien[2518)]

Sie gibt es nach § 12 Abs. 1 S. 2 AktG ohne Stimmrecht aber mit einem *„nachzuzahlenden Vorzug bei der Verteilung des Gewinns"* (§ 139 Abs. 1 AktG). Im Übrigen gewähren sie die gleichen Rechte (§ 140 Abs. 1 AktG). Sie sind nicht vom Unternehmenswert abzuziehen[2519)], sondern nach den konkreten Verhältnissen zu bewerten[2520)]. 1143

Börsenwerte sind auch hier wichtig. Falls die Vorzugaktien nicht an der Börse notiert sind, ist auf die Kurse für Stammaktien zu achten[2521)]. Oft werden Vorzugsaktien niedriger bewertet, weil sie keinen Einfluss verschaffen[2522)]. Sicher ist das indes nicht[2523)]. § 140 AktG steht dem nicht entgegen, weil alle Aktionäre nur einen wertgemäßen Ausgleich erhalten. Es kommt sehr auf die Höhe der Mehrdividende an[2524)]; sie kann das fehlende Stimmrecht ausgleichen[2525)]. 1144

G. Vinkulierte Namensaktien

Hier gibt es oft einen Abschlag. Das hängt davon ab, wer an der Zustimmung zur Übertragung mitwirken kann (§ 68 Abs. 2 S. 2 u. 3 AktG). Im Verhältnis von Aktionären derselben Gattung untereinander mit gleichen Rechten ist ein Abschlag nicht angebracht[2526)]. 1145

Oft rechnet man mit einem Abschlag von 20%, der aber schrumpfen kann, wenn die Börse eine Zusammenlegung der Aktiengattungen erwartet. Ende März 2007 bot die Porsche AG für die Stammaktien der Volkswagen AG 1146

2518) Komp, Zweifelsfragen, S. 407ff.; Müller, Anteilswert 1023; OLG München, BeckRS 2006 13711, II B 8 b
2519) So aber Seppelfricke, Handbuch, S. 3
2520) LG Dortmund, BeckRS 2007 05697 II; OLG München, Beschl. 30.11.2006, Az.: 31 Wx 059/06; OLG Düsseldorf, DB 2002, 781; DB 2003, 1941. Zum Immobilitätszuschlag OLG München, AG 2007, 701, 704
2521) Siehe Rn. 1141
2522) BFHE 173, 561; NZG 2000, 109, 110; LG Frankfurt/M., AG 1987, 315
2523) Ausführlich dazu BayObLG, NZG 2002, 1016
2524) LG Dortmund, BeckRS 2007 05697, S. 27f., vgl. BB 2008, 272 m. abl. Anm. Wüstemann
2525) Verschmelzung der Allianz Aktiengesellschaft – Verschmelzungsdokumentation, oben Rn. 484, S. 222
2526) Vgl. BFH, BStBl. II, 1994, 394; Paskill Corp. V. Alcoma Corp., 747 A.2d 549 (Delaware 2000)

100,92€, für die Vorzugsaktien 65,45€ (Abschlag von ca. 33,1%)[2527]. Im Einzelfall ist abzuwägen[2528].

1147 Bei Personengesellschaften (§719 Abs. 1 BGB) und Gesellschaften mit beschränkter Haftung (§ 15 Abs. 5 GmbHG) ist im Verhältnis der Gesellschafter untereinander der volle Wert anzusetzen[2529].

H. Nicht notierte Aktien

1148 Wie wir sahen, sind mitunter nur Aktien einer Gattung an der Börse notiert. Dann ist generell der Wert von den notierten Aktien abzuleiten [2530]. Die Höhe des Abschlags lässt sich nicht generell festlegen[2531].

J. Eigene Aktien

1149 Aus eigenen Aktien (§§ 71-71e AktG) stehen der Gesellschaft keine Rechte zu (§ 71b AktG). Sie hat daher keinen Anspruch auf den nach § 271 AktG zu verteilenden Abwicklungserlös. Der Nennbetrag der eigenen Aktien bleibt damit bei der Verteilung außer Betracht. Das OLG Düsseldorf ließ dahinstehen, ob das ebenso bei der Abfindung nach § 12 UmwG (a. F.)[2532] gilt.

K. Abweichender Verteilungsschlüssel

1150 Bei Personengesellschaften gilt der Schlüssel für die Verteilung des Gewinns (§§ 738, 734 BGB, § 155 Abs. 1 HGB) auch für die Abfindung – wenn nicht anders vereinbart. Bei der Gesellschaft mit beschränkter Haftung sei verwiesen auf § 72 S. 2 GmbHG, für die Aktiengesellschaft auf §§ 11 S. 1, 60 Abs. 3 AktG. Das berührt ebenfalls die Bewertung[2533].

L. Abfindungsbeschränkungen[2534]

1151 Bei Personengesellschaften und bei Gesellschaften mit beschränkter Haftung kann der Vertrag die Abfindung in gewissen Grenzen herabsetzen (Klauselwert)[2535]. Das ist beachtlich selbst außerhalb der Gesellschafterbeziehung,

---

2527) FAZ 29.3.2007 Nr. 75, S.16; FAZ 5.6.2007 Nr. 128, S.17
2528) Kirchner, Wetten auf Kursdifferenzen werden rar, Handelsblatt, 3.5.2007 Nr. 85, S. 29 mit einer Tabelle von + 12.4% zu – 33,1%.
2529) BGH, GmbHR 1992, 257, 261
2530) BFH, BStBl. II 1994, 394
2531) Vgl. Rn. 1144
2532) OLG Düsseldorf, AG 1999, 321, 324
2533) Vgl. BFH, BStBl. II 1982, 2
2534) BGHZ 123, 281; Ulmer/Schäfer, Die rechtliche Beurteilung von Abfindungsbeschränkungen, ZGR 24 (1995) 134
2535) Siehe Rn. 1184

z. B. beim Zugewinnausgleich (§ 1363 Abs. 2 S. 2, § 1373 BGB)[2536]. Das ist im Allgemeinen unproblematisch, wenn die Abfindung bei allen Gesellschaftern gleich beschränkt ist[2537]. Das Risiko, weniger zu erhalten, wird ausgeglichen durch die Chance, beim Ausscheiden eines anderen zu gewinnen[2538]. Ist schon gekündigt, so ist Wert der Beteiligung der dadurch entstandene Abfindungsanspruch[2539].

M. Unterschiedliche Liquidationserlöse

Bei Personengesellschaften ist § 734 BGB abdingbar; ähnlich ist es nach § 72 S. 2 GmbHG. Das wirkt in die Abfindung hinein. **1152**

Bei Aktiengesellschaften kann der Liquidationserlös anders verteilt werden als der laufende Ertrag (§§ 11 S. 1, 271 Abs. 2 AktG); das kann den Wert des Anteils steigern oder mindern. Bei Unternehmen mit begrenzter Lebensdauer ist dann der Barwert der künftigen Liquidationserlöse gesondert aufzuteilen. Bei unbegrenzter Lebensdauer tendiert der Wert für den Liquidationserlös in „unendlicher Ferne" (über ca. 30 Jahre) gegen Null[2540] – daher wäre er nicht zu beachten. Doch das Leben richtet sich nicht nur nach Mathematik. Der abweichende Liquidationsschlüssel könnte doch in Preisverhandlungen nach dem Motto eingehen: „Man kann nie wissen!" – wann liquidiert wird und was dabei herauskommt. **1153**

2536) Siehe Rn. 58.
2537) Siehe Rn. 1138.
2538) Piltz/Wissmann, Unternehmensbewertung beim Zugewinnausgleich nach Scheidung, NJW 1985, 2673.
2539) BGH, JZ 1980, 105, 106; BGHZ 75, 195; DB 1986, 2427.
2540) Siehe Rn. 518.

Neunundzwanzigster Teil
Internationale Unternehmensbewertung[2541)]

„*Was weiß der Frosch im Brunnen vom Ozean?*"
„*When you open for business beyond your borders, the ocean of local knowledge cannot be overemphasized*"[2542).]

A. Ausgangslage

Die Unternehmensbewertung erhält angesichts globaler Konzerne und grenzüberschreitender Unternehmenszusammenschlüsse (z. B. zur Gründung einer Europäischen Aktiengesellschaft) internationale Dimensionen[2543).] Auch hier haben wir es bei Abfindungen mit Normwerten zu tun und dadurch mit dem Internationalen Unternehmensrecht[2544).] Wir müssen auf die einschlägigen Rechtsverhältnisse abstellen und sie mit einander verknüpfen[2545).] Für den Normwert sind bei grenzüberschreitenden Fällen[2546)] ausländische Sichten zu beachten[2547).]

Bei Strukturmaßnahmen einer deutschen Gesellschaft gilt deutsches Recht. Materiell leitend ist eben der Schutz der Minderheitsaktionäre[2548).] Für das Verfahren gelten die Regeln über die internationale Zuständigkeit[2549).] Beim Ausscheiden aufgrund eines Unternehmensvertrages oder eines Squeeze Out ist international das Gericht am Sitz der abhängigen Gesellschaft zuständig.

1154

1155

2541) Kengelbach, Unternehmensbewertung bei internationalen Transaktionen, Frankfurt/M. 2000; Großfeld, Unternehmensbewertung und Rechtskultur, S. 204; ders., Globale Unternehmen bewerten; ders. Global Valuation; ders., Global Financial Statements/Local Enterprise Valuation, J. Corporation L. 29 (2003) 337; ders., Internationale Unternehmensbewertung; ders., Globale Rechnungslegung – Lokale Bewertung, ZfgG 54 (2004) 247; ders., Interkulturelle Unternehmensbewertung; Bebenroth, Bewertung bei Akquisitionen japanischer Targetunternehmen – aus Sicht deutscher Industrieunternehmen, Münster u. a. 2003

2542) Essler, Internationale Bewertungsstandards

2543) Alle die dafür einschlägigen Regelwerke enthalten Vorgaben zur Bewertung, siehe dazu die Nachweise bei Reuter, Gesellschaftsrechtliche Fragen 882. Vgl. Grossfeld, Loses of Distance: Global Corporate Autors and Global Corporate Governance – Internet v. Geography, The International Lawyer 34 (2000) 963; Schmidt, Überlegungen zur Prüfung von Finanzinstrumenten nach internationalen Normen, WPg 2004, 12

2544) Großfeld, Internationale Unternehmensbewertung

2545) Zu Übersetzungen der Verträge und Satzungen LG Chemnitz, NZG 2006, 517

2546) Dazu LG Stuttgart, AG 2007, 52, 53. Vgl. Großfeld, Brückenbauer 233

2547) Großfeld, Globales Rating, ZVglRWiss 101 (2002) 387

2548) OLG Zweibrücken, EWiR 2005, 69 (Claus Luttermann)

2549) Nießen, Die internationale Zuständigkeit um Spruchverfahren, NZG 2006, 441

B. Problem

1156 Das internationale Problem taucht in drei Fällen auf:

1. Ein ausländisches Unternehmen ist zu bewerten;
2. Eine inländische Muttergesellschaft mit ausländischen Töchtern ist zu bewerten;
3. Gesellschaften sollen über Staatsgrenzen hinweg verschmolzen werden.

B. Problem

1157 Bei inländischen Bewertungen nehmen wir an, dass die Unternehmenseigner bei uns ansässig sind. IDW S 2005 sagte[2550]:

> „Die Ermittlung eines objektivierten Werts erfolgt grundsätzlich unter der Annahme, dass die Unternehmenseigner im Sitzland des zu bewertenden Unternehmens ansässig sind. Hieraus ergeben sich Konsequenzen insbesondere für die nach den Gegebenheiten des jeweiligen Sitzlandes zu berücksichtigenden typisierte Steuerbelastung sowie für die zugrunde zu legenden Verhältnisse hinsichtlich Kapitalmarkt, Risiko und Wachstum.

1158 > Die führt bspw. bei grenzüberschreitenden Fusionen dazu, dass für das zu ermittelnde Umtauschverhältnis der Wert eines inländischen Unternehmens typisiert für den im Inland ansässigen inländischen Unternehmenseigner zugrunde gelegt wird".

1159 IDW S 1 2008[2551] erläutert:

> „Bei gesellschaftsrechtlichen und vertraglichen Bewertungsanlässen (z. B. Squeeze Out) wird der objektivierte Unternehmenswert im Einklang mit der langjährigen Bewertungspraxis und deutschen Rechtsprechung aus der Perspektive einer inländischen unbeschränkt steuerpflichtigen natürlichen Person als Anteilseigner ermittelt. Bei dieser Typisierung sind demgemäss zur unmittelbaren Berücksichtigung der persönlichen Ertragsteuern sachgerechte Annahmen zu deren Höhe sowohl bei den finanziellen Überschüssen als auch beim Kapitalisierungszinssatz zu treffen".

1160 Diese Annahme ist heute „ein frommer Wunsch", was uns die „Hedge Fonds" vor Augen führen. Sie beruht auf der Annahme der „Sitztheorie", wonach eine Gesellschaft mit Verwaltungssitz bei uns ein deutsches Gesellschaftsstatut haben muss. Diese Theorie ist durch den Europäischen Gerichtshof[2552] und den Bundesgerichtshof[2553] weitgehend „durchlöchert"[2554].

2550) IDW S 1 2005 Tz. 55
2551) IDW S 1 2008 Tz. 31
2552) EuGH, NZG 2002, 1164; 2006, 835, 837
2553) BGH, NZG 2006, 974
2554) Überblick in OLG Hamburg, BB 2007, 1519 m. Anm. Binz/Mayer S. 1521. Kritisch Hübner, Mindestkapital und alternativer Gläubigerschutz – rechtsvergleichende Anmerkungen zur Entwicklung des GmbH-Rechts, in: FS Claus-Wilhelm Canaris, München 2007, S. 129

I. Internationales Gesellschaftsrecht

Jetzt gilt innerhalb der Europäischen Union die „Gründungstheorie"[2555]. Der Referentenentwurf eines „Gesetzes zum Internationalen Privatrecht der Gesellschaften, Vereine und juristischen Personen" will in Art. 10–10b EGBGB die Gründungstheorie zur allgemeinen Regel machen[2556]. Namentlich die englische „private limited" dringt vor – selbst als Komplementärin einer deutschen Kommanditgesellschaft[2557] – und wir wissen weder, noch können wir vermuten, wo deren Eigner „ansässig" sind. Unklar ist auch, was mit „Sitzland" gemeint ist: Das Land des in der Satzung angegebenen Sitzes oder das Land des Verwaltungssitzes? Wir müssen „raten"[2558].

C. Abfindung

I. Internationales Gesellschaftsrecht[2559]

Für den Normwert ist das jeweilige Gesellschaftsstatut zuständig (Heimatrecht der Gesellschaft)[2560]; es regelt die Bewertung[2561]. Es ist für die Mitgliedstaaten der Europäischen Union sowie für die Staaten der Europäischen Wirtschaftsregion (IWR = Island, Liechtenstein, Norwegen)[2562] das Grün-   1161

2555) Lanzius, Anwendbares Recht und Sonderanknüpfungen unter der Gründungstheorie, Frankfurt/M. 2005
2556) http://www.mkvdp.de/de/aktuell/RefE_Internationales_Gesellschaftsrecht.html. Kritisch dazu Clausnitzer, Die Novelle des Internationalen Gesellschaftsrechts, NZG 2008, 321. Siehe auch Mülsch/Nohlen, die ausländische Kapitalgesellschaft und Co. KG mit Verwaltungssitz im EG-Ausland, ZIP 2008, 1358
2557) LG Bielefeld, NZG 2006, 504. Zum Ganzen Triebel/Von Hase/Melerski, Die Limited in Deutschland, Frankfurt/M. 2006; BGH, BB 2007, 1640; Dierksmeier, Die englische Ltd. 1861. Zum Fortbestehen als Restgesellschaft OLG Jena, NZG 2007, 877
2558) Siehe aber EuGH, Urt. 28. 06. 2007, C-73/06 Planzer Luxemburg Sàrl; dazu Umsatzsteuer, in: pwc: steuern+recht, Oktober 2007, S. 14
2559) Fleischer/Schmolke, Die Rechtsprechung zum deutschen internationalen Gesellschaftsrecht seit 1991, JZ 2008, 233; Sonnenberger (Hrsg.), Vorschläge und Berichte zur Reform des europäischen und deutschen internationalen Gesellschaftsrechts, Tübingen 20007; Großfeld, Unternehmensbewertung und Rechtskultur. Zur internationalen Zuständigkeit für die Geltendmachung des Anspruchs BGH, NZG 2007, 387; BGH, NZG 2007, 252
2560) Anders für eine sogen. Restgesellschaft, OLG Nürnberg, NZG 2008, 76; Krömker/Otte, Die gelöschte Limited mit Restvermögen in Deutschland: Stehen Gläubiger und Gesellschafter im Regen?, BB 2008, 964
2561) Zu Einzelheiten Reuter, Gesellschaftsrechtliche Fragen
2562) BGH, NZG 2006, 974. Dazu Schön, The Mobility of Companies in Europe and the Organizational Freedom of Company Founders, European Company and Financial L. Rev. 2006, 121; Funk, Mitbestimmung in EU-Auslandsgesellschaften nach "Inspire Art", Baden-Baden 2007

C. Abfindung

dungsrecht. Das soll indes nicht gelten gegenüber der Schweiz[2563] und gegenüber der Isle of Man[2564]. Eine „Auswanderungsfreiheit" gibt es bisher nicht[2565]; die Frage ist indes wieder beim Europäischen Gerichtshof anhängig[2566]. Der Referentenentwurf eines Gesetzes zum internationalen Privatrecht der Gesellschaften, Vereine und juristischen Personen von Januar 2008[2567] will die Gründungstheorie allgemein zur Geltung bringen[2568]. Das führt im Ganzen – wider die ursprünglichen Erwartungen – zu steigender Komplexität[2569].

II. Internationale Zuständigkeit[2570]

1162 Es gelten die Regeln über die internationale Zuständigkeit, die das Gericht von Amt wegen prüft. Nach § 2 SpruchG ist zuständig das Landgericht am Sitz der Gesellschaft. Damit kommt es hier wohl auf den Ort der Ansässigkeit an[2571].

2563) BGH, Urt. v. 28.10.2008, Az.: II ZR 158/06; anders noch OLG Hamm, BB 2006, 2487, 2488. Die Frage ist anhängig beim Bundesgerichtshof, dazu Jung, Anwendung der Gründungstheorie auf Gesellschaften schweizerischen Rechts?, NZG 2008, 681. Zum Ganzen Sandrock, Japanische Gesellschaften mit Verwaltungssitz in Deutschland, in: Großfeld/Koresuke Yamauchi u. a. (Hrsg.), Probleme des deutschen, europäischen und japanischen Rechts, Berlin 2006, S. 85; Drouven/Mödl, US-Gesellschaften; Drinhausen/Gesell, Gesellschaftsrechtliche Gestaltungsmöglichkeiten; Grenzüberschreitende Mobilität von Unternehmen in Europa, BB-Special 8/2006, S. 3; Lohmann/Von Goldacker/Mayta, Steuerliche Qualifikation ausländischer Private Equity Fonds, BB 2006, 2448. Zum weiteren Hintergrund Romano, The States as Laboratory: Legal Innovation and State Competition for Corporate Charters, 23 Yale J. on Regulation 209 (2006)

2564) OLG Hamburg, NZG 2007, 597

2565) EuGH, NJW 1989, 2186 (Daily Mail); OLG München, BB 2007, 2247

2566) EuGH-Generalanwalt Maduro: Keine Wegzugsbeschränkungen in der EU – Cartesio, NZG 2008, 498; Behme/Nohlen, Zur Wegzugsfreiheit von Gesellschaften – Der Schlussantrag von Generalanwalt Maduro in der Rechtssache Cartesio (C-210/06), NZG 2008, 496

2567) http://www.bmj.bund.de

2568) Kritisch dazu Clausnitzer, Die Novelle des Internationalen Gesellschaftsrechts, NZG 2008, 321

2569) Altenhain/Wietz, Die Ausstrahlungswirkung des Referentenentwurfs zum Internationalen Gesellschaftsrecht auf das Wirtschaftsstrafrecht, NZG 2008, 569

2570) Weber, Internationale Zuständigkeit und Gläubigerschutz nach dem Wegzug von Gesellschaften, ZVglRWiss 107 (2008) 193

2571) Vgl. OLG Zweibrücken, EWiR § 327b AktG 1/08 (Luttermann)

III. Bilanzrecht[2572)]

1. Anwendbares Recht

Das Bilanzrecht gehört nach wohl überwiegender Meinung zum Gesellschaftsstatut[2573)]. Die Internationalen Grundsätze der Rechnungslegung (International Financial Reporting Standards/International Accounting Standards) schaffen zunehmend eine vereinheitlichte Plattform. Aber gleicher Wortlaut bringt keine gleichen Sichten; hinzu treten die Schwierigkeiten einer Übersetzung[2574)]. Gelegentlich mögen die Grundsätze des ordre public (Art. 6 EGBGB) anzuwenden sein.

1163

Bei den in Deutschland verbreiteten „limited companies"[2575)] ist also das englische Bilanzrecht heranzuziehen[2576)]. Es befindet über die Konzernverfassung[2577)] und über die Gleichbehandlung (vorbehaltlich des ordre public – Art. 6 EGBGB). Der ordre public mag greifen, wenn ein Eigner wegen seiner anderen Staatsangehörigkeit oder seines ausländischen Aufenthaltsortes benachteiligt wird. Das Gesellschaftsstatut entscheidet über die Bewertung vor oder nach Steuern, über Vollausschüttungs- oder Zuflussprinzip. Es bestimmt den Mindestwert.

1164

2. Falsche Freunde?

Die für die IFRS soeben angedeuteten Schwierigkeiten des Verstehens steigern sich bei anderen ausländischen Rechten. Der International Accounting Standards Board warnt:

1165

„*Financial statements are prepared and presented for external users by many enterprises around the world. Although such financial*

2572) Eidenmüller/Rehberg, Rechnungslegung von Auslandsgesellschaften, ZVglRWiss 105 (2006) 427; Schillig, Existenzvernichtungshaftung und englische Limited, ZVglRWiss 106 (2007) 299

2573) Großfeld, Interkulturelle Unternehmensbewertung; Westhoff, Rechnungslegung bei ausländischen Kapitalgesellschaften mit Sitz im Inland, in: Hirte/Bücker (Hrsg.), Grenzüberschreitende Gesellschaften, 2. Aufl. 2006, S. 610, 616-619; Hennrichs, Bilanz- und steuerrechtliche Aspekte der sog. Scheinauslandsgesellschaften, in: FS Norbert Horn, Berlin 2006, S. 387. Vgl. beispielhaft für die Europäische Privatgesellschaft Maul/Röhricht, Die Europäische Privatgesellschaft 1577

2574) Vgl. LG Chemnitz, NZG 2006, 517; Großfeld, Neue Seidenstraße, ZVglRWiss 103 (2004) 395

2575) Vgl. OLG München, NZG 2006, 512; OLG München, NZG 2007, 824; LG Bielefeld, NZG 2006, 504; OLG Nürnberg, NZG 2008, 76; Lamprecht, Gelöschte englische Limiteds

2576) So Lanzius, Anwendbares Recht 195ff. Dazu Triebel/Von Hase/Melerski, Die Limited; Bicker, Gläubigerschutz in der grenzüberschreitenden Konzerngesellschaft, Berlin 2007. Einzelheiten sind streitig, vgl. Schumann, Die englische Limited mit Verwaltungssitz in Deutschland: Buchführung, Rechnungslegung und Strafbarkeit wegen Bankrotts, ZIP 2007, 1189; Linnerz/Scholl, Mehrpersonenlimited oder vorgeschaltete Holding, NZG 2006, 493

2577) Fedke, Corporate Governance in international agierenden Konzernen, Berlin 2006

C. Abfindung

> *statements may appear similar from country to country, there are differences which have probably been caused by a variety of social, economic and legal circumstances and by different countries having in mind the needs of different users of financial statements when setting national requirements*"[2578]).

1166 Das gilt ähnlich für das Bilanzrecht der USA[2579]). Das Fazit: Unternehmensbewerter müssen zunehmend Rechtsvergleicher sein[2580]).

IV. Faktische Grundlagen

1167 Die faktischen Grundlagen Wachstum, Risiko und Kapitalisierungszinssatz „verorten" wir nach dem Verwaltungssitz und nach dem hauptsächlichen Börsenplatz[2581]). Das könnte in IDW S 1 n. F. Tz 55 gemeint sein.

V. Kulturunterschiede[2582])

1168 Zu beachten sind Kulturunterschiede. Mathematische Formeln dürfen uns nicht täuschen; denn Bewertung ist immer „mathematics in context". Sieht das ausländische Recht das Gebilde als „Unternehmen an sich" oder als eignerbezogen; sind andere „stakeholder" zu beachten (z. B. Arbeitnehmer oder Kommunen)? Überschüsse sind Ergebnisse einer lokalen Kultur, Prognosen hängen von Zeitvorstellungen ab[2583]). Status oder Gesichtsverlust können nach ausländischem Recht wirksam werden. Es gibt kein einheitliches „Alphabet des menschlichen Denken"[2584]).

1169 All das begründet Vorlieben für die eine oder die andere Bewertungsmethode; zurzeit liegen Discounted Cashflow-Verfahren vorne. Sieht man in Unternehmen vergängliche Marktteilnehmer oder dauernde Institutionen? Die Antwort darauf mag den Schätzungszeitraum und die Meinung zur „ewigen Rente"[2585]) beeinflussen.

VI. Kapitalisierungszinssatz[2586])

1170 Das Gesellschaftsstatut bestimmt den „Bezugsmarkt". Bei Abfindungen ist maßgeblich das Recht des abhängigen Unternehmens. Es liegt nahe, dass das

---

2578) Zit. nach Grossfeld, Global Financial Statements S. 358
2579) Grossfeld, Global Accounting: A Challenge for Lawyers, in: Liber Amicorum Robert Maclean, 2007, S. 143, 152
2580) Grossfeld/Eberle, Patterns of Order in Comparative Law: Discovering and Decoding Invisible Powers, Texas Intern. L. J. 38 (2003) 291
2581) Vgl. LG Stuttgart, AG 2007, 52, 53
2582) Westhoff, Rechnungslegung
2583) Großfeld/Wessels, Zeit, ZVglRWiss 4 (1990) 498; Großfeld, Rechte Zeit
2584) Luttermann/Luttermann, IFRS, Kultur und Internet: Eine „Weltsprache" der Rechnungslegung?, RIW 2007, 434
2585) Siehe Rn. 360
2586) LG Stuttgart, AG 2007, 52, 54. Vgl. Reuter, Gesellschaftsrechtliche Fragen 894f.

ausländische Recht das Unternehmen aus seiner Sicht heraus und von den realisierbaren Alternativen her bewertet. So erhalten wir das relevante „Wertbild".

VII. Gutachter

Vieles lässt sich vom Inland her kaum zuverlässig ermitteln; ohne einen Gutachter vor Ort geht es nicht[2587]. Falls eine deutsche Zuständigkeit gegeben ist, liegt die Letztkontrolle auch für den ausländischen Teil bei dem deutschen Gericht[2588]. Plausibilität tritt ins Zentrum.

1171

D. Ausländische Töchter[2589]

I. Auslandsrisiko

Zunächst ist zu prüfen, mit welchen Überschüssen der Tochter die inländische Mutter rechnen kann. Überschüsse im Ausland sind nicht gleichwertig denen im Inland. Das beginnt bei Informationssperren und setzt sich in der Durchsetzung eines Anspruchs fort. Hinzu treten Transferrisiken, z. B. aufgrund von Devisenbewirtschaftung und Wechselkursrisiken.

1172

II. Internationales Steuerrecht

Ferner ist zu ermitteln, welche Steuern die Überschüsse mindern. Das hängt auch von Bestehen oder Fehlen eines Doppelbesteuerungsabkommens ab[2590].

1173

III. Ausländische Anteilseigner

Bei ausländischen Töchtern gibt es häufig noch „freie" ausländische Aktionäre. Aus welcher Sicht sind deren Anteile zu bewerten? Bei der Verschmelzung zur Allianz SE gab es dazu folgende Antwort[2591]:

1174

> *„Wenn zwischen den zu bewertenden Unternehmen bereits wesentliche Beteiligungsverhältnisse bestehen, ist es im Sinne einer einheitlichen Bewertung geboten, die Anteile am Beteiligungsunternehmen aus der Sicht der Anteilseigner der Obergesellschaft zu bewerten. Die außen stehenden Anteile der RAS [Riunione Adriatica Di Sicurtà] werden demnach, wie die von der Allianz gehaltenen Anteile typisierend, aus der Sicht des deutschen Anteilseigners bewertet".*

2587) Vgl. Rn. 32
2588) Nießen, Die internationale Zuständigkeit
2589) Flachskamp/Michulitz, Zum Management internationaler Tochtergesellschaften, in: Interkulturelle Kooperation (Hrsg. Bouncken), Berlin 2007, S. 157
2590) Vgl. Lampe, Steueroptimale Gestaltung eines deutsch-französischen Unternehmenszusammenschlusses, Düsseldorf 2006
2591) Verschmelzungsdokumentation der Allianz Aktiengesellschaft, 2005, S. 218

1175 Das erscheint angesichts des italienischen Gesellschaftsstatuts als zweifelhaft, ist aber im Rahmen des offenen Europäischen Gesellschaftsrecht verständlich.

E. Grenzüberschreitende Verschmelzung[2592]

I. Grundsatz

1176 Für das Umtauschverhältnis werden zwei Werte ermittelt, typisiert für die Eigner gemäß dem jeweiligen Gesellschaftsstatut; hinzu tritt die „Regionalisierung" der Eigentümer[2593]:

> *„Dies führt bspw. bei grenzüberschreitenden Fusionen dazu, dass für das zu ermittelnde Umtauschverhältnis der Wert eines inländischen Unternehmens typisiert für den im Inland ansässigen inländischen Unternehmenseigner und der Wert des ausländischen Unternehmens typisiert für den im Ausland ansässigen ausländischen Unternehmenseigner zugrunde gelegt wird"*[2594].

1177 Wie ist es bei im Inland ansässigen ausländischen und bei im Ausland ansässigen deutschen Eignern? Müssen wir bei der Ankündigung einer Verschmelzung mit „Umzügen" rechnen? Wie können wir die Ansässigkeit im Ausland erkennen? Erfasst die Sicht des IDW Standards die Bedingungen im Ausland?

II. Wertungsebene

1178 Bisher fehlt eine grenzüberschreitende Wertungsebene; deshalb sind zwei Gesellschaftsstatute zu beachten („Doppelhürde"): Wir müssen uns in dem rechtlichen Rahmen halten, in dem die Wertsichten sich überschneiden oder wir müssen „anpassen", d. h. die nationalen Normen auf die Besonderheiten des Internationalen zuschneiden[2595]. Wenn ein Gesellschaftsstatut einen grenzüberschreitenden Zusammenschluss gestattet, wird es wohl die Anpassung erlauben. Das pflichtgemäße Urteil des Bewerters ist gefragt[2596].

1179 Entscheidend sind die Parallelität der Verfahren und ein gemeinsamer Plausibilitätsrahmen. Dafür können Vergleiche der Börsenwerte, der Kurs/

2592) Vgl. EuGH, Rs. C-411/03 SEVIC Systems AG, JZ 2006, 782; OLG München, NZG 2006, 512; Winter, Grenzüberschreitende Verschmelzungen – ein Update, GmbHR 2008, 532; Großfeld, Cross-Border Mergers: Corporate Accounting /Corporate Valuation, 101 (2002) 1; Lutter/Drygala, Internationale Verschmelzungen in Europa, JZ 2006, 770; Krause/Janko, Grenzüberschreitende Verschmelzungen und Arbeitnehmermitbestimmung, BB 2007, 2194. Einzelheiten in: Verschmelzung zur Allianz SE, Verschmelzungsdokumentation der Riunione Adriatica di Sicurtà, S. 131ff.
2593) IDW S 1 2008 Tz. 31; OLG Stuttgart, NZG 2007, 52; kritisch dazu Reuter, Unternehmensbewertung
2594) IDW S 1 2005 Tz. 55
2595) Vgl. Großfeld, Europäische Unternehmensbewertung, NZG 2002, 353, 357
2596) Reuter, Gesellschaftsrechtliche Fragen 892 mit Verweis auf BGHZ 71, 40

II. Wertungsebene

Gewinn-Verhältnisse und der Kurs/Eigenkapital-Verhältnisse herangezogen werden. Man mag ferner die Kursziele von Finanzanalysten berücksichtigen. Innerhalb des so gesetzten Rahmens mag dann die Analyse z. B. nach dem Ertragswertverfahren stattfinden. Nach diesem Muster verfuhr man bei der Gründung der Allianz SE[2597].

2597) Verschmelzungsdokumentation der Riunione Adriatica Di Sicurtà, oben Fn. 484, S. 131ff.

Dreißigster Teil
Plausibilität

Immer wieder stoßen wir auf die Forderung nach Plausibilität: Die Bewertung muss für Außenstehende einsichtig und in den Strukturen nachvollziehbar sein. Das beginnt bei der Prognose der künftigen finanziellen Überschüsse[2598]. Es setzt sich fort an der Bedeutung von tatsächlich gezahlten Preisen für Unternehmen und Unternehmensanteile[2599], an der Beachtung von Börsenkursen[2600] und an vereinfachten Verfahren der Preisbildung[2601]: Sie ersetzen keine Unternehmensbewertung[2602]. 1180

Die Plausibilität ist Grundlage ordnungsmäßiger Berichterstattung[2603]. Schätzungen und Annahmen müssen ersichtlich sein; die grundlegenden Annahmen sind klarzustellen[2604]. Das gilt auch für die Heranziehung von Börsenkursen[2605]. Gegebenenfalls ist auch das Gesamtergebnis zu plausibilisieren[2606]. 1181

2598) IDW S 1 2008 Tz. 68
2599) IDW S 1 2008 Tz. 13
2600) IDW S 1 2008 Tz. 15, 142
2601) IDW S 1 2008 Tz. 143f., 167
2602) IDW S 1 2008 Tz. 13, 153f.
2603) Vgl. IDW S 1 2008 Tz. 175
2604) IDW S 1 2008 Tz. 177
2605) IDW S 1 2008 Tz. 178
2606) IDW S 1 2008 Tz. 179

Einunddreißigster Teil
Abfindungsklauseln
A. Allgemeines

Die Bewertung eines Unternehmens und die Ermittlung einer angemessenen Abfindung sind unsicher. Das legt nahe, die Abfindung im Gesellschaftsvertrag zu regeln. Die Abfindungsklausel soll im Allgemeinen den Bestand der Gesellschaft schützen und/oder die Berechnung der Abfindung erleichtern. Sie ist zulässig bei Personengesellschaften und bei Gesellschaften mit beschränkter Haftung und bedarf der Zustimmung aller Gesellschafter[2607]. Sie ist objektiv auszulegen wie eine Satzung[2608]. 1182

Das Statut einer Aktiengesellschaft kann die Abfindung nicht regeln (§ 23 Abs. 5 AktG). 1183

B. Wirksamkeit[2609]

Eine Abfindungsklausel ist grundsätzlich unproblematisch, wenn sie den tatsächlichen Wert des Anteils übersteigt[2610]. Sie ist aber unwirksam, wenn sie unangemessen niedrig ist[2611] bei *„nicht zu kleinlicher kaufmännischer Schätzung"*[2612]. Dafür zählen zwei Aspekte[2613]: Die Klausel kann von Anfang an „grob unbillig" sein (§ 138 Abs. 1 BGB)[2614]. Sie ist oder wird unwirksam, wenn sie in unvertretbarer Weise das Recht eines Gesellschafters beschränkt, ordentlich oder aus wichtigem Grunde zu kündigen (§ 723 Abs. 3 BGB)[2615]. Das ist anzunehmen, wenn der Abfindungsanspruch so eingeschränkt wird, dass ein Gesellschafter *„vernünftigerweise"* nicht kündigt[2616]. Der Bundesgerichtshof bejaht das auch, wenn nur der Ertragswert, nicht aber der ca. 3 ½mal höhere Liquidationswert angesetzt werden soll und die Liquidation möglich und zumutbar ist[2617]. Besonderheiten des Gesellschaftsverhältnisses 1184

2607) BGHZ 116, 359, 368; BGH, WM 1993, 1412, 1413
2608) BGHZ 116, 359, 361
2609) Dazu eingehend Mentz, in: Unternehmensfinanzierung (Hrsg. Eilers/Rödding/Schmalenbach), 2008, S. 714
2610) OLG München, NZG 2007, 143
2611) BGHZ, GmbHR 1992, 257; OLG Hamm, NZG 2003, 440
2612) BGH, WM 1984, 31, 32
2613) OLG Naumburg, NZG 2000, 698
2614) BGHZ 116, 359, 368; 123, 281, 285
2615) BGH, NZG 2008, 463, 465
2616) BGH, NZG 2006, 425
2617) BGH, NZG 2006, 425

sind zu beachten²⁶¹⁸⁾. Ein fünfjähriger Ausschluss der Kündigung ist zulässig²⁶¹⁹⁾.

1185 Bei Gesellschaften mit ideellen Zielen können die Maßstäbe weniger streng sein²⁶²⁰⁾.

C. Folgen der Unwirksamkeit

1186 Ist die Klausel unwirksam, so muss man die Lücke durch eine ergänzende Auslegung i. S. eines zumutbaren Interessenausgleichs (geltungserhaltende Reduktion²⁶²¹⁾) schließen. Abfindungsmaßstab und Abfindungsbetrag sind nach Treu und Glauben gemäß den Umständen des Einzelfalles neu zu ermitteln²⁶²²⁾.

D. Einzelne Klauseln

I. Buchwert der Handelsbilanz²⁶²³⁾

1187 Er spiegelt nur zufällig den angemessenen Wert. Die Handelsbilanz setzt bei historischen Kosten an und gibt den Wert eines Unternehmens nicht wieder. Das gilt vor allem, wenn die Gesellschaft Grundbesitz hat oder selbst erstellte immaterielle Vermögensrechte (vgl. bisher noch § 248 Abs. 2 HGB).

1188 Bei Personengesellschaften mahnt vor allem § 253 Abs. 4 HGB zur Vorsicht, der *„weitere Abschreibungen"* erlaubt. Die Vorschrift löst leicht einen „Wettlauf nach unten aus". Weitere „Gestaltungsräume" schaffen § 253 Abs. 5, § 254 und § 249 Abs. 2 HGB. Besser ist es insoweit bei Gesellschaften mit beschränkter Haftung, weil § 253 Abs. 4 HGB für sie nicht gilt (§ 279 Abs. 1 S. 1, vgl. auch § 280 HGB). Auch die Forderung nach einem den *„tatsächlichen Verhältnissen entsprechenden Bild"* (§ 264 Abs. 2 S. 1 HGB) mag mildern.

1189 Gelegentlich mag der Buchwert auch über dem Verkehrswert liegen, wenn etwa die Bilanz nicht alle Belastungen ausweist, z. B. einen Sozialplan (§ 112 BetrVerfG).

2618) BGH, NZG 2007, 542 zum Ausscheiden eines „Juniorpartners" ohne Beteiligung am Gesellschaftsvermögen. Siehe auch BGH, NZG 2008, 463, 464f. zu einer Klausel, die im Wesentlichen nur die Beteiligung am Überschuss erfasst, aber den Ertragswert und die „Beteiligung an dem Vermögen der [Anwalts]sozietät" ausschließt.
2619) BGH, NZG 2006, 425
2620) BGH, NZG 1998, 25, 26
2621) Vgl. OLG Frankfurt/M., NZG 2006, 382, 384
2622) BGHZ 126, 226, 242f.
2623) Wagner, Die Kontraktfunktion von Bilanzen in Entnahme- und Abfindungsregelungen, in: Richter u. a. (Hrsg.), Kapitalgeberansprüche, Marktorientierung und Unternehmenswert, München 2003, S. 455

II. Buchwert der Steuerbilanz

Oft gilt der Buchwert der Steuerbilanz als verlässlicher Maßstab, weil sie stärker die Wertuntergrenze sichert (§ 6 Abs. 1 Nr. 1 S. 3 EStG). Aber steuerliche Sonderabschreibungen können u. U. die Untergrenze durchstoßen. Das Bundesverfassungsgericht sagt dazu: „*Die Steuerbilanzwerte können nur zufällig realitätsnah den gemeinen Wert der einzelnen Wirtschaftsgüter treffen*". Das Gericht verweist auf die „*vielfältigen Möglichkeiten*" der „*Bilanzpolitik*" und auf die oft relativ höhere Bewertung der Schulden[2624]. 1190

III. Teilwert/Einheitswert

Die Vereinbarung des steuerlichen Teilwerts (§ 6 Abs. 1 Nr. 1 S. 3 EStG)[2625] vereinfacht nicht. Ähnlich ist es mit dem Einheitswert des Betriebsvermögens. Er bildet sich aus den Steuerbilanzwerten der Wirtschaftsgüter (§ 109 BewG) und hat nur eine zufällige Beziehung zum Verkehrswert. 1191

IV. Stuttgarter Verfahren[2626]

Bei GmbH Anteilen setzen manche ihre Hoffnung auf das Stuttgarter Verfahren[2627]. Doch mahnt zur Skepsis, dass es vom Wert des Betriebsvermögens ausgeht (§ 11 Abs. 2 BewG), der bei Gewerbetreibenden den Steuerbilanzwerten entspricht. (§ 109 Abs. 1 BewG). Die Ertragsaussichten werden nur teilweise erfasst. Die Hoffnung, dass dieses Verfahren in der Zukunft einen angemessenen Ausgleich schafft, steht auf tönernen Füßen. 1192

E. Stundung

Wird eine Stundung vereinbart, so ist vor zu langen Fristen zu warnen, namentlich dann, wenn der Ausgleichsanspruch nicht genügend gesichert ist[2628]. Der Bundesgerichtshof akzeptierte eine Ratenzahlung über zehn Jahre, aber vielleicht nur, weil der Kläger keine kürzere Frist forderte[2629]. Das Bayerische Oberste Landesgericht ließ sechs Jahre gelten[2630]. Bedenken beginnen wohl ab einer Frist von fünf Jahren[2631]. 1193

2624) BVerfG, DStR 2007, 235, 243f.
2625) OLG Köln, NZG 1999, 1222, 1224
2626) Jens Müller, Die steuerliche Ungleichbehandlung
2627) Dazu BFH; NZG 2000, 1190; vgl. OLG München, NZG 2006, 65
2628) Vgl. OLG Dresden, NZG 2000, 1042
2629) BGH, NJW 1989, 2685, 2686
2630) WM 1983, 248, 249
2631) Ulmer, Abfindungsklauseln in Personengesellschafts- und GmbH-Verträgen, in: FS Quack, 1991, S. 477, 500

F. Verzinsung

1194 Die gestundete Abfindung ist angemessen zu verzinsen, z. B. mit zwei Prozent über dem jeweiligen Basiszinssatz nach § 247 BGB (vgl. § 305 Abs. 3 S. 3 AktG).

G. Verfahren

1195 Ohne eine Verfahrensregelung geht es nicht. Man muss nicht gleich an ein Schiedsgericht denken, doch empfiehlt es sich, für einzelne Punkte ein Schiedsgutachten zu vereinbaren (i. S. v. §§ 317-319 BGB).

H. Beispiel

I. Allgemeines

1196 Die Formel für das Ertragswertverfahren könnte so lauten[2632]:

> „1. Beim Ausscheiden eines oder mehrerer Gesellschafter erhalten sie eine Abfindung von 75% des Wertes ihres Anteils zur Zeit des Ausscheidens. Die Abfindung ist zu zahlen in drei gleichen Jahresraten; die erste Rate wird fällig sechs Monate nach dem Ausscheiden. Die Abfindung ist sogleich in der jeweils verbleibenden Höhe zu verzinsen mit 2% über dem jeweiligen Basiszinssatz i. S. v. § 247 BGB.
> 2. Die Abfindung berechnet sich vom anteiligen Unternehmenswert. Ihm liegt zugrunde der Durchschnitt der Jahresüberschüsse der letzten fünf Geschäftsjahre, die beim Ausscheiden abgeschlossen sind. Die Handelsbilanz muss ein den tatsächlichen Verhältnissen entsprechendes Bild i. S. d. § 264 Abs. 2 S. 1 HGB vermitteln. Abschreibungen nach §§ 253 Abs. 4, 254 und 279 Abs. 2 HGB sind auszuscheiden. Der Unternehmerlohn ist abzusetzen. Das außerordentliche Ergebnis bleibt außer Ansatz, soweit es weniger als 10% des Jahresüberschusses beträgt. Spätere Ergebnisse einer Steuerprüfung sind zu berücksichtigen.
> 3. Der Kapitalisierungszinssatz ergibt sich aus der Durchschnittsrendite von Euroanleihen der höchsten Bewertungsstufe mit zehnjähriger Laufzeit zwei Jahre vor und nach dem Ausscheiden. Es ist ein Risikozuschlag von 2% zu machen.
> 4. Das neutrale Vermögen ist zu Veräußerungswerten anzusetzen. Hierauf entfallende Erträge und Aufwendungen sind beim Durchschnittsertrag auszuscheiden.
> 5. Ausgeschiedene Gesellschafter können ein Schiedsgutachten (§ 317 Abs. 1 BGB) einholen. Einigen sich die Parteien nicht innerhalb von drei Monaten auf den Gutachter, so ernennt ihn auf Antrag einer Partei der Präsident der Industrie- und Handelskammer in ...

[2632] In Anlehnung an Eugen Ulmer, aaO S. 501f.

III. Zwei-Personen-Gesellschaft

Weicht das Gutachten um 20% oder mehr von der angebotenen Abfindung nach Abs. 1 – 4 ab, so tritt es an deren Stelle; alle Kosten trägt der Antragsgegner. Weicht das Gutachten um weniger als 20 ab, so bleibt es beim Angebot; die Kosten trägt dann der Antragsteller".

II. Schwebende Geschäfte

Es empfiehlt sich folgender Zusatz: 1197

„Der ausgeschiedene Gesellschafter nimmt am Ergebnis schwebender Geschäfte nicht teil. Er kann nicht verlangen, von der Haftung für bestehende Gesellschaftsschulden freigestellt zu werden".

III. Zwei-Personen-Gesellschaft

Bei Gesellschaften mit zwei Gesellschaftern bietet sich eine interne Versteigerung an. Sie lässt sich so vereinbaren: 1198

„Jeder Gesellschafter kann bei der Kündigung seine Abfindungsforderung festsetzen. Innerhalb einer bestimmten Zeit (z. B. drei Monate) hat der andere Gesellschafter ein Wahlrecht: Er kann die Forderung annehmen, dann scheidet der kündigende Gesellschafter aus. Er kann erklären, dass er für den geforderten Betrag selbst ausscheidet; dann muss der kündigende Gesellschafter die von ihm genannte Abfindung zahlen. Er scheidet dann aus zu dem Stichtag, zu dem der zunächst kündigende Gesellschafter ausgeschieden wäre".

Das kann man noch verfeinern: 1199

*„Die Gesellschaft wird bei Beendigung nicht liquidiert, wenn einer der Partner seinen Anteil an den anderen verkauft nach folgenden Regeln:
Spätestens drei Wochen vor Beendigung bietet eine Partei (P1) der anderen (P2) den Kauf zu einem bestimmten Preis an. Innerhalb von drei Wochen nach Zugang muss P2 seinen Anteil zum gebotenen Preis verkaufen oder von P1 verlangen, dass dieser seinen Anteil zum diesem Preis an P2 verkauft. Verlangt P2 das, so muss P1 innerhalb von drei Wochen nach Zugang seinen Anteil an P2 verkaufen oder selbst ein neues Kaufangebot machen, das mindestens 5% höher ist. Innerhalb drei Wochen nach Zugang dieses neuen Angebots muss P2 seinen Anteil zu dem neuen Preis an P1 verkaufen oder von P1 verlangen, dass er seinen Anteil zu dem neuen Preis an P2 verkauft. Verlangt P2 das, so muss P1 innerhalb von drei Wochen nach Zugang seinen Anteil an P2 verkaufen oder selbst ein höheres Kaufangebot machen, das wieder mindestens 5% höher ist als das vorherige.
Das Verfahren wird so lange fortgesetzt, bis eine Partei ihren Anteil an die andere verkauft hat"*[2633]*).*

2633) Mitgeteilt von RA Dr. Treeck, Frankfurt/M.

Zweiunddreißigster Teil
Unternehmensbewertung im Bilanzrecht[2634)]

Das Bilanzrecht hängt eng mit den in diesem Buch behandelten Fragen zusammen[2635)]. Aber die Unternehmensbewertung dringt auch direkt in das Bilanzrecht ein[2636)]. Das geschieht vor allem im (europäischen) Konzernabschluss nach den International Financial Reporting Standards. Wir betreten damit ein neues Gebiet, dass eng mit dem ebenfalls neuen Bilanzrecht des Einzel- und des Konzernabschlusses verknüpft ist. Deshalb kann ich nur eine kursorische Einführung geben. Sie soll vor allem auf die hier auftretenden Fragen und die damit verbundenen beruflichen Chancen für international orientierte Betriebswirte und Juristen hinweisen[2637)].

1200

A. Überblick

Hier wirken Bewertungsregeln über, die durch das europäische Recht des Konzerabschlusses zu uns kamen.

1201

I. Einzelabschluss

Der Einzelabschluss wird bisher noch von den überkommenen Regeln des Handelsgesetzbuchs regiert. Eine Modernisierung steht aber durch das Bilanzrechtsmodernisierungsgesetz (BilMoG) bevor, für das ein Regierungsentwurf (HGB-RegE) vorliegt[2638)]. Es will das HGB moderat an die International Financial Reporting Standards (IFRS) anpassen, hat so den Charakter eines Kompromisses zwischen Tradition und Moderne.

1202

2634) Dieser Teil beruht im Wesentlichen auf Großfeld/Stöver/Tönnes, Unternehmensbewertung. Umfassend zu den Bewertungsfragen Großfeld: Europäische Unternehmensverfassung/Europäisches Bilanzrecht, in: Gedächtnisschrift Albert Bleckmann, 2007, S. 169; ders. Global Accounting: A Challenge for Lawyers, in: Liber Amicorum Roberto MacLean, 2007, S. 143; Universität Hamburg, Institut für Wirtschaftsprüfung und Steuerwesen, Ausgewählte aktuelle Fragen aus Rechnungslegung, Wirtschaftsprüfung und Controlling, Google

2635) Siehe Rn. 11

2636) Siehe Rn. 12

2637) Grossfeld, Global Accounting 143

2638) http://www.bmj.bund.de/files/-/3152/RegE%20Gesetzzur%20Modernisierung%20 des%20Bilanzrechts.pdf; Stand: 30.5.2008. Dazu Zülch/Hoffmann, Bilanzrechtsmodernisierungsgesetz: Wesentliche Änderungen des Regierungsentwurfs gegenüber dem Referentenentwurf, BB 2008, 1272; Arbeitskreis Bilanzrecht der Hochschullehrer Rechtswissenschaft, Stellungnahme zu dem Entwurf eines BilMoG: Grundkonzept und Aktivierungsfragen, BB 2008, 152; dies., Stellungnahme zu dem Entwurf eines BilMoG: Einzelfragen zum materiellen Bilanzrecht, BB 2008, 209; Busse von Colbe/Schurbohm-Ebneth, Neue Vorschriften für den Konzernabschluss nach dem Entwurf für ein BilMoG, BB 2008, 98; Burwitz, Das Bilanzrechtsmodernisierungsgesetz, NZG 2008, 694

A. Überblick

1. Abschreibung des Goodwill

1203 Wie wir eingangs sahen, ist künftig ein erworbener („derivativer") Geschäfts- oder Firmenwert (GoF) als zeitlich begrenzt nutzbarer Vermögensgegenstand anzusetzen[2639] (§ 246 Abs. 1 S. 3 HGB-RegE). Er ist planmäßig (§ 246 Abs. 2 HGB-RegE) und gegebenenfalls außerplanmäßig abzuschreiben (§ 253 Abs. 3 S. 3 HGB-RegE). Das erfordert eine Unternehmensbewertung[2640].

2. Ansatz einer Beteiligung

1204 Zu einer Beteiligung (§ 271 Abs. 1 HGB) als Finanzanlage (§ 266 Abs. 2 III HGB) gibt es eine Stellungnahme des IDW: *„Anwendung der Grundsätze des IDW S 1 bei der Bewertung von Beteiligungen und sonstigen Unternehmensanteilen für die Zwecke eines handelsrechtlichen Jahresabschlusses"* (IDW RS HFA 10; nachfolgend „HFA 10")[2641]. Das alles wird „umspielt" von der Neufassung des IDW Standard: *„Grundsätze zur Durchführung von Unternehmensbewertungen"* (IDW S 1)[2642], mit dem wir uns schon befassten[2643].

II. Konzernabschluss

1205 Beim Konzernabschluss treten gemäß der *„acquisition method"* an die Stelle des Beteiligungsansatzes die Vermögensgegenstände und Schuldposten des in den Konzernabschluss einbezogenen Unternehmens (vgl. §§ 297 Abs. 2, 300 Abs. 1 HGB). Es bleibt dann regelmäßig ein „Restposten" als Geschäfts- oder Firmenwert. Nach dem europäischen Recht der Konzernbilanz ist er jährlich auf seine Werthaltigkeit zu testen (IFRS/IAS 36 -„Goodwill impairment test" = Wertminderungstest)[2644]. Einzelheiten behandelt die IDW Stellungnahme *„Bewertungen bei der Abbildung von Unternehmenserwerben*

2639) Siehe Rn. 1202
2640) Vgl. ebenfalls § 301 Abs. 3 S. 1, § 309 Abs. 1 HGB-RegE
2641) WPg 2005, 1322
2642) WPg 2005, 1303; FN-IDW 7/2008, 271. IDW RS HFA 10 Tz. 1 verweist darauf im Ganzen. IDW RS HFA 16 folgt parallelen Modellen; vgl. Tz. 104, 110f. Hachmeister, Analyse der Regelungen zur Cashflow –Schätzung beim Goodwill Impairment Test vor dem Hintergrund der Grundsätze ordnungsmäßiger Prognose, in: FS Dieter Rückle, Berlin 2006, S. 257
2643) Großfeld/Stöver/Tönnes, Neue Unternehmensbewertung
2644) Trauth, Sukzessive Unternehmenserwerbe/-veräußerungen im Konzernabschluss nach IFSR, Sternenfels 2007; Brösel/Müller, Goodwillbilanzierung nach IFRS aus Sicht des Beteiligungscontrolling, Zeitschrift f. internationale und kapitalmarktorientierte Rechnungslegung 7 (2007) 34; Lopatta/Müßig, Die Bilanzierung von Business Combinations, Praxis der internationalen Rechnungslegung 3 (2007) 15; IDW RS HFA 16: Bewertungen bei Abbildung von Unternehmenserwerben und bei Werthaltigkeitsprüfungen nach IFRS, WPg 2006, 1028

III. Grundlinien

und bei Werthaltigkeitsprüfungen nach IFRS" (IDW RS HFA 16; nachfolgend „HFA 16")[2645].

B. Einzelabschluss

I. Goodwill

Angesichts der neuen Rechtslage gibt es für die Bewertung des Goodwill noch keine Konventionen und keine Rechtsprechung. Doch liegt nahe, dass sich die Praxis in etwa bei den Maßstäben für den Ansatz einer Beteiligung einpendeln wird. Sie werden daher im Folgenden dargestellt. 1206

II. Beteiligung

Die Beteiligung i. S. d. § 271 Abs. 1 HGB ist anzusetzen mit den Anschaffungskosten (§§ 253 Abs. 1, 255 Abs. 1 HGB); später ist u. U. abzuschreiben auf den niedrigeren *„beizulegenden Wert"* (§ 253 Abs. 2 S. 3 i.V.m. § 279 Abs. 1; § 253 Abs. 3 S. 2 HGB). Entfallen die Gründe für eine frühere Wertminderung, so besteht ein Wahlrecht oder eine Pflicht den Wert *„aufzuholen"* (§§ 253 Abs. 5, 280 Abs. 1 S. 2 HGB). Als *„beizulegender Wert"* galt bisher der Ertragswert[2646]. IDW RS HFA 10 konkretisiert das; es gilt entsprechend für Anteile, die keine Beteiligung nach § 271 Abs. 1 S. 1 HGB sind. IDW S 1 n. F. erwähnt handels- und steuerrechtliche Anwendungsfälle für die Bewertungsregeln[2647]. 1207

III. Grundlinien

1. Unternehmenswerte

Der *„beizulegende Wert"* (§ 253 Abs. 2 HGB) ist nach HFA 10 *„in der Regel"* aus dem Ertragswert abzuleiten[2648]. Erlaubt sind auch die Discounted Cashflow-Verfahren (DCF)[2649]. HFA 10 unterscheidet ebenfalls zwischen dem subjektiven und dem typisierten Unternehmenswert[2650]. 1208

2. Subjektiver Wert

Grundsätzlich gilt der subjektive Wert[2651]. Es kommt ja darauf an, was der Anteil für das bilanzierende Unternehmen leistet; daher ist aus dessen Sicht 1209

2645) WPg 2005,1415. Dazu Castedello/Klingbeil/Schröder, IDW RS HFA 16; Bewertungen bei der Abbildung von Unternehmenserwerben und bei Werthaltigkeitsprüfungen nach IFSR 2006, 1028
2646) BGH, BB 1995, 1789
2647) IDW S 1 2008 Tz. 9
2648) IDW RS HFA 10, Tz. 2 f.
2649) IDW RS HFA 10, Tz. 3
2650) IDW RS HFA 10, Tz. 4
2651) IDW RS HFA 10, Tz. 5

zu bewerten[2652]. Das geschieht aber bei Kapitalgesellschaften unter Beachtung von 264 Abs. 2 S. 1 HGB, was doch eine objektivierende (angemessene) Sicht vermittelt[2653]. Echte und unechte Synergien dürfen angesetzt werden. *Das gibt Ermessensspielraum und kann sich auswirken bei realisierbaren Synergien, bei noch nicht eingeleiteten Entnahmen, bei den Ertragsteuern und beim Kapitalisierungszinssatz[2654]. Die Faktoren müssen bereits eingeleitet oder in der Unternehmensplanung dokumentiert sein[2655].*

1210 Von den zukünftigen Nettozuflüssen ziehen wir die Ertragsteuern der Beteiligung sowie die Steuern auf die Zuflüsse des bilanzierenden Unternehmens ab[2656], z. B. die Abgeltungsteuer. Zu berücksichtigen sind alle steuerlichen Vor- und Nachteile[2657]. Die Ertragsteuern der Anteilseigner des bilanzierenden Unternehmens berücksichtigen wir nicht. Die Kapitalisierungszinsen sind typisiert zu bestimmen.[2658]; *es kommt nicht an auf die konkreten Renditeerwartungen. Auszugehen ist vom landesüblichen Zinssatz und einem Risikozuschlag. Zu beachten sind die Ertragsteuern des Bilanzierenden auf die Alternativanlage[2659].*

1211 Ebenfalls wichtig ist die Kapitalstruktur des zu bewertenden Unternehmens; zu denken ist aber auch an die Kapitalstruktur des bilanzierenden Unternehmens, weil sie den Konzern über Synergieeffekte prägen kann[2660].

3. Typisierter Wert

1212 Der typisierte Wert gilt wenn, der Anteil veräußert werden soll; er ist auf „stand alone"-Basis zu ermitteln[2661]; einzubeziehen sind also nach bisheriger Meinung[2662] nur unechte Synergieeffekte[2663]. Bewertet wird aus der Sicht eines potenziellen Erwerbers. Bei den zukünftigen Nettozuflüssen sind daher die Ertragsteuern des Unternehmens und die persönlichen Ertragsteuern des Erwerbers abzuziehen. Unterstellt wird auch hier bisher eine typisierte persönliche Ertragsteuerbelastung von 35%[2664]. Zu beachten ist noch das steuerliche Halbeinkünfteverfahrens, ab 2009 die Abgeltungsteuer.

2652) IDW RS HFA 10, Tz. 6
2653) Vgl. IDW S 1 2008 Tz. 30
2654) IDW RS HFA 10, Tz. 6 f.
2655) IDW S 1 2008 Tz. 34
2656) IDW RS HFA 10, Tz. 8
2657) IDW RS HFA 10, Tz. 4
2658) IDW RS HFA 10, Tz. 9f.
2659) Für Einzelheiten gilt IDW S 1 2005 Tz. 124ff. oder IDW S 1 2008 Tz. 114ff.
2660) Dörschell/Franken/Schulte, Praktische Probleme
2661) IDW RS HFA 10, Tz. 11ff.
2662) Vgl. Rn. 254
2663) Siehe Rn. 285
2664) IDW RS HFA 10, Tz. 12 in Verbindung mit IDW S1, 53 f.

III. Grundlinien

Die Ableitung des Kapitalisierungszinses ist vergleichbar mit der beim subjektiven Unternehmenswert. Zusätzlich ist aber die typisierte persönliche Ertragsteuer zu berücksichtigen (unten E). 1213

Liegt ein bindendes Kaufangebot vor, so ist maßgeblich der darin genannte Kaufpreis[2665]. 1214

Die Bewertungskonzepte führen selten zu einem eindeutigen Unternehmenswert[2666]. 1215

4. Vorsteuerbewertung

Es gilt eine Vorsteuerrechnung[2667]. 1216

5. IAS/IFRS[2668]

Anteile an Tochterunternehmen, die nicht veräußert werden sollen, können nach IAS 27.37 zu Anschaffungskosten oder gemäß IAS 39 bilanziert werden. Die Bilanzierung zu Anschaffungskosten entspricht dem Wert nach §§ 253 Abs. 1, 255 Abs. 1 HGB. Für die Folgebewertung gilt IAS 36 („impairment-test" = „Werthaltigkeitstest"; vgl. unten C II 2). 1217

Nach IAS 39 ist zuerst der „beizulegenden Zeitwert" zu bilanzieren, d. h. der Betrag, zu dem der Anteil zwischen von einander unabhängigen Dritten ausgetauscht werden könnte (IAS 39.9). Er ist danach jeweils neu zu ermitteln; das führt zu Unternehmensbewertungen. Einzelheiten sieht der Regierungsentwurf eines Gesetzes zur Modernisierung des Bilanzrechts (Bilanzrechtsmodernisierungsgesetz – BilMoG) vor. 1218

C. Konzernabschluss[2669]

Über das Europäische Bilanzrecht (IFRS/ IAS) dringt die Unternehmensbewertung noch stärker ein. Im Vordergrund steht der derivative Geschäfts- oder Firmenwerts (GoF) im Konzernabschluss bei der Erstkonsolidierung von Zusammenschlüssen nach IRRS 3/IAS 38[2670]. Derzeit ist der Einfluss noch auf den Konzernabschluss beschränkt (vgl. auch § 291 HGB- sog. „befreiende Konzernabschlüsse"). 1219

2665) IDW RS HFA 10, Tz. 13
2666) Zu Einzelfragen Großfeld/Stöver/Tönnes, Unternehmensbewertung 522f.
2667) IDW S 1 2005 Anhang Abs. IV
2668) Thiele/Von Keitz/ Brincks, Internationales Bilanzrecht, Bonn/Berlin 2007
2669) Hendler/Zülch, Unternehmenszusammenschlüsse und Änderung von Beteiligungsverhältnissen bei Tochterunternehmen – die neuen Regelungen des IFRS 3 und IAS 27, WPg 2008, 484
2670) Lopatta/Müßig, Die Bilanzierung von Business Combinations – Standardsetzung als politischer Prozess?, Praxis der internationalen Rechnungslegung 3 (2007) 1; Wirth, Firmenwertbilanzierung nach IFRS, Stuttgart 2005

C. Konzernabschluss

I. Assoziierte Unternehmen

1220 IAS 28: *„Anteile an assoziierten Unternehmen"* regelt die Bewertung der Anteile, wenn die Anteilseigner zwar einen maßgeblichen aber keinen beherrschenden Einfluss haben[2671]. Ein maßgeblicher Einfluss wird ab 20% der Stimmrechte vermutet[2672]; ein beherrschender Einfluss besteht grundsätzlich bei mehr als 50% Kapitalanteil[2673].

1221 Das Verfahren entspricht im Wesentlichen dem § 312 HGB.[2674] Man setzt die Anteile zunächst mit den Anschaffungskosten an; der Buchwert erhöht sich dann gemäß dem Anteil am Jahresergebnis; Ausschüttungen vermindern ihn[2675]. Zugrunde zu legen ist der letzte Abschluss des assoziierten Unternehmens[2676]; die Abschlüsse müssen einheitliche Bilanzierungs- und Bewertungsmethoden benutzen[2677]. Die Anteile sind bei langfristigen Vermögenswerten gesondert anzusetzen[2678]. Für Beispiele und Einzelheiten verweise ich auf den Aufsatz Großfeld/Stöver/Tönnes[2679].

II. Unternehmenszusammenschlüsse

1222 Die Unternehmensbewertung dringt besonders über die Regelungen in IFRS 3[2680] *„Unternehmenszusammenschlüsse"* und in IAS 36 *„Wertminderung von Vermögenswerten"*[2681] vor. Beide beruhen auf amerikanischen Vorbildern[2682]. HFA 16 hilft bei der Anwendung dieser Standards im Rahmen der Erstkonsolidierung, der Ableitung des Geschäfts- oder Firmenwertes und der (späte-

---

[2671] IAS 28, § 2
[2672] IAS 28, § 6
[2673] IAS 27, §13
[2674] Zu den Unterschieden Hayn in: Beck´sches IFRS-Handbuch, 2. Aufl. 2006, § 34 Tz. 121 ff.
[2675] IAS 28, § 11
[2676] IAS 28, § 24
[2677] IAS 28, § 26 f.
[2678] IAS 28.38
[2679] Unternehmensbewertung 523
[2680] Zu den jüngeren Änderungen Pellens/Amshoff/Sellhorn, IFRS 3 (rev. 2008); Andrejewski/Fladung/Kühn, WPg 2006, 80; Senger/Brune in: Beck´sches IFRS-Handbuch § 37 Tz. 7 ff.; Hendler/Züldi, Unternehmenszusammenschlüsse und Änderungen von Beteiligungsverhältnissen bei Tochterunternehmen – Die neuen Regelung en des IFR S 3 und IAS 27, WPg 2008, 484
[2681] Zu einer allgemeinen Kritik daran siehe Hohl, Private Standardsetzung im Gesellschafts- und Bilanzrecht, Berlin 2007
[2682] Grossfeld, Global Financial Statements/Local Enterprise Valuations, 29 J. of Corporation L. 337 (2004). Vgl. auch Grossfeld, Comparative Corporate Governance: Generally Accepted Accounting Principles v. International Accounting Standards? 28 North Carolina J. of International L. and Commercial Regulation 847 (2003)

II. Unternehmenszusammenschlüsse

ren) Prüfung der Werthaltigkeit von Vermögensgegenständen einschließlich des Firmenwertes[2683].

1. Erstkonsolidierung

Für die Erstkonsolidierung gilt ebenfalls grundsätzlich die Erwerbsmethode (acquisition method)[2684]: Die Vermögenswerte, Schulden und Eventualschulden des erworbenen Unternehmens erscheinen gemäß IFRS 3.36 ff. mit ihrem beizulegenden Zeitwert[2685]. Das ist auch hier der Betrag, den sachverständige, vertragswillige und voneinander unabhängige Geschäftspartner unter marktüblichen Bedingungen vereinbaren[2686].

1223

Als Differenz zwischen dem Kaufpreis und der Summe der neubewerteten Vermögensgegenstände und Schulden verbleibt der Geschäfts- oder Firmenwert; das ist der künftige wirtschaftliche Nutzen aus Vermögenswerten, die nicht einzeln identifiziert und ausgewiesen werden können. Der zu aktivierende Wert ist jährlich auf seine Werthaltigkeit zu testen. Das wollen wir uns näher anschauen; dabei lassen wir Einzelheiten weg und konzentrieren uns auf das Bewertungsverfahren.

1224

2. Folgebewertung (IAS 36, HFA 16)

a. Allgemeines

IDW RS HFA 16 schildert den Werthaltigkeitstest so[2687]:

1225

Der Cashflow ist für die nächsten fünf Jahre zu schätzen[2688] gemäß vernünftigen und vertretbaren Annahmen, die durch Nachweise gestützt sind[2689]. Danach wird der Cashflow für die „ewige Rente" mit einer angemessenen Wachstumsrate ermittelt[2690]. Geschätzt wird vor Abzug von Steuern (Vorsteuerbewertung); abgezinst wird daher auch mit einem Zinssatz vor Steuern. Das Risiko ist durch einen risikoangepassten Kapitalisierungszins (Risi-

---

2683) IdW RS HFA 16, Tz. 1. Dazu Castello/Klingbeil/Schröder, IDW RS HFA 16: Bewertungen bei der Abbildung von Unternehmenserwerben und bei Werthaltigkeitsprüfungen, WPg 2006, 1028

2684) Ausnahmen in § 3: Joint Ventures, Unternehmen unter gemeinsamer Beherrschung (§§ 10-13), Gegenseitigkeitsunternehmen, Bericht erstattendes Unternehmen

2685) Vgl. Kuhner/Lütke-Handjery, Unwägbarkeiten durch die Aktivierung eigenen Börsenwertes im Zuge von aktienfinanzierten Unternehmensakquisitionen, BFuP 57 (2005) 546

2686) Anhang A „Begriffsdefinition"

2687) IDW RS HFA 16, Tz. 25-36

2688) IAS 36, §§ 50–54

2689) Vgl. Köster, Niederswerttest und Bewertungseinheiten beim Anlagevermögen im Entwurf des BilMoG, BB 2007, 2791

2690) IAS 36 § 33ff. und IDW RS HFA 16, Abschn. 5.2.3 Tz. 104. Weitere Einzelheiten finden sich in Tz. 104-109)

kozuschlagsmethode)²⁶⁹¹⁾ oder durch einen verminderten Cashflow (Sicherheitsäquivalenzmethode)²⁶⁹²⁾ zu erfassen. Üblich ist die Risikozuschlagsmethode²⁶⁹³⁾; die Sicherheitsäquivalenzmethode wählt man bei mehrwertigen Planungsansätzen. Angesichts des IAS 32 kann es schwierig sein, Eigen- und Fremdkapital voneinander abzugrenzen²⁶⁹⁴⁾.

b. Discounted Cashflow

1226 Alle Discounted Cashflow-Methoden stehen zur Wahl²⁶⁹⁵⁾. Üblich ist das Konzept der gewogenen Kapitalkosten („WACC-Ansatz") auf Basis des CAPM²⁶⁹⁶⁾.

c. Kapitalkosten

1227 Die Kapitalkosten müssen den Marktzins (Basiszinssatz) und die speziellen Risiken des Unternehmens (Risikozuschlag) spiegeln²⁶⁹⁷⁾. Der Risikozuschlag entspricht der um den Betafaktor adjustierten Marktrisikoprämie²⁶⁹⁸⁾ Er darf keine Risiken erfassen, derentwegen der Cashflow schon gekürzt wurde²⁶⁹⁹⁾. Für die Ableitung des risikoangepassten Kapitalisierungszinses und des Betafaktors ist u. U. eine Gruppe vergleichbarer Unternehmen (Peer Group) heranzuziehen²⁷⁰⁰⁾, die ein ähnliches operatives Risiko hat²⁷⁰¹⁾. Falls der spezifische Zinssatz am Markt nicht zu finden ist, sind „Ersatzfaktoren" zu beachten; sie schildert IAS 36 Anhang A²⁷⁰²⁾.

d. Währungsraum

1228 Der Basiszinssatz, die Marktrisikoprämie und die Fremdkapitalkosten bestimmen sich normalerweise nach dem Währungsraum, in dem der Cashflow entsteht. Der Barwert ist mit dem Devisenkassakurs am Bewertungsstichtag umzurechnen²⁷⁰³⁾. Die Marktrendite wird aus dem Index, der für das Unternehmen maßgeblichen ist, ermittelt. Für ein hauptsächlich im deut-

---

2691) Siehe Rn. 607
2692) Siehe Rn. 606
2693) Vgl. Rn. 607
2694) Hennrichs, Unternehmensfinanzierung und IFRS im deutschen Mittelstand, ZHR 170 (2006) 498
2695) Siehe Rn. 981
2696) IDW RS HFA 16, Tz. 30 und Großfeld/Stöver, Ermittlung des Betafaktors i. V. m. Großfeld/Stöver/Tönnes, 2; vgl. Rn. 988
2697) IAS 36, § 55.
2698) Siehe Rn. 728
2699) Siehe Rn. 845
2700) Siehe Rn. 746
2701) IDW RS HFA 16,Tz. 35
2702) IAS 36, §§ A16-21
2703) IAS 36, § 54 und IDW RS HFA 16, Tz. 31.

II. Unternehmenszusammenschlüsse

schen Raum tätiges gehandeltes Unternehmen kann sich daher die Marktrisikoprämie aus Dax und Bundesanleihen ergeben [2704].

e. Einwertige/Mehrwertige Ansätze

Anders als oft beim „traditionell" geschätzten Unternehmenswert stellt man hier beim „erwarteten Cashflow" regelmäßig mehrere Cashflows nebeneinander; man gewichtet sie dann nach ihrer Wahrscheinlichkeit[2705]. Erwartet man z. B. Cashflows in Höhe von 100€, 200€ oder 300€, so gewichtet man sie etwa mit der Wahrscheinlichkeit von 10%, 60% oder 30%. Das ergibt dann die Reihe 10€, 120€, 90€ und damit einen erwarteten Cashflow von 220€[2706]. Das lässt sich auf zeitlich ungewisse Cashflows übertragen[2707]. Die Intensität der Prüfung als Grundlage der Schätzung hängt ab von dem Verhältnis der Schätzkosten zur Verlässlichkeit der Aussage [2708]. **1229**

3. Unterschiedliche Verfahren

Mit dem Standard IdW S 1 und den Stellungnahmen zur Rechnungslegung IDW RS HFA 10 und IDW RS HFA 16 (bezogen auf IAS 36) haben wir drei Bewertungsverfahren für jeweils andere Anlässe. IDW S 1 und IDW RS HFA 10 beziehen sich indes auf deutsches Recht; IDW RS HFA 16 zielt auf europäisches Recht. Es ist abzuwarten, ob sich eine Annäherung ergibt. **1230**

4. Vorsteuerbewertung

Auch hier gilt ein Vorsteueransatz[2709]. **1231**

2704) Großfeld/Stöver, Ermittlung des Betafaktors
2705) IAS 36, § A7
2706) Vgl. Rn. 365
2707) Siehe das Beispiel in IAS 36, § A8
2708) IAS 36, § A12
2709) IDW S 1 2005 Anhang: Abs. 4

Dreiunddreißigster Teil
Schluss

„Eine Waage, die nicht zittert, kann nicht wägen"[2710].

Bewertungsverfahren sind Hilfsverfahren, sind stets anfechtbare Schätzungen. Zahlen können Scheingenauigkeit vortäuschen[2711]. Die Wahl der Methodik ist eine *„Frage des rechten Maßes"*[2712]. Letztlich bleiben begrenzte Aussagen: Die Zukunft ist ungewiss; es gibt dafür keine Berechnung auf Heller und Pfennig: **1232**

> *„An dieser Stelle ist ... darauf hinzuweisen, dass ganz allgemein infolge der Unsicherheiten in den Grunddaten die komplizierte Unternehmensbewertungsverfahren of nur eine Genauigkeit in der Erfassung des Risikos vortäuschen, die im konkreten Fall gar nicht gegeben ist, weil die Messgenauigkeit größer ist als die Güte des Datenmaterials. Auch hier muss die bei den Naturwissenschaften übliche Regel, dass die Rechenmethode der möglichen Messgenauigkeit angemessen sein muss, beachtet werden"*[2713].

Auch hier gilt das Prinzip der Verhältnismäßigkeit zwischen Genauigkeit und Durchsichtigkeit, zwischen Einblick für Insider und Außenseiter, zwischen Kosten und Erkenntnis. **1233**

Die Bewertungsverfahren bereiten einen Rahmen für die disziplinierte Diskussion und eine Anleitung für unabhängige Gutachter. Argumente lassen sich einordnen, Kompromisse lassen sich finden. **1234**

Die Sprache muss für Außenseiter nachvollziehbar sein: **1235**

> *„You can not speak to one person*
> *with words meant*
> *for many people.*
> *You must look*
> *and recognize reception*
> *before you will be received"*[2714].

2710) Erwin Chargaff, 1905-2002
2711) LG Dortmund, ZIP 2001, 739, 743
2712) Moxter, Wirtschaftsprüfer
2713) BayObLG, AG 1996, 127, 130 mit Bezug auf Helbling, Unternehmensbewertung und Steuern, 9. Aufl., 1998, S. 149
2714) M.T.C. Cronin, You Can Not Speak, in: beautiful, unfinished, 2003, S. 84

Stichwortregister

Abfindung 36, 61, 76, 77, 1161–1171
Abfindungsbeschränkungen 1151
Abfindungsklauseln 1182–1199
Abgeltungsteuer 386, 397–409, 449–450, 908, 914
Abschlussanalyse 326
Abschreibungen 956–961
Abzinsung 252–253
Adjusted-Present-Value-Ansatz 980, 1012–1018
Aktiengesellschaft 42, 64–94
Aktienrendite 147, 435, 671, 685, 690, 730, 736, 893
Alleinstellung 846, 885
„Als ob"-Wert 106
Alternative Überschussreihen 365
Alternativrendite 551–563
Anleihevergleich 635, 641–642
Amtsermittlung 96, 349
Anrechnungsverfahren 411–412, 461
Anteilsbewertung 1125–1134
Anteilspreise 1048
Anteilswert 170
APV Ansatz 980, 1012–1018
Atypische Anteile 1135–1153
Aufwendungen 952–965
Aufzinsung 252–253
Ausgangszinssatz 932, 940
Ausgleich 65–75
Ausländische Töchter 1172–1175
Ausland 439–441
Auslandsrisiko 1172
Ausscheiden 124, 137, 263, 1134
Ausschluss 80–89
Ausschüttungsannahmen 410–416
Ausschüttungsquote 476–486

Barwert 108, 1023
Basiszinssatz 564–576
Begrenzte Lebensdauer 588
Beherrschungsvertrag 64–78

Bereinigungen 951
Beschränkungen, gleiche 1138
Besonderheiten bei bestimmten Unternehmen 1104–1114
Beta-Faktor 728–756
Beteiligungen 196
Betriebssteuern 418
Betriebsvermögen 188
Bezugszeitraum 1078–1082, 1085
Bilanzrecht 53, 1163–1166, 1200–1231
Bilanzwert 1051
Börseneffizienz 1057–1059
Börsenwert 184-185, 1052–1096
Branchenanalyse 328
Branchenorientierte Bewertung 328
Bruttokapitalisierung 506
Buchwert 202–204

CAPM 650, 671–886
Capital Asset Pricing Model 650
Cashflow 186, 969, 973
Chaos-Theorie 1057

Datengrundlage 810–816
Delisting 91–92
Direkte Methode 181–182
Discounted Cashflow-Verfahren 193, 966–1022
Disziplin 249–250
Dividend Discounted Model 916–917
Doppelerfassung 598–599
Durchschnittskurs 583

Echte Verbundvorteile 258–284
Eigene Aktien 1149
Eigenkapital 291, 316, 350, 649
Eigenständigkeit 236
Eingliederung 79
Eignerebene 424–427
Einheitswert 1191

Einigungswert 117
Einlage 57, 69, 221, 949
Einnahmeüberschuss 107, 191, 193
Einnahmeüberschussrechnung 290
Einstufige Kapitalisierung 505
Einzelabschluss 1202–1204, 1206–1218
Einzelanalyse 329
Empfängerhorizont 25
Equity-Ansatz 980, 1019–1020
Ertrag 186
Ertragsschwache Unternehmen 1106–1107
Ertragsteuern 379–475
Ertragsteuern, persönliche 965
Ertragswert 944–965
Ertragswertverfahren 192, 944–965
Erwartungen, mittlere 298-301
Erwerb außerhalb der Börse 1091–1096
Euroland 586–587
Europäische Aktiengesellschaft 94
Europäische Privatgesellschaft 95
„ewige Rente" 513, 518, 539

Finanzierbarkeit 1105
Finanzierung der Abfindung 352–354
Finanzplanung 340–342
Fortführungswert 37–38, 1009
Free Cashflow 969
Freier Cashflow 969
Fremdkapital 291, 316, 339
Fremdkapitalzinsen 635

Geldentwertung 333, 927, 930
Gemeinnützige Unternehmen 206, 1111
Gesamtbewertung 233–234
Gesamtwert 1125
Gesellschaft mit beschränkter Haftung 41, 62
Gewogene Kapitalkosten 993

Gleichbehandlung 137, 589–590, 1137
Globale Märkte 226, 390, 709, 1057
Going concern 324, 832
Grenzüberschreitende Verschmelzung 1176–1179
Grenzwerte 113–116
Gutachten 21, 595
Gutachter 30–34, 1171

Halbeinkünfteverfahren 385–386
Höchstwert 1075
Homogenitätsprinzip 272–273, 331, 431, 892

IDW Standards 141
IFRS 11, 1163, 1202–1231
Inflation 564, 905, 926, 930
Immobilitätszuschlag 919–923
Indirekte Methode 177–180
Inlandssicht 468–471
Insider 14, 112, 682, 1058
Interkulturelle Unternehmensbewertung 1168–1169
Internationale Unternehmensbewertung 1154–1179
Internationales Gesellschaftsrecht 1161
Internationales Steuerrecht 1173
International Financial Reporting Standards 11, 1163, 1202–1231
Interner Zinssatz 591
Intertemporales Bewertungsrecht 442–450

Kapitalflussrechnung 327
Kapitalisierung 502–507
Kapitalisierungszinssatz 428–433, 535–563, 660, 1006–1008
Kapitalkosten 340, 996, 1227
Kapitalpreisbildungsmodell 762
Kapitalstruktur 507, 603, 626, 737–744
Kleine Unternehmen 1108

Konzernabschluss 1205, 1219–1231
Konzernbewertung 1118–1124
Kosten 99, 335, 465, 777, 1134
Kosten des Ausscheidens 1134
Kosten der Wiederanlage 1134
Kulturunterschiede 1168–1169

Länderrisiko 659
Landesüblicher Zinssatz 565–571
Laufzeitäquivalenz 572–573
Leistungserstellung 1111–1112
Limited Liability Company 225
Liquidationserlös, unterschiedlicher 1152
Liquidationswert 1097–1103

Manipulation 1069–1074
Märkte, andere 1087
Märkte, unvollkommene 118
Marktenge 1069–1074
Marktrendite 708–723
Marktrisikoprämie 435, 724–727
Marktwert 118, 173–175
Mathematik 14–24
Mehrstimmrechte 1140
Mehrstufige Kapitalisierung 504, 506
Methodenwahl 364
Methodische Grundlagen 218
Minderheitsabschlag 818–823
Minderheitsaufschlag 1132
Mindestwert 75, 109, 175, 1065, 1164
Mittlere Erwartungen 298–301
Mittlere Unternehmen 1108
Mitbestimmung, unternehmerische 925
Modellabhängigkeit 789
Muttergesellschaften 196, 1123, 1156

Nachteile aus Leitungsmacht 347–349
Nettokapitalisierung 505

Neues Eigenkapital 350
Neutrales Vermögen 302–303
Nicht betriebsnotwendiges Vermögen 189, 302–303, 628, 1023–1043
Nichtfinanzieller Nutzen 1044–1046
Nicht notierte Aktien 1148
Noise-Theorie 1057
Nominalrechnung 331–332
Normorientierung 127
Normwert 119–127

Objektivierter Wert 138

Parteienbezogener Wert 1, 104, 119, 781, 822, 881, 1011
Pauschalmethode 519
Peer Group 746–756
Pensionsrückstellungen 316, 591, 997, 1007, 1031
Personengesellschaft 36, 438
Perspektive 224, 345
Personenbezogene Ergebnisse 951
Pflichtteil 58
Phasenmethode 355–364, 519–534, 544
Plandaten 330
Plausibilität 247, 1180–1182
Plausibilitätskontrolle 24, 31, 97, 244, 1114
Politische Risiken 659
Praktikermethoden 197–200
Prognose 231–232
Prognoseverfahren 355–364

Quellzeit 1058

Rating 651
Realoptionsansatz 191
Realrechnung 331–332
Rechenformel 20, 23
Rechtsvergleichung 28–29, 866–874

Rechtsverhältnis 119, 122–124, 140
Referenzzeitraum 1078, 1080
Reinvestitionsraten 960
Rentenformel 508–518
Residualwert 970, 996, 1009
Risiken, unterschiedliche 594–596
Risikoaversion 592–593
Risikolage 592–632
Risikoprämie 688
Risikoscheu 592–593
Risikozuschlag 607, 633–649
Rückwirkung 151–169, 442–445

Schätzung 39, 651, 710
Schiedsgericht 1195
Schiedsgutachten 1195
Schwebende Geschäfte 343, 1197
Selbsteinschätzung 1047–1051
Societas Europaea 50, 94
Spaltung 51
Spruchverfahren 96–99
Squeeze out 80–86
Stammaktien 1141–1142
Stand Alone Ansatz 236, 258–259, 845, 1212
Steuern 59, 379–409
Stichtagskurs 1076–1077
Stichtagsprinzip 237–252
Stimmrechtslose Aktien 84
Stundung 1193
Stuttgarter Verfahren 209–216
Subjektiver Wert 111
Substanz 235
Substanzwert 205–207, 1115–1117
Synergieeffekte 845

Tax-CAPM 147, 887–917
Tax Shield 995
Teilwert 1191
Thesaurierte Überschüsse 487–499, 861–865, 933–938
Tochtergesellschaften, Anteile an 196
Treuepflicht 128, 134, 354, 1048

Typisierter Wert 130
Typisierung 392–393, 396, 400, 462, 782, 1159

Übernahme 82–85
Überschüsse, einzelne 334–339
Überschussreihen, alternative 346
Übertragende Auflösung 90
Umwandlung 52, 93
Umwandlungsgesetz 93, 402
Unbegrenzte Lebensdauer 512–518
Unechte Verbundvorteile 285
Untaugliche Wertansätze 201–216
Unterlagen 305
Unternehmensebene 418–423
Unternehmensleitung 292–297
USA 838–839, 866–874

Veräußerungsgewinnsteuer 398, 464
Verbundnachteile 288
Verbundvorteile 254–287
Vereinfachte Verfahren 1113–1114
Verfahren, gerichtliches 96–100, 237–242
Verfassungsrecht 140
Verfahrensdauer 97, 156, 237
Vergangenheitsanalyse 310–323
Vergleichspreise 41, 1035
Vergleichswerte 1047–1051
Verhalten der Beteiligten 1050
Verkehrswert 42, 46, 91, 1032, 1191
Verlustvortrag 1038–1042
Verrechnungspreise 317
Verschmelzung 45
Verschmelzung, grenzüberschreitende 1176–1179
Verschmelzungsprüfer 46
Verschuldungsgrad 1002–1005
Versteigerung, interne 1198
Verteilungsschlüssel, abweichender 1150
Vertragsprüfer 31

Sachwortregister

Vinkulierte Namensaktien 1145–1147
Volatilität 685, 695, 729
Vorgesellschaften 1109–1110
Vorsichtsprinzip 298, 325
Vorzugsaktien 1143

WACC 980, 988–1011
Wachstumsabschlag 926–943
Wachstumsstarke Unternehmen 1105
Währungsrisiko 1228
Wahrscheinlichkeit 243, 308, 346, 1229
Weighted Average Cost of Capital 506
Wiederanlage 1134
Wirtschaftswissenschaft 119
Wurzeltheorie 243–245

Zeichenwirkungen 1060
Zinsmacht 620
Zinsprognose 574
Zinsstrukturkurve 576–584
Zirkularität 1001, 1020
Zuflussprinzip 143
Zugewinnausgleich 5, 58
Zukunftsanalyse 324–352
Zukunftsbetas 745
Zukunftserfolgswert 107, 190, 219–223
Zukunftsertrag 389
Zukunftsüberschusswert 190
Zukunftswert 220, 231
Zuschlagsmethode 604, 611, 846, 1225
Zwei-Personen-Gesellschaft 1198–1199